Droemer
Knaur ®

BARRY MILLINGTON (Hrsg.)

Das Wagner-
Kompendium

Sein Leben – seine Musik

DROEMER KNAUR

Übersetzt aus dem Englischen von
Christine Mrowietz und Günther Kirchberger

Titel der englischen Originalausgabe:
»The Wagner Compendium«
© 1992 Thames and Hudson, London

Die Deutsche Bibliothek – CIP-Einheitsaufnahme

Das Wagner-Kompendium : sein Leben – seine Musik /
Barry Millington. [Übers. aus dem Engl. G. Kirchberger und Christine Mrowietz]. –
München : Droemer Knaur, 1996
Einheitssacht.: The Wagner Compendium < dt. >
ISBN 3-426-26658-X
NE: Millington, Barry [Hrsg.]; EST

INHALT

Einführung

Dieses Handbuch soll über alle wichtigen Aspekte der Person Wagners und seiner Musik umfassend informieren. Sämtliche Themenbereiche sind abgedeckt: der historische, geistes- und musikgeschichtliche Hintergrund; Wagners Zeitgenossen, sein Charakter und seine Persönlichkeit, seine Ansichten und Weltanschauung; die Quellen, aus denen wir unsere Kenntnisse über ihn und seine Werke beziehen; sein musikalischer und literarischer Stil, die Orchestrierung und Aufführung seiner Werke sowie sein Einfluß auf Zeitgenossen und Nachwelt. Man findet einen chronologischen Überblick über Wagners Leben, ein vollständiges Verzeichnis seiner Prosaschriften, eine umfassende Beschreibung seiner Werke, ein Glossar mit Wagner-spezifischen Begriffen. Ein eigener Abschnitt befaßt sich mit der Mythisierung Wagners, die einsetzte, als er selbst für seine Autobiographie erste Aufzeichnungen machte.

Wir haben uns in allen Teilen des *Kompendiums* darum bemüht, einen Überblick über die neuesten und wichtigsten Erkenntnisse zu geben; insofern ist das Buch eher als praktisches Nachschlagewerk und weniger als »literarisches« Werk gedacht. Besonderen Wert haben wir auf Klarheit und Übersichtlichkeit gelegt; wir hoffen, daß sich das *Kompendium* (wie auch die vorangegangenen Werke über Mozart und Beethoven) für jeden interessierten Leser als nützlich erweist, aber auch für den Studierenden und den Wissenschaftler, der hier Informationen gesammelt vorfindet, die er sonst erst mühsam aus den unterschiedlichsten Quellen zusammentragen müßte.

Wenn achtzehn verschiedene Autoren über ein so umstrittenes, widersprüchliches und vielschichtiges Thema wie Wagner schreiben, ist ein einheitlicher, gleichbleibender Standpunkt kaum zu erreichen. Er sollte eigentlich auch gar nicht angestrebt werden. Ich habe nicht versucht, Ansichten, die ich nicht teile oder die anderen in diesem Buch vertretenen Meinungen widersprechen, unter den Tisch fallen zu lassen. Vielmehr soll die bestehende Meinungsvielfalt die Unerschöpflichkeit des Themas vor Augen führen. Man sollte dies aber nicht als Lossagung von meinen Pflichten als Herausgeber mißverstehen. Aus den verschiedenen Beiträgen ergibt sich ein Gesamtbild, das Wagner, so hoffe ich, in einem neuen Licht erscheinen läßt. Allen Beiträgen gemeinsam ist eine gesunde Skepsis gegenüber dem Wagner-Kult und der Vorsatz, von sentimentaler Mythenbildung Abstand zu nehmen; beides ist durchaus mit Liebe und Bewunderung für Wagners Musik vereinbar, auch mit einem Respekt vor Wagner und seinen Leistungen. Ich betone das deswegen, weil ich überzeugt bin, daß das Phänomen Wagner trotz aller Entglorifizierung, trotz der – manchmal zynischen – Kritik, der der Komponist in den letzten Jahrzehnten ausgesetzt war, mehr als alle anderen (außerhalb Salzburgs geborenen) Komponisten immer noch fragwürdigen, schon fast reflexhaften Reaktionen unterworfen ist. Es wäre schön, wenn wir Wagner sachlicher und besser informiert begegnen und ihn etwas objektiver in den historischen Kontext des 19. Jahrhunderts in Deutschland einbinden würden, für das er laut Thomas Mann der »vollkommene Ausdruck« war.

Leben und Werk eines Komponisten – am wenigsten das von Wagner – lassen sich nicht ohne weiteres fein säuberlich aufgliedern. Eine Beschreibung etwa von Wagners Verhältnis zu Otto Wesendonck, dem er viel zu verdanken hatte, kann sowohl im »Who's who« als auch in Abschnitten zum Mäzenatentum, zur Persönlichkeit Wagners, über seine finanziellen Verhältnisse oder zu seinen Verlegern auftauchen. Jeder Gegenstand wird dort, wo es am besten paßt, am eingehendsten behandelt; überall, wo er sonst noch angesprochen wird, finden sich Querverweise auf diesen »Haupteintrag«. Inhaltsverzeichnis, Register und Querverweise sollen den Leser rasch zur gesuchten Information führen.

Bibliographische Hinweise im Text sind auf ein Minimum reduziert. Meinungen, die allgemein akzeptiert sind, wurden meist nicht noch nachgewiesen; jedoch wird bei kontroversen Standpunkten oder neuesten, noch wenig bekannten wissenschaftlichen Ergebnissen die Publikation genannt. Solche Verweise erscheinen in folgender Form: »Coleman, 1991«, oder wenn in einem Jahr zwei oder mehr Publikationen erschienen sind: »Dahlhaus, 1989 a«.

Ich möchte den siebzehn Mitverfassern meinen wärmsten Dank für ihre Geduld, für die fruchtbare Mitarbeit an dem Projekt und nicht zuletzt für ihre hervorragenden Beiträge aussprechen. Insbesondere danke ich Stewart Spencer, von dessen unvergleichlichen Kenntnissen auf dem Gebiet »Wagner« das *Kompendium* in hohem Maße profitiert hat; durch seine penible Durchsicht des Manuskripts hat das Werk an Zuverlässigkeit und Genauigkeit beträchtlich gewonnen. Zu Dank bin ich außerdem Ingrid Grimes verpflichtet, der hervorragenden Korrektorin, und all meinen Freunden und ehemaligen Kollegen bei Thames & Hudson für ihre engagierte Unterstützung und die unübertroffene Professionalität, die sich in allen Entstehungsstadien des vorliegenden Buches gezeigt hat.

BARRY MILLINGTON
London 1991

Kapitel I

Zeittafel
Wagner – Leben und Werk
Zeitgenössische Ereignisse

1813
22. Mai: Richard Wagner wird auf dem Brühl in Leipzig als Sohn von Johanna Rosine Wagner und (wahrscheinlich) Carl Friedrich Wagner geboren. Die eventuelle Vaterschaft des Schauspielers und Malers Ludwig Geyer konnte bisher weder nachgewiesen noch widerlegt werden.
Juli–Aug.: Reise Johanna Wagners, wahrscheinlich mit dem Kind, zu Geyer nach Teplitz (von Leipzig etwa 160 Kilometer entfernt).
16. Aug.: Taufe in der Leipziger Thomaskirche.
Okt.: Völkerschlacht b. Leipzig. Niederlage Napoleons.
23. Nov.: Tod Carl Friedrich Wagners. Geyer bietet der Familie seine Unterstützung an.

1814
Febr.: Besuch Johannas bei Geyer in Dresden; Verlobung.
28. Aug.: Johanna und Geyer heiraten.
Sept.: Wiener Kongreß (bis Juni 1815). Gründung des Deutschen Bundes.

1817
Richard Wagner besucht (vermutlich nur für kurze Zeit) die Schule des königlichen Vizehofkantors Karl Friedrich Schmidt in Dresden.
Okt.: Wartburgfest der deutschen Burschenschaften.

1819
Der österreichische Staatskanzler Metternich setzt mit den Karlsbader Beschlüssen die Unterdrückung »revolutionärer Umtriebe« durch.

1820
Richard Wagner wird nach Possendorf bei Dresden in die Obhut des Pastors Christian Wetzel gegeben; erster Klavierunterricht.

1821
30. Sept.: Tod Geyers.

1822
26. Jan.: Dresdner Erstaufführung von Webers *Der Freischütz*. Der junge Wagner teilt die allgemeine *Freischütz*-Begeisterung.
Dez.: Unter dem Namen Richard Geyer tritt er in die Dresdner Kreuzschule ein.

1824
7. Mai: Uraufführung der Neunten Symphonie von Beethoven in Wien.

1826
Wagner begeistert sich für das antike Griechenland, er übersetzt zwölf Bücher der *Odyssee* und versucht sich an einem epischen Gedicht mit dem Titel *Die Schlacht am Parnassos*. Mit dem fünfaktigen Trauerspiel *Leubald* dürfte er ebenfalls in dieser Zeit begonnen haben.
Dez.: Übersiedlung der Familie nach Prag, wo die Schwester Rosalie ein Engagement am Theater erhalten hat. Wagner bleibt in Dresden bei der Familie von Schulfreunden, um weiter die Kreuzschule besuchen zu können.

1827
8. Apr.: Konfirmation in der Dresdner Kreuzkirche.
Frühjahr: In Begleitung eines Schulfreundes Wanderung von Dresden nach Prag.
Sommer: Wagner schließt sich einer Gesellschaft von Gymnasiasten an, die nach Leipzig reist. Einfluß des Onkels Adolf Wagner, eines gebildeten Freigeists. Beeindruckt vom studentischen Leben.
Dez.: Übersiedlung nach Leipzig, wohin die Familie mittlerweile zurückgekehrt ist.

1828
21. Jan.: Diesmal unter dem Namen Richard Wagner Eintritt in die Leipziger Nicolaischule.
Frühjahr/Sommer: Beendigung des Trauerspiels *Leubald*. Um die Schauspielmusik dazu schreiben zu können, studiert er die Generalbaßlehre von Johann Bernhard Logier.
Herbst: Unterricht in Harmonielehre bei Christian Gottlieb Müller.

1829
Erste Kompositionen: zwei Klaviersonaten und ein Streichquartett (alle verschollen).
Sommer: Wagner allein in Leipzig. Reist zu Fuß nach Magdeburg zu seiner Schwester Klara.

1830
Ostern: Austritt aus der Nicolaischule.
16. Juni: Eintritt in die Leipziger Thomasschule.
Juli: Julirevolution in Paris, in der Folge Unruhen in allen Teilen Europas. Polnischer Aufstand gegen Rußland.
Sommer: Kurzzeitiger Geigenunterricht.
Sommer/Herbst: Komposition von drei Ouvertüren und einer weiteren (C-Dur) gegen Ende des Jahres (alle verschollen).
6. Okt.: Wagner bietet dem Musikverlag Schott einen Klavierauszug von Beethovens Neunter Symphonie an.

25. Dez.: In Leipzig Uraufführung der *Paukenschlag-Ouvertüre* unter der Leitung von Heinrich Dorn.

1831

Anfang 1831: Entstehung der *Sieben Kompositionen zu Goethes Faust* für Singstimme und Klavier und der Sonate in B-Dur für Klavier zu vier Händen.
23. Febr.: Immatrikulation an der Leipziger Universität.
Herbst: Unterricht bei Christian Theodor Weinlig. Komposition der Klaviersonate in B-Dur (als op. 1 veröffentlicht) und einer Fantasie (ebenfalls für Klavier).

1832

Anfang 1832: Wagner schreibt die Große Sonate in A-Dur.
Apr.–Juni: Komposition der C-Dur-Symphonie (Uraufführung im November in Prag).
Sept.–Okt.: Aufenthalt bei Prag im Schloß des Grafen Pachta (in Pravonin); kurze Schwärmerei für eine der Töchter des Hauses. Entstehung des Textbuchs zu einer dreiaktigen (?) Oper mit dem Titel *Die Hochzeit* (Komposition im März 1833 abgebrochen).

1833

Ende Jan./Febr.: Übersiedlung nach Würzburg, um am dortigen Theater eine Stelle als Chordirektor anzutreten. Entstehung des Textbuchs zu *Die Feen;* Beendigung der Partitur am 6. Januar 1834. Einstudierung von Werken Marschners, Meyerbeers, Hérolds, Aubers u.a. Erteilt der Choristin Therese Ringelmann Privatunterricht in Gesang, woraus sich eine kurze Liebschaft entwickelt.

1834

21. Jan.: Rückkehr nach Leipzig; beeindruckt von Heinrich Laube und dem Jungen Deutschland.
März: Gastspiel Wilhelmine Schröder-Devrients in Leipzig als Romeo in Bellinis *I Capuleti e i Montecchi*.
10. Juni: In Laubes Zeitung erscheint Wagners erster opernästhetischer Aufsatz *Die deutsche Oper*.
Juni–Juli: Ferienaufenthalt in Böhmen mit Theodor Apel. Idee zum *Liebesverbot;* Ausarbeitung im Lauf der nächsten achtzehn Monate.
Ende Juli: Wagner wird Musikdirektor der in Bad Lauchstädt gastierenden Theatertruppe Heinrich Bethmanns aus Magdeburg.
2. Aug.: In Bad Lauchstädt Debüt als Opernkapellmeister mit *Don Giovanni*. Wagner lernt hier Minna Planer kennen und verliebt sich in sie.

1835

Jan.: Fertigstellung der Musik zu Apels Drama *Columbus*. Beginn der Komposition des *Liebesverbots*.
Apr.: Wilhelmine Schröder-Devrient gibt in Magdeburg vier Vorstellungen mit Wagner als Musikdirektor. Finanzielle Katastrophe.
Sommer: Reise durch Böhmen und Süddeutschland auf der Suche nach neuen Stimmen. Von Bayreuth ist Wagner besonders beeindruckt. Erlebt in Nürnberg eine nächtliche Straßenprügelei (taucht in den *Meistersingern* wieder auf).
Aug.: Beginn der Aufzeichnungen in der sogenannten *Roten Brieftasche* für eine spätere Autobiographie.
Nov.: Minna reist ab, um ein Engagement am Königstädter Theater in Berlin anzunehmen. Durch eine hysterische Briefflut erreicht Wagner, daß sie innerhalb von zwei Wochen zurückkehrt.

1836

29. März: Uraufführung des *Liebesverbots* in Magdeburg. Kurz darauf (im April) löst sich die Bethmann-Truppe auf.
Mai: Reise nach Berlin. Wagner bemüht sich vergeblich um eine Aufführung des *Liebesverbots* am Königstädter Theater. Beeindruckt von Spontinis Großer Oper *Fernand Cortez*.
Mai–Juli: Komposition der *Polonia-Ouvertüre*.
7. Juli: Wagner folgt Minna nach Königsberg, wo ihr ein weiteres Engagement angeboten wurde. Schreibt den Prosaentwurf zu *Die hohe Braut* und schickt ihn an Scribe.
24. Nov.: Kirchliche Trauung mit Minna in einer kleinen Kirche in Königsberg-Tragheim.

1837

März: Komposition der Ouvertüre *Rule Britannia*, die am 19. (?) März in Riga aufgeführt wird.
1. Apr.: Anstellung als Musikdirektor am Königsberger Theater.
31. Mai: Minna verläßt Wagner wegen eines Kaufmanns namens Dietrich. Wagner folgt ihr; gemeinsamer Aufenthalt in Blasewitz bei Dresden. Lektüre von Bulwer-Lyttons Roman *Rienzi, the Last of the Roman Tribunes;* erste Prosaentwürfe für eine Oper nach dieser Vorlage (Juni/Juli).
Juni: Anstellung als Musikdirektor in Riga.
1. Sept.: Erstes Dirigat in Riga.
24. Dez.: Cosima Liszt in Como geboren.

1838

Sommer: Wagner beginnt mit der Komposition des

Singspiels *Männerlist größer als Frauenlist*, bricht jedoch nach zwei Nummern ab.

5./6. Aug.: Fertigstellung des Textbuchs zu *Rienzi*; Beginn der Komposition (7. August).

15. Nov.: Eröffnung der neuen Saison in Riga, während der Wagner unter anderem sechs Beethoven-Symphonien dirigiert.

1839

März: Wagners Vertrag in Riga wird nicht verlängert.

Juni/Juli: Französischunterricht. Heimliche Flucht (vor Gläubigern) aus der Stadt – mit Minna, aber ohne Paß. Minna hat eine Fehlgeburt (nicht gesichert). Stürmische Überfahrt nach London (Ankunft am 12. August).

20. Aug.: Weiterreise nach Frankreich. In Boulogne-sur-Mer erstes Treffen mit Meyerbeer.

17. Sept.: Ankunft in Paris.

24. Nov.: Uraufführung von Berlioz' *Roméo et Juliette* in Paris; der bei dieser oder der folgenden Aufführung am 1. Dezember anwesende Wagner ist tief beeindruckt.

Dez.: Entwurf des ersten Satzes einer *Faust-Symphonie* (woraus schließlich die *Faust-Ouvertüre* wird).

1840

6. Mai: Wagner sendet den ersten Prosaentwurf zum *Fliegenden Holländer* an Scribe und (im Juni) an Meyerbeer.

Mai–Juli: Beginn der Komposition des *Fliegenden Holländers*.

12. Juli: Veröffentlichung des ersten Wagner-Aufsatzes für Schlesingers *Revue et Gazette musicale* mit dem Titel *De la musique allemande*.

Okt./Nov.: Schlimme Geldnöte, Wagner entkommt jedoch gerade noch der Schuldhaft.

19. Nov.: Fertigstellung der *Rienzi*-Partitur.

1841

März: Wagner schreibt erste Berichte für die Dresdner *Abend-Zeitung*.

18.–28. Mai: Abfassung des Textbuchs zum *Fliegenden Holländer*.

Nov.: Fertigstellung der Partitur des *Fliegenden Holländers*.

1842

Febr.–März: Prosaentwurf zu einer Oper nach E. T. A. Hoffmanns Erzählung *Die Bergwerke zu Falun*; das Projekt wird später aufgegeben.

7. Apr.: Wagner verläßt mit Minna Paris und fährt nach Dresden, wo *Rienzi* aufgeführt werden soll.

Juni–Juli: Erholungsaufenthalt in Teplitz. Prosaentwürfe zum *Tannhäuser*.

20. Okt.: Der große Erfolg der Dresdner Uraufführung von *Rienzi* unter Reißigers Leitung begründet Wagners Ruhm.

1843

2. Jan.: Uraufführung des *Fliegenden Holländers* in Dresden unter der Leitung Wagners.

1. und 8. Febr.: Veröffentlichung der *Autobiographischen Skizze* in Laubes *Zeitung für die elegante Welt*.

2. Febr.: Ernennung Wagners (neben Reißiger) zum Königlich Sächsischen Hofkapellmeister in Dresden.

Apr.: Beendigung des Textbuchs zum *Tannhäuser*.

6. Juli: Wagner dirigiert in der Dresdner Frauenkirche sein *Liebesmahl der Apostel*.

Sommer: Beginn der Komposition des *Tannhäuser*.

1. Okt.: Umzug in eine relativ teure Wohnung in der Ostra-Allee, wo sich Wagner eine Bibliothek mit klassischer, alt- und mittelhochdeutscher sowie zeitgenössischer Literatur und mit Quellenmaterial zu den germanischen Epen anlegt.

1844

7. Jan.: Wagner dirigiert die Berliner Erstaufführung des *Fliegenden Holländers*.

Herbst: Spontini wird nach Dresden eingeladen, um dort seine Oper *La Vestale* zu dirigieren.

14. Dez.: Aufführung von Wagners *Trauermusik* anläßlich der Beisetzung der sterblichen Überreste Carl Maria von Webers, die von London nach Dresden überführt worden waren.

15. Dez.: Wagner hält an Webers Grab eine Rede; Aufführung von *An Webers Grabe* für Männerchor.

1845

13. Apr.: Fertigstellung der *Tannhäuser*-Partitur.

3. Juli: Reise mit Minna, Hund und Papagei zur Kur nach Marienbad; eingehende Beschäftigung mit der Parzival- und der Lohengrin-Sage.

16. Juli: Fertigstellung des ersten Prosaentwurfs zu den *Meistersingern*.

3. Aug.: Fertigstellung des Prosaentwurfs zum *Lohengrin*.

19. Okt.: Uraufführung des *Tannhäuser* in Dresden unter Wagners Leitung.

1846

2. März: Vorlage einer Denkschrift zur Reformierung des Hoforchesters.

5. Apr.: Wagner dirigiert beim traditionellen Dresdner Palmsonntagskonzert Beethovens Neunte.

30. Juli: Fertigstellung des ersten Gesamtentwurfs der *Lohengrin*-Komposition.

Okt.: Prosaskizze für ein fünfaktiges Werk (wahrscheinlich eine Oper) zur Friedrich-Barbarossa-Sage.

1847

24. Febr.: Wagner dirigiert seine Neufassung von Glucks *Iphigénie en Aulide*.

29. Aug.: Fertigstellung des zweiten Gesamtentwurfs der *Lohengrin*-Komposition.

24. Okt.: Berliner Erstaufführung von *Rienzi* unter Wagner.

1847: Lektüre griechischer Autoren in deutscher Übersetzung, darunter Aischylos *(Orestie)* und Aristophanes.

1848

9. Jan.: Tod der Mutter in Leipzig.

Febr.: Februarrevolution in Paris.

März: Wiener Aufstände, von Wagner mit dem Gedicht »Gruß aus Sachsen an die Wiener« enthusiastisch gefeiert.

8. März: Wagner führt Palestrinas *Stabat Mater* in einer eigenen Einrichtung auf.

28. Apr.: Fertigstellung der Partitur des *Lohengrin*.

Mai: Deutsche Nationalversammlung in der Frankfurter Paulskirche. Wagner legt seinen *Entwurf zur Organisation eines deutschen Nationaltheaters für das Königreich Sachsen* vor.

14. Juni: Wagner hält im republikanischen Vaterlandsverein eine Rede, die tags darauf unter dem Titel *Wie verhalten sich republikanische Bestrebungen dem Königtume gegenüber?* veröffentlicht wird.

4. Okt.: Erster Textentwurf zum *Ring: Der Nibelungen-Mythus*.

Herbst: Anschließend Entstehung des Textbuchs, damals noch unter dem Titel *Siegfrieds Tod*; Vorlesung im Freundeskreis (Dezember).

Winter: Weitere Skizze zu *Friedrich I.* (für den zweiten Akt).

1849

Jan.–Apr.: Entwurf für ein fünfaktiges Drama (Oper?) mit dem Titel *Jesus von Nazareth*.

Mitte Febr. (?): Spekulationen über Verbindungen zwischen Friedrich I. und dem Nibelungen-Mythos in seinem Aufsatz *Die Wibelungen. Weltgeschichte aus der Sage*.

28. März: Die Frankfurter Nationalversammlung bietet Friedrich Wilhelm IV. von Preußen die Kaiserkrone an, der sie jedoch ablehnt.

8. Apr.: In Röckels *Volksblättern* erscheint der anarchistische Aufsatz *Die Revolution,* der möglicherweise von Wagner stammt.

Apr.–Mai: Aktive Teilnahme am Dresdner Maiaufstand; möglicherweise an der Herstellung von Handgranaten beteiligt.

5. Mai: Wagner besteigt den Turm der Kreuzkirche, um über Truppenbewegungen zu berichten.

9. Mai: Allmählicher Rückzug der Aufständischen.

16. Mai: Wagner wird steckbrieflich gesucht (Veröffentlichung des Erlasses im *Dresdner Anzeiger* vom 19. Mai).

24.–28. Mai: Flucht Wagners in die Schweiz, bei der ihm Liszt hilft, dann weiter nach Paris (2. Juni).

Juli: Niederlassung in Zürich; Entstehung der Abhandlung *Die Kunst und die Revolution*.

4. Nov.: *Das Kunstwerk der Zukunft* abgeschlossen.

Dez.: Beginn des ersten Prosaentwurfs zu *Wieland der Schmied*.

1850

Jan.: Julie Ritter und Jessie Laussot setzen eine jährliche Rente von 3000 Franken für Wagner aus.

14. März: Besuch Wagners bei Jessie und Eugène Laussot in Bordeaux.

März-Mai: Affäre mit Jessie Laussot; der Plan, mit ihr nach Griechenland oder Kleinasien durchzubrennen, wird von Jessies Mann vereitelt.

3. Juli: Rückkehr nach Zürich zu Minna.

Sommer: Erste Entwürfe zur Komposition von *Siegfrieds Tod*.

28. Aug.: Uraufführung des *Lohengrin* in Weimar unter Liszts Leitung.

Sept.: Veröffentlichung des antisemitischen Aufsatzes *Das Judentum in der Musik*.

Winter: Abfassung der Schrift *Oper und Drama* (am 10. Januar 1851 abgeschlossen).

1851

Mai: Prosaentwurf zu *Der junge Siegfried,* anschließend Niederschrift des Textbuchs (Juni).

Juli–Aug.: Wagner schreibt *Eine Mitteilung an meine Freunde*.

15. Sept.: Unterzieht sich wegen Darmträgheit und Gesichtsrose einer strengen Kur in der Wasserheilanstalt Albisbrunn bei Zürich.

Herbst: Julie Ritter gewährt Wagner eine Rente von jährlich 800 Talern (bis 1859). Erste Prosaskizzen zum *Rheingold* und zur *Walküre*.

Dez.: Wagner, der immer noch auf eine von Frankreich ausgehende Revolution hofft und auf das Jahr 1852 gesetzt hat, will künftig nur noch unter Dezember 1851 datieren.

1852
Febr.: Bekanntschaft mit Otto und Mathilde Wesendonck, mit Georg Herwegh sowie François und Eliza Wille.
Apr.–Mai: Wagner dirigiert in Zürich vier Aufführungen der revidierten Fassung des *Holländers*.
1. Juli: Fertigstellung der Urfassung der Textdichtung zur *Walküre*.
3. Nov.: *Rheingold*-Urschrift abgeschlossen.
Nov.–Dez.: Überarbeitung des Texts zu *Der junge Siegfried* und zu *Siegfrieds Tod*.
1852: Wagner leidet an Depressionen und denkt an Selbstmord; solche schwer depressiven Stimmungen treten bis 1857 wiederholt auf.

1853
Febr.: Wagner veröffentlicht in fünfzig Exemplaren den vollständigen Text des *Rings* und liest ihn im Züricher Hotel Baur au Lac vor einem Kreis geladener Gäste.
15. Apr.: Umzug mit Minna in eine größere Wohnung im Züricher Zeltweg 13, zweiter Stock.
Mai: Wagner dirigiert drei große Konzerte mit Auszügen aus eigenen Werken.
Mai–Juni: Komposition einer Klaviersonate für Mathilde Wesendonck.
Juli: Liszt besucht Wagner und beeindruckt ihn mit seiner *Faust-Symphonie* und seinen symphonischen Dichtungen.
Aug.–Sept.: Ferienaufenthalt in Italien. In einem Hotelzimmer in La Spezia hat Wagner angeblich einen Traum, der ihn zum *Rheingold*-Vorspiel inspiriert.
10. Okt.: In Paris bei einem Essen mit Liszt erste Begegnung mit der fünfzehn Jahre alten Cosima Liszt und ihrer Schwester Blandine.
1. Nov.: Beginn der Arbeit am Gesamtentwurf zum *Rheingold*.

1854
Jan.–Juni: Minnas Herzleiden verschlimmert sich, desgleichen die ehelichen Zwistigkeiten. Minna fährt zur Molkenkur nach Seelisberg am Vierwaldstätter See (Juni).
28. Juni: Beginn der Arbeit am Gesamtentwurf zur *Walküre*.

Sept.: Wagner, der Minna, ihre Tochter Natalie und ihre Eltern unterstützt, hat Schulden in Höhe von 10 000 Franken. Otto Wesendonck begleicht einen Teil und gewährt regelmäßige Unterhaltszahlungen, als Gegenleistung sollen ihm künftig die Honorare für die Opern Wagners zukommen. Minna reicht beim neuen Sachsenkönig Johann ein Gnadengesuch ein, das abgelehnt wird.
Sept./Okt.: Herwegh führt Wagner in die Philosophie Schopenhauers ein. Erste Idee zu *Tristan*, vermutlich inspiriert durch seine leidenschaftliche Liebe zu Mathilde Wesendonck.

1855
Jan.: Überarbeitung der *Faust-Symphonie* zur Drucklegung, Umbenennung in *Eine Faust-Ouvertüre*.
März–Juni: Wagner leitet in England einen Zyklus von acht Konzerten für die Philharmonic Society. Seinen Londoner Aufenthalt beschreibt er als das Leben eines „Verdammte[n] in der Hölle". Verrisse in der Presse; er wird jedoch von Königin Victoria und Prinz Albert mit Respekt empfangen. Nähere Bekanntschaft mit Berlioz, der ebenfalls in London dirigiert.
Herbst: Wiederholter Ausbruch der Gesichtsrose.

1856
23. März: Fertigstellung der Reinschrift der *Walküren*-Partitur.
16. Mai: Weiteres Gnadengesuch an König Johann, das nach geraumer Zeit abgelehnt wird. Prosaskizze zu einer Oper *Die Sieger* nach einer buddhistischen Legende.
Sommer: Neuer, von Schopenhauer beeinflußter Schluß des *Rings*; später wieder verworfen.
Sept.: Beginn der Komposition des *Siegfried*.
Okt.–Nov.: Liszt zu Besuch. Wagner befaßt sich eingehend mit Liszts symphonischen Dichtungen.
19. Dez.: Früheste datierte musikalische Skizzen zu *Tristan und Isolde*.

1857
Apr.: Wagner bezieht das »Asyl« neben der Villa Wesendonck in der Züricher Vorstadt Enge. Erste Idee zum *Parsifal*.
9. Aug.: Unterbrechung der Komposition zu *Siegfried* nach Abschluß des zweiten Akts.
Sept.: Aufenthalt des auf Hochzeitsreise befindlichen Paars Hans und Cosima von Bülow bei den Wagners.
1857: Wagners Liebe zu Mathilde Wesendonck wird erwidert. Arbeit an *Tristan* und Vertonung von fünf Gedichten Mathildes.

1858
Ehekonflikte auf dem »Grünen Hügel« führen zu einem zeitweiligen Rückzug Wagners nach Paris. Dort liest ihm Berlioz das Textbuch von *Les Troyens* vor.
7. Apr.: Wagner wieder in Zürich. Minna fängt den »Morgenbeichte«-Brief an Mathilde ab. Die weitere Entwicklung nötigt Wagner, das »Asyl« für immer zu verlassen (17. August).
29. Aug.: Mit Karl Ritter Ankunft in Venedig, Quartier im Palazzo Giustiniani am Canal Grande. Arbeit am zweiten Akt des *Tristan*. Da er nicht an Mathilde schreiben kann, vertraut Wagner seine Empfindungen seinem venezianischen Tagebuch an.

1859
Anfang 1859: Der Venedigaufenthalt wird durch Krankheit (unter anderem Gastritis und ein Geschwür an einem Bein) und Polizeiüberwachung beeinträchtigt.
24. März: Abreise von Venedig nach Luzern, wo Wagner den dritten Akt des *Tristan* vollendet.
6. Aug.: Fertigstellung der *Tristan*-Partitur.
Sept.: Besuch bei den Wesendoncks in Zürich. Wagner verkauft die Publikationsrechte an den vier *Ring*-Partituren für je 6000 Franken an Otto Wesendonck.
10. Sept.: Übersiedlung nach Paris (Wagner bleibt dort bis Juli 1861) in der Hoffnung, *Tannhäuser, Lohengrin* und *Tristan* aufführen zu können.
17. Nov.: Minna folgt ihm mit Hund und Papagei, beide bemühen sich, den ehelichen Frieden wiederherzustellen.

1860
Winter: Schott verhandelt über Rechte an Wagners Musik; für 10 000 Franken wird ihm *Rheingold* angeboten.
Jan.–Febr.: Wagner dirigiert in Paris drei Konzerte mit eigener Musik.
12. Aug.: Eine Teilamnestie erlaubt Wagner, nach Deutschland zurückzukehren, nicht jedoch nach Sachsen.
24. Sept.: An der Pariser Oper beginnen die Proben für den *Tannhäuser*.

1861
März: *Tannhäuser*-Aufführungen an der Opéra. Die politisch motivierte Demonstration des adligen Jokkey-Clubs verursacht ein Fiasko; Wagner muß das Werk nach der dritten Vorstellung zurückziehen.
Apr.–Mai: Pläne zur Aufführung des *Tristan* in Karlsruhe (nicht realisiert).

Nov.: Besuch bei den Wesendoncks in Venedig. Aufnahme der Arbeit an den *Meistersingern*.

1862
25. Jan.: Fertigstellung des *Meistersinger*-Textbuchs.
5. Febr.: Lesung des *Meistersinger*-Textbuchs bei Schott in Mainz.
Febr.: Wagner logiert in Biebrich (gegenüber von Mainz am Rhein) und arbeitet dort an den *Meistersingern*.
21. Febr.: Minna trifft unangemeldet ein; die darauffolgende Ehekrise beschreibt Wagner als »zehn Tage der Hölle«. Mit Rücksicht auf Minnas schlechten Gesundheitszustand drängt Wagner nicht auf Scheidung, sondern schlägt ihr vor, sich in Dresden eine eigene Wohnung zu nehmen und ihm für gelegentliche Besuche ein Zimmer freizuhalten.
28. März: Vollständige Amnestie; Wagner darf wieder sächsischen Boden betreten, hat aber nicht vor, sich wieder in Dresden niederzulassen. Begegnung mit Mathilde Maier, zu der er sich stark hingezogen fühlt, und mit der Schauspielerin Friederike Meyer.
Juli: Besuch von Hans und Cosima von Bülow in Biebrich. Wagner übt mit Ludwig Schnorr von Carolsfeld und dessen Frau Malvina die Partien von Tristan und Isolde, Bülow übernimmt die Klavierbegleitung.
Nov.: In Dresden letztes Zusammensein mit Minna.
23. Nov.: Lesung der *Meistersinger* im Haus Dr. Standhartners in Wien, wo Wagner sich mittlerweile aufhält. Der Musikkritiker Eduard Hanslick, der sich in der Figur Beckmessers wiedererkennt, verabschiedet sich pikiert.

1863
Jan.–Apr.: Reise nach Prag, St. Petersburg und Moskau, jeweils Konzerte mit eigenen Werken.
Mai: Umzug in eine Wohnung in Penzing bei Wien, die er unter Mithilfe der Wiener Putzmacherin Bertha Goldwag luxuriös ausstaffiert.
Juli–Dez.: Weitere Konzerte in Budapest, Prag, Karlsruhe, Breslau und Wien.
Nov.: Wagner und Cosima von Bülow bekennen sich »unter Tränen und Schluchzen« *(Mein Leben)* ihre Liebe.

1864
März: Um der Schuldhaft zu entkommen, muß Wagner Wien verlassen; Zuflucht bei Eliza Wille in Mariafeld.
10. März: Der achtzehnjährige Wagner-Enthusiast Ludwig (II.) wird König von Bayern. Er läßt Wagner

nach München rufen, sorgt für die Tilgung seiner Schulden und stellt ihm in der Nähe von Schloß Berg bei München ein Haus mit Blick über den Starnberger See zur Verfügung.

Juni: Cosima trifft mit zwei Töchtern in Starnberg ein; endgültige Vereinigung mit Wagner.

Okt.: Umzug in ein geräumiges Haus in der Brienner Straße (Nr. 21) in München, das ihm der König zusätzlich zu einer großzügigen jährlichen Rente zur Verfügung stellt.

Herbst: Auf Betreiben Wagners wird Bülow »Vorspieler des Königs«. Gottfried Semper soll in München ein Festtheater für den *Ring* entwerfen.

1865

Febr.: Erste Angriffe aus höfischen Kreisen und von der Münchener Presse.

10. Apr.: Geburt des ersten Kindes aus der Verbindung Wagners und Cosimas, Isolde.

10. Juni: In München Uraufführung des *Tristan* unter Bülows Leitung.

17. Juli: Wagner beginnt damit, Cosima seine Autobiographie *Mein Leben* zu diktieren, wobei er sich auf Aufzeichnungen aus der *Roten Brieftasche* stützt.

Aug.: Prosaentwurf zu *Parsifal.*

Okt.: Zunehmende Empörung höfischer Kreise wie auch der breiten Münchener Öffentlichkeit über Wagner. Wagner erlangt neben einer jährlichen Rente von 8000 Gulden eine Zuwendung von 40 000 Gulden zur Tilgung seiner Schuldenlast.

Dez.: Die Kampagne, Wagner aus München zu vertreiben, hat Erfolg. Ludwig II. sieht sich gezwungen, Wagner zum Verlassen Bayerns aufzufordern. Abreise Wagners aus München (10. Dezember).

1866

Jan.: Suche nach einem geeigneten Wohnort in Südfrankreich.

25. Jan.: Tod Minnas in Dresden.

8. März: Cosima folgt Wagner nach Genf. Gemeinsamer Entschluß, in das Haus Tribschen am Vierwaldstätter See zu ziehen.

22. Mai: Heimlicher Geburtstagsbesuch Ludwigs II., der sich als »Walther von Stolzing" melden läßt; der König akzeptiert die Erklärung, daß Cosima als Sekretärin bei Wagner lebe.

Juni: Der öffentliche Skandal wegen Wagners Liaison mit Cosima (»*Volksboten*-Affäre«) veranlaßt das Paar zu Notlügen gegenüber dem König. Krieg Preußens gegen Österreich, Bayern auf Österreichs Seite.

3. Juli: Schlacht bei Königgrätz entscheidet den Krieg zugunsten Preußens.

1867

17. Febr.: Geburt der zweiten Tochter, Eva.

März – Juni: Besuche in München.

Apr.: Berufung Bülows zum Hofkapellmeister und Direktor der geplanten Königlichen Musikschule.

24. Okt.: Fertigstellung der *Meistersinger*-Partitur.

Dez.: Ernennung Hans Richters zum Korrepetitor am Münchener Hoftheater.

23. Dez.: Rückkehr Wagners nach München; Aufenthalt bis 9. Februar 1868.

1868

März: Semper droht wegen der Aufgabe des Festtheaterprojekts mit rechtlichen Maßnahmen; Wagner verhält sich wegen der zu erwartenden Schwierigkeiten in München zurückhaltend.

21. Juni: Erfolgreiche Uraufführung der *Meistersinger* in München unter der Leitung Bülows.

Aug.: Plan zu einem Werk *Luthers Hochzeit,* das die Probleme mit Cosimas Ehe und dem katholischen Glauben widerspiegelt.

Sept. – Okt.: Italienreise mit Cosima.

8. Nov.: In Leipzig Begegnung mit Nietzsche.

16. Nov.: Cosima zieht mit Isolde und Eva endgültig nach Tribschen; Ludwig II. wird offiziell unterrichtet.

1869

1. März: Wiederaufnahme der Arbeit am *Ring;* Beginn der Komposition des dritten Akts von *Siegfried.*

Frühjahr: *Das Judentum in der Musik* erscheint als selbständige Schrift mit einem neuen Vorwort, worin Wagner eine angebliche Verfolgung durch die Juden beklagt.

6. Juni: Geburt des Sohns Siegfried. Nietzsche zu Besuch in Tribschen (von da an häufiger Gast).

Juli: Besuch von drei französischen Bewunderern: Judith Mendès-Gautier mit Ehemann Catulle und der Dichter Villiers de l'Isle-Adam.

22. Sept.: In München *Rheingold*-Uraufführung unter Franz Wüllner trotz Wagners verzweifelter Bemühungen, sie zu verhindern.

Weihnachten: Wagner liest Nietzsche den *Parsifal*-Entwurf vor.

1870

März: Bayreuth erstmals als Festspielort in Erwägung gezogen.

26. Juni: Uraufführung der *Walküre* unter Wüllners Leitung.

Juli: Scheidung der Bülowschen Ehe. Ausbruch des Deutsch-Französischen Kriegs. Zum Zeitpunkt der Kriegserklärung trifft in Tribschen eine französische Reisegruppe ein – das Ehepaar Mendès und Villiers in Begleitung der Komponisten Saint-Saëns, Duparc u. a. Eine Lesung von Villiers am letzten Tag ihres Aufenthalts provoziert Wagner zu einem beleidigenden Ausbruch.

25. Aug.: Trauung Wagners und Cosimas in der protestantischen Hofkirche von Luzern.

7. Sept.: Fertigstellung der Abhandlung *Beethoven* zu dessen 100. Geburtstag.

Nov.: Abfassung des Textes für *Eine Kapitulation,* ein »Lustspiel in antiker Manier«.

25. Dez.: Zu Cosimas Geburtstag Aufführung des *Siegfried-Idylls* im Treppenhaus von Tribschen.

1871

5. Febr.: Abschluß der Arbeit an *Siegfried.*

14. Apr.: Uraufführung des *Kaisermarsches* in Berlin.

Apr.: Reise der Wagners nach Bayreuth. Entscheidung zum Bau eines neuen Theaters, da ihnen das Markgräfliche Opernhaus für den *Ring* zu klein erscheint.

12. Mai: In Leipzig kündigt Wagner die ersten Festspiele für 1873 an.

13. Mai: In Darmstadt Gespräche mit dem Bühnenmeister Carl Brandt über technische Fragen zu den Festspielen.

22. Mai: Abfassung des Vorworts zur Gesamtausgabe der Schriften und Dichtungen. Betreuung der Veröffentlichung der ersten neun Bände (1871–73), der zehnte erscheint postum (1883).

Nov.: Wagner teilt dem Bayreuther Bankier und Gemeinderatsvorsitzenden Friedrich Feustel sein Vorhaben mit, die Festspiele in Bayreuth zu veranstalten. Feustel sorgt für die Ermächtigung des Gemeinderats, Wagner Baugrund nach dessen Wahl zur Verfügung zu stellen.

1872

Febr.: Wagner erwirbt ein Grundstück neben dem Bayreuther Hofgarten für seinen künftigen Wohnsitz »Wahnfried«. Das Theater selbst soll auf dem »Grünen Hügel« von Bürgerreuth gebaut werden. Gründung des Verwaltungsrats der Bayreuther Festspiele.

22. Mai: Grundsteinlegung für das neue Theater. Nach Festreden Aufführung der Neunten Symphonie von Beethoven.

Sept.: Abfassung des Aufsatzes *Über Schauspieler und Sänger.*

Ende Sept.: Die Wagners ziehen vorübergehend in die Dammallee 7 in Bayreuth.

Okt.: Erster Besuch Liszts in Bayreuth. Übertritt Cosimas zum Protestantismus.

Nov.–Dez.: Auf der Suche nach Sängern reisen Wagner und Cosima zu verschiedenen deutschen Opernhäusern.

1873

Jan.–Febr. und Apr.: Weitere Reisen zur Verpflichtung von Künstlern für die Festspiele. Zur Finanzierung der Festspiele dirigiert Wagner verschiedene Konzerte.

3. Mai: Beginn der Arbeit an der Partitur der *Götterdämmerung.*

24. Juni: Wagner schickt an Bismarck ein Exemplar seiner Schrift über die Grundsteinlegung des Festspielhauses nebst seiner nationalistischen Ansprache. Die erhoffte finanzielle Unterstützung bleibt aus.

30. Aug.: Ankündigung, daß die Festspiele bis 1875 verschoben werden müssen.

Sept.: Besuch von Bruckner in Bayreuth; er bittet Wagner, ihm eine Symphonie widmen zu dürfen.

Nov.: Da das Festspielprojekt durch Geldmangel bedroht ist, bittet Wagner Ludwig II. um Unterstützung.

1874

Jan.: Nach anfänglicher Weigerung gewährt König Ludwig II. einen Kredit von 100 000 Talern.

28. Apr.: Einzug ins Haus Wahnfried.

Juni–Sept.: *Ring*-Proben mit Sängern und Hans Richter als Dirigent (Richter bleibt bis zum 25. Juli).

21. Nov.: Mit der Fertigstellung der Partitur der *Götterdämmerung* ist der *Ring* vollendet.

1875

Febr.–Mai: Konzertreisen nach Wien, Budapest und Berlin, dazwischen weitere Reisen nach Leipzig, Hannover und Braunschweig.

Juli–Aug.: Solo- und Orchesterproben zum *Ring.* Alle Energien verwendet Wagner darauf, die Festspiele im folgenden Jahr durchführen zu können.

1876

Febr.–März: Komposition des Auftragswerks *Großer Festmarsch* zur Feier des hundertjährigen Jubiläums der amerikanischen Unabhängigkeitserklärung.

3. Juni: Beginn der Proben zum *Ring.*

13.–30. Aug.: Erste Bayreuther Festspiele mit drei Aufführungen des vollständigen Zyklus unter Richter in

Anwesenheit prominenter Persönlichkeiten und Musiker aus ganz Europa. Nietzsche muß wegen gesundheitlicher Beschwerden vorzeitig abreisen; letzte Begegnung mit Wagner im Oktober in Sorrent. Festspieldefizit in Höhe von 148 000 Mark. Wagner steigert sich während der Festspiele in eine glühende Liebe zu Judith Gautier hinein (die sich von ihrem Mann getrennt hat; Wagner richtet es so ein, daß er neben ihr sitzt). Heimliche intime Korrespondenz, bis Cosima im Februar 1878 die Wahrheit herausbekommt und der Sache ein Ende macht.

1877
23. Febr.: Beendigung des zweiten Prosaentwurfs zum *Parsifal*.
19. Apr.: Abschluß des *Parsifal*-Textbuchs.
7.–29. Mai: Acht Konzerte in der neueröffneten Londoner Royal Albert Hall; der Erlös in Höhe von 700 Pfund kann das Festspieldefizit kaum verringern.
Sept.: Beginn der Komposition des *Parsifal*.
Okt.: Einladung Hans von Wolzogens nach Bayreuth; er soll die *Bayreuther Blätter,* eine Monatsschrift, die Wagner und seinem Werk gewidmet ist, herausgeben.

1878
Jan.: Die erste Nummer der *Bayreuther Blätter* erscheint.
12. März: Abschluß des Aufsatzes *Modern,* der ersten der sog. »Regenerationsschriften«.
31. März: Ludwig II. übernimmt das Defizit aus dem Bayreuther Festspiel. Er erhält das Recht, Wagner-Werke aufzuführen, wobei zehn Prozent der Einnahmen dazu dienen sollen, den Kredit abzutragen.

1879
Apr.: Beendigung der Kompositionsentwürfe zum *Parsifal*.
Juli: Vivisektionsgegner bitten Wagner um seine Unterstützung. Nach Lektüre der Schrift *Die Folterkammer der Wissenschaft* von Ernst von Weber verfaßt er eine Schrift gegen die Vivisektion in Form eines offenen Briefs an Weber (Oktober).
31. Dez.: Auf Anraten des Arztes reist Wagner mit seiner Familie nach Italien, um ein milderes Klima aufzusuchen.

1880
4. Jan.: Bezug der Villa d'Angri über dem Golf von Neapel, Aufenthalt bis 8. August. Besuch von Paul von Joukowsky, dem künftigen Bühnenbildner für den *Parsifal*.

Mai: Der in maurischem Baustil gehaltene Palazzo Rufolo in Ravello mit seinem exotischen Garten wird zum Vorbild für das Bühnenbild zum zweiten Akt des *Parsifal:* »Klingsor's Zaubergarten ist gefunden!« schreibt Wagner ins Gästebuch.
21. Aug.: Der Dom von Siena wird zum Vorbild für den Gralstempel. Joukowsky fertigt zu beiden Bühnenbildern Skizzen an.
12. Nov.: Wagner dirigiert im Münchener Hoftheater eine Privataufführung des *Parsifal*-Vorspiels für Ludwig II. Letzte Begegnung mit dem König.
17. Nov.: Rückkehr nach Bayreuth.

1881
5.–9. Mai: In Anwesenheit des Komponisten erste Berliner Gesamtaufführung des *Rings* mit Angelo Neumanns Opernensemble.
11. Mai: Der französische Schriftsteller Graf Gobineau, den Wagner im November 1876 kennengelernt hat, trifft in Bayreuth ein, wo er mehrere Wochen verbringt und sich mit Wagner angeregt über die angebliche Degeneration des Menschen unterhält.
25.–29. Mai: Die Wagners besuchen gemeinsam mit Gobineau und Joukowsky die vierte Berliner *Ring*-Aufführung.
Aug.–Sept.: Abfassung des Aufsatzes *Heldentum und Christentum*.
5. Nov.: Ankunft der Familie in Palermo, Aufenthalt im Hôtel des Palmes bis 2. Februar 1882.
Dez.: Wagner erleidet Brustkrämpfe, die sein Arzt nicht als Herzleiden erkennt.

1882
13. Jan.: Fertigstellung der *Parsifal*-Partitur.
15. Jan.: Porträtskizze von Renoir.
Ende März: Erster schwerer Herzanfall nach wiederholten Herzkrämpfen.
Apr.: Reise der Familie über Messina, Neapel und Venedig nach Bayreuth, Ankunft am 1. Mai.
Mai: Besuch Gobineaus bei Wagner in Bayreuth. Gründung der Stipendienstiftung.
26. Juli: Uraufführung des *Parsifal* in Bayreuth unter der Leitung von Hermann Levi. Im Juli und im August sechzehn Vorstellungen unter Levi und Franz Fischer. Bei der letzten Vorstellung dirigiert Wagner den Schlußteil selbst.
14. Sept.: Abfahrt von Bayreuth nach Venedig, wo die Familie (mit Begleitung) den Seitenflügel des Palazzo Vendramin bezieht.
24. Dez.: Wagner dirigiert zur Feier von Cosimas Geburtstag seine C-Dur-Symphonie.

1883
11. Febr.: Beginn des Aufsatzes *Über das Weibliche im Menschlichen* (unvollendet).
13. Febr.: Nach einer heftigen Auseinandersetzung mit Cosima, offenbar wegen eines »Blumenmädchens«, der Sopranistin Carrie Pringle, erleidet Wagner einen tödlichen Herzanfall. Er stirbt kurz nach 15 Uhr in Cosimas Armen.

18. Febr.: Nach einer Prozession durch Bayreuth (wohin der Leichnam überführt wurde) wird Wagner im Garten von Haus Wahnfried beigesetzt.

BARRY MILLINGTON

Kapitel II

Who's who
der Zeitgenossen Wagners

Who's who der Zeitgenossen Wagners

Anders, Gottfried Engelbert (1795–1866). Sein adliger Geburtsname lautete Bettendorf (oder Bethendorf); er wollte aber lieber »anders« heißen. Ab 1832 Kustos der Bibliothèque Royale in Paris. Einer der engsten Freunde Wagners in der Pariser Zeit (1839 bis 1942).

Apel, Theodor (1811–1867). Deutscher Dichter und Dramatiker, Jugendfreund Wagners aus der Schul- und Studienzeit (Nicolaischule, Leipziger Universität). Erblindete 1836 bei einem Reitunfall. Wegen Wagners Wegzug von Magdeburg im gleichen Jahr schlief die Freundschaft fast ganz ein. Wagner schrieb eine Ouvertüre und die Theatermusik zu Apels Schauspiel *Columbus* und vertonte sein Gedicht *Glockentöne* (1832).

Auber, Daniel-François-Esprit (1782–1871). Französischer Komponist, der vorwiegend Opéras-comiques schrieb. Auber und sein wichtigster Librettist Eugène Scribe waren fast ein halbes Jahrhundert lang in der Opéra-comique führend; heute wird nur noch *Fra Diavolo* (1831) gelegentlich gespielt. Obwohl *La Muette de Portici* (1828), die in Brüssel die belgische Erhebung gegen die Niederlande auslöste, zugleich die Ära der Grand opéra einleitete, wird Auber meist nur mit der leichteren Opéra-comique in Verbindung gebracht.

Avenarius, Eduard (1809–1885). Deutscher Verlagsbuchhändler, zeitweise Geschäftsführer der Pariser Zweigstelle des Leipziger Verlagshauses →Brockhaus. Beim Eintreffen Wagners in Paris 1839 war er mit dessen Halbschwester Cäcilie verlobt; sie heirateten im darauffolgenden Jahr.

Bakunin, Michail (1814–1876). Russischer Anarchist, der 1849 nach Dresden kam und dort Wagner kennenlernte. Bakunins Eintreten für individuelle Gewalt- und Terrorakte gegen die bestehenden Institutionen mit dem Ziel einer gerechteren Gesellschaftsordnung beeinflußte Wagner in seiner revolutionären Zeit.

Bellini, Vincenzo (1801–1835). Italienischer Komponist, dessen Musik beim jungen Wagner einen nachhaltigen Eindruck hinterließ. Als er die Sopranistin Wilhelmine Schröder-Devrient in der Partie des Romeo in Bellinis *I Capuleti e i Montecchi* hörte, war er tief bewegt, und sein Aufsatz *Bellini* (1837) ist ein enthusiastisches Loblied auf den italienischen Belcanto. Im *Tristan* wird Bellinis Technik der Melodiesequenzen nachgeahmt.

Benedictus, Louis [Ludwig] (gest. 1921). Amateurkomponist, Sohn eines niederländischen Diamantenhändlers. Nachdem sich →Judith Gautier 1874 von ihrem Mann →Catulle Mendès getrennt hatte, lebte sie mit Benedictus zusammen. Die Beziehung überdauerte Wagners Liebschaft mit ihr (1876–1878).

Berlioz, (Louis-)Hector (1803–1869). Französischer Komponist, der heute (anders als zu Lebzeiten) als der größte französische Musiker seiner Zeit gilt. Das Unverständnis, auf das Berlioz stieß – nicht nur bei seinen erfolglosen Verhandlungen mit der Pariser Opéra –, führte dazu, daß er und Wagner sich als Leidensgefährten empfanden, obwohl sie sich eigentlich nie richtig miteinander anfreundeten. Bei Berlioz finden sich interessante Vorwegnahmen Wagnerscher Musik.

Betz, Franz (1836–1900). Deutscher Sänger (Bariton). Obwohl er sich anfangs vor allem mit italienischen und französischen Partien hervorgetan hatte, gehörte er später zu den bedeutendsten Wagner-Sängern seiner

Zeit. Den Hans Sachs sang er allein in Berlin über hundertmal. Bei der *Ring*-Uraufführung in Bayreuth (1876) trat er als Wotan/Wanderer auf.

Bilz(-Planer), (Ernestine) Natalie (1826–1898?). Uneheliche Tochter von →Minna Planer (der späteren Frau Wagners) und dem Gardehauptmann Ernst Rudolph von Einsiedel. Einsiedel verführte die fünfzehnjährige Minna und kümmerte sich danach nicht mehr um sie. Natalie, das Kind aus dieser Verbindung, wurde als Minnas Schwester ausgegeben – eine verständliche Täuschung, die ihr ganzes Leben lang aufrechterhalten wurde. Natalie schien sogar weitgehend selbst daran zu glauben, obwohl sie über Jahre hinweg zeitweise mit Minna und Wagner zusammenlebte. Natalie belastete das ohnehin gespannte eheliche Verhältnis, doch sowohl Wagner als auch Cosima (nach seinem Tod) sorgten für ihren Unterhalt.

Bismarck, Otto Eduard Leopold Fürst von (1815 bis 1898). Preußisch-deutscher Staatsmann. Seine politische Laufbahn erreichte mit seiner Berufung zum Ministerpräsidenten und zum Außenminister unter Wilhelm I. (September und Oktober 1862), danach zum Bundes- und Reichskanzler ihren Höhepunkt. Die aggressive Politik Bismarcks – sein autokratisches, unnachgiebiges Vorgehen trug ihm die Bezeichnung des »Eisernen Kanzlers« ein – führte 1866 zum Krieg Preußens gegen Österreich, der die preußische Hegemonie endgültig besiegelte. Auf den Sieg Preußens im Deutsch-französischen Krieg von 1870/71 folgte mit der Ausrufung Wilhelms zum Kaiser am 18. Januar 1871 die Gründung des Deutschen Reichs. Obwohl Wagner anfangs Bismarcks Politik abgelehnt hatte, erkannte er nach 1866 wie viele seiner Landsleute an, daß so zumindest die langersehnte nationale Einigung Deutschlands zustande käme.

Brahms, Johannes (1833–1897). Deutscher Komponist und Pianist. Nachdem Brahms die gegen die Neudeutsche Schule um Wagner und Liszt gerichtete unselige Erklärung von 1860 unterzeichnet hatte, galt er als der Hauptvertreter der konservativen, eher klassisch orientierten Richtung. Aufgrund seiner Tendenz zur »absoluten Musik«, die durch seine Nähe zum Musikkritiker und Wagner-Gegner →Hanslick verstärkt wurde, war die Beziehung zwischen Brahms und Wagner immer gespannt.

Brandt, Carl (1828–1881). Da er wegen seiner Fähigkeiten als Maschinist am Darmstädter Hoftheater ge-

rühmt wurde, betraute ihn Wagner mit dem Bau der technischen Einrichtungen für das Bayreuther Festspielhaus und die dortige *Ring*-Inszenierung. Der Kostümbildner →Doepler und der Bühnenmeister Fricke kamen zwar schlecht mit ihm aus, erkannten aber beide – wie Wagner – sein Talent. Daher wurde er für 1882 erneut zum *Parsifal* in Bayreuth verpflichtet.

Brendel, (Karl) Franz (1811–1868). Deutscher Musikwissenschaftler, -schriftsteller und -kritiker. Vom 1. Januar 1845 bis zu seinem Tod Herausgeber der von Robert Schumann gegründeten *Neuen Zeitschrift für Musik*. Brendel nutzte seinen Einfluß in deutschen Musikerkreisen, um sich für die Neudeutsche Schule um Wagner und →Liszt sowie für die kulturelle und politische Einigung Deutschlands einzusetzen.

Brockhaus, Friedrich (1800–1865). Deutscher Verleger, der bis 1850 gemeinsam mit seinem Bruder Heinrich das bekannte Familienunternehmen führte. 1828 heiratete er Wagners Schwester Luise.

Brockhaus, Luise, geb. Wagner (1805–1872). Schauspielerin. Ältere Schwester Wagners, die ihre Bühnenkarriere aufgab, als sie 1828 Friedrich Brockhaus heiratete.

Brockhaus, Ottilie, geb. Wagner (1811–1883). Ältere Schwester Wagners. Heiratete 1836 den Sprach- und Literaturwissenschaftler Hermann Brockhaus.

Brückner, Gotthold (1844–1892) und Max (1836 bis 1919). Die Gebrüder Brückner waren am Coburger Hoftheater tätig, als Wagner die Bühnenbilder für den ersten Bayreuther *Ring* (1876) nach Entwürfen von →Josef Hoffmann bei ihnen bestellte. Außerdem führten sie die Bühnendekorationen für den ersten *Parsifal* (1882) aus, nach Vorlagen von →Paul von Joukowsky.

Bülow, Cosima von → Wagner, Cosima.

Bülow, Hans (Guido) Freiherr von (1830–1894). Deutscher Dirigent und Pianist. Gab sein Jurastudium auf, um sich der Musik zuzuwenden, und wurde zu einem engagierten, fast aggressiven Parteigänger der Neudeutschen Schule. Seine Mentoren waren Wagner und Franz Liszt, bei dem er (ab 1851) seine pianistische Ausbildung vervollständigte. Von beiden wurde Bülow auch für seine Kompositionen aus dieser Zeit gelobt. Bekannt wurde er allerdings nur als Pianist und als Orchesterleiter; er dirigierte die Uraufführungen des *Tristan* (1865) und der *Meistersinger* (1868). Bülows Bewunderung für Wagner hielt auch während des Verhältnisses seiner Frau Cosima (→Wagner, Cosima) mit Wagner und deren Ehe unvermindert an.

Cornelius, (Carl August) Peter (1824–1874). Deutscher Komponist. Mit dem bekannten Maler Peter (von) Cornelius verwandt. Lebte und lehrte 1859–65 in Wien; in dieser Zeit stand er erstmals in engerem Kontakt mit Wagner. Er wehrte sich gegen Wagners emotionale und künstlerische Vereinnahmung und folgte nur widerstrebend seinem Ruf (Ende 1864) nach München; zunächst war er sein musikalischer Assistent, später Kompositionslehrer an der von Wagner und →Bülow neu gegründeten Königlichen Musikschule.

Dannreuther, Edward (1844–1905). Englischer Pianist, Musikschriftsteller und Lehrer deutscher Herkunft, der zu einer der führenden Gestalten des englischen Musiklebens wurde. Gründete die London Wagner Society (1872), war maßgeblich an der Beschaffung des »Wurms« und anderer Requisiten für den Bayreuther *Ring* (1876) beteiligt und organisierte im Jahr darauf Wagners Gastspiel in London. Befaßte sich auch in seinen Schriften und Vorträgen häufig mit dem Komponisten, außerdem übersetzte er drei Wagner-Aufsätze.

Devrient, Eduard Philipp (1801–1877). Deutscher Theaterhistoriker, Librettist und Sänger. Seine Karriere als Bariton mußte er wegen eines teilweisen Verlusts der Stimme nach 1831 aufgeben. Später Regisseur und Schauspieler in Dresden (1844–46) und Direktor des Karlsruher Hoftheaters (1852–70). Seine Erinnerungen an Mendelssohn Bartholdy (1869) nahm Wagner zum Anlaß für einen boshaften Aufsatz mit dem Titel *Herr Eduard Devrient und sein Stil.* Die Sopranistin →Wilhelmine Schröder-Devrient war seine Schwägerin.

Dietsch, (Pierre-) Louis (-Philippe) (1808–1865). Französischer Dirigent und Komponist, ab 1840 Chordirektor und ab 1860 Kapellmeister der Pariser Opéra. Er kreuzte Wagners Weg bei zwei denkwürdigen Gelegenheiten. Im November 1842 wurde an der Opéra Dietschs Oper *Le Vaisseau fantôme* gegeben, wobei Wagner irrtümlicherweise annahm, das Libretto von Foucher und Révoil beruhe auf seinem eigenen Szenarium zum *Fliegenden Holländer* (s. »Mythen

und Legenden«, S. 142 ff). Außerdem dirigierte Dietsch 1861 an der Pariser Opéra die vom Jockey-Club lautstark unterbrochenen *Tannhäuser*-Vorstellungen. Er war zwar für den Theaterskandal nicht verantwortlich, hatte Wagner aber schon vorher durch seinen inkompetenten Umgang mit dem Werk zur Verzweiflung gebracht.

Doepler, Carl Emil (1824–1905). Der gebürtige Warschauer Kostümbildner erhielt nach seiner Tätigkeit am Weimarer Hoftheater (1860–70) eine Professur in Berlin. Als Wagner bei ihm 1874 die Kostüme für die erste *Ring*-Inszenierung in Auftrag gab, machte Wagner zwar deutlich, daß er von den traditionellen pseudonordischen Darstellungen der Figuren aus dem *Nibelungenlied* wenig hielt, beschrieb aber offensichtlich nicht genau genug, wie er sich die Kostüme vorstellte; Cosima Wagner erinnerten Doeplers Kostüme »durchweg an Indianer-Häuptlinge«.

Dorn, Heinrich Ludwig Egmont (1804–1892). Deutscher Komponist, Dirigent und Musikschriftsteller. Als Theaterkapellmeister in Leipzig tat er dem jungen Wagner den zweifelhaften Gefallen, seine kuriose *Paukenschlag*-Ouvertüre in B-Dur (1830) aufzuführen. Dorn kreuzte 1839 Wagners Weg ein weiteres Mal, als er nach Vertragsstreitigkeiten dessen Nachfolger als Musikdirektor am Stadttheater von Riga wurde. Unter seinen zahlreichen Opern beruht eine (aus dem Jahr 1854) auf der Nibelungen-Sage.

Düfflipp, Lorenz von (1820–1886). Von 1866 bis 1877 Hofsekretär Ludwigs II. Er war Wagner zwar gewogen, zeigte aber in politischen Belangen mehr Realitätssinn als sein Nachfolger Bürkel.

Eiser, Otto (1834–1898). Deutscher Arzt aus Frankfurt, den Nietzsche 1877 aufsuchte. Wagner teilte damals Eiser seine eigene Diagnose von Nietzsches Leiden mit. Eiser war ein treuer Wagner-Anhänger, Mitbegründer des Frankfurter Patronatsvereins und Verfasser von Beiträgen für die *Bayreuther Blätter.*

Feuerbach, Ludwig Andreas (1804–1872). Deutscher Philosoph, der auf das deutsche Denken des 19. Jh. großen Einfluß ausübte, da er die Aufmerksamkeit von der abstrakten Metaphysik Hegels (von der er freilich beeinflußt war) weg auf alltägliche moralische, religiöse und gesellschaftliche Fragen lenkte. In seinem Werk *Das Wesen des Christentums* von 1841 propagierte er eine anthropologisch gewendete Sicht der Religion, nach der Gott als Projektion menschlicher Hoffnungen und Bedürfnisse verstanden wird, und den Vorrang der Liebe vor dem Gesetz. Wagners auf Feuerbach zurückgehender Glaube an das Prinzip der Liebe prägte seine Ansichten auch noch in der Zeit, als er Schopenhauer bereits für sich entdeckt hatte.

Feustel, Friedrich (1824–1891). Bankier und Gemeinderatsvorsitzender in Bayreuth. Als Wagner ihm im November 1871 sein Vorhaben mitteilte, die geplanten Festspiele in Bayreuth zu veranstalten, reagierte er prompt und sorgte dafür, daß der Gemeinderat ihn ermächtigte, Wagner Baugrund nach dessen Wahl zur Verfügung zu stellen. Feustel unterstützte Wagner auch weiterhin und nahm als Sargträger an seinem Begräbnis teil.

Franck, Hermann (gest. 1855). Deutscher Schriftsteller, den Wagner wegen seines umfangreichen Wissens und seines sicheren Urteilsvermögens schätzte, woran Francks schmeichelhafter Artikel über den *Tannhäuser* in der Augsburger *Allgemeinen Zeitung* (November 1845) wenig änderte. Wagner hatte ihn erst kurz zuvor während Francks Lehrtätigkeit in Dresden kennengelernt. Die Umstände seines Todes in Brighton waren mysteriös; er war aus einem Hotelfenster gesprungen, nachdem er angeblich seinen Sohn umgebracht hatte. Viele hielten ihn allerdings für unfähig, einen Mord zu begehen, und auch die gerichtliche Untersuchung klärte nicht, wie sein Sohn umgekommen war.

Frantz, Constantin Gustav Adolph (1817–1891). Deutscher politischer Publizist. Seine konservativen großdeutschen Ansichten begeisterten Wagner, als er 1865 mit ihnen in Berührung kam. Wagner empfahl Ludwig II. die Lektüre seiner Schriften, insbesondere die Darstellung seiner föderalistischen Ideen in *Der Föderalismus* (1879).

Fritzsch, Ernst Wilhelm (1840–1902). Leipziger Musikverleger, der das *Musikalische Wochenblatt* und Wagners gesammelte Schriften und Dichtungen herausbrachte.

Fröbel, Julius (1805–1893) lernte Wagner in der Zeit seiner journalistischen Tätigkeit in Dresden Ende der 1840er Jahre kennen. Nach seiner Rückkehr aus dem Exil in den 60er Jahren (er hatte mit radikaldemokratischen Strömungen sympathisiert) war er in beratender Funktion für die österreichische Regierung tätig.

1867 gründete er auf Wagners Vorschlag die *Süddeutsche Presse*.

Frommann, Alwine (1800–1875). Deutsche Malerin, Vorleserin der Prinzessin Augusta von Preußen (der späteren preußischen Königin und deutschen Kaiserin). Sie schrieb erstmals an Wagner, als sie im Februar 1844 in Berlin den *Fliegenden Holländer* gehört hatte, das zweite Mal nach einer Reise nach Dresden im Oktober desselben Jahres, die sie unternommen hatte, um sich den *Rienzi* anzuhören. Sie setzte sich zeit ihres Lebens am Berliner Hof für Wagner ein.

Gaillard, Karl (1813–1851). Deutscher Schriftsteller. Wie Alwine Frommann war auch er von der *Holländer*-Aufführung von 1844 begeistert und schrieb Wagner enthusiastische Briefe. Außerdem rühmte er das Werk in der von ihm gegründeten *Berliner Musikalischen Zeitung* (1844–47), die wie seine kleine Musikalienhandlung wegen Kapitalmangel bald eingestellt werden mußte. Sein Tod wenige Jahre später war für Wagner, der ihn trotz der Belanglosigkeit seiner Dichtungen und Dramen aufrichtig schätzte, ein herber Schlag.

Gasperini, Auguste de (1825–1869). Französischer Arzt und Musikschriftsteller. Als einer der ersten Wagner-Enthusiasten in Frankreich freundete er sich mit Wagner an, als dieser sich ab 1859 in Paris aufhielt, um dort 1860 drei Konzerte zu dirigieren und im Jahr darauf an der Opéra den *Tannhäuser* herauszubringen. Wagner fand bei ihm Rat und moralische Unterstützung. Sein Einwand, Wagner solle die für den Pariser *Tannhäuser* nachträglich komponierte Musik wegen der entstandenen Stilbrüche nicht verwenden, blieb jedoch unbeachtet.

Gautier, Judith (1845–1917). Französische (Musik-) Schriftstellerin, hochbegabte Tochter des Dichters Théophile Gautier. Die junge Wagner-Anhängerin lernte Anfang der 1860er Jahre den gleichfalls von Wagner begeisterten →Catulle Mendès kennen und heiratete ihn am 17. April 1866. Das Paar besuchte 1869 und 1870 gemeinsam mit dem Dichter Villiers de l'Isle-Adam Wagner in Tribschen. 1874 trennten sie sich wieder. Während der ersten Bayreuther Festspiele (zwei Jahre später) hatte Judith einen Liebhaber namens →Louis Benedictus, was Wagner (der inzwischen mit Cosima verheiratet war) keineswegs davon abhielt, sie schwärmerisch zu verehren. Ob sie seine Geliebte wurde, ist ungewiß, doch bis Februar 1878 führten die beiden einen heimlichen, intimen Briefwechsel. Wagner behauptete, er brauche die berauschende Wirkung ihrer geistigen Gegenwart ebenso wie die Satin- und Seidenstoffe und die Parfüms, die er sich von ihr schicken ließ, für seine Arbeit am *Parsifal*. Darüber hinaus leistete Judith Gautier auch einen intellektuellen Beitrag zum Wagnertum, da sie den *Parsifal* ins Französische übersetzte, verschiedene Schriften über Wagner verfaßte und ihre Erinnerungen an den Komponisten (in drei Bänden) niederlegte.

Geyer, Ludwig (1779–1821). Deutscher Schauspieler und Maler, Freund der Familie und ab 1814 Wagners Stiefvater (siehe »Vaterfrage«, S. 100 ff.). Von 1809 bis zu seinem Tod lebte er als Schauspieler in Dresden (ab 1814 Hofschauspieler).

Glasenapp, Carl Friedrich (1847–1915). Deutscher Musikschriftsteller. Begann schon als Student mit einer Wagner-Biographie, die er 1876/77 zur zweibändigen Fassung vervollständigte; er erweiterte sie nach und nach auf sechs Bände. Die Biographie ist insofern authentisch, als Glasenapp Wagners und Cosimas Vertrauen genoß und daher wichtiges Material einsehen durfte (z. B. Cosimas Tagebücher). Seine dokumentarische Sorgfalt wird allerdings durch eine für den Bayreuther Kreis typische linientreue, einseitige Darstellungsweise beeinträchtigt.

Gobineau, Joseph-Arthur Graf von (1816–1882). Französischer Diplomat, Schriftsteller und Historiker. Gobineaus Bedeutung für Wagner beruhte nicht auf seinen geschliffenen Erzählungen und Novellen, sondern auf seinen Rassentheorien, die er insbesondere im *Essai sur l'inégalité des races humaines* (1853–55) darlegte. Über die angebliche Degeneration der Menschheit waren sich beide einig, doch Gobineau hielt die Rassenmischung (der Grund für die Degeneration) bis zu einem gewissen Grad zum Erhalt der Zivilisation für unumgänglich, während Wagner an das reine Blut Christi als Vermittler glaubte. Die beiden lernten sich im November 1876 kennen. Gobineau war 1881/82 zu Besuch in Wahnfried, wo man sich angeregt über seine Werke unterhielt. Seine Ansichten wirkten noch lange nach seinem Tod nach.

Goldwag, Bertha. Wiener Putzmacherin und Näherin, bei der Wagner seine Kleidung und die Innenausstattung seiner Wohnungen in Penzing (1863/64) und in München (1864/65) in Auftrag gab. Wegen der Extravaganz der exotischen Stoffe, die Wagner angefordert

hatte, reiste Goldwag inkognito nach München und gab an der Grenze an, ihre Seidenstoffe und Parfüms seien für eine Berliner Gräfin bestimmt. Trotzdem hatte sich bald herumgesprochen, mit welchem Luxus sich Wagner umgab. In eine besonders peinliche Lage geriet er, als 1877 seine »Briefe an eine Putzmacherin« veröffentlicht wurden. Dem waren üble Machenschaften vorausgegangen, die unter anderem Brahms betrafen. Einer Version zufolge wurden die Briefe sogar Wagner selbst für eine bestimmte Summe angeboten, aber er habe sich nicht erpressen lassen.

Gutzkow, Karl Ferdinand (1811–1878). Deutscher Romanschriftsteller und Dramatiker. Als Schriftsteller des Jungen Deutschland äußerte er in verschiedenen Zeitungsartikeln und Romanen seine radikalen Ansichten, bis er aufgrund einer Verordnung des Deutschen Bunds vom Dezember 1835 angeklagt und im Jahr darauf zu einer Gefängnisstrafe verurteilt wurde. Später wandte er sich dem Theater zu und brachte eine Reihe von Dramen zu aktuellen sozialen und politischen Fragen heraus. 1846–48 war er als Dramaturg am Dresdner Hoftheater tätig.

Halévy, Jacques-François-Fromental (1799–1862). Routinierter französischer Komponist, der vor allem viele Opéras-comiques schrieb und daneben Lehr- und Verwaltungstätigkeiten in verschiedenen Positionen nachging. Sein bekanntestes Werk ist *La Juive* (1835), mit dem er sich erstmals im Genre der Grand opéra versuchte; es hatte an der Pariser Opéra sofort Erfolg. Ein weiteres beliebtes Werk war *La Reine de Chypre* (1841). Wagner schrieb 1842 dazu eine wohlwollende Kritik, nachdem er in Paris die Partitur durchgearbeitet hatte, um Arrangements zu schreiben.

Hanslick, Eduard (1825–1904). Deutscher Musikschriftsteller. Der führende Musikkritiker des 19. Jh. wurde ab 1850 zu einem unversöhnlichen Wagner-Gegner. Mit seiner konservativen Musikästhetik trat er für die absolute Musik von Brahms und seinen Anhängern ein und wandte sich gegen die progressiven Konzepte des Musikdramas und der Programmusik, wie sie von Wagner, Liszt und der Neudeutschen Schule vertreten wurde.

Heckel, Emil (1831–1908). Mannheimer Musikalienhändler, der sich um die Bayreuther Festspiele verdient machte. Sein Vorschlag, zur Finanzierung der Festspiele ein ganzes Netz von Wagner-Vereinen in verschiedenen Städten mit einem gemeinsamen Fonds zu gründen, wurde in die Tat umgesetzt. Er selbst rief in Mannheim den ersten Verein ins Leben.

Heim, Ignaz (1813–1880). Dirigent eines Züricher Gesangvereins (Harmonie). In Zürich freundeten sich er und seine Frau Emilie, eine Sängerin, mit Wagners an.

Heine, Ferdinand (1798–1872). Als Kostümbildner und Gewandmeister am Dresdner Hoftheater (1819 bis 1850) war Heine an den Uraufführungen von *Rienzi* (1842), *Der fliegende Holländer* (1843) und *Tannhäuser* (1845) beteiligt. Er setzte sich mit großem Eifer für Wagners Werke ein und war einer der treuesten Freunde des Komponisten in seiner Dresdner Zeit.

Heine, Heinrich (1797–1856). Deutscher Schriftsteller und Dichter. Als einer der geistigen Väter des Jungen Deutschland wirkte Heine indirekt auf die Konzeption des *Liebesverbots* ein. Aber die eigentlichen Anleihen in Wagners Werk fallen in die Zeit nach ihrer ersten Begegnung in Paris; Wagner stützte sich sowohl beim *Fliegenden Holländer* als auch beim *Tannhäuser* auf Heine-Erzählungen. Weniger bekannt ist, daß Heines *Elementargeister* von 1837 zum Teil die Sagenwelt des *Rings* vorwegnehmen.

Herwegh, Georg (1817–1875). Politisch aktiver deutscher Lyriker. Entzog sich 1839 durch Flucht in die Schweiz dem Kriegsgericht. Dort machte er sich mit dem ersten Band seiner revolutionären *Gedichte eines Lebendigen* (1841) bald einen Namen. Die Sammlung enthielt unter anderem seine berühmte Invektive gegen Freiligraths *Die Partei*. Er beteiligte sich aktiv an der Revolution von 1848/49 und nahm danach zahlreiche politisch Verfolgte in seinem Haus in Zürich auf. Dort führte er Wagner in die Philosophie Schopenhauers ein.

Hey, Julius (1831–1909). Deutscher Gesangspädagoge an der Königlichen Musikschule in München. Wagner lernte ihn 1864 in Starnberg kennen und zog ihn bei den Proben zum Bayreuther *Ring* in gesangstechnischen Fragen zu Rate. Als Hey Wagner darauf hinwies, daß →Georg Unger in der Rolle des Siegfried stimmtechnisch fehlerhaft singe, ließ ihn Wagner die Partie mit Unger einüben.

Hill, Karl (1831–1893). Deutscher Sänger (Baßbariton). Vor seinem Engagement in Schwerin 1868 war er Postbeamter. Seine dämonische Ausstrahlung als

Holländer 1873 in Schwerin brachte Wagner auf die Idee, ihn für die ersten Bayreuther *Ring*-Aufführungen als Alberich zu verpflichten. Bei der Uraufführung des *Parsifal* (1882) sang er den Klingsor. Er starb in geistiger Umnachtung.

Hoffmann, Josef (1831–1904). Wiener Historienmaler, bei dem Wagner die Dekorationsentwürfe für den ersten Bayreuther *Ring* (1876) in Auftrag gab. Mit seinen Skizzen war Wagner sehr zufrieden; Hoffmann hatte aber weder ein Atelier noch Gehilfen zur Ausführung, so daß die Gebrüder →Brückner mit der Aufgabe betraut wurden. Hoffmann war mit den aus technischen Gründen vorgenommenen Änderungen an seinen Bühnenbildern nicht einverstanden, so daß Wagner sich gezwungen sah, ihn aus den Vorbereitungsarbeiten weitgehend herauszuhalten.

Hülsen, Botho von (1815–1886). Deutscher Theaterdirektor, ab Juni 1851 Intendant der Berliner Oper (als Nachfolger Karl Theodor von Küstners). Ab 1866 leitete er auch die Theater in Hannover, Kassel und Wiesbaden.

Jenkins, Newell Sill. In Dresden praktizierender amerikanischer Zahnarzt. Jenkins, der Wagner in Basel und in Bayreuth behandelte, wurde im Hinblick auf Wagners geplante Auswanderung nach Amerika (1880) mit ersten Verhandlungen betraut.

Joukowsky, Paul von (1845–1912). Russischer Maler. Gehörte dem engsten Wagner-Kreis an, seit er den Komponisten im Januar 1880 in der Villa d'Angri in Neapel aufgesucht hatte. Wagner nahm ihn wohlwollend auf und beauftragte ihn später mit dem Entwurf der Bühnenbilder und Kostüme für den *Parsifal*. Joukowsky schloß sich mit seinem Adoptivsohn Pepino ganz der Familie an.

Kietz, Ernst Benedikt (1815–1892). Deutscher Maler. Lebte in Paris, um sein Kunststudium abzuschließen, als sich Wagner und Minna 1839–42 dort aufhielten. Er war ein häufiger Gast bei den Wagners, und 1858 (Kietz war bereits 43 Jahre alt) boten sie ihm sogar an, ihn zu »adoptieren«. Wagner behauptete im Spaß, Kietz habe nie einen einzigen Auftrag zu Ende geführt, doch seine verschiedenen Skizzen und Porträts vom jungen Wagner sind von unschätzbarem Wert.

Kirchner, Theodor Fürchtegott (1823–1903). Deutscher Organist und Komponist. Arbeitete 1843–62

als Organist, Lehrer und Organisator musikalischer Veranstaltungen in Winterthur. Wagner und Liszt wurden auf ihn aufmerksam und bewunderten sein Talent. In Wagners Züricher Zeit wurde Kirchner als Klavierbegleiter zu Privataufführungen seiner Werke gebeten.

Klindworth, Karl (1830–1916). Deutscher Pianist, Dirigent und Lehrer. Ab 1852 verkehrte er in Liszts Weimarer Kreis, und durch Liszts Vermittlung lernte er 1855 in London Wagner kennen. Klindworth fertigte Klavierauszüge vom gesamten *Ring* sowie auch von den *Meistersingern* und von *Tristan und Isolde* an (im letzten Fall eine einfachere Fassung als die Bülowsche). Seine Adoptivtochter Winifred Williams heiratete → Siegfried Wagner.

Laube, Heinrich (1806–1884). Deutscher Schriftsteller, Kritiker und Theaterdirektor. In seinen Schriften, vor allem im dreibändigen gesellschaftskritischen und politischen Roman *Das Junge Europa* (1833–1837), vermittelte er seine radikalen Ansichten. Als Wortführer des Jungen Deutschland war er ständigen Verfolgungen ausgesetzt. Mit seinen Überzeugungen beeinflußte er den jungen Wagner (Laube war ein Freund der Familie), und als Redakteur der *Zeitung für die elegante Welt* veröffentlichte er auch einige frühe Wagner-Aufsätze; in späterer Zeit entfremdeten sie sich jedoch. Ab 1840 war Laube Theaterkritiker in Leipzig; später leitete er das Wiener Burgtheater (1849–67), das Leipziger Stadttheater (1869–71) und das Wiener Stadttheater (ab 1872).

Laussot, Jessie, geb. Taylor (um 1829–1905). Aus England stammende Frau des Weinhändlers Eugène Laussot aus Bordeaux. Von Wagners Musik und seinen Vorstellungen begeistert bot sie ihm gemeinsam mit → Julie Ritter eine jährliche Rente von 3000 Franken an. Bei Wagners Besuch in Bordeaux im März 1850 entwickelte sich eine kurze Liebschaft, doch der Plan, gemeinsam in Griechenland oder Kleinasien »unterzutauchen«, wurde durch das Eingreifen ihrer Mutter und des Ehemanns vereitelt. Jessie war musikalisch sehr begabt und betätigte sich später in Florenz unter anderem als Dirigentin.

Lehrs, Samuel (1806–1843). Deutscher Philologe. In Wagners Pariser Zeit (1839–42) einer seiner engsten Freunde. Wagner verdankte ihm die Beschaffung von Quellenmaterial zur Tannhäuser- und zur Lohengrin-Sage und die intellektuelle Auseinandersetzung mit

manchen Ideen ihrer Zeit. Die Armut, in der Lehrs in Paris lebte, führte zu seinem frühen Tod kurz nach Wagners Abreise nach Dresden.

Lenbach, Franz von (1836–1904). Deutscher Maler. Widmete sich ab 1868 der Porträtmalerei, zu seiner Zeit war er in Deutschland ein begehrter Porträtist und Malerfürst. Er lernte zunächst Cosima, dann auch Wagner selbst kennen und porträtierte beide zu verschiedenen Gelegenheiten, allerdings nicht immer nach dem lebenden Modell.

Levi, Hermann (1839–1900). Deutscher Dirigent. Nach seinem Studium in Mannheim und in Leipzig war er in Saarbrücken, Mannheim, Rotterdam und Karlsruhe als Dirigent tätig, bevor er zum Hofkapellmeister und Generalmusikdirektor an der Münchener Hofoper ernannt wurde. Obwohl er Jude war und Brahms und seinen Anhängern nahestand, schätzte Wagner ihn als einen hervorragenden Interpreten seiner Werke, insbesondere des *Parsifal,* den Levi 1882 bei der Uraufführung und auch danach noch jahrelang dirigierte. Er – und auch Wagner – glaubten, daß er sich eigentlich taufen lassen müsse, um den *Parsifal* zu dirigieren, aber nach längerem Hin und Her wurde diese Idee wieder verworfen.

Liszt, Franz (1811–1886). Ungarischer Komponist und Pianist. Die beiden Männer begegneten sich erstmals im März 1841 in Paris, als Liszt schon auf der Höhe seines Ruhms stand. Doch erst als er sich aus dem Konzertleben zurückgezogen hatte, um sich ganz dem Komponieren und der Förderung anderer Musiker zu widmen, vertiefte sich die Freundschaft. Die ungewöhnliche, ernsthafte Beziehung war geprägt von gegenseitiger Hochachtung; die beiden anerkannten Hauptvertreter der Neudeutschen Schule bewunderten die Fortschrittlichkeit des anderen, und was die gegenseitige Beeinflussung betrifft, läßt sich kaum feststellen, wer mehr davon profitiert hat. Die Freundschaft überstand auch Zeiten der Abkühlung, so auch das ernste Zerwürfnis, das Wagners Verhältnis mit Liszts Tochter Cosima hervorrief.

Ludwig II., König von Bayern (1845–1886). Der Sohn Maximilians II. und Enkel Ludwigs I. bestieg 1864 mit 18 Jahren den bayerischen Königsthron. Der schwärmerische Wagner-Verehrer unterstützte den Komponisten großzügig, was sich in dessen Lebensverhältnissen niederschlug. Die öffentliche Meinung stieß sich jedoch an Wagners Verhältnis mit Cosima, und bald kam der Verdacht auf, daß er die Freigebigkeit des Königs schamlos ausnutzte; im Dezember 1865 sah sich Ludwig II. daher gezwungen, Wagner zum Verlassen Münchens aufzufordern. Er unterstützte Wagner jedoch weiterhin, und trotz vieler Spannungen im Verlauf der nächsten Jahre finanzierte Ludwig noch rechtzeitig das Bayreuther Unternehmen und blieb leidenschaftlicher Bewunderer von Wagners Kunst. Seine Bauwut, sein unberechenbares Verhalten und das zunehmende Desinteresse an den eigentlichen Staatsangelegenheiten führten schließlich dazu, daß er offiziell für geisteskrank erklärt und am 10. Juni 1886 abgesetzt wurde. Drei Tage später fand man ihn und seinen Psychiater ertrunken im Starnberger See; die Umstände seines Todes konnten nie wirklich aufgeklärt werden.

Lüttichau, (Wolf Adolf) August Freiherr von (1786 bis 1863). Der ehemalige Forst- und Oberforstmeister kam 1824 ans Dresdner Hoftheater, wo er bis kurz vor seinem Tod als Intendant tätig war. Trotz der Spannungen und Reibereien, die sich aus ihrem ungleichen beruflichen Stand ergaben, bewahrten er und Wagner immer einen gewissen Respekt voreinander.

Maier, Mathilde (1833–1910). Wagner lernte die Notarstochter Mathilde Maier im März 1862 im Hause Schott in Mainz kennen. Ein beginnender Hörschaden machte sie Wagner gegenüber befangen; daher wehrte sie seine Annäherungsversuche ab. Er bedrängte sie, als Hausfrau und Gefährtin zu ihm ins Haus Pellet zu ziehen (Juni 1864), nahm aber seine Einladung schnell wieder zurück, als er von Cosimas bevorstehender Ankunft erfuhr. In Wagners Briefen an Mathilde aus dieser Zeit wurden einige vermutlich kompromittierende Passagen nachträglich unkenntlich gemacht.

Marbach, Rosalie, geb. Wagner (1803–1837). Älteste Schwester Wagners. Gab in einem Stück ihres Stiefvaters (*Das Erntefest,* Dezember 1818) ihr Bühnendebüt und wurde zwei Jahre später königliche Hofschauspielerin in Dresden. Nach Erfolgen in Prag und auf anderen Bühnen ab 1826 nahm sie 1829 ein Engagement in Leipzig wahr. Sie starb jung, ein Jahr nach ihrer Heirat mit dem Universitätsprofessor Oswald Marbach.

Marschner, Heinrich (August) (1795–1861). Deutscher Komponist. Zunächst Musikdirektor in Dresden (1824–26), dann Kapellmeister in Leipzig (1827–30); ab 1830 Kapellmeister in Hannover (bis 1859). Als eine der führenden Gestalten in der deutschen romantischen Oper hatte er großen Einfluß auf den jungen Wagner, der vor allem in den 1820er und 1830er Jahren mit seinen Opern in Berührung kam. Formale und inhaltliche Parallelen sind vor allem zwischen Marschners *Der Vampyr* und *Hans Heiling* und Wagners *Fliegendem Holländer, Tannhäuser* und *Lohengrin* zu beobachten.

Materna, Amalie (1844–1918). Österreichische Sängerin (Sopran). Obwohl sie zunächst als Operettensängerin Karriere gemacht hatte, sang sie als eine der ersten einen dramatischen Sopran, wie er in Wagners Musikdramen verlangt wird. Bei der ersten Gesamtaufführung des *Rings* (1876) sang sie die Brünnhilde und 1882 die Kundry.

Mendelssohn Bartholdy, Felix (1809–1847). Deutscher Komponist, Pianist, Organist und Dirigent. Nach frühen Erfolgen als Wunderkind wurde er schließlich Gewandhauskapellmeister in Leipzig (1835–47) und war der Mitbegründer und erste Direktor des dortigen Konservatoriums (ab 1843). Die wenigen Opern, die es von ihm gibt (darunter die unvollendete *Loreley* von 1847), zeugen von seinem lebenslangen Versuch, dieses Genre zu meistern. Heute ist er allerdings hauptsächlich wegen seiner Instrumental- und Chorwerke bekannt. Die gängige Meinung, Mendelssohn Bartholdys Werke seien zu oberflächlich, wurde erst in den letzten Jahren revidiert. Trotz seines Vorurteils gegenüber Mendelssohn, das zum Teil auf seinen Antisemitismus zurückzuführen ist, finden sich in Wagners frühen Werken Anklänge an Mendelssohn.

Mendès, Catulle(-Abraham) (1841–1909). Französischer Dichter, Librettist und Kritiker. Als Begründer und Herausgeber der *Revue fantaisiste* bot er Wagner 1861 die Gelegenheit, auf den Pariser *Tannhäuser*-Skandal hin in seiner Zeitung einen Artikel zu veröffentlichen. Seine erste Frau → Judith Gautier teilte seine Wagner-Begeisterung, daher besuchten sie 1869 (zweimal) und 1870 Wagner in Tribschen. Mendès' Freundschaft mit Wagner überdauerte zwar den spannungsreichen letzten Besuch (der mit dem Ausbruch des Deutsch-Französischen Kriegs zusammenfiel), zerbrach aber an Wagners 1873 veröffentlichter chauvinistischer Posse *Eine Kapitulation.* Daß Mendès' Bewunderung für den Künstler Wagner dadurch nicht beeinträchtigt wurde, zeigte sich in seiner umfangreichen Wagner-Biographie (1886) und in verschiedenen kleineren Schriften, unter anderem für die *Revue Wag-nérienne*, die er 1885 mitbegründete.

Mendès-Gautier, Judith → Gautier, Judith.

Metternich, Pauline Fürstin von (1836–1921). Enkelin des österreichischen Staatsmanns, verheiratet mit einem seiner Söhne, Richard Fürst Metternich-Winneburg, dem späteren österreichischen Gesandten in Paris. Ihrem Einfluß am Hof Napoleons III. war es zu verdanken, daß die Pariser Aufführung des *Tannhäuser* 1861 überhaupt zustande kam, andererseits war es ihre Unbeliebtheit in bestimmten höfischen Kreisen, die weitgehend für die politische Demonstration des Jockey-Clubs verantwortlich war.

Meyerbeer, Giacomo [eigtl. Jakob Liebmann Meyer Beer] (1791–1864). Deutscher Komponist. Meyerbeer begann seine Karriere als Wunderkind am Klavier. Nachdem er sich mit italienischen Opern hervorgetan hatte, ließ er sich in Paris nieder, wo er zum wichtigsten Vertreter der französischen Grand opéra wurde. Sein Markenzeichen und Erfolgsrezept waren die triumphalen Massenszenen und das große Spektakel, was allerdings heute weniger gefragt ist. Daher hat man in unserer Zeit kaum Gelegenheit, sich über seine Werke (insbesondere auf der Bühne) ein objektives Urteil zu bilden. Trotzdem wurde von jeher seine beispielgebende, phantasievolle Orchestrierung gerühmt. Wagners ablehnende Haltung gegenüber Meyerbeer war zum Teil auf seinen Antisemitismus zurückzuführen, entsprach aber auch der in Deutschland weit verbreiteten Meinung, Meyerbeers Werke seien von rhythmischer Monotonie und einem unzulässigen Eklektizismus geprägt und setzten reine Effekthascherei über echte dramatische Spannung.

Meysenbug, Malwida Freiin von (1816–1903). Politisch aktive deutsche Schriftstellerin, Demokratin und Frauenrechtlerin. Wurde 1852 wegen ihres Umgangs mit führenden Männern der Revolution von 1848/49 aus Berlin ausgewiesen und ging zunächst nach London, wo sie als Erzieherin und als Zeitungskorrespondentin tätig war; 1862 wanderte sie nach Italien aus. Sie war eine Freundin und Verehrerin Wagners wie auch Nietzsches, Liszts und verschiedener Revolutionäre wie Garibaldi und Mazzini.

Mitterwurzer, Anton (1818–1876). Sänger (Bariton) an der Dresdner Oper. Sang bei der Uraufführung des *Tannhäuser* (1845) den Wolfram und bei der *Tristan*-Uraufführung (1865) den Kurwenal.

Monnais, Edouard (1798–1868). Französischer Theaterdirektor. Vorübergehend (1839–41) stellvertretender Direktor der Pariser Opéra; hatte aber auch danach noch als königlicher Beauftragter an der Opéra großen Einfluß. Daneben Herausgebertätigkeit und Beiträge für verschiedene Zeitschriften (unter dem Pseudonym »Paul Smith«).

Mrázek, Anna (um 1834–1914). Wagners Wirtschafterin in Wien (1863/64), danach in München und in Starnberg. Anna Mrázek verhinderte 1914 durch ihre Aussage eine gerichtliche Feststellung, daß Isolde Beidler Wagners Tochter sei; sie bezeugte, daß Cosima während Bülows Besuch bei Wagner in Starnberg im Juli 1864 das Zimmer mit ihrem Mann geteilt habe und nicht mit Wagner.

Mrázek, Franz (gest. 1874). Wagners böhmischer Diener in Wien, München und Starnberg, später an die Königliche Musikschule in München übernommen. In ihrem Tagebucheintrag vom 6. August 1874 vermerkt Cosima seinen Tod und schreibt ihn der schlechten Behandlung durch die Schulleitung als Reaktion auf seine Loyalität gegenüber Wagner zu.

Müller, Christian Gottlieb (1800–1863). Deutscher Orchestermusiker und Dirigent. Ab 1826 Mitglied des Leipziger Gewandhausorchesters, ab 1831 Dirigent der (größtenteils aus Laienmusikern bestehenden) Leipziger Musikgesellschaft »Euterpe«. 1836 wurde er Stadtmusikdirektor in Altenburg. Wagner nahm bei Müller fast drei Jahre lang (1828–31) Unterricht in Harmonielehre.

Muncker, Theodor (1823–1900). Bayreuther Bürgermeister ab 1863. Half bei der Gründung der Bayreuther Festspiele, als Wagner 1871 um die Unterstützung der Stadt bat, und wurde Wagners Freund und Mitglied im Verwaltungsrat der Festspiele.

Neumann, Angelo (1838–1910). Österreichischer Sänger (Bariton) und Regisseur. 1876–80 Theaterdirektor an der Leipziger Oper, wo er 1878 mit Wagners Erlaubnis den *Ring* aufführte. Er plante die Gründung eines festen Wagner-Theaters in Berlin, dem Wagner bereitwillig seinen Namen gegeben hätte. Im August 1882 schloß er mit Wagner einen Vertrag, laut dem er mit seiner Wandertruppe den *Ring* spielen durfte, und führte die Tetralogie in den darauffolgenden Jahren in ganz Europa auf.

Niemann, Albert (1831–1917). Deutscher Sänger (Tenor). Gab sein Debüt 1849 in Dessau. Nach Engagements in Stuttgart, Hannover u. a. wurde er Mitglied der Berliner Hofoper (1866–89). Sang bei den Pariser Aufführungen von 1861 den Tannhäuser und beim ersten Bayreuther *Ring* den Siegmund. Mit dieser Partie trat er auch erstmals in London auf (1882), außerdem kam er als erster Tristan und erster Siegfried (*Götterdämmerung*) nach Amerika.

Nietzsche, Friedrich (1844–1900). Deutscher Philosoph. Wurde 1869 im Alter von 24 Jahren als Professor für klassische Philologie an die Baseler Universität berufen. Seit seinem ersten Besuch in Tribschen im gleichen Jahr war er ein häufiger und willkommener Gast im Haus Wagners. Seine Werke fanden bei Wagner und Cosima großen Anklang, insbesondere *Die Geburt der Tragödie aus dem Geiste der Musik,* nicht zuletzt weil sie Wagners zentrale Stellung in der abendländischen Kultur zu verherrlichen schien. Nietzsche war seinerseits fasziniert von der nach seinem Empfinden heimtückischen Macht von Wagners Musik und überwältigt von der »schauerlichen und süßen Unendlichkeit« des *Tristan.* Das ambivalente Verhältnis Nietzsches zu Wagner zeigte sich erstmals in seinem Aufsatz *Richard Wagner in Bayreuth* (1875/76); als sich in den nächsten Jahren seine geistige und körperliche Verfassung verschlechterte, lehnte er Wagners »dekadente« Kunst immer vehementer ab.

Ollivier, Blandine (1835–1862). Ältere Schwester Cosima Wagners aus der Verbindung Liszts mit der Gräfin Marie d'Agoult. 1857 heiratete sie den französischen Politiker Emile Ollivier und starb kurz nach der Geburt ihres ersten Kindes. Wagner war ihr zwar zugeneigt, aber die Gerüchte über eine Liebesaffäre lassen sich nicht bestätigen.

Perfall, Karl Freiherr von (1824–1907). 1867–93 Intendant des Münchener Hoftheaters. Perfall hatte großen Einfluß und arbeitete in seiner langen Amtszeit mit so verschiedenen Kapellmeistern wie Lachner, →Bülow, Wüllner und →Levi zusammen.

Pfistermeister, Franz Seraph von (1820–1912). Kabinettssekretär Ludwigs II. bis zu seinem Rücktritt im Oktober 1866, zu dem ihn offensichtlich sein Ärger

über Wagners Einmischung in Staatsangelegenheiten bewog. Wagner beschuldigte seinerseits Pfistermeister – nicht zu Unrecht –, gegen ihn zu intrigieren.

Pfordten, Ludwig Freiherr von der (1811–1880). Deutscher Jurist und Politiker. 1849–59 Außenminister und bayerischer Ministerpräsident, 1859–64 bayerischer Bundestagsgesandter, 1864–66 erneut Ministerpräsident. Pfordten und →Pfistermeister waren Wagners mächtigste Feinde am Münchener Hof.

Pillet, Léon (1803–1868). Pillet folgte offiziell 1841 (faktisch schon im Jahr zuvor) Duponchel und →Monnais als Direktor der Pariser Opéra. Er war somit der wichtigste Ansprechpartner für Wagner in seiner Pariser Zeit. 1847 mußte er sein Amt niederlegen.

Planer, Minna →Wagner, Minna.

Planer, Natalie →Bilz(-Planer), Natalie.

Porges, Heinrich (1837–1900). Deutscher Redakteur und Musikschriftsteller. Ab 1863 Mitherausgeber der *Neuen Zeitschrift für Musik,* und ab 1867 neben →Fröbel verantwortlicher Redakteur des Kunstteils der *Süddeutschen Presse.* Er war Wagner 1863 in Wien aufgefallen. Obwohl er zunächst Wagners Ruf, ihm nach München zu folgen, nicht nachkam, wurde er später sein Assistent, vor allem bei den Proben zum ersten *Ring* in Bayreuth, die er auf Wagners Anweisung detailliert protokollierte.

Praeger, Ferdinand Christian Wilhelm (1815–1891). Deutscher Komponist, Pianist und Schriftsteller. Ließ sich 1834 in London nieder, wo er zu einem gefragten Lehrer wurde. Seine Werke wurden in Frankreich, Deutschland und England aufgeführt. Er nahm Wagner während seines Londoner Aufenthalts 1855 gastfreundlich auf; später behauptete er fälschlicherweise, er sei für Wagners Einladung nach England verantwortlich gewesen. Das war nur eine von vielen frei erfundenen Angaben in seiner berühmt-berüchtigten Schrift *Wagner as I knew him* (1892).

Pusinelli, Anton (1815–1878). Wagners Hausarzt und einer seiner engsten Freunde, der seit ihrer ersten Begegnung in Dresden sein Vertrauen genoß. Als Anfang der 1860er Jahre Wagners Ehe mit Minna zu zerbrechen drohte, fiel Pusinelli die heikle Aufgabe zu, zwischen beiden zu vermitteln.

Reißiger, Karl Gottlieb (1798–1859). Deutscher Komponist, Dirigent und Lehrer. Als Kapellmeister am Dresdner Hof von 1828 bis zu seinem Tod war er während der ganzen Dresdner Zeit Wagners (mehr oder weniger) aktiv. Immerhin brachte er die Dresdner Oper zunächst an die Spitze der deutschen Theater. In den 1840er Jahren überließ er allerdings mit seiner zunehmenden Trägheit dem jüngeren Kollegen das Feld. Zu Reißigers Kompositionen, die sich eher durch handwerkliche Gediegenheit als durch Originalität auszeichnen, zählen acht Opern.

Richter, Hans (1843–1916). Österreichisch-ungarischer Dirigent. Nach seinem Studium in Wien und einigen Jahren als Hornist am dortigen Kärntnertortheater (1862–66) war er 1866/67 bei Wagner in Tribschen als Kopist tätig und fertigte die Reinschrift der *Meistersinger*-Partitur an. 1868/69 arbeitete er als Korrepetitor unter Bülow in München; im weiteren dirigierte er in verschiedenen Städten (Brüssel, Budapest, Wien u. a.) Opern Wagners und anderer. Er leitete die erste Gesamtaufführung des *Rings* in Bayreuth (1876). Wirkte weiterhin mit Erfolg in Bayreuth und in England, wo er das Hallé Orchestra (1899–1911) und das London Symphony Orchestra (1904–1911) leitete und die erste englischsprachige *Ring*-Aufführung dirigierte (1908).

Ritter, Julie, geb. Momma (1794–1869). Nach dem Tod ihres Gatten, des Kaufmanns Karl Ritter, zog sie nach Dresden, wo sie als Freundin und Gönnerin Wagners in Erscheinung trat. 1850 setzte sie Wagner gemeinsam mit Jessie Laussot eine jährliche Rente von 3000 Franken aus. Sogar nach der peinlichen Bordeaux-Affäre ließ sie ihm noch jährlich 800 Taler zukommen (1851–59).

Ritter, Karl (1830–1891). Sohn Julie und Karl Ritters. Die Familie Ritter lernte Wagner erst gegen Ende seiner Dresdner Zeit kennen. Karl begleitete ihn ins Schweizer Exil und 1858, als Wagner das »Asyl« verlassen mußte, weiter nach Venedig.

Röckel, August (1814–1876). Deutscher Dirigent und Komponist. Röckel war in Bamberg (1838) und in Weimar (1839–43) tätig, bevor er in Dresden unter Wagner als Musikdirektor wirkte (1843–48). Die gemeinsame Beteiligung an den revolutionären *Volksblättern* (herausgegeben von Röckel) und an der Revolution von 1848/49 endete mit Wagners Exil und im Falle Röckels mit einem Todesurteil,

das aber in eine dreizehnjährige Haftstrafe umgewandelt wurde. Wagners Briefe an Röckel aus dieser Zeit enthalten einige aufschlußreiche Aussagen zum *Ring*.

Rubinstein, Joseph (1847–1884). Pianist aus einer wohlhabenden russisch-jüdischen Familie. Er war ein häufiger Gast im Haus Wahnfried; er suchte die Nähe Wagners, um sich von den Fehlern seines Judentums zu reinigen. Wagner nahm ihn in seine »Nibelungenkanzlei« auf. Als Hauspianist spielte er der Familie die verschiedensten Klavierwerke vor, vor allem Präludien und Fugen von Bach, und fertigte von einigen Wagner-Werken Klavierauszüge an. Kurz nach Wagners Tod beging er in Luzern Selbstmord.

Sayn-Wittgenstein, Carolyne Fürstin von (1819 bis 1887). Wohltäterin und langjährige Lebensgefährtin Liszts. Nach ihrer Trennung von Nikolaus von Sayn-Wittgenstein (kurz nach der über ihren Kopf hinweg arrangierten Heirat) zog die Fürstin zu Liszt nach Weimar und übte von diesem Zeitpunkt an großen Einfluß auf seine Kunst und sein ganzes Gefühlsleben aus. Ihr anfangs sehr herzliches Verhältnis zu Wagner kühlte merklich ab, als jeder im anderen einen Rivalen in der Beziehung zu Liszt vermutete.

Schleinitz, Marie Freifrau (Gräfin) von, geb. von Buch (1842–1912). Frau von Alexander Graf von Schleinitz, Minister des königlichen Hauses in Berlin. Vor ihrer Hochzeit eine Freundin und Vertraute Cosimas während der Starnberger Zeit (1864). Förderte das Bayreuther Projekt mit großem Einsatz.

Schlesinger, Maurice [Moritz] (1797–1871). Deutscher Musikverleger. Gründete 1821 in Paris eine Zweigfirma des Berliner Verlags seines Vaters und gab die *Gazette musicale de Paris* heraus (ab 1835 *Revue et Gazette musicale de Paris*). Wagner bezog in seiner Pariser Zeit (1839–42) von Schlesinger ein bescheidenes Einkommen.

Schnorr von Carolsfeld, Ludwig (1836–1865). Deutscher Sänger (Tenor). Sohn des Malers Julius Schnorr von Carolsfeld. Nach seiner Übersiedlung nach Dresden im Jahr 1860 festigte er seinen Ruhm mit Wagner-Partien (Tannhäuser, Lohengrin). An der Seite seiner Frau Malvina kreierte er die Partie des Tristan (München 1865). Sein Tod drei Wochen nach den ersten *Tristan*-Vorstellungen war ein schwerer Schlag für Wagner.

Schnorr von Carolsfeld, Malvina, geb. Garrigues (1825–1904). Tochter des brasilianischen Konsuls in Kopenhagen, wo sie geboren wurde. Begann in *Robert le diable* ihre Laufbahn als Sopranistin; danach sang sie in Coburg, Gotha, Hamburg und (ab 1854) in Karlsruhe. Sie brachte Wagner und Cosima in eine peinliche Lage, da sie Ludwig II. über ihr Verhältnis berichtete.

Schopenhauer, Arthur (1788–1860). Deutscher Philosoph. Wagner wurde von den Ideen, die Schopenhauer in *Die Welt als Wille und Vorstellung* und in *Parerga und Paralipomena* entwickelte, stark beeinflußt. Zum Teil hatte man seine Philosophie bereits in Wagners Züricher Freundeskreis diskutiert (insbesondere Herwegh und François Wille; vgl. Eliza Wille), bevor Wagner Schopenhauers Hauptwerk im Oktober 1854 selbst las. Die Tatsache, daß Schopenhauer die Musik über alle anderen Künste stellte, und seine pessimistische Philosophie einer moralisch-asketischen Willensverneinung wirkten sich auf Wagners Werke ab dem *Ring* entscheidend aus. Ein Brief Wagners an Schopenhauer zur Frage des Selbstmords wurde nie abgeschickt. Es kam auch zu keiner Begegnung.

Schröder-Devrient, Wilhelmine (1804–1860). Deutsche Sopranistin. Ihr Ruf als eine der führenden Sängerinnen ihrer Zeit beruhte eher auf der Überzeugungskraft, die sie in ihre dramatische Gestaltung legte, als auf einer virtuosen Gesangstechnik. Besonders gefeiert wurde sie als Leonore in *Fidelio*. Sie kreierte die Wagner-Partien Adriano *(Rienzi),* Senta und Venus. Ihre Ehe mit dem Schauspieler Karl Devrient (dem Bruder Eduard Devrients) wurde 1828 aufgelöst.

Schumann, Robert (1810–1856). Deutscher Komponist, Pianist und Kritiker. Als Begründer und erster Herausgeber der *Neuen Zeitschrift für Musik* übte er in der Musikkritik der damaligen Zeit einigen Einfluß aus. Er schätzte und ermutigte den jungen Wagner, obwohl er bekannte, daß er mit der durchkomponierten Opernform seine Schwierigkeiten habe. Da er eher der in der klassischen Tradition verwurzelten absoluten Musik von Brahms zugeneigt war – mit ihm trat er 1853 in freundschaftlichen Kontakt –, hätte er sich wahrscheinlich auf dessen Seite gestellt und nicht auf die der Neudeutschen Schule. Nachdem sich seine Gemütskrankheit verschlimmert hatte, verbrachte er die letzten Jahre seines Lebens in einer Heilanstalt.

Seidl, Anton (1850–1898). Österreichisch-ungarischer Dirigent. Nach seinem Studium am Leipziger Konservatorium assistierte Seidl als Kopist in der Bayreuther »Nibelungenkanzlei« und wirkte bei der *Ring*-Produktion von 1876 mit; danach wurde er auf Wagners Empfehlung von Neumann nach Leipzig berufen (1879–82) und dirigierte auf einer Europatournee den *Ring.* Nach seinem Debüt an der Metropolitan Opera in New York 1885 dirigierte er dort insgesamt 340 Vorstellungen, darunter die amerikanischen Erstaufführungen der *Meistersinger,* des *Tristan* und der *Ring*-Opern mit Ausnahme der *Walküre.* Durch seinen frühen Tod verlor New York einen tatkräftigen Wagner-Propagator und maßgeblichen Interpreten seiner Werke.

Semper, Gottfried (1803–1879). Deutscher Baumeister. Berühmt als der Erbauer der Dresdner Oper (der erste Bau von 1841 brannte 1869 ab und wurde 1878 durch eine zweite Semper-Oper ersetzt). Er lernte Wagner in seiner Dresdner Zeit kennen. Sie beteiligten sich gemeinsam am Maiaufstand von 1849, wobei Semper die Errichtung der Barrikaden übernahm. Um der Verhaftung zu entgehen, floh er zunächst nach London, dann nach Zürich, wo er Unterricht gab und seine Bekanntschaft mit Wagner erneuerte. Sein Modell für ein Festtheater in München, das er in den 1860er Jahren im Auftrag Ludwigs II. gefertigt hatte, wurde nicht realisiert.

Spohr, Louis [Ludewig] (1784–1859). Deutscher Komponist, Violinvirtuose und Dirigent. Nach ungewöhnlich erfolgreicher Karriere als Geigenvirtuose, die mit ausgedehnten Konzertreisen verbunden war, ließ er sich am Kasseler Hof nieder (Hofkapellmeister ab 1822, Generalmusikdirektor ab 1847). Dort führte er den *Holländer* (1843) und den *Tannhäuser* (1853) auf. Trotz seiner Beliebtheit als Komponist galt und gilt Spohr i. a. eher als technisch versiert denn als originell. Trotzdem nahm sein Œuvre in einigen Punkten Wagners Musik vorweg: von der Chromatik über die Verwendung des Leitmotivs und den durchkomponierten Aufbau seiner Opern bis hin zu bestimmten Akkorden und Modulationen.

Standhartner, Joseph (1818–1892). Wiener Arzt, der am Hof tätig war; u.a. Leibarzt der Kaiserin. 1861 stellte er Wagner während seiner Abwesenheit sein Haus für sechs Wochen zur Verfügung. Standhartner blieb immer ein treuer Freund Wagners.

Stocker, Jakob (1827–1909). Wagners Diener, der im Januar 1867 durch seine Heirat mit Vreneli Weidmann ins Haus kam.

Stocker, Vreneli → Weidmann, Vreneli.

Sulzer, (Johann) Jakob (1821–1897). Ab 1847 erster Staatsschreiber des Kantons Zürich; entwickelte sich danach in mehreren einflußreichen Stellungen zu einer führenden Gestalt in lokalen und nationalen Regierungsangelegenheiten. Während Wagners Schweizer Exil in den 1850er Jahren freundete sich Sulzer mit ihm an und gewährte ihm wertvolle moralische und finanzielle Unterstützung.

Tausig, Carl (1841–1871). Polnischer Pianist und Komponist. Als hochbegabter Schüler Liszts wurde er von diesem im Mai 1858 aus Weimar zu Wagner nach Zürich geschickt. Wagner staunte über sein extrovertiertes Klavierspiel und war nicht minder entzückt von seinem kecken Wesen. 1871 wurde ihm die Geschäftsführung des Bayreuther Patronatsvereins bzw. die Ausgabe der sogenannten Patronatsscheine übertragen, doch nur wenige Wochen später starb er an Typhus.

Tichatschek, Joseph (Aloys) (1807–1886). Böhmischer Sänger (Tenor). Ab 1830 Chorist am Wiener Kärntnertortheater. Als Solist debütierte er 1837 in Graz und in Dresden. 1838 kam er an die Dresdner Hofoper, wo er dazu beitrug, daß hier die Gesangskunst das höchste Niveau in Deutschland erreichte. Er übernahm Partien für lyrischen Tenor und Spieltenor, galt aber auch als idealer Wagner-Heldentenor; er kreierte und sang oft den Rienzi und den Tannhäuser. Trat bis 1870 auf.

Uhlig, Theodor (1822–1853). Deutscher Geiger, Theoretiker, Kritiker und Komponist. Unehelicher Sohn von Friedrich August II. von Sachsen. Nachdem er 1841 Mitglied der Dresdner Hofkapelle geworden war, entwickelte er sich allmählich zu einem der engsten Freunde und verläßlichsten Helfer Wagners. Ihre Freundschaft, die auf ähnlichen politischen Ansichten basierte, dauerte bis in die ersten Jahre von Wagners Schweizer Exil an. Ihr Briefwechsel gibt Aufschluß über Wagners Gedanken in dieser Zeit. Wagner – und nicht nur er – bewunderte Uhligs Schriften. Uhlig hinterließ bei seinem frühen Tod ein Œuvre mit immerhin 84 Opusnummern.

Unger, Georg (1837–1887). Deutscher Tenor. Gab 1867 in Leipzig sein Debüt. Er wurde Wagner von Richter empfohlen, der ihn in Mannheim gehört hatte. Um beim ersten Bayreuther *Ring* (1876) die Partie des Siegfried übernehmen zu können, wurde er wegen seiner unzulänglichen Gesangstechnik von Julius Hey trainiert.

Villiers de l'Isle-Adam, Philippe-Auguste Graf von (1834–1889). Französischer Dichter aus verarmtem Adel. Seine Werke sind romantisch, mystisch oder idealistisch und empfänglich für die visionär-phantastischen Züge seiner Zeit. Er wurde von Baudelaire und Poe beeinflußt, war ein Freund Mallarmés und nicht zuletzt ein Bewunderer Wagners.

Vogl, Heinrich (1845–1900). Deutscher Sänger (Tenor). Studierte in München, wo er 1865 als Max im *Freischütz* debütierte. Auch seine weitere Karriere spielte sich vor allem in München ab; er kreierte hier die Partien Loges und Siegmunds (1869 und 1870). Nachdem er 1876 in Bayreuth den Loge gesungen hatte, trat er dort nochmals 1886 als Tristan und als Parsifal auf; er ging auch nach Berlin (1881), London (1882), Wien (1884/85) und New York (1890). Er sang alle größeren Wagner-Tenorpartien mit Ausnahme des Walther. Seine Frau Therese Thoma (1845 bis 1921) kreierte 1870 in München die Partie der Sieglinde und sang bei der ersten Londoner Gesamtaufführung des *Rings* die Brünnhilde (1882).

Wagner, Albert (1799–1874). Ältester Bruder Wagners. Ab 1819 als Sänger (Tenor) und Schauspieler an verschiedenen deutschen Bühnen tätig. 1857–65 Direktor des Berliner Hoftheaters.

Wagner, Clara → Wolfram, Clara.

Wagner, Cosima (1837–1930). Tochter Franz Liszts und der Gräfin Marie d'Agoult. 1857 heiratete sie den Dirigenten und Pianisten Hans von Bülow; aus dieser Ehe stammen die beiden Töchter Daniela und Blandine. Ab 1863 hatte sie ein Verhältnis mit Wagner, aus dem die drei Kinder Isolde, Eva und Siegfried (→Wagner, Siegfried) hervorgingen – alle unehelich. 1870 gelang es ihr schließlich, sich von Bülow scheiden zu lassen; noch im gleichen Jahr heiratete sie Wagner. Cosima war zwar gebildet, legte jedoch eine recht enge, starre Sichtweise an den Tag; sie gab sich nach außen hin selbstsicher, in Wirklichkeit aber war sie von Schuldgefühlen und Unsicherheit geplagt. Trotzdem hatte sie die geistigen und psychischen Voraussetzungen, um Wagner eine ideale Lebensgefährtin zu sein; seine sexuelle Beziehung mit ihr sollte die einzige dauerhafte in seinem ganzen Leben bleiben. Nach Wagners Tod übernahm Cosima gegen anfängliche Widerstände die Festspielleitung; die Unbeirrbarkeit, mit der sie dabei ans Werk ging, erklärt sich aus einer bedingungslosen Unterwerfung unter Wagners Willen. Sie leitete die Festspiele bis 1906.

Wagner, Franziska (1829–1895). Wagners Nichte; Tochter Albert Wagners. Schauspielerin am Schweriner Hoftheater, verheiratet mit Julie Ritters Sohn Alexander.

Wagner, Luise → Brockhaus, Luise.

Wagner, Minna (eigentl. Christine Wilhelmine), geb. Planer (1809–1866). Deutsche Schauspielerin und Wagners erste Frau. Sie lernte Wagner kennen, als er 1834 Musikdirektor der Bethmannschen Theatertruppe wurde, in der sie eine der Hauptdarstellerinnen war. Die beiden heirateten 1836, aber schon während Wagners Kapellmeistertätigkeit in Dresden (1843–49) verschlechterte sich das Verhältnis auf Dauer. Minna hatte keinen Sinn für seine fortschrittlichen Ideen, sei es in der Kunst oder in der Politik, und sein unfreiwilliges Exil in den 1850er Jahren versetzte ihrer Ehe den Todesstoß. Hinzu kamen Wagners Seitensprünge, aber er wagte es nicht, sich von Minna scheiden zu lassen, weil er aufgrund ihres Herzleidens um ihr Leben fürchtete.

Wagner, Ottilie → Brockhaus, Ottilie.

Wagner, Rosalie → Marbach, Rosalie.

Wagner, Siegfried (Helferich Richard) (1869–1930). Deutscher Komponist und Dirigent; Sohn Richard Wagners. Die Geburt seines Sohnes und Erben, die Wagner als ein günstiges Zeichen des Schicksals auffaßte, wurde nachträglich mit der Komposition des *Siegfried-Idylls* gefeiert (1870). Wagner war darauf bedacht, seinen Sohn keinesfalls in eine musikalische Karriere zu drängen. Tatsächlich befaßte sich Siegfried zunächst mit Architektur. 1892–96 war er jedoch in Bayreuth als musikalischer Assistent tätig, dirigierte dort 1896 seine erste Aufführung *(Ring)* und inszenierte 1901 den *Fliegenden Holländer*. 1906 gab seine Mutter Cosima Wagner die Festspielleitung an ihn ab, ließ ihm aber in den ersten Jahren wenig Handlungsfreiheit, weil sie alles beim alten lassen wollte. Bei den

fünf Festspielen in der Zeit nach dem Ersten Weltkrieg (1924–1930) wagte er jedoch vorsichtige Neuerungen.

Weber, Ernst von (1830–1902). Zoologe und Gründer einer internationalen Gesellschaft zur Bekämpfung der Vivisektion. Sein Pamphlet *Die Folterkammer der Wissenschaft* fand Wagners uneingeschränkte Zustimmung. Wagners Schreiben an Weber zum Thema Vivisektion wurde zu einem Artikel für die *Bayreuther Blätter* (Oktober 1879) ausgeweitet.

Weidmann, Vreneli [Verena] (1832–1906). Vreneli trat erstmals 1859 in Luzern in Wagners Dienste. Er hing so sehr an ihr, daß er sie 1864 in München erneut als Wirtschafterin einstellte. Sie blieb auch nach seinem Umzug nach Tribschen bei ihm. Im Januar 1867 heiratete sie Jakob Stocker.

Weinlig, Christian Theodor (1780–1842). Deutscher Organist und Komponist. Kantor der Dresdner Kreuzschule (1814–1817), ab 1823 der Leipziger Thomaskirche. Wagner nahm bei ihm ab Herbst 1831 etwa sechs Monate lang Unterricht in Kontrapunkt und Komposition. Weinlig schrieb hauptsächlich geistliche Chorwerke, außerdem veröffentlichte er eine wichtige »Anleitung« zur Fuge.

Weißheimer, Wendelin (1838–1910). Deutscher Dirigent und Komponist. Besuchte 1856 das Leipziger Konservatorium; danach studierte er bei Liszt in Weimar. Er war in mehreren Städten als Kapellmeister tätig, darunter in Mainz, Würzburg, Straßburg, Baden-Baden und Mailand. Seine Freundschaft mit Wagner reichte in das Jahr 1862 zurück, als dieser sich in Biebrich aufhielt. In ihrer Beziehung auftretende Spannungen spitzten sich 1868 zu, als Wagner sich weigerte, Weißheimers Oper *Theodor Körner* für eine Aufführung in München zu empfehlen.

Wesendonck, Mathilde, geb. Luckemeyer (1828 bis 1902). Deutsche Schriftstellerin (Dichterin). Aus der 1852 beginnenden Freundschaft zwischen Wagner und Mathilde entwickelte sich später ein erotisches Verhältnis; es ist jedoch unklar, wie weit es in sexueller Hinsicht ging. In diese Zeit fällt der *Tristan* mit seiner Thematik der unerfüllbaren Liebe. Als schließlich (im August 1858) die Grenzen der Schicklichkeit überschritten waren, räumte Wagner das Feld. Wagner vertonte fünf Gedichte Mathildes (die *Wesendonck-Lieder*); zu ihren Werken zählen auch das fünfaktige Drama *Gudrun* (1868), das fünfaktige Trauerspiel

Edith oder die Schlacht bei Hastings (1872) und das Versdrama *Odysseus* (1878).

Die Wesendoncks schrieben sich damals noch mit »c«. Erst nach 1900 führte ihr Sohn die (wahrscheinlich) ursprüngliche Schreibweise des aus dem Holländischen stammenden Namens ein – »Wesendonk«.

Wesendonck, Otto (1815–1896). Deutscher Kaufmann. Nach einer kurzen, aber lukrativen Laufbahn als Teilhaber einer New Yorker Seidenimportfirma setzte er sich 1851 in Zürich zur Ruhe, um seinen Reichtum zu genießen. Dabei half ihm Wagner nach Kräften – und ohne Skrupel; es war wahrscheinlich sogar etwas Wahres daran, daß Wesendonck im gleichen Maß einen bedürftigen Künstler brauchte wie umgekehrt Wagner einen großzügigen Mäzen. Dieses Abhängigkeitsverhältnis bestand sogar noch nach der Ehekrise von 1858 weiter.

Wille, Eliza, geb. Sloman (1809–1893). Deutsche Schriftstellerin. Seit Wagners Schweizer Exil seine Freundin und Vertraute. Sie und ihr Mann François lernten Wagner kennen, nachdem sie sich 1851 auf das kleine Gut Mariafeld bei Zürich zurückgezogen hatten. Wagner war dort häufig zu Gast.

Wolfram, Clara, geb. Wagner (1807–1875). Ältere Schwester Wagners; heiratete 1828 den Opernsänger Heinrich Wolfram. Clara begann ihre Karriere mit einer Aufführung von Rossinis *La Cenerentola* 1824 in Dresden, zog sich aber wenige Jahre nach ihrer Heirat von der Bühne zurück.

Wolzogen, Hans (Paul) Freiherr von (1848–1938). Deutscher Musikschriftsteller. Nach seinem Studium der vergleichenden Sprachwissenschaft und der Philosophie in Berlin (1868–70) wurde Wagner auf ihn aufmerksam, der ihn im Oktober 1877 als Herausgeber der neugegründeten *Bayreuther Blätter* nach Bayreuth holte. Wolzogen erfüllte diese Aufgabe von der ersten Ausgabe an (sie erschien Anfang 1878) bis zu seinem Tod sechzig Jahre später; er galt bald als der wichtigste Bayreuther »Gralshüter«. Er schrieb unter anderem einige »thematische Leitfäden« zum *Ring* und zu anderen Werken und gab drei Bände mit Wagner-Briefen heraus.

BARRY MILLINGTON

Kapitel III

Zeitgeschichtlicher Hintergrund

Die Spätzeit des Heiligen Römischen Reiches Deutscher Nation:
1618–1789
Französische Revolution und Befreiungskriege:
1789–1815
Reaktion und Revolution:
1815–1849
Die Einigung Deutschlands »von oben«:
1850–1871
Das Reich in Europa:
1871–1883

Zeitgeschichtlicher Hintergrund

»Die Zukunft ist nicht anders denkbar als aus der Vergangenheit bedingt.« Diese Worte eines Mannes, an dessen Wiege am 18. Oktober 1813 der Geschützdonner der Völkerschlacht bei Leipzig dröhnte, sind charakteristischer Ausdruck von Lebensgefühl und Denken Richard Wagners. Sie entspringen der erlebten und erlittenen Erfahrung des Umbruchs einer scheinbar festgefügten Welt als Dialektik von Befreiung und Beraubung. Voluntaristische Revolte gegen die Schranken des historisch Überkommenen prägt ebenso die »geistige Gestalt« Wagners wie gefühlsmäßige Einbindung in historische Kontinuität und Bedingtheit jenseits aller Veränderung. Das 19. Jahrhundert wurde bestimmt durch den Gegensatz zwischen revolutionären geistigen, sozialen und politischen Umbrüchen und dem kompensatorischen Willen zur sich strukturell immer wieder reproduzierenden Kontinuität. Dieser Widerspruch durchzog Staaten und Gesellschaften, Kulturen und Ökonomie. Wille und Schöpferkraft zwangen Wagner in seinem Werk zu einer Synthese, durch die er zum »vollkommenen Ausdruck« seines Jahrhunderts (Thomas Mann) wurde. Um so mehr erscheint es geboten, einen orientierenden Blick auf die Geschichte dieses Jahrhunderts – insbesondere auf die deutsche – zu werfen.

Die Spätzeit des Heiligen Römischen Reiches Deutscher Nation: 1618–1789

In Europa hatte sich seit dem Hochmittelalter ein Staatensystem aus Mächten gebildet, die erhebliche Entwicklungsunterschiede aufwiesen. Deutschland, das Land in der Mitte Europas, war politisch im Heiligen Römischen Reich Deutscher Nation organisiert, das aus mehr als 300 weltlichen und geistlichen Fürstentümern und Reichsstädten bestand. Seinen Herrscher, den Römischen Kaiser, wählten sieben (ab 1692 neun) Kurfürsten aus dem Kreis der deutschen Fürsten. Der Kaiser »herrschte« zwar im Reich, »regierte« als Landesherr aber nur seine eigenen Erblande. Das Reich verharrte auf der Entwicklungsstufe eines mittelalterlichen »Personenverbandsstaates«, in dem Herrschaft durch Lehenbande konstituiert wurde, während die ihm angehörenden Landesfürsten in ihren Herrschaftsgebieten nach und nach alle Merkmale des modernen »Territorialstaates« entwickelten, dessen Kennzeichen die exklusive und unteilbare Souveränität ist.

Die Nachbarstaaten des Reiches, besonders im Westen, repräsentierten ungeachtet konstitutioneller Unterschiede diesen modernen Staatstyp. Aus der Reformation war Deutschland zudem als konfessionell gespaltenes Land hervorgegangen; es galt der Grundsatz, daß selbst der unbedeutendste Landesherr die Konfession seiner Untertanen bestimmte (cuius regio, eius religio). Nur der Kaiser mußte Katholik sein.

Deutsche Fürsten führten Kriege und schlossen Pakte, untereinander und mit auswärtigen Mächten, selbst gegen den Kaiser. Der Dreißigjährige Krieg (1618–1648), der als deutscher Bürgerkrieg um die religiöse Vorherrschaft begonnen hatte, endete als Hegemonialkrieg der europäischen Mächte, der auf deutschem Boden ausgefochten wurde. An seinem Ende war die Hälfte der deutschen Bevölkerung tot, das Land verwüstet und verarmt, eine traumatische Erfahrung, die für Jahrhunderte unvergessen blieb, sich aber noch nicht gegen einen bestimmten Nachbarn richtete, weil der konfessionelle Aspekt sie überlagerte.

Der Westfälische Friede von 1648 machte außer dem König von Dänemark auch den von Schweden zum Territorialherrn im Reich; Schweden und Frankreich wurden zu Garanten einer »Reichsverfassung«, die faktisch die Handlungsunfähigkeit des Reichs bewirkte, aber auch seine Fortexistenz garantierte. Da dieses Gebilde keiner zeitgenössischen Staatstheorie entsprach, nannte der Staatsrechtslehrer Samuel Pufendorf (1632–1694) es ein »Monstrum« (monstro simile). Unter diesen Umständen mußte sich das Gefühl nationaler Identität in der deutschen Nation anders konstituieren als das anderer, besonders westeuropäischer Nationen; es gründete sich auf die Reichsidee, auf deutsche Kultur und Sprache, nicht aber auf ein abgegrenztes Territorium und eine Staatsraison.

Psychologisch wurde das Jahr 1689 zu einem Epochenjahr in der Geschichte des europäischen Staatensystems: Frankreich, der modernste und mächtigste westeuropäische Staat, hatte unter der Herrschaft absoluter Monarchen schrittweise eine imperialistische Expansionspolitik auf Kosten seiner Nachbarn, besonders der Mitglieder des Heiligen Römischen Reiches, ungeachtet ihrer Nationalität entwickelt. Nachdem König Ludwig XIV. 1681 gewaltsam die Reichsstadt Straßburg eingenommen hatte, begann er 1687 einen Eroberungskrieg gegen Kurpfalz, der eine »große Koalition« der europäischen Mächte und der deutschen Fürsten gegen Frankreich provozierte. Als ihre Eroberungen verlorenzugehen drohten, beschloß die französische Regierung – ein Novum in der modernen Geschichte –, eine ganze Region in eine Wüste zu verwandeln: Am Pfingstmontag 1689 um 16 Uhr wurden die Reichsstädte Speyer, Worms und Oppenheim, die sich für neutral erklärt und den Franzosen ihre Tore friedlich geöffnet hatten, in Brand gesteckt, der gewaltige romanische Dom zu Speyer teilweise gesprengt, die Gräber der deutschen Kaiser entweiht und geplündert, die Einwohner vertrieben. In den folgenden Monaten traf dasselbe Schicksal Heidelberg (dessen berühmte Schloßruine somit eine völlig unromantische Ursache hat) und Dutzende von Städten und Hunderte von Dörfern zwischen Rhein und französischer Grenze, die systematisch verwüstet und entvölkert wurden.

Diese pseudorationale, wohlkalkulierte und methodisch exekutierte »Strategie der verbrannten Erde« erzeugte bei den Betroffenen einen Schock, der langfristig ein Potential von Furcht, Haß und moralischer Enthemmung freisetzte, das verheerend auf die soziale Psyche von Tätern wie Opfern einwirkte und ein Vierteljahrtausend virulent blieb: 1689 ist das Geburtsjahr der deutsch-französischen »Erbfeindschaft«, die eine der bestimmenden Obsessionen des 19. Jahrhunderts werden sollte.

Während der folgenden beiden Jahrhunderte wurden alle größeren europäischen Konflikte auf deutschem Boden ausgetragen. Die Instabilität der Machtstruktur des Reiches lud Invasoren geradezu ein; Österreich und Preußen, die beiden führenden deutschen Mächte, rivalisierten um die Vorherrschaft, deutsche und nichtdeutsche Staaten bildeten monarchische Personalunionen mit der dauernden Tendenz zur Realunion – Österreich und Ungarn, Sachsen und Polen, Hannover und England –; die vielen kleinen deutschen Länder konnten nur in Allianzen mit anderen deutschen oder ausländischen Staaten fortexistieren.

Die gesellschaftliche Wirklichkeit der meisten dieser Staaten wurde im späten 18. Jahrhundert durch aufgeklärten Absolutismus ihrer Landesherrn, durchaus antiklerikalen Rationalismus, aber vor allem durch feudalistische Rechts-und Besitzstrukturen bestimmt. Die Macht übten oft straff organisierte bürokratische Staatsverwaltungen und vom Adel geführte Militärapparate aus. Deutschland war noch ein Agrarland. Von seinen etwa 23 Millionen Einwohnern wohnte weniger als ein Viertel in Städten, von denen nur zwei, Wien und Berlin, mehr als 100 000 Einwohner hatten. Die meisten Bauern lebten in feudaler Abhängigkeit, das Handwerk war durch Bande der Zunftverfassung geschützt und gefesselt zugleich, konnte aber die Entstehung des Manufakturenwesens nicht verhindern, dessen Wachstum aber durch die feudalen Bindungen der bäuerlichen Massen an den Boden gebremst wurde. Voraussetzung des ökonomischen wie sozialen Fortschritts waren Gewerbefreiheit und Befreiung der Bauern von feudalen Fesseln. Das Bürgertum als eine international langsam aufsteigende Schicht vermochte in agrarisch bestimmten Flächenstaaten mit allenfalls kleineren Städten noch keinen bestimmenden Einfluß auszuüben; vielmehr versuchte es, allein defensiv gestützt auf das überlieferte »gute, alte Recht«, die Rechte der Städte und die Standesprivilegien der Patrizier und Zünfte, den egalisierenden Machtanspruch des absoluten Fürstenstaates abzuwehren, ohne eine grundsätzlich rückwärtsgewandte Tendenz abwerfen zu können.

Die Kultur der gesellschaftlich führenden Schicht, der Fürsten und des Adels, stand ganz unter französischem und italienischem Einfluß; dem zu kulturellem Bewußtsein erwachenden Bürgertum stellten sich die Fürsten, die wie Friedrich der Große besser französisch als deutsch schrieben, als Vertreter eines »welschen« Kulturimperialismus dar. Friedrich Schiller schrieb in seinem Gedicht *Die deutsche Muse*:

Kein Augustisch Alter blühte,
Keines Medicäers Güte
   Lächelte der deutschen Kunst;
Sie ward nicht gepflegt vom Ruhme,
Sie entfaltete die Blume
   Nicht am Strahl der Fürstengunst.

Von dem größten deutschen Sohne,
Von des großen Friedrichs Throne
   Ging sie schutzlos, ungeehrt.
Rühmend darf's der Deutsche sagen,
Höher darf das Herz ihm schlagen:
   Selbst erschuf er sich den Wert.

Richard Wagner meinte 1867 in den *Meistersingern* denselben Sachverhalt, wenn er Hans Sachs bei seiner letzten Ansprache an die Einwohner Nürnbergs folgende Verse in den Mund legte:

in falscher wälscher Majestät
kein Fürst bald mehr sein Volk versteht;
und wälschen Dunst mit wälschem Tand
sie pflanzen uns in deutsches Land. (GS VII, S. 270)

Französische Revolution und Befreiungskriege: 1789–1815

Die antifeudale bürgerliche Revolution in Frankreich 1789 fand im deutschen Bürgertum besonders im Westen des Reiches zunächst überzeugte Anhänger. Auch die sächsischen Bauern erhoben sich und mußten militärisch niedergehalten werden. Als jedoch das neue Frankreich schon 1792 »natürliche Grenzen« forderte, zu einer Strategie der »Befreiung durch bewaffnete Missionare« griff und deutsches Gebiet westlich des Rheins annektierte, weckte es die Erinnerung an den Schock von 1689. Das nach der Weltherrschaft greifende Napoleonische Empire zerschlug zwischen 1804 und 1806 das Heilige Römische Reich Deutscher Nation und seine vielfältige Staatenordnung und ersetzte es in den nicht unmittelbar annektierten deutschen Gebieten durch den Rheinbund, ein System neu formierter abhängiger Mittelstaaten, während Österreich und Preußen nach Osten abgedrängt wurden: Deutschland war staatsrechtlich viergeteilt und nur mehr ein geographischer Begriff. In den an Frankreich abgetretenen Gebieten wurde der Feudalismus gesetzlich beseitigt, der Reichsdeputationshauptschluß von 1803, der die Entschädigung linksrheinischer deutscher Landesfürsten mit säkularisiertem Kirchengut und den Hoheitsrechten mediatisierter Kleinstaaten einleitete, entzog auch im übrigen Deutschland dem Feudalismus seine politische Grundlage. Eine Folge davon war die Bauernbefreiung in Preußen, die Aufhebung der persönlichen feudalen Bindungen – Voraussetzung für die Entstehung einer »freien« Lohnarbeiterschaft und damit für die Industrialisierung.

Die Französische Revolution weckte zwar das nationale und politische Selbstbewußtsein des deutschen Bürgertums, zwang dieses aber durch ihre imperialistische Entartung in ein fatales Zwangsbündnis mit den herrschenden adligen Kräften des unter dem Druck der Verhältnisse sich reformierenden Feudalstaates in Österreich und Preußen; eine Verbindung demokratischer und nationaler Bestrebungen wurde durch den französischen Imperialismus machtpolitisch unmöglich gemacht und zudem ideologisch diskreditiert. Diese Weichenstellung beeinflußte das ganze 19. Jahrhundert hindurch die deutschen Verhältnisse, indem sie große Teile des deutschen Bildungsbürgertums zum Rückzug aus dem Kampf um politische Verantwortung veranlaßte. Friedrich Schiller schrieb etwa 1802 in seinem unvollendeten Entwurf *Deutsche Größe*: »Deutsches Reich und deutsche Nation sind zweierlei Dinge. Die Majestät des Deutschen ruhte nie auf dem Haupt seiner Fürsten. Abgesehen von dem politischen hat der Deutsche sich seinen eigenen Wert gegründet, und wenn auch das Imperium unterginge, so bliebe die deutsche Würde unangefochten. [...] Sie ist eine sittliche Größe, sie wohnt in der Kultur und im Charakter der Nation, der von ihren politischen Schicksalen unabhängig ist.«

Zwischen Juli 1845 und Dezember 1848 fügte Richard Wagner in seinen *Meistersinger*-Plan die folgenden Verse ein:

> Zerging das heil'ge röm'sche Reich im Dunst,
> Uns bliebe doch die heil'ge deutsche Kunst.

Von hier führt ein direkter Weg in die »machtgeschützte Innerlichkeit« (Thomas Mann) der »unpolitischen« deutschen Bildungsphilister des frühen 20. Jahrhunderts.

Die Befreiungskriege 1813/14 wurden so nicht nur zu einem nationalen Überlebenskampf der Deutschen, sondern davon nicht abtrennbar zum Überlebenskampf des neoabsolutistischen Fürstenstaates. Der Wiener Kongreß der siegreichen europäischen Mächte Rußland, England, Österreich und Preußen sanktionierte die Vorherrschaft der konservativ-reaktionären Kräfte. Die Ansprüche der demokratisch-nationalen Befreiungsbewegung des Bürgertums, mit deren Hilfe man die Vorherrschaft Frankreichs niedergeworfen hatte, wurden übergangen; an die Stelle des Heiligen Reiches trat ein »Deutscher Bund« von 39 jetzt auch formell souveränen deutschen Staaten, den Demokraten versprach man »landständische Verfassungen«, ohne aber den staatlichen Absolutismus wirklich zu beschränken. Das besiegte, aber keineswegs als Großmacht untergegangene Frankreich mußte zwar auf die meisten seiner deutschen Erobe-

rungen verzichten, erhob aber weiter revisionistische Forderungen nach
»natürlichen Grenzen«.

Führungsmacht des Deutschen Bundes war das Kaisertum Österreich,
dessen größerer, nichtdeutscher Teil nicht dem Bunde angehörte. Zusammen mit Preußen und Rußland (»Heilige Allianz«) führte Staatskanzler
Clemens Fürst Metternich eine Repressionspolitik gegen die Opposition
des national und liberal gesinnten Bürgertums (»Ehre, Freiheit, Vaterland«); die Bewegung der studentischen Deutschen Burschenschaft
(Wartburgfest 1817) hatte 1819 die Karlsbader Beschlüsse des Deutschen
Bundes zur Folge und die Unterdrückung aller liberalen Bestrebungen in
ganz Deutschland mit Zensur, Spitzelunwesen und Polizeirecht.
Die Niederlage Napoleons und die mit ihr verbundene Aufhebung der
Kontinentalsperre bewirkte eine erhebliche Krise von Handel und Gewer-
be, weil die kontinentaleuropäische Wirtschaft der potenteren englischen
Warenproduktion nicht gewachsen war. Zusammen mit Mißernten
1816/17 führte dies zur politischen Krise.
Die Judenemanzipation vor 1789 war getragen von aufgeklärten Beam-
ten etwa des preußischen Staates und Intellektuellen; es sei nur an die
Freundschaft zwischen Gotthold Ephraim Lessing und Moses Mendelssohn erinnert. Die Französische Revolution hatte die völlige Gleichstel-
lung aller Staatsbürger ohne Berücksichtigung ihres Bekenntnisses zur
Folge; auch in Preußen wurden die dort ansässigen Juden 1812 eingebürgert. Die »Hepp-Hepp-Unruhen« des Jahres 1819, die von Handwerkern
ausgingen, richteten sich vor allem gegen die Allianz von Aristokraten und
Juden. Diese Interessenverbindung hielt allerdings einen Hohenzollern-
prinzen nicht davon ab, auf einer Berliner Straße dem zehnjährigen Felix Mendelssohn Bartholdy unter antijüdischen Beschimpfungen vor die
Füße zu spucken.
Die Pariser Julirevolution des Jahres 1830 löste Bewegungen in ganz Europa aus. Auch in Deutschland kam es zu lokalen Aufständen gegen das
reaktionäre Fürstenregiment. 1832 trafen sich Intellektuelle, Handwerker
und Bauern zu einer großen Volksversammlung, dem Hambacher Fest.
Sie forderten die Beseitigung der Monarchien, die Einheit Deutschlands
und die Befreiung Polens, Italiens und Ungarns. Darauf verboten die Re-
gierungen alle Volksversammlungen und verschärften Zensur und Unterdrückung. Das Volk sang damals »Fürsten zum Land hinaus«, je Bundes-
staat eine Strophe, aber auch:

Juste Milieu, träges Tier,
Rothschild und Staatspapier!
Hepp!

»Hepp«, der antijüdische Kampfruf von 1819, erscheint hier in einem
Freiheitslied, auf dessen Absingen Gefängnis stand. Emanzipatorischer

Fürstenhaß und populärer Antijudaismus gingen so eine Verbindung mit fatalen Auswirkungen ein.

Die deutsche Kleinstaaterei mit vielen Zollgrenzen, eigenen Münzen, Maßen und Gewichten hatte sich inzwischen auch als großes Hindernis für den ökonomischen Fortschritt herausgestellt. 1834 bildeten deshalb 18 der 39 deutschen Staaten unter Führung Preußens den Deutschen Zollverein, dem aber das an England gebundene Hannover und das in archaischer Erstarrung verharrende Österreich fernblieben.

Die Schaffung eines nationalen Marktes im größeren Teil Deutschlands war der Startschuß für die industrielle Revolution, zugleich ein ökonomischer Hebel zur Vereinigung Deutschlands: Binnen zehn Jahren stieg die Industrieproduktion um 50 Prozent, verdreifachte sich die Zahl der Dampfmaschinen in Preußen, wurden 2500 Kilometer Eisenbahnschienen gelegt.

1840 löste der Levante-Vertrag zwischen Rußland und England, der eine mediterrane Expansion Frankreichs abschneiden sollte, eine Veränderung der Stoßrichtung der französischen Außenpolitik aus: Frankreich rüstete militärisch auf mit dem Ziel, die Wiener Kongreßakte von 1815 aufzuheben und auf Kosten Deutschlands die »natürliche« Rheingrenze zu gewinnen.

Dieser mit viel Getöse vorgetragene französische Anspruch weckte in dem durch politische Repressionen bestimmten und im ökonomischen Umbruch befindlichen, aber gerade sich seiner Kraft bewußt werdenden Deutschland die Erinnerung an 1689 und 1806: Angst vor und Haß auf den »Erbfeind« erzeugten eine nationalistische Grundstimmung, die psychologisch den Rest des Jahrhunderts prägte. Max Schneckenburgers 1840 entstandene *Wacht am Rhein*, die perfekt die Stimmung dieser Tage ausdrückt, blieb bis 1914 eine Art inoffizielle Nationalhymne wie das englische *Rule Britannia*:

> Es braust ein Ruf wie Donnerhall,
> Wie Schwertgeklirr und Wogenprall,
> Zum Rhein, zum Rhein, zum deutschen Rhein!
> Wer will des Stromes Hüter sein?
> Lieb' Vaterland, magst ruhig sein,
> Fest steht und treu die Wacht am Rhein.

Das von Robert Schumann 1840 vertonte *Rheinlied* Nikolaus Beckers hat auch in Wagners Werk Spuren hinterlassen:

> Sie sollen ihn nicht haben,
> Den freien, deutschen Rhein,
> Und wenn sie auch wie Raben
> Sich heiser danach schrei'n!

In den *Meistersingern* kehrt es in Walthers Lied mit »der Raben heis'rer Chor« wieder, und der dort beschworene, aber nicht benannte »Vogel wunderbar« reimt sich auf »Aar«, den Wappenadler des Reiches.

Im folgenden Jahr 1841 schrieb der Liberale Hoffmann von Fallersleben sein *Lied der Deutschen*, gerichtet gegen die Fürsten und die Kleinstaaterei (die Worte »Deutschland, Deutschland über alles« hatten also ursprünglich nichts mit Expansionsbestrebungen zu tun) und appellierend an den nationalen Zusammenhalt in der Stunde der Bedrohung (»wenn es stets zum Schutz und Trutze brüderlich zusammenhält«). Der König von Preußen vertrieb Hoffmann von seinem Lehrstuhl in Breslau, die Fürsten verboten das Lied, schlossen aber ein Militärbündnis gegen Frankreich. Sie hatten seine Worte besser verstanden als viele andere seither.

Krisenhafte ökonomische Veränderungen führten zur langsamen Entstehung eines Proletariats und 1844 zum schlesischen Weberaufstand. Von Königsberg in Ostpreußen aus, der Heimatstadt Immanuel Kants, organisierte sich eine bürgerliche Bewegung zur demokratischen Reform des preußischen Staates, die 1847 die Einberufung des Vereinigten Landtags in Berlin bewirkte.

Karl Marx entwickelte seine politisch-ökonomische Analyse der bürgerlichen Gesellschaft und verfaßte im Winter 1847/48 zusammen mit Friedrich Engels im Londoner Exil das *Kommunistische Manifest*. Neben und außerhalb der bürgerlich-demokratischen Bewegung konstituierte sich als Folge der sich verändernden Produktionsverhältnisse die Arbeiterbewegung.

Dadurch, daß die Beherrschten in ihrer Mehrheit die alte Herrschaft nicht länger ertragen wollten und die Herrschenden sie nicht länger aufrechterhalten konnten, waren in Deutschland Anfang 1848 die Voraussetzungen für eine bürgerlich-demokratische Revolution entstanden, die durch die Februarereignisse in Frankreich, wo die Monarchie stürzte, ausgelöst wurde. Nach Bauernaufständen und Bürgerunruhen in den süddeutschen Staaten siegte im März 1848 die Revolution in Wien und Berlin; der österreichische Staatskanzler Fürst Metternich wurde ebenso aus dem Land gejagt wie der »Kartätschenprinz« Wilhelm von Preußen, der spätere Kaiser (»Gegen Demokraten helfen nur Granaten«). Sein Bruder, König Friedrich Wilhelm IV., mußte öffentlich vor den Särgen der vom Militär auf den Barrikaden getöteten Berliner und vor der schwarz-rot-goldenen Nationalfahne den Hut abnehmen; seinen Kopf ließ man ihm jedoch und verspielte so am Ende den Sieg der Revolution.

Solange die in der Hand des Adels befindlichen Staats- und Militärapparate gelähmt waren, gelang es dem Bürgertum, Reformregierungen zu installieren und in ganz Deutschland Wahlen für eine Nationalversammlung abzuhalten, die am 18. Mai 1848 in der Frankfurter Paulskirche zusammentrat, um eine demokratische deutsche Reichsverfassung zu schaffen. Während in der Paulskirche die republikanisch-großdeutsche Linke mit der föderalistisch-monarchistisch-konstitutionellen Rechten um die künftige Organisation Deutschlands rang (eine Einigung Deutschlands war nur möglich, wenn man die monarchischen Bindungen Österreichs an nichtdeutsche Territorien wie Ungarn und Italien abschnitt), stellten die adligen Gegenrevolutionäre in Österreich und Preußen nach

Reorganisation ihrer Heere im Herbst 1848 die alten Machtstrukturen mit militärischer Gewalt wieder her und oktroyierten Verfassungen. Dabei wurden sie von den revolutionsfeindlichen Großmächten Rußland und England unterstützt sowie von einem Teil des Besitzbürgertums, das mit Schrecken wahrgenommen hatte, daß die Demokratiebewegung ihre Klassenvorrechte gefährdete und auch der Masse des einfachen Volkes politische Macht gab.

Die »großdeutsche« Einigung war mit der staatlichen Rekonstituierung Österreichs gescheitert. Die von der gemäßigten und rechten Mehrheit der Nationalversammlung daraufhin in Verfassungsform gebrachte Lösung einer »kleindeutschen« föderalistischen konstitutionellen Monarchie unter Führung Preußens zerschlug sich im April 1849, als der preußische König die Annahme der Kaiserkrone verweigerte und die von bereits 28 Staaten anerkannte Reichsverfassung verwarf, weil er verhindern wollte, daß fürstliches Gottesgnadentum der Volkssouveränität Platz machte. Der Versuch der demokratischen Linken des Parlaments, die Verfassung auf revolutionärem Wege durchzusetzen, führte im Mai 1849 zum bewaffneten Aufstand des Volkes, von dem die Barrikadenkämpfe in Dresden ein Teil waren. Nach blutigen Gefechten setzte sich die militärische Gewalt der Staaten durch: Die Konterrevolution hatte gesiegt, der Kampf um ein demokratisches, einiges Deutschland war für Generationen verloren.

Die Paulskirchenverfassung hatte staatsbürgerliche Rechte und Konfession voneinander getrennt und damit die in ihrer übergroßen Mehrheit elementar integrationswilligen Juden gleichgestellt. Sie folgte damit der emanzipatorischen Einstellung des Großbürgertums und der Intellektuellen, nicht aber der kleinbürgerlich-handwerklichen oder dem Bauernstand zugehörigen Bevölkerungsmehrheit, für die »die Juden« der verhaßten »Geldaristokratie« zugehörten, die sich auf die Seite der Konterrevolution geschlagen hatte.

Die Einigung Deutschlands »von oben«: 1850–1871

Typischer Ausdruck der Stimmung nach dem Scheitern der Revolution ist Wagners Judenpamphlet von 1850, dessen Argumentation von der im Volk vorgefundenen »innerlichsten Abneigung gegen jüdisches Wesen« ausgeht und das – wie Karl Marx – die »Emanzipation der Gesellschaft von den Juden« als Ziel verkündet, somit aus letztlich »religiösen« Motiven »das Verschwinden des Judentums als Religion und religiöser Gruppe« fordert (Hermann Greive).

Der reaktionäre Deutsche Bund wurde 1850 im Vertrag von Olmütz wiederhergestellt. Zwar triumphierte im Innern die polizeistaatliche Reaktion, doch setzten sich die industrielle Revolution und mit ihr die ökonomische Erstarkung des Bürgertums und das Anwachsen des Proletariats fort. Der ökonomische Zwang zur Einigung Deutschlands bestand unverändert und wurde durch die Konstellation des europäischen Staatensystems machtpolitisch noch verstärkt: Im Krieg der Westmächte England und Frankreich gegen das an den Bosporus drängende Rußland gerieten die beiden deutschen Großmächte 1854–1856 in eine prekäre Isolation, als sie eine Politik der »bewaffneten Neutralität« verfolgten; der italienische Einigungskrieg von 1859 schwächte Österreich und beschwor zeitweise die Gefahr eines »Zweifrontenkriegs« mit Frankreich und Rußland herauf, steigerte aber am Ende nur die Interessengegensätze zwischen Österreich und Preußen, deren friedlicher Ausgleich mit dem Frankfurter Fürstentag 1863 endgültig scheiterte.

Im Jahr 1864 verhinderte der neue preußische Ministerpräsident Otto von Bismarck im Bund mit Österreich gewaltsam den Versuch, das zur dänischen Krone gehörige, aber überwiegend deutsch bevölkerte und seit 1386 staatsrechtlich mit dem dem Deutschen Bund angehörigen Holstein verbundene Herzogtum Schleswig (»up ewig ungedeelt«) dem dänischen Staat einzuverleiben. Über die Frage der Zukunft der beiden Herzogtümer führte Bismarck dann 1866 die entscheidende Auseinandersetzung mit Österreich um die Vorherrschaft in Deutschland herbei. Der Deutsche Krieg und die Niederlage des Kaiserstaates bewirkte die zweite deutsche Teilung nach 1806: Der Deutsche Bund wurde aufgelöst, Österreich »schied aus Deutschland aus«, das durch Annexionen vergrößerte Preußen bildete mit den Staaten nördlich des Mains den Norddeutschen Bund und schloß mit den süddeutschen Staaten Militär- und Zollverträge. Hierbei waren erneute Forderungen auf die bayerische und hessische Pfalz hilfreich; das aggressive französische Empire unter Napoleon III. trieb dem siegreichen Preußen die Verbündeten in die Arme.

Eine Folge der Unfähigkeit des deutschen Bürgertums, 1848 die Volkssouveränität gegen den Fürstenlegitimismus durchzusetzen, war 1866 die Dreiteilung Deutschlands. Der Sieg der preußischen Militärmonarchie entzog der in der Frage des Budgetrechtes seit 1862 mit der königlichen Regierung kämpfenden bürgerlich-liberalen Landtagsmehrheit, die gerade die Militärvorlagen abgelehnt hatte, die politische Basis: Der reaktionäre preußische Machtstaat siegte mit der Bismarckschen Lehre von der Problemlösung »durch Eisen und Blut« auch sozialpsychologisch über das liberale Bürgertum, die Industrie- und Handelsbourgeoisie; diese ließ sich ihren Anspruch auf entscheidende Teilhabe an den Staatsgeschäften abnehmen. Darüber darf auch die vielfach bewiesene Opposition besonders legitimistischer und altpreußisch-konservativer Kreise gegen Bismarcks Einigungspolitik nicht hinwegtäuschen. Die 1863 von Ferdinand Lassalle gegründete organisierte Arbeiterbewegung, der Allgemeine deutsche Arbeiterverein, war ebensowenig in der Lage, dieses Versagen des Bürgertums wettzumachen, wie die von August Bebel 1869 gegründete Sozialdemokratische Arbeiterpartei, die sich auf die Gesellschaftsanalyse von Karl Marx stützte (dessen Hauptwerk, *Das Kapital*, war 1867 erschienen). Sie standen in Opposition, ohne die Ereignisse kurzfristig beeinflussen zu können; ihr Ziel blieb eine demokratische »großdeutsche« Republik im Rahmen einer internationalen Solidarität der Arbeiterklasse. Den letzten Anstoß zur »kleindeutschen« Einigung Deutschlands gab der französische Kaiser Napoleon III., der wegen der innenpolitischen Gefährdung seines Regimes territoriale Erfolge auf Kosten Deutschlands suchte und bereit war, selbst durch eine Kriegserklärung an Preußen die Bildung eines deutschen Nationalstaates zu verhindern. Die schnelle Niederlage Frankreichs hatte am 18. Januar 1871 die Ausrufung des preußischen Königs zum deutschen Kaiser und die Wiederbegründung des Deutschen Reiches zur Folge, die »von oben«, nicht durch das Volk erfolgte. Doch erstmals seit 1648 war Deutschland nun nicht mehr Spielball der europäischen Großmächte, sondern selbst eine Großmacht mit 41 Millionen Einwohnern.

Die deutsche Annexion Elsaß-Lothringens, der überwiegend deutschsprechenden, bis ins 17. und 18. Jahrhundert zum Heiligen Römischen Reich gehörigen französischen Ostprovinzen, die nach 200 Jahren die Periode immer neuer französischer Invasionen beenden und den französischen Heeren für immer den Weg ins Herz Deutschlands verlegen sollte, bewirkte allerdings nicht das Ende des Traumas von 1689, sondern nur eine neue Runde der deutsch-französischen »Erbfeindschaft«: Der auf Sprache und Kultur gegründete Begriff der deutschen Nation verstellte das Verständnis dafür, daß die kulturell »deutschen« Elsässer und Lothringer durch den politischen Emanzipationsprozeß der Französischen Revolution politisch zu »Franzosen« geworden waren und daß ihre Re-Annexion im Stile Ludwigs XIV. ihr Selbstbestimmungsrecht verletzte, auch wenn dies damals als Völkerrechtsnorm noch keine Rolle spielte. Die deutsche Arbeiterbewegung hat deshalb dieser Entscheidung massiv widersprochen.

Das Reich in Europa: 1871–1883

Das neue Deutsche Reich wurde als »ewiges Bündnis« von 25 deutschen Fürsten und freien Städten unter der Führung des preußischen Königs als dem erblichen deutschen Kaiser organisiert. Sie, nicht die Nation, waren gemeinsam Inhaber der Souveränität, die sie im Bundesrat ausübten. Der Reichstag wurde zwar nach dem allgemeinen Männerwahlrecht geheim gewählt und besaß das Budgetrecht, konnte aber nicht den Reichskanzler zur Verantwortung ziehen. Das Reich war ein föderaler Obrigkeitsstaat mit einem zentralen demokratischen Element, aber auch vielen Zügen eines »polizeilich gehüteten Militärdespotismus« (Karl Marx).

Politökonomisch vollzog sich nun die Vollendung der industriellen Revolution. Die Gewerbefreiheit war bereits 1869 eingeführt worden. 1871 wohnten schon 36 Prozent der Bevölkerung des Deutschen Reichs (ohne Österreich) in Städten (1789 weniger als 25 Prozent, 1910 60 Prozent), von denen eine über 500 000, fünf über 100 000 Einwohner hatten. Allein von 1870 bis 1872 erhöhte sich die Industrieproduktion um über 30 Prozent (die von Roheisen um 40, die von Stahl um 80 Prozent); auf eine kurze Nachkriegshochkonjunktur (»Gründerzeit«) folgte eine rapide krisenhafte Kapitalkonzentration von bisher unbekannten Ausmaßen (»Gründerkrach«). Währungs- und Münzeinheit festigten die neue Struktur, wirtschaftspolitisch löste bald eine nationale Schutzzollpolitik Freihandel und internationale Konkurrenz ab. Preissteigerungen und Wohnungsnot trafen vor allem die Unterklasse, die sich mit Streikaktionen wehrte. Es entwickelte sich eine langdauernde Depression.

Nach außen hin versuchte Reichskanzler Bismarck das Deutsche Reich durch eine virtuose Bündnispolitik abzusichern, deren Ziele die Verhinderung einer Einkreisung durch ein Bündnis der geschlagenen Großmacht Frankreich mit einem der mächtigen Nachbarn Deutschlands (»cauchemar des coalitions«) und eines allgemeinen Krieges waren (Drei-Kaiser-Abkommen mit Österreich und Rußland 1873, Berliner Kongreß 1878); als unvermeidliche Folge jedes weiteren Krieges befürchtete er »die Revolution in mehr als einem Land« Europas.

Im Innern kämpfte Bismarck, gestützt auf die Nationalliberalen, gegen zwei »Reichsfeinde«: einerseits gegen kirchlichen Einfluß auf den Staat und gegen die betont föderalistische Opposition der großdeutsch gesinnten Katholiken (Zentrumspartei) gegen das durch Österreichs Ausscheiden »protestantischer« und »nördlicher« gewordene Reich und andererseits gegen die seit ihrer Vereinigung 1875 erstarkende deutsche Sozialdemokratie. Der Versuch der Neuordnung des Verhältnisses von Kirche und Staat (Beseitigung der geistlichen Schulaufsicht, Verbot politischer Kanzelagitation, Einführung der Zivilehe und staatlicher Standesämter) führte zu einer schweren Auseinandersetzung (»Kulturkampf« 1871–1876, Verhaftung oder Ausweisung aller katholischen Bischöfe in Preußen, Aufhebung der Orden), die nur schrittweise mit einem Kompromiß abgeschlossen werden konnte und für lange Zeit die deutschen Katholiken in den Geruch »nationaler Unzuverlässigkeit« brachte, weil sie sich auch für katholische und nationale Minderheiten wie Polen und Elsaß-Lothringer einsetzten.

In der wachsenden Sozialdemokratie sah Bismarck eine unmittelbare Bedrohung der konservativ-monarchischen Staatsstrukturen Europas, von ihrem Internationalismus die Sprengung des gerade errungenen Nationalstaates. Der Versuch, sie mit Ausnahmegesetzen (Sozialistengesetze 1878) zu unterdrücken, ließ sie nur weiter anwachsen, hatte gleichzeitig aber ihren lange nachwirkenden propagandistischen Ausschluß aus der nationalen Solidarität (»vaterlandslose Gesellen«) zur Folge.

Börsenkrach und Kulturkampf förderten 1875 die »Bildung einer katholisch-protestantischen Einheitsfront gegen die Juden« (Hermann Greive), die sich parteipolitisch im Sinne der Konservativen gegen die Nationalliberalen und deren »jüdischen Wirtschaftsliberalismus« richtete. Die 1876 einsetzende Agrarkrise verstärkte die Opposition gegen den bisherigen Freihandel und verlieh antijüdischer Agitation bei der Landbevölkerung weite Verbreitung. Um 1880 formierten sich die Kräfte des »modernen«, rassistischen Antisemitismus in Deutschland.

Das politische Bündnis Bismarcks mit den Nationalliberalen zerbrach an der Frage der Zoll- und Finanzreform. 1879 setzte der Reichskanzler im Reichstag eine neomerkantilistische Schutzzollpolitik durch, die ein neues Bündnis zwischen agrarisch-militärischem Junkertum und Schwerindu strie (großbürgerliches Rüstungskapital) realisierte. Politisch und außenwirtschaftlich wurde diese Entscheidung durch Parallelerscheinungen in Frankreich, Rußland und England ausgelöst: Die Weltwirtschaft zersplitterte in eine Vielzahl gegeneinander abgeschotteter nationaler Volkswirtschaften, wodurch sich ein Wirtschaftskampf aller gegen alle entwickelte, der jedoch wegen der gewaltigen ökonomischen Wachstumsmöglichkeiten erst längerfristig zur Konfrontation der Großmächte beitrug.

Bereits 1883, im Todesjahr Richard Wagners, erkannten Beteiligte wie Bismarcks Sohn Herbert aufgrund der Veränderungen der europäischen Mächtebeziehungen deutlich, daß Bismarcks außenpolitisches Sicherungssystem allenfalls »noch durch einige Jahre« aufrechtzuerhalten war und dann die Gefahr der »Einkreisung« mit allen Konsequenzen drohte. Militärisches Denken und Rüstungsanstrengungen wirkten auf die deutsche Innenpolitik zurück. Es begann eine Epoche antiliberaler, streng konservativer Politik, die sich auf eine staatlich geförderte und durch einen staatlichen Machtapparat abgesicherte antidemokratische Herrenideologie stützte, deren typischer Ausdruck Friedrich Nietzsches *Der Wille zur Macht* (1888) wurde. Außenpolitisch begann die europäische Krise 1887 mit einer durch Aufrüstung unterstrichenen französischen Kampagne mit dem Ziel, für 1871 Revanche zu nehmen und die »natürliche Rheingrenze« zu realisieren, und kulminierte 1914 mit dem Ausbruch des Ersten Weltkriegs (Deutschland, Rußland, Österreich).

KONRAD BUND

Kapitel IV

Geistesgeschichtlicher Hintergrund

Philosophie
Literatur
Religion

Geistesgeschichtlicher Hintergrund

Philosophie

Dem für den Idealismus des 19. Jahrhunderts typischen Optimismus wurde in Voltaires *Candide* (1759) ein frühes Denkmal gesetzt, besonders durch Pangloss' ironisches Diktum, »dans ce meilleur des mondes possibles« (in dieser besten aller möglichen Welten) stehe doch alles zum Besten – eine Aussage, die der Grundthese von Leibniz' *Essais de théodicée sur la bonté de Dieu* (1710) entspricht. Voltaires Satire hätte damals wahrscheinlich mehr Beachtung gefunden, hätte Kant als der Begründer des deutschen Idealismus nicht eine Vorliebe für Jean-Jacques Rousseau entwickelt (dessen offener Brief zur Verteidigung der Vorsehung in Voltaires Kritik mit einbezogen wurde). Widersinnigerweise bewirkte gerade Kants *Kritik der reinen Vernunft* (mit all ihren Folgen), daß um die Jahrhundertwende der Rationalismus der Aufklärung und der Empfindsamkeit allmählich durch die romantische Irrationalität verdrängt wurde.

Die Idealisten bewiesen von Anfang an grenzenloses Vertrauen in die Fähigkeit des menschlichen Geistes, alles Erfahrbare durch Introspektion zu erfassen. Als Kant, angeregt durch Rousseaus *Discours,* die unzulänglichen scholastischen Gottesbeweise verwarf, erklärte er zugleich die Philosophie zur höheren Instanz durch den »kategorischen Imperativ«, den er in der *Grundlegung zur Metaphysik der Sitten* von 1785 als ein moralisches Begründungsprinzip beschrieb, das dem Menschen eher angeboren als erworben sei: »Handle nur nach derjenigen Maxime, durch die du zugleich wollen kannst, daß sie ein allgemeines Gesetz werde.«

Eine ähnliche Betonung der Subjektivität läßt sich in den Schriften der zahlreichen Kant-Schüler beobachten: bei Fichte, einem frühen Verkünder des Atheismus und Nationalismus, der in seinem *Versuch einer Kritik aller Offenbarung* von 1792 die Theorie eines »absoluten Ich« entwickelte, das allein durch Anschauung zu erkennen sei; bei Schelling, der mit seinem *System des transzendentalen Idealismus* von 1800 die Spaltung des Ich und des Nicht-Ich, wie sie Fichte verstand, durch eine Synthese in der Kunst rückgängig machen wollte; und beim Theologen Schleiermacher, der in seinen berühmten Reden *Über die Religion* von 1799 und in nachfolgenden Werken, in denen sich seine pietistische Vergangenheit widerspiegelt, das Wesen der Religion nur mehr als »Anschauung und Gefühl«, unabhängig von Lehren und Dogmen, bestimmte.

Wie groß die Gefahr war, die eine von der preußischen Regierung geförderte subjektivistische philosophische Schule in sich bergen konnte, zeigte sich erst seit Hegels Professur an der Berliner Universität (1818–1831). Anfangs sah Hegels Betonung der Rationalität (besonders im Vorwort zur *Philosophie des Rechts*) nur wie eine Gegenreaktion auf den von seinen Kollegen vertretenen Kult der Innerlichkeit aus; während er Rousseaus Lehren als Grundlagen für Kants Moralphilosophie befürwortete, lehnte er auf der anderen Seite tatsächlich die Verherrlichung des natürlichen Instinkts als den Inbegriff hedonistischer Verantwortungslosigkeit ab. Jedoch wendete Hegel selbst in seinen Schriften die Vernunft nicht selten in irrationale, wenn nicht gar hedonistische Extreme. Als er in seinen geschichtsphilosophischen Vorlesungen die dialektische Entwicklung des »Weltgeists« vom Zustand bloßen Seins zur absoluten Idee nachzeichnete, schrieb er der Weltgeschichte eine teutonische Identität, teutonischen Geist, Willen und Zweck zu; in einer Reihe berüchtigter Aphorismen gedachte er der neuesten Errungenschaften der Geschichte und bezeichnete den modernen preußischen Staat als »die göttliche Idee wie sie auf Erden vorhanden ist«.

Für Hegel stellte der Staat auch ein kollektives Bewußtsein dar, dessen Übermacht jeden Gedanken an individuelle Verantwortung und Willensfreiheit zunichte macht: »So töricht sind die Menschen, über ihren idealischen Gesichten der uneigennützigen Rechnung von Gewissens- und politischer Freiheit und in der inneren Hitze der Begeisterung die Wahrheit, die in der Macht liegt, zu übersehen.« Die Vermessenheit solcher und ähnlicher Aussagen – noch ungeheuerlicher als alles, wozu sich Fichte in seinen patriotischen Diskursen verstiegen hatte – wurde durch den beiläufigen, nichtssagenden Verweis auf ein Christentum, das in Hegels Philosophie aufgehen sollte, nur wenig gemildert: »Die Bestimmung der germanischen Völker ist, Träger des christlichen Princips abzugeben.«

In der zweiten Hälfte des 19. Jahrhunderts verfolgte man Hegels Herrschaftsansprüche – die noch lange vor der preußischen Vorherrschaft im Deutschen Reich erhoben wurden – mit einer Bedenkenlosigkeit, die Hegel kaum beabsichtigt haben dürfte. Zunächst spaltete sich eine Gruppe Andersdenkender von der optimistisch-orthodoxen Linie ab – die Junghegelianer, die damals trotz ihrer in vielen Fällen relativ vernünftigen Ansichten zu Fanatikern und Renegaten abgestempelt wurden. Im Gegensatz zu den Althegelianern, deren Namen heute zum größten Teil vergessen sind, waren die Junghegelianer genau von der inneren Glut und Begeisterung erfüllt, die Hegel beklagt hatte. Sie entwickelten ein umfassendes Reformprogramm, setzten an die Stelle der metaphysischen Abstraktion und der (vorgeblichen) Rationalität die persönliche Erfahrung (Feuerbachs »Sinnlichkeit«) und den gesunden Menschenverstand. Vielleicht mit Ausnahme von Karl Marx, der unter dem Einfluß Proudhons, La Mettries und anderer französischer bzw. englischer Materialisten die

Geschichte einzig und allein auf die Klassenverhältnisse zurückführen wollte, bemühten sich die Junghegelianer, das in ihren Augen letzte Hindernis für den Fortschritt zu beseitigen: die etablierte Religion. Dafür wandten sie mit beachtlichem Erfolg Beweistechniken der Historiographie und der noch in den Anfängen steckenden Psychologie an. Das gilt etwa für David Friedrich Strauß, dessen als häretisch verschrieenes *Das Leben Jesu* als wegweisendes Werk der Textkritik anzusehen ist; oder für Arnold Ruge, der in seinem *System der Religion unserer Zeit* den Glauben an die Transzendenz ablehnte und aus der Religionsforschung einen wissenschaftlichen Humanismus abzuleiten versuchte; oder Bruno Bauer, der in *Das entdeckte Christentum* die christliche Religion als eine Katastrophe hinstellte, die nur durch die totale Entchristianisierung rückgängig zu machen sei; und nicht zuletzt Max Stirner, der mit seinem Feuerbach-Verdikt in *Der Einzige und sein Eigentum* die anthropologische Sicht der Religion in einen Freibrief für einen kompromißlosen, stoischen Egoismus, wenn nicht gar für einen Anarchismus im Stile Bakunins umwandelte.

Das Schicksal Feuerbachs, dessen Schrift *Das Wesen des Christentums* aus dem Jahr 1841 (siehe »Religion«, S. 62) von den Radikalen des Vormärz (1815–1848) noch als das einzig gültige anthropologische Glaubensbekenntnis aufgefaßt wurde, war repräsentativ für das Schicksal der Junghegelianer, die samt und sonders durch das politische Debakel von 1848/49 in der Versenkung verschwanden. Von den ursprünglichen Vertretern entwickelte nur Marx, der bis 1883 von London aus weiterkämpfte, eine wirksame Strategie – eine Strategie freilich, die im Gewande des wissenschaftlichen Sozialismus als eine der weltweit dominierenden Ideologien des 20. Jahrhunderts mit verheerenden Folgen zum Durchbruch kam.

Arthur Schopenhauer hatte mit seinen systembildenden Zeitgenossen manches gemeinsam, obwohl er den Idealismus als lächerliche Scharade brandmarkte, als Verrat an der Philosophie, wie sie von Kant (den er bewunderte) ursprünglich gedacht gewesen sei. Insbesondere der Schopenhauersche »Wille«, der von Kants metaphysischem »Ding an sich« und Fichtes Auffassung vom Willen abgeleitet war, hat gewisse Ähnlichkeiten mit Hegels »Weltgeist« – außer daß ihm der »Wille« als ein blind waltender, irrationaler Demiurg galt, der sich vor allem nicht im geringsten um die Belange der preußischen Hegemonie und einer deutschen Vormachtstellung kümmerte (Schopenhauer, der über einen bemerkenswerten Sarkasmus verfügte, hatte Hegels Machtmythologie als die letzte Zuflucht des Denkers bloßgestellt, der mit der Philosophie nicht mehr weiterkam). Da Schopenhauer den Vorrang des von der Vernunft unabhängigen Triebs hervorhob – sein modernster Zug –, nahm er die Gedanken der Junghegelianer, ihre Opposition gegen den Hegelschen Rationalitätskult vorweg. Während die Junghegelianer die Bedeutung der Vernunft in Frage stellten, glaubten sie jedoch wie Hegel fest an die Wirksamkeit politischen Handelns als Mittel des Fortschritts. Schopenhauer, der stark von orientalischem Gedankengut beeinflußt war, sah eine andere Möglichkeit.

Dem strengen Determinismus zufolge, der in *Die Welt als Wille und Vorstellung* beschrieben wurde, war jeder Versuch, auf die Mächte des Lebens in irgendeiner Weise Einfluß zu nehmen, von vornherein zum Scheitern verurteilt. Anzustreben sei vielmehr – nach dem Vorbild der interesselosen Kontemplation in der Kunst wie in der (buddhistischen) Ethik des Mitleids – der Akt der Entsagung, der einzig wirkliche Akt des freien (also »willenlosen«) Willens. Dieser Erlösungsgedanke bedeutete eine völlige Abkehr Schopenhauers von Hegel wie überhaupt von der abendländischen philosophischen Tradition.

Daß *Die Welt als Wille und Vorstellung*, erschienen 1818, 35 Jahre lang ignoriert wurde, was sich erst 1853 durch einen Artikel von John Oxenford in *The Westminster Review* ändern sollte, war für die Zeit, als Hegel im Bereich der Philosophie führend war, nicht weiter verwunderlich – ebensowenig Schopenhauers Unfähigkeit, Hegels postumem Erfolg etwas entgegenzusetzen, als in der zweiten Hälfte des 19. Jahrhunderts der Optimismus eine neue Blütezeit erlebte. Für einen wachen Intellektuellen aber hatte sein postumer Ruhm mehr als nur symbolische Bedeutung, als mit beängstigender Unaufhaltsamkeit die »beste aller möglichen Welten« realisiert zu werden begann.

Auch Friedrich Nietzsche wurde trotz seiner frühen Reife von seinen Zeitgenossen, an die er sich doch mit so großer Beredtheit und Überzeugungskraft wandte, wenig gelesen; seine Aufnahme ins Pantheon des 19. Jahrhunderts ist eher eine Sache unserer Zeit (die 1967 begonnene Gesamtausgabe ist immer noch unvollständig).

Die moderne Philosophie kam nur mit Mühe vom Vermächtnis des deutschen Idealismus los, nachdem er um die Jahrhundertwende einen internationalen Siegeszug erlebt hatte. Auch in Deutschland wurde die Theorie des geschichtlichen Fortschritts, die die Bewegung in ihren Anfängen ausgezeichnet hatte, von einer Gruppe namhafter Historiker im Gefolge Rankes wieder aufgegriffen – von Droysen, Dahlmann, Sybel, dem extrem konservativen Nationalisten Treitschke und zumindest anfangs vom später desillusionierten und isolierten Mommsen; sie alle deuteten den wachsenden politischen Optimismus in den 1860er Jahren als Beweis für die Richtigkeit der idealistischen Auffassung. In dieser verhängnisvoll veränderten Form spukte der Idealismus bis weit ins 20. Jahrhundert durch das politische Denken. Die geistesgeschichtliche Revolution, die sich in diesen Jahren vollzog, ging weder auf die Neuhegelianer zurück, die eher den intellektuellen Status quo beibehalten wollten, noch auf Radikale, die sich als potentielle Nachfolger Hegels verstanden; ihre Wortführer hatten zu drastischeren, wenn auch viel einfacheren Maßnahmen gegriffen, indem sie die Philosophie umstrukturierten und dabei fast alle Bereiche ausklammerten, mit denen sich ihre Vorgänger beschäftigt hatten: Comte, der Begründer des Positivismus und Vorläufer der Wissenschaftstheorie; Bergson mit seiner Theorie des schöpferischen »élan vital«; Mach als treibende Kraft hinter dem Wiener Kreis des logischen Positivismus; Brentano, ein Pionier der empirischen Psychologie; Frege, dessen Forschungen in der mathematischen Logik auch die Sprachphilosophie vorantrieben; Freud, der Begründer der Psychoanalyse und neben Marx ein Wegbereiter des Strukturalismus; und schließlich Husserl, der sich um Phänomenologie und die Hermeneutik verdient machte.

ROGER HOLLINRAKE

Literatur

»Kein Musiker hat mehr gelesen oder geschrieben als Wagner«, so Lloyd-Jones (1976). Wagners Belesenheit in der älteren wie in der zeitgenössischen Literatur ist in der Musikgeschichte einzigartig. In jungen Jahren versenkte er sich in die Werke der deutschen Klassiker (und Shakespeares) und in die geheimnisvolle Welt der Romantiker; er stand verschiedenen Schriftstellern des Jungen Deutschland nahe und übernahm viele ihrer Ansichten; dann geriet er in den Bann des Schopenhauerschen Pessimismus und schloß sich Nietzsches Kritik der kulturellen Werte an; seine letzten Jahre schließlich verbrachte er im ideologischen Klima der Wilhelminischen Expansionspolitik. Seine Bibliotheken dienten nie bloßen Repräsentationszwecken; sie zeugten von seinem starken Bedürfnis, literarisch und philosophisch auf der Höhe der Zeit zu bleiben. Cosima Wagner berichtet in ihren Tagebüchern über viele abendliche Diskussionen und Lesungen. (Vgl. auch »Literarische Vorlieben«, S. 157 ff.)

Ludwig Geyer und Adolf Wagner übten schon sehr früh entscheidenden Einfluß auf ihn aus. Geyers schauspielerische Ambitionen und Fähigkeiten weckten Wagners Sinn für die großen deutschen Klassiker, allen voran für Goethe. Außerdem kam Wagner in seiner Jugend schon deshalb häufig mit der Theaterwelt in Berührung, weil viele seiner Geschwister eine Bühnenlaufbahn einschlugen. So hatte er Gelegenheit, Aufführungen Shakespeares zu sehen, dessen Einfluß auf die deutsche Literatur (über die Wielandsche und später die berühmtere Schlegel-Tiecksche Übersetzung) nicht oft genug betont werden kann. Wagners *Leubald* entsprang seinem jugendlichen Eifer, Goethes *Götz von Berlichingen* und andere, angeblich durch Shakespeare angeregte Dramen über Ritter oder Ränkeschmiede nachzuahmen. Shakespeare galt vielen als Befreier, als ein Dichter, der dem deutschen Geist näher stand als dem französischen; so verstanden ihn auch der junge Goethe und der junge Wagner. Wagners Bewunderung für das Genie des englischen Dramatikers hielt lange an; er sah in ihm seinen wichtigsten Mentor. »Er ist mein einziger Geistes-Freund«, äußerte er später einmal (CT, 27. Mai 1882).

Ebenso wichtig für Wagners Entwicklung wurde auch sein Onkel Adolf Wagner. Dieser Sonderling war nicht nur ein Kenner Shakespeares und der Griechen, sondern befaßte sich auch intensiv mit den Werken der Romantiker und kannte E. T. A. Hoffmann persönlich. Wagner liebte die deutsche Romantik: die Welt der Geister, des Mittelalterlichen, der Künstler- und Außenseitergestalten, die in der Romantik mit Vorliebe beschrieben wurden. Die Romantik war in Deutschland etwa dreißig Jahre lebendig, und Wagner war wie kein anderer Musiker von ihrer Vorstellungswelt erfüllt. Hoffmann, Tieck und Fouqué hinterließen einen tiefen Eindruck bei ihm, wobei ihn E. T. A. Hoffmann wohl am nachhaltigsten prägte: In *Der Dichter und der Komponist* erfuhr Wagner erstmals von der Notwendigkeit der unauflöslichen Einheit zwischen Textbuch und Musik; *Meister Martin der Küfner und seine Gesellen* handelte vom spätmittelalterlichen Nürnberg und seinen Meistersingern; an *Die Bergwerke zu Falun* faszinierten ihn die Beschreibungen der unterirdischen Gänge und Geister, in *Der Kampf der Sänger* wird ein Sängerkrieg dargestellt.

Hoffmanns Bewunderung für Carlo Gozzi regte Wagner dazu an, Gozzis *La donna serpente* als Textgrundlage für *Die Feen* zu verwenden. Bekanntlich hatte sich E. T. A. Hoffmann auch als Komponist einen gewissen Ruf erworben; seine Oper *Undine* wurde 1816 in Berlin aufgeführt. Sie basierte auf Fouqués bezaubernder Erzählung gleichen Titels, aus der Wagner in der Nacht vor seinem Tod laut las. Wagner war auch von Tieck sehr beeindruckt. Seine Bewunderung galt besonders der *Phantasus*-Sammlung, die unter anderem die Märchenerzählung *Der getreue Eckart und der Tannenhäuser* enthielt; in seiner Dresdner Bibliothek befanden sich die ersten zwanzig Bände von Tiecks *Schriften* (Berlin 1828–1846). Die Liebes-, Todes- und Nachtthematik bei Wagner dürfte auf Friedrich Schlegel und Novalis zurückgehen. Sehr wichtig wurden für Wagner nicht zuletzt Jacob Grimms *Deutsche Mythologie,* deren zweite Auflage er besaß (Göttingen, 1844), Wilhelm Grimms *Die deutsche Heldensage* (Göttingen, 1829) und ihre dreibändige Ausgabe der *Kinder- und Hausmärchen* (Berlin, 1819–1822).

Die romantische Literatur wurde vom Jungen Deutschland abgelöst, einer lockeren Gruppierung junger Autoren, die das Phantastische ablehnten und aktuelle politisch-soziale Probleme in den Vordergrund rückten. Die Pariser Revolution von 1830 war symptomatisch für das allgemeine Bestreben gewesen, eine politische Emanzipation durchzusetzen. Nachdem aber Karl Gutzkows Roman *Wally die Zweiflerin* von 1835 einen Skandal verursacht hatte, wurden seine Werke zusammen mit denen Heines, Wienbargs, Mundts und Laubes verboten. Als Wagner 1839 nach Paris kam, lernte er dort Heine kennen; die entscheidende Anregung für den *Fliegenden Holländer* bekam er von ihm. Er bewunderte vor allem Heines journalistische Fähigkeiten und nahm ihn sich bei seinen eigenen Zeitungsartikeln zum Vorbild; außerdem begrüßte er viele der damaligen neuen Ideen. Metternichs konservatives System (die Zeit des sogenannten Vormärz) hatte eine politische Stabilität in Deutschland und Österreich erzwungen, doch die Unruhen von 1830 wiesen bereits auf den weit größeren Ausbruch revolutionärer Kräfte 1848 in Paris und in anderen europäischen Städten voraus.

In Dresden hatte sich Wagner, der inzwischen als Kapellmeister tätig war, in die Recherchen zum *Nibelungen*-Projekt vertieft und las Sekundärliteratur, Übersetzungen und die verschiedenen Sagenversionen. Seine Beschäftigung mit den Griechen und mit Feuerbach lenkte sein Denken auf die Vision einer emanzipierten Menschheit ohne politische oder sexuelle

Fesseln. Den Weg in diese Richtung hatten die Gedanken Heinses *(Ardinghello)* und der Jungdeutschen bereitet. Auch Proudhon war Wagner ein Begriff (im Sommer 1849 las er *Qu'est-ce que la propriété?*), und mit Bakunin teilte er den revolutionären Eifer dieses Jahres. In den Dramenfragmenten *Jesus von Nazareth* und *Achilleus* sollten natürliche Freiheit und natürliche Moral erstickenden Beschränkungen gegenübergestellt werden, und noch die frühen Entwürfe zum *Ring* sind durch Wagners Vision von einer befreiten Menschheit geprägt.

Die materialistischen philosophischen Theorien Feuerbachs und Ludwig Büchners beruhten auf einer entromantisierten, eher an der gesellschaftlichen Wirklichkeit orientierten Weltsicht, während Schopenhauers *Die Welt als Wille und Vorstellung,* das 1818 erschien und bis in die 1850er Jahre unbeachtet blieb, hierzu eine Gegentendenz darstellte. Mit seinem Pessimismus fand Schopenhauer besonders bei all jenen Anklang, die nach dem Scheitern der Revolution von 1848/49 in Resignation verfielen. Wagner war in seinen Schriften der Züricher Zeit anfangs von dem Wunsch beseelt, die deutsche Kultur zu reformieren und zu den mythischen Vorstellungen der griechischen Antike zurückzukehren; seine Schopenhauer-Lektüre 1854 lenkte sein Denken jedoch in neue Bahnen. Schopenhauers Lehre von der Verneinung des Willens zum Leben und die allgemeine Resignation angesichts der gescheiterten Revolution von 1848/49 lösten bei zahlreichen deutschen Schriftstellern einen Kult des Rückzugs aus; Provinzialismus statt des städtischen Intellektualismus machte sich breit. Wagners *Tristan und Isolde* ist ein deutliches Beispiel für die damals allgegenwärtige Beschränkung auf die reine Innerlichkeit; in den *Meistersingern* wird Nürnberg als zeitlich ferne, spätmittelalterliche Stadt besungen.

Von Wagners Kontakten mit Literaten sind vor allem die Begegnungen mit Ludwig Tieck in Dresden, mit Gottfried Keller in Zürich und den Dramatikern Franz Grillparzer und Friedrich Hebbel in Wien zu nennen, obwohl Wagner weder Hebbels *Nibelungen*-Trilogie noch Grillparzers *Sappho* besonders schätzte. Am wichtigsten aber war seine Freundschaft mit Friedrich Nietzsche. Nietzsche war erstaunt über Wagners umfassende Kenntnisse in der griechischen Antike und deutete sein Werk als die Wiedergeburt der griechisch-mythischen Tradition. Wagners Ruhm verbreitete sich in dieser Zeit sehr rasch, durch die Erfolge des *Tristan* und der *Meistersinger* war er in ganz Europa berühmt geworden. Nietzsches späterer Bruch mit Wagner ist allgemein bekannt; Schriftsteller vom Format eines Grillparzer, Paul Heyse, F. Th. Vischer und Theodor Fontane ließen sich häufig satirisch und spöttisch über den »Fall Wagner« aus. Gottfried Keller bezeichnete zwar den *Nibelungen*-Text als »von antiktragischem Geiste geläutert«, doch andere betrachteten Wagner eher als typisches Beispiel für die Gründerzeit, die Zeit des stürmischen Wirtschaftswachstums in Preußen. Die Kunst der 1870er Jahre war zum großen Teil von Monumentalität und Pomp geprägt; das deutsche Reich, militärisch siegreich und wirtschaftlich überlegen, verlangte nach Selbstverherrlichung, nach einer linientreuen Literatur, in der die Hohenzollern in bestem Lichte dargestellt wurden, wie sie etwa Ernst von Wildenbruch lieferte. Preußens Sieg über Frankreich löste eine Welle nationalistischer Begeisterung aus, von der auch die Literaten erfaßt wurden. In vielen Fällen huldigte man der deutschen Vormachtstellung und der »Nibelungentreue« – der Schluß von Felix Dahns historischem Roman *Ein Kampf um Rom*, der bald nach seinem Erscheinen 1876 zum Bestseller wurde, schildert eine Kampfszene, die an die historischen Tableaux von Conrad Ferdinand Meyer erinnert. Besonders beliebt waren damals die Romane Friedrich Spielhagens, der mit seinen Darstellungen des Reichtums, der materiellen Werte und der Wachstumseuphorie dieser Jahre eine für diese Zeit exemplarische Lektüre bietet. Wagner ist damit jedoch nicht zu vergleichen: *Der Ring des Nibelungen* mag zwar an den Geist der Gründerzeit erinnern, ist aber sowohl atavistisch als auch ultramodern in seiner Vermischung von Mythos und Psychologie, wie auch Thomas Mann erkannte. Wagners *Parsifal* weist bereits auf die Verfeinerungen des französischen Symbolismus und der »Décadence« voraus. Er bot den Autoren der *Revue Wagnérienne* gleichsam ein mystisches Prisma, in dem sich ihr eigener Glanz widerspiegelte. Wagner zog zwar Nutzen aus der Literatur vergangener und seiner eigenen Zeit, doch viel mehr noch gab er an die Literatur des kommenden Jahrhunderts weiter.

RAYMOND FURNESS

Religion

Das 19. Jahrhundert war in Deutschland eine Zeit der Säkularisierung, wobei die Gesellschaftsstruktur in nie dagewesenem Maße von den Kräften der Wissenschaft, der Industrialisierung und der Machtpolitik geprägt wurde. Nach der Reformation war die christliche Religion durch die Kirchenspaltung gefährdet – eine Gefahr, die nach dem Westfälischen Frieden in Leibniz' *Systema theologicum* (1686) mit seiner Aufforderung zur Annäherung zwischen den sich bekämpfenden Konfessionen vor Augen geführt wurde. Um die Jahrhundertwende hielt noch der ganze Süden und Westen Deutschlands – mit dem München Ludwigs I. als Zentrum und an die katholischen Nachbarländer Österreich und Frankreich angrenzend – am katholischen Glauben fest. Der Norden und Osten mit dem protestantischen Berlin als Mittelpunkt hingegen war auch nach der Heiligen Allianz von 1815/16 und dem notdürftigen Zusammenschluß zur »Evangelischen Kirche der altpreußischen Union«, den Friedrich Wilhelm III. von Preußen anläßlich der Dreihundertjahrfeier der Reformation im Jahr 1817 durchgesetzt hatte, in verschiedenste protestantische Religionsgemeinschaften zersplittert, wobei die Lutheraner und die Calvinisten (bzw. Reformierten) in schärfstem Gegensatz zueinander standen. Hinzu kamen kleinere Gruppen von Dissidenten: Pietisten, die Herrnhuter Brüdergemeinde, Saint-Simonisten, Ebelsche Mucker, Freidenker und Agnostiker – als Spätfolge der Aufklärung mit ihrem großmütigen Aufruf zur Toleranz sowie der starken Orientierung an allen Her-

vorbringungen der (vorwiegend atheistischen) französischen Kultur im
Norden Deutschlands seit Friedrich dem Großen.

Die Philosophie, die an den protestantischen Universitäten Preußens
neben der Theologie und der immer wichtiger werdenden vergleichenden
Religionswissenschaft gelehrt wurde, sollte offiziell sowohl christlich verankert als auch in politischem Sinne konservativ bleiben (1841 lud Friedrich Wilhelm IV. eigens Schelling nach Berlin ein, um den stark um sich
greifenden Agnostizismus ein wenig einzudämmen). In der Moralphilosophie Kants war jedoch der Keim für eine weltliche Theodizee gelegt,
woraufhin sich trotz der staatlichen Zensur eine ganze Literatur heraus-
bildete, in der der Religionskritik eine Schlüsselfunktion zukam. Nicht zu
Unrecht schrieb Schelling die neue Blüte der Philosophie einer gewissen
Unsicherheit zu, die es notwendig machte, auf rein intellektueller Ebene
Antworten auf religiöse Fragen zu geben.

Mitte der 1840er Jahre sahen sich die »christlichen« philosophischen Systeme, die von Hegel gemeinsam mit Fichte und Schelling und dem einflußreichen Theologen Schleiermacher auf Kant aufbauend entwickelt
worden waren, mit einer Gruppe radikaler Denker konfrontiert, die sich
vom Hegelschen System lösten, den Junghegelianern (die Bezeichnung
geht auf David Friedrich Strauß zurück). In *Das Leben Jesu* von 1835/36,
das seinerzeit zu einem Bestseller wurde, wandte Strauß die Mythen-
forschung auf das Leben Christi an und stritt jegliche Geschichtlichkeit
besonders der übernatürlichen Elemente (Wunder) in den Evangelien ab.
(Das Aufsehen, das er damit erregte, verhinderte seine weitere akademi-
sche Laufbahn; erst sehr viel später erkannte man, daß viele seiner Ansichten bereits bei Hegel vorgezeichnet waren, und zwar in einer Reihe
noch vor Ende des 18. Jahrhunderts entstandener, oftmals zugespitzt for-
mulierter theologischer Aufsätze, worunter sich auch einer mit dem Titel
Das Leben Jesu fand.)

Noch spektakulärer war damals der psychologische Ansatz von Feuerbachs *Das Wesen des Christentums* aus dem Jahr 1841, worin die Religion als Projektion menschlicher Werte und Wünsche erklärt wurde. So
kurz die anthropologische Revolte der 1840er Jahre auch andauerte, so
weitreichend waren ihre Folgen. Selbst ein erzkonservativer christlicher
Apologet wie Kierkegaard, der am 24. März 1844 in Kopenhagen ein
Exemplar von *Das Wesen des Christentums* erwarb, ging von der Annahme aus, daß man fast überall zu religiöser Erkenntnis finden könne, nur
nicht in den kirchlichen Dogmen. Laut Feuerbach ist die Theologie Ausdruck einer Verschwörung gegen das Christentum, des Hasses und nicht
der Liebe, weil sie bisher das Ziel verfolgt habe, den Menschen zu einer
niedrigen, abhängigen Kreatur herabzuwürdigen und die Vollkommen-
heit allein Gott zuzuerkennen; entsprechend sei es eine der wichtigsten religiösen Pflichten, die etablierten Kirchen zu bekämpfen.

Am heftigsten äußerte sich der Widerstand gegen kirchliche Recht- und
Strenggläubigkeit in der zweiten Jahrhunderthälfte, als zwei Denker die
völlige Abschaffung der Religion anstrebten. So weit entfernt er von der

junghegelianischen Vision einer emanzipierten Gesellschaft auch sein mochte, erwies sich der von Marx in Aussicht gestellte gottlose bzw. religionslose Staat als eine Fortführung der Ideen und Ideale Feuerbachs (in *Die Heilige Familie* von 1844 bemühte sich Marx tatsächlich um eine Würdigung seiner Verdienste, stärker noch in den elf *Thesen über Feuerbach* von 1845, die laut Engels den Ausgangspunkt für all das bildeten, was wir heute unter Marxismus verstehen). In noch größerem Ausmaß, wenn auch aus ganz anderen Gründen, wurzelte die hybride Philosophie des selbsternannten Antichristen Nietzsche in einer instinktiven Abneigung gegen die moderne christlich-bürgerliche Gesellschaft. In der leidenschaftlichen Prosadichtung *Also sprach Zarathustra* – der »Bibel der Zukunft«, wie Nietzsche sie selbst nannte – gilt die frohe Botschaft vom Tod Gottes als die letzte Herausforderung für alles Schöpferische in reinstem Hohn auf die christliche Lehre: »*Dionysos gegen den Gekreuzigten …*«. In geistesgeschichtlicher Hinsicht stehen zwischen Nietzsches dionysischem Menschen der Zukunft oder dem »Übermenschen« und dem freien Individuum der Feuerbachschen Philosophie der Zukunft Darwins *On the Origin of Species (Die Entstehung der Arten durch natürliche Zuchtwahl)* von 1859 und *The Descent of Man (Die Abstammung des Menschen und die geschlechtliche Zuchtwahl)* aus dem Jahr 1871 – wissenschaftliche Untersuchungen, die damals fast ausschließlich nach ihren theologischen Konsequenzen bewertet wurden.

Auf das schändlich unentschlossene Verhalten der Frankfurter Nationalversammlung von 1848 hin bzw. nach der Wiederherstellung des Deutschen Bundes 1850 – ein Triumph für die österreichische Diplomatie in Olmütz – entwickelte sich der Nationalismus, wie er durch die preußische Hohenzollern-Dynastie verkörpert wurde, zur einigenden Ersatzreligion einer Nation, die nach mehr als drei Jahrhunderten religiöser Konflikte zersplittert war.

In der allgemeinen Hochstimmung und Erleichterung nach Bismarcks Siegen von 1866 kam die Wiederbelebung des katholischen Ultramontanismus sehr ungelegen. Nach seiner Rückkehr aus dem Exil nach Rom im Jahr 1850 begann der autoritäre Papst Pius IX. mit einem Kreuzzug gegen den subversiven Geist der Zeit. Die Stärkung des Jesuitenordens, der Hauptstütze der Kurie, der Syllabus von 1864 gegen die »Zeitirrtümer« des Fortschritts, des Liberalismus und der modernen Zivilisation und das Erste Vatikanische Konzil von 1870, das den Primat und die Unfehlbarkeit des Papstes definierte – all das trug nicht gerade dazu bei, die Kluft zwischen deutschen Protestanten und Katholiken zu überbrücken oder gar den Kanzler und seine Gefolgsmänner, die Generalfeldmarschälle Moltke und Roon, die sich schon auf den Krieg mit Frankreich einstellten, von ihrer »Eisen-und-Blut«-Politik abzuhalten.

Der Vergeltungsschlag in Form des sogenannten »Kulturkampfes« der siebziger Jahre erfolgte prompt und gestaltete sich selbst für Bismarcks Verhältnisse einigermaßen drastisch (nur mit teilweisem Erfolg versuchte der Kanzler die Verantwortung für diese Exzesse auf den preußischen Kultusminister Adalbert Falk abzuwälzen). Die Aufhebung der Katholischen Abteilung im Kultusministerium 1871, die Ausweisung der Jesuiten 1872, die Verabschiedung bzw. Durchführung der Maigesetze von 1873, durch die die kirchliche Disziplinargewalt eingeengt und alle Seminare unter staatliche Aufsicht gestellt wurden; die Abberufung des deutschen Gesandten am Heiligen Stuhl und die Gesetzgebung von 1875, die die katholische Kirche von der Unterstützung durch die kaiserliche Staatskasse ausschloß – all das gehörte zu einer mit Härte durchgeführten Strategie, die auf die staatliche Vorherrschaft und eine Mystifizierung der »Nation« abzielte.

Später wurden mit den Vereinbarungen, die während des Pontifikats des kompromißbereiten Leo XIII. getroffen wurden, viele der unliberalen und revanchistischen Gesetze des »Kulturkampfes« wieder aufgehoben (mit Ausnahme der Bestimmungen, die die Jesuiten betrafen). Damit war der Konfessionsstreit aber noch lange nicht beigelegt; Ende der 1880er Jahre gründete Beyschlag den Evangelischen Bund, der zur Bestürzung vieler konservativer Intellektueller die protestantische Antipathie gegenüber Rom bis ins 20. Jahrhundert hinein am Leben halten sollte. Besondere Ironie lag in der Tatsache, daß Bismarck 1890 von seinem Schützling, dem jungen Kaiser Wilhelm II., entlassen wurde, weil dieser plötzlich seine Bestimmung zum Herrscher von Gottes Gnaden in sich fühlte.

ROGER HOLLINRAKE

Kapitel V

Musikgeschichtlicher Hintergrund und musikalische Einflüsse

*Die Herausbildung des Frühstils
Das Musikdrama und seine Vorformen
Mäzene, Aufträge und Honorare
zur Zeit Wagners*

Musikgeschichtlicher Hintergrund und musikalische Einflüsse

In seinem autobiographischen Rückblick *Eine Mitteilung an meine Freunde*, den Wagner 1851 in der Mitte seines Lebens verfaßte, äußerte er die Überzeugung, alles künstlerische Schaffen sei von der »Kraft des Empfängnisvermögens« abhängig. »Der erste künstlerische Wille ist nichts andres, als die Befriedigung des unwillkürlichen Triebes der Nachahmung dessen, was am einnehmendsten auf uns wirkt.« (GS IV, S. 246) So läßt sich auch paradoxerweise behaupten, daß die außergewöhnliche Originalität des reifen Musikers letztlich auf die Unersättlichkeit zurückzuführen ist, mit der er als Jugendlicher Instrumental- und Opernmusik in sich aufnahm. Wie schon Carl Dahlhaus (1986) beobachtete, lieferte Wagners künstlerische Laufbahn der Musikgeschichte eines ihrer klassischen biographischen Schemata: Auf eine Frühphase der stilistischen Assimilation (nacheinander Einflüsse aus der deutschen romantischen Oper, dem italienischen Belcanto und der französischen Opéra-comique und der Grand opéra) folgt eine Zeit der selbständigen Entwicklung (vor allem vom *Rheingold* zum *Tristan*), und schließlich beeinflußt der Komponist selbst die folgenden Generationen. Bei Wagner sind alle drei Phasen gleichermaßen stark ausgeprägt. Die Erörterung seines musikalischen Hintergrunds betrifft vor allem die erste der genannten Phasen; wenn wir Wagner beim Wort nehmen, wurde die Schöpferkraft, aus der die überraschend originären »Musikdramen« des stilistisch gereiften Komponisten hervorgingen, wesentlich durch frühe Eindrücke geformt. Der folgende Abschnitt beschränkt sich deshalb auf die ersten Stationen in Wagners Laufbahn bis etwa 1860, wobei aber auch berücksichtigt werden soll, wie die frühen Vorbilder und Einflüsse in seine späteren Werke eingingen.

Die Heraus-bildung des Frühstils

Frühe Prägung und erste musikalische Ausbildung (1821–1833)

Wagners eigene Beschreibung seiner ersten musikalischen Eindrücke in *Mein Leben* ist nicht nur vergnüglich zu lesen, sondern auch äußerst aufschlußreich. Offensichtlich fand er als Kind großes Gefallen am Künstler- und Theatermilieu, in dem sich damals sein (Stief-?)Vater Ludwig Geyer, sein Onkel Adolf Wagner und der ältere Bruder Albert wie auch die Schwestern Rosalie, Luise und Clara bewegten. Das Theater faszinierte ihn auf allen Ebenen: das Spielen verschiedener Rollen, die Gestik, die Kostüme, die Bühnenbilder und die Musik – all das ließ vor seinem inneren Auge Phantasiewelten erstehen. Die Musik war für ihn anfangs bloßes Beiwerk solcher Zaubervorführungen, obgleich er bereits als Kind ihre innere Macht erkannte. Nachdem er zunächst vor allem von der »spukhaft«-romantischen Atmosphäre des *Freischütz* als Drama gefangen war, begeisterte er sich bald auch für Webers Ouvertüre und eignete sich aus dieser Schwärmerei heraus erste Kenntnisse im Klavierspiel an. In ähnlicher Weise regte ihn der Wunsch, sein Trauerspiel *Leubald* – ein schauriges Drama über die Rache – mit der passenden Bühnenmusik zu versehen (nach dem Vorbild von Beethovens *Egmont*-Musik), zum Studium von J. B. Logiers *Methode des Generalbasses* an, weil er auf schnellstem Wege die Kunst des Komponierens erlernen wollte. Eine erste Anleitung in den Grundregeln der Harmonielehre durch das Leipziger-Gewandhaus-Mitglied Gottlieb Müller fruchtete so gut wie nichts, weil der Schüler in dieser Zeit in höheren Sphären schwebte und viel zu sehr mit E. T. A. Hoffmanns Kapellmeister Kreisler und den *Fantasiestücken* befaßt war, um sich ernsthaft auf einen regulären, trockenen Theorieunterricht einzulassen.

Der starke Reiz, den das ausgehaltene Unisono-C am Anfang der *Freischütz*-Ouvertüre oder der berühmte schwebende Reine-Quinten-Anfang der Neunten Symphonie von Beethoven auf ihn ausübte, ist ein weiterer Hinweis auf seine durch und durch romantische Gemütsverfassung. Solche elementaren Klangeffekte weckten in dem jungen Enthusiasten eine ehrfürchtige Bewunderung für die geheimnisvolle, »dämonische« Wirkungskraft des Klangs. Man könnte die entsprechenden autobiographischen Darstellungen als übertriebene Selbststilisierung abtun; doch der äußerst sorgfältig geschriebene Klavierauszug der Neunten Symphonie (WWV 9, 1830/31) zeugt deutlich von seiner frühen, für den damaligen Musikgeschmack untypischen Begeisterung. Elemente der beiden genannten Werke sowie der *Coriolan*-Ouvertüre tauchen in der düsteren Einleitung und im Hauptteil (»sehr bewegt«) der *Faust*-Ouvertüre (WWV 59, 1839/40) oder auch in der Ouvertüre zum *Fliegenden Holländer* (1841) mit ihrem Reine-Quinten-Tremolo in den oberen Streichern wieder auf, ferner in einer früheren Konzertouvertüre in d-Moll (WWV 20, 1831).

Vielleicht war Wagner selbst mit schuld am Mythos, den Nietzsche und andere verbreiteten, daß er im Grunde ein musikalischer Dilettant sei – wenn auch ein sehr geschickter, der sich alle möglichen technischen Tricks angeeignet habe, um die dramatischen und szenischen Effekte seines letztlich »unmusikalischen« Gesamtkunstwerks verwirklichen zu können. Aber schon seine frühesten Werke – ganz zu schweigen von *Tristan* oder *Parsifal* – beweisen das Gegenteil. Außerdem zeugen Wagners Briefe sowie zahlreiche spätere Reminiszenzen an diese erste Zeit von Wagners aufrichtiger Dankbarkeit gegenüber dem Leipziger Thomaskantor (Christian) Theodor Weinlig, bei dem er nach vielen, wenn auch unergiebigen Stunden bei Müller ein halbes Jahr lang Unterricht in Harmonielehre und Kontrapunkt im »strengen Stil« nahm. Laut Otto Daube (1960) kann der im dritten Aufzug der *Meistersinger* vorgeführte Kompositionsvorgang – die Stelle, wo Walther unter Sachsens Anleitung sein Preislied entwickelt – als eine liebevolle Hommage an den alten Weinlig und seine Lehrmethoden angesehen werden.

Über diesen Theorieunterricht hinaus setzte sich Wagner bis 1831 mit einer ganzen Reihe von Instrumentalwerken der Wiener Klassik auseinander, die damals überhaupt erst allmählich als »Klassiker« kanonisiert wurden. Neben der (noch umstrittenen) Neunten Symphonie von Beethoven kopierte oder arrangierte er die Partituren der Fünften Symphonie, der *Egmont*-Ouvertüre, der Haydn-Symphonien Nr. 103 und 104 und vielleicht noch anderer Werke. Für sein Arrangement der Neunten Symphonie, das allerdings unveröffentlicht blieb, bekam Wagner vom Mainzer Musikverlag B. Schott's Söhne eine gedruckte Partitur des Werks sowie der *Missa solemnis* und der Streichquartette op. 127 und op. 131, außerdem Arrangements anderer Beethoven-Symphonien von Hummel. Diese frühe Beschäftigung mit Werken von Haydn, Mozart und insbesondere von Beethoven regte Wagner zu verschiedenen Sonaten, Ouvertüren und vor allem zur C-Dur-Symphonie (WWV 29) von 1832 an. Das letztgenannte Werk erinnerte damals manche an Beethovens Siebte, besonders im drängenden Rhythmus des Kopfsatzes mit seiner breit angelegten langsamen Einleitung oder bei der Verknüpfung einer graziösen Melodiefigur mit einer gleichmäßigen, gleichsam schreitenden rhythmischen Fundierung im a-Moll-Andante. Heutige Hörer könnte die Komposition als Ganzes an Schubert erinnern, dessen Werke aber Wagner damals noch nicht bekannt gewesen sein dürften. Die großen Dimensionen dieser frühen Symphonie lassen bereits seine Neigung zum Monumentalen erkennen, die er zeit seines Lebens beibehielt.

Seine Leidenschaft für das Theater hielt währenddessen unvermindert an, und seit Wagner Anfang 1833 am Würzburger Theater seine erste reguläre Stelle angetreten hatte und als Chordirektor und Assistent seines Bruders Albert tätig war, arbeitete er intensiv an seiner »großen romantischen Oper in drei Akten« *Die Feen*. Wie bei der Symphonie und den nächsten beiden Opern – *Das Liebesverbot* (1835) und *Rienzi* (1838–1840) – zeigt sich auch in dieser ersten fertiggestellten Oper von Wagner sein Bemühen, alle vorhandenen Vorbilder zu übertreffen. Unmittelbare Vorbilder waren in diesem Fall Webers *Euryanthe* (die ebenfalls als »große romantische Oper« ohne gesprochene Dialoge angelegt war) und *Oberon*. Das märchenhafte Sujet erinnert an die Welt des *Oberon* und der französischen »opéra féerie« (Feenoper), die zu Beginn des 19. Jahrhunderts in Mode gekommen war. Diese leichtere Spielart der Dialogoper, die sowohl in der deutschen als auch in der französischen Operntradition auftrat, mischt sich hier mit dem heroisch-ritterlichen Idiom der *Euryanthe;* besonderes Gewicht erhält der durchkomponierte Szenenkomplex wie auch das großangelegte Finale, das man in allen drei Akten findet. Arindals erste Szene und Arie (»Wo find' ich dich, wo wird mir Trost?«) hält sich in der Aufeinanderfolge von Rezitativ, Cantabile (Arioso) und bewegter Arie (mit Stretta) eng an das Beispiel von Lysiarts Szene am Anfang des zweiten Akts der *Euryanthe* (»Wo berg' ich mich, wo find' ich Fassung wieder?«). Die entsprechende Soloszene der Fee Ada im zweiten Akt verrät den Einfluß von Leonores großer Szene aus dem ersten Akt des *Fidelio,* und der Text des Schlußchors bei Wagner (»Ein hohes Los hat er errungen.../ Drum sei's in Ewigkeit besungen«) lehnt sich in Diktion und Reim eng an das zweite Finale der Beethoven-Oper an. Darüber hinaus geht der Stil des dramatischen (Accompagnato-)Rezitativs wie überhaupt die gesamte Melodiensprache auf Heinrich Marschner zurück, dessen *Vampyr* und gerade erst uraufgeführten *Hans Heiling* Wagner in Würzburg auf die Bühne brachte. In einem Brief an Rosalie (11. Dez. 1833) beschreibt er die einzelnen Stücke des *Heiling* als »recht hübsch«, kritisiert aber den »gänzlichen Mangel an Total-Effekt« und die seinem Empfinden nach schwachen Aktschlüsse. Genau diese ganzheitliche, überzeugende dramatische und musikalische Form vermißte Wagner auch später immer wieder in den meisten deutschen Opern seiner Zeit. Schon damals nahm er sich vor, diesem Mangel abzuhelfen – »Ich muß gestehen, das könnte mich fast zu eitlen Hoffnungen für meine Oper verleiten!« fügte er zuversichtlich hinzu.

Heiling hat mit den *Feen* und Wagners späteren »romantischen« Opern aus den 1840er Jahren ein damals beliebtes Motiv gemein: Ein übernatürliches Wesen sehnt sich nach der Vereinigung mit einem bzw. einer Sterblichen, muß aber wegen der moralischen Schwäche der menschlichen Natur einen tragischen Treuebruch riskieren. Das Interesse an diesem Thema des Undinen- und Melusinen-Stoffs war zu dieser Zeit sehr groß; E. T. A. Hoffmann oder auch Conradin Kreutzer und andere hatten es eben erst in ihren neuen Opern verarbeitet (1845 folgte Lortzings *Undine*). Die Einführung des komischen Dienerpaars Gernot und Drolla in diese Sphäre des Übernatürlichen und Phantastischen knüpft an die Tradition der Zauberposse bzw. des Zauberspiels an, die noch in den Stücken Ferdinand Raimunds fortlebte. Wagner war während seines Wiener Aufenthalts im vorangegangenen Sommer (1832) von der Lebendigkeit des Genres beeindruckt gewesen. Die übernatürlichen Prüfungen, denen sich Wagners Held Arindal im Finale des zweiten Akts unterzieht, erinnern natürlich an das herausragende Beispiel dieser Tradition, Mozarts *Zauberflöte;* außerdem beschwört das Duett der beiden Wiedervereinten Gernot und Drolla die Welt Papagenos und Papagenas herauf. Diese Nummer, besonders der 6/8-Schlußteil, stellt Wagners einzigen Versuch im Stil des damals noch populären Singspiels dar, abgesehen von einer Einlegearie für Carl Blums komische Oper *Mary, Max und Michel* (WWV 43, 1837).

Anfänge der Künstlerlaufbahn und die Pariser Jahre (1833–1842)

Wagner bezeichnete die Mitte der 1830er Jahre rückblickend als seine künstlerischen »Flegeljahre«. Seine verfehlten künstlerischen Vorstellungen und Ansprüche kulminierten nach eigener Darstellung im Versuch, mit *Rienzi* Meyerbeer und Halévy als Meister der »großartigen« Grand opéra zu übertreffen. Ob man dem künftigen Komponisten »welterlösender« Musikdramen diesen »Fehltritt« nachsehen will oder nicht – seine Bedeutung für Wagners künstlerische Entwicklung sollte man auf keinen Fall unterschätzen. Die Schriften aus dieser Zeit belegen seine große Unzufriedenheit mit dem damaligen Stand der deutschen Oper und das Gefühl, daß man die Dinge, die ihr am meisten fehlten – ein wirkungsvoller Handlungsaufbau und ein gehöriges Verständnis für expressive Gesangslinien –, von der (französischen) Opéra-comique und der Grand opéra wie auch vom italienischen Belcanto lernen könnte. Den Keim für seine rebellische Phase (im Zusammenhang mit seiner Beteiligung an der intellektuell-revolutionären Bewegung des Jungen Deutschland) legte möglicherweise ein Wien-Aufenthalt im Jahr 1832, bei dem Wagner die Begeisterungsstürme für Hérolds *Zampa* erlebte. Ein noch entscheidenderes Erlebnis war Wilhelmine Schröder-Devrients Leipziger Gastspiel in Bellinis *I Capuleti e i Montecchi* im März 1834. Dahingestellt sei, ob die Sängerin bereits 1829 durch ihre überzeugende Darstellung von Beethovens Leonore den künftigen Verlauf seiner Karriere bestimmte, wie Wagner später behauptete (siehe »Mythen und Legenden«, S. 141); so entfachte sie ohne jeden Zweifel Wagners Begeisterung für Bellini wie auch für die darstellerischen und dramatischen Leistungen dieser ungewöhnlichen Sopranistin.

In späteren Schilderungen der Erfahrung von 1834 neigt Wagner dazu, Bellinis Anteil herunterzuspielen und nur die faszinierende musikalische Ausstrahlung der Schröder-Devrient hervorzuheben. Doch obwohl er die Formelhaftigkeit und das Konventionelle im italienischen Belcanto bereits erkannt hatte, empfahl er ihn damals noch als ein Gegenmittel gegen »die grenzenlose Unordnung, den Wirrwarr der Formen, des Periodenbaues und der Modulationen so mancher neuer deutscher Opernkomponisten. […] und in der Tat«, so heißt es weiter, »wird die augenblickliche klare Erfassung einer ganzen Leidenschaft auf der Bühne bei weitem erleichtert werden, wenn sie eben ganz mit allen Nebengefühlen und Nebenempfindungen mit einem festen Striche in *eine* klare, faßliche Melodie gebracht wird, als wenn sie durch hundert kleine Kommentationen, durch diese und jene harmonische Nuance, durch das Hineinreden dieses und jenes Instrumentes verbaut und endlich ganz hinweggeflügelt wird« (SS XII, S. 20). Solche Ansichten entsprangen keiner momentanen geistigen oder geschmacklichen Verirrung eines ansonsten in kulturellen Fragen unbeirrbaren Nationalisten (um nicht zu sagen Chauvinisten); zahlreiche Stellen in seinen späteren Schriften – so etwa in *Über das Dirigieren* (1869) – bestätigen seinen unerschütterlichen Glauben an die Notwendigkeit eines ununterbrochenen, linearen Verlaufs sowohl in der dramatischen Komposition als auch in der Aufführungssituation, und gegenüber Wolzogen äußerte Wagner, er habe von Bellini gelernt, wozu »Herr Brahms und Co.« nie in der Lage gewesen seien. Andererseits können seine Unmutsäußerungen über die plumpen, unbeholfenen Ausdrucksmittel der deutschen Oper wie auch die unvermittelt scharfe Kritik an Webers *Euryanthe* in dieser Zeit sicherlich auch als Selbstkritik des Komponisten der *Feen* gedeutet werden, der inzwischen im Bann des jungdeutschen Sensualismus stand und aus seinem Provinzialismus ausbrechen wollte. Wie verschieden sie in Stil und Charakter auch sein mögen, beruhen *Das Liebesverbot* und *Rienzi* doch beide auf einem neuentdeckten kosmopolitischen Ideal mit dem Ziel, die Sinnlichkeit der Bellinischen Melodie mit der Vitalität und der großen Geste der französischen Genres und zugleich mit der deutschen »Ernsthaftigkeit« zu verbinden.

Dieses Bestreben, all das, was in den verschiedenen Nationalstilen jeweils am wirkungsvollsten erschien, zu einem neuen Ganzen zu verschmelzen, beschrieb Wagner wie schon andere vor ihm als einen typisch deutschen Wesenszug. 1840 wollte er Meyerbeer noch in diesem Sinn loben, indem er ihn mit Händel, Gluck und Mozart in eine Reihe stellte. Seit Beginn des Jahrhunderts war an den deutschen Theatern ein gemischtes Repertoire mit Werken aus verschiedenen Ländern (die meist in deutscher Übersetzung gesungen wurden) allgemein üblich. Deshalb darf man annehmen, daß das synthetische Verfahren des jungen Musikers zum Teil dem Umstand zu verdanken ist, daß er bei seinen verschiedenen Stellen als Musikdirektor bis 1839 mit einem reichhaltigen Opernangebot konfrontiert wurde. Der folgenden Aufstellung läßt sich entnehmen, welche Werke Wagner – soweit bekannt – in seiner Zeit in Würzburg, Magdeburg, Königsberg und Riga und bei sonstigen Gelegenheiten dirigierte, betreute oder auch nur sah bzw. hörte.

Jahr	Ort	Komponist	Werk
von Wagner einstudiert/dirigiert			
1833	Würzburg	Auber	Le Maçon
			La Muette de Portici
			Fra Diavolo
		Beethoven	Fidelio
		Boieldieu	Jean de Paris
			La Dame blanche
		Cherubini	Les Deux Journées
		Hérold	Zampa
		Marschner	Der Vampyr
			Hans Heiling
		Meyerbeer	Robert le diable
		Paer	Camilla

Jahr	Ort	Komponist	Werk
von Wagner einstudiert/dirigiert			
		Rossini	Tancredi
			Otello
		Weber	Der Freischütz
			Oberon
von Wagner besucht			
1834/35	Leipzig	Auber	Gustave III, ou
			Le Bal masqué
			Le Philtre
		Bellini	I Capuleti e i Montecchi
1835	Nürnberg	Weigl	Die Schweizerfamilie
von Wagner einstudiert/dirigiert			
1834–1836	Magdeburg	Auber	Le Maçon
			Fra Diavolo
			La Muette de Portici
			Lestocq
		Bellini	La straniera
			I Capuleti e i Montecchi
			Norma
			I puritani
		Beethoven	Fidelio
		Boieldieu	La Dame blanche
		Cherubini	Les Deux Journées
		Gläser	Des Adlers Horst
		Halévy	La Juive
		Hérold	Zampa
		Marschner	Der Templer und die Jüdin
		Mozart	Don Giovanni
		Paisiello	La molinara
		Rossini	Tancredi
			Il barbiere di Siviglia
			Otello
		Schenk	Der Dorfbarbier
		Spohr	Jessonda
		Weber	Der Freischütz
			Euryanthe
		Weigl	Die Schweizerfamilie

Jahr	Ort	Komponist	Werk
von Wagner besucht			
1836	Berlin	Spontini	Fernand Cortez
1836/37	Königsberg	Bellini	Norma
			I puritani
		Halévy	La Juive
1837	Dresden	Halévy	La Juive
		Spohr	Jessonda
von Wagner einstudiert/dirigiert			
1837–1839	Riga	Adam	Le Fidèle Berger
			Le Postillon de Lonju-
			meau
		Auber	Le Maçon
			La Muette de Portici
			Fra Diavolo
		Beethoven	Fidelio
		Bellini	I Capuleti e i Montecchi
			Norma
		Boieldieu	La Dame blanche
		Cherubini	Les Deux Journées
		Dorn	Der Schöffe von Paris
		Hérold	Zampa
		Méhul	Joseph
		Meyerbeer	Robert le diable
		Mozart	Die Entführung aus
			dem Serail
			Le nozze di Figaro
			Don Giovanni
			Die Zauberflöte
		Rossini	Il barbiere di Siviglia
			Otello
		Spohr	Jessonda
		Weber	Preciosa
			Der Freischütz
			Oberon
		Weigl	Die Schweizerfamilie
		Winter	Das unterbrochene
			Opferfest

Italienische und französische Einflüsse

Das Liebesverbot ist in vielerlei Hinsicht das Ergebnis dieser vielfältigen Eindrücke, gefiltert durch Ohr und Geist des ambitionierten jungen Kapellmeisters. In seiner *Mitteilung an meine Freunde* beschreibt Wagner die »kindische Freude«, die er beim Dirigieren des damals gängigen italienischen, besonders aber des französischen Opernrepertoires mit seinen schillernden, prickelnden Orchestereffekten empfunden habe (GS IV, S. 256). Solche heiteren Eindrücke gingen in die *Liebesverbot*-Ouvertüre ein, mit ihrem Aufgebot an Kastagnetten, Tamburin und Triangel im Anfangsteil und dem freizügigen Gebrauch von Holzbläsern (darunter Pikkoloflöte), Blech und Schlagzeug das ganze Stück hindurch. Die massiven Posaunenklänge des Liebesverbotsmotivs sind jedoch bereits unverwechselbar wagnerisch; Klänge wie in der blechschweren Coda findet man auch in mehreren der frühen Konzertouvertüren. Es kostete Wagner einige Anstrengungen, seine Neigung zur Überinstrumentierung im Lauf der Jahre abzulegen, wie sich etwa bei seinen wiederholten Anläufen einer Umarbeitung des *Fliegenden Holländers* zeigt.

Die Frage danach, was im *Liebesverbot* »italienisch« sei, beantwortet Friedrich Lippmann mit »Manches, aber nichts ganz«. Manche Koloraturen erinnern noch an Rossini, wobei dessen chromatische Wechselnoten sehr übersteigert nachgeahmt werden. Andere Lyrismen haben Bellini zum Vorbild (Betonung der Terz über dem Grundton, die entweder von unten her über die Quint oder von oben durch einen Quartvorhalt erreicht wird), während die Harmonik, die orchestrale Textur und die Formproportionen bedeutend erweitert wurden. Melodische Besonderheiten, die eher für den deutschen »lyrischen« Stil typisch waren, sind der Doppelschlag und der allgegenwärtige Sextvorhalt (von der Sext zur Quint; beides ist in der Hauptmelodie von Rienzis berühmtem Gebet gut zu beobachten).

Stärker noch schlägt der französische Einfluß durch, und zwar nicht nur das Opéra-comique-Idiom etwa von Aubers *Fra Diavolo* oder Hérolds *Zampa*, sondern auch der Stil früher Grands opéras wie Aubers *La Muette de Portici (Masaniello)* oder Meyerbeers *Robert le diable*. Die glühende Begeisterung, die *La Muette* im jungen Wagner entfachte, beschrieb der Komponist später selbst in seinen *Erinnerungen an Auber* (1871) sehr eindringlich: Die »Rezitative wetterten wie Blitze auf uns los; von ihnen zu den Chorensembles ging es wie im Sturme über; und mitten im Chaos der Wut plötzlich die energischen Ermahnungen zur Besonnenheit, oder erneute Aufrufe [...]. Wie dem Sujet am Schrecklichsten, aber auch am Zartesten nichts fehlte, so ließ Auber seine Musik jeden Kontrast, jede Mischung in Konturen und in einem Kolorit von so drastischer Deutlichkeit ausführen, daß man sich nicht entsinnen konnte, eben diese Deutlichkeit je so greifbar wahrgenommen zu haben« (GS IX, S. 45). Das Motiv des Volksaufstands gegen eine korrupte Obrigkeit im *Liebesverbot* und die Verlagerung des Shakespeareschen Geschehens nach Sizilien verweisen

auf Scribes Textbuch zur *Muette* und möglicherweise auch auf *Zampa*
mit seinen sizilianischen Piraten als mögliche Vorbilder.

Doch auch musikalisch hinterließ Auber im *Liebesverbot* seine Spuren.
Die D-Dur-Karnevalsszene und der Chor am Anfang des Finales zum
zweiten Akt bei Wagner bilden fast eine Kontrafaktur zu Aubers Markt-
chor in seinem dritten Akt (ebenfalls in D-Dur), und der leidenschaftlich
erregte Chor beim Ausbruch der allgemeinen Empörung am Schluß desselben Akts (»Courons à la vengeance«) könnte Vorbild für zahlreiche
Wagnersche Massenszenen gewesen sein. Trotz des hedonistischen Kar-
nevalstreibens als Hintergrundsgeschehen des *Liebesverbots* nähert sich
diese Oper an einigen Stellen in Format und Pathos der Grand opéra an,
etwa in der gewichtigen Breite der Chorensemble-Szenen oder in erweiterten lyrischen Nummern wie in Friedrichs Szene-Cavatine-Cabaletta-
Komplex im zweiten Akt und im Isabella-Luzio-Duett im ersten Akt mit
seinen an *Rienzi* gemahnenden Marschrhythmen und großangelegten
Wiederholungen.

Aus dem Opéra-comique-Repertoire schlägt besonders Hérolds *Zampa*
durch. Eine charakteristische harmonische Fortschreitung (I–$I_3^{5\#}$–IV_4^6,
nach I aufgelöst, über einem Tonika-Orgelpunkt) – sie erscheint das er-
stemal im Hauptthema der Ouvertüre, dann im Claudio-Isabella-Duett
des zweiten Akts und in Luzios Karnevalslied – kommt auch in Hérolds
Oper wiederholt vor (siehe Alphonses Arie »Mes bons amis« im ersten
Akt, den vorangegangenen Matrosenchor oder den Refrain zu Zampas
Arie »Il faut céder à mes lois« im zweiten Akt). Die zeitlos-beliebte Ouvertüre zu *Zampa* gebrauchte Wagner mit Sicherheit als Vorlage für seine
Ouvertüre, in beiden Stücken wird das übermütige Hauptthema durch
abrupt einsetzende Warnzeichen unterbrochen. In den komischen Nummern mit den beiden stereotypen Figuren Brighella und Dorella übernahm
Wagner die leichtfertigsten Seiten Hérolds oder Aubers. Doch selbst hier
versucht er deren begrenzten harmonischen Spielraum auszuweiten, wobei er zugleich Aubers Verfahren des konversationellen Deklamationsstils
über einer fortgesetzten motivischen Begleitung verfeinert und größere,
organischere Formen entwickelt.

Rienzi, Paris und die französische Große Oper (Grand opéra)

Die Pariser Grand opéra war mit Abstand das meistgefragte neue musikalische Genre der 1830er Jahre. Die Werke Eugène Scribes und seiner
wichtigsten Koautoren Auber, Halévy und Meyerbeer gingen um die ganze Welt und gaben mehr als einer Generation von Opernkomponisten
neue Impulse. Wie die Grand opéra auf Wagner wirkte, wird natürlich
am ehesten in seinem eigenen Versuch in diesem Genre – *Rienzi* – sichtbar,
aber in gewissem Maße ging sie in dramaturgischen und sogar musikalischen Einzelheiten auch noch in alle seine späteren Werke ein, bis einschließlich *Parsifal* (Gutman, 1968). Die Heftigkeit, mit der Wagner in

Oper und Drama die französische Große Oper mit Meyerbeer als ihrem Hauptvertreter verunglimpfte, verrät wahrscheinlich nur das Ausmaß der für ihn charakteristischen Angst oder Abscheu vor seinen eigenen Wurzeln (wie das schon bei seiner Kritik an *Euryanthe* der Fall war), zugleich aber unterstreicht sie den ungeheuren Wandlungsprozeß, den diese Musikgattung inzwischen unter seinen Händen durchlaufen hatte.

Rienzi (1838–1840) steht in seinem Ehrgeiz, alle Vorbilder zu »überbieten«, im gleichen Verhältnis zu Halévy und Meyerbeer wie *Das Liebesverbot* zu Bellini und Auber. In *Mein Leben* beschreibt Wagner eine Berliner Aufführung von Spontinis *Fernand Cortez* 1836 unter der Leitung des Komponisten als ein Erlebnis, das ihm damals Augen und Ohren öffnete. Einen weiteren entscheidenden Anstoß gab wahrscheinlich Halévys *La Juive*, die er erstmals in Königsberg hörte und kurz darauf, offenbar in einer deutlich besseren Aufführung, ein weiteres Mal in Dresden. *Rienzi* mit seinem zeittypischen Römerpathos versucht die an der Klassik und an Gluck orientierte, mit viel Pomp verbundene Gestik der Spontinischen »Premier-empire«-Opern mit den aktuelleren Idiomen Halévys und Meyerbeers zu verbinden.

Entgegen Hans von Bülows Bonmot, der *Rienzi* sei Meyerbeers beste Oper, läßt sich in der Musik kaum etwas spezifisch Meyerbeerisches ausmachen. Wagner selbst stritt 1843 in einem Brief an Schumann entrüstet ab, daß auch nur irgend etwas daran wirklich meyerbeerisch genannt werden könne (er spielte auf Schumanns eigene Empfindungen an, die dieser in seiner bekannten Rezension von *Les Huguenots* beschrieben hatte). Doch das Ideal eines kosmopolitischen Eklektizismus war für Wagner 1839 noch nichts Verwerfliches – ganz im Gegenteil, wie verschiedene Essays aus dieser Zeit belegen, darunter ein postum erschienenes Lob auf *Les Huguenots* (SS XII). Wagner zweifelte zwar später am Wert des *Rienzi*, komponierte ihn aber nicht etwa in einer Anwandlung von Zynismus. Die verschiedenen stilistischen Elemente sind im einzelnen der Spontinische Typus des »Marche héroïque« (in instrumentalem, solistischem und chorischem Kontext), ein Cantabilestil, verwandt dem Webers, Marschners und Spohrs, mit reichlichem Gebrauch des oben erwähnten Doppelschlags, straffe Cabaletta-Sätze im modernen französisch-italienischen Stil und grandiose Schlußtableaus nach dem Vorbild von *La Juive*. Überlagert wird das alles von einer allgemeinen Tendenz zur Ausweitung der Harmonik als einem Mittel der Ausdrucksintensivierung (wie bereits im *Liebesverbot*), wobei Wagner allerdings den für ihn typischen verminderten Septakkord und das Streichertremolo ein wenig überstrapaziert. Die Orchestrierung ist fülliger und homogener als bei Meyerbeer und nähert sich von daher Halévy an. (Meyerbeer behandelte das Orchester eher wie Berlioz, da er mit Klang- und Texturkontrasten experimentierte.) Obwohl Wagner von Berlioz' Musik sehr beeindruckt war, als er sie in Paris hörte (außerdem hatte er Gelegenheit, in der *Revue et Gazette musicale de Paris* erste Auszüge aus der später berühmten Abhandlung über die Instrumentierung zu lesen), sollte es noch mindestens zehn Jahre dauern, bis er auch für sich etwas daraus gelernt hatte (Voss, 1970). Gegen eine bestimmte Eigenschaft des Meyerbeerschen (und in dieser Hinsicht auch des Berliozschen) Stils scheint Wagner einen echten Widerwillen empfunden zu haben: den häufigen Wechsel zwischen Dreiertakt und gewöhnlichem Zweiertakt. Während im *Rienzi* wie auch im *Lohengrin* fast die ganzen fünf Akte hindurch stur der ⁴/₄-Takt beibehalten wird, setzt sich allein schon der erste Akt von *Les Huguenots* aus Teilen im ¹²/₈-, ⁴/₄-, ³/₄-, ²/₄-, ³/₈- und ⁹/₈-Takt zusammen. Die Loslösung von seinem starren metrischen Schema dauerte bei Wagner ebenfalls längere Zeit. Erst beim *Ring* ließ er allmählich eine größere Vielfalt an Taktarten zu, wobei er freilich feinste Übergänge zwischen ihnen schuf, um so den Eindruck einer Variierung aus bloßem Kalkül zu vermeiden, die er Meyerbeer sofort angekreidet hätte.

Diverse Kritiker, angefangen mit Paul Bekker (1924), beobachteten in den letzten drei Akten des *Rienzi*, die Wagner erst nach seiner Ankunft in Paris schrieb, größere psychologische Tiefe und musikalische Differenziertheit. Manches davon kann den in Paris gesammelten neuen Eindrücken zugeschrieben werden; so ist es gut möglich, daß er zum Beispiel *Les Huguenots* vorher noch gar nicht gekannt hatte. Doch die langwierige Arbeit an verschiedenen Arrangements von Donizettis *La Favorite* und Halévys *La Reine de Chypre* erfolgte viel zu spät, um sich noch auf Wagners eigene Oper auswirken zu können, und *La Favorite* hinterließ bei ihm ohnehin keinen besonderen Eindruck. Wenn wir Wagners eigener Aussage glauben wollen, machte er die beiden wesentlichen Erfahrungen dieser Zeit in einem ganz anderen Bereich: bei den Aufführungen von Beethoven-Symphonien durch das Orchester des Conservatoire unter der Leitung von François Habeneck (insbesondere die ersten drei Sätze der Neunten) und bei der ersten Begegnung mit der Musik von Berlioz – der *Symphonie fantastique, Roméo et Juliette* und der eben erst entstandenen *Symphonie funèbre et triomphale* (1840). In seinen Briefen an die Dresdner *Abend-Zeitung* ist es merkwürdigerweise das letztgenannte Werk, das bei Wagner am besten wegkommt, während er ansonsten Berlioz' »unnatürlichem« Stil sehr zwiespältig gegenübersteht. Aber wie dem auch sei – das Niveau der Aufführungen, das Wagner in Paris an der Opéra wie auch bei den Konservatoriumskonzerten vorfand, war eine Offenbarung für ihn; es übertraf alles, was er bisher erlebt hatte, einschließlich der zehn Jahre zurückliegenden Leipziger Gewandhauskonzerte (vor der Ära Mendelssohn). In *Mein Leben* gesteht er, daß die Berlioz-Konzerte geradezu »betäubend« auf ihn gewirkt hätten; er sei überwältigt gewesen von der »phantastischen Kühnheit« und der »scharfen Präzision« des Vortrags, die der Komponist dem Orchester entlockt habe. Wagners Pläne für eine Symphonie über den Faust-Stoff – er beschränkte sich schließlich auf die nur einen Satz umfassende *Faust*-Ouvertüre – dürften durch die Eindrücke von Beethovens Neunter und Berlioz' »dramatischer Symphonie« nach Shakespeare angeregt worden sein.

Die »romantischen Opern« als Gattungs- und Stilsynthese
(Dresden 1842–1849)

Auf seine Novelle vom Anfang des Jahres 1841 mit dem Titel *Ein Ende in Paris* anspielend, stellte Wagner später einmal fest, daß der junge Mann, der einst gekommen sei, die Pariser Opernwelt mit seiner großen historischen Oper zu erobern, tatsächlich innerlich gestorben sei (GS IV, S. 263). Und wirklich schien *Der fliegende Holländer* in mancherlei Hinsicht zu bestätigen, daß dieser selbsternannte Rivale Meyerbeers für immer von der Bühne abgetreten war. Aber im Hinblick auf den Hintergrund der drei »romantischen Opern« der 1840er Jahre – *Holländer, Tannhäuser* und *Lohengrin* – gilt es, einige Dinge zu beachten. Die Bezeichnung »romantisch« impliziert zunächst, daß sie eher einer deutschen als einer französischen Tradition verhaftet sind. Doch der *Holländer* war ursprünglich für die Pariser Opéra geplant, wenn auch als Einakter für das »Vorprogramm« statt als fünfaktiges Bühnenspektakel. Vielleicht machte Wagner aus der Not eine Tugend und betrachtete sein Werk als ein Experiment in dramatischer Kürze und musikalischer Einheitlichkeit; aber auf jeden Fall hätte er sich wohl die besonderen Fähigkeiten des französischen Orchesters zunutze gemacht, und die stürmische Grundstimmung und die geisterhaften Handlungselemente hätten auch der berühmten Bühnenmaschinerie des Hauses in der Rue Le Peletier vielfältige Umsetzungsmöglichkeiten geboten. Denn Wagner war nicht anders als die Pariser Philister von den aufregenden Inszenierungen Duponchels, Monnais', Pillets und ihres Bühnenpersonals stark beeindruckt. Seine nächsten beiden Opern komponierte Wagner erst, als er sich durch den riesigen Erfolg des *Rienzi* an der Dresdner Hofoper bestätigt fühlte; somit hatte er damals allen Grund, es sich noch einmal gut zu überlegen, ob er wirklich alles aufgeben sollte, was von der französischen Großen Oper kam.

In dem bereits erwähnten Brief an Schumann (25. Febr. 1843) verwahrte sich Wagner vehement gegen die Behauptung, der *Fliegende Holländer* enthalte Meyerbeersche Elemente. Das war erst der Anfang einer ganzen Reihe von Protestäußerungen, die schließlich in seinen Ausfällen gegen den Komponisten in *Das Judentum in der Musik* (1850) und *Oper und Drama* (1851) gipfelten. Ein Brief an Eduard Hanslick vom 1. Januar 1847 (also noch vor Beginn der berühmt-berüchtigten Feindschaft zwischen diesen beiden Männern) stellt gewissermaßen den Angelpunkt seiner allmählich eskalierenden Feindseligkeit dar; hierin erklärt der Komponist des *Tannhäuser* dem jungen Kritiker, daß er »um eine Welt« von Meyerbeers Dutzendware getrennt sei. War der Protest nicht fast zu heftig? Seine weitere stilistische Entwicklung läßt die Motivation hinter solchen Angriffen ein klein wenig verständlicher erscheinen. Wagner hatte in den 1840er Jahren nach Kräften gesucht, an den ästhetischen Grundfesten seiner Grand-opéra-Modelle zu rütteln, und der mühsame, psychisch schmerzhafte Prozeß, im *Ring* zu einem radikal neuen Ansatz zu finden, trieb den zur Untätigkeit verdammten und frustrierten Komponisten dazu, einen Kompositionsstil zu geißeln, den er so weit wie möglich hinter sich lassen wollte. Doch seine überzogenen Polemiken dürften so manchen Beobachter in der Zeit um 1850 irritiert haben.

Der fliegende Holländer wurde bisher meist als Rückbesinnung auf Wagners eigentliche Verwurzelung in der deutschen romantischen Tradition Webers, Spohrs und Marschners gedeutet. Dabei ging die »romantische« Oper, die in den zwanziger und dreißiger Jahren des 19. Jahrhunderts von diesen, aber auch anderen, weniger bedeutenden Komponisten wie Kreutzer, Lindpaintner, Gläser, Dorn u. a. vertreten wurde, letztlich wiederum sowohl auf die revolutionäre und nachrevolutionäre Opéra-comique zurück – namentlich die Werke Cherubinis, Méhuls, Nicolò Isouards und Boieldieus – als auch auf die deutschen Singspieltraditionen. Die Herkunft einzelner »Charakter«-Nummern des *Holländers* – Sentas Ballade, das Lied der norwegischen Matrosen und der Spukchor der Holländer-Mannschaft – verrät die Zugehörigkeit der Oper zu dieser älteren deutsch-französischen Tradition. Wagner hatte die anspruchsvolleren Werke seiner deutschen Vorgänger wie etwa *Euryanthe, Jessonda* oder die Marschner-Opern wegen ihrer musikalischen Kurzatmigkeit kritisiert, ferner wegen der aufdringlichen Versuche einer expressiven Harmonik und des fehlenden übergreifenden dramatisch-musikalischen Aufbaus selbst da, wo schon in verstärktem Maß der Zusammenhang zwischen den Einzelnummern hergestellt wurde. An Aubers *La Muette de Portici* oder dem vierten Akt von *Les Huguenots* (mit der Segnung der Waffen und dem Valentine-Raoul-Duett als spannungsvollem Höhepunkt) bewunderte er andererseits die lebensnahe Einbeziehung des Chors in die Handlung, das gelungene Zeitbild bzw. Lokalkolorit und den kühnen Schwung, mit dem diese Komponisten wie auch Halévy ihre großformatigen dramatischen Tableaux ausmalten. Wenn Wagners Ausdrucksweise ab den 1840er Jahren zunehmend nationalistisch gefärbt und immer franzosenfeindlicher wurde, so bedeutete das noch lange nicht, daß er alle »Fremdeinflüsse« eliminiert hatte. Sie waren vielmehr ganz in sein System eingegangen.

Sentas Ballade, die Wagner später als den »thematischen Keim« des *Fliegenden Holländers* bezeichnete, hatte sowohl in den französischen als auch in den deutschen Werken der vorigen Generation zahlreiche Vorbilder: Die wichtigsten sind Jennys Ballade »D'ici voyez ce beau domaine« aus Boieldieus höchst beliebter *Dame blanche* und Emmys Romanze »Sieh, Mutter, dort den bleichen Mann« aus Marschners *Vampyr*. Beide sind wie auch Wagners Nummer in der Art der Volksballade und mit unheimlich-romantischem Anstrich gehalten und haben einen Chorrefrain. In allen Fällen erhält der Erzählinhalt einen unmittelbaren Bezug zur Handlung, da jeweils eine geheimnisvolle, dem Jenseits angehörende Gestalt beschrieben wird, die dann bald darauf leibhaftig erscheint. Ein weiteres Vorbild könnte auch Raimbauts Ballade aus dem ersten Akt von *Robert le diable* gewesen sein (»Jadis régnait en Normandie«). Auch hier wird die Geschichte von einer düsteren, dämonischen Gestalt erzählt, diesmal zu volksliedhaften %-Rhythmen, vergleichbar mit Sentas Ballade. Wie bei Marschner und Wagner gibt sich der Besungene am Ende der Ballade zu erkennen. Raimbauts Ballade kehrt den musikalischen Charakter von Strophe und Refrain um und beginnt ganz harmlos in C-Dur, worauf ein bebender c-Moll-Refrain folgt, wohl nicht ganz frei von ironischen Zwischentönen. Doch die zweite und die dritte Strophe werden zu einer immer bewegteren und an Chromatik reicheren Begleitung gesungen, wobei die dritte (»De cet hymen épouvantable«) auch die bebende rhythmische Figur des Refrains enthält. Der Vorgang soll vermutlich die wachsende Spannung nachzeichnen, die sich aus der Situation ergibt, daß der dämonische Herzog Robert scheinbar unbeteiligt dabeisteht und zuhört, wie man über ihn herzieht. Das ist eine auffallende Parallele zu Wagners Gestaltung des banalen C-Dur-Matrosenchors im dritten Aufzug; bei ihm wird auf ganz ähnliche Weise die Provokation dunkler Mächte dargestellt, die schließlich zu einem gewaltsamen Ausbruch führt. Ein älteres Modell könnte auch der Jungfernkranz-Chor aus dem *Freischütz* sein. Auch hier wird ein C-Dur-Refrain harmonisch umgelenkt – in diesem Fall zu einem düsteren a-Moll-Schluß, nachdem plötzlich ein Grabkranz – als ein schlechtes Omen – mit ins Spiel kommt. Im Vergleich zu Weber nimmt Meyerbeer jedoch Wagner auf eine ganz spezifische Weise vorweg: Raimbauts Ballade wird im ersten Akt und gegen Ende der Oper als Erinnerungsmotiv verwendet.

Von den beiden meistbewunderten Qualitäten des *Fliegenden Holländers* – seiner dramatischen Stringenz und musikalischen Kontinuität – ist nur erstere Wagners eigener innovativer Konzeption zuzuschreiben, doch die zweite verdankt sich dem Vorbild der Grand opéra. Die Chorensemble-»Introduktion«, die kleinere solistische Formen umfaßt (hier das Steuermannslied), war lange Zeit eine Eigenheit der französischen und italienischen Oper gewesen, wie wir sie auch in der Anfangsszene von *Robert le diable* mit der eben besprochenen Ballade finden. Auch die Tendenz, nominell geschlossene Einzelnummern zu größeren musikalischen Komplexen zu verknüpfen – so etwa »Szene, Duett und Chor« am Schluß des ersten Aufzugs des *Holländers* oder »Arie, Duett und Terzett« (Daland, Senta und der Holländer) als Finale des zweiten Aufzugs, oder auch das Duett, die Cavatine und die Ensemblenummer zum Abschluß der ganzen Oper –, geht hauptsächlich auf Halévy und Meyerbeer zurück. Die letzten Akte ihrer Opern (und zahlreicher Werke nach ihrem Vorbild, darunter *Rienzi*) enthalten fast immer nur zwei oder drei größere musikalische Abschnitte, die meist unmerklich, manchmal ohne Pause ineinander übergehen. Den vierten Akt der *Huguenots* nahm sich Wagner wegen der dramatischen Steigerung des langen Waffensegnungs-Ensembles, das in das hochdramatische Grand duo »Tu l'as dit« mündet, zum Vorbild.

Tannhäuser und *Lohengrin* sind noch deutlicher als Resultate dieser Synthese aus deutschen und französischen Gattungs- und Formmodellen zu erkennen. Abgesehen von den *Tristan*-artigen Neufassungen des Bacchanals und der Venus-Partie hatte der *Tannhäuser* wenig an sich, was dem

Geschmack des Pariser Publikums von 1861 hätte mißfallen können. Das Weglassen einer offiziellen Nummerneinteilung zugunsten einer szenischen Gliederung ist ein bedeutender Schritt in der Musikgeschichte, kann aber andererseits über die Identität von Elisabeths Sängerhallen-Arie aus dem zweiten Akt (»Dich teure Halle«) oder ihrer *»preghiera«* (»Allmächt'ge Jungfrau«) oder auch von Wolframs Romanze (»O Du mein holder Abendstern«) aus dem dritten Akt nicht hinwegtäuschen. Auch Tannhäusers Wiederbegegnung mit den lang vermißten Sängerfreunden in der vierten Szene des ersten Akts und der Sängerkrieg aus dem zweiten Akt sind unschwer als konventionelle Finaletypen zu erkennen. Der mehrteilige Einzugsmarsch der eintreffenden Gäste und Tannhäusers katastrophal endende Störung der tugendsamen feierlichen Handlungen des Sängerwettstreits, auf die ein turbulentes Ensemble folgt, ein Gebet (Elisabeths Fürbitte) und eine Reihe fein strukturierter Chorensemble-Sätze – derlei hatte es im Repertoire der Grand opéra schon gegeben und wurde auch danach noch fast bis zum Ende des Jahrhunderts immer wieder nachgeahmt. Zwei frühere Beispiele einer unterbrochenen Festszene, die Wagner wohlbekannt waren, sind die Finale des jeweils ersten Akts von Spontinis *Olympie* (1819, bearbeitet Berlin 1821 und Paris 1826) und von Aubers *La Muette de Portici,* als Fenella plötzlich ihren fürstlichen Verführer erkennt. Im Finale des dritten Akts aus *La Juive* (1835) erkennt Rachel ganz ähnlich Fürst Léopold und stellt ihn inmitten der Festlichkeiten bloß, was eine äußerst raffiniert gestaltete Reihe von Ensemble-Abschnitten nach sich zieht. (Der »locus classicus« dieses Finaletyps – die Krönungsszene des Scribe-Meyerbeerschen *Le Prophète* – war damals noch nicht zur Aufführung gelangt.) Diese aus mehreren Opern bekannte Situation und den zugehörigen musikalischen Typus einer bewegten Ensemble-»scena« mit Chorabschnitten in Verbindung mit einer religiösen Prozession findet man auch in der vierten Szene des zweiten Akts von *Lohengrin* wieder, wo Elsas feierlicher Zug zum Münster von der verräterischen Ortrud gestört wird. Die analoge Szene aus der *Götterdämmerung* (II. Akt, 4. Szene) beruht auf den gleichen Elementen, hier eine Doppelhochzeitsszene, die von der rasenden Brünnhilde unterbrochen wird, nachdem sie den Ring an Siegfrieds Hand entdeckt hat. Dieses Versatzstück aus der Dramaturgie der Grand opéra wirkt weniger überraschend, wenn man sich vor Augen hält, daß die ersten Entwürfe ins Jahr 1848 zurückreichen.

Es gibt kaum Hinweise dafür, daß sich Wagner von dem neueren Repertoire beeinflussen ließ, das während seiner Zeit am Dresdner Theater dort gespielt wurde. Die Opern Ferdinand Hillers, die in Dresden uraufgeführt wurden (*Der Traum in der Christnacht,* 1845; *Konradin, der letzte Hohenstaufen,* 1847), kamen beim Publikum nicht an und bei Wagner erst recht nicht (obwohl die letztgenannte Oper mit seiner anhaltenden Beschäftigung mit den Staufern zusammenfiel, die sich zum einen in seinen Plänen zur *Sarazenin* und zu *Friedrich I.* manifestierte, zum andern im *Wibelungen*-Aufsatz von 1849). Außerdem sah er sich gezwungen, Spohr schonend beizubringen, daß seine neueste, dem Dresdner Theater vorliegende Oper *Die Kreuzfahrer* (1845) abgelehnt werden müsse. Denn trotz des Umstands, daß dieses Werk offensichtlich von Spohrs Eindrücken von Wagners Musik geprägt war, konnte es den jüngeren Komponisten nicht überzeugen. Für Marschners *Kaiser Adolph von Nassau,* der 1845 von Wagner uraufgeführt wurde, fand er nur Worte der Verachtung; Marschner habe sich auf ein farbloses Männergesangsverein-Idiom gestützt, versetzt mit billigen Italianismen – insbesondere das »Rache«-Ensemble, eine Stretta »von unglaublicher Gemeinheit und Unbeholfenheit«, hätte Donizetti »seinem geringsten Schüler vor die Füße geworfen« *(Mein Leben).* Die Opern seines Kollegen Karl Gottlieb Reißiger (1798–1859) fand er auch nicht viel interessanter.

Andererseits scheint in den *Lohengrin* ein neuerwachtes Interesse an der klassischen Tradition Glucks und Spontinis eingeflossen zu sein, was auch mit Wagners wachsender Begeisterung in den 1840er Jahren für das klassische griechische Drama zusammenhängen kann. Die erste Anregung dazu kam mehr oder weniger zufällig. Wagner wurde mit der Neueinstudierung von Glucks *Armide* betraut, seinem ersten Projekt in Dresden, und im Jahr darauf lud er den schon älteren Spontini ein, seine *Vestale* selbst zu dirigieren. Wagners Erfolg mit der *Armide* führte zu weiteren Gluck-Produktionen; besonders hervorzuheben ist dabei eine umfassende Bearbeitung der *Iphigénie en Aulide.* Die Charakterisierung von Iphigenies vornehmer Würde durch einen gemischten Holzbläserchor im dritten Akt (von Wagner leicht überarbeitet) scheint auf die Partie Elsas im *Lohengrin* abgefärbt zu haben, obwohl ähnliches teilweise auch bei Elisabeth schon vorkommt. Spontinis Einfluß kann eher auf einer allgemeineren Ebene festgestellt werden, etwa in einer erhabenen, etwas zurückhaltenden Grundstimmung, durch die sich die Oper ganz deutlich von den unruhigeren, kontrastreicheren späteren Grand-opéra-Vorbildern oder auch von Wagners Frühwerk unterscheidet. Schon Berlioz hatte dem *Rienzi* eine gewisse Ähnlichkeit mit dem »Marche triomphale et chœur« aus Spontinis *Olympie* bescheinigt, nachdem er Wagners Werk 1843 gehört hatte. Die lange Orchestereinleitung zu Spontinis Marsch verbindet ein Dauercrescendo mit einer allmählichen Erweiterung der instrumentalen Textur, wobei ständig Tonikaharmonien wiederholt werden; der Chor setzt zuerst piano ein, donnert aber bei seinem zweiten Einsatz ein Forte fortissimo heraus (»O triomphe, gloire immortelle«). Eine ganz ähnliche Wirkung wird am Anfang der dritten Szene des zweiten Akts von *Lohengrin* erzielt, der zugleich als Übergang von der nächtlich-düsteren Atmosphäre der vorangegangenen Szenen zur Feststimmung des neu anbrechenden Tages dient. Bei Wagner beruht diese Wirkung auf einer ganzen Reihe von D-Dur-Fanfaren, die zunächst auf der Bühne, dann im Orchester über einem lang ausgehaltenen Tonikaorgelpunkt erklingen. Der »Durchbruch« kommt in Form einer schrittweise vollzogenen Modulation nach C-Dur (♭VII), nicht (wie bei Spontini) mit Chorbegleitung, sondern zu den Trompetensignalen der Herolde, die man bereits aus dem ersten Akt kennt. (Dieses Erproben von Klangfarben, von räumlichen und rhythmischen Elementen innerhalb einer statischen Harmonik nimmt das noch gewagtere Experiment des *Rheingold*-Vorspiels vorweg.) Wagner äußerte später einmal, daß das von Jubel erfüllte Finale des ersten Akts aus dem *Lohengrin* mit seinem mitreißenden Schwung weit mehr Spontini nachempfunden war als Weber.

So, wie er diese Bemerkung formulierte (und wie sie sowohl von Hans von Wolzogen als auch von Cosima festgehalten wurde), verriet er, daß er um die im *Lohengrin* überall spürbare Präsenz von Webers *Euryanthe* wußte. Gemeinsamkeiten in dieser Richtung wurden seit eh und je festgestellt (siehe Tusa, 1985/86, mit dem jüngsten und umfassendsten Vergleich). Wagner verdeutlichte vielfach die dramatischen Bezüge und Situationen, die er aus Helmine von Chézys berüchtigtem Textbuch abgeschaut hatte.

Die auffallendste Parallele ist das Spannungsverhältnis zwischen der reinen, aufrichtigen Heldin (Euryanthe bzw. Elsa) und ihrer hinterlistigen, intriganten Rivalin (Eglantine bzw. Ortrud). In beiden Opern beginnt der zweite Akt mit einer Szene zwischen der Intrigantin mit ihrem in dunkelsten Farben gemalten Sopran und dem mit tiefer Stimme ausgestatteten Komplizen, den sie umgarnt hat (Lysiart bzw. Telramund) und der den Verlust seiner Ehre in einer wilden »Wut-Arie« beklagt. Dieses Paar schmiedet in beiden Fällen in einer rezitativischen »scena« ein Komplott, woraufhin ein Rache-Duett folgt, jeweils zu ähnlicher Begleitung mit tiefen Blechbläsern und mit Tremolo- oder Repetitionsfiguren in den Streichern. Das Motivmaterial, das den beiden »Parallelfiguren« Eglantine und Ortrud zugeordnet ist, wird in beiden Opern am häufigsten aufgegriffen und transformiert (siehe unten).

Bis zu einem gewissen Grad ist der Stil des begleiteten Rezitativs wie auch der Ariosostil der Weber-Oper Voraussetzung für Wagners freieren Umgang mit solchen Stilelementen in allen seinen »romantischen« Opern. Aber viele andere Dinge sind von der französischen Grand opéra abgeleitet. Zusammenfassend läßt sich sagen, daß Wagner aus den Unterschieden zwischen der *Euryanthe* und seinen späteren französischen Vorbildern und aus seinem Versuch, Elemente aus beiden miteinander zu verbinden, letztlich genau das lernte, was er bald auch in seinen theoretischen Schriften auszudrücken versuchte – daß große, kohärente oder »dramatische« musikalische Formen bereits dem Textbuch eingeschrieben sein können und daß zumindest aus der Sicht des Komponisten der ideale Dramatiker zugleich »Musiker« sein muß.

Erinnerungsmotiv und Leitmotiv

Die Vorgeschichte der meistgefeierten und umstrittensten Neuerung Wagners, des sogenannten Leitmotivs, wurde im Lauf der Jahre intensiv diskutiert. Inzwischen hält man im allgemeinen an einer Unterscheidung zwischen der »eigentlichen« Leitmotivtechnik in Wagners reifen Werken

Das Musikdrama und seine Vorformen

und einer älteren Tradition verschiedenartiger »Erinnerungsmotive« fest, die bis ins ausgehende 18. Jh. zurückverfolgt werden kann. Wagners echte Neuerung seit dem *Rheingold* war die Schaffung eines zusammenhängenden musikalischen »Gewebes«, das sich in unterschiedlicher Dichte aus musikalischen Gedanken zusammensetzt, die entweder im Orchester oder in der Singstimme so eingeführt werden, daß sich dabei bestimmte dramatische, emotionale, visuelle oder begriffliche Assoziationen einstellen. In den »Musikdramen« seines Spätstils wird die musikalische Form vor allem durch die Verteilung, die Transformation und Verarbeitung solcher Motive in Verbindung mit Faktoren wie Tonalität, Tempo oder auch Instrumentierung gebildet. All das wird wiederum bis zu einem gewissen Grad vom Handlungsaufbau bestimmt. Das Erinnerungsmotiv jedoch tritt weitgehend außerhalb der Struktur geschlossener musikalischer Nummern auf oder betrifft die Wiederholung eines bestimmten Teils (von einer einzelnen Phrase bis zu einer ganzen Strophe oder anderen Teilen) einer Nummer an einem anderen Ort in der Oper – oft im Zusammenhang mit einem Rezitativ, Arioso oder Melodram. (Wagners motivisches Verfahren in den Werken der 1840er Jahre liegt irgendwo in der Mitte.)

Zu den am häufigsten angeführten frühen Beispielen eines Erinnerungsmotivs zählen einige aus der Tradition der Opéra-comique. An Grétrys *Richard Cœur-de-lion* (1784) ist wohlbekannt, daß Blondels »romance« (»Une fièvre brûlante«) nicht weniger als achtmal in abgewandelter Form wiederholt und in die Handlung eingebunden wird. In ähnlicher Weise setzte Cherubini in *Les Deux Journées* (1800) seine Ballade »Un pauvre petit Savoyard« ein. Winton Dean (1982) nennt noch frühere Beispiele für wiederkehrende assoziative Figuren in Werken von J. B. Lemoyne (*Electre*, 1782) und Méhul (*Euphrosine*, 1790, *Mélidore et Phrosine*, 1794, und *Ariodant*, 1799). Mit Ausnahme der *Deux Journées* waren diese Werke Wagner wahrscheinlich nicht bekannt, obwohl er zumindest Méhuls *Joseph* schätzte, eine Oper, die bis weit ins 19. Jahrhundert an kleineren deutschen Theatern gespielt wurde.

In Deutschland läßt sich das Erinnerungsmotiv bis zum »Melodram« (bzw. »Melodrama«, d. i. ein Schauspiel oder eine Pantomime mit untermalender Musik) der ausgehenden 1770er Jahre (Abbé Voglers *Lampedo* und Reichardts *Ino*, beide 1779) und zu den Singspielen von Georg Benda, C. G. Neefe, Wenzel Müller und Peter von Winter zurückverfolgen (Wörner, 1931/32). In einigen Fällen war der Umfang der musikalischen Reminiszenz sehr begrenzt, wie etwa bei den drei Freimaurerakkorden in Mozarts *Zauberflöte* oder bei ähnlichen »Zitaten« in *Idomeneo*, *Figaro* und *Così fan tutte*. Melodram, Pantomime und begleitetes Rezitativ sind in der Geschichte des Erinnerungs- und des Leitmotivs in einem allgemeineren Sinn von Bedeutung, indem sie die Funktion prägnanter, plastischer und ausdrucksvoller orchestraler »Gebärden« als Mitträger des Bühnengeschehens bzw. als Ausdrucksträger »wortloser« Gefühle deutlich machen.

Allerdings ging von kaum einem dieser Werke ein unmittelbarer Einfluß auf Wagner aus – mit Ausnahme Mozarts. Um vieles wichtiger ist der variationenreiche Gebrauch des Erinnerungsmotivs bei Weber. Weber hatte sich mit Sicherheit nicht nur vom deutschen Singspiel und Melodram inspirieren lassen – er kannte Hoffmanns Versuche in der *Undine* –, sondern auch vom Opéra-comique-Repertoire seiner Zeit, in dem er sich gut auskannte. Was Weber an Louis Spohrs *Faust,* dessen Uraufführung er 1816 in Prag dirigierte, besonders bewunderte, beschrieb er selbst folgendermaßen: »Glücklich und berechnet gehen einige Melodien wie leise Fäden durch das Ganze und halten es geistig zusammen.« Und mit diesen Worten nimmt Weber auf verblüffende Weise Wagners Sprache in seinen theoretischen Schriften vorweg, was die Beschreibung der Rolle musikalischer Motive oder »Grundthemen« im Musikdrama betrifft.

Weber systematisierte das Verfahren, die Ouvertüre aus dem wichtigsten thematischen Material der Oper zu konstruieren. Die Konsequenzen daraus machen sich in melodischen, stilistischen und strukturellen Details der Wagner-Ouvertüren von den *Feen* bis zum *Tannhäuser* bemerkbar (zum Beispiel die Abkürzung der Reprise zugunsten einer triumphalen Transformation des Nebensatzmaterials in der Coda). Den Gebrauch einer bestimmten harmonischen Konfiguration als »Motiv« im *Freischütz* – der unvollständige verminderte Septakkord mit Paukenschlägen bzw. Strichen in den Bässen auf unbetonten Taktteilen, bezogen auf Samiel – übernahm auch Wagner für seine Motivtechnik, was sich am deutlichsten in der leitmotivischen Funktion des *Tristan*-Akkords zeigt, ferner in primär harmonisch bestimmten Motiven wie dem Tarnhelmmotiv und seiner mit Gutrunes Vergessenstrank verbundenen Variante im *Ring.*

Assoziative instrumentale Klangfarben wie im Akkord Samiels (Streichertremolo, Pauken) oder der gellend kreischenden Pikkoloflötenfigur in Caspars Trinklied (von Marschner mit dem wiederkehrenden »Höllengelächter« im *Vampyr* nachgeahmt) sind auch typische Merkmale der Musik Wagners; häufig sind bei ihm einzelnen Personen oder ganzen Handlungsebenen charakteristische Klangfarben (und oft auch Tonarten) zugeordnet. Von der hohen, weichen Holzbläserbegleitung bei Senta, Elisabeth und Elsa war bereits die Rede. Klangfarbenkombinationen – auch mit Klarinette und Fagott sowie Cello in hohen Lagen –, wie sie ganz ähnlich im Zusammenhang mit Webers Heldinnen Agathe und Euryanthe erscheinen, kennzeichnen auch Brünnhildes Musik im dritten Aufzug des *Siegfried* und in Teilen der *Götterdämmerung* (vgl. insbesondere die Überleitung zur Szene Brünnhilde-Waltraute im ersten Aufzug). Blechbläserfanfaren und Hornrufe signalisieren die Außenwelt, die »Öffentlichkeit«, die in der Oper immer wieder gegen private, innere Konflikte ausgespielt wird. Die beliebten Jagdchöre aus den beiden bekanntesten Weber-Opern haben dieselbe Funktion, desgleichen die Jagdchöre und Königsfanfaren zahlreicher französischer Opern. Bedeutende Beispiele in Wagners Werken sind unter anderem die verschiedenen öffentlichen Versammlungen im *Lohengrin,* bei denen häufig Trompeten auf der Bühne erklingen, dann auch der traumatische Moment der Ankunft in Kornwall am Ende des ersten Aufzugs von *Tristan und Isolde* und die Jagd hinter der Bühne im zweiten Aufzug, wo die typischen Hornruffiguren in feinen Nuancen abgewandelt werden. Der in weihevollen, choralähnlichen Kontexten in *Tannhäuser* und *Parsifal* eingesetzte Blechbläser- bzw. Posaunenchor hatte – über die deutsche Kirchenmusikpraxis seit dem 17. und 18. Jahrhundert hinaus – zahlreiche Vorläufer in der Operngeschichte.

Die verschiedenen Typen des Erinnerungsmotivs kamen zunächst nur sporadisch, doch dann in zunehmendem Maße ab 1800 bei französischen und deutschen Komponisten vor und seit Rossini auch in der italienischen Oper, wobei es sich im allgemeinen um die Wiederholung einer lyrischen Phrase aus einer gattungstypischen Nummer (Romanze, Cavatine etc.) innerhalb eines Rezitativs bzw. einer »scena« handelte. In den 1840er Jahren war diese Technik weit verbreitet. Man findet sie unterschiedlich häufig in Werken von Lindpaintner (*Die Genueserin*, 1838), Reißiger (*Adèle de Foix*, 1841), Lortzing (*Hans Sachs*, 1840; *Casanova*, 1841; besonders *Undine*, 1845, und *Rolands Knappen*, 1849), Franz Lachner (*Catarina Cornaro*, 1841), Flotow (*Alessandro Stradella*, 1844, und *Martha*, 1847) und in den späteren Werken Spohrs und Marschners, um nur einige Beispiele aus dem deutschen Repertoire zu nennen. Daher sollte Wagners Motivtechnik als eine zwar ungemein stark erweiterte, aber im Prinzip allgemein übliche zeitgenössische Praxis angesehen werden. Es ist so gut wie ausgeschlossen, daß er selbst schon vor den 1850er Jahren andere Komponisten beeinflußte, mit Ausnahme natürlich der wenigen, die mit seinen Dresdner Opern unmittelbar zu tun hatten: Reißiger, Spohr und Schumann, dessen *Genoveva* (1848 komponiert) wohl von allen Werken, die es damals gab, Wagners ausgereifter Leitmotivtechnik am nächsten kam. Was Schumanns und Wagners Technik von den meisten anderen unterscheidet, ist nicht nur die dichtere Verteilung von Motivwiederholungen, sondern auch das Ausmaß der Motivtransformation und -verarbeitung in Übereinstimmung mit dem dramatischen oder psychologischen Kontext, also mit Rücksicht auf die Eingliederung in das Werk als Ganzes. Neben der neuen formgebenden Funktion des Leitmotivs in Wagners späteren Werken ist die Wiedergabe dynamischer emotionaler und psychischer Prozesse durch die Motivtransformation seine wesentlichste Neuerung. Auch in dieser Hinsicht scheint Weber den Weg gewiesen zu haben. Die sich schlängelnde Sechzehntel-Streicherfigur, die bei Eglantines erstem Auftritt in *Euryanthe* ihr falsches Wesen veranschaulicht (Rezitativ: »So einsam bangend find' ich dich?«), wird im Verlauf der Oper auf mehrfache Art verarbeitet – einmal als Begleitung für die nachfolgende Arie (Nr. 6), dann in Rezitativ und Arie ihres Soloauftritts »Betörte! die an meine Liebe glaubt« (Nr. 8) und kurz anklingend im dritten Akt (Nr. 19). Ein weiteres wichtiges Erinnerungsmotiv der Oper – die eindrucksvolle Passage für geteilte obere Streicher beim Erscheinen von Emmas Geist – kehrt ein letztes Mal beim glücklichen Ausgang der Oper wieder, hier nach C-Dur transponiert, wobei die ursprüngliche kühne chromatische Stimmführung nun diatonisch umgeformt wurde. Offen bleiben muß jedoch die Frage, ob all die Varianten von Oberons Hornruf, die John Warrack

(1968) anführte, wirklich auf die ursprüngliche große Terz nach oben, wie sie erstmals in der Ouvertüre anklingt, zurückzuführen sind.

Schließlich könnte man noch einige französische Vorformen nennen, die Wagner bekannt waren – an erster Stelle natürlich die Idée fixe aus Berlioz' *Symphonie fantastique,* die als Walzertrio, als lyrisches Zwischenspiel, psychologischer »Flashback« und groteske Parodie vorkommt. Vielleicht dachte Wagner auch an *Harold en Italie* mit seinem in die vorwiegend orchestrale Textur jedes einzelnen Satzes eingearbeiteten schwermütigen Violenthema. Und Meyerbeer? Neben der oben erwähnten Ballade Raimbauts in *Robert le diable* verwandte er in *Les Huguenots* den berühmten Choral »Ein' feste Burg ist unser Gott« in verschiedenen Varianten. Auf ähnliche Weise wird in *Le Prophète* der katholisierende Kirchengesang »Ad nos, ad salutarem undam« verarbeitet. Halévy setzte ähnlich wie viele andere Komponisten in *Guido et Ginevra* (1838) transformierte Reminiszenzen an eine »romance« wirkungsvoll ein; diese Oper war sein jüngster Erfolg, als Wagner zum ersten Mal nach Paris kam. Die Des-Dur-Melodie, zu der Guido von seiner ersten Begegnung mit der unbekannten Schönen (Ginevra) singt, erklingt in einer späteren Szene (Rezitativ, Nr. 16), als er Ginevra in der Medici-Gruft tot glaubt, transponiert und rhythmisch verändert wieder. Noch weiter ausgebaut (durch die Tonarten E, B und G wechselnd) wird das Thema in der Szene (mit Duett, Nr. 22), als Ginevra schließlich wieder zum Leben erweckt wird. (Die Situation erinnert an eine Berliozsche Transformation: die wild bewegte Wiederkehr der Hauptthemengruppe der »Scène d'amour« aus *Roméo et Juliette* während des orchestralen »Gebärdenspiels« Roméos in der Gruft der Capulets.)

Beethoven

Zweifellos spielt Beethoven in Wagners musikalischem Hintergrund die größte Rolle (siehe auch »Beethovens Vermächtnis«, S. 159 f). Das gleiche gilt natürlich auch für andere Komponisten aus Wagners Zeit (insbesondere für Brahms), aber der wesentliche Unterschied ist, daß Wagner ausschließlich Opernkomponist war, von den Instrumentalwerken aus seiner Jugendzeit und den unausgeführten symphonischen Plänen seiner letzten Jahre einmal abgesehen. Bereits in seiner Pariser Novelle *Eine Pilgerfahrt zu Beethoven* ließ Wagner ein »Grundmotiv« seiner späteren theoretischen Schriften anklingen – die Verschmelzung der Oper mit den Prinzipien der Symphonien Beethovens in einer visionären Synthese, einem wahren »Gesamtkunstwerk«, wie er es später ausdrückte. Im Rückblick auf seine musikästhetische Wandlung in der Pariser Zeit erinnerte sich Wagner 1860 an seine damals wachsende Überzeugung, daß »der ganze reiche Strom, zu welchem Beethoven die deutsche Musik hatte anschwellen lassen, in das Bett dieses musikalischen Dramas geleitet würde« (GS VII, S. 97).

Bereits 1840 war das theoretische Modell für eine solche Umleitung des musikalischen »Weltgeists« von den instrumentalen zu den vokalen Gattungen Beethovens Neunte Symphonie. Die Neunte war *das* Werk, mit dem sich Wagner, abgesehen von den eigenen, im Lauf seines Lebens am intensivsten befaßte. Schon als Kind in den 1820er Jahren hatte sie ihn stark beschäftigt, und um 1840 in Paris brachte sie den »verwilderten« jungen Mann zur Vernunft. Die Aufführungen, die er zwischen 1846 und 1849 in Dresden dirigierte, stellten einen Höhepunkt seiner dortigen Laufbahn dar und entfachten vielleicht sogar seinen revolutionären Kampfgeist, wie manche glaubten. Weniger erfolgreich war seine Aufführung des Werks bei einem Konzert der Philharmonic Society in London im März 1855. Doch seine letzte Aufführung der Neunten als symbolische Geste anläßlich der Grundsteinlegung des Bayreuther Festspielhauses im Jahr 1872 wurde zum gelungenen Glanzpunkt. Daraufhin verfaßte er den ausführlichen Essay *Zum Vortrag der neunten Symphonie Beethovens* (1873). Wagner hatte das Werk bereits in *Über das Dirigieren* (1869) von der praktischen Seite her behandelt, aus theoretischer Sicht in den Züricher Schriften der Jahre 1849–1851, in denen die Symphonie als eine Art Vorbote des musikalisch-dramatischen »Kunstwerks der Zukunft« hingestellt wird. Ab der Dresdner Zeit bis in die 1870er Jahre dirigierte Wagner wiederholt auch andere Beethoven-Symphonien (Dritte bis Achte), und Cosimas Tagebücher belegen zur Genüge, wie oft alle größeren Instrumentalwerke Beethovens in Tribschen und Bayreuth in Wagners Familien- und Freundeskreis gespielt und besprochen wurden.

Trotz dieser intensiven und dauerhaften Beschäftigung mit Beethoven ist ein unmittelbarer Einfluß in Wagners Musik nicht ohne weiteres festzustellen. Beethovens Anteil am »Stil« oder der Struktur der Wagner-Opern bleibt überhaupt ein strittiger Punkt; auf jeden Fall äußert er sich nicht in vordergründigen Ähnlichkeiten. Unter den von Kropfinger in seiner Studie zu diesem Thema (1975) angeführten Beispielen beschränken sich eindeutige thematische Anklänge an Beethoven fast ausschließlich auf die frühen Werke: die Klavierwerke, Ouvertüren und die C-Dur-Symphonie. Als Wagner später wieder aus Beethovenschen »Quellen« schöpfte, war sein musikalischer Stil längst durch naheliegendere Faktoren geprägt worden (die vielen bereits angeführten Opernmodelle). Jede Anregung, die er sich bei der erneuten Beschäftigung mit Beethoven holte, mußte gemäß den besonderen Anforderungen der dramatischen Gattung umgesetzt bzw. sublimiert werden. Bezüge zwischen Beethovens Musik und Wagners späteren Opern bestehen deshalb weniger im thematischen oder strukturellen Bereich, sondern eher auf einer abstrakten Ebene. Die von Kropfinger genannten Parallelen zwischen dem Streichquartett op. 132 und Passagen aus dem *Tristan* und den *Meistersingern* etwa betreffen eine ähnliche rhythmische Schichtung von Begleitungstexturen und Formen ihrer metrischen Gliederung. Weitere Gemeinsamkeiten in Textur und Rhythmik bestehen offensichtlich zwischen den Anfangstakten des Adagios aus Beethovens Streichquartett op. 127 (eines der Lieblingswerke

Wagners) und der Liebesszene im zweiten Aufzug des *Tristan* (»O sink'
hernieder, Nacht der Liebe«) mit den weich pulsierenden Hintergrund-
harmonien, die sich nach und nach aus einem ausgehaltenen Es in Celli
und Bratschen erheben. Wagner hielt den Rhythmus für den markantesten Bereich der Beethovenschen Neuerungen, und die schleppenden, ver-
haltenen Rhythmen zu Alberichs Fluch im *Rheingold* oder Hagens
Traumgesicht in der *Götterdämmerung* (II. Aufzug, 1. Szene) erinnern an
Beethovens Vorliebe für metrische bzw. Akzentverschiebungen (siehe zum
Beispiel den ersten Satz der A-Dur-Sonate op. 101).
Der wichtigste Berührungspunkt aber war nach Wagners eigener Auffassung die »Melodie« – auch das wieder auf einer abstrakten Ebene, im Zusammenhang mit bestimmten Prinzipien der Materialorganisation und
-verarbeitung. Da Beethoven – so Wagner – den schematischen Rahmen
klassischer Periodizität gesprengt habe, sei es ihm möglich gewesen, all die
leeren Floskeln der traditionellen Tonsprache hinter sich zu lassen und in
jede Note, sogar in die Pausen, expressive Bedeutung zu legen. Indem er
seine musikalischen Gedanken und Motive von allen Seiten abklopfte und
die vielfältigen Kombinations- und Transpositionsmöglichkeiten durch-
spielte, gelang Beethoven »die Ausdehnung der Melodie durch reichste
Entwicklung aller in ihr liegenden Motive zu einem großen, andauernden
Musikstücke, welches nichts anderes als eine einzige, genau zusammenhängende Melodie war« (GS VII, S. 127). Wagner demonstrierte das in
der Zeit, als er gerade den *Tristan* fertigstellte, seinem jungen Anhänger
Felix Draeseke, indem er ihm die ganze Exposition des ersten Satzes der
Eroica als eine einzige melodische Linie vorsang. Im musikalischen Drama sollte die kontinuierliche Entwicklung des Leitmotivgewebes genau
das gleiche bewirken, zumindest theoretisch. Wichtig war auch die Einbeziehung aller oder mehrerer Stränge der »Orchestermelodie« neben der
Singstimme, wenn das Ideal einer »unendlichen Melodie« erreicht werden
sollte. Auf die Formulierung dieses Ideals brachten Wagner die späten
Beethoven-Quartette. Er behauptete, er habe das cis-Moll-Quartett
op. 131 erst dann verstanden, als er es vom Maurin-Chevillard-Quartett
in Paris (1853) gespielt hörte, welches ihm erst die zugrundeliegende »Melodie« oder das »Melos« des Werks enthüllt habe *(Mein Leben)*. Die Gestaltung der paarweise angeordneten Halbtonmotive in den Anfangssät-
zen von op. 130, 131 und 132 wurde bereits mit Wagners Vorgehen in
Tristan und den Permutationen des ursprünglichen Motivkomplexes im
Vorspiel und die ganze Oper hindurch verglichen. So schrieb auch schon
Hans von Bülow während seiner Arbeit am Klavierauszug des Werks voller Begeisterung an Franz Brendel, diese Musik knüpfe direkt an den späten Beethoven an und habe mit Weber oder Gluck rein gar nichts mehr
gemein.

Wagner und die »Modernen« (Berlioz und Liszt)

Nach seiner Kapellmeisterzeit scheint Wagner, wie Carl Dahlhaus (1986) einmal bemerkte, von der Musik seiner Zeitgenossen fast keine Notiz mehr genommen zu haben. Aus der Entwicklung seines eigenen musikalischen Stils zu schließen, trifft das offenbar wirklich zu; und die spärlichen Bemerkungen über neuere Komponisten und ihre Werke in seiner späteren Korrespondenz oder in Cosimas Tagebüchern sind mit wenigen Ausnahmen von beleidigender Herablassung. Eher schon bekundet er ein neues oder neuerwachtes Interesse an älterer Musik, so etwa im Zuge der späten »Wiederentdeckung« Bachs, die vielleicht im modernisierten Choralstil und in der Kontrapunktik der *Meistersinger* und des *Parsifal* ihre Spuren hinterlassen hat. Die beiden einzigen zeitgenössischen Komponisten, deren Wirken Wagner dennoch mit Aufmerksamkeit verfolgte, waren Berlioz und Liszt – zwei (nichtdeutsche) Komponisten also, mit denen zusammen Wagners Name um 1860 stets unter dem Sammelbegriff der »Neudeutschen Schule« genannt wurde.

Berlioz

Gegenüber Berlioz und seiner Musik bewahrte Wagner immer eine ambivalente Haltung – von Anfang an, das heißt seit seinem ersten, niederschmetternden Erlebnis mit diesem Komponisten im Jahr 1839/40 (siehe S. 77). Als er in den 1850er Jahren Berlioz' Musik schon eher zu schätzen wußte, fühlte er sich von dessen kühler, unnahbarer Art vor den Kopf gestoßen. Anders als im Falle Beethovens bleibt Berlioz' Einfluß mehr an der Oberfläche. So ist ohne weiteres vorstellbar, daß bei dem großen musikalischen »Wettstreit« zwischen den beiden Schiffsmannschaften (Dalands und des Holländers) im dritten Aufzug des *Fliegenden Holländers* mit seiner drastischen Überlagerung heterogenen Materials der französische Meister mit seiner Vorliebe für einen derartigen »dramatischen« Kontrapunkt voneinander unabhängiger Melodien Pate gestanden hat. (In gesteigerter Form verwendet Wagner diese Technik in den Schlußszenen des ersten und des zweiten Akts der *Meistersinger*, gemäßigter auch in der Coda des Vorspiels.) Die wilde, schrille Orchestrierung dieser Holländer-Szene erinnert an die ungestüme Extrovertiertheit der französischen Romantik, wie sie sich im »Songe d'une nuit du sabbat« (Traum eines Hexensabbats) in der *Symphonie fantastique* oder der »Orgie de Brigands« (Gelage der Räuber) in *Harold en Italie* äußert. Die Kombination von Pilgerchor und Schalmeienklängen im *Tannhäuser* ist wieder Kontrapunktik à la Berlioz und ähnelt dessen Verknüpfung von Harolds Thema in der Viola mit dem vom Orchester gespielten Choral der Pilger im zweiten Satz von *Harold* (vgl. CT, 14. Jan. 1882).

Der ältere Wagner hält sich mehr an diese ruhigere Seite von Berlioz. Die melancholischen Englischhornpassagen in der »Scène aux champs« (Szene auf dem Lande) der *Symphonie fantastique* wurden schon häufig mit dem langen solistischen Anfang des dritten *Tristan*-Aufzugs verglichen. Und der eigenartige, fast halluzinatorische Charakter der chromatisch mäandrierenden Linie erinnert an die monodischen Meditationen von »Roméo seul« (Violine I) am Anfang des zweiten Teils von *Roméo et Juliette*. Wagner war fasziniert und zugleich enttäuscht von der Adagio-»Liebesszene« dieses Werks, die er in seinem offenen Brief *Über Franz Liszts Symphonische Dichtungen* (1857) beschrieb. Wahrscheinlich hörte er auch hier sein Ideal der »unendlichen Melodie« heraus. Doch Berlioz' Abweichungen von den konventionellen melodischen und strukturellen Mustern verwirrten Wagner nur; seinem Empfinden nach fehlte ihnen die »innere musikalische« oder aber eine erkennbare dramatische Notwendigkeit. Juliettes »convoi funèbre« aus dem gleichen Werk birgt jedoch im Keim eine der eindrucksvollsten Passagen Wagners, die »Rückverwandlung« in den Gralstempel im letzten Aufzug des *Parsifal*, die zu Titurels Leichenzug hinführt. Wagner gebraucht hier als eine Art tonaler Achse genau den gleichen Ton (E, der tiefste Ton der vier Glocken hinter der Bühne), der auch als Grundlage für Berlioz' abwechselnd chorische und orchestrale Litanei diente. Mit seinen frei wandernden Ostinati durchmißt Wagner einen viel weiteren tonalen Raum als Berlioz und baut eine Steigerung von erstaunlicher Intensität auf. Trotzdem, in ihrer ganzen äußeren Gestaltung – eine sich frei entwickelnde, chromatisch-kontrapunktische Textur zum gemessenen, gleichmäßigen Schritt eines Trauerzugs – findet die Passage eher bei Berlioz ihr Vorbild als in allen eigenen Werken Wagners.

Liszt

Mitte der 1850er Jahre stand Wagner kurzzeitig in engem Kontakt mit Franz Liszt. Obwohl sich etwa ab 1860 der Abstand wieder vergrößerte, blieb dieser Kontakt mit Liszt Wagners intensivste und intimste Beziehung zu einem anderen Komponisten. Liszt stellt somit in Wagners musikalischer Entwicklung den letzten Einflußfaktor von Bedeutung dar. Aufgrund des Exildaseins, das Wagner damals führte, beschränkte sich die Beziehung weitgehend auf die briefliche Korrespondenz. Doch um so wichtiger waren für den von der Welt abgeschnittenen Wagner Liszts Besuche in Zürich im Juli 1853 und im Oktober/November 1856, zumal Wagners stilistische Entwicklung damals gerade in eine entscheidende Phase trat. Wagner will bei dem ersten Besuch schon Teile aus der *Faust*-Symphonie gehört haben (vermutlich eine frühe Skizze dazu) sowie »mehrere seiner soeben vollendeten Symphonischen Dichtungen« *(Mein Leben)*, wozu in dieser Zeit *Ce qu'on entend sur la montagne, Héroïde funèbre, Tasso, Prometheus, Mazeppa* und *Festklänge* zählen. Im Sommer 1856 erhielt er die Erstausgabe der vier letztgenannten Werke, daneben *Les Préludes* und *Orpheus*. Noch im gleichen Jahr hörte er bei Liszts zweitem Besuch die gerade abgeschlossene *Dante*-Symphonie, die Wagner gewidmet war und in ihrem Briefwechsel Gegenstand einer ausführlichen Diskussion wurde. Ein Jahr zuvor hatte Karl Klindworth in London Wagner die h-Moll-Sonate von Liszt vorgespielt. Ein halbes Jahr nach Liszts erstem Besuch in Zürich wurde das *Rheingold* komponiert. Die mit Spannung erwarteten gedruckten Noten trafen kurz vor Beginn der Arbeit an *Siegfried* ein. Der erste Gesamtentwurf zum ersten Aufzug wurde kurz nach Liszts zweitem Besuch 1856 abgeschlossen, und gleich danach machte sich Wagner an den zweiten Aufzug, bis er dem Impuls nachgab, vorerst am *Tristan* zu arbeiten.

Eine detaillierte Untersuchung zur gegenseitigen Beeinflussung Liszts und Wagners steht noch aus. Wagner erinnerte sich in *Mein Leben*, daß ihm die Begegnung von 1853 den entscheidenden Anstoß gab, mit der immer wieder hinausgeschobenen Komposition seines monumentalen Nibelungen-Projekts endlich zu beginnen. Und in einem vielzitierten Brief an Hans von Bülow, den Wagner zwei Monate nach Beendigung von *Tristan und Isolde* schrieb (7. Okt. 1859), gesteht er, er sei »ein ganz andrer Kerl als Harmoniker« geworden, seit er Liszts Werke kenne. Tatsächlich ist man sich einig darin, daß die allmähliche Auflösung der Tonalität in den Werken vom *Tristan* bis zum *Parsifal* viel den experimentellen Tendenzen der Lisztschen Musik aus der Weimarer Zeit verdankte. Besonders wichtig waren Liszts Neuerungen, die sich aus symmetrischen oder anderen unkonventionellen Unterteilungen der Tonleiter oder vertikaler Akkordstrukturen ergaben: die Ganztonleiter oder achtstufige Tonsysteme, die Zigeunertonleiter (mit zwei übermäßigen Sekunden), der verminderte Septakkord (aus drei kleinen Terzen) und der übermäßige Dreiklang (zwei große Terzen). Den vibrierenden, verunsichernden Klang der übermäßigen Quinte hört man in Wagners Musik der 1850er und 1860er Jahre am deutlichsten heraus – man kennt ihn etwa aus Brünnhildes »Walkürenruf« (»Hojotoho!«) oder von Sachs' Schustermotiv aus den *Meistersingern* (vergleiche etwa den Refrain zu seinem Lied aus dem zweiten Aufzug »Jerum! Jerum! Hallahallohe!«). Der erste Aufzug von *Siegfried* – komponiert in der Zeit, als Wagner am unmittelbarsten mit Liszts Musik in Berührung kam – ist förmlich getränkt vom übermäßigen Dreiklang, der hier als Grundelement einer Progressionssequenz vorkommt (Mimes »Halluzination« am Anfang der dritten Szene des ersten Aufzugs und der Beginn der darauffolgenden Schmiedeszene). Sehr viel kühner ist im Vergleich dazu das Vorspiel zum zweiten Aufzug, das in so starkem Maß vom Tritonus und vom verminderten Septakkord strukturiert wird, daß die Tonika ihre stabilisierende Funktion verliert, obwohl es sich nominell um f-Moll handelt. Liszt hatte im ersten Satz der *Dante*-Symphonie und in Teilen des *Prometheus* ein ähnliches Verfahren ausprobiert und die verminderte Sept und/oder den Tritonus als Grundklänge bzw. Tonikaersatz verwendet. Liszts systematischere Versuche wie etwa das berühmte »Zwölftonthema« der *Faust*-Symphonie (aus einer Folge von übermäßigen Dreiklängen gebildet) scheinen Wagner weniger interessiert zu haben. Doch der freier gebildete Verwandlungseffekt durch Terzverwandtschafts-Akkordfolgen am Ende der *Faust*-Symphonie (III, Takt 651 ff.)

und im *Orpheus* (Takt 209 ff.) erregte wiederum seine Aufmerksamkeit. Genau dieser Effekt wird in den Akkorden des Schlafmotivs aus der *Walküre* und in Wotans Wanderermotiv aus *Siegfried* nachgeahmt (die Oberstimme des Schlafmotivs ergibt zwar eine chromatische Tonleiter, allerdings ohne erkennbare »strukturelle« Konsequenzen). Die Jagd nach Vorläufern des *Tristan*-Akkords und des verwandten »Sehnsuchtsmotivs« mit seinen vier abwärtsführenden Halbtonschritten war eine Zeitlang ein richtiggehender Sport. Doch um vieles relevanter als irgendwelche melodische Chromatiken Mozarts, Spohrs, Gottschalks und anderer ist für die *Tristan*-Musik die Umwandlung solcher chromatischer Motivfragmente in flexible, offene, oftmals sequenzierende Melodie-Einheiten, die Wagner in erster Linie von Liszt gelernt zu haben scheint.

Antizipationen des *Tristan*-Idioms wurden auch in einer frühen Orchesterfantasie des Liszt-Schülers Hans von Bülow entdeckt, die später unter dem Titel *Nirwana* veröffentlicht wurde (Spencer/Millington, 1987). Wagner führte mit Bülow einen Briefwechsel über dieses und andere Werke, und in einem der Briefe (26. Okt. 1854) macht er dem ambitionierten jungen »Fortschrittler« die harmonischen Freiheiten dieser »Selbstmordfantasie« zum Vorwurf, offensichtlich weil sie ihm zu leicht zu durchschauen waren. Im gleichen Brief teilt er Bülow seine Überzeugung mit, daß die eigentliche Kunst »eben darin bestehe, grade die seltsamsten, ungewöhnlichsten Empfindungen dem Hörer so mitzutheilen, daß seine Aufmerksamkeit nicht durch das Material des Gehöres abgelenkt werde, sondern gleichsam meiner schmeichelnden Lockung ohne Wiederstehen nachgebe, auch das fremdartigste willig in sich aufzunehmen«. Wenn Wagner hier auf seine notorische Taktik ästhetischer Verführung verweist, auf die spätere Generationen von Kritikern immer wieder zurückkamen, denkt er vielleicht auch an seine eigene Entwicklung; schließlich hatte er selbst zunächst den »Lockungen« verschiedener »fremdartiger« Eindrücke nachgegeben – von Bellini bis zum späten Beethoven, vom Gluckschen Klassizismus bis zur »Schauerromantik« Marschnerscher Prägung und von Bachs Kontrapunktik bis zur Lisztschen Harmonik – und hatte dann die verschiedenen Elemente in einem Personalstil vereint, der nun seinerseits in der Musikgeschichte sehr einflußreich werden sollte.

Mäzene

Einer der vielen Widersprüche, die Wagners Leben anhaften, ist die Tatsache, daß er in einer Zeit, als die Finanzierung von Komponisten und musikalischen Einrichtungen eigentlich schon fast überall an den bürgerlichen »freien Markt« übergegangen war, sich unversehens der ungewöhnlich großzügigen Unterstützung des jungen Königs Ludwig II. von Bayern erfreute. Der schöne Traum von einer unbegrenzten Protektion, der 1864 in Erfüllung zu gehen schien, währte allerdings nicht lange. Doch obwohl die Unterstützung von seiten des Königs nach den ersten Jahren

Mäzene, Aufträge und Honorare zur Zeit Wagners

seiner Regierungszeit wieder gekürzt wurde, hätte sich das Bayreuther Projekt nie und nimmer verwirklichen lassen, wenn Ludwig nicht in entscheidenden Momenten eingegriffen hätte. Andererseits wurden die Bayreuther Festspiele im wesentlichen als ein modernes kaufmännisches Unternehmen aufgezogen, das ohne die Mitwirkung zahlreicher Finanzexperten und -berater genauso undenkbar gewesen wäre (Emil Heckel in Mannheim, Voltz und Batz in Mainz, Feustel in Bayreuth). Auch wenn Bayreuth eigentlich nichts mit dem alltäglichen großstädtischen Theaterbetrieb zu tun haben sollte, war es letztlich doch von der gleichen Gönnerschicht abhängig – von einer illustren Schar gekrönter Häupter (deren Anwesenheit ein wichtiger Faktor für die Publicity und das Prestige war) bis hin zu wohlhabenden »Kuriositätenjägern«, und dazwischen einem breiten Spektrum an bürgerlichen Musikern und musikbegeisterten Laien, die zu den ersten »Wagnerianern« gehörten.

Als Ganzes gesehen spiegelt Wagners Laufbahn einige der verschiedenen im 19. Jahrhundert praktizierten Möglichkeiten des Mäzenatentums wider, zugleich aber auch die Schwierigkeit, sich in diesem scheinbar so günstigen Milieu des neuen, postfeudalistischen Zeitalters als unabhängiger Künstler zu behaupten. Die beiden zentralen Schauplätze seiner Jugend – Leipzig und Dresden – repräsentieren zwei grundverschiedene Systeme der Förderung von Musik, die fast das ganze Jahrhundert hindurch nebeneinander bestanden. Leipzig verkörperte in vielerlei Hinsicht die neue bürgerliche Musikkultur – mit Subskriptionskonzerten (die berühmten Gewandhauskonzerte) und mit seinem Stadttheater, das als Privatunternehmen mit gelegentlicher Bezuschussung von seiten des Stadtrats oder eines unabhängigen Konsortiums von Kaufleuten geführt wurde. Auch als bedeutende Verlagsstadt symbolisierte Leipzig eine wichtige Einnahmequelle für den neuen, »unabhängigen« Komponisten. Nur unter solchen Bedingungen konnte der junge, völlig unerfahrene Wagner einige seiner ersten größeren Werke aufführen (die C-Dur-Symphonie und verschiedene Ouvertüren – mit unterschiedlichem Erfolg) bzw. manche kleinere Werke veröffentlichen lassen (so etwa die B-Dur-Sonate, WWV 21). Dresden hingegen setzte die Tradition einer offiziell geförderten Musikkultur fort; es besaß noch ein Hoftheater und verschiedene dazugehörige Einrichtungen, darunter die schon seit langem existierende Hofkapelle. Das gleichzeitige Fortbestehen deutscher und italienischer Opernbühnen oder Opernspielzeiten in konservativen Kulturzentren wie Dresden, München oder Wien war zum Teil ein Relikt aus dynastischen Zeiten. Doch zu Wagners Zeit waren auch die Hoftheater schon stark vom öffentlichen Kartenverkauf abhängig, um die Subventionsgelder aus öffentlichen (königlichen) Mitteln in ausreichendem Maß zu ergänzen. Eine Aufstellung aus dem 19. Jahrhundert (F. C. Paldamus, 1857) nennt zwölf innerhalb der deutschen Grenzen betriebene höfische Theater, daneben mehrere andere, an private Betreiber verpachtete (ein weiteres halbes Dutzend, das genannt wird, hatte weder Opern noch Ballettwerke auf dem Spielplan). Die Anzahl städtischer Theater war beträchtlich größer; darüber hinaus gab es in der ersten Jahrhunderthälfte verschiedene Wander-truppen, die eine Mischung von Schauspielen, Singspielen und Opern dar-boten (Goslich, 1975).

Die kleineren Stadttheater, etwa in der Größenordnung des Magdeburger oder des Rigaer Theaters, an denen Wagner beschäftigt war, hatten häufig mit enormen finanziellen Schwierigkeiten zu kämpfen. Meist wurde hier über Spiel- und Probenpläne oder Besetzungsfragen ad hoc entschieden (die katastrophale Uraufführung des *Liebesverbots* in Magdeburg gibt ein extremes Beispiel hierfür ab). Das Théâtre de la Renaissance in Paris machte – ohne die offizielle Unterstützung, die die größeren Theater ge-nossen – gerade in dem Augenblick Bankrott, als Wagner alle Hoffnungen auf dieses Theater gesetzt hatte. Die Opernhäuser größerer Städte wie Pa-ris, London oder Wien waren im 19. Jahrhundert nacheinander privati-siert worden. Doch die Pariser Opéra (Académie Royale de Musique) un-terstand noch immer der königlichen Aufsicht und wurde staatlich subventioniert. In den Jahren nach 1831, als im Zuge eines Umorganisie-rungsversuchs Louis Véron die Leitung übertragen wurde, bewegte sich die Subvention in einer Höhe von 710 000 bis 800 000 Francs. Die italie-nischen Opernhäuser waren seit dem 18. Jahrhundert auf einer vergleich-baren unternehmerischen Basis bei weiterhin bestehenden Verbindungen mancher Theater zu Adelshäusern geführt worden (Neapel oder Parma zum Beispiel). Andere Bühnen, insbesondere in kleineren Städten, wurden gemeinschaftlich von einer Teilhabergruppe betrieben, die sich aus Adli-gen und Bürgerlichen zusammensetzen konnte; gelegentlich übernahm auch eine Gruppe von Sängern, Darstellern und sogar Bühnenarbeitern selbst die Leitung (eine Möglichkeit, die Wagner in verschiedenen Vor-schlägen zu einer Theaterreform anstrebte). Doch solche »Kollektive« blieben im Normalfall nur eine Übergangslösung, wenn der Intendant ab-wesend oder bankrott war (Rosselli, 1984).

Aufträge und Honorare

In der ersten Hälfte des 19. Jahrhunderts arbeiteten die meisten für italie-nische oder französische Theater tätigen Komponisten noch auf der Basis von Aufträgen für eine Saison. In Italien bedeutete ein solcher Auftrag (scrittura) die termingerechte Lieferung eines auf die Bedürfnisse einer be-stimmten Besetzung zugeschnittenen Werks für die kommende Saison. Die Aufführungsrechte, häufig sogar das Autograph, gingen automatisch an den Intendanten über (Cagli, 1979).

In der deutschen Opernpraxis jedoch war die geschäftliche Seite der Kom-position von Opern weniger streng geregelt. Manche Opern wurden auf gut Glück geschrieben, ohne daß der Komponist eine bestimmte Auffüh-rungssituation vor Augen hatte (nicht anders als bei Liedern oder Kam-mermusik). Die fertige Partitur wurde dann vielleicht bei einem oder meh-reren Theatern zur Prüfung eingereicht, was Wagner zum Beispiel mit

seinem *Rienzi* am Dresdner Hoftheater mit Erfolg tat. Zahlreiche abgeschlossene Partituren kamen auf diese Weise nie ans Tageslicht (oder besser gesagt ins Rampenlicht), so etwa mehrere Schubert-Opern und unge-
zählte Werke von weniger bedeutenden Komponisten. Die meisten
Chancen, ein Werk auf die Bühne zu bringen, hatten diejenigen Komponisten, die an einem der führenden Theater als Kapellmeister tätig waren.
Auf diesem Wege kamen auch die Uraufführungen des *Fliegenden Holländers* und des *Tannhäuser* sowie mancher Spohr-Opern in Kassel,
Marschner-Opern in Hannover und vieler Werke kleinerer Komponisten
zustande (Franz Lachner in München, Heinrich Dorn und Wilhelm Tau-
bert in Berlin, Chelard in Weimar usw.). Wagner klagte wiederholt über
das ständige Übergewicht zweitklassiger französischer und italienischer
Machwerke in miserablen Übersetzungen. Aber es gab durchaus auch
Theaterleiter, denen es ein Anliegen war, neuen, zukunftweisenden Werken zum Durchbruch zu verhelfen. Spohr zum Beispiel wurde ein früher
Vorkämpfer für die Wagner-Opern, ähnlich wie Liszt in Weimar, der dort
(mit geringem Erfolg) auch Opern jüngerer Komponisten wie Raff, Rubinstein und Cornelius aufführte.

Der Schutz der Urheberrechte und die Zahlung angemessener Honorare
blieben bis weit ins 19. Jahrhundert hinein ein wunder Punkt. In den ersten
Jahrzehnten des 19. Jahrhunderts wurden in manchen Ländern erste Bestimmungen zum Urheberrecht bei Bühnen- und Musikwerken ausgearbeitet (1833 und 1842 zum Beispiel in England, erst für Bühnen-, dann
für Musikwerke). Urheberrechtliche und Honorarfragen waren in den
zersplitterten deutschen und italienischen Territorialstaaten vor der nationalen Einigung besonders problematisch; die deutschen urheberrechtlichen Verhältnisse wurden erst 1870 gesetzlich geregelt. Und noch um die
Mitte des Jahrhunderts gab es keine Verständigung über ein internationales »Copyright«: Verdi zum Beispiel verlor 1856 einen Prozeß gegen
den Leiter des Pariser Théâtre-Italien, bei dem es um eine vom Komponisten nicht genehmigte Aufführung seines *Trovatore* ging. Wagner bekam Schwierigkeiten, als er die Verlagsrechte am *Tannhäuser* – die offiziell
noch bei Meser/Müller in Dresden lagen – Flaxland in Paris übertrug.

Meyerbeer, der 1843 als Musikdirektor am Berliner Theater tätig war,
war einer der ersten, der Honorarzahlungen zu einem festen Prozentsatz
(zehn Prozent) statt einer einmaligen Vergütung gefordert hatte. Daß jedoch weiterhin beides üblich war, zeigen Wagners Verhandlungen mit
Flaxland um 1860. Im ersten Vertrag wird eine Kombination aus einem
festen Grundbetrag (1000 Francs für jede der Dresdner Opern) und einer
Reihe von sinkenden Honorarbeträgen vereinbart. Ein späterer Vertrag
garantiert 250 Francs für jede Aufführung des *Tannhäuser* (es kamen allerdings nur drei zustande). In einem weiteren Angebot wird eine Abfindung von 10000 Francs für die zeitlich unbegrenzt gültigen französischen
Rechte an den vier Opern von *Rienzi* bis *Lohengrin* in Aussicht gestellt.
Verdi bekam – zum Vergleich – in der Zeit von 1847 bis 1857 von Ricordi
für jedes seiner Werke bis zu 60000 Francs. In den 1860er Jahren konnte

eine erfolgreiche Oper am Théâtre Lyrique in Paris pro Abend 4000 bis 8000 Francs Bruttoeinnahmen einbringen (was für den Komponisten ein Durchschnittshonorar von 600 Francs pro Aufführung bedeuten würde, wenn man von einer zehnprozentigen Beteiligung ausgeht).

Wagners finanzielle Situation war sehr wechselhaft, und wegen seiner unablässigen Bitten um Vorschußzahlungen für künftige Leistungen läßt sich nicht genau berechnen, was er letztendlich für ein Werk bekam. (Der Verlag Schott in Mainz, der die *Meistersinger* und den *Ring* herausbrachte, wurde in den 1860er und 1870er Jahren ständig mit solchen Forderungen behelligt und erfüllte sie sogar häufig.) Wagner verhielt sich auch nicht gerade korrekt, als er die *Ring*-Partituren zuerst an den nächstbesten oder vielversprechendsten Gönner verkaufte – Otto Wesendonck in Zürich – und dann in den 1860er Jahren ein weiteres Mal, diesmal für 30000 Gulden, an Ludwig II. Bei einem früheren Versuch, seine Schulden in Dresden zu tilgen, hatte Wagner die Einkünfte aus der Veröffentlichung seiner früheren Opern Anton Pusinelli und zwei anderen zugesagt, während er sich die Einnahmen aus den Bühnenaufführungen vorbehielt.

Die Einkünfte aus Aufführungen blieben für Wagner eine einigermaßen konstante Einnahmequelle, besonders im Fall seiner beliebteren Dresdner Opern. Vor dem deutschen Urheberrechtsgesetz von 1870, das eine prozentuale Beteiligung an Aufführungen von urheberrechtlich geschütztem Material festlegte, erhielt Wagner in der Regel eine einmalige Abfindung für die Aufführungsrechte. Die Aufführungen des *Tannhäuser* in Frankfurt 1853 brachten ihm beispielsweise 25 Louisdor (100 Francs) ein. Die von Wagner geforderten 30 Louisdor für den *Fliegenden Holländer* in Hamburg einige Jahre später wurden zu Wagners größtem Ärger nicht bezahlt, doch für die Aufführungsrechte an den *Meistersingern* erhielt er 1869 immerhin 40 Louisdor (160 Francs). Das Berliner Theater bot Wagner eine siebenprozentige Beteiligung für jede Aufführung an, inklusive Vorschußzahlungen in Höhe von 50 bis 100 Friedrichsdor (um 1000 bis 2000 Francs). Später behielt sich Wagner zehn Prozent der Einnahmen aus der *Ring*-Produktion Angelo Neumanns und seiner Wandertruppe vor. Anfangs hatte er sich geweigert, die Aufführungsrechte der *Ring*-Opern zu verkaufen, mußte aber wegen der großen finanziellen Schwierigkeiten nach den Bayreuther Festspielen von 1876 nachgeben. Das Festspielprojekt mit seinem mühsam ins Leben gerufenen »Patronatsverein« und den verschiedenen privaten Investoren (via »Patronatsscheine«) stellte eine in der Musikgeschichte bis dahin einzigartige finanzielle und administrative Leistung dar. Sowohl dieser Erfolg als auch der persönliche Einsatz des königlichen Mäzens Ludwig II. kennzeichnen Wagners Sonderstellung in der Musik oder, allgemeiner noch, in der Kultur des 19. Jahrhunderts.

THOMAS S. GREY

Kapitel VI

Zur Person

Zur Person

Die Vaterfrage

Wahrscheinlich läßt sich nie mehr mit letzter Gewißheit feststellen, ob nun der Polizeiaktuar Carl Friedrich Wagner (als Ehemann der Mutter Johanna) oder der Schauspieler und Maler Ludwig Geyer Wagners leiblicher Vater war. Geyer war ein vertrauter Freund der Familie und sorgte nach Friedrichs Tod am 23. November 1813 (nur sechs Monate nach der Geburt Richards) für das materielle Wohl der Hinterbliebenen. Im Februar 1814 reiste Johanna zu Geyer nach Dresden, wo sich beide verlobten, um schließlich am 28. August 1814 zu heiraten. Bereits sechs Monate nach der Hochzeit wurde die Tochter Cäcilie geboren. Somit war Geyer bis zu seinem Tod im Jahr 1821 die eigentliche Vaterfigur für Richard; der Junge wurde sogar mit Nachnamen Geyer genannt, bis er mit vierzehn Jahren (1827) den Namen Wagner annahm.

Einen möglichen Anhaltspunkt könnte Johannas überraschende Reise ins böhmische Teplitz kurz nach Wagners Geburt bieten. Damals wütete vor den Toren Leipzigs, wo die Wagners lebten, der Krieg gegen Napoleon – die entscheidende Völkerschlacht fand im Oktober 1813 statt. Deshalb lud Geyer Friedrich und Johanna ein, bei ihm in Teplitz Zuflucht zu nehmen. Während Friedrich dienstlich an Leipzig gebunden war, unternahm Johanna, vermutlich sogar mit dem zwei Monate alten Richard, die äußerst riskante Reise von Leipzig nach Teplitz – eine Strecke von immerhin rund 160 Kilometern durch feindlich besetztes Gebiet. Ob es in Teplitz im Juli 1813 wirklich weniger gefährlich war als in Leipzig, sei dahingestellt. Man hat sich diese gewagte Fahrt unter anderem damit zu erklären versucht, daß Johanna viel daran lag, Ludwig Geyer wiederzusehen, womöglich um das Kind dem richtigen Vater zu zeigen. Sie konnte dann nur drei Wochen bleiben, weil nach Österreichs Kriegserklärung an Napoleon am 11. August 1813 alle Fremden binnen 48 Stunden Böhmen verlassen mußten.

An und für sich beweist die Teplitzer Episode, die erst in unserem Jahrhundert ans Licht kam, noch nichts; ebensowenig die Tatsache, daß das Kind erst drei Monate nach der Geburt getauft wurde – so ungewöhnlich dies auch damals war. Untersuchungen der Briefe Geyers an Johanna aus der Zeit nach Friedrichs Tod oder auch der Familienporträts ergaben ebenfalls nichts Entscheidendes.

Die Unsicherheit in diesem Punkt löste zum Teil Nietzsches Behauptung in *Der Fall Wagner* (1888) aus, der Vater des Komponisten sei »ein Schauspieler namens Geyer« gewesen. Weil Nietzsche die Korrekturbögen zu *Mein Leben* gelesen hatte, die nur privat zugänglich waren, vermutete man, daß er sich bei seiner Angabe auf dieses Dokument stützte. In Wirklichkeit aber nannte Wagner sowohl im Erstdruck von 1870 als auch im Originalmanuskript seiner Autobiographie Friedrich Wagner als seinen Vater, doch das war noch nicht allgemein bekannt, als Hurn und Root durch ihr Buch mit dem fragwürdigen Titel *The Truth about Wagner* (1930) Anlaß zu den wildesten Spekulationen gaben; sie behaupteten, Wagner habe in der Erstausgabe von *Mein Leben* Geyer als Vater genannt. Der eigentlich interessante Punkt an der ganzen Vaterschaftsfrage ist, daß Wagner selbst nicht sicher wußte, wer sein Vater war; am meisten quälte ihn der Verdacht, Geyer könnte jüdischer Abstammung gewesen sein. So sehr Wagner Geyers Andenken in Ehren hielt – die Möglichkeit, daß er selbst jüdischer Herkunft sein könnte, dürfte vor dem historischen und kulturellen Hintergrund des 19. Jahrhunderts sein Minderwertigkeitsgefühl und damit auch seine antisemitischen Ressentiments um einiges verstärkt haben. Später konnte allerdings nachgewiesen werden, daß Geyer – unabhängig davon, ob er nun der leibliche Vater ist oder nicht – protestantischer Herkunft war.

BARRY MILLINGTON

Die Familie

Als wäre die Vaterschaftsfrage nicht schon pikant genug, umgibt auch Wagners Mutter ein Hauch des Geheimnisvollen; in ihrem Fall nicht hinsichtlich ihrer Identität, sondern wegen ihrer Herkunft. Noch bis vor kurzem nahm man an, daß Johanna Rosine Wagner, geb. Pätz, die uneheliche Tochter des Prinzen Constantin von Sachsen-Weimar-Eisenach (des Bruders des Großherzogs) und einer Gerberstochter aus Weißenfels gewesen sein könnte. Jüngste Nachforschungen ergaben hingegen, daß Johanna nicht die Tochter dieses Prinzen war, sondern seine Geliebte (Gregor-Dellin, 1985).
Johanna kam am 19. September 1774 (so die Datierung Gregor-Dellins, der ferner als Datum der Taufe den 21. September angibt) als sechstes Kind des Weißenfelser Bäckers Johann Gottlob Pätz und seiner ersten Frau Dorothea Erdmuthe, geb. Iglisch, zur Welt. Die Mutter starb, als Johanna vierzehn Jahre alt war, und der Vater heiratete wieder. 1789 verließ das Mädchen die Schule, und wohl im Jahr darauf hat der Prinz während zweier längerer Aufenthalte in Weißenfels die fünfzehn- bis sechzehnjährige Bäckerstochter verführt. »Hat sie ihm die Semmeln gebracht?« überlegt Gregor-Dellin mit dem typischen Blick des Erzählers für romantische Details, der seine Wagner-Forschungen kennzeichnet. Gut möglich – doch dann schickte der Prinz sie nach Leipzig und brachte sie bei einer gewissen Frau Sophie Friederice Hesse unter. Er gab ihr regelmäßig Geld für Kleidung und Putz und ließ sie in Rhetorik, Schreiben und Putzmachen un-

terrichten. Als der Fürst in den Krieg und damit auch in den Tod zog
(1793), erhielt Johanna, deren Namen man mittlerweile (neben zahlreichen anderen Versionen) mit Bezin wiedergab, die letzte Unterhaltszah-
lung und wurde ihrem Schicksal überlassen. 1798 heiratete sie Carl Friedrich Wagner. Diese Kette von Ereignissen erklärt, weshalb sich Johanna
über Namen, Alter und Herkunft in Schweigen hüllte, wie Wagner in seiner Autobiographie berichtete.
Friedrich starb, als Wagner sechs Monate alt war, und der heranwachsende
Junge hielt Geyer ganz selbstverständlich für seinen Vater. Geyer, der 1821
starb, war dem kleinen Richard sehr zugetan und nannte ihn liebevoll seinen
»Kosaken«. Wagner erinnerte sich an ihn immer mit großer Zuneigung.
Doch die Unsicherheit, wer sein richtiger Vater war, wirkte sich offensichtlich
so stark auf seine Psyche aus, daß in seinen Opern wiederholt vaterlose Kinder
vorkommen (Siegmund, Siegfried, Tristan und Parsifal).
Die psychologischen Verschlingungen in der Beziehung zu seiner Mutter
sind nicht weniger kompliziert. In *Mein Leben* beschreibt er seine Mutter
als eine »für alle, die sie kennenlernten, merkwürdig gebliebene Frau«,
die ein »eigentümliches Gemisch von bürgerlich-häuslicher Rührigkeit und
großer geistiger Empfänglichkeit« dargestellt habe. »Ihr Haupt-Charak-
terzug scheint ein drolliger Humor und gute Laune gewesen zu sein.« Im
weiteren stellt Wagner fest, daß er sich kaum daran erinnern könne, jemals
von ihr liebkost worden zu sein; Gefühlsregungen habe man in der ganzen
Familie nicht gezeigt, »wogegen sich ein gewisses hastiges, fast heftiges,
lautes Wesen sehr natürlich geltend machte«. Seine Mutter habe häufig
»mit fast pathetischem Tone« vom »Großen und Schönen« in der Kunst
gesprochen, schien aber ausgerechnet fürs Theater wenig übrig zu haben.
Sie warnte ihn davor und drohte sogar mit ihrem Fluch, falls er jemals die
Bühnenlaufbahn einschlagen wollte.
Es gibt Hinweise für Wagners zärtliche Zuneigung zur Mutter, aber auch
für einen Gefühlsmangel – eine Ambivalenz, die man auch in seinen Briefen beobachten kann. Der überschwenglich liebevolle Ton eines Briefes
vom 25. Juli 1835 ist ganz typisch für die wenigen Briefe, die er an sie
schrieb: »Nur an Dich, liebste Mutter, denke ich mit der innigsten Liebe
und der tiefsten Rührung zurück […] jetzt – da ich von Dir fort bin, über-
wältigen mich die Gefühle des Dankes für Deine herrliche Liebe zu Dei-
nem Kinde, die Du ihm zuletzt wieder so innig und warm an den Tag leg-
test, so sehr, daß ich Dir in dem zärtlichsten Tone eines Verliebten gegen
seine Geliebte davon schreiben und sagen möchte.« Wie anders klingen
dagegen die Zeilen, die er in schonungsloser Offenheit am 11. September
1842 an seine Halbschwester Cäcilie und ihren Mann schrieb: »Sie stiftet
[…] in unsrer Familie nichts wie Unfug durch einen merkwürdigen Hang
zu Verdrehungen, Entstellungen u. Klatschereien […]; was aber Minna
am meisten empörte, war der wirklich widrige Geiz u. Egoismus der Mutter, der sich in vielen kleinen Details, zumal in ihrer Behandlung der
Dienstboten, bis zum Ekel ausspricht.« Gregor-Dellin (1980 und 1985)
hat darauf hingewiesen, daß Wagners widersprüchliches Verhalten der

Psyche eines mutterfixierten Sohnes entspricht, der sich von der Mutter betrogen fühlt. Wagner – so Gregor-Dellin – dürfte das dunkle Geheimnis seiner Mutter kaum verborgen geblieben sein, und sein Gefühl des Betrogenseins – das um so schwerer wog, da ihm der Vater fehlte – habe offenbar dazu geführt, daß er seine Beziehungen zu anderen Frauen unbewußt blockierte; zumindest habe er sich auffallend oft zu »gebundenen« Frauen hingezogen gefühlt.

Diese Mutterbindung könnte auch der Grund dafür sein, weshalb sich bei vielen Wagner-Figuren das Mütterliche mit dem Erotischen mischt. Kundry weckt bewußt in Parsifal die Sehnsucht nach der Mutter, bevor sie ihm ihren traumatischen Kuß gibt, während Siegfried die wiedererwachte Brünnhilde im ersten Moment für seine Mutter hält. Kurz davor, als Siegfried erkennen muß, daß die noch schlafende Brünnhilde kein Mann ist, ruft er hilfesuchend nach seiner Mutter – eine Situation, die Thomas Mann als eine »Mischung aus mythischer Urtümlichkeit und psychologischer, ja psychoanalytischer Modernität« beschrieb.

Richard wurde als neuntes Kind in die Familie Friedrichs und Johannas hineingeboren. Zwei der Geschwister (Carl Gustav und Maria Theresia) starben noch im Kindesalter. Der Älteste – er hieß Albert – wurde Sänger und Regisseur und hatte drei Töchter, darunter die Adoptivtochter Johanna, die als Johanna Jachmann-Wagner eine gefeierte Sopranistin wurde. Der zweite der beiden überlebenden Brüder war Carl Julius, der Goldschmied wurde. Von Wagners Schwestern Rosalie, Luise, Clara und Ottilie gingen die ersten drei zur Bühne (Rosalie und Luise als Schauspielerinnen, Clara als Sängerin, die allerdings schon bald die Stimme verlor). (Siehe auch »Who's who«, S. 36 f.) Die Bühnenlaufbahn der drei Schwestern gab natürlich auch Richards Träumen eine bestimmte Richtung, obwohl er eigentlich sowohl vom Alter als auch vom Wesen her seiner Halbschwester Cäcilie (1815 als Kind Johannas und Geyers geboren) am nächsten stand.

Schließlich muß auch noch Friedrich Geyers Bruder Gottlob Heinrich Adolf erwähnt werden, jener »Onkel Adolf«, über den Wagner in *Mein Leben* mit soviel Wärme spricht. Adolf war ein bekannter und anerkannter Gelehrter der Literatur, Geschichte, Philosophie und Philologie. Er verkehrte mit Männern wie Schiller, Fichte, Tieck u. a. und machte sich vor allem mit seinen Übersetzungen in und aus verschiedenen Sprachen einen Namen. In Wagners Autobiographie ist nachzulesen, wie der Onkel seine Begeisterung für die Griechen, für Shakespeare, Dante u. a. entfachte.

BARRY MILLINGTON

Äußere Erscheinung und Charakter

Wagner kränkelte als Kind so sehr, daß man befürchtete, er würde nicht durchkommen. Er blieb immer schmal und blaß und hatte im Verhältnis zu seiner schmächtigen Gestalt einen viel zu großen Kopf. Daher rührte eine gewisse Unbeholfenheit, was ihn aber nicht daran hinderte, sich in der Jugend eine beachtliche akrobatische Beweglichkeit anzu-

eignen. Als erwachsener Mann war er zwar nicht groß, aber auch nicht
so zwergwüchsig, wie er manchmal hingestellt wird; sein Schweizer Paß
von 1849 verzeichnet immerhin eine Größe von 5 Fuß 5½ Zoll (1,69 Meter).

Im Jahr 1839 wird seine äußere Erscheinung vom Maler Friedrich Pecht
folgendermaßen beschrieben:

> Bald kam denn auch der trotz seiner etwas kurzen Beine auffallend elegant, ja
> vornehm erscheinende junge Mann mit einer so wunderhübschen Frau am Arm,
> daß sie allein schon ausgereicht hätte, das Ehepaar interessant zu machen, auch
> wenn Wagner selber nicht einen so bedeutenden Kopf gehabt hätte, daß er
> unwillkürlich fesselte. (Voss, 1982)

Die Schriftstellerin Eliza Wille schilderte eine vier Jahre später stattfindende Begegnung (1843) so:

> Es war eine flüchtige Begegnung geblieben [...]. Wagners Bild aber hatte sich mir
> eingeprägt: die feine bewegliche Gestalt, der Kopf mit der mächtigen Stirn, dem
> scharfblickenden Auge und den energischen Zügen um den kleinen festgeschlosse-
> nen Mund. Ein Maler, der neben mir saß, machte mich auf das gerade, vorsprin-
> gende Kinn aufmerksam, welches, wie aus Stein gehauen, dem Gesichte einen
> besondern Charakter gab. (Voss, 1982)

Das Bild, das man im allgemeinen vom Wesen und Verhalten Wagners
vermittelt, ist das eines arroganten, selbstbezogenen und geschickt taktie-
renden Opportunisten und Genußmenschen, der anderen Männern mit
der gleichen Skrupellosigkeit die Frau ausspannte, wie er reichen Leuten
das Geld aus der Tasche zog. Obwohl daran viel Wahres ist, zeigt sich bei
kritischer Betrachtung, daß es sich aus allzu leichtfertig übernommenen
Klischees zusammensetzt.

Mit dummen Menschen gab sich Wagner tatsächlich nicht gerne ab, und
er heuchelte auch keine Bewunderung, wenn Werke seiner Zeitgenossen
seinen ästhetischen Maßstäben nicht standhielten (siehe »Zeitgenössische
Komponisten«, S. 180 f), aber dafür sparte er auch nicht mit Lob, wenn
es ihm angebracht erschien. Und entgegen der herrschenden Meinung wäre es ungerecht, Wagner Undankbarkeit vorzuwerfen. In seinen Briefen
wimmelt es geradezu von überschwenglichsten Dankesworten – manchmal für Geld, weit öfter aber für Liebe oder Verständnis, das man ihm
entgegengebracht hatte. Natürlich verlangte er viel von seinen Freunden,
aber er gab auch viel, und nicht nur in Form von Geschenken, sondern
durch tätige Hilfe, Zuneigung und moralischen Beistand. Die finanzielle
Unterstützung, die er nach der Trennung von seiner ersten Frau Minna
ihr und ihrer Tochter Natalie zukommen ließ, ging weit über seine Verpflichtungen hinaus. Seine leidenschaftlichen Briefe an bewährte Freunde
wie Liszt, Anton Pusinelli und Eliza Wille entkräften die Behauptung, ihm
seien die Gefühle anderer völlig gleichgültig gewesen; böse Stimmen, die

sogar hinter solchen Zeugnissen rein opportunistische Motive vermuten, sagen mehr über die Urheber als über Wagner.

Ein Urteil über Wagners Charakter ist zwangsläufig von der Haltung zum Geniebegriff des 19. Jahrhunderts gefärbt bzw. den sozialen Erwartungen, die man mit ihm verknüpft. Die klassische Formulierung stammt von Malwida von Meysenbug (1860):

Dem so ganz von seinem Dämon Beherrschten hätte von jeher ein hochgesinntes, verständnisvolles Weib zur Seite stehen müssen – ein Weib, die es verstanden hätte, zwischen dem Genius und der Welt zu vermitteln, indem sie begriffen hätte, daß diese Beiden sich ewig feindlich zu einander verhalten. Frau Wagner hatte dies nie erkannt. Sie wollte vermitteln, indem sie von dem Genius Concessionen an die Welt verlangte, welche dieser nicht bringen konnte, nicht bringen durfte. (Voss, 1982)

Minna war tatsächlich nicht bereit, auf eine derartige Egozentrik einzugehen, wie Dutzende anderer es taten; sie erkannten, daß das die Voraussetzung für eine Beziehung mit dem Komponisten war. Es fehlt nicht an Hinweisen auf seine überhebliche, bestimmende Art und seinen unverbesserlichen Egoismus. Wagner machte auch kein Hehl aus seiner Überzeugung, daß er wegen seinen früheren Nöten als mittelloser Künstler mit der Anerkennung durch König Ludwig II. im Jahr 1864 »*ein Anrecht höherer Bedeutung erworben hätte*, und zwar ein Anrecht, welches, wenn es selbst von der Welt nicht erfüllt würde, mich desto höher über die Welt erhöbe und so, selbst im tiefsten Elende, mich *innerlich zu einem geweihten, seligen Menschen mache*« (Brief an Eliza Wille, 26. Mai 1864).

Wagner hatte offenbar eine ungewöhnlich charismatische Ausstrahlung; mit der gleichen Intensität wie seine Musik zog er die Menschen an oder stieß sie ab. Ein Wagner-Verehrer, der mit Wagners Egoismus Schwierigkeiten hatte, war der Komponist Peter Cornelius:

Von *sich* sprechen, lesen, singen muß unser großer Freund, sonst ist ihm nicht wohl. Deswegen begehrt er auch immer nur nach einem intimen Kreis, weil es mit andern Leuten nicht so geht. (Voss, 1982)

Cornelius fürchtete um seine künstlerische Eigenständigkeit als Komponist, obwohl – oder vielleicht gerade weil – Wagner wiederholt sein großes Interesse an Cornelius' Werk beteuert hatte. 1864 nötigte Wagner ihn massiv, zu ihm zu ziehen; ähnlichen moralischen Druck übte er auf Heinrich Porges aus – im letzteren Fall ohne Erfolg.

Die ersten Monate in München waren für Wagner eine Zeit bedrückender Einsamkeit. Deshalb suchte er damals verzweifelt nach männlichen und weiblichen Gefährten – erstere für platonische Beziehungen, bei letzteren ging es meist um mehr (siehe »Wagner und die Frauen«, S. 115 f). Zugleich führte er in dieser Zeit ein ungewohnt sorgenfreies Leben. Dank der Zuwendungen von König Ludwig II. war er von Geldproblemen befreit – zum ersten Mal in seinem Leben (obwohl er schon vor Erscheinen seines

Retters die Penzinger Wohnung überaus luxuriös eingerichtet hatte, ohne freilich an die finanziellen Folgen zu denken). Er stattete sein Münchener Haus wieder mit Unterstützung der Wiener Putzmacherin und Näherin Bertha Goldwag mit Seidenstoffen, Samtvorhängen und Portieren aus und kleidete sich mit Morgenröcken und Anzügen aus Seide mit Pelzbesatz neu ein (in verschiedenen Farben mit jeweils dazupassenden Pantoffeln und Halsbinden), ferner mit Hemden und Unterwäsche aus Seide und Satin. Außerdem besorgte er sich kostbare Düfte für die neuen Räume. Mit seinem hedonistischen Lebensstil stieß er unweigerlich auf Kritik, die allerdings unberechtigt war, sofern sie sich gegen seine angebliche »Verweichlichung« richtete statt gegen die offensichtliche Diskrepanz zwischen seiner Lebensweise und dem Bekenntnis zur Schopenhauerschen Entsagungslehre. Aber es ist ohnehin müßig, die Theorien eines Philosophen oder einer philosophischen Schule an ihrer praktischen Umsetzung zu messen; meist gehen solche Ideen von idealen, utopischen Bedingungen aus und nicht von Gegebenheiten, die von der gesellschaftlichen Realität diktiert beziehungsweise deformiert werden.

BARRY MILLINGTON

Wagner als Dirigent

Bis zum Alter von fünfunddreißig Jahren gehörte das Dirigieren zu Wagners Pflichten als Musikdirektor oder Kapellmeister in Magdeburg (1834–1836), Königsberg (1837), Riga (1837–1839) und Dresden (1843–1849); darüber hinaus hatte er in den ersten Jahren seines Schweizer Exils mehrere Dirigate in Zürich. Meist dirigierte er Opern, die im Deutschland der 1830er und 1840er Jahre zum Standardrepertoire zählten – das hieß damals nicht nur bedeutende Werke von Mozart, Beethoven, Weber, Bellini und Marschner, sondern auch eine Reihe heute längst vergessener Werke. Seinen Aufgaben als Operndirigent widmete sich Wagner mit unterschiedlicher Begeisterung. Werke, die er für künstlerisch wertlos hielt, leitete er manchmal nur mit größtem Widerwillen; andererseits gab er sich alle Mühe, für gut befundene Werke verantwortungsvoll und überzeugend darzubieten. Das ging sogar so weit, daß er für die Neuaufführung von Glucks *Iphigénie en Aulide* (Dresden 1847) und Mozarts *Don Giovanni* (Zürich 1850) eigene Fassungen erstellte. Daneben fand oder schuf er Gelegenheiten, Orchesterkonzerte zu dirigieren. Bei Konzerten, die er in Magdeburg und Königsberg dirigierte, brachte er manche seiner frühen Gelegenheitswerke zur Uraufführung, und während seiner Tätigkeit in Riga veranstaltete er mit dem Opernorchester (mit nur vierundzwanzig Mitgliedern) eine Konzertreihe, bei der er erstmals Gelegenheit hatte, neben andren Werken auch einige Beethoven-Symphonien zu dirigieren. In Dresden dirigierte er seinen *Rienzi* und die Uraufführungen des *Fliegenden Holländers* und des *Tannhäuser;* Höhepunkte seines dortigen Wirkens waren vier Palmsonntagskonzerte (das erste 1846), drei davon mit Beethovens Neunter Symphonie.

Wagner sah sich durch seine zunehmende Bekannt- oder Berühmtheit als Komponist seit Anfang der 1850er Jahre darin bestätigt, daß das Dirigieren nur eine untergeordnete Rolle in seinem Lebenswerk spielen sollte, und nahm keine feste Stelle mehr an. Tatsächlich konzentrierte er sich in der zweiten Phase seiner Dirigentenlaufbahn hauptsächlich auf eigene Werke, die er bei eigens dafür veranstalteten Konzerten aufführte. Eines seiner wenigen wichtigen Engagements als Dirigent führte ihn nach London. Durch Versprechungen angelockt – man hatte ihm reichlich Probenzeit und einen Hilfsdirigenten für kleinere Werke zugesichert –, dirigierte er von März bis Juni 1855 acht Konzerte für die (Old) Philharmonic Society. Schon im Mai 1853 war in Zürich das Muster für seine künftigen Dirigate geschaffen worden. Dort hatte Wagner mit einem geladenen Orchester, bestehend aus 70 Instrumentalisten, und einem 110 Sänger umfassenden Chor Ausschnitte aus *Rienzi*, dem *Fliegenden Holländer, Tannhäuser* und *Lohengrin* aufgeführt. Im Januar und Februar 1860 leitete Wagner im Pariser Théâtre-Italien drei Konzerte mit eigenen Werken (darunter das *Tristan*-Vorspiel). Ab November 1862 war er über ein Jahr auf Reisen und dirigierte in Leipzig, Wien, Prag, St. Petersburg, Moskau, Budapest, Karlsruhe, Löwenberg und Breslau – wieder eigene Werke (darunter Teile aus dem *Ring* und den *Meistersingern,* die beide noch unvollendet waren). Diese Konzerte sollten das Publikum für Werke begeistern, die zum Teil noch im Entstehen begriffen waren, und auch ganz allgemein Wagners Ansehen als Dirigent und Komponist mehren. Auch später noch, als es nach der Unterstützung Wagners durch Ludwig II. längst Mode geworden war, Wagnerianer zu sein, gab Wagner für seine Anhänger und die Mitglieder der zahlreichen Richard-Wagner-Vereine Konzerte in Mannheim (1871), Wien (1872), Hamburg, Berlin und Köln (1873). Nachdem er 1874 die *Götterdämmerung* abgeschlossen hatte, dirigierte er zahlreiche Konzerte zur Finanzierung der ersten Bayreuther Festspiele (1876); noch im März 1876 dirigierte er in Wien den *Lohengrin.* Um nach den Festspielen das enorme Defizit zu verringern, leitete er neben Hans Richter in der Londoner Royal Albert Hall eine Konzertreihe, an der einige Bayreuther Sänger beteiligt waren (1877). Das einzige größere Konzert nach 1870, dessen Programm sich nicht aus Wagners eigenen Werken zusammensetzte, war die Aufführung von Beethovens Neunter zur Grundsteinlegung des Bayreuther Festspielhauses (22. Mai 1872) an seinem neunundfünfzigsten Geburtstag.

In seinen letzten Jahren dirigierte Wagner jeweils an Cosimas Geburtstag mehrere Hauskonzerte (Ur- und Wiederaufführungen) – 1870 das *Siegfried-Idyll,* 1878 das *Parsifal*-Vorspiel und 1882 seine frühe C-Dur-Symphonie. Auffällig an Wagners Dirigierlaufbahn ist die Tatsache, daß er mit Ausnahme der Schlußszene bei der letzten Aufführung des *Parsifal* 1882 in Bayreuth nie dazu kam, eine Bühnenaufführung eines seiner nach *Lohengrin* entstandenen Werke selbst zu dirigieren.

Wagners Einfluß als Dirigent war enorm. Bis zu seiner Zeit galt als wichtigste Aufgabe des Dirigenten die gefällige, aber möglichst neutrale Koordination des Orchesters. Wagner war dagegen der Meinung, daß eine Aufführung, die die Konzeption eines wahrhaft ausdrucksvollen Werks

– das heißt all der Werke, an denen ihm wirklich etwas lag – adäquat wiedergeben sollte, unbedingt in den verschiedensten Parametern modifiziert werden müsse, vor allem aber in Dynamik und Tempo, und daß es ferner Aufgabe des Dirigenten sei, eine Interpretation zu entwickeln, die dem Orchester zu vermitteln und von diesem umzusetzen ist. Daher bewegten sich Wagners Aufführungen innerhalb einer großen dynamischen Bandbreite, bei der oft Extreme unmittelbar aufeinanderprallten. Aus der Überzeugung heraus, daß der spezifische Charakter eines Themas es so erfordere, befürwortete er zudem ein flexibles Tempo. Entsprechend verlieh Wagner den eher lyrischen Themen eine gravitätische Schwere, die zu den rasch und energisch vorgetragenen Figurationen oder Hauptthemen der schnellen Sätze in starkem Gegensatz standen. Dafür unempfänglichen Zuhörern mißfiel das schlechte Zusammenspiel des Orchesters infolge der Tempomodifikationen (das insbesondere dann auftrat, wenn das Orchester mit Wagners Dirigierstil noch nicht vertraut war), andere fanden aber die »innere Bedeutung« wichtiger Werke durch seine überdeutliche Ausdrucksgestaltung besser dargestellt. Die Orchestermusiker scheint Wagner im allgemeinen begeistert und für sich eingenommen zu haben. Und seine Wunschvorstellung von einer konzentrierten und gründlichen Probenarbeit (die er selbst nicht immer realisieren konnte) – oft mit Hilfe poetischer Bilder, um den Spielenden die Bedeutung bestimmter Stücke klarzumachen –, um dann bei der Aufführung mit knappen, präzisen Bewegungen auszukommen, gilt seitdem als Vorbild. Es ist symptomatisch für die starke Wirkung seiner musikalischen Persönlichkeit – und für seine zentrale Bedeutung zu Lebzeiten –, daß seine Auffassung von der Musik, für die er sich begeisterte, den Aufführungsstil auf breiter Ebene entscheidend veränderte.

DAVID BRECKBILL

Wagners Arbeitsweise

Bei allem anscheinend heillosen Durcheinander in persönlichen und finanziellen Angelegenheiten war Wagner im allgemeinen in der Lage, im Prozeß des Skizzierens, Entwerfens und Orchestrierens seiner Opern eine systematische Arbeitsweise einzuhalten. Wie viele Komponisten verwertete er Ideen, die er skizziert oder in Momenten der Eingebung schnell hingeworfen hatte. Aber meistens waren Wagners Arbeitsmethoden weit entfernt von dem exzentrischen romantischen Genie nach Beethovenschem Muster. Viele kompositorische Vorarbeiten dürfte er bereits im Geiste vollzogen haben und nicht erst auf dem Skizzenblatt; denn wenn er dann mit der Kompositionsarbeit begann (dem sogenannten »Gesamtentwurf«), scheint ihm die Arbeit oft relativ leicht von der Hand gegangen zu sein, fast ohne Fehlstarts oder nennenswerte Unterbrechungen. (Näheres zu Wagners Entwurfsarbeiten siehe »Autographe«, S. 206 ff.)
Bei seinen früheren Opern bis zum *Lohengrin* widmete sich Wagner meist den Sommer über der Komposition, was natürlich vor allem an seinen Verpflichtungen als Dresdner Kapellmeister in den 1840er Jahren lag. In

dieser Zeit mußte er in den Herbst-, Winter- oder Frühlingsmonaten jede freie Minute für die Orchestrierung nutzen. Ab der Züricher Zeit zeichnete sich allerdings keine solche regelmäßige Arbeitsweise mehr ab. Ohne feste Verpflichtungen hing das Komponieren eher davon ab, daß er sich für längere Zeit freihalten konnte und die äußeren Bedingungen ruhig und stabil blieben.

Es sollte eine Weile dauern, bis sich solche zum Komponieren günstigen äußeren und inneren Bedingungen tatsächlich herstellen ließen. In seinen ersten Züricher Wohnungen fühlte sich Wagner von einer Schmiede, von klavierspielenden Nachbarn und anderem Lärm gestört. Als er endlich im Wesendonckschen Gästehäuschen (dem »Asyl«) die ideale Umgebung für seine schöpferische Arbeit gefunden zu haben schien – wobei auch die dazugehörige Muse, Mathilde, nicht fehlte –, dauerte es nicht lang, bis diese Idylle durch die ehelichen Auseinandersetzungen von 1858 wieder zerstört wurde. Die großen, stillen Räume des Palazzo Giustiniani in Venedig, die passenderweise mit schweren Stoffen verhängt waren, erwiesen sich als das richtige Ambiente für die Komposition des zweiten Aufzugs von *Tristan und Isolde*. Doch die wiederholten Störungen in den darauffolgenden Jahren legten der Schaffung einer geeigneten Arbeitsatmosphäre immer wieder Steine in den Weg. Erst Wagners spätere Domizile in Tribschen und in Bayreuth boten ihm endlich geeignete Räumlichkeiten und die nötige akustische Abgeschiedenheit.

Wagner hatte immer gern ein Klavier in der Nähe, wenn er mit seinen Partituren noch in der Anfangsphase war. Es heißt, er habe zwar nicht »am« Klavier komponiert, aber die Möglichkeit gebraucht, erste Ideen zu hören, wenn er sie niedergeschrieben hatte. Verständlicherweise nahm seine Abhängigkeit vom Klavier mit der Komplexität seiner späteren Musikdramen zu. In den 1860er Jahren ließ er sich einen altarähnlichen »Spieltisch« mit Schubladen anfertigen. Das elegante Klavier, das er in den 1850er Jahren von der Pariser Werkstatt Erard erhalten hatte, wurde ihm beim Komponieren laut eigener Aussage bald unverzichtbar (Newman, 1933–47). Dieses Instrument begleitete ihn während der *Tristan*- und der *Meistersinger*-Jahre auf all seinen Reisen.

Eine weniger gewöhnliche Vorbedingung für das Komponieren war, daß er sich dazu in extravagante Hausmäntel und Düfte hüllte; von solchen und anderen körperlichen Annehmlichkeiten wurde er anscheinend immer abhängiger. Das Verlangen, von Seide, Satin und Pelz umschmeichelt zu werden, hat man unter anderem auf seine chronisch empfindliche Haut zurückgeführt. Andererseits scheint die Vorliebe für historisierende Verkleidungen à la Rembrandt oder Dürer auch mit dem theatralischen Wesen seines Schaffens zusammenzuhängen. Nach Ansicht Robert Gutmans führte das anfängliche Bedürfnis nach körperlichem Wohlbefinden als Voraussetzung für die geistige Tätigkeit schließlich zum Fetischismus (Gutman [1968] stellt sich den Komponisten des *Parsifal* als einen dekadenten Lüstling Huysmansscher Prägung vor, der in der Villa Wahnfried an seinem Arbeitstisch sitzt und die Aromen exotischer Badeöle aus dem darunterliegenden Raum einsaugt und sich zugleich die weiblichen Reize Judith Gautiers in Erinnerung ruft, die ihm regelmäßig die auserlesensten Pariser Luxusartikel zukommen läßt). Wagner erklärte sich diesen Wesenszug in einem Brief an Liszt folgendermaßen: »Meine stark gereizte, feine, ungeheuer begehrliche, aber ungemein zarte und zärtliche Sinnlichkeit muß irgendwie sich geschmeichelt fühlen, wenn meinem Geiste das blutig schwere Werk der Bildung einer unvorhandenen Welt gelingen soll.« (15. Jan. 1854)

Ansonsten aber sind Wagners körperliche Bedürfnisse durchaus als normal zu bezeichnen. Vor allem brauchte er genügend innere und äußere Ruhe. Er hatte die Angewohnheit, Phasen geistiger Konzentration mit gelegentlichen Spaziergängen an der frischen Luft zu unterbrechen. »Mein Arbeitszimmer ist mit der Dir bekannten Pedanterie und eleganten Behaglichkeit hergerichtet«, schreibt er aus seiner neuen Bleibe im Züricher »Asyl«; »der Arbeitstisch steht an dem großen Fenster mit dem prachtvollen Überblick des Sees und der Alpen; Ruhe und Ungestörtheit umgibt mich. Ein hübscher, bereits sehr gut gepflegter Garten bietet mir Raum zu kleinen Promenaden und Ruheplätzchen« (Brief an Liszt, 8. Mai 1857). In einer ausführlichen Mitteilung an König Ludwig II. vom 23./24. Februar 1869 beschreibt Wagner den Tagesablauf in Tribschen, als er am dritten Aufzug von *Siegfried* arbeitet. »Nulla dies sine linea«, so laute sein Motto für diese Tage – wenigstens ein paar Zeilen Musik pro Tag sollten herauskommen. Nach einer heilsamen kalten »Abwaschung«, einem »bescheidenen Frühstück« und einem kurzen Blick in die Zeitung setzt sich Wagner gegen zehn Uhr an seine Partitur; »diese gewährt mir jedesmal drei schöne, einzig erfreuende und gehaltreiche Vormittagsstunden. Um 1 Uhr ruft mich dann [der Diener] Jacob zu Tisch.« Nach dem Mittagessen finden sich »meine Herren Hunde« ein, und Wagner zieht sich zu Kaffee, zum Zeitunglesen, Briefeschreiben und einem kurzen Mittagsschlaf oder auch zum Klavierspielen in den Salon zurück. Um drei Uhr dann »wird der furchtverbreitend große Wotanshut aufgesetzt«, und Wagner bricht in Begleitung der Hunde Ruß und Koß nach Luzern auf, um zur Post oder zur Buchhandlung etc. zu gehen. Wenn er um fünf Uhr nach Tribschen zurückgekehrt ist, ruht er sich kurz aus und arbeitet wieder für einige Stunden, bis er etwa gegen acht Uhr ein Abendbrot einnimmt und sich seiner reichhaltigen Lektüre widmet.

Der hier beschriebene geregelte Tagesablauf ähnelt in den meisten Einzelheiten den überlieferten Arbeitsgewohnheiten in anderen Lebensphasen. Nur manchmal, als er etwa in Venedig an der *Tristan*-Partitur schrieb, sah sich Wagner nicht imstande, längere Zeit am Tag zu komponieren. »Die frischen, lebhaften, feurigen Partien gehen dann zugleich rascher vonstatten« als die Stellen, die sich mit Tristans Leiden (III. Aufzug) befassen, erklärt er Mathilde etwas später in einem Brief aus Luzern (30. Mai 1859). In Ausnahmefällen durchbrachen Fluten der Inspiration jegliche Routine. Den ersten Entwurf des *Fliegenden Holländers* schrieb er zum Beispiel in einem Zug innerhalb weniger Wochen. Und im Anfangsstadium seiner

Arbeit an den *Meistersingern* konnte Wagner eines Tages mit der zweiten Szene des ersten Aufzugs nicht vor halb sieben Uhr abends aufhören, obwohl er schon seit dem Morgen ohne Pause durchgearbeitet hatte.

In späteren Jahren in Bayreuth konnte er sich als inzwischen weltberühmter Mann des Ansturms von Briefen, geschäftlichen Dingen, Besuchern und (oft absurden) Anfragen verschiedenster Art kaum mehr erwehren. Cosima fiel in diesen Dingen die Rolle der Sekretärin zu. Abgesehen von den vielen ständigen Ablenkungen kostete den älter gewordenen Komponisten das Komponieren ohnehin mehr Zeit und Anstrengung. Für die Vorentwürfe und die Orchesterskizze zu jedem Aufzug des *Parsifal* brauchte er insgesamt sechs Monate, während die gleichen Arbeitsgänge bei *Siegfried* oder *Tristan* schon in drei Monaten oder weniger abgeschlossen waren. Ansonsten bemühte sich Wagner, an seinen bisherigen Gewohnheiten festzuhalten – in einer eigenartigen Mischung aus bürgerlicher Selbstdisziplin und den kleinen Schwächen des »dekadenten« Ästheten. Der planvolle Tagesablauf scheint sich in gewisser Weise auch im großen, in seiner gesamten Laufbahn widerzuspiegeln, deren wichtigste Werke fast alle in der Lebensmitte konzipiert wurden und nur noch im richtigen Moment ausgeführt werden mußten.

THOMAS S. GREY

Wagner als Polemiker

Wagner wurde in den 1850er Jahren hauptsächlich als Polemiker bekannt. Gemessen daran, wie viele Leute zu seinen Lebzeiten seine Schriften (oder auch Schriften anderer pro und kontra Wagner) lasen, waren es verschwindend wenige, die wirklich eine nennenswerte Anzahl seiner Werke hörten oder gar seine Opern auf der Bühne sahen. Ein polemischer Stil war kennzeichnend für seine Prosa und bewirkte die weite Verbreitung seiner Schriften. Viele seiner Essays gingen zwar musikästhetischen und -philosophischen Fragen intensiv nach, doch der Schlüssel zu dieser ungewöhnlich breiten Wirkung seiner Gedanken auf das Musik- und Kunstleben war seine scharfe Kritik an der Gesellschaft im allgemeinen und der Musikwelt im besonderen.

Wagners Schriften steckten den Diskussionsrahmen für die wichtigsten Themen des Musiklebens von etwa 1850 bis zur Jahrhundertwende ab. Insofern gehörte er zu den bedeutendsten Musikpolemikern der Neuzeit, vergleichbar mit Jean-Jacques Rousseau in den 1750er Jahren oder John Cage seit den 1950er Jahren. Wagner war sich dessen durchaus bewußt. In einem Essay bezeichnete er eine Reihe von Artikeln als »von unerfreulicher polemischer Natur« und bekannte folgendes:

Einen sonderbaren Erfolg gewann ich aus dem ungeheuren, und an sich recht ärgerlichen Aufsehen, welches die zuletzt besprochene Veröffentlichung *[Das Judentum in der Musik]* machte: von jetzt an wurden nämlich meine Kunstschriften eifrig gelesen, oder doch wenigstens gekauft, was in Deutschland, wenn ein Schriftsteller nicht in eines der wohl versicherten literarischen Konsortien aufgenommen ist, nur, wie es hier der Fall zeigt, durch ein, selbst unbeabsichtigtes, Skandal ermöglicht zu werden scheint. (GS VIII, S. 204)

Bei alledem ging es Wagner in seinen Schriften letztendlich um seine Musikwerke. Auch wenn er sich mit den unterschiedlichsten Gegenständen auseinandersetzte, schrieb er dabei immer in der Hoffnung, der Aufführung seiner Werke den Weg zu ebnen. Das verlieh seinen Schriften trotz der Verschiedenartigkeit der Umstände und Ideenkomplexe einen gemeinsamen Sinn und ein übergeordnetes Ziel.

Seine Polemiken waren im Grunde moralisierend, ja moralistisch. Alle seine Schriften knüpften an eine jahrhundertealte Tradition der Musikkritik an, die die Aufführungs- und Publikationspraxis ständig kritisch begleitete (siehe Webers Essay in Large und Weber, 1984). Wagner begann mit dieser Art von Schriften zwischen 1839 und 1841 während seines Pariser Aufenthalts. Stilistisch hielt er sich hauptsächlich an das Vorbild von Hector Berlioz. Er schrieb Feuilletons für die *Revue et Gazette musicale*; manche davon wurden übersetzt und in Dresden erneut abgedruckt. Er richtete massive Angriffe gegen das Publikum, gegen Publikumslieblinge und die Oper und beschimpfte die Zuhörer als Philister oder die Musiker als profitgierige Banausen. In *Der Virtuos und der Künstler* heißt es: »Dieses [Publikum] wendet sich zuerst mit Eifer und Neugierde nur der Kunstgeschicklichkeit zu; die Freude an dieser vermittelt ihm erst die Beachtung des Kunstwerkes selbst. Wer will hierfür das Publikum tadeln? Es ist eben der Tyrann, den wir uns zu gewinnen suchen.« (GS I, S. 170) Man beachte die halbherzige Entschuldigung des Publikums im vorletzten Satz. Die eigentliche Kunst – die Wagner glänzend beherrschte – bestand darin, die Polemiken trotz aller Bilderstürmerei für einen großen Leserkreis zu einer unterhaltsamen Lektüre zu machen. Man kann sich des Verdachts nicht erwehren, daß viele, die sonst nur wenig Verständnis für seine Ideen aufbrachten, ihm genüßlich dabei zusahen, wie er seinem Ärger Luft machte.

Die wichtigste Phase seiner schriftstellerischen Tätigkeit – während der er in weiten Kreisen bekannt wurde – begann zwischen 1849 und 1851 mit der Veröffentlichung einer Reihe von Einzelaufsätzen. Obwohl er sie ganz unter dem Eindruck der revolutionären Rhetorik schrieb, ging es ihm mehr um künstlerische als um politische Belange. In *Die Kunst und die Revolution* (1849) beklagte er, daß die Künstler die Gelegenheit verpaßt hätten, mehr Zugriff auf die künstlerischen Produktionsmittel zu bekommen:

Die bisherigen Grundlagen des Erwerbes, des Verkehrs, des Reichthums sind jetzt bedroht, und nach hergestellter äußerer Ruhe, nach vollkommener Wiederkehr der Physiognomie des gesellschaftlichen Lebens, zehrt tief in den Eingeweiden dieses Lebens eine sengende Sorge, eine quälende Angst: [...] wer sicher erhalten will, entsagt einem ungewissen Gewinn, die Industrie stockt, und – die Kunst hat nicht mehr zu leben. (GS III, S. 8)

In dieser Aufsatzreihe stellte Wagner seinen philosophischen Abhandlungen über das Wesen der Kunst jeweils Polemiken gegen die Konventionen der Opernwelt voran. In *Das Kunstwerk der Zukunft* verteufelte er zum Beispiel den Luxus: »Und dieser Teufel, dieß wahnsinnige Bedürfniß ohne Bedürfniß, dieß Bedürfniß des Bedürfnisses, – dieß *Bedürfniß des Luxus,* welches der *Luxus selbst* ist, – regiert die Welt« (GS III, S. 49). Bevor er in *Ein Theater in Zürich* (1851) sein Programm zur Umgestaltung des Stadttheaters entwickelt, äußert er erst einmal heftige Kritik: »Das Theater hat bis heute als eine Gattung von Unterhaltung gegolten, der man sich ganz nach zufälliger persönlicher Neigung zuwandte, ohne damit irgend einen Zweck zu verbinden, zu dem man sich aus gemeinsamem innerem Bedürfnisse verpflichten zu müssen geglaubt hätte« (GS V, S. 36 f.). Wagners Neigung zum Polemisieren ließ auch Ende der 1860er und in den 1870er Jahren nicht nach, auch wenn er etwa Ludwig II. noch so sehr um den Bart ging. Daß er Herr der Lage blieb, bewies er etwa, als er 1865 den König dazu bringen wollte, eine neue Musikschule zu gründen, indem er erklärte:

Die seltsam weichliche, gestaltungslose, aus verschiedenen Stylarten oberflächlich gewobene Manier der Orchesterwerke der Nach-Beethoven'schen Schule läßt vor allen Dingen gänzlich den Einfluß der staunenswerthen Plastik des Beethoven'schen Musikstyles vermissen. (GS VIII, S. 167)

Wagners polemischer Stil wurde von einer ganzen musikalischen Partei übernommen. 1852 verkündete der Redakteur der *Neuen Zeitschrift für Musik,* oberstes Ziel seiner Zeitschrift sei die Verbreitung von Wagners Ideen. In diesem Zusammenhang erinnerte er an Wagners Worte:

Entschiedenere Parteinahme demnach ist der neue Grundsatz, welchen ich ausspreche, entschiedenere Bekämpfung dessen, was nicht mehr lebenskräftig, Opposition gegen jenen gedankenlosen Schlendrian, welcher jedes bessere Streben vereitelt.« (Franz Brendel, »Zum neuen Jahr«, in: Neue Zeitschrift für Musik, 1. Jan. 1852, S. 2)

WILLIAM WEBER

Finanzielle Verhältnisse und Umgang mit Geld

Zu diesem Thema wurde noch mehr Unsinn geschrieben als zu den meisten anderen Fragen, die Wagner betreffen. Besonders hartnäckig hält sich die Vorstellung von Wagner als einem skrupellosen Schnorrer, der ständig Freunde, Gönner und Verleger anpumpte, um sein Luxusleben führen zu können. Eine solche Sichtweise zeugt nicht nur von mangelndem Vorstellungsvermögen, sondern auch von einem falschen Bild von der historischen Situation.

Bis zum Urheberrechtsgesetz, das erst 1870, in Wagners letztem Lebensabschnitt, erlassen wurde, stand den deutschen Komponisten bei Aufführungen ihrer Werke keine prozentuale Beteiligung zu; üblich war eine einmalige Abfindung, ansonsten ging der ganze Gewinn an Verlag und Theater (siehe »Mäzene, Aufträge und Honorare zur Zeit Wagners«, S. 93 f). Selbst wenn es Wagner gelang, seine Opern auf die Bühne zu bringen, konnte er mit keiner angemessenen Entschädigung für seine Arbeit rechnen. Die Einschätzung seiner Werke als avantgardistisch, zu lang und zu schwierig verschärfte die Situation, weil Verlage und Theaterleitungen kein Risiko eingehen wollten, während er seinerseits nicht bereit war, von seinen Forderungen nach höchstem künstlerischem Standard abzurücken. Wenn er tatsächlich in erster Linie ans Geld gedacht hätte, so hätte er ohne weiteres nach dem Vorbild Offenbachs oder Meyerbeers eingängige Erfolgsopern aus dem Handgelenk schütteln oder einfach im Stil des *Rienzi* oder *Tannhäuser* weiterschreiben können, was ihm zumindest ein regelmäßiges Einkommen gesichert hätte. Statt aber die ausgetretenen Wege der Operngeschichte zu gehen, nahm er bis zu seiner »Errettung« durch König Ludwig II. 1864 lieber ständige Geldnöte auf sich.

Die Einzigartigkeit des Bayreuther Projekts, die ungeheure Willenskraft, mit der Wagner dahinterstand, und die Tatsache, daß es im 19. Jahrhundert eigentlich nahezu undurchführbar war, hätten ihm gerechterweise mehr Sympathien einbringen müssen und nicht die üblichen moralischen Einwände. Wenn in unserer Zeit Künstler oder ihre Vertreter in ganz anderem Maße bei Mäzenen, Sponsoren und Finanzierungsfonds aller Art die Hand aufhalten, scheint keiner mehr etwas dabei zu finden.

Im 19. Jahrhundert waren Verleger und Impresarios, nicht anders als heute, Geschäftsleute, die Profit machen wollten. Daher kann man den Komponisten und Künstlern vielleicht nachsehen, daß sie etwas von der Skrupellosigkeit übernahmen, mit der sie selbst ständig behandelt wurden. Da erfolgreiche Verlage Wagners Glauben an sein »Kunstwerk der Zukunft« nicht teilten, drängte ihn das zwangsläufig in die Rolle des lästigen Bittstellers.

Vor diesem Hintergrund erscheinen Wagners Verhandlungen mit dem Verlag Schott und mit seinem Mäzen Otto Wesendonck über die *Ring*-Partituren in einem anderen Licht. Im August 1859 bot Wesendonck von sich aus eine finanzielle Unterstützung an, damit Wagner den *Ring* beenden konnte. Wagner wollte aber weder einen Kredit noch ein Geschenk annehmen und schlug deshalb einen Handel vor (nebenbei bemerkt: Wesendonck handelte immer kaufmännisch; seine Wohltätigkeit und sein Geschäftssinn hielten sich stets die Waage – selbst das »Asyl«, das er Wagner »großzügigerweise« zur Verfügung stellte, wurde in Wirklichkeit an Wagner vermietet). Es wurde vereinbart, daß Wesendonck für je 6000 Franken die Publikationsrechte an den vier Partituren erwirbt und dadurch die Einnahmen aus der Veröffentlichung erhalten würde, während Wagner sich die Einkünfte aus allen öffentlichen Aufführungen vorbehielt. Als Wagner noch im gleichen Jahr auf Schotts Vorschlag hin, eine Partitur von ihm zu drucken, dem Verlag *Das Rheingold* für 10000 Franken anbot, war die Bedingung, daß Wesendonck von Schott entschädigt würde. Da kam Wagner der geniale Gedanke, Wesendonck zu bitten, er möge die 6000 Franken doch als Vorauszahlung für das vierte, noch ausstehende Werk der Tetralogie ansehen. Mit diesem Schachzug zeigte sich Wagner der Geschäftswelt, aus der sich Wesendonck gerade erst zurückgezogen hatte, durchaus gewachsen. Wesendonck ging (mehr oder weniger bereitwillig) auf den Vorschlag ein, der keineswegs die Mißbilligung verdient, mit der er im allgemeinen bedacht wird.

Es gibt einen weiteren Punkt in Wesendoncks Gönnerschaft, den man häufig übersieht. Ganz abgesehen davon, daß er seine finanziellen Hilfen an Wagner als (wenn auch etwas riskante) Investitionen ansah, zählte er zur Schicht der »nouveaux riches«, die ja keineswegs aus purem Altruismus zu Gönnern werden, sondern weil sie sich über solche Gesten definieren. Sie streben nach gesellschaftlicher Reputation, die mit Geld allein nicht zu erreichen ist, und hängen sich an bedeutende Künstler, um an ihrem Erfolg teilzuhaben; an Otto, den Seidenhändler, und Mathilde, die dilettierende Dichterin, würde heute wohl keiner mehr denken, wenn sich beide nicht durch ihren Umgang mit Wagner unsterblich gemacht hätten.

Ein Letztes muß in diesem Zusammenhang noch gesagt werden. Wagner hegte tiefen Abscheu vor gehorteten Reichtümern und allem Prunkgehabe, den er auch trotz seinem schließlich erreichten Wohlstand nicht ablegte. Seinen Standpunkt hat er in allegorischer Form im *Ring* genauso deutlich dargelegt wie in polemischer Form in seinen Schriften (insbesondere aus der Züricher Zeit). Die Liebe zum Geld unterminierte seiner Ansicht nach das gesellschaftliche Gefüge; er hielt sie für die Wurzel der allgemeinen Lieblosigkeit, die ringsum zu beobachten sei. Nach einem Zerwürfnis mit seinem Dresdner Arzt und langjährigen Freund Anton Pusinelli – wegen finanzieller Verpflichtungen, die Wagner nicht erfüllt hatte – schrieb Wagner an den Freund, nun sei ihm der Fluch des Geldes bewußt geworden – die »ganz natürliche Stellung des Bedürftigen zu dem Vermögenden« habe die Freunde entzweit (Ende März 1853). Geld war also für Wagner kein sorgsam zu hütendes Gut. Wenn man es hatte, sollte es nur zur Verbesserung der Lebensqualität dienen – es ging ihm darum, sich und anderen einen gewissen Komfort zu sichern und vor allem die Ausübung von Kunst zu ermöglichen.

BARRY MILLINGTON

Wagner und die Frauen

Wenn die gängige Vorstellung von Wagner als einem Don Juan zutreffend wäre, hätten ihm seine libidinösen Aktivitäten, die vor allem bereits vergebene Ehefrauen involvierten, keine Zeit mehr zum Komponieren gelassen. Somit muß auch hier einiges richtiggestellt werden. Als erstes wollen wir festhalten, daß die Zahl seiner ernsthaften Beziehungen und kleineren Liebschaften kaum ein Dutzend übersteigt, also an die 1003 Affären, die Don Juan allein in Spanien gehabt haben soll, nicht im entferntesten heranreicht. Allerdings fällt auf, daß von diesem Dutzend ein hoher Anteil bereits »gebundene« Frauen betraf. Die naheliegende psychologische Erklärung, daß Wagners Gefühlsleben von der elterlichen Konstellation und der daraus resultierenden Mutterfixierung traumatisch geprägt war (siehe »Die Vaterfrage«, S. 100 f., und »Die Familie«, S. 101 ff.), ist nicht von der Hand zu weisen. Eine tiefsitzende Angst vor einer emotionalen Bindung an Frauen könnte der Grund gewesen sein, weshalb Wagner immer wieder dem Unerreichbaren nachjagte – ein Mechanismus, nach dem das Subjekt zwar erobern will und den Erfolg herbeisehnt, ihn aber andererseits fürchtet; auf einer Ebene sucht es Befriedigung, aber in tieferen Schichten des Unterbewußten sind Frustration und Ablehnung schon vorprogrammiert.

Wagners Verhalten hat jedoch auch eine gesellschaftliche Komponente, die man nicht unterschätzen sollte. Die längste Zeit seines Lebens – bis zu den letzten Jahren mit Cosima – verachtete er die Institution der Ehe, die nach seiner Beobachtung nur auf Lieblosigkeit und Besitzansprüchen gegründet war. Der Dramen- oder Opernentwurf *Jesus von Nazareth* aus dem Jahr 1849 befaßt sich explizit mit dem Konflikt zwischen bürgerlicher Moral und einer frei empfundenen oder empfangenen Liebe. Außerdem werden die Ehen im *Ring* nicht zufällig als freudlos und destruktiv dargestellt, während sich die wahre Liebe eher in weniger konventionellen Verbindungen (Bruder/Schwester; Tante/Neffe) entfaltet. Daß Wagner seine Affäre mit Jessie Laussot von 1850 als eine bewußte Verletzung der Ehe als Institution ansah, wird in seinem Brief vom 26./27. Juni 1850 an Julie Ritter deutlich: »Wie freute es mich, auch nie eine spur von jener grausamen und unwürdigen bürgerlichen scheinheiligkeit in ihren briefen wahrzunehmen! Sie war ganz nur *liebe: dem Gotte der liebe* weihten wir uns, und verachteten alle götzen dieser elenden welt.« (Im gleichen Brief findet sich eine erstaunliche Bemerkung über die eigene Unfähigkeit, »eine geliebte […], um die ich mich bei niemand zu bewerben hatte«, für sich zu gewinnen; mit anderen Worten: Er erkannte, daß er unterbewußt davor zurückschreckte, sich auf »Erreichbare« einzulassen.)

Der Grund, den Wagner in späterer Zeit (CT, 1. April 1874) für die Eheschließung mit seiner ersten Frau Minna im Jahr 1836 angab, läuft jedoch auf bürgerliche Wohlanständigkeit hinaus: »Er sagt, daß, was ihn zur Heirat getrieben, zum Teil war, daß er sehr leichtsinnig an sie herangekommen sei und nun gewahrt hätte, daß sie anständig war.« Der Anstand war aber Minnas wunder Punkt; als Schauspielerin riskierte sie ständig ihren guten Ruf, außerdem mußte sie ihr Leben lang verheimlichen, daß sie eine uneheliche Tochter hatte (sie war mit fünfzehn Jahren von einem Gardehauptmann verführt worden); sie gab sie als ihre jüngere Schwester aus. Wagners spätere Bemerkung gegenüber Cosima deckt sich mit dem, was er seinerzeit (Brief vom 2. Okt. 1835) seinem Freund Theodor Apel über seine Beziehung mit Minna anvertraut hatte: »Du kennst meine modernen Liebes-Gefühle, die mich zuerst an Minna knüpften; mein bürgerlicher Jammer hat das Moderne bald verjagt, u. es blieb nur noch die Liebe« – mit anderen Worten, die Liaison begann als rein sinnliche Attraktion, doch nach und nach verwandelte das bürgerliche Bedürfnis nach sicheren, geordneten Verhältnissen seine Gefühle in eheliche Liebe. Die körperliche Anziehung war offenbar das auslösende

Moment; Berichte von Zeitgenossen bestätigen, daß Minna tatsächlich auffallend schön war. Auf intellektueller Ebene war sie ihm jedoch nicht gewachsen; außerdem war sie nicht geneigt, ihm als Muse zu dienen, und mit Wagners fortschrittlichen Ideen konnte sie erst recht nichts anfangen – sei es in politischen oder in künstlerischen Fragen. 1850 war die Ehe so gut wie am Ende. Doch Wagner, der »mit tausend ketten gemeinsamer alter lebensleiden an sie gebunden war« (Brief vom 26./27. Juni 1850 an Julie Ritter) und der auch später noch befürchtete, daß sie wegen ihrer Herzschwäche eine Scheidung nicht verkraften würde, kam bis zu ihrem Tod im Jahr 1866 für ihren Unterhalt auf, obwohl sie in den letzten Jahren getrennt lebten.

Bis zu dem Zeitpunkt, als offen ausgesprochen wurde, daß die Ehe gescheitert war (Brief an Minna vom 16. April 1850), war Wagner, soweit man weiß, seiner Frau treu. 1850 lernte er jedoch die einundzwanzigjährige Engländerin Jessie Laussot (geb. Taylor) kennen, die flüssig Deutsch sprach, eine glühende Verehrerin seiner Musik war und sich mit ihm auf gleicher Ebene verständigen konnte. Außerdem war sie unglücklich verheiratet, und das Liebespaar spielte sogar mit dem Gedanken, sich nach Griechenland oder Kleinasien abzusetzen – ein Abenteuer, das von Jessies Mann und ihrer Mutter verhindert wurde, als sie von dem Verhältnis erfuhren.

Wagners Liebschaft mit Mathilde Wesendonck dauerte nicht viel länger. Die beiden begegneten sich erstmals 1852, aber ihre Sympathie füreinander wurde erst 1857 zur Affäre, als Wagner und Minna im »Asyl« neben der Züricher Villa der Wesendoncks wohnten. Selbst in diesem Fall ist nicht klar, wie weit sie gingen. Wagner beteuerte Minna, seiner Schwester Clara und anderen gegenüber immer die »Reinheit dieser Beziehungen«; ihr Umgang habe »die Sitte« nicht verletzt (Briefe vom 23. April 1858 an Minna Wagner und vom 20. August 1858 an Clara Wolfram), und es ist zudem sehr unwahrscheinlich, daß *Tristan und Isolde* – dieser große Ausdruck unerfüllter Sehnsucht – ausgerechnet in einer Zeit emotionaler Befriedigung komponiert worden sein sollte.

Als Muse war Mathilde trotzdem sehr fruchtbar, ähnlich wie zwei Jahrzehnte später die ihr intellektuell weit überlegene Judith Gautier (siehe »Who's who«, S. 27 f., zu Einzelheiten über ihre »Affäre« mit Wagner). Diese Liebschaft – wenn sie überhaupt so genannt werden kann – sorgte für die einzige ernsthafte Trübung (die Carrie-Pringle-Affäre nicht mitgerechnet; siehe unten) im Eheglück zwischen Wagner und Cosima von 1870 (wenngleich Cosimas erster Mann Hans von Bülow schon spätestens seit Juli 1864 allen Grund hatte, eifersüchtig zu sein) bis zu Wagners Tod 1883. Die beiden Ehepartner verehrten sich gegenseitig, und ihre Beziehung beruhte sowohl auf geistiger Übereinstimmung als auch auf gefühlsmäßiger Verbundenheit. Dennoch kann sie nicht als Ehegemeinschaft unter Gleichen beschrieben werden – Wagners unverbesserlicher Egoismus wurde durch Cosimas Disposition zur Unterordnung und zu abgöttischer Verehrung noch verstärkt. Trotz des starken Charakters, den sie vor allem nach Wagners Tod bewies, zeigte sie für die damals wachsende Emanzipationsbewegung der Frauen wenig Sym-

pathie (siehe zum Beispiel CT, 19. Dez. 1873). Obwohl Wagner im praktischen Leben sehr gut mit den herkömmlichen Geschlechterrollen zu-
rechtkam, die schließlich nichts weiter von ihm verlangten, als daß er sich
ständig bedienen ließ, war er trotzdem zumindest mit seinen Ansichten
über Frauen seiner Zeit weit voraus. »Die frauen, die ganz das geblieben
sind, was sie von geburt sind, können uns einzig lehren«, schrieb er an
Theoder Uhlig (Brief vom 26. März 1850); »nicht eher sind wir das, was
wir sein können und sollen, bis – das *Weib* nicht *erweckt* ist« – so drückte
er es August Röckel gegenüber aus (Brief vom 24. Aug. 1851), wobei er sich
auf die Wiedererweckung Brünnhildes im dritten Aufzug von *Siegfried* bezog.
So ist es denn auch Brünnhilde, die mit ihrer weiblichen Klugheit einer von
Streit zerrissenen und durch männlichen Ehrgeiz zugrunde gerichteten Welt
geistige Gesundheit und Hoffnung wiedergibt.

Carrie Pringle war eine junge englische Sopranistin, die bei den Bayreuther
Parsifal-Aufführungen von 1882 als eines der Blumenmädchen mitwirk-
te. Es ist möglich, aber durch nichts bewiesen, daß sie in dieser Zeit mit
Wagner ein sexuelles Verhältnis hatte. Auf jeden Fall scheint die Ankündigung ihres bevorstehenden Besuchs Anlaß der heftigen Auseinandersetzung zwischen Wagner und Cosima gewesen zu sein, die zu seiner letzten,
tödlichen Herzattacke führte.

Damit sind die einzigen »Affären« von Bedeutung genannt. Bleiben noch die
wenigen harmlosen vorehelichen Amouren aus Wagners Jugendzeit zu erwähnen (alle in *Mein Leben* erwähnt), die Freundschaften mit Mathilde Maier, Friederike Meyer und Blandine Ollivier Anfang der 1860er Jahre, die die
Grenzen des Schicklichen nicht verletzt zu haben scheinen, das kurze Tech-
telmechtel mit Seraphine Mauro (Nichte Joseph Standhartners und Geliebte
von Peter Cornelius) und seine Erlebnisse mit den Völkl-Schwestern. Lisbeth
Völkl war die »sanfte, dienstwillige« Siebzehnjährige, die in Wagners Brief
vom 3. Aug. 1863 an Mathilde Wesendonck erwähnt wird; sie stand eine
Zeitlang in Penzing in Wagners Diensten – in welcher Funktion genau, bleibt
allerdings unklar. Lisbeths ältere Schwester Marie war die Empfängerin des
hochinteressanten Briefs vom 6. Dez. 1863, in dem Wagner dem Mädchen
aufträgt, vor seiner Rückkehr aus Breslau sein Zimmer gut zu heizen: »Ach
Gott! was freue ich mich darauf, endlich einmal wieder mit Dir dort mich
auszuruhen. *(Die Rosa-Höschen sind doch hoffentlich auch fertig???)*« Für
wen und für welchen Zweck die rosa Höschen bestimmt waren, ist bis heute
ein ungelöstes Problem der Wagner-Forschung. Man wird der Sache wohl
noch genauer auf den Grund gehen müssen.

BARRY MILLINGTON

Das Verhältnis zu König Ludwig II.

Die Geschichte eines mittellosen Künstlers, den ein König rettet, indem
er seine Schulden tilgt, ihm ein Leben in Luxus bietet und sich mit Begeisterung in seine Werke vertieft, würde sich zum Märchenstoff eignen.
Aber all das wurde Wirklichkeit, als Ludwig II. im März 1864 in Bayern

den Thron bestieg. Als fanatischer Wagnerianer verlor er keine Zeit und ließ den Komponisten gleich nach Schloß Berg (südlich von München) rufen; er stellte ihm Haus Pellet mit Blick über den Starnberger See zur Verfügung und schenkte ihm 4000 Gulden – die erste einer ganzen Reihe von Subventionen zur Verringerung der Schuldenlast Wagners.

»Täglich schickt er ein- oder zweimal«, berichtete Wagner Eliza Wille über die erste Zeit ihres Umgangs. »Ich fliege dann immer wie zur Geliebten. […] so sitzen wir oft Stunden da, Einer in den Anblick des Andren verloren.« (Brief vom 26. Mai 1864) Für Wagner war die rege Anteilnahme einer so hochgestellten Persönlichkeit eine völlig neue Erfahrung. Und für Ludwig, der von Schlössern, Wäldern und Schwänen träumte, waren Wagners Opern eine wahre Fundgrube. Seine homosexuellen Neigungen waren mit seinen Pflichten als König schwer vereinbar, und zweifellos trieb ihn sein gestörtes Gefühlsleben dazu, Ersatzbefriedigung in den sublimen Leidenschaften der Oper zu suchen.

Im gleichen Brief an Eliza Wille malt sich Wagner seine Zukunft in rosigsten Farben aus: »Allmälig wird mich Alles lieben; schon die nächste Umgebung des jungen Königs ist glücklich darüber, mich *so* zu finden und zu wissen, weil Jeder sieht, mein ungeheurer Einfluß auf das Gemüth des Fürsten kann nur zum Heil, Niemand zum Nachtheil ausschlagen.« Für diese Selbstüberschätzung mußte Wagner bitter bezahlen. Bereits Anfang 1865 war er kurzzeitig beim König in Ungnade gefallen. Wagners allzu vertrauliche Bezeichnung Ludwigs (in dessen Abwesenheit) als »mein Junge« wurde dem König von seinem intriganten Kabinettssekretär Franz von Pfistermeister geflissentlich zugetragen, der bald auch gemeinsam mit dem Ministerpräsidenten Ludwig von der Pfordten (»Pfi« und »Pfo« taufte Wagner das Paar) die Opposition gegen den Schützling des Königs anführte.

Die Kampagne gegen Wagner erklärt sich zum einen aus dem allgemeinen Ärger über die Unsummen, die aus der Staatskasse an Wagner flossen – er bekam eine jährliche Rente in Höhe von 8000 Gulden und einen zusätzlichen Betrag von 40000 Gulden zur Tilgung seiner Schulden –, zum anderen aus der Empörung darüber, daß Ludwigs Innen- und Außenpolitik offensichtlich zunehmend von der anderen Seite des Starnberger Sees her bestimmt wurde. Beide Vorwürfe waren zum Teil berechtigt, obwohl Wagners angebliche Ausplünderung der Staatskasse im richtigen Verhältnis gesehen werden muß. Die Gesamtsumme all dessen, was Wagner im Lauf der neunzehn Jahre seiner Bekanntschaft mit dem König erhielt – einschließlich Gehälter, Mieten und Sachgeschenke –, betrug 562914 Mark. Diesen Betrag, der nicht einmal ein Siebtel eines Jahresetats der Zivilliste (4,2 Millionen Mark) ausmachte, vergleiche man beispielsweise mit den 652000 Mark, die allein für die Einrichtung des Schlafzimmers in Herrenchiemsee aufgewendet wurden, oder mit den 1,7 Millionen Mark für die Brautkutsche – für die königliche Hochzeit, die nie stattfinden sollte. Eine weitere interessante Zahl, die auch zeigt, wie wenig einträglich Wagners Werke damals noch waren (siehe auch

»Finanzielle Verhältnisse und Umgang mit Geld«, S. 113 ff.), sind die 750 000 Mark, die Meyerbeer für hundert Vorstellungen seines *Prophète* in Berlin als Tantiemen erhielt (Eger, 1986).

Jedenfalls sah sich Ludwig angesichts der zunehmenden Anfeindungen vom Hofe wie von der Bürgerschaft gezwungen, Wagner zum Verlassen Münchens aufzufordern; am 10. Dez. 1865 reiste Wagner heimlich im Morgengrauen ab. Im darauffolgenden Frühjahr hatte sich Wagner in Tribschen am Vierwaldstätter See niedergelassen; an seinem Geburtstag (22. Mai) stand plötzlich der König vor der Tür, der sich als Walther von Stolzing melden ließ. Noch überraschender aber war seine Ankündigung, abzudanken, um künftig an der Seite des Verehrten leben zu können. Das alles kam Wagner ziemlich ungelegen, weil Cosima in dieser Zeit praktisch schon mit ihm zusammenlebte – jedenfalls hielt sie sich im Haus auf, als Ludwig seinen Geburtstagsbesuch abstattete – und weil der König anscheinend als einziger in ganz München das Verhältnis noch nicht durchschaute. Außerdem war sich Wagner der politischen und finanziellen Folgen einer Abdankung sofort bewußt, und es gelang ihm schließlich, den König davon abzuhalten. Im Münchener *Volksboten* vom 31. Mai (in ähnlicher Weise im November zuvor) wurde hämisch auf die »bekannte ›Madame de Bülow‹« und ihren »›Freund‹ (oder was?)« in Luzern verwiesen – eine überdeutliche Anspielung auf Wagners Liaison mit Cosima. Wagner, Cosima und Bülow gaben ein heuchlerisches Dementi, aber bald ging auch König Ludwig ein Licht auf.

Die Spannungen infolge dieses Täuschungsversuchs verschärften sich durch Differenzen wegen bevorstehender Aufführungen von Werken Wagners. Ludwigs Einmischung in die Inszenierung des *Lohengrin* in München (aufgeführt am 16. Juni 1867) führte zu ernsthaften Meinungsverschiedenheiten in Besetzungsfragen (Ludwig beschwerte sich darüber, daß der sechzigjährige Tichatschek nur mehr eine Karikatur des jugendlichen Ritters sei), bei der Kostümierung (der vom König geforderte blaue Mantel für Tichatschek kam nicht zum Einsatz) und beim Probenplan. Die Uraufführungen des *Rheingolds* und der *Walküre* 1869 und 1870 gaben Anlaß zu weiteren Konflikten. Als Wagner klar wurde, daß die Werke nicht in angemessener Weise dargeboten würden, versuchte er die Aufführungen zu verhindern, doch Ludwig blieb unerbittlich.

Im Jahr 1871 lagen konkrete Pläne für die Verwirklichung der langersehnten *Ring*-Festspiele in Bayreuth vor. Ludwig nahm den Gedanken an ein Festspielprojekt außerhalb Münchens zurückhaltend, aber offensichtlich mit guter Miene auf. Eine überraschend offenherzige Stelle in einem Brief an Friedrich Feustel und Theodor Muncker (den Gemeinderatsvorsitzenden in Bayreuth und den Bürgermeister) verrät jedoch Wagners Ungeduld und seinen Unwillen über das obstruktive Verhalten Ludwigs. Diese Passage wurde in der gedruckten Briefausgabe gestrichen und erst vor kurzem erstmals veröffentlicht (Spencer/Millington, 1987).

Anfang 1874 verweigerte Ludwig die für die Fertigstellung des Theaters nötigen Garantien, aber als Wagner sich schon damit abfand, daß das Projekt noch einmal verschoben werden mußte, änderte der König seine Meinung: »Nein, nein und wieder *nein!* so soll es nicht enden! Es muß da geholfen werden! Es darf Unser Plan nicht scheitern.« (Brief Ludwigs an Wagner vom 25. Jan. 1874) Als 1876 schließlich die Festspiele stattfanden, wohnte Ludwig den Hauptproben bei; zum dritten Zyklus kam er nur unter der Bedingung, daß er vor den Blicken des Publikums geschützt würde. Zur Verringerung des horrenden Defizits der Festspiele bot Ludwig anfangs keinerlei Hilfe an. Doch eine im März 1878 getroffene Vereinbarung berechtigte den König, alle Werke Wagners in München ohne Bezahlung aufzuführen, wobei zehn Prozent der Einnahmen dazu dienen sollten, das Defizit abzutragen.

Wagners letzte Begegnung mit König Ludwig fand am 12. November 1880 anläßlich einer Privataufführung des *Parsifal*- und des *Lohengrin*-Vorspiels in München statt. Der *Parsifal*-Uraufführung 1882 in Bayreuth blieb Ludwig fern, angeblich wegen seiner schlechten gesundheitlichen Verfassung; doch 1884, also ein Jahr nach Wagners Tod, ließ er in München Privataufführungen veranstalten, drei weitere folgten im April 1885. Im Jahr 1886 wurde er offiziell für geistig umnachtet erklärt und am 10. Juni abgesetzt; drei Tage später wurde er mit seinem Arzt im Starnberger See ertrunken aufgefunden.

BARRY MILLINGTON

Verhandlungen mit Verlagen

Wenn man davon ausgeht, daß das Verhältnis zwischen einem Schriftsteller oder Komponisten und seinem Verleger einerseits eine Geschäftsbeziehung, andererseits aber ein Unternehmen mit gemeinsamem Ziel und gegenseitiger Unterstützung ist, so ist es kein Wunder, daß der Umgang des »schwierigen« Wagner mit seinen Verlegern ein ständiges Hin und Her und auch böses Blut mit sich brachte. In Wagners Augen war die oberste Pflicht eines Verlags, die materielle Basis zur Durchführung seiner Projekte zu sichern, so daß er jederzeit mit großzügiger Unterstützung (vor allem finanzieller Art) rechnen konnte. Ohne diese Sicherheit sei er nicht in der Lage, der Welt die Werke zu schenken, zu denen er fähig sei; weil aber der Verlag zu seinem Prestige und seinem Profit genau an diesen Werken interessiert sei, müßte er sich auf lange Sicht eine ähnliche Denkweise zu eigen machen. Damit machte Wagner die Verleger eher zu Sponsoren als zu Geschäftspartnern.

Bevor Wagners Ruhm etabliert und entsprechend gewinnbringend war, sahen die Verleger die Dinge allerdings anders. Seine Neigung, riesige Schuldenberge anzuhäufen, um den gewünschten Lebensstil finanzieren zu können, hatte zur Folge, daß er sie unaufhörlich um Vorschüsse und Anleihen für Werke bitten mußte, die er wiederum zu völlig unrealistischen Abgabeterminen versprach. Wenn sie sich weigerten, machte er sie für jede weitere Verzögerung verantwortlich. Nachdem er 1862 mit Schott seinen Vertrag über die *Meistersinger von Nürnberg* abgeschlossen

hatte, trat er immer wieder wegen Vorschußzahlungen an den Verlag heran, bis er 1867 schließlich die fertige Partitur mit der unverfrorenen Bemerkung ablieferte, man hätte sie schon drei Jahre früher bekommen können, wenn man sich ihm gegenüber großzügiger verhalten hätte. »Gott
weiß! es war ein Unglück, daß Sie irre wurden«, schrieb er an Franz Schott
(Brief vom 6. Nov. 1867). Kein Wunder, daß Schott verärgert war: »Überhaupt kann ein Musikverleger Ihre Bedürfnise nicht bestreiten; dies kann
nur ein enorm reicher Bankier oder ein *Fürst,* der über Millionen zu verfügen hat.«

Jedes Ding hat aber zwei Seiten. Wie die meisten Künstler war Wagner
gegen die raffinierten, ja gerissenen Praktiken der Geschäftswelt nicht ge-
wappnet und wurde etwa in Fragen des Urheberrechts häufig übervorteilt.
In den Verträgen waren im allgemeinen die Werke eines Künstlers vor
Mißbrauch nicht ausdrücklich geschützt, selbst wenn man sich über die
genaue Bedeutung des Begriffes »Mißbrauch« hätte einigen können. Groben Mißbrauch gab es vor allem bei internationalen Kontrakten, bei denen strittig war, welche Rechte überlassen werden sollten. Nach dem Erfolg des *Rienzi* in Dresden im Oktober 1842 und zehn Wochen später des
Fliegenden Holländers war Wagner berühmt, und Schott, nicht faul, ließ
sofort Wagners zwei Jahre zuvor in Paris erschienenes Heine-Lied *Les
deux grenadiers* für den deutschen Markt nachdrucken. Außerhalb
Frankreichs besaß Wagner keinen urheberrechtlichen Schutz, und obwohl er in der *Neuen Zeitschrift für Musik* öffentlich gegen Schotts Vorgehen protestierte, bekam er keinerlei Entschädigung und mußte zuschau-
en, wie der Lohn für seine Mühen in den Taschen anderer verschwand.
Als Leidtragender solcher Praktiken bewahrte er bis ans Ende seines Lebens ein verständliches Mißtrauen gegenüber Verlagen.

Schott in Mainz war der erste und der letzte Verlag, mit dem Wagner zu
tun hatte. 1830 schickte er als Siebzehnjähriger einen Klavierauszug von
Beethovens Neunter Symphonie an den Verlag; Schott veröffentlichte ihn
zwar nicht, honorierte aber seine Leistung, indem er ihm ein Exemplar
der Partitur der Symphonie schenkte, dazu die *Missa solemnis* und andere
Werke. Wagners erstes veröffentlichtes Werk war eine B-Dur-Klavier-
sonate, die Breitkopf & Härtel 1832 für zwanzig Taler erwarb und dreißig
Jahre später, als Wagner längst eine Berühmtheit war, »durch eine Indis-
kretion« neu herausgab (so Wagner in *Mein Leben*), ohne daß er auch
nur einen Pfennig von den Einnahmen sah.

Im Jahr 1843 bot er Breitkopf den *Fliegenden Holländer* für 1000 Taler
an. Breitkopf erklärte sich zwar bereit, das Werk zu veröffentlichen, wollte
aber nichts dafür bezahlen. Wagners Reaktion war vorauszusehen; er ließ
die Oper zusammen mit *Rienzi* und *Tannhäuser* auf eigene Kosten (genauer gesagt auf Pump) vom Hofmusikalienhändler C. F. Meser drucken.
1848 schlug er Breitkopf vor, die Rechte an diesen drei Opern zu erwerben, damit er seine Schulden bei Meser begleichen konnte. Der Verlag er-
teilte ihm wieder eine Abfuhr – so sehr verrechnet hat sich wohl kaum je
ein zweiter Musikverlag. Nachdem derselbe Verlag 1852 Wagners zuneh-

mende Bedeutung erkannt hatte, übernahm er *Lohengrin* und *Eine Mitteilung an meine Freunde;* als ihm jedoch der noch ungeschriebene vierteilige *Ring des Nibelungen* angeboten wurde, schreckte er vor dem Umfang des Vorhabens zurück, daher wurde das Projekt Schott überlassen. Das letzte Werk Wagners, das bei Breitkopf & Härtel erschien, war *Tristan und Isolde* (1859). Im gleichen Jahr erwarb Franz Schott von Wagner für 10 000 Franken die Publikationsrechte am *Rheingold,* und von da an trugen alle Musikdramen Wagners – die *Meistersinger von Nürnberg,* der *Ring*-Zyklus und *Parsifal* – das Schott-Signet.

Das heißt noch lange nicht, daß von da an alles problemlos lief – Wagner blieb Wagner. Entgegen den vertraglichen Vereinbarungen überließ er seinen *Kaisermarsch* (1871) dem Leipziger Verlag C. F. Peters und drohte an, alle weiteren Werke dort verlegen zu lassen, wenn er von Schott keinen weiteren Vorschuß mehr erhielte. Franz Schott gab nach und arbeitete 1874 einen neuen Vertrag aus, in dem Wagner eine zusätzliche Zahlung von 10 000 Gulden für künftige Werke zugesichert wurde. Es war ein Faß ohne Boden. Wagner tat weiterhin, was er wollte.

Wagners Korrespondenz mit seinen beiden wichtigsten Verlagen ist nachzulesen in: *Richard Wagners Briefwechsel mit seinen Verlegern,* 2 Bde., hrsg. von Wilhelm Altmann, Leipzig/Mainz 1911. Der erste Band enthält seine Verhandlungen mit Breitkopf & Härtel, der zweite die mit Schott.

RONALD TAYLOR

Umgang mit Kritikern

Die Geschichte von Wagners Verhältnis zu professionellen Kritikern ist die Geschichte eines ewigen Kampfes. Begonnen hat dieser Kampf in Wagners Zeit als Königlich Sächsischer Hofkapellmeister in Dresden Mitte der 1840er Jahre – eine Zeit, die er später ironisch als »eine der glücklicheren meines Lebens« bezeichnete, als eine »Periode [...], in der ich keine musikalischen Zeitschriften mir zu Gesicht brachte«. Zwei Dinge, so heißt es weiter in seinem als Brief an den Herausgeber der *Neuen Zeitschrift für Musik* abgefaßten Bericht *Über musikalische Kritik,* hätten ihn daran gehindert, in Dresden seine Ziele zu erreichen. Das eine war »die gänzliche Geschmacksverwirrung des *Publikums*«, für die dieses aber letztlich nicht verantwortlich gemacht werden könne, das zweite »die Kopf- und Ehrlosigkeit der *Kritik* [...], die weder vom Gefühle *noch* auch vom wahren Verstande geleitet wird, und die ihr Fortbestehen einzig auf die Verwahrlosung der Masse gründet, von dieser Verwahrlosung lebt, und um ihres Lebens willen sie selbst fördert« (GS V, S. 54 f.).

Das war eine doppelte Attacke. Einerseits wollte Wagner das ignorante, pseudokritische Vorurteil gegen seine Werke und seinen Dirigierstil abwehren. Er konnte es sich nicht verkneifen, in aller Öffentlichkeit mit den Brunnenvergiftern abzurechnen. Weil man ihm vorwarf, er nehme die Ouvertüre zum *Figaro* zu schnell, berief er sich auf einen Augenzeugen, der sich angeblich daran erinnerte, daß Mozart bei den Proben zur Uraufführung das Orchester ständig gedrängt habe, schneller und noch schneller zu spielen. Als er in Berlin am Tag nach einer Aufführung des *Fliegenden Holländers* 1844 die Rezensionen gelesen habe, sei er fassungslos gewesen: »Ein häßliches Weh durchschnitt mein Herz, als ich diesen nichtswürdigen Ton und diese beispiellose Unverschämtheit der wütendsten Ignoranz, zum ersten Male mit meinem Namen und meinem Werke sich befassend kennenlernte.« (*Mein Leben*, S. 314)

Besonders schlecht zu sprechen war Wagner auf Kritiker, die nur darauf warteten, daß ein »großer Name« – wie zum Beispiel Rellstab – sein Urteil über ein Werk fällte, und sich dann devot seiner Meinung anschlossen, ohne jemals den Versuch zu unternehmen, das Werk selbst zu prüfen oder zu bewerten. So würden die absurdesten Anschuldigungen verbreitet, die – davon war er überzeugt – nur dazu ersonnen wurden, ihm den größtmöglichen Schaden zuzufügen und das Publikum über den wahren Charakter seiner Werke zu täuschen. Selbst aktuelle politische Probleme wurden gegen ihn ins Feld geführt. »Man fand nun heraus«, so Wagner, »daß ich eine reaktionäre Tendenz mit dem ›Tannhäuser‹ herausfordernd eingeschlagen habe, da es ersichtlich sei, daß, wie *Meyerbeers* ›Hugenotten‹ den Protestantismus, so mein ›Tannhäuser‹ den Katholizismus verherrlichen sollte. Das Gerücht, von der katholischen Partei für den ›Tannhäuser‹ bestochen worden zu sein, blieb mir alles Ernstes längere Zeit anhaften.« (*Mein Leben*, S. 326)

Manchmal reagierte Wagner fast paranoid auf die gegen ihn gerichtete Kritik. Hinter der Ablehnung, die ihm zum Beispiel nach seinen Konzerten für die Philharmonic Society 1855 in der Londoner Presse entgegenschlug, vermutete er eine Bestechung durch Meyerbeer. Sein Ruf als hitzköpfiger Bürgerschreck war ihm natürlich vorausgeeilt, und da half das Wissen, daß er Liszt nahestand, auch nicht viel. Aber in Wirklichkeit war es die Herausforderung durch seine Person und seine Musik per se, die das Urteilsvermögen von Leuten erschütterte, die an die unbedingten, überwältigenden Ansprüche, wie Wagner sie stellte, nicht gewohnt waren. Wenn ein Kritiker spürte, daß Wagner etwas grundlegend Neues verkörperte, dem man sich stellen mußte, und wenn er das deutlich sagte, riskierte er, von konservativer Seite ins Gebet genommen zu werden, wie Hermann Franck es mit seinem frühen Essay (1845) über den *Tannhäuser* erfahren mußte – ein tapferer Unterstützungsversuch, für den Wagner ihm sein Leben lang dankbar war.

Der bekannteste Kritiker, mit dem Wagner sich immer wieder auseinandersetzen mußte, war der hochverehrte und vielgefürchtete Eduard Hanslick in Wien, Autor einer wichtigen musikästhetischen Abhandlung mit dem Titel *Vom Musikalisch-Schönen* (1854). Hanslick hatte sich 1846 noch begeistert über den *Tannhäuser* geäußert, aber als musikalischer Purist lehnte er die Richtung, in die Wagner sich bewegte, immer stärker ab, bis er in den 1860er Jahren für Wagner die Schlüsselfigur der gegen ihn gerichteten kritischen Bewegung darstellte. »Ist eine Kunst in der Periode äußersten Luxurirens angelangt«, heißt es bei Hanslick, »dann befindet sie sich im Niedergang, nicht im Aufsteigen. Wagner's Opernstil bewegt sich nur mehr in Superlativen; kein Superlativ hat aber eine Zukunft, er ist das Ende, nicht der Anfang. […] Man könnte von dieser Tondichtung sagen: Sie hat Musik, aber sie ist keine.« In den *Meistersingern* verewigte Wagner Hanslick in der Figur des pedantischen Beckmesser, jenes seelenlosen, engstirnigen Prototyps eines Antikünstlers. Hanslick war zu einer Lesung des Textbuchs eingeladen, die Standhartner veranstaltete; er wurde (wie Wagner in *Mein Leben* berichtet) immer ungehaltener, bis er schließlich Hals über Kopf den Raum verließ, weil er die Seitenhiebe wohl verstanden hatte und glauben mußte, daß die ganze Veranstaltung nur zu seiner Demütigung inszeniert worden war. Seit diesem Zwischenfall standen die beiden auf Kriegsfuß. Hanslick setzte sich von da an in einer künstlich angeheizten Fehde zwischen Brahms-Anhängern und Wagnerianern für Brahms ein, während Wagner nur noch Bayreuth vor Augen hatte. Hanslick vertrat als Formalist eine Ästhetik der »reinen« bzw. abstrakten Musik; in der Theorie des »Gesamtkunstwerks« sah er eine völlige Verneinung der wahren inneren Werte der Musik. Er warf Wagner eine Vergewaltigung der Musik durch das Wort und eine Steigerung des Ausdrucks ins Unnatürliche und Übertriebene vor.

So kleinlich die Streitereien zwischen Wagner und Hanslick auch manchmal waren, so hatte die Kontroverse doch einen handfesten philosophischen Hintergrund. Es ging um die moralische Verantwortung der Kunst, die ewige Antithese zwischen Klassik und Romantik, die Goethe mit dem Gegensatz zwischen dem Gesunden und dem Kranken gleichgesetzt hatte, und um die Forderung nach totaler emotionaler Hingabe, die die einen zu Wagnerianern, die anderen zu Antiwagnerianern machte.

Wagners Antipathie gegen die Kritiker ging über persönliche Gegensätze hinaus; ein grundsätzlicher Vorwurf war, daß sie ihre Pflicht gegenüber dem Publikum nicht erfüllten. Wenn der Publikumsgeschmack auch schlecht und ungebildet sei, so sei er doch wenigstens naiv oder »natürlich«, während die Verderbtheit der Kritiker von der Willkür ihrer Prinzipien herrühre, an die sie sich hielten, ohne sich jemals ernsthaft, offen und auf angemessenem Niveau mit dem Gegenstand ihrer Kritik auseinanderzusetzen. Das machte sie in Wagners Augen unglaubwürdig und all ihr Treiben völlig sinnlos. Er sah auch nie einen Grund, in diesem Punkt seine Meinung zu ändern.

RONALD TAYLOR

Wagner als Sündenbock

In den vorangegangenen Abschnitten wurden Wagners soziales und familiäres Umfeld, seine Persönlichkeit und seine Charakterzüge skizziert. Wir hoffen, daß damit das eine oder andere Mißverständnis ausgeräumt und verzerrte Perspektiven richtiggestellt werden konnten. Darüber hinaus bedarf aber das Bild von Wagner einer noch radikaleren und umfassenderen Neubewertung.

Wagner wird Egoismus, übertriebener Ehrgeiz, Opportunismus, Falschheit, Boshaftigkeit, Eifersucht, Arroganz, Schürzenjägerei, Verschwendungssucht und Rassismus vorgeworfen. Das ist eine ganze Menge, und an allem ist etwas Wahres. Cosima Wagners Tagebücher oder Wagners Briefe bestätigen zur Genüge solche Charakterzüge. Aber man wird bei der Lektüre auch liebenswertere Eigenschaften entdecken, die in jedem anderen Fall die vielen Fehler weit eher hätten vergessen lassen. Es gibt zahlreiche Beispiele für Wagners Großzügigkeit, Freundlichkeit, Liebenswürdigkeit und sein Feingefühl, während die abgegriffenen Klischees, etwa seine angebliche Schürzenjägerei oder Verschwendungssucht, weder den Tatsachen noch dem historischen Kontext im nötigen Maß entsprechen.

Man hat den Eindruck, als wären alle negativen Eigenschaften, die man gemeinhin mit Künstlern der Romantik in Verbindung bringt, auf Wagner projiziert und immer mehr aufgebauscht worden. So wie sich unter Wagners Händen alles ins Extreme steigerte – die Große Oper, das Orchester, der Nationalismus –, stößt seine Person auf ein extremes Maß an Ablehnung, das sich durch Wagners tatsächliche Fehler kaum mehr rechtfertigen läßt. Ein klassischer Fall des Sündenbock-Phänomens.

Es geht keinesfalls darum, seine Fehler zu vertuschen, wie das der Bayreuther Kreis und die ihm nahestehenden Hagiographen in der Vergangenheit zu tun pflegten. Man sollte sich aber doch bewußtmachen, daß es eigentlich keinen vernünftigen Grund gibt zu erwarten, daß ein schöpferisches Genie zugleich ein moralisch unanfechtbarer Mensch ist. Man kann sogar so weit gehen zu behaupten, daß eine überdurchschnittliche schöpferische Veranlagung fast zwangsläufig eine gewisse Egozentrik, übertriebenen Ehrgeiz und Intoleranz mit sich bringt. Im 20. Jahrhundert werden solche Eigenschaften nicht gern gesehen, so daß die Künstler sie lieber auch nicht offen zeigen. Im 19. Jahrhundert hingegen gehörten sie zur Aura des großen künstlerischen Genies; persönliche Mängel wurden ihm nachgesehen oder als Teil der Persönlichkeit akzeptiert.

Das Sündenbock-Phänomen hat noch einen grundsätzlicheren Aspekt. Viele der Charakterfehler, mit denen das Negativbild Wagners besetzt ist – Falschheit, Habgier, Opportunismus oder Boshaftigkeit –, sind fast universell. Bevor wir also Wagner dafür kritisieren, daß er ein und denselben Vorfall verschiedenen Leuten gegenüber in voneinander abweichenden Versionen darstellt – vielleicht sogar in Briefen gleichen Datums –, sollten wir uns lieber prüfen, ob wir nicht selbst manchmal zu solchem Verhalten neigen. Und bevor wir Wagner skrupelloses Vorgehen in Geldangelegenheiten oder mangelndes Feingefühl im Liebesleben vorwerfen wollen, sollten wir uns fragen, ob es uns überhaupt zusteht, den ersten Stein zu werfen.

Es ist eine Ironie des Schicksals, daß Wagner, der von einem ganzen Volk – den Juden – ein rundum negatives Bild zeichnete, schließlich selbst zum Sündenbock wurde. Man könnte das zwar als ausgleichende Gerechtigkeit empfinden, doch der Suche nach der historischen Wahrheit sind Rachegedanken nicht gerade dienlich.

BARRY MILLINGTON

Porträts

Aus Wagners Jugendzeit ist kein einziges sicher echtes Bildnis erhalten, vom frühen Mannesalter gibt es nur sehr wenige. Das älteste erhaltene Porträt ist ein Scherenschnitt von unbekannter Hand, der 1835 in Magdeburg angefertigt wurde, als Wagner zweiundzwanzig Jahre alt war (Abb. 2). Auch aus der Zeit danach, den Pariser, Dresdner und Züricher Jahren (1840er und 1850er Jahre), gibt es nur sehr wenige Bildnisse. Hier abgebildet sind eine Zeichnung von seinem Freund Ernst Benedikt Kietz (Abb. 3) aus der Zeit, als beide in Paris gemeinsam ums Überleben kämpften (1840–1842), und ein Aquarell aus dem Jahr 1853 (Abb. 4) von Clementine Stockar-Escher, einer talentierten Dilettantin aus einer wohlhabenden und politisch einflußreichen Schweizer Familie. Diese beiden Darstellungen, die schöne, weiche und liebliche Gesichtszüge zeigen, sind sicher bis zu einem gewissen Grad idealisiert.

Die Fotographie Abb. 5 zeigt uns ein anderes Gesicht. Sie wurde im Februar oder März 1860 im Pariser Atelier Pierre Petit & Trinquart aufgenommen und stammt aus der Zeit von Wagners zweitem längeren Aufenthalt in der französischen Hauptstadt, der mit drei finanziell verlustreichen Konzerten begann und mit dem *Tannhäuser*-Skandal endete. Die Aufnahme des siebenundvierzigjährigen Wagner zeigt ein zerfurchtes, aber entschlossenes Gesicht im Halbprofil mit durchdringenden Augen und einer steilen Stirn, die durch den hohen Haaransatz besonders betont wird.

Das Ölbild aus der Zeit um die Jahreswende 1864/ 1865 von Wagners langjährigem Freund Friedrich Pecht (Abb. 6), der als Maler und Kunstgelehrter in München wirkte, entstand auf Wunsch des Königs. Dieser hatte eigentlich den Maler Joseph Bernhardt vorgeschlagen, aber Wagner wollte lieber jemandem Modell sitzen, der ihn gut kannte, weil verschiedene Künstler schon Schwierigkeiten mit seinem wechselnden Gesichtsausdruck gehabt hatten. Die Büste im Hintergrund stellt den jungen König dar.

In den 1860er und 1870er Jahren wurde Wagner mehrmals fotografiert. Die Abbildung 1 stammt aus einer Bilderserie von Joseph Albert, die vermutlich am 11. November 1864 in München entstand, Abb. 7 aus einer Serie von Fotografien, die ebenfalls in München in der zweiten Hälfte des Jahres 1865 vom damaligen Hoffotografen Franz Hanfstaengl gemacht wurde; die Kleidung zeigt Wagners neugewonnene materielle Sicherheit unter dem Patronat des Königs. Abbildung 8 stammt aus einer weiteren Serie von Hanfstaengl, in diesem Fall vom Dezember 1871. Sowohl Wagner als auch Cosima waren mit dem Ergebnis sehr zufrieden;

dieses Porträt hielt er für das gelungenste von den bis dato angefertigten, wie er sich dem Kupferstecher Alfred Krausse gegenüber äußerte.

Das Ölbild von Franz von Lenbach (Abb. 9) dürfte das bekannteste Wagner-Porträt sein. Lenbach war in Deutschland der führende Porträtmaler seiner Zeit; viele prominente Staatsmänner (darunter Bismarck, Ludwig I. und Gladstone) und andere Berühmtheiten saßen ihm Modell. Er fertigte über ein Dutzend Porträts von Wagner an, allerdings nicht immer nach dem lebenden Modell; Abb. 9 zum Beispiel wurde nach einer Fotografie von Hanfstaengl gemalt. Das Bild fängt alle charakteristischen Züge Wagners ein: die hohe Stirn, die markante, römische Nase und das energisch vorspringende Kinn.

Drei der hier abgebildeten Porträts (Abb. 10, 16, 17) werden den meisten Lesern unbekannt sein, weil sie bisher nur sehr selten reproduziert wurden. Drei Wochen nach der Grundsteinlegung zum Bayreuther Festspielhaus, am 12. Juni 1872, saß Wagner dem Wiener Medailleur Anton Scharff Modell. Abbildung 10 ist das Bronzerelief, das Scharff nach seinem ursprünglichen Modell goß. Das Stück befindet sich im Besitz Martin Gecks, des Autors der grundlegenden Studie über die Wagner-Porträts. Abbildung 16 zeigt ein Marmorrelief, das Gustav Adolph Kietz (der jüngere Bruder von Wagners Freund) zwei Jahre vor dem Tod des Komponisten anfertigte. Kietz lebte in Dresden, und als Wagner im September 1881 wieder einmal in die Stadt kam, um seinen Zahnarzt aufzusuchen, nutzte Kietz die Gelegenheit, ein zweites Modell von seinem Kopf anzufertigen (1873 hatte er bereits eine Marmorbüste von Wagner geschaffen). Abbildung 17 (siehe auch Frontispiz) ist ein Bronzeguß (1880 bis 1883) von Lorenz Gedon, der »nach Lenbach's Versicherung der allergrößte Bildhauer« war. Es ist hervorragend gelungen; Wagners physiognomische Eigenheiten – besonders die Augen – sind perfekt herausgearbeitet.

Abbildung 11 stammt aus einer Serie von drei Fotografien, die am 9. Mai 1872 vom Wiener Hoffotografen Fritz Luckhardt gemacht wurden; sie macht das markante Profil von Cosima Wagner ebenso deutlich wie das von Wagner selbst. Wagners Zuneigung zu seinem Sohn Siegfried ist auf der am 1. Juni 1880, fünf Tage vor dem elften Geburtstag des Jungen, in Neapel aufgenommenen Fotografie (Abb. 13) deutlich zu spüren. Reproduziert sind ferner vier der unzähligen zeitgenössischen Karikaturen von Wagner (Abb. 12, 14,

Fortsetzung Seite 137

1 Fotografie von Joseph Albert, 1864

2 Scherenschnitt von einem unbekannten Künstler,
   1835

3 Zeichnung von Ernst Benedikt Kietz, 1840–1842

4 Aquarell von Clementine Stockar-Escher, 1853

5 Fotografie von Pierre Petit & Trinquart,
   Paris 1860

6 Ölbild von Friedrich Pecht, 1864/65

7 Fotografie von Franz Hanfstaengl, 1865

8 Fotografie von Franz Hanfstaengl, 1871

9 Ölbild von Franz von Lenbach, 1871

10 Bronzeguß von Anton Scharff, 1872

11 Richard und Cosima Wagner.
    Fotografie von Fritz Luckhardt, 1872

12 Wagner mit seinem Sohn Siegfried.
    Fotografie, 1880

14 Von einem preußischen Helm als Podium herab zerschlägt Wagner die Opposition, indem er seine »Zukunftsmusik« dirigiert. Karikatur in *Figaro*, London 1876 ▼

13 Wiener Karikatur (1873) von Karl Klic, der hier den Spieß einmal umdreht, was Wagners Antisemitismus betrifft.

15 Aischylos und Shakespeare, zwei von Wagner bewunderte Dramatiker, machen Wagner ihre Aufwartung. Karikatur in *Berliner Ulk*, 1876

16 Bleistiftzeichnung von Paul von Joukowsky, angefertigt am Abend vor dem Tod Wagners, 1883

17 Wagner verzichtet an der Himmelspforte auf die Dienste des heiligen Petrus. Karikatur in *Der junge Kikeriki*, Wien 1883

18 Fotografie von Joseph Albert, 1882

20 Bronzeguß von Lorenz Gedon,
    1880–1883

19 Gipsabguß von einem Marmorrelief von Gustav Adolph
    Kietz, 1881

15, 19): Beweise für seine Berühmtheit und zugleich Beispiele dafür, wie er zu Lebzeiten wahrgenommen wurde.

Die letzten heute bekannten Fotografien von Wagner wurden am 1. Mai 1882 von Joseph Albert aufgenommen, neun Monate vor dem Tod des Komponisten. Abbildung 18 ist eines der beiden Bilder, die bei dieser Gelegenheit entstanden. Ein außerordentlicher Zufall wollte es, daß noch am Vorabend seines Todes eine Porträtskizze von ihm gemacht wurde. Seit September 1882 wohnte Wagner mit seiner Familie in Vene- dig, wo er die letzten Monate seines Lebens verbringen sollte. Niemand konnte ahnen, wie nahe das Ende bevorstand, als Paul von Joukowsky am Abend des 12. Februar 1883 seine Zeichnung von Wagner anfertigte (Abb. 20). Cosima schrieb »R. lesend« unter die Skizze, doch Wagner hat die Augen offensichtlich geschlossen; er runzelt die Stirn, zeigt aber einen fried- lichen Gesichtsausdruck. Am darauffolgenden Tag er- lag er einer Herzattacke.

BARRY MILLINGTON

138

Kapitel VII

Mythen und Legenden

Mythen und Legenden

»Über Wagner wurde mehr geschrieben als über jede andere Persönlichkeit – außer Jesus Christus und Napoleon.« Obwohl diese Behauptung jeder Grundlage entbehrt, darf sie in einem Buch über Wagner nicht fehlen. Daß über Wagner im Lauf der Zeit mehr Mythen und Legenden verbreitet wurden als über jeden anderen Komponisten, läßt sich schon eher mit Recht behaupten.

Dieser Mythos hat verschiedene Varianten. Jesus und Napoleon werden zwar am häufigsten als bibliographischer Vergleichsmaßstab herangezogen, aber Jesus und Shakespeare sind eine weitere beliebte Verbindung, Marx taucht ebenfalls regelmäßig auf, und eine amerikanische Variante nennt sogar Jesus und Abraham Lincoln.

Was die Entstehung dieses Mythos betrifft, so halten ihn manche für einen alten, nicht mehr identifizierbaren Topos; andere führen ihn jedoch auf Bryan Magees 1968 erstmals veröffentlichtes einfluß- und aufschlußreiches Werk *Aspects of Wagner* zurück. Was Magee allerdings darin behauptete – die »Zahl der Wagner-Bücher und -Artikel (noch vor Wagners Tod an die zehntausend) überstieg alles, was jemals über irgend jemanden geschrieben wurde, ausgenommen Jesus Christus und Napoleon« –, bezog sich auf die Situation kurz nach Wagners Tod. Doch selbst unter dieser Voraussetzung dürfte seine Behauptung nicht wortwörtlich zu nehmen sein, ist doch allein schon Shakespeare für die Zerstörung ganzer Wälder verantwortlich. Dem *British Museum General Catalogue of Printed Books* des Jahres 1955 kann man wiederum entnehmen, daß bis zu diesem Zeitpunkt tatsächlich mehr Bücher über Wagner geschrieben wurden als über Bach, Beethoven, Mozart, Marx, Schiller oder Dickens. Wagner bleibt hier jedoch ein wenig hinter Goethe zurück und weit mehr hinter Shakespeare.

In den letzten Jahrzehnten hat sich das jedoch sehr geändert, vor allem wenn man die gesamte Literatur (Bücher und Artikel) betrachtet. Ein Blick in Schotts *Bibliographie des Musikschrifttums* zeigt, daß in typischen Jahren der Siebziger und Achtziger die Wagner-Literatur vom Schrifttum über Bach, Beethoven und Mozart immer überflügelt wurde. Selbst im Jahr der Bayreuther Hundertjahrfeier 1976, als man den Eindruck hatte, der Buchmarkt würde von einer wahren Flut von Wagneriana überschwemmt, erschien weniger über Wagner als über Mozart oder Bach.

Nachdem wir damit hoffentlich einen der hartnäckigsten Fehleindrücke berichtigen konnten, wollen wir uns nun mit weiteren gängigen Mythen beschäftigen. Sie fallen unter zwei Hauptkategorien: solche, die von Wagner selbst in die Welt gesetzt wurden – sei es aus ideologischen Gründen oder weil er sich fröhlich über die guten Sitten der Musikgeschichtsschreibung hinwegsetzte –, und solche, die erst im Lauf der letzten hundert Jahre entstanden sind und seither wunderliche Blüten treiben.

Unter die erste Kategorie fallen fünf der beliebtesten Mythen, die zwar schon in den letzten Jahrzehnten von der Musikwissenschaft angefochten wurden, aber trotzdem nicht auszurotten waren. Der in biographischer Hinsicht älteste betrifft das angeblich prägende Bühnenerlebnis, das in *Mein Leben* geschildert wird: Die Sopranistin Wilhelmine Schröder-Devrient soll bei einem Gastspiel in Leipzig den sechzehnjährigen Wagner mit ihrer lebendigen, ekstatischen Darstellung der Leonore in Beethovens *Fidelio* tief beeindruckt haben. Das Fehlen dokumentarischen Materials, das eine solche *Fidelio*-Vorstellung in Leipzig 1829 belegen würde, wie auch das gesicherte Wissen, daß sich kurz danach Schröder-Devrients Auftritt als Romeo in Bellinis *I Capuleti e i Montecchi* tatsächlich Wagner tief einprägte, legen den Schluß nahe, daß er diese Erinnerung nachträglich seinem Wunschbild von sich selbst angepaßt hat – nämlich dem als Beethovens natürlicher Nachfolger. Daß Wagner schon in jungen Jahren von seiner Berufung zum Beethoven-Adepten fest überzeugt war (und diese Überzeugung ließ in seinen älteren Jahren mitnichten nach), wird nirgends deutlicher als in der Novelle *Eine Pilgerfahrt zu Beethoven* aus der Pariser Zeit (1840). Hier stellt der zurückgekehrte Geist Beethovens das künftige Wagnersche Musikdrama als die notwendige Fortsetzung seines Werks dar: Dichtung und Musik würden in einer neuen Synthese vereint, Arien und Duette und andere Unterteilungen durch ein ununterbrochenes dramatisches Gewebe ersetzt. In späteren theoretischen Schriften bis hin zum Essay *Beethoven*, geschrieben zu dessen hundertstem Geburtstag (1870), wird vor dem Hintergrund des symphonischen Vermächtnisses Beethovens der inneren Verwandtschaft von Dichtung und Musik nachgegangen.

Ob man sich nun auf den strengen Standpunkt stellen will, daß Wagner seine Erinnerung an Schröder-Devrient absichtlich verfälscht habe, oder den wohlwollenderen, daß zwei wichtige Bühnenereignisse in einem Akt dichterischer Neuschaffung zu einem einzigen verschmolzen, ist letztlich Geschmackssache. Ähnliches gilt für Wagners eigene Darstellung der Entstehung seiner *Faust*-Ouvertüre. Das Werk wird in *Mein Leben* als unmittelbare Folge des Pariser Hörerlebnisses von Beethovens Neunter Symphonie beschrieben. Doch die Proben zur Neunten, bei denen Wagner in Paris zuhörte, fanden höchstwahrscheinlich erst Anfang 1840 statt und nicht schon im Oktober oder November 1839, und da die *Faust*-Ouvertüre im Dezember 1839 entworfen und am 12. Januar 1840 abgeschlos-

sen wurde, ist seine Version der Entstehungsgeschichte auf jeden Fall fraglich. Sehr viel wahrscheinlicher ist eine Beeinflussung durch Berlioz' *Ro-
méo-et-Juliette*-Symphonie, die Wagner (wie seiner ganzen Generation)
ungeahnte Möglichkeiten mit einem neuen Typus der Chorsymphonie eröffnete – einem Genre, das literarische Klassiker verarbeitete und programmatische Themen mit der traditionellen, abstrakten Symphonieform
vereinte. *Roméo et Juliette* wurde am 24. November 1839 in Paris uraufgeführt, und es ist bekannt, daß Wagner entweder diese Aufführung oder
die am 1. Dezember besuchte. Außerdem weiß man, daß er von dem Werk
sehr beeindruckt war, wenngleich seine Begeisterung für Berlioz' Musik
später merklich abkühlte.

Zwei weitere »Falschaussagen« gehen auf diese Zeit zurück. Die stürmische Überfahrt von Pillau nach London (auf dem Weg nach Paris) im Juli
1839 zwang Wagner, seine Frau Minna und die gesamte Schiffsmann-
schaft der *Thetis,* in einem norwegischen Fjord Zuflucht zu nehmen; bei
dem kleinen Fischerdorf Sandviken auf der Insel Boröya gingen sie an
Land. Laut *Mein Leben*, das ein Vierteljahrhundert später verfaßt wurde,
war es das Erlebnis der Ruhe nach dem Sturm und der zwischen den Granitwänden widerhallenden Rufe der Seeleute, das Wagner zum *Fliegenden
Holländer* inspirierte. Den Rhythmus dieser Rufe gestaltete er angeblich
sofort zum Lied der norwegischen Matrosen um, und die Oper habe dabei
gleich »eine bestimmte poetisch-musikalische Farbe« angenommen. Die
prosaische Wahrheit ist, daß die Oper ursprünglich gar nicht in Norwegen
spielen sollte, sondern in Schottland, und daß es keine handfesten Beweise
für eine bereits 1839 entstandene Komposition gibt (siehe »Das musikalische Werk: *Der fliegende Holländer* «, S. 296 f.).

Die Legende, die sich um eine französische Version des Holländer-Stoffes
rankt – *Le Vaisseau fantôme* von Pierre-Louis Dietsch –, wurde von Wagner ohne irgendwelche Hintergedanken in die Welt gesetzt, hat sich aber
hartnäckig gehalten. Nachdem Wagner im Mai 1840 bereits an den Librettisten Eugène Scribe ein Exemplar seines Prosaentwurfs geschickt hatte, versuchte er im darauffolgenden Monat auch Meyerbeer dafür zu in-
teressieren, in der Hoffnung, daß dieser seinen Einfluß an der Pariser
Opéra geltend machen würde. Daraufhin wurde Wagner mit dem neuen
Direktor der Opéra, Léon Pillet, bekannt gemacht, der ihm schließlich den
Entwurf abkaufte. Pillet überließ Wagners Prosatext den beiden französischen Librettisten Paul Foucher und Bénédict-Henry Révoil und gab bei
ihnen ein Textbuch nach der Sage vom Fliegenden Holländer in Auftrag;
dieses Werk wurde von Dietsch vertont und im November 1842 in der
Opéra aufgeführt – im selben Monat, in dem in Dresden Wagners eigenes
Werk in die Probenarbeit ging. Wagner, der die französische Produktion
nicht mehr sehen konnte, argwöhnte nicht ohne Grund, daß Foucher und
Révoil seinen Holländer-Entwurf benutzt hatten. Bei genauerer Prüfung
des Librettos zeigt sich allerdings , daß sich das französische Duo in Wirklichkeit weniger auf Wagners Entwurf stützte als auf verschiedene andere
Versionen, vor allem Frederick Marryats Roman *The Phantom Ship,* fer-

ner auf Heine, Sir Walter Scott (aus dessen Roman *The Pirate* sie verschiedene Namen und andere Details übernahmen) und wahrscheinlich auch auf Fenimore Coopers *The Red Rover,* dann die Märchen Wilhelm Hauffs und verschiedene Gedichte. Alles in allem hatte der melodramatische, aber nicht allzu ernste Ton des *Vaisseau fantôme* – der ganz Pillets Forderung nach einem Stück »selon le goût français« entsprach – nur wenig Ähnlichkeit mit dem schwermütigen *Fliegenden Holländer* (siehe Millington, 1983 und 1986).

Bleiben wir noch ein wenig in Paris – so kommen wir zu einer weiteren Legende, für deren Bildung Wagner verantwortlich war, diesmal wissentlich. Die Zeit, die er mit Minna zwischen 1839 und 1842 in Paris verbrachte, war für beide sehr hart. Alle Bitten an den gutsituierten Jugendfreund Theodor Apel wurden über einen Monat lang nicht erhört; da ihm die Schuldhaft drohte, griff Wagner zu einer Notlüge, um von Apel wenigstens ein wenig Geld zu bekommen. Ein Brief vom 25. Okt. 1840 – der erste von zwei Briefen, die Minna an Apel schickte, die aber von Wagner entworfen wurden – enthält die Nachricht, Wagner habe sie an diesem Morgen verlassen müssen, um ins Schuldgefängnis zu gehen. Die Behauptung, Wagner habe für eine Weile hinter Gittern gesessen und vielleicht sogar einen Teil des *Rienzi* dort geschrieben, geistert bis heute durch die Wagner-Literatur, ist aber mit Sicherheit falsch. Zu den sprechendsten Beweisen gehören zum einen Wagners Brief an Heinrich Laube vom 3. Dez. 1840, worin die Tage von Anfang Dezember als unvorstellbar schrecklich dargestellt werden – in diesem Zusammenhang spricht Wagner von »Verlust meiner persönlichen Freiheit«, der ihm drohe, was kaum mit einer Inhaftierung im Oktober zusammenpassen würde –, zum andern ein Brief an Friedrich Brockhaus aus dem darauffolgenden Frühjahr, worin Wagner vor seinem Schwager offenbar seinen Trick mit den Apel-Briefen zu rechtfertigen sucht, nachdem Brockhaus ihm auf die Schliche gekommen war (siehe Sämtliche Briefe, I, und Millington, 1984).

Wie schon im Fall des *Fliegenden Holländers* ist die Entstehungsgeschichte auch späterer Werke nicht frei von Mystifikationen. Die herkömmliche Version der ursprünglichen Idee zur *Ring*-Komposition hält sich an *Mein Leben.* Wagner schildert hier in aller Anschaulichkeit, wie er im Sept. 1853 seine Italienreise frühzeitig abbrechen mußte, als ihm im Halbschlaf in einem Hotelzimmer in La Spezia die Idee zum *Rheingold* kam – der Klang rauschenden Wassers habe sich in einen Es-Dur-Akkord aufgelöst, der unaufhörlich in Arpeggien dahinwogte. Zweifel an der Plausibilität dieser Darstellung wurden zum einen aus musikwissenschaftlichen Gründen erhoben (siehe Deathridge, 1977), außerdem wäre es zumindest merkwürdig, daß Wagner ein derartig günstiges Vorzeichen wie eine »Vision«, die den *Ring* ankündigte, in keinem seiner Briefe aus dieser Zeit erwähnt haben sollte; daß hingegen von einer solchen »Vision« erstmals in einem Brief an Emilie Ritter vom 19. Dez. 1854 die Rede war, kurz nachdem Wagner Schopenhauers *Parerga und Paralipomena* gelesen hatte, worin der Verbindung von Träumen und schöpferischer Tätigkeit nachgegangen wird, spricht für sich selbst. Warren Darcy (1989/90; siehe auch »Autographe«, S. 218) gab jedoch zu bedenken, daß zwar eine gewisse Skepsis angebracht sei, daß man aber anhand der gesicherten Fakten eine genaue Abfolge der Ereignisse nicht mehr rekonstruieren könne und sich folglich auch der Wahrheitsgehalt von Wagners »hydrokinetischer« Erklärung nicht mehr bestimmen lasse.

Die Konzeption des *Parsifal* ist in ähnlicher Weise von mythenstiftenden Phantasien umgeben, doch in diesem Fall lassen sich die Schleier lüften. Wagner beschreibt in *Mein Leben,* wie er und Minna Ende April 1857 ihr neues Haus, das »Asyl«, bezogen und er eines Morgens bei vollem Sonnenschein erwachte; das Gärtchen sei »ergrünt« gewesen, die Vögel sangen. Es sei Karfreitag gewesen, und angeblich erinnerte er sich daran, wie bedeutungsvoll ihm dieser heilige Tag schon einmal vorgekommen war, als er 1845 in Marienbad Wolframs *Parzival* las; daraufhin habe er gleich eine Oper zu diesem Thema konzipiert.

Welche mystische Bedeutung der Karfreitag für *Parsifal* auch immer haben mag, er kann trotzdem nicht der Tag des geschilderten Geschehens gewesen sein, weil 1857 der Karfreitag auf den 10. April fiel und die Wagners zu diesem Zeitpunkt noch im Zeltweg in Zürich wohnten. Curt von Westernhagen (1968) versuchte, die Poesie dieser Darstellung zu retten, indem er die Möglichkeit in Betracht zog, daß Wagner am Karfreitag einen Spaziergang zum »Asyl« machte, als es noch im Bau war. Gegen diese Theorie spricht jedoch, daß Wagner im »Asyl« aufgewacht sein will.

Viele Jahre später gab Wagner tatsächlich zu, daß er sich hier im Datum »geirrt« habe. Cosimas Tagebucheintrag vom 22. April 1879 lautet: »R. gedachte heute des Eindruckes, welcher ihm den Karfreitags-Zauber eingegeben; er lacht, und ›eigentlich alles bei den Haaren herbeigezogen wie meine Liebschaften, denn es war kein Karfreitag, nichts, nur eine hübsche Stimmung in der Natur, von welcher ich mir sagte: So müßte es sein am Karfreitag‹, habe er gedacht.« (Siehe auch CT, 13. Jan. 1878.)

Statt Wagner nun seine fehlende Wahrheitsliebe vorzuwerfen, sollte man eher den Geist eines solchen Bekenntnisses erkennen und in all seinen Geschichten zur Entstehung seiner Werke und zu wichtigen Erlebnissen die *poetische,* weniger die historische Wahrheit suchen. Wagner hätte mit Sicherheit die Ansicht eines anderen »Geschichtsfälschers« geteilt – Oscar Wilde schrieb: »Das Wirkliche im Leben eines Menschen liegt nicht darin, was er tut, sondern in den Legenden, die um ihn herum wachsen. Legenden dürfen nicht zerstört werden. Sie geben uns eine Ahnung von der wahren Physiognomie eines Menschen.« So antihistorisch das klingen mag, man sollte daran denken, daß die Mythen und Legenden, die sich um einen Künstler wie Wagner ranken, stets ihre eigene Wahrheit enthalten, vielleicht sogar eine tiefere Wahrheit als die Wirklichkeit historischer Ereignisse.

Bleibt schließlich noch eine Reihe von Legenden zu erwähnen, die bis heute hier und da in der Wagner-Literatur zu finden sind.

Wotans Auge

Es wird oft behauptet, im *Ring* würden widersprüchliche Begründungen für das Fehlen des einen Auges von Wotan gegeben. Die Erste Norne berichtet in der *Götterdämmerung*, er habe ein Auge am Weisheitsquell geopfert, in der zweiten Szene des *Rheingolds* scheint er selbst Fricka zu erzählen, er habe sein Auge geopfert, um sie zur Frau zu gewinnen. Es gibt zwar wirklich viele Widersprüche im *Ring,* aber in diesem Fall liegt gar keiner vor. Wotan bot als Pfand für Fricka nicht etwa »eines seiner Augen«, sondern »sein eines Auge« (»mein eines Auge setzt' ich werbend daran«) – mit anderen Worten: Nachdem er das eine Auge bereits am Weisheitsquell geopfert hatte, versprach er das zweite als Pfand für Fricka, doch es wurde gar nicht eingefordert. Wenn man das Textbuch (*Das Rheingold,* 2. Szene) und den Prosaentwurf vom März 1852 aufmerksam liest, kann eigentlich kein Zweifel mehr bestehen, wenngleich einige der führenden Wotandarsteller an der entsprechenden Stelle immer noch auf das falsche Auge deuten.

Die Walküren als Töchter Erdas

Es wird allgemein angenommen, daß Brünnhildes acht Walküren-Schwestern wie sie selbst Töchter der Erda seien. Andrew Porter (1977) hat jedoch gezeigt, daß es kein konkretes Indiz dafür gibt, vielmehr einige dafür, daß sie es nicht sind. Wotan erwähnt in seiner Erzählung im zweiten Aufzug der *Walküre* nur, daß Erda ihm Brünnhilde gebar, und im dritten Aufzug von *Siegfried* erinnert sich Erda: »mich Wissende selbst/bezwang ein Waltender einst./Ein Wunschmädchen/gebar ich Wotan.« Nichts deutet darauf hin, daß die Begegnung zwischen Wotan und Erda mehr als ein »one-night stand« war.

Um etwas über die Herkunft der anderen acht Walküren zu erfahren, müssen wir uns den zweiten Aufzug der *Walküre* ansehen, wo Fricka Wotan wegen seines allzeit lüsternen Blicks tadelt. »Wo eine Tiefe, wo eine Höhe«, habe er sie betrogen und seine Lust offenbar mit übernatürlichen Wesen befriedigt, die jene Gefilde bevölkerten; mit den »schlimmen Mädchen«, die aus diesen Verbindungen hervorgingen, sei er seither in die Schlacht gezogen – ein unmißverständlicher Hinweis auf die Walküren.

Das »Porazzi-Thema«

Das schmachtende Thema in As-Dur, das unter der Bezeichnung »Porazzi-Thema« bekannt ist und auch schon sentimental als Wagners »letzter musikalischer Gedanke« bezeichnet wurde, ist weder das eine noch das andere. Das echte »Porazzi-Thema« steht in Es-Dur und besteht hauptsächlich aus abwärtsführenden Quinten. Cosima versah die Notenskizze mit der Unterschrift »Melodie der Porazzi!« (siehe »Das musikalische Werk: Orchesterwerke«, S. 340); es wurde offensichtlich in der Zeit niedergeschrieben, als die Wagners an der Piazza dei Porazzi in Palermo wohnten (2. Febr.–19. März 1882). Das As-Dur-Thema stammt höchstwahrscheinlich aus dem Jahr 1858, somit aus der *Tristan*-Zeit (siehe »Das musikalische Werk: Klavierwerke«, S. 349).

Das »Starnberger Quartett«

Der Mythos vom »Starnberger Quartett« geht zwar auf Wagner zurück, wurde aber von Ernest Newman (1933–1947) verbreitet. In Cosima Wagners Tagebüchern ist festgehalten, daß Wagner das Thema, das im dritten Aufzug von *Siegfried* zu den Worten »Ewig war ich, ewig bin ich« gesungen wird (ebenso Hauptthema des *Siegfried-Idylls*), als einen Einfall aus den »Starnberger Tagen« beschrieb (das heißt vom Sommer 1864, als die beiden sich gemeinsam im Haus Pellet am Starnberger See aufhielten und sich näherkamen – ihr erstes gemeinsames Kind Isolde wurde im darauffolgenden April geboren). In einem anderen Tagebucheintrag wird diese Melodie auch als »das Thema, das in Starnberg ihm gekommen sei (bei unsrem dortigen Zusammenleben) und das er mir als Quartett versprochen hatte« näher bezeichnet (CT, 19. Mai 1869 und 30. Jan. 1871). Newman schloß daraus, daß Wagner geplant hatte, für Cosima ein Streichquartett mit diesem Thema zu schreiben, und Gerald Abraham unternahm sogar einen Rekonstruktionsversuch (1947 bei Oxford University Press erschienen).

Die jüngere Forschung (Voss, 1977) hat jedoch gezeigt, daß im angegebenen Sommer unmöglich das »Ewig-war-ich«-Thema entstanden sein konnte; dieses datiert vom 14. November 1864, als Wagner allein in München lebte. Außerdem wurde das Thema zum Teil in fünf oder sechs Stimmen gesetzt, was darauf hinweist, daß es von Anfang an nicht für ein Quartett, sondern für *Siegfried* gedacht war. Wagner kann durchaus vorgehabt haben, Cosima mit einem Quartett zu überraschen, wie er es 1870 mit dem *Siegfried-Idyll* dann auch tat, aber eine Verbindung zwischen den beiden Projekten kann nur die romantische Mystifikation herstellen, in der Wagner freilich ein wahrer Meister war.

BARRY MILLINGTON

Kapitel VIII

Wagners Ansichten und Weltanschauung

Politische Einstellung
Philosophisches Denken
Religiöse Überzeugungen
Literarische Vorlieben
Beethovens Vermächtnis
Opern- und Gesellschaftsreform
Wagner und die Griechen
Wagner und die Juden
Wagners Mittelalterbild
Bayreuth und die Festspiel-Idee
Zeitgenössische Komponisten
Wagners Verhältnis zu Tieren und zur medizinischen Forschung
Wagners Kritik an Wissenschaft und Technik

Wagners Ansichten
und Weltanschauung

Wagner wurde in der Zeit der Befreiungskriege geboren, kurz vor der Völkerschlacht, mit der die Napoleonische Herrschaft in Deutschland zusammenbrach. In seiner Studienzeit in Leipzig gärte es zunehmend unter der Bevölkerung, bis Louis-Philippes Staatsstreich vom 29. Juli 1830 in Paris schließlich die gewaltsamen Zusammenstöße zwischen der Polizei und den Leipziger Studentenverbindungen auslöste. »Mit einem Schlage wurde ich Revolutionär«, schrieb Wagner in seiner *Autobiographischen Skizze,* »und gelangte zu der Überzeugung, jeder halbwegs strebsame Mensch dürfe sich ausschließlich nur mit Politik beschäftigen.«

Der tiefere Grund für Wagners politische Selbstüberhebung lag in seinen Ohnmachtsgefühlen als schaffender Künstler, der an verschiedenen deutschen Provinztheatern immer wieder den Bürokratismus und die Zensur der Biedermeierzeit sowie in London und Paris fast vier Jahre lang die Demütigungen bitterer Armut hatte hinnehmen müssen. Seine Anstellung am sächsischen Hof 1843 brachte ihn fast sofort in Gewissenskonflikte. Einerseits mußte er um die Gunst seines Mäzens Friedrich August II. buhlen – er wandte sich in zwei Pamphleten an ihn und feierte ihn in einigen kleineren Musikstücken –, andererseits war er der Überzeugung, daß es Fortschritt nur mit einem politischen System gäbe, das den erstarkenden republikanischen Bestrebungen des Vormärz (der Zeit von 1815 bis zum Ausbruch der Revolution 1848) drastische Zugeständnisse macht. Der quälende Zwiespalt durchzieht viele der unausgeführten Projekte seiner letzten Dresdner Jahre. Offenkundig wurde er dann in der berüchtigten Rede vom 14. Juni 1848 im Vaterlandsverein, in der der Ruf nach einer egalitären Gesellschaft ohne die bisherigen Schranken der Klassenzugehörigkeit, des Besitzes, der Religion und des Gesetzes seltsamerweise mit der Forderung verbunden wurde, daß das Haus Wettin die erbliche Königswürde erhalten sollte (dabei ergeben sich interessante Parallelen zur Handlung des damals sehr erfolgreichen *Rienzi* wie auch zum gleichzeitig entstehenden Prosaentwurf *Der Nibelungen-Mythus* und zur ersten Fassung von *Siegfrieds Tod*).

Unter dem Einfluß von Michail Bakunin (Dr. Schwarz), einem wahren Löwen, an dem alles kolossal gewesen sein soll – er war ungewöhnlich

eloquent und charismatisch –, scheint Wagner 1849 einer schonungs-
losen Indoktrination ausgesetzt gewesen zu sein, die ihn im März
veranlaßte, sein flammendes politisches Gedicht *Die Not* für August
Röckels kurzlebige demokratische *Volksblätter* zu schreiben (vorübergehend arbeitete Wagner selbst als Redakteur für dieses subversive
Blatt). In dieser Zeit befaßte sich Wagner wahrscheinlich auch mit
Proudhons *Qu'est-ce que la propriété?* und seinem Ruf nach »la destruction de toutes les entraves qui gênaient la spontanéité de l'instinct
social« (wie die Gräfin d'Agoult es in ihrer *Histoire de la révolution
de 1848* formulierte). Etwa drei Jahrzehnte später waren in Wagners
Vorstellung die Namen Bakunin und Proudhon immer noch mitein-
ander verknüpft (CT, 7. Sept. 1878). Während seines Exils in der
Schweiz wurden Wagners republikanische Tendenzen durch seine
Freundschaft mit dem wichtigsten Lyriker des deutschen Sozialismus,
Georg Herwegh, verstärkt. Herwegh war wie Bakunin einer der engen
Verbündeten von Karl Marx und ein langjähriger Freund des Philosophen Ludwig Feuerbach, unter dessen unwilligen Fahnen die Revo-
lutionen der vierziger Jahre erfolglos gekämpft hatten.
Auffallend ist, daß die Hoffnungen, denen Wagner in seinen politisch ge-
färbten ästhetischen Abhandlungen aus dieser Zeit Ausdruck verlieh,
über rein nationalistische Ziele hinausgingen. »So soll das Kunstwerk der
Zukunft den Geist der freien Menschheit über alle Schranken der Natio-
nalitäten hinaus umfassen«, schrieb er in *Die Kunst und die Revolution;*
»das nationale Wesen in ihm darf nur ein Schmuck, ein Reiz individueller
Mannigfaltigkeit, nicht eine hemmende Schranke sein.« Sein von der Ge-
heimpolizei eifrig überwachter Verkehr in einem Kreis exilierter Radikaler
in Zürich hielt seinen Glauben an die republikanische Sache noch eine
Weile wach, obwohl das Scheitern der Revolution längst feststand und mit
Louis-Napoléons Staatsstreich vom 2. Dezember 1851 das Zeitalter der
europäischen »Realpolitik« angebrochen war.
Daß sich Ludwig II. von Bayern am 4. Mai 1864 Wagners annahm, nachdem dieser erst zwei Jahre zuvor amnestiert worden war, zeugt vom künstlerischen Idealismus und einer gewissen politischen Unbedarftheit des Königs. Zur Zeit des *Huldigungsmarsches,* der den neunzehnten Geburtstag
des Königs markierte, stand Bayern vor einer konstitutionellen Krise, hervorgerufen durch Bismarcks preußische Expansionspolitik. Wagners auf-
wendiger Lebensstil in seiner Villa in der Münchener Briennerstraße, die
Summen, die er aus der bayerischen Staatskasse erhielt, und seine Machenschaften am Hoftheater gefährdeten Ludwigs Glaubwürdigkeit in
den ersten Jahren einer ohnehin schwierigen Regierung (siehe auch »Das
Verhältnis zu König Ludwig II.«, S. 118 ff.). Zudem lief Wagners Begeisterung für eine kulturelle und politische Einigung Deutschlands
während seiner Arbeit an den *Meistersingern* den Interessen des Königs
zuwider. »Mit dem Heil Deutschlands steht und fällt auch mein Kunst-
ideal; ohne Deutschlands Größe war meine Kunst ein Traum«, äußerte
er am 19. März 1866 – am Vorabend des Ausbruchs des preußisch-öster-

reichischen Kriegs – gegenüber dem politischen Schriftsteller Constantin Frantz.

Die Diskussion ging in Wagners Schrift *Über Staat und Religion* (1864) und in seinen antisemitischen Essay *Was ist deutsch?* (1865) ein, die zur Erbauung Ludwigs II. verfaßt wurden, obwohl dieser sich vorsichtshalber von ihren Inhalten distanzierte. Ähnliche Ansichten brachte Wagner in seiner Schrift *Deutsche Kunst und deutsche Politik* zum Ausdruck, die 1867 als Artikelserie in der *Süddeutschen Presse* erschien, bis sie aus Rücksicht auf die öffentliche Meinung verboten wurde. »Offenbar befürchtete man, ich würde mich um den Hals reden«, erinnerte sich Wagner sarkastisch in *Wollen wir hoffen?* (Mai 1879). Andererseits war es größtenteils Wagners diplomatischem Geschick zu verdanken, daß der König davon abgehalten werden konnte, abzudanken (Telegramm an Wagner vom 15. Mai 1866); die Wittelsbacher überstanden den Zusammenbruch des bayerisch-österreichischen Bündnisses, die Niederlage Österreichs bei Königgrätz und den Frieden zu Prag vom 23. August 1866 mit der Gründung von Bismarcks Norddeutschem Bund am 16. April 1867. Obgleich Wagner seinen Einfluß häufig schamlos ausnützte, kann man nicht behaupten, daß das immer zu Ludwigs Nachteil war.

Als sich die Freundschaft nach 1868 merklich abkühlte, nahm Wagner das zum Anlaß, seinen politischen Standort neu zu überdenken. Als er Anfang 1870 das im Zentrum des künftigen Deutschland gelegene Bayreuth als Sitz seines geplanten Festspielhauses wählte, bewies er ein feines Gespür für die baldige politische Wende.

Wagner, der nicht gerade ein Freund Frankreichs war – schon am 22. Oktober 1850 äußerte er Uhlig gegenüber, daß Paris als Mittelpunkt der kapitalistischen Verschwörung niedergebrannt werden müßte –, begrüßte den Ausbruch des Deutsch-Französischen Krieges mit einer makabren Genugtuung, spottete in seiner grotesken Offenbach-Aristophanes-Satire *Eine Kapitulation* über die bevorstehende Kapitulation seines Schwagers Emile Ollivier und gedachte in seinem chauvinistisch-aggressiven Gedicht *An das deutsche Heer vor Paris* der Proklamation Wilhelms I. zum Kaiser, die am 18. Januar 1871 im Spiegelsaal von Versailles stattfand und am 21. Februar von Bismarck anerkannt wurde:

> »Die uns geraubt,
> die würdevollste aller Erdenkronen,
> auf seinem Haupt
> soll sie der Treue heil'ge Taten lohnen.«

Wagners triumphaler »Einzug« in Berlin (25. April 1871), wo er von Bismarck empfangen wurde und wenige Tage später in Anwesenheit des neugekrönten Kaisers und seiner Gemahlin den *Kaisermarsch* dirigierte, besiegelte seine vorübergehende Identifikation mit der Politik des zweiten Reichs.

Falls Wagner gehofft hatte, die Bayreuther Festspiele im Zuge des Wirt-
schaftswunders der Gründerzeit flottzubekommen, wurde er bitter enttäuscht. Sein Bittschreiben vom 24. Juni 1873 an Bismarck als »die einzig
im wahren Sinne fördernde und adelnde Autorität« blieb unbeantwortet.
Dann wurde im Dezember 1875 eine von Wilhelm I. bewilligte Anleihe
in Höhe von 30000 Talern kurzerhand gestrichen. Wagner ärgerte die
herablassende, indifferente Art, mit der er in Regierungskreisen behandelt
wurde, bis er schließlich jede weitere Erwähnung des Namens dieses
»Sauhetzers« (CT, 18. März 1880) – womit der Reichskanzler gemeint
war – in seinem Haus verbot.
Schließlich ließ sich der Kaiser bei der ersten *Ring*-Aufführung zu einem
Pflichtbesuch herab, war allerdings so taktlos, wieder abzureisen, bevor
der *Ring* vollständig aufgeführt war. Seither kannte Wagner auch in der
Öffentlichkeit kein Pardon mehr. 1878 hatte die Veröffentlichung einer
gegen Bismarck gerichteten Invektive von Constantin Frantz in den *Bayreuther Blättern* zur Folge, daß sich ein Teil des Berliner Wagner-Vereins
distanzierte; und Wagners abrupter Abgang während der Ovationen nach
Neumanns Berliner Aufführung der *Götterdämmerung* vom 29. Mai
1881 wurde von den meisten als offener Affront gedeutet.
Abschließend kann man festhalten, daß sich Wagner trotz aller Bemühungen um eine deutsch-nationale Identität und um die Identität der deutschen Kunst keineswegs den »Deutschtümlern« und ihrem übersteigerten
Nationalismus anschloß; genausowenig – ohne Nietzsche zu nahe treten
zu wollen, der im allgemeinen wußte, wovon er redete – »*kondeszendier-
te*« er in der letzten Phase seines Lebens zu Bismarck. Im Gegenteil – als
Altrevolutionär, der sich zunehmend an Amerika und Rußland orientierte, versagte er sich dem Reich in dem Maße, wie dieses ihm seine Unterstützung versagt hatte. So kam es, daß die zum zweitenmal stattfindenden
Bayreuther Festspiele von preußischer Seite geächtet wurden. Aber wie
Wagner sehr wohl wußte, war sein Ruf als Künstler mittlerweile so gefe-
stigt, daß ihm das nicht mehr ernstlich schaden konnte.

ROGER HOLLINRAKE

Wagner befaßte sich nicht im akademischen Sinn mit der Philosophie seiner Zeit. Die Namen von Kant und Fichte, den Begründern des deutschen
Idealismus, fallen in seinen Schriften nur selten. Als er sich in Leipzig in
Schellings *System des transzendentalen Idealismus* vertiefte, kam nicht
viel dabei heraus; er unternahm auch später keinen zweiten Anlauf mehr.
Und als er in Dresden an Hegels geschichtsphilosophische Vorlesungen
mit mehr Entschlossenheit heranging, scheiterte das Vorhaben am Ausbruch der Revolution. Nicht zu unterschätzen ist jedoch Hegels Einfluß
auf das gesamte Denken des 19. Jahrhunderts. Aller Wahrscheinlichkeit
nach verdankte Wagner diesem Philosophen, direkt oder indirekt, weit
mehr, als seine eigenen Auskünfte – oder die Bestände seiner Bibliotheken

*Philo-
sophisches
Denken*

in Dresden und Bayreuth – erahnen lassen (siehe »Das musikalische Werk: *Der Ring des Nibelungen*«, S. 307 ff.).

Einige Zeit vor seiner Ankunft in Dresden 1842 war Wagner in den Bann der progressiven und liberalen politischen Ideen des Jungen Deutschland geraten. Er hatte mit Heinrich Laube Kontakt aufgenommen, den er mit Unterbrechungen und nicht immer in Herzlichkeit bis zu seinem Lebensende aufrechterhielt, und bei Laube hatte er 1839 oder 1840 auch Heinrich Heine kennengelernt. Daher war er bereits offen für die Ziele der Autoren des Vormärz; genauere Daten einer systematischen Auseinandersetzung sind allerdings nicht bekannt. Pierre-Joseph Proudhon, dessen grundlegendes Werk *Qu'est-ce que la propriété?* 1840 während Wagners Parisaufenthalt erschien, dürfte das erste Gesamtkonzept des *Ring*-Zyklus beeinflußt haben, obwohl Wagner selbst behauptete, mit Proudhons Kapitalismuskritik habe er sich erst nach seiner Flucht nach La Ferté-sous-Jouarre 1849 befaßt. Es ist auch schwer festzustellen, wann genau Wagner die Schriften der kurzzeitig vielbeachteten Junghegelianer in die Hände bekam: Ludwig Feuerbach (empfohlen von einem gewissen Metzdorf, einem katholischen Priester »mit einem Kalabreser Hute«), David Friedrich Strauß, Bruno Bauer und der Bayreuther Max Stirner. Die Bestandsverzeichnisse seiner Dresdner und Bayreuther Bibliotheken helfen hier auch nicht weiter. In Wagners Prosaentwurf *Der Nibelungen-Mythus* ist Siegfried zwar noch nicht furchtlos, aber bereits Repräsentant einer freien, emanzipierten Menschheit. »In den Menschen suchen [die Götter] also ihre Göttlichkeit zu übertragen«, schrieb Wagner, »und ihre Absicht würde erreicht sein, wenn sie in dieser Menschenschöpfung sich selbst vernichteten.« Die gleiche blasphemische Bemerkung findet man auch in den Entwürfen zu *Jesus von Nazareth* und *Achilleus*, die in der Zeit seiner Gespräche mit dem Anarchisten Michail Bakunin 1849 entstanden. Der Name Karl Marx fehlt auffallenderweise in Wagners Schriften; doch man erinnere sich daran, daß sowohl Bakunin als auch (später) Herwegh, Wagners Bundesgenosse in Zürich, in engem persönlichen Kontakt mit Marx standen. »Ich nenne Revolution die Umkehr aller Herzen und die Erhebung aller Hände für die Ehre des freien Menschen«, verkündete Ruge im Vorwort zu Marx' *Deutsch-Französischen Jahrbüchern* von 1844. »Die Kritik der Religion endet mit der Lehre, daß der *Mensch das höchste Wesen für den Menschen sei*«, schrieb Marx im gleichen Jahr. Hinter solchen Aussagen steht die Antitheologie von Feuerbachs *Das Wesen des Christentums* aus dem Jahr 1841: »Die Frage nach dem Sein oder Nichtsein Gottes ist eben bei mir nur die Frage nach dem Sein oder Nichtsein des Menschen.«

Feuerbach färbte sichtlich auch auf alle theoretischen Abhandlungen aus Wagners Züricher Zeit ab, insbesondere auf *Das Kunstwerk der Zukunft*, das Feuerbach gewidmet ist und von Feuerbach im September 1850 anerkannt wurde (die Streichung der Widmung in Wagners Gesammelten Schriften dürfte angesichts der gemäßigteren Danksagung in der Einleitung zum dritten und vierten Band vorgenommen worden sein). Das

Stichwort »Zukunftsmusik« wurde noch lange, nachdem sich längst niemand mehr an seine Herkunft aus Feuerbachs *Grundsätzen der Philosophie der Zukunft* erinnerte, mit der Musik der fortschrittsbetonten Neudeutschen Schule in Verbindung gebracht. Von Feuerbach ist auch die Textdichtung des *Rings* geprägt, die mit Herweghs Ermutigung fertiggestellt wurde. Herwegh unternahm auch im Dezember 1851 kurz nach seiner ersten Begegnung mit Wagner den vergeblichen Versuch, den inzwischen von allen Seiten umzingelten Philosophen dazu zu bringen, sich ihrem Züricher Kreis von exilierten Revolutionären anzuschließen.

Etwa neun Monate nach seinem Brief an Röckel vom 25./26. Januar 1854, in dem die *Ring*-Dichtung rückblickend nach den Begriffen des »Ich« und »Du« aus dem *Wesen des Christentums* dargelegt wurde (ohne explizit darauf zu verweisen), war Wagner auf die Diskussion der Tragödie im dritten Buch (§ 51) von Schopenhauers *Die Welt als Wille und Vorstellung* gestoßen. Der Gegensatz zwischen Feuerbachs Vergöttlichung des Menschen und Schopenhauers Verzweiflung angesichts der *conditio humana* hätte kaum größer sein können. Wagner erinnerte sich in *Mein Leben*: »Für denjenigen, welcher sich aus der Philosophie eine höchste Berechtigung für politische und sociale Agitationen zu Gunsten des sogenannten ›freien Individuums‹ gewinnen wollte, war allerdings hier gar nichts zu holen.«

Nach einer Zeit des Umdenkens war Wagner von Schopenhauer und seinem Rückgriff auf den Buddhismus bzw. Brahmanismus, der ihn vorher nicht interessiert hatte, so besessen, daß er für andere philosophische Richtungen nicht mehr offen war.

Folgende Eigenheiten Wagners führt Nietzsche in *Die fröhliche Wissenschaft* (§ 99) als spezifisch schopenhauerisch auf: Wagners Gebrauch von Kategorien wie »Wille«, »Geist« und »Mitleid(en)«; seine Erbitterung über den Verfall der deutschen Sprache (Schopenhauer, der sich durch eine ungewöhnlich klare Prosa auszeichnete, hatte den Kantianern, insbesondere Hegel, ihren Kult gewichtig daherkommender Unverständlichkeit vorgeworfen); sein Antisemitismus (eine grobe Vereinfachung); sein Versuch, das Christentum als einen Ableger des Buddhismus (und weniger des Judaismus) zu deuten; und schließlich seine Achtung vor den Tieren. Auch die Schopenhauersche Ästhetik war wichtig für Wagner, weil er in ihr einen Weg fand, den Vorrang der Musik unter den Elementen seiner neuen synthetischen Kunstform zu begründen (obwohl Schopenhauer die Oper als eine minderwertige Gattung abgetan hatte, gerade weil sie eine Vermischung der Medien bedingte).

Insgesamt beruhte Wagners Verhältnis zu Schopenhauer wie auch zu den Jungdeutschen, zu Hegel und den Junghegelianern eher auf einer rückwärtsgewandten Identifikation als auf einer tatsächlichen Abhängigkeit. Es gibt eben nicht nur die genannten Parallelen, sondern genauso auffällige Unterschiede. Als Nietzsche den hedonistischen Siegfried als Wagners ureigenste Schöpfung beschrieb, bemerkte er ganz richtig, »nichts geht gerade so sehr wider den Geist Schopenhauers«, und die Verherrlichung erotischer Leidenschaft in *Tristan und Isolde* kann auch nur dann mit Schopenhauer in Einklang gebracht werden, wenn man den Abscheu, den der Philosoph in seiner *Metaphysik der Geschlechtsliebe* und in seinem sarkastischen Essay *Über die Weiber* zum Ausdruck brachte, nicht ganz wörtlich nimmt (wahrscheinlich war es ganz gut, daß die förmliche Erwiderung, die Wagner 1858 entwarf, nie fertig wurde). Es zeugt von Wagners Selbstbewußtsein, daß er im Dezember 1854 ein Exemplar der *Ring*-Textdichtung nach Frankfurt schickte (Schopenhauers Randbemerkungen dazu sind nicht uninteressant; siehe Ellis 1900–1908, Bd. IV, S. 440–446), daß er im gleichen Monat Franz Bizonfy überredete, Schopenhauer nach Zürich einzuladen, und daß er sich im März 1856 an einem Plan beteiligte, an der Züricher Universität einen Lehrstuhl für Schopenhauersche Philosophie einzurichten. Daß Schopenhauer auf all diese Angebote nicht einging – vor allem aber seine Aversion gegen den »infamen« *Ring*, von der Wagner durch einen im *Deutschen Montagsblatt* vom 24. Juli 1882 erschienenen Artikel von Max Goldstein über Schopenhauers Kommentare zum *Ring*-Text erfahren haben könnte (CT, 6. Dez. 1882), wurde von Wagner zwanzig Jahre nach dem Tod des Philosophen mit Enttäuschung aufgenommen, die an persönlichen Groll grenzte.

Parsifal, der als eine Art Lehrstück über die Tugend des Mitleids verstanden wurde – wobei das erotische Element nur noch als Quelle der Versuchung und der Sünde fungiert –, fügt sich leichter in Schopenhauers frauenfeindliche Entsagungslehre (wenn auch nicht in seinen Atheismus). In seinen späten Schriften in den *Bayreuther Blättern* – insbesondere in *Religion und Kunst* und den Artikeln, die nach Wagners Auseinandersetzung mit Gobineaus *Essai sur l'inégalité des races humaines* und dessen beunruhigender Theorie von der Degeneration der Menschenrassen entstanden – kleidete Wagner die Texte in ein dichtes Konglomerat esoterischer Gedanken ein.

ROGER HOLLINRAKE

Religiöse Überzeugungen

Wagner kam aus einem traditionellen protestantischen Haus. Seine Mutter Johanna, die die Angewohnheit hatte, der Familie »oft mit einem gefühlvollen Pathos längere, predigtähnliche Reden von Gott und dem Göttlichen im Menschen« zu halten (*Mein Leben*), spielte bei seiner frühen religiösen Erziehung eine wichtige Rolle. Zum Zeitpunkt seiner Konfirmation 1827 gab es jedoch keine Anzeichen für ein frühreifes Interesse an den theologischen Problemen, die Wagner in seinem späteren Leben mit einer ungewöhnlich ausgeprägten geistigen Unabhängigkeit behandelte. Die typisch Wagnerschen Themen Schuld, Sühne und Erlösung haben in seinen frühen Opern eine weitgehend weltliche Bedeutung; wenn man an Wagners antiklerikale und antikatholische Tendenzen der 1830er Jahre denkt, dürften die religiösen Bezüge im *Tannhäuser* und im *Lohengrin* eher als Zugeständnisse an den Zeitgeschmack des 19. Jahrhunderts zu deuten sein denn als Ausdruck innerster religiöser Überzeugungen.

In gewisser Hinsicht kann Wagners Lebensweg trotzdem als eine Entwicklung auf Umwegen zur Formulierung eines eigenen Credos angesehen werden – ein Credo, das über die mythischen Symbole seiner Kunst vermittelt wurde, der Wagner zumindest seit der Entstehungszeit von *Das Kunstwerk der Zukunft* (1849) eine quasi-religiöse Funktion und Bedeutung gab.

Einblick in diesen Entwicklungsprozeß gewähren Wagners Aufzeichnungen zu einem fünfaktigen Drama oder Musikdrama mit dem Titel *Jesus von Nazareth* aus dem Jahr 1849; hier wird deutlich sichtbar, daß Wagner mit dem progressiven Gedankengut der 1840er Jahre in Berührung gekommen war. Eine Auswahl von Episoden aus dem Neuen Testament wird im Sinne des Proudhonschen Materialismus ausgelegt, der auch schon in den Dramenentwurf *Der Nibelungen-Mythus* von 1848 eingegangen war, sowie im Sinne der Feuerbachschen säkularen Anthropologie, wie sie im *Wesen des Christentums* zum Ausdruck kam. Das fieberhafte Interesse, das Feuerbachs anthropozentrische – oder besser »anthropotheistische« – Philosophie unter den jungen deutschen Radikalen auslöste, ist historisch verbürgt. Engels stellte in seiner frühen grundlegenden Feuerbach-Studie fest: »Die Begeisterung war allgemein; wir waren alle momentan Feuerbachianer.« Und im weiteren sprach er von »der überschwänglichen Vergötterung der Liebe, die gegenüber der unerträglich gewordnen Souveränität des ›reinen Denkens‹ [das heißt der Kantschen Philosophie] eine Entschuldigung, wenn auch keine Berechtigung fand.« Hier stieß Wagner wieder auf die Deutung der Theologie als einer aus Ressentiments, Egoismus und Nationalstolz erwachsenen, der Kunst und der Universalität der christlichen Botschaft feindlichen Kraft. Jesus, so behauptete er in seinen Aufzeichnungen zu *Jesus von Nazareth* in Anlehnung an Feuerbach, habe keine bestimmte Nationalität besessen: »Durch Adam stammte er von Gott, und seine Brüder waren nun alle Menschen.« Kurz nachdem er den *Nibelungen-Mythus* entworfen hatte, las Wagner wahrscheinlich auf Anregung Bakunins *Das Wesen des Christentums* (möglicherweise zum zweitenmal); er war begeistert von der eudämonistischen Philosophie der Liebe, die Feuerbach zum Teil aus dem »bien-être« von Holbachs *Système de la nature* entwickelt hatte, und nahm sich vor, sie für »die ideale Bühne der Zukunft« künstlerisch umzusetzen (ein von Feuerbach übernommener Ausdruck, den er in *Mein Leben* im Zusammenhang mit *Jesus von Nazareth* verwendet).

Aus dem Material zu seinem unausgeführt gebliebenen *Jesus von Nazareth* übernahm Wagner die symmetrische Zuordnung verschiedener Begriffe – Furchtlosigkeit, Freiheit und Liebe versus Angst, Unfreiheit und Lieblosigkeit –, die nach der Überarbeitung von 1852 eines der auffälligsten Merkmale der *Ring*-Dichtung war. »Die reichen und beglückenden Taten der Liebe kann aber kein Gesetz hervorbringen«, heißt es in *Jesus von Nazareth;* »denn das Gesetz ist Beschränkung der Freiheit, – die Liebe ist aber nur dann schöpferisch, wenn sie frei ist.« Wenn Brünnhilde als die emanzipierte Frau der Zukunft in der Schlußszene der revidierten Textfassung allem Privatbesitz abschwört – »Nicht Gut, nicht Gold, noch göttliche Pracht ...« – und frei und furchtlos die erlösende Kraft der Liebe besingt, findet die Eschatologie des berühmten Kapitels 26 aus dem *Wesen des Christentums* tatsächlich ihre adäquate dramatische Umsetzung. Wagners Anthropologismus, in dem er sich durch seine Erfahrungen aus den ersten im Exil verbrachten Jahren nur bestärkt fühlte, blieb nicht unkommentiert. »Deine Größe macht auch Dein Elend«, schrieb Liszt am 8. April 1853 streng, nachdem er ein Exemplar der *Ring*-Textdichtung erhalten hatte, »bis Du sie nicht beide im *Glauben* hinsinkend aufgehen läßt!« Darauf Wagners erzürnte Antwort vom 13. April: »Auch ich habe einen starken glauben, um deswillen ich allerdings von unsren politikern und juristen bitter verhöhnt werde […]: ich glaube an die *Menschen* und – bedarf nichts weiter!«

Mit Wagners Entscheidung, das Parsifal-Sujet zu bearbeiten, begann 1857 allerdings wieder eine neue Phase. Das soll nun nicht heißen, daß Wagner in Liszts Sinn zum »Glauben« (das heißt zum römisch-katholischen Glauben) übergetreten wäre, vielmehr war er unter dem Einfluß des Neobuddhismus von Schopenhauers *Die Welt als Wille und Vorstellung* noch weiter vom orthodoxen christlichen Standpunkt abgerückt.

Wagners »Konversion« (wenn man so will) zur Schopenhauerschen Philosophie wirkte sich zunächst in einer Prosaskizze für ein Musikdrama aus – *Die Sieger*, nach einer Buddha-Legende, die in Burnoufs *Introduction à l'histoire du buddhisme indien* nacherzählt wird. Damit verbunden war eine Neukonzeption des *Ring*-Schlusses im Mai 1856, wobei die Feuerbachsche Affirmation der Liebe durch Verse ersetzt wurde, in denen die buddhistische Lehre von der Seelenwanderung und der Seligkeit des Nirwana verkündet wurde. Die beiden Varianten schlossen sich aber trotz der unterschiedlichen Herkunft nicht unbedingt gegenseitig aus. Das menschliche Leben, so hatte Wagner in *Jesus von Nazareth* geschrieben, sei »ein beständiges Sichselbsttöten […]. Der Tod ist somit die vollendetste Tat der Liebe: er wird uns dazu durch das Bewußtsein unseres Lebens in der Liebe.« Genausowenig war Wagners neues Interesse am Buddhismus und Brahmanismus mit seinem früheren Interesse am Christentum völlig unvereinbar. Um es mit Schopenhauers Worten zu sagen: »Ich gebe den Glauben nicht auf, daß die Lehren des Christentums irgendwie aus jenen Urreligionen abzuleiten sind.« Wagner hatte die gleiche Theorie unabhängig davon bereits in seiner frühen Studie *Die Wibelungen* angedeutet, als er die Geschichte der religiösen Suche nachzeichnete. In einem Brief vom 7. Juni 1855 an Liszt ging er ausführlich auf das Thema ein und berief sich darauf, daß es der modernen Forschung gelungen sei nachzuweisen, »daß das reine, ungemischte Christenthum, nichts andres als ein Zweig des ehrwürdigen Buddhaismus ist, der nach Alexanders indischem Zuge auch seinen Weg bis an die Küsten des Mittelmeeres fand.« (Siehe auch den Brief an Röckel von April 1855.)

Nach dieser Darstellung zu urteilen, scheinen für Wagner der »anthropologistische« Siegfried (als furchtloser, liebender Mensch) und der christliche (bzw. buddhistische) Parsifal keine grundverschiedenen, miteinander unvereinbaren Charaktere gewesen zu sein, sondern komplementäre Ausprägungen ein und desselben mythischen Prototyps.

Als Wagner 1865 Ludwig II. den Prosaentwurf zum *Parsifal* vorlegte, war klar, worum es ihm ging: die Allgemeingültigkeit der Evangelien dadurch herzustellen, daß die Schranken einer verlogenen Stammesreligion durchbrochen (der antiklerikale Feuerbach spukte noch immer durch seine Gedanken) und orientalische religiöse Lehren aus alten Quellen bestätigt wurden, in denen (Schopenhauer zufolge) das Christentum seine Wurzeln hatte. Der einzige Fehler des ursprünglichen Buddhismus sei – so erklärte er 1881 in *Heldentum und Christentum* –, daß sie eine »Rassenreligion« sei. Die gleiche Beschränktheit und das gleiche elitäre Gebaren könne man jedoch auch der Kirchenherrschaft anlasten, die in der Nachfolge Jesu aus einer potentiell allumfassenden Religion eine starr nach innen gerichtete, rassistische (d.h. prosemitische) Sekte gemacht habe. »Die christliche Religion gehört keinem nationalen Volksstamme eigens an: das christliche Dogma wendet sich an die reinmenschliche Natur«, wiederholte er in *Was ist deutsch?* (1878 in den *Bayreuther Blättern* erstmals abgedruckt).

Vom streng christlichen Standpunkt aus muß der Synkretismus des *Parsifal* problematisch bleiben, werden hier doch die Hauptlehren des Buddhismus neben Elementen aus den Evangelien und dem heiligen Abendmahl auf eine christianisierte Fassung der Gralssage übertragen (der Gral wurde von keiner kirchlichen Autorität als mystisches Symbol anerkannt). Dessen war sich Wagner durchaus bewußt, als er das Musikdrama ausschließlich in Bayreuth aufgeführt wissen wollte. Das Festspielhaus – »eine Gralsburg der Kunst«, wie er es am 11. August 1873 in einem Brief an Ludwig II. beschrieb – war von Anfang an dazu bestimmt, »der Welt ihr eigenes tiefstes Geheimniß, den wahrhaftigsten christlichen Glauben zu erhalten«: ein Ritus der Purifikation und der Regeneration, vor dem Profanen geschützt und nur den in die Mysterien »Eingeweihten« zugänglich.

Man mag nun vielleicht einwenden, daß Wagner durch diesen Versuch, in einer Zeit des Unglaubens eine Ersatz- oder Superreligion zu schaffen, seinen hohen künstlerischen Anspruch verriet. Zumindest verfiel er wie viele Neuerer letzten Endes gerade durch sein starkes anti-elitäres Bestreben seinerseits in ein eigenes Elitedenken. Parsifals Weihe – das Ergebnis einer sich über etwa fünfundzwanzig Jahre erstreckenden Auseinandersetzung – kann aber auch als der Höhepunkt von Wagners Lebenswerk gelten, in dessen hart erkämpfter gedanklicher Grundlage sich die Spannungen einer Zeit tiefster geistiger Unruhe abzeichnen.

ROGER HOLLINRAKE

Literarische Vorlieben

Seine frühesten literarischen Eindrücke empfing Wagner offensichtlich von der griechischen Literatur, in die er bereits in der Schule eingeführt wurde. Kurz danach kamen die Schriften der deutschen Romantiker, insbesondere die Romane und Erzählungen E.T.A. Hoffmanns, Ludwig Tiecks und Friedrich Schlegels; mit letzterem machte ihn unter anderem sein Onkel Adolf Wagner vertraut. Obwohl sich Wagner später gegenüber

Hoffmann, Tieck und anderen romantischen Schriftstellern eher zurückhaltend verhielt, ist ihre grundlegende Bedeutung für sein gesamtes späteres Œuvre hinsichtlich Sujets und Themen nicht zu leugnen – von den Märchenmotiven bis zum Übernatürlichen und der Welt der Träume, vom Gefühl des Lebensüberdrusses bis zur Frage der Stellung des Künstlers in der Gesellschaft.

In den 1830er Jahren hatte sich die romantische deutsche Literatur erschöpft und wurde durch die literarische Bewegung des Jungen Deutschland verdrängt. Autoren wie Karl Gutzkow und Heinrich Laube (Werke von beiden hat Wagner gelesen) sprachen sich gegen die bestehenden gesellschaftlichen und politischen Verhältnisse aus, gegen überholte moralische Vorschriften, das Philistertum und die Mystifikation der Religion; beide handelten sich damit eine Gefängnisstrafe ein. Daß auch Wagner die jungdeutschen Ideale vertrat, zeigt sich am unmittelbarsten in seiner »großen komischen Oper« *Das Liebesverbot*, in der er die deutsche Sittenstrenge anprangert und den südländischen Hedonismus verherrlicht; sein Interesse an Politik und an sozialistischen Ideen und seine Verachtung für das Philistertum prägten seine Lebensanschauung für den Rest seines Lebens in solchem Maße, daß es manchmal schwierig wird, die sich überlagernden literarischen, politischen und philosophischen Einflüsse auseinanderzuhalten. Vermutlich in der gleichen Zeit – Mitte der 1830er Jahre – wurde Wagner mit den Büchern Heinrich Heines und Edward Bulwer-Lyttons bekannt, die seine Werke des nächsten Jahrzehnts prägten.

In diesem Lebensabschnitt las Wagner eher sporadisch. Das änderte sich offensichtlich erst, als er in Paris im Winter 1841/42 durch Gespräche mit dem klassischen Philologen und Mittelalterforscher Samuel Lehrs nicht nur seine Liebe zur griechischen Literatur wiederentdeckte, sondern auch erstmals Interesse am deutschen Mittelalter entwickelte. Nach seiner Ernennung zum Königlich Sächsischen Kapellmeister begann Wagner eine rund zweihundert Bände umfassende Bibliothek anzulegen, die größtenteils aus Texten des Mittelalters und der klassischen Antike bestand. Vertreten waren außerdem Byron, Calderón, Gibbon, Goethe, Hegel, Herder, Kleist, Lessing, Molière, Rousseau, Hans Sachs, Schiller, Shakespeare, Tieck u. a. Man muß allerdings wissen, daß Wagner längst nicht alle in seiner Bibliothek vorhandenen Bücher gelesen hat (bei manchen Bänden hatte er die Seiten noch nicht einmal aufgeschnitten); andererseits hatte er auch Zugang zu anderen, öffentlichen wie privaten Bibliotheken, so daß umgekehrt das Nichtvorhandensein eines Werks nicht beweist, daß er es nicht kannte.

Wagner mußte seine Dresdner Bibliothek bei seiner Flucht aus der Stadt im Mai 1849 zurücklassen. Über seinen Umgang mit Büchern in den nächsten beiden Jahrzehnten ist wenig bekannt, obwohl zumindest der eine oder andere in diesen Jahren erworbene Band in seine Bibliothek in Tribschen und in Wahnfried Eingang gefunden haben muß. Einzelne in den *Annalen* überlieferte Namen fallen auf: 1855 las Wagner in London

Dantes *Divina Commedia* und Adolf Holtzmanns Sammlung von indischen Märchen; 1856 vertiefte er sich in Scott und Byron, und im Jahr darauf nahm er Calderón in seine Sammlung auf. 1864 befaßte er sich flüchtig mit Chateaubriand, George Sand, Gustav Freytag und wieder mit Scott, 1865 las er kurz nacheinander das *Ramayana* und Hugos *Les Misérables*. Am meisten beschäftigte sich Wagner in diesen Jahren jedoch mit Philosophie und Geschichte.

Erst als er Ende der 1860er Jahre im häuslichen Eheleben mit seiner gebildeten und belesenen Frau Cosima ein wenig zur Ruhe kam, scheint er umfassender und gründlicher gelesen zu haben. Es verging fast kein Abend, an dem die beiden sich nicht aus mindestens einem der 2500 Bände vorlasen, die in den Bücherregalen des Wahnfried-Salons ihren Platz gefunden hatten. Alle großen griechischen und römischen Autoren waren hier vertreten (obwohl Wagner von der lateinischen Literatur eigentlich nie viel hielt), ferner die wichtigsten Werke der indischen, arabischen, spanischen, englischen, französischen und deutschen Literatur. (Den Rest der Sammlung machten Bücher über Philosophie, Geschichte, Theologie, Musik, Recht, Kunst und Naturwissenschaften aus.) Immer wieder nahmen sich Wagner und Cosima die Klassiker der Weltliteratur vor – die ihrer Meinung nach absolut »*Unentbehrlichen*« (CT, 4. Juni 1871), was für sie hieß: Homer, Aischylos, Sophokles, Platos *Symposion*, der ganze Shakespeare, Cervantes' *Don Quijote* und Goethes *Faust*. (Wie Dieter Borchmeyer feststellte, wird in ihrer Aufzählung Dantes *Divina Commedia* wohl nur versehentlich ausgelassen.) Der *Faust* ist nicht nur das einzige Werk der deutschen Literatur, das in dieser Aufzählung vorkommt, sondern auch das jüngste; Wagner kümmerte sich bezeichnenderweise wenig um die Kunst des 19. Jahrhunderts, die seiner Ansicht nach ohnehin so bald wie möglich vom Kunstwerk der Zukunft abgelöst werden sollte. Nur gegen Balzac scheint er keinerlei Vorbehalte gehabt zu haben; Balzac hatte als Realist die Übel der modernen Gesellschaft aufgezeigt und die völlige Ausweglosigkeit der »comédie humaine« bestätigt. Wegen seines wachsenden Interesses am populistischen, improvisierenden Element in der Kunst und an der »offenen« – im Gegensatz zur »geschlossenen« – Form zog er allmählich Lope de Vega einem Calderón vor, Gozzi einem Goldoni, Molière einem Corneille oder Racine, und über sie alle stellte er Shakespeare. Wenn Wagners literarisches Urteil manchmal etwas naiv wirkt, so liegt das daran, daß er es sich vor diesem Hintergrund bildete, und nicht etwa daran, daß er im Bereich der Literatur keinerlei Urteilsvermögen besessen hätte, wie Marianne Wynn behauptet (Wynn, 1980).

STEWART SPENCER

Wagner war bei weitem nicht der einzige, der als der legitime musikalische Nachkomme Beethovens gelten wollte, obwohl er wahrscheinlich seine Ansprüche auf das geistige und ästhetische Erstgeburtsrecht am lautstärksten vertrat. Fast jeder Komponist von Rang – vom frühromantischen

Beethovens Vermächtnis

Neuerer Berlioz über den konservativen Spätromantiker Brahms bis hin zu Schönberg – sah in Beethoven einen bedeutenden geistigen Vater, mit dessen Errungenschaften die wichtigsten musikalischen Entwicklungslinien des 19. Jahrhunderts bereits vorgezeichnet waren. Als ein Opernkomponist, der das nahe Ende der klassischen Instrumentalformen proklamiert hatte, mußte Wagner seine Sache vielleicht mit größerem Nachdruck verfechten als Komponisten wie Brahms, die die zentralen Beethovenschen Genres Sonate, Kammermusik und Symphonie fortführten.

Wagners Interesse an Beethoven war mit Sicherheit mehr als bloße Großmannssucht oder eine PR-Strategie, um das Publikum von der Ernsthaftigkeit seines Vorhabens zu überzeugen, wenngleich auch solche Motive nicht gänzlich auszuschließen sind. Es ist nicht leicht, die »authentischen« Bestandteile seiner frühesten Beethoven-Erfahrungen, so wie sie in *Mein Leben* und an anderen Stellen wiedergegeben werden, aus der nachträglichen Idealisierung herauszulösen. Wagner behauptet beispielsweise, er sei bereits in jungen Jahren von den Geheimnissen der Neunten Symphonie angezogen worden (besonders vom »geisterhaften« Klang des Anfangs); die Wirkung der Siebten Symphonie sei »unbeschreiblich« gewesen, als er das Werk bei einem Leipziger-Gewandhaus-Konzert zum erstenmal hörte; und seinen späteren Erinnerungen zufolge machten allein die Physiognomie des Komponisten, das Wissen um dessen Taubheit und die Nachricht von seinem Tod großen Eindruck auf sein jugendliches Gemüt. Die Verbindung von Beethoven und Shakespeare – Wagner behauptete, er habe als Kind beide in »ekstatischen«, traumähnlichen Visionen vor sich gesehen – ist offensichtlich symbolischen und prophetischen Inhalts, obwohl andererseits durchaus glaubhaft ist, daß der begeisterungsfähige junge Musiker und Theaterliebhaber von beiden zumindest sehr fasziniert war. (Wagners früher Klavierauszug der Neunten Symphonie ist neben Abschriften von den Partituren der Fünften und der Neunten ein konkreter Hinweis auf seine frühe Begeisterung für den Komponisten; siehe auch »Musikgeschichtlicher Hintergrund und musikalische Einflüsse«, S. 67.) Ähnlich problematisch sind sowohl sein berühmter Bericht über Wilhelmine Schröder-Devrients (sonst nirgends dokumentiertes) Leipziger Gastspiel von 1829 in Beethovens *Fidelio* (siehe »Mythen und Legenden«, S. 141) als auch das einschneidende – aber ebenfalls nicht genauer dokumentierte – Erlebnis mit der Neunten Symphonie unter Habeneck um 1840 in Paris, das ihn wieder zur »wahren« deutschen Musik gebracht haben soll (siehe »Musikgeschichtlicher Hintergrund und musikalische Einflüsse«, S. 77). Ob diese Erinnerungen nun in allen Einzelheiten der Wahrheit entsprechen oder ein Produkt der Phantasie sind – ihre symbolische Bedeutung liegt auf der Hand. Wagners Tätigkeit als Dirigent von Beethoven-Werken ist wohlbelegt; Höhepunkte waren die Aufführung der Neunten Symphonie anläßlich der Grundsteinlegung des Bayreuther Festspielhauses 1872 und sein ausführlicher Kommentar zu Fragen ihrer Aufführung (*Zum Vortrag der neunten Symphonie Beethovens*, 1873).

Die Neunte Symphonie spielt auch in Wagners theoretischen Schriften eine zentrale Rolle. Schon in der Novelle aus seiner Pariser Zeit *Eine Pilgerfahrt zu Beethoven* (1840) wird die Neunte als Beethovens Versuch beschrieben, eine ideale Verbindung von dichterischem und musikalischem Ausdruck herzustellen, wobei erstmals die Grenzen der konventionellen Oper überschritten würden, die den Meister beim *Fidelio* noch behindert hätten. Zwischen Wagners Aufführungen der Neunten in Dresden zwischen 1846 und 1849 und seinem revolutionären Eifer in dieser Zeit besteht ein direkter Zusammenhang. Wenig später wurde das Werk zur Hauptstütze seiner Lehre von der künstlerischen »Revolution« mit dem Ziel des »Gesamtkunstwerks der Zukunft«. Sowohl in *Das Kunstwerk der Zukunft* (1849) als auch in *Oper und Drama* (1851) wird die Neunte Symphonie als Beethovens künstlerisches Vermächtnis gedeutet, als ein ästhetisches Bekenntnis, daß die »absolute Musik« an die Grenzen ihrer Ausdrucksmöglichkeiten gestoßen sei und nur die Vereinigung von Musik und Dichtung weiterführe (genauer gesagt, eine Vereinigung von Symphonie und Drama als den »höchsten« Gattungen beider Künste):

Die *letzte Symphonie* Beethoven's ist die Erlösung der Musik aus ihrem eigensten Elemente heraus zur *allgemeinsamen Kunst*. Sie ist das *menschliche* Evangelium der Kunst der Zukunft. Auf sie [das heißt im Bereich der Instrumentalmusik] ist kein *Fortschritt* möglich, denn auf sie unmittelbar kann nur das vollendete Kunstwerk der Zukunft, das *allgemeinsame Drama,* folgen, zu dem Beethoven uns den künstlerischen Schlüssel geschmiedet hat. (GS III, S. 96)

Nachdem Wagner damit seine Erbfolgeansprüche theoretisch formuliert hatte, mußte er seine Mission in den reifen »Musikdramen« in die Praxis umsetzen, angefangen mit dem Großprojekt des Nibelungen-Zyklus. Klaus Kropfinger (1975) zufolge machte diese kompositorische »Mission« sogar Wagners Tätigkeit als Interpret von Beethoven-Werken überflüssig, die Wagner nach der Mitte der 1850er Jahre tatsächlich nach und nach aufgab (was allerdings nur dem Verlauf von Wagners gesamter Dirigiertätigkeit entspricht; siehe »Wagner als Dirigent«, S. 106 ff.). Aber aus seinen kritischen und theoretischen Schriften verschwand die Gestalt Beethovens keineswegs. In *Zukunftsmusik* (1860) wird Beethoven als geistiger Vater von Wagners motivisch-melodischer Technik beschrieben und damit auch als Vorbild für die »unendliche Melodie«. Die Festschrift *Beethoven* (1870) enthält eine Neubewertung von Schopenhauers Musikphilosophie (und allgemein seiner ganzen Ästhetik); die vorläufigen Erkenntnisse des Philosophen sollten durch Wagners Interpretation des einzigen Komponisten (außer ihm selbst natürlich) verdeutlicht werden, der imstande war, diese Erkenntnisse umfassend zu demonstrieren. Hierbei hält Wagner wie in späteren Schriften (*Über die Anwendung der Musik auf das Drama,* 1879) an seinem Vorhaben fest, das symphonische Vermächtnis Beethovens mit den Prinzipien des musikalischen Dramas in Einklang zu bringen. Der Impuls hinter dem musikalischen und dem dramatischen Ausdruck sei im Grunde derselbe (so Wagner in *Beetho-*

ven); was Wagner als Beethovens Versuch versteht, den Vorgang der The-
menexposition und -durchführung innerhalb des Rahmens der gültigen, abstrakten, vom Tanz herkommenden musikalischen Formen zu dramatisieren, sei jedoch im musikalisch konzipierten Drama eher zu verwirklichen, da
die Musik hier für ihr strukturelles und expressives Potential mehr Raum und
mehr Entfaltungsmöglichkeiten habe.

In den späteren Schriften der Bayreuther Zeit reagierte Wagner etwas gereizt auf die Tatsache, daß zeitgenössische Komponisten (wie Brahms)
sich nicht im geringsten um sein Diktum von der historischen Rückstän-
digkeit der symphonischen Musik scherten. Den »fortschrittlicheren«
Komponisten (die sich eher in die Richtung der Programmusik bewegten)
werden die unmotivierten dramatischen Gebärden in ihrer Musik vorgeworfen, während Brahms auf der anderen Seite dafür kritisiert wird, daß
er die detaillierte, nuancierte motivische Arbeit eines ursprünglich kam-
mermusikalischen Stils in den dafür ungeeigneten »öffentlichen« Bereich
der Symphonie übertragen habe. Da Wagner aber wohl erkennen mußte,
daß sich seine Ankündigung des baldigen Endes der Symphonie nicht be-
wahrheitet hatte, wollte er offenbar sein Œuvre mit einer Reihe einsätziger
Symphonien abschließen, die er leider nicht mehr realisieren konnte. Vielleicht hatte er aber auch das Gefühl, daß er sich nur auf diesem Weg –
indem er seine eigenen Musterbeispiele für die nachbeethovensche Symphonie lieferte – sein Anrecht auf Beethovens Vermächtnis sichern konnte,
falls die Nachwelt seine Musikdramen nicht als ausreichenden Beweis für
seinen Erbanspruch anerkennen würde.

THOMAS S. GREY

Opern- und Gesellschafts-reform

Wagners großes Ziel war es, völlige Kontrolle über die Produktion seiner
Werke zu bekommen, um sicherzugehen, daß die Aufführungen genau
seinen Vorstellungen entsprachen. Aber um das zu erreichen, mußte er an
den Grundfesten des Opernbetriebs rütteln und seine musikalischen und
sozialen Funktionen grundlegend reformieren. Wir wollen uns im folgenden mit den Inhalten seiner Reformideen, der Rolle des Nationalismus bei
dieser Reform und schließlich mit der Regenerationslehre als dem grundlegenden Gedanken befassen.

Mit seinen Ideen führte Wagner den Kampf Davids gegen den Goliath einer Opernwelt, die in ganz Europa *den* Ort darstellte, an dem sich die
oberen Schichten amüsierten. Man muß sich vor Augen halten, daß die
Oberschicht im 18. und 19. Jahrhundert in den Großstädten noch geschlossener war und auch viel mehr im Blickpunkt der Öffentlichkeit
stand, als das heute der Fall ist. In die Oper ging man, um gesehen zu werden, vor allem aber auch, weil hier persönliche und politische Angelegenheiten geregelt werden konnten. Die Macht der Elite stellte sich in Ritua-
len dar. Die Oper erfüllte diese gesellschaftlichen Aufgaben und wurde
durch sie definiert. Das soll freilich nicht heißen, daß keiner zuhörte;
man kannte die wichtigsten Arien auswendig und hörte sie mit Verstand.

Aber ein Abend in der Oper war lang und wurde oft unterbrochen; außerdem standen eher die Sänger im Mittelpunkt als das Werk. Darauf mußten sich die Librettisten und Komponisten einstellen, wenn sie in einer gnadenlosen Berufswelt konkurrenzfähig bleiben wollten.

Wagner griff die gesellschaftlichen und musikalischen Traditionen der Oper in einem ganz grundsätzlichen Sinn an. Die Oper war im Lauf ihrer Geschichte immer wieder ins Kreuzfeuer geraten, angefangen von der Kampagne gegen Kastraten im England der 1720er Jahre bis hin zur Vision einer reformierten Volksoper, wie sie der italienische Nationalist Giuseppe Mazzini in den 1830er Jahren formulierte (siehe Marion Millers Kapitel in Large und Weber, 1984). Aber nie wollte jemand mit der Vergangenheit so gründlich brechen wie Wagner, und keiner vor ihm war sowohl theoretisch als auch praktisch an das Problem herangegangen. Zum Teil beschäftigte er sich damit als ambitionierter Kapellmeister, um mehr Einfluß bei der Aufführung seiner Opern zu bekommen. Um das zu erreichen, definierte er die Oper in ihrer gesellschaftlichen und intellektuellen Funktion völlig neu, eine Definition, die in politischer Hinsicht so kompromißlos war wie in philosophischer Hinsicht hochfliegend. Das Ergebnis war eine alternative Opernwelt mit neuen sozialen Prinzipien und neuen musikalischen Praktiken, die mit den Bayreuther Festspielen ins Leben gerufen wurde.

Ab 1848 entwarf Wagner in seinen Schriften ein Programm für seine Opernreform. Seine Prosa läßt sich im allgemeinen – manchmal auch in ein und demselben Werk – drei verschiedenen Textarten zuordnen: der Sozialkritik an der Opernwelt, praktischen Erörterungen ihrer Reformierung und theoretischen Ausführungen zur philosophischen Begründung des Musiktheaters. Daß er in der ausschlaggebenden ersten Phase seiner publizistischen Tätigkeit (1849–1851) in allen drei genannten Kategorien schrieb, ist ein Hinweis auf seinen weiten Horizont und die Vielschichtigkeit seiner Pläne.

Wagner formulierte seine Kritik an der Opernwelt stets polemisch (siehe »Wagner als Polemiker«, S. 111 ff.) und moralisierend. Er konzentrierte sein ganzes Denken auf Schlüsselwörter oder -begriffe, die ihm als Angriffspunkte dienten: die Welt der Philister und ihre Verehrung von Luxus und Mode. Er warf dem Publikum vor, sich nur des gesellschaftlichen Glanzes wegen mit der Oper zu beschäftigen und nicht wegen ihres künstlerischen Gehalts. In *Oper und Drama* (1850/51) – seiner wichtigsten frühen theoretischen Schrift – stellt er fest: »Das Publikum unserer Theater hat kein *Bedürfniß* nach dem Kunstwerke; es will sich vor der Bühne *zerstreuen*, nicht aber *sammeln*; und dem Zerstreuungssüchtigen sind künstlerische *Einzelheiten*, nicht aber die künstlerische *Einheit* Bedürfniß« (GS IV, S. 225); und er kommt zu dem Schluß: »dieser Beherrscher und Besteller ist – der *Philister*« (GS IV, S. 226). Wagner verachtete das Publikum aus ethischen Gründen: »Wenn wir heut' zu Tage von Opernmusik im eigentlichen Sinne reden, sprechen wir nicht mehr von einer Kunst, sondern von einer bloßen Modeerscheinung.« (GS III, S. 308)

Wichtig ist, daß Wagner bei allem Philosophieren auch ganz bestimmte Vorstellungen hatte, wie eine Opernreform eingeleitet werden müßte. Typische Aussagen (sie beziehen sich auf Vorschläge, die er bereits in Dresden unterbreitet hatte) enthält *Ein Theater in Zürich* (1851), worin er die Stadtväter auffordert, ihr Theater von oben bis unten umzuorganisieren. Man müsse Sänger beschäftigen, die auch eine Schauspielausbildung genossen hätten, und sie das ganze Jahr hindurch engagieren; deutsche Dichter und Komponisten müßten gezielt mit neuen Werken beauftragt werden; die Vorstellungen seien auf drei pro Woche zu begrenzen, und schließlich sollte auch eine Kommission zur Leitung der Institution eingesetzt werden. Ein ähnliches Ausbildungsprogramm legte er in einem Bericht vor, den er 1865 für Ludwig II. abfaßte; hierin forderte er eine Schule, in der die Sänger in Theorie und Praxis weit besser ausgebildet würden als damals üblich. Später in Bayreuth erweiterte er sein Reformprogramm und verbot in seinem Theater den Bau von Logen, versuchte den Applaus während der Akte zu verhindern und ließ zu Beginn der Vorstellungen das Licht herunterdrehen.

Solche Details band Wagner immer in ein größeres Bezugssystem ein; er entwarf eine reformierte Opernwelt, die völlig vom traditionellen Verständnis der Oper abwich. Im Züricher Essay zog er zum Beispiel eine Parallele zwischen dem Theater, das ihm vorschwebte, und volkstümlichen Veranstaltungen wie Dorffesten oder Gesangsvereinen. In *Das Kunstwerk der Zukunft* beschrieb er die Idee der Oper als Hervorbringung einer »freie[n] künstlerische[n] Genossenschaft« des Volkes unter der geistigen Führung des Darstellers bzw. des Dichters, der einerseits aus dieser Genossenschaft hervor-, andererseits in ihr aufgehe (GS III, S. 166).

Unter anderem bekämpfte Wagner in den nachrevolutionären Essays herkömmliche Ämter wie das des Kapellmeisters. In *Eine Mitteilung an meine Freunde* (1851) gab er einen Überblick über die Gedanken, die er während der vergangenen beiden Jahre veröffentlicht hatte, und kam zu dem Schluß: »Jetzt hatte ich mich aber gegen dieses ganze Kunstwesen *in seinem Zusammenhange mit dem ganzen politisch-sozialen Zustande der modernen Welt* auszusprechen« (GS IV, S. 335). Er lehnte ein Kapellmeisteramt nicht nur deshalb ab, weil es nur eine begrenzte Kontrolle über die Aufführungen erlaubte, sondern auch, weil hier in seinen Augen vom Musiker erwartet wurde, »eine allabendlich zu wiederholende, nie energisch begehrte, sondern vom Spekulationsgeiste aufgedrungene und von der sozialen Langeweile unserer großstädtischen Bevölkerungen mühelos dahingenommene, Unterhaltung zu besorgen« (GS IV, S. 305).

Dem Nationalismus kommt in Wagners theoretischem System eine besondere Funktion zu. Wagner befürwortete zu keiner Zeit ausdrücklich ein politisch geeintes Deutschland, womöglich gar unter preußischer Führung (»die preußische Staatsidee« habe sich in den deutschen Staaten »weder gedeihlich noch rein ausbilden wollen«, befand er 1867; GS VIII, S. 104). Während er sich dem 1871 neugegründeten deutschen Reich ohne Resonanz anbot, hielt er es zugleich mit Bayern und schrieb über König

Ludwig II. Passagen, die an höfische Elogen aus dem 17. Jahrhundert erinnern. Doch abgesehen von solchem opportunistischen Verhalten spielte der nationalistische Gedanke in Wagners Idealvorstellung von einer reformierten Oper eine entscheidende Rolle. Von der Idee des »Volks« war sein Denken am stärksten durchdrungen; von seiner Erneuerung erhoffte er sich das Ende des Philisterpublikums und die Regeneration der gesamten Gesellschaft.

Wagners Nationalismus hatte dieselbe Funktion wie derjenige bei russischen und tschechischen Komponisten – sie brauchten diese Ideologie, um ihre nationale Musikkultur neben den übermächtigen kosmopolitischen Werken durchsetzen zu können. So wie Wagner die internationale Vorrangstellung der französisch-italienischen Oper vor der deutschen um die Jahrhundertmitte zu überwinden trachtete, so bemühte sich Tschaikowsky, seine Werke davor zu bewahren, daß sie von den deutsch-österreichischen Werken verdrängt wurden, nachdem diese in den 1860er Jahren zum Kern der meisten Orchesterrepertoires geworden waren. Wagner machte seinen Landsleuten zum Vorwurf, daß sie der französischen Sprache und der französischen Oper eine so zentrale Stellung in der deutschen Kultur einräumten; in *Deutsche Kunst und deutsche Politik* (1867) sprach er sogar von einem »Verrath[…] am deutschen Geiste« (GS VIII, S.41), als die Deutschen nach dem Befreiungskrieg gegen Napoleon, der schon ein gewisses Nationalgefühl entfacht habe, wieder in ihre ehemaligen frankophilen Verhaltensweisen zurückfielen. Er wollte auch partout nicht einsehen, daß viele Dinge in seinem eigenen musikalischen und dramatischen Stil französischen Ursprungs waren (siehe Laudon, 1979).

Wagners Nationalismus hing auch eng mit seiner Kritik an der Musikkultur zusammen. Die französische Kultur, besonders Paris, identifizierte er als Wurzel des musikalischen Philistertums: »Wenden wir daher von den Franzosen, bei denen wir Nichts wie Theater und theatralische Virtuosität zu gewahren hatten, uns jetzt nach Deutschland zurück.« (GS VIII, S.75) Den deutschen Geist hielt er in musikalischen Dingen für ernsthafter und den obersten künstlerischen Prinzipien um vieles treuer. Doch mit dem Nationalismus allein kam er bei seinem umfassenden und kühnen Plan zur Opernreform nicht weit genug. Daher berief er sich zusätzlich auf die alten Griechen, von denen sowohl der deutsche Geist abstamme als auch das Musikdrama, durch das das Volk am meisten zur Bewußtheit kommen würde. In *Was ist deutsch?* (1865) heißt es: »Durch das innigste Verständniß der Antike ist der deutsche Geist zu der Fähigkeit gelangt, das Reinmenschliche selbst wiederum in ursprünglicher Freiheit nachzubilden.« (GS X, S.41)

Wagners Antisemitismus, der in *Das Judentum in der Musik* (1850) am deutlichsten formuliert ist, stand in engem Zusammenhang mit seinem Nationalismus und seiner Opernreform. In *Was ist deutsch?* erklärte er: »In dieser sonderbaren Erscheinung des Eindringens eines allerfremdartigsten Elementes in das deutsche Wesen liegt mehr, als es beim ersten Anblick dünken mag.« (GS X, S.43) Damit meinte er die Überlagerung der deutschen Kultur durch die französische, für die sowohl die Juden als auch irregeleitete Herrscher wie Friedrich der Große verantwortlich zu machen seien und hinter der sich eine Geistesrichtung verberge, »welche im tiefsten Grunde das deutsche Wesen mißverstand« (GS X, S. 43). In seinem Verfolgungswahn glaubte er, daß die Juden eine Umgestaltung der Oper durch das Volk behinderten.

Wagners Antisemitismus war für die Zeit um die Jahrhundertmitte ungewöhnlich stark ausgeprägt. In der wichtigsten neueren Untersuchung zu diesem Thema von Jacob Katz, einem Spezialisten auf diesem Gebiet, wird dargelegt, daß nach der jahrhundertelangen Tradition der Diskriminierung von Juden in den liberalen 1850er und 1860er Jahren die Tendenz vorherrschte, sie in die deutsche Gesellschaft und Politik zu integrieren. In diesem Kontext wirkte Wagners blinder Antisemitismus, so Katz, »bizarr, eigensinnig und unzeitgemäß« (Katz, 1985); erst in den 1870er Jahren bildete sich eine antisemitische Bewegung heraus, die den Ausschluß der Juden aus der deutschen Kultur anstrebte. Katz glaubt, daß Wagners übermäßige Antipathie vor allem auf seine frühere Aversion gegen Meyerbeer zurückzuführen sei und daß sie sich von dem vulgären Antisemitismus grundsätzlich unterscheide, der sich in seinen späteren Jahren ausbreitete. Wagners extremer Ehrgeiz, mit dem er die Opernreform vorantrieb, spielte insofern bei der Herausbildung seines Antisemitismus eine Rolle, als in seinen Augen Meyerbeers Werk am sinnfälligsten zeigte, woran die Oper krankte.

Leitgedanke hinter seinen Ideen zu einer Opernreform war die gesellschaftliche Erneuerung, die »Regeneration«. Vereinfacht ausgedrückt bedeutete dies die Wiederherstellung des unverfälschten, ursprünglichen Geists der Gesellschaft durch das Ritual des Musikdramas; nur wenn man die Oper aus ihrer kranken Tradition herauslöste, würde sich die Gesellschaft regenerieren. Wagner gebrauchte den Begriff »Regeneration« allerdings je nach seinen momentanen geistigen Interessen in unterschiedlichen Bedeutungen. In *Deutsche Kunst und deutsche Politik* definierte er ihn im romantisch-nationalistischen Sinn; er kritisierte Friedrich den Großen für seine Ablehnung des Deutschen und forderte in diesem Zusammenhang »eine völlige Regeneration des europäischen Völkerblutes« und »eine Wiedergeburt des Völkergeistes« innerhalb des deutschen Theaters (GS VIII, S. 33). 1872 sprach er von einer Regeneration des Künstlerberufs und des Publikumsgeschmacks, die nur auf folgendem Weg zu erreichen sei: »so führe ich unsere Sänger zunächst eben auf den Ausgangspunkt ihrer jetzt so entarteten Kunst zurück, dorthin, wo wir sie als wirkliche Schauspieler noch antreffen« (GS IX, S. 202). Doch in *Über die Bestimmung der Oper* (1871) gab er sich weniger zuversichtlich und äußerte seine Zweifel daran, daß derartiges »auf dem weiteren Umwege der Annahme einer Regeneration unseres öffentlichen Geistes« zu erreichen sei (GS IX, S. 134).

Der Gedanke zieht sich wie ein roter Faden durch Wagners Schriften von Ende der 1870er bis Anfang der 1880er Jahre, in denen sich christliches Gedankengut, Sozialdarwinismus, Vegetarismus und Rassismus miteinander vermischten. In *Heldentum und Christentum* (1881) behauptete Wagner, die menschliche Rasse sei durch die Einführung tierischer statt der ursprünglichen pflanzlichen Nahrung degeneriert; »so waren wir nothwendig auf die Annahmen einer veränderten Grundsubstanz unseres Leibes gerathen, und hatten aus einem verderbten Blute auf die Verderbniß der Temperamente und der von ihnen ausgehenden moralischen Eigenschaften geschlossen« (GS X, S.275). Eine Regeneration, so Wagner, sei einerseits über eine vegetarische Diät zu erreichen, andererseits durch das reine Blut Christi. Man habe sich selbst »sehr gründlich […] in der einen Voraussetzung zu bestärken«, daß die »große Regeneration nur aus dem tiefen Boden einer wahrhaften Religion erwachsen könne« (GS X, S.243). Durch die heilsgeschichtlichen Wahrheiten und die mythischen Symbole der Religion könne die Gesellschaft wieder einmal ganzheitlich werden. Vor dem Hintergrund solcher Essays wie *Heldentum und Christentum* nimmt Wagners in der gleichen Zeit entstandene letzte Oper *Parsifal* eine ideologische Bedeutsamkeit an, die bisher nicht immer erkannt wurde.

WILLIAM WEBER

Wagner und die Griechen

Wagners Anfänge im Fach Griechisch an der Kreuzschule in Dresden, die er zwischen 1822 und 1827 besuchte, waren eigentlich vielversprechend. Als aber die Familie wieder nach Leipzig zog, blieb er in seinen Leistungen zurück und wurde sogar um eine Klasse zurückversetzt, weil ihm die Musik kaum mehr Zeit für andere Dinge ließ. 1830 nahm er Privatunterricht in Griechisch, was allerdings wenig brachte; Wagner schob die Schuld auf eine nahegelegene Gerberei, deren Geruch seine empfindliche Nase angeblich allzusehr störte. Während seines Aufenthalts in Paris zwischen 1839 und 1842 erwachte sein Interesse an den Griechen von neuem, zum Teil durch seine Freundschaft mit Samuel Lehrs, einem beschlagenen Altphilologen. Lehrs hielt ihn allerdings von dem Vorhaben ab, sich die Literatur in der Originalsprache anzueignen, und warnte ihn, daß das eine allzu langwierige Beschäftigung und ihm mit Übersetzungen wohlgedient sei – er solle sich lieber auf seine Musik konzentrieren. Lehrs hatte recht: Wagner war schließlich kein Wissenschaftler, bewies aber großes Geschick im Umgang mit deutschsprachigen Ausgaben.
Ab 1843 konnte Wagner als Königlich Sächsischer Hofkapellmeister in Dresden sein literarisches Wissen weiter ausdehnen. Während des fruchtbaren Sommers von 1847, in dem er den *Lohengrin* beendete, erlebte er im Bereich der griechischen Literatur eine Offenbarung. Er las Aristophanes in J.G. Droysens Übersetzung, danach verschiedene Dialoge Platons und später auch die *Odyssee;* am meisten beeindruckte ihn jedoch Aischylos, den er ebenfalls in der Übersetzung Droysens kennenlernte. In seiner Autobiographie bekennt er, daß er sich nach dieser Erfahrung nie mehr mit der modernen Literatur habe anfreunden können; seine Begeisterung für griechische Dichtung ließ tatsächlich niemals nach. Der Übereifer, mit

dem er sich nach der ersten Begegnung 1868 auf den vierundzwanzigjährigen Nietzsche stürzte, zeigt, wie sehr er sich darüber freute, einen professionellen Kenner des klassischen Altertums kennenzulernen, der sein Werk bewunderte. Nachdem Nietzsche das Manuskript seiner *Geburt der Tragödie* Wagner und Cosima vorgelesen hatte, fügte er – nicht gerade zum Vorteil des Buches – einen zusätzlichen Teil an, worin er darlegt, daß das Wagnersche Musikdrama die Wiedergeburt der klassischen Tragödie verkörpere. Wagner war darüber natürlich hocherfreut, und während der Kontroverse, die sich nach Erscheinen des Werks erhob, verteidigte er Nietzsche in einem offenen Brief an diesen. Noch 1880 las Wagner, als er sich bei Neapel aufhielt, aus der *Orestie* vor, und Cosima schrieb in ihr Tagebuch (23. Juni 1880), noch nie habe sie ihren Gatten so verklärt gesehen.

In den frühen Opern ist der griechische Einfluß nur in geringem Maß spürbar. Wagner machte sich (und anderen) gerne vor, *Der fliegende Holländer* und *Tannhäuser* hätten etwas von der *Odyssee* oder der *Lohengrin* etwas von der Semele-Sage, doch die Ähnlichkeiten, falls überhaupt vorhanden, sind nur sehr entfernt. Bei den *Meistersingern* mag man an die *Frösche* von Aristophanes denken, den Wagner besonders bewunderte – beide Werke handeln von Dichterrivalitäten und Auseinandersetzungen um künstlerische Prinzipien –, doch auch hier handelt es sich nur um eine eher oberflächliche Ähnlichkeit. Und wenn Wagner nicht selbst geschrieben hätte, daß Hans Sachs' Schlußansprache durch den versöhnlichen Schluß von Aischylos' *Eumeniden* inspiriert worden sei, wäre wohl niemand auf diesen Gedanken gekommen. Die flüchtige Ähnlichkeit zwischen der Handlung von *Tristan* und *Hippolytos* von Euripides ist unerheblich; und wie unterschiedlich ist erst die Behandlung! Den Gedanken aus dem *Parsifal*, daß eine Wunde nur durch den Speer, durch den sie beigebracht wurde, wieder geheilt werden könne, scheint Wagner der Telephos-Sage entnommen zu haben, die Euripides als Sujet für ein verlorengegangenes Drama verwandte und die Goethe in seinem *Tasso* erwähnt. Wagner hat ihm jedoch eine symbolische Bedeutsamkeit gegeben, die seine eigene, dem griechischen Denken völlig fremde Auffassung von der erlösenden Kraft der Liebe zum Ausdruck bringt.

Im Aufbau des *Ring*-Textbuches, mit dem Wagner 1848 begann, spielt Aischylos eine wichtigere Rolle; frei nach Aristoteles läßt sich sagen, Wagner habe hier den Inhalt nordischer Sagen in eine griechische Form gebracht. Die Idee der Tetralogie ist griechischen Ursprungs; für die »tragischen Wettbewerbe« verfaßten drei Tragödiendichter je drei Tragödien, hinzu kam – Tribut an die leichte Muse – jeweils ein sogenanntes Satyrspiel mit seinem Chor von Satyrn. Aischylos schrieb häufig eine ganze Trilogie zu einem übergeordneten Thema, wobei sogar das Satyrspiel mit den Tragödien thematisch lose verknüpft war. Eine dieser Tragödientrilogien, die *Oresteia (Orestie)*, ist vollständig erhalten; sie besteht aus den drei Tragödien *Agamemnon*, *Choephoroi* und *Eumenides*. Das dazugehörige Satyrspiel ist allerdings verschollen. Die Art und Weise, wie Aischylos die

Geschichte der Blutrache im Hause des Atreus mit einer kosmischen Bedeutung ausstattet, inspirierte offensichtlich auch Wagner. Außerdem verwendet Aischylos besonders bei den Chören Themen, die in der ganzen *Orestie* wiederzufinden sind; häufig ist ein solches Thema mit einem bestimmten Bild verbunden. Zwischen diesem Vorgehen und Wagners Gebrauch von Leitmotiven zur Kennzeichnung der Wiederkehr verschiedener Hauptthemen in seiner Tetralogie besteht ganz offensichtlich eine gewisse Verwandtschaft – man denke an den Ring, den Fluch, die Riesen, die Liebe usw. Auch wenn Wagner das Leitmotiv nicht erfunden hat (siehe »Wagner-Glossar«, S. 248), so war er zumindest der erste, der die Technik so subtil und extensiv verwendete, und es sieht so aus, als ob er durch die Beschäftigung mit seinem Lieblingsautor dazu angeregt wurde.

So gesehen ist der Einfluß der *Orestie* auf den Aufbau des *Rings* beträchtlich. Ein Versuch aus neuerer Zeit (Ewans, 1982), zu zeigen, daß sie sich auch auf Einzelheiten des Handlungsgangs ausgewirkt hat, ist jedoch nicht gelungen (Lloyd-Jones, 1982); das Aischylos-Werk, das den *Ring* in dieser Hinsicht am stärksten prägte, ist *Der gefesselte Prometheus*.

Dieses Drama war in der Romantik äußerst beliebt. Es ist als einziges aus der dazugehörigen Trilogie erhalten; von der *Befreiung des Prometheus*, die unmittelbar auf den *Gefesselten Prometheus* gefolgt sein muß, existieren noch größere Fragmente. Das dritte Drama gibt nur Rätsel auf; nicht einmal den Titel weiß man sicher. *Prometheus* unterscheidet sich stilistisch, sprachlich und metrisch in vielerlei Hinsicht von anderen erhaltenen Aischylos-Werken, woraus viele Wissenschaftler folgern, daß das Werk nicht von Aischylos sein könne; allerdings ist nicht auszuschließen, daß Aischylos wie andere große Dichter auch in der Lage war, in unterschiedlichen Stilen zu schreiben. Für uns ist freilich weniger die bestmögliche Rekonstruktion der Trilogie von Belang als die Rekonstruktion, die Wagner mit Droysens Übersetzung vorlag.

Droysen ging davon aus, daß *Der gefesselte Prometheus* an zweiter Stelle stand und daß das erste Drama der Trilogie von Prometheus' Raub des Feuers und der Weitergabe des Feuers an die Menschen handelte. Zu Beginn des erhaltenen Dramas schmiedet der Feuergott Hephaistos im Auftrag von Zeus Prometheus auf unbestimmte Zeit an einen einsamen Felsen im Kaukasus. Prometheus tröstet sich mit dem Wissen, daß er in ein Geheimnis eingeweiht ist – seine Mutter, die Erdgöttin, hat es ihm einst anvertraut –, wodurch er Zeus früher oder später in der Hand haben wird. Eines Tages werde Zeus sich mit einer Frau verbinden, die dazu bestimmt sei, einen Sohn zu gebären, der mächtiger sein würde als sein Vater. Auf den ersten Blick ist Athene diejenige Figur aus der griechischen Mythologie, die Brünnhilde am meisten ähnelt; beide sind Kämpferinnen und Lieblinge ihres Vaters. Und auf den ersten Blick ist Loge die Figur aus der altnordischen Mythologie, die Prometheus am meisten ähnelt; beide sind Handwerker und haben mit Feuer zu tun, und beide haben sich den anderen Göttern entfremdet. Aber auch untereinander haben Brünnhilde und Prometheus einiges gemeinsam. Beide sind Kind einer Erdgöttin, die

die Zukunft voraussagen kann. In der altnordischen Mythologie gibt es aber gar keine solche Göttin – das heißt, daß Erda kurzerhand aus der griechischen Religion übernommen wurde. Im *Rheingold* ist sie in dem Moment, als sie erscheint, um Wotan vor der Einbehaltung des Rings zu warnen, nur zur Hälfte (mit dem Oberkörper über dem Boden) sichtbar – ein Merkmal der griechischen Erdgöttin, das Wagner auf griechischen Vasen beobachtet haben könnte. Sowohl Brünnhilde als auch Prometheus trotzen dem Herrscher über die Götter, woraufhin ein Feuergott den Auftrag erhält, sie auf unbestimmte Zeit gefangenzuhalten. Beide freunden sich mit einer schwangeren, verzweifelten und vom höchsten Gott verfolgten Frau an und helfen ihr; Brünnhilde wird später von Sieglindes Sohn befreit, Prometheus von Herakles, einem Nachfahren der sterblichen Prinzessin Io.

Die Verwendung von Zügen des Prometheus in der Figur der Brünnhilde ist von äußerster Wichtigkeit; denn zu der Neuerung, daß Wotan die Wälsungen sich vermehren läßt, damit er den Ring wiederbekommt, kommt nun hinzu, daß durch Brünnhilde Siegfrieds Schicksal mit dem Schicksal Wotans verknüpft ist. In der *Völsungasaga* werden die Götter, die Wotan und Loge entsprechen, von Feinden gefangengenommen, weil die Loge-Figur einen ihrer Brüder getötet hatte. Um sich freikaufen zu können, brauchen sie Gold, das sie wiederum der Alberich entsprechenden Figur entwenden. Bei Wagner hingegen wird das Gold als Lohn für die Errichtung Walhalls gebraucht.

Diese Änderung ist deshalb so wesentlich, weil Wagner damit aus dem nordischen Mythos nach dem Vorbild der *Orestie* eine Geschichte um Schuld und Sühne machen konnte. In der *Orestie* spielt Thyestes' Fluch über das Haus des Atreus eine wichtige Rolle, ähnlich wie der Fluch des Pelops über das Haus des Laios in Aischylos' thebanischer Trilogie; gleiches gilt für Alberichs Fluch im *Ring*. Während Wagner am *Ring*-Text arbeitete, war er gerade mit der Abfassung seiner theoretischen Schriften beschäftigt, in denen die griechische Kunst im Mittelpunkt steht. Die Kunstgeschichte, so Wagner, bestehe aus einer Kette von unabhängigen Gliedern, und weil die griechische Kunst das erste Glied dieser Kette darstelle, sei ein Fortschritt in der modernen Kunst nur dann möglich, wenn wir unser Verhältnis zu den Griechen definieren. Anders als der Großteil der zeitgenössischen Kunst diene die griechische Tragödie nicht einfach der Unterhaltung, sondern sei eher ein religiöses Ritual; ihr Stoff sei die Sage, die als eine Hervorbringung des Volkes dessen überliefertes Wissen in sich berge. Die Tragödie sei ein Gesamtkunstwerk, an dem Wort, Musik und Tanz gleichermaßen beteiligt seien; alles sei das Werk einer einzigen Person, die nicht nur Text und Musik schreibe und die Tänze choreographiere, sondern auch mit dem Mitwirkenden alles einübe und die Aufführung leite (siehe »Wagner-Glossar«, Stichwort »Gesamtkunstwerk«, S. 246).

Die griechische Tragödie war tatsächlich Teil eines religiösen Akts, doch ihre Religion unterschied sich ganz wesentlich vom Christentum; und Unterhaltung gehörte auf jeden Fall dazu. Wie stark war nun Wagner von der griechischen Religion und vom griechischen Denken tatsächlich beeinflußt? Eigentlich kaum. Die *Orestie* und sogar die Prometheus-Trilogie endeten mit einem unverändert mächtigen Zeus; der Gedanke, daß der Herrscher über das All, dessen wichtigstes Attribut nicht Güte, sondern Macht war, durch einen milderen, sanfteren Herrscher ersetzt werden könnte, war dem griechischen Denken zumindest in archaischer und klassischer Zeit völlig fremd.

Die Weltordnung, wie sie sich Wagner unter dem Einfluß der Junghegelianer und später von Sozialisten und Anarchisten vorstellte, hatte mit der Welt der griechischen Tragödie wenig zu tun. Außerdem lagen seinen eigenartigen christlich-religiösen Überzeugungen zwei Faktoren zugrunde: erstens sein rousseauscher Glaube, daß die natürlichen Regungen des Menschen gut sein müssen, und zweitens sein romantischer Glaube an die Erlösung durch die Liebe der Frau. Ersterer untergräbt die Rolle von Schuld und Verantwortung, ohne die die Tragödie ihren Sinn verliert, und letzterer führt eine Empfindungsweise ein, die mit dem griechischen Denken überhaupt nichts gemein hat.

HUGH LLOYD-JONES

Wagner und die Juden

So scharf und so individuell gefärbt Wagners Antisemitismus auch war, stellte er doch keine Ausnahmeerscheinung dar. Vielmehr sollte er als eine besonders ausgeprägte Manifestation einer weit zurückreichenden Tradition angesehen werden, die im Zusammenhang mit dem deutschen Nationalismus des 19. Jahrhunderts zu neuer Blüte kam. Der Antisemitismus war im Mittelalter, im Zeitalter der Reformation (Luther hatte das Niederbrennen der Synagogen gefordert) und noch während der Aufklärung weit verbreitet. Sogar die Emanzipations- und Reformbewegungen des ausgehenden 18. Jahrhunderts trugen dazu bei, daß der Antisemitismus in den künftigen Jahrzehnten wieder zunahm. Die Nationalismuswelle des 19. Jahrhunderts, die Suche des deutschen Volkes nach einer nationalen Identität brachte es aber mit sich, daß man das Gemeinsame feierte und als fremd empfundene Elemente verteufelte.

Gemäß der »völkischen« Ideologie, die sich während der ersten Regungen eines Nationalbewußtseins im 18. Jahrhundert herausgebildet hatte, galten Juden als zutiefst undeutsch. Weil diese völkische Ideologie eine Rückkehr zu einer mythischen, ursprünglichen Welt anstrebte, die von Bauern mit reinem deutschem Blut bevölkert sein sollte, waren die Juden, als ruhelos und unstet verschrien, automatisch Außenseiter. Es war keineswegs nur eine traditionalistische Randgruppe, die so dachte; selbst unter Liberalen und anderen fortschrittlich Gesinnten war das die herrschende Meinung. Mittelständische Liberale, die im frühindustriellen Deutschland angesichts der drohenden Proletarisierung um ihre gesellschaftliche Stellung fürchten mußten, waren nicht weniger geneigt, Ressentiments gegen eine Außenseitergruppe zu schüren und diese zum Sündenbock zu machen.

Das war der ideologische Hintergrund, vor dem Wagner mit seinem berüchtigten Aufsatz *Das Judentum in der Musik* (1850) Stellung bezog. Im Ton kaum verhohlener Rassenhetze attackierte er jüdische Künstler, die aus purer Gewinnsucht und aus Mangel an eigener Kultur die Kunst des Gastlandes nur imitieren könnten. Meyerbeer wurde (wenn auch nicht namentlich) als paradigmatischer jüdischer Komponist trivialer Unterhaltungsmusik für ein abgestumpftes Publikum herausgegriffen. Wer wahrhaft deutsch empfinde – so Wagner –, den müsse die unangenehme äußere Erscheinung der Juden abstoßen, die »zischenden« und »schrillenden« Laute ihrer Sprache und das wirre »Gelabber«, das in ihren Synagogen zu hören sei. Nur wenn sie aufhörten, Juden zu sein, könnten sie erlöst werden.

Abgesehen von solcher Rassenhetze, die ganz den traditionellen antisemitischen Stereotypen entsprach, stellte Wagner eine These von einer gewissen Originalität auf. Nach seiner Vorstellung wurden die jüdischen Künstler durch ihre Wurzellosigkeit daran gehindert, sich auf natürliche Weise zu artikulieren und innerste Empfindungen und Emotionen des deutschen Volks zum Ausdruck zu bringen. Ihre Kunst könne daher niemals so tief in die Seele eindringen, wie Wagner es von der wahren Kunst verlangte; sie bleibe immer an der Oberfläche.

In Wagners Schmähschrift klingen auch persönliche Haßgefühle an, die man allerdings richtig einschätzen muß. Wie er in einem Brief an Liszt vom 18. April 1851 zugab, war er über das Maß des Erträglichen hinaus durch »diese Judenwirthschaft« und »ihr verfluchtes geschreibe« gereizt worden. Insbesondere Meyerbeer, dieser doch so »ewig liebenswürdige, gefällige mensch«, erinnerte ihn »an die unklarste, fast möchte ich sagen lasterhafteste periode meines lebens; das war die periode der konnexionen und hintertreppen«. Mit diesem Hinweis auf seine zutiefst entmutigende und demütigende Pariser Zeit (1839–1842), als es ihm einfach nicht gelingen wollte, *die* Musikstadt der Welt auf sich aufmerksam zu machen, deutet Wagner freimütig auf eine brennende Wunde, in die immer wieder Salz gestreut werde, »wenn ich auf die irrthümliche Ansicht selbst vieler meiner freunde stoße, als habe ich mit Meyerbeer irgend etwas gemein«.

Das Judentum in der Musik war also ein Akt von Exorzismus und zugleich der Versuch, manche Dinge zu erklären. Der Aufsatz wäre jedoch nie geschrieben worden – zumindest nicht in dieser Form –, wenn Wagners persönliche Erfahrungen nicht mit einer bestimmten historischen Situation zusammengetroffen wären. Hierin liegt auch der Grund dafür, daß sich Wagners lebenslang beibehaltener Antisemitismus in seiner Zeit und noch in späteren Zeiten so stark auswirkte. Wagners Unsicherheiten und Frustrationen spiegelten die Gefühle der gesamten deutschen Gesellschaft wider; er sprach seinen Landsleuten aus der Seele. In späterer Zeit verliehen seine Berühmtheit und sein Charisma seiner Botschaft ihr besonderes Gewicht.

Als Wagner sich entschloß, *Das Judentum in der Musik* 1869 wieder zu veröffentlichen, äußerten Nahestehende Bedenken, darunter Cosima, die selbst nicht gerade Philosemitin war. Ihre Befürchtungen waren berechtigt: Die antisemitischen Ressentiments, die im Lauf des 19. Jahrhunderts in der endlosen Diskussion um die »Judenfrage« offenbar geworden waren, hatten Ende der 1860er Jahre vor allem infolge des rapiden Wirtschaftswachstums zwischen 1848 und 1873 ein wenig nachgelassen. Erst der Börsenkrach von 1873 und die nachfolgende, zwei Jahrzehnte lang anhaltende Depression nährten wieder die Vorurteile gegen nationale und religiöse Minderheiten. Auch die Aufhebung rechtlicher Beschränkungen für Juden, die 1874 als Nachwirkung der Einigung Deutschlands erfolgte, konnte den Rassenhaß nicht eindämmen; im Gegenteil, die Spannungen verschärften sich noch.

Wagner vergaß dabei nie die praktischen Konsequenzen, die eine Ausgrenzung der beträchtlichen und einflußreichen jüdischen Gruppe aus der musikalischen Gemeinschaft hätte. Als er es 1880 ablehnte, Bernhard Försters »Massenpetition gegen das Überhandnehmen des Judentums« zu unterschreiben, tat er das vor allem im eigenen Interesse. Wie Hans von Bülow sich ausdrückte: »Der Meister habe zwar das Feuer geschürt, aber andere sich daran die Finger verbrennen lassen.« Außerdem hielt Wagner solche öffentlichen Kampagnen für unter seiner Würde; lieber wollte er auf höherem Niveau aktiv werden, das heißt über die theoretische Auseinandersetzung oder gleich in der künstlerischen Darstellung.

Was letzteres betrifft, so war man sich zunächst lange darin einig, daß Wagners Werke von seiner Rassenlehre unberührt geblieben seien. In den letzten Jahren kamen in diesem Punkt jedoch immer mehr Zweifel auf. Gutman (1968) und Zelinsky (1978) verwiesen auf dunklere, von Rassendünkel und Antisemitismus gefärbte Zwischentöne im *Parsifal*, während ich selbst (Millington, 1984, 1988, 1991; siehe auch »Das musikalische Werk«: *Die Meistersinger*, S. 326 ff., und *Parsifal*, S. 331 ff.) zeigen konnte, wie Wagners Ideen der Rassenreinheit und Regeneration, die er in seinen letzten Jahren äußerte, in das gesamte ideologische System seines Spätwerks eingingen. Paul Lawrence Rose legte in einer aufschlußreichen Untersuchung zu diesem Thema dar (1992), inwiefern schon in *Tristan und Isolde* Wagners Ideologie wirksam ist.

Wagners Antisemitismus war in seinen letzten Lebensjahren, zum Teil unter dem Einfluß Graf Gobineaus (siehe »Who's who«, S. 28), gewissen Veränderungen unterworfen und nahm Züge der Rassentheorie an, die mit den bekannten katastrophalen Folgen in der Wilhelminischen Ära und in der Nazizeit weiterentwickelt wurde. Doch nicht einmal von diesen neuen antisemitischen Gedanken, die fast auf jeder Seite von Cosima Wagners Tagebüchern getreu wiedergegeben werden, ließen sich seine jüdischen Anhänger abschrecken – unter ihnen Joseph Rubinstein, Hermann Levi und Heinrich Porges (siehe »Who's who«, S. 30 und 33). Sie scharten sich um Wagner, wie es schon andere Juden vor ihnen getan hatten. Der pseudowissenschaftliche Charakter seines Alters-Antisemitismus nahm Wagners Judenfeindlichkeit ein wenig das Persönliche. Wo er früher gezielt einen Meyerbeer oder einen Mendelssohn Bartholdy angegriffen hätte, wurden die semitischen Kollegen jetzt nur noch pauschal als

Repräsentanten des »Judentums« angegriffen und als Bürger zweiter Klasse gebrandmarkt. Diese zumindest für seine Verhältnisse einigermaßen »sachliche« Sicht und das Phänomen des »jüdischen Selbsthasses« (siehe Gay, 1978), aus dem heraus von Schuldgefühlen getriebene Juden in einer Art Heilserwartung an ihn herantraten (damit – wie der Antisemit Karl Eugen Dühring es ausdrückte – ihnen die Kardinalsünde ihres Jüdischseins vergeben würde), könnten den häufig festgestellten irritierenden Tatbestand erklären, daß Wagner so viele jüdische Freunde hatte. Mit der Frage, was sie zu Wagner hinzog, stößt man zum Kern der Sache vor. Das Gefühl des Ausgeschlossenseins, das sich aus ihrer historischen und kulturellen Situation erklärt, veranlaßte sie, sich gerade der Form einer Volkskultur anzuschließen, die auf Mythologie und dem wiederbelebten »deutschen Geist« beruhte und von Wagner symbolisiert wurde. Es war die Fülle kulturellen Erlebens, die Wagner verhieß, wodurch sich die von ihm am meisten verachteten Menschen zu ihm hingezogen fühlten, obwohl – oder weil – diese Kultur so offensichtlich von der »Blut-und-Boden«-Ideologie durchsetzt war.

BARRY MILLINGTON

Wagners Mittelalterbild

Mittelalterliche Literatur ist grundsätzlich aristokratisch. Die Probleme ritterlichen Lebens werden mit einer Direktheit und einem ethischen Bewußtsein thematisiert, wie sie für die Zeit typisch sind. Später verkam die Darstellung des Ritterideals zum bloßen Nacherzählen von Abenteuern, die zunehmend zu Donquichotterien gerieten. Dichter wie Hartmann von Aue und Wolfram von Eschenbach mußten hierfür zwangsläufig öfter herhalten als Gottfried von Straßburg; verbotene Liebe war zu jeder Zeit ein beliebtes Thema. Der Großteil der mittelalterlichen Handschriften blieb jedoch über Generationen hinweg bis zur Wiederentdeckung in der zweiten Hälfte des 18. Jahrhunderts in Vergessenheit. Zunächst befaßte man sich aus rein philologischem Interesse mit den Texten; erst die deutschen Romantiker begannen sie Anfang des 19. Jahrhunderts auch literarisch zu verwerten.

Die Romantik entstand in Deutschland als Gegenbewegung zum skeptizistischen und utilitaristischen Geist der Aufklärung mit ihrem dogmatischen Rationalismus. Zugleich bildete sich ein neues Nationalbewußtsein heraus, das nicht zuletzt durch die Befreiungskriege von 1813 bis 1815 und die nachfolgende Restauration verstärkt wurde. Man sehnte sich nach einem geeinten Deutschland, das so mächtig und hochangesehen war wie zur Zeit der Staufer im 12. und 13. Jahrhundert. Die vorherrschende Stimmung war eine allgemeine Unzufriedenheit mit der Gegenwart und eine Nostalgie, die sich insbesondere (wenn auch nicht ausschließlich) auf das Mittelalter richtete. Zahlreiche Frühromantiker, darunter Tieck, Immermann und Hoffmann, machten Anleihen bei epischen und lyrischen Gedichten des Mittelalters, um eine verlorengegangene Welt religiöser Mystik und tugendhafter Liebe heraufzubeschwören.

Doch nicht nur Dichter, sondern auch Librettisten griffen solche und ähnliche Themen auf, sehr zum Verdruß Heinrich Heines, der sich mit gewissem Recht über den beständigen »Singsang von Harnischen, Turnierrossen, Burgfrauen, ehrsamen Zunftmeistern, Zwergen, Knappen, Schloßkapellen, Minne und Glaube, und wie der mittelalterliche Trödel sonst heißt« beklagte. »Das deutsche Mittelalter […] tritt am hellen, lichten Tage in unsere Mitte und saugt uns das rote Leben aus der Brust.« (*Die romantische Schule,* in: Heinrich Heine, *Werke,* hrsg. von Helmut Schanze, Frankfurt a.M. 1968, Bd.IV, S.274 und S.290)

Wagner blieb nicht bei oberflächlichem mittelalterlichem Kolorit stehen. Sein tiefergehendes Interesse hatte er dem Philologen Samuel Lehrs zu verdanken, der wie viele Gelehrte seiner Zeit sowohl in der klassischen Antike als auch im Mittelalter bewandert war und unter dessen Anleitung sich Wagner wahrscheinlich im Winter 1841/42 in Paris mit seinem ersten mittelalterlichen Sujet vertraut machte – *Tannhäuser.* In den 1840er Jahren eignete sich der Komponist mit unermüdlichem Fleiß mittels Übersetzungen und Schriften damals namhafter, heute zumeist vergessener Männer mittelalterliches Gedankengut an – zu nennen wären Namen wie Christoph Theodor Leopold Lucas, Jacob und Wilhelm Grimm, Georg Gottfried Gervinus, Karl Lachmann, Karl Simrock, Friedrich Heinrich von der Hagen, Ludwig Ettmüller, Carl Wilhelm Göttling und Franz Joseph Mone. Dabei stieß Wagner nicht nur auf das *Tannhäuser*-Sujet, sondern auch auf den Stoff zum *Lohengrin,* zum *Ring,* für *Tristan und Isolde, Die Meistersinger von Nürnberg* und *Parsifal;* mit anderen Worten, sein Lebenswerk wurde praktisch schon in den 1840er Jahren in Dresden festgelegt.

Zu den wichtigsten Themen, die Wagner aus den mittelalterlichen Texten übernahm, gehören die Unentrinnbarkeit des Schicksals, die Unberechenbarkeit der Frau und die destruktive Natur der Liebe. »Engi má vid skopum vinna« – »niemand kann sich seinem Schicksal widersetzen«, verkündet der sterbende Sigurd in der *Völsungasaga* – ein fatalistisches Credo, das sich durch Wagners spätere Musikdramen zieht und zumindest im Fall des *Parsifal* beunruhigende Fragen hinsichtlich der Wahl des Helden zum vorbestimmten Herrscher über die Gralsgemeinschaft aufwirft.

Mittelalterliche Autoren konnten Eva niemals verzeihen, daß sie Gottes Gebot im Paradies mißachtet hatte; Frauen waren in ihren Augen von Grund auf schlecht und taten immer genau das, was sie nicht tun sollten. Diese mittelalterliche Überzeugung klingt bei der Charakterisierung einiger weiblicher Wagner-Figuren an: Elsa, die ohne Rücksicht auf schreckliche Konsequenzen die verbotene Frage stellt; Brünnhilde, die sich weigert, den Ring auszuhändigen, obwohl sie ganz genau weiß, daß sie damit die Götter und die Welt retten könnte; Isolde, die Brangänes Warnung in den Wind schlägt und in König Markes Garten die Fackel löscht, und Kundry, die trotz des Leidens, das sie damit verursacht, in Klingsors Reich zurückkehrt, um die Gralsritter zu verführen. Außerdem ist es in allen Fällen die Liebe, die die Figuren für die Unvernunft ihrer Taten blind macht

– eine destruktive, dämonische Liebe, die Wagner aus seinem mittelalterlichen Quellenmaterial übernahm. Für Gottfried von Straßburg war Liebe »daz honegende gellet, / daz süezende siuret, / daz touwende viuret, / daz senftende smerzet« (Gottfried von Straßburg, *Tristan*, hrsg. von Friedrich Ranke, Dublin / Zürich 1970, Z. 11884–11887, S. 149). Und auch Wagner nannte als Thema von *Tristan und Isolde* »die Liebe als furchtbare Qual« (Brief an August Röckel vom 23. Aug. 1856).

Diese Auffassung vom destruktiven Wesen der Liebe war zwar Ende des 12. Jahrhunderts und Anfang des 13. Jahrhunderts in Deutschland vorherrschend, gleichzeitig gab es jedoch die andere Meinung, daß sie erzieherische, inspirative Qualitäten habe. Während erstere auf die klassische Antike, namentlich auf Ovid zurückgeht, kann letztere zumindest zum Teil auf provenzalische Vorbilder aus dem 12. Jahrhundert zurückgeführt werden. Daraus entstand eine Liebesdichtung (der Minnesang), deren Grundkonstellation die außereheliche, platonische Beziehung zwischen dem Dichter-Ritter und seiner meist als gesellschaftlich höherstehend dargestellten Angebeteten war. Die Liebe zu ihr sollte im Dichter den Sinn für höfische Ideale wie Ehre, Treue und Milde wecken, doch die Einseitigkeit des Verhältnisses wurde offensichtlich als unbefriedigend empfunden; zumindest in Deutschland hielt sich diese Form nicht lange. Anfang des 13. Jahrhunderts hatte sich eine neuere Gattung erotischer Dichtung durchgesetzt (die »nidere minne« im Gegensatz zur älteren »hôhe minne«), in der die Geliebte dem Dichter gesellschaftlich unterlegen ist, ein Bauernmädchen, dem er typischerweise im Frühling begegnet. Gleichzeitig wurde auch noch die alte Vorstellung von der Liebe als einer dunklen, dämonischen Kraft von deutschen mittelalterlichen Dichtern gepflegt, so daß schließlich oftmals beide Möglichkeiten – sowohl die destruktive als auch die erzieherische Eigenschaft der Liebe – in ein und demselben dichterischen Werk zu finden sind. Was dem Leser des 20. Jahrhunderts widersprüchlich vorkommen muß, störte offensichtlich das ästhetische Empfinden der Zeitgenossen Wolframs oder Gottfrieds nicht im geringsten; schließlich geht es hier auch nicht um persönliches Engagement, sondern um rhetorische Formeln.

Es muß allerdings darauf hingewiesen werden, daß Wagner in seinem Textbuch des *Tannhäuser* davon ausgeht, daß die Teilnehmer des Sängerkriegs in der Wartburg nicht nur ihre persönliche Meinung vertreten, sondern auch bereit sind, den eigenen Standpunkt mit dem Schwert zu verteidigen. Davon abgesehen ist es beeindruckend, wie genau Wagner über die verschiedenen Typen mittelalterlicher Lyrik Bescheid wußte und wie er sie den verschiedenen Anfang des 13. Jahrhunderts am Thüringer Hof versammelten Dichtern zuordnete: Reinmar und Walther von der Vogelweide schrieben tatsächlich besinnliche Liebesgedichte im Stil der »hôhe minne«; in ihren Beiträgen zum Sängerwettstreit im zweiten Akt besingen sie entsprechend die Liebe als Quelle aller Tugend.

Der historische Tannhäuser trat andererseits erst dreißig Jahre nach den im mittelalterlichen *Wartburgkrieg* geschilderten Ereignissen in Erscheinung. (Die aus der zweiten Hälfte des 13. Jahrhunderts stammende Dichtung beschreibt Ereignisse, die sich 1206/07 zugetragen haben sollen; allerdings wurde die historische Authentizität des Texts schon öfter angezweifelt.) Inzwischen hatte die »hôhe minne« längst an Anziehungskraft eingebüßt; die »nidere minne« war wieder gefragt, wie Wagners Minnesänger mit seinem Eintreten für die erotische, ja sexuelle Liebe deutlich macht. Höchstens im Fall Wolframs von Eschenbach könnte Wagners Charakterzeichnung auf Widerspruch stoßen, obwohl man es eher Wagners Zeitgenossen ankreiden müßte als ihm, daß Wolfram als Repräsentant einer keuschen, frommen Demut in Liebesangelegenheiten galt. Wenn auch im *Tannhäuser* diese romantische Form der Liebe den Sieg davonträgt, so sollte dieser Sieg nur von kurzer Dauer sein; denn in den weiteren Werken Wagners kommt eher die zerstörerische Kraft der Liebe zum Tragen, die wahrscheinlich die wichtigste thematische Verbindung zwischen seinem Œuvre und den mittelalterlichen Quellen darstellt und ihn von seinen romantischen Vorläufern unterscheidet. Sogar *Die Meistersinger von Nürnberg*, ein Werk, mit dem Wagner sich eher an der Renaissance orientiert als an mittelalterlichen Texten, hat wieder das gleiche Thema – Sachs schwört seiner Liebe zu Eva ab und flüchtet sich in die Kunst. Mit den Worten Kurwenals ist die Liebe »der Welt holdester Wahn« – ein Wahn, den Sachs für das Leid der Welt verantwortlich macht und dem die Gralsritter auf ihrer Suche nach dem höchsten Gut, dem Frieden, welcher höher ist denn alle Vernunft, abschwören.

STEWART SPENCER

Mit der Eröffnung der ersten Bayreuther Festspiele 1876 erlebte Wagner, wie ein Ideal, das er fast dreißig Jahre lang vor Augen hatte, endlich Wirklichkeit wurde. Seine Unzufriedenheit mit den Bedingungen, die er am Dresdner Hoftheater vorgefunden hatte, brachte ihn auf die Idee, eine Opernreform auszuarbeiten und 1848 seinen *Entwurf zur Organisation eines deutschen Nationaltheaters für das Königreich Sachsen* vorzulegen. Die Ablehnung seines Plans, die sächsischen Theater von reinen Vergnügungsstätten in staatlich subventionierte Zentren hoher Kunst umzuwandeln, stachelte seinen revolutionären Eifer nur an. Nach seiner Flucht aus Dresden im Mai 1849 entwickelte er aus seinem wiedererwachten Interesse an griechischer Literatur, insbesondere an Aischylos' *Orestie* und *Prometheus* (in der Rekonstruktion Droysens, siehe »Wagner und die Griechen«, S. 167 ff.), eine utopische Vision von einem Kunstwerk der Zukunft jenseits der billigen Schaustellerei und des leeren Virtuosentums, die seiner Ansicht nach die zeitgenössischen Opern in Deutschland kennzeichneten.

Vom griechischen Ideal, das Droysen vermittelte, übernahm er die Vorstellung vom Mythos als der »fons et origo« der Tragödie und von einem nationalen Festspiel, das das Land in einer Art Gemeinschaft öffentlicher

Bayreuth und die Festspiel-Idee

Interessen eine. Sein hegelianischer Standpunkt bewahrte Wagner davor,
zu glauben, daß das griechische Ideal jemals wiederbelebt werden könnte,
und daher war es auch kein antiker Mythos, den er als Träger für seine
revolutionäre Kunst benutzte, sondern ein germanischer, verkörpert
durch die Gestalt Siegfrieds.

Für den Moment war Wagner ganz froh, daß *Siegfrieds Tod* von Liszt in
Weimar aufgeführt würde, das heißt in einem bereits existierenden Re-
pertoiretheater, jedoch mit Interpreten, die speziell zu Sänger-Schauspie-
lern ausgebildet wurden (siehe Wagners Brief an Liszt vom 20. Juli 1850).
Die Nachricht, daß die Weimarer Uraufführung des *Lohengrin* am
28. August 1850 offenbar die Erwartungen nicht erfüllt hatte, überzeugte
den Komponisten von der Notwendigkeit, eine eigene Festspielaufführung von *Siegfrieds Tod* in Angriff zu nehmen; daher schreibt er am
14. September 1850 an Ernst Benedikt Kietz:

[…] nur bin ich nicht gesonnen, ihn auf's geradewohl vom ersten besten theater
aufführen zu lassen: im gegentheil trage ich mich mit den allerkühnsten plänen, zu
deren verwirklichung jedoch nichts geringeres als mindestens die summe von
10 000 Thaler gehört. Dann würde ich nämlich hier, wo ich gerade bin [das heißt
in Zürich], nach meinem plane aus bretern ein theater errichten lassen, die
geeignetsten sänger dazu mir kommen und Alles nöthige für einen besonderen fall
mir so herstellen lassen, daß ich einer vortrefflichen Aufführung der oper gewiß
sein könnte. Dann würde ich überall hin an diejenigen, die für meine werke sich
interessiren, einladungen ausschreiben, für eine tüchtige besetzung der zuschauer-
räume sorgen und – natürlich gratis – drei vorstellungen in einer woche hinterein-
ander geben, worauf dann das theater abgebrochen wird und die sache ihr ende
hat. (SB III, S. 404 f.)

In einem Brief, den Wagner eine Woche später an Theodor Uhlig schrieb,
wiederholt er seine Ideen und fügt hinzu, daß bei der Verteilung der Karten
besonders junge Leute, Universitäten und Gesangvereine berücksichtigt
werden sollten und daß man nach der Vorstellung nicht nur das Theater
abreißen, sondern auch die Noten für das Werk verbrennen müßte. Nur
selten zeigte ein Komponist ein ähnliches Vertrauen in die Überzeugungskraft seiner Kunst: Eine einzige Aufführung von *Siegfrieds Tod* sollte seiner Meinung nach genügen, um die Massen zum Aufstand zu veranlassen.
Im Herbst des darauffolgenden Jahres (1851) war die »große heroische
Oper« zum vierteiligen *Ring* ausgeweitet worden, doch Wagners revolutionärer Eifer blieb lebendig, wie einem Brief an Uhlig vom 12. November
1851 zu entnehmen ist:

An eine *Aufführung* kann ich erst *nach der Revolution* denken: erst die Revolution kann mir die künstler und die zuhörer zuführen. […] Aus den trümmern
rufe ich mir dann zusammen, was ich brauche: ich werde, was ich bedarf, *dann*
finden. Am Rheine schlage ich ein theater auf, und lade zu einem großen
dramatischen feste ein: nach einem jahre vorbereitung führe ich dann im laufe

von *vier tagen* mein ganzes werk auf: *mit ihm* gebe ich den menschen der Revolution dann die *bedeutung* dieser Revolution, nach ihrem edelsten sinne, zu erkennen. (SB IV, S. 176)

Im Lauf der Jahre legte sich Wagners revolutionärer Elan, und 1857 zieht er wieder eine Weimarer Aufführung des Zyklus in Erwägung (siehe seinen Brief an Hans von Bülow vom 9. Februar 1857). Da Liszt sein Amt als großherzoglicher Kapellmeister »in außerordentlichen Diensten« in Weimar aufgab, zerschlug sich dieser Plan, so daß Wagner bei Erscheinen des *Ring*-Texts im Winter 1862/63 das Vorwort an *alle* deutschen Fürsten richtete, die bereit wären, sich für dieses Projekt einzusetzen. Der *Ring* würde hoffentlich in einem kleineren Städtchen aufgeführt werden, möglichst in einem »provisorische[n] Theater, so einfach wie möglich, vielleicht bloß aus Holz« (GS VI, S. 273), mit einem Zuschauerraum nach Art eines Amphitheaters und einem abgesenkten Orchestergraben. (Zu solchen Details scheint er vom Rigaer Theater inspiriert worden zu sein, wo er von 1837 bis 1839 als Musikdirektor wirkte.) Eine Festspielaufführung des *Rings* an vier aufeinanderfolgenden Abenden hätte nicht nur eine heilsame Wirkung auf die deutsche Oper, indem den Aufführenden ihre höhere Mission bewußt würde; auch der Zuhörer würde aufnahmebereiter und ehrfürchtiger, der »Geschmack« des Publikums würde verbessert werden und der »deutsche Geist« zu seiner früheren »nationalen« Würde gelangen (GS VI, S. 279 f.). Als Ludwig II. dann auf Wagners Ruf nach einem national gesinnten Gönner reagierte, nahmen diese abstrakten Vorstellungen allmählich konkrete Formen an – als Teil eines Programms zur politischen Reformierung und moralischen Regeneration: Ludwig würde gleichsam als moderner Siegfried das schlafende Deutschland zu einem neuen, reineren Leben erwecken (siehe Wagners Briefe an Ludwig II. vom 23. September 1865 und 25. April 1867).

Man schmiedete Pläne für den Bau eines Festtheaters in München; die Idee dazu kam zwar von Ludwig, aber es gibt keinen Grund anzunehmen, daß Wagner nicht hocherfreut darauf eingegangen wäre, zumal der Architekt Gottfried Semper eng mit ihm zusammenarbeitete. Schon hier waren der amphitheaterartige Zuschauerraum, das verborgene Orchester und das doppelte Proszenium geplant, die später zu den typischen Merkmalen des Bayreuther Festspielhauses gehören sollten. Politische Machenschaften vereitelten die Ausführung des Projekts, und Wagner scheint sich zumindest eine Zeitlang damit abgefunden zu haben, daß der *Ring* am Münchener Hoftheater aufgeführt werden sollte (siehe seinen Brief an Lorenz von Düfflipp vom 5. Februar 1868). Die unbefriedigende *Rheingold*-Inszenierung im September 1869 veranlaßte Wagner allerdings, sich nach einem anderen Aufführungsort umzusehen. Da erinnerte ihn Hans Richter an das (alte) Bayreuther Opernhaus – der Bayreuth-Artikel aus dem Brockhaus-Konversationslexikon, von dem man allgemein annimmt, er habe Wagner zu seiner Wahl angeregt, bestätigte ihn nur noch in seinem Entschluß (CT, 5. März 1870) –, und obwohl sich der Rokokobau als ungeeignet erwies, ermutigte Wagner die vom Gemeinderat angebotene Unterstützung, Bayreuth zum Sitz seines Festspielhauses zu bestimmen.

Diese Wahl war auch politisch motiviert: Zum einen war Bayreuth bayerisch, wodurch Wagner weiterhin auf die Schatulle Ludwigs zählen konnte, zum andern hatte Bayreuth historische Verbindungen zu Preußen; damit lag eine Démarche in Richtung Bismarck nahe, dessen militaristische Ziele Wagner teilte. Er bot 1874 sogar an, den Ring zum fünfjährigen Jubiläum des Siegs über Frankreich in Bayreuth aufzuführen.

Finanziert wurde das Projekt durch (schwer absetzbare) »Patronat-Scheine«, durch Beiträge der weltweit bestehenden Wagner-Vereine, private Schenkungen (darunter Cosimas Erbe mütterlicherseits) und ein Darlehen von Ludwig II. Das Theater – nach Otto Brückwalds Entwurf, der vieles von Sempers Münchener Modell enthielt – wurde gerade rechtzeitig zur Eröffnung im Jahr 1876 fertig, und obwohl die Uraufführung des *Rings* für Wagner in vieler Hinsicht eine große Enttäuschung war, muß man anerkennen, daß es allein schon eine bewunderungswürdige Leistung war, ein solches Mammutprojekt zu Ende zu bringen.

Nach Wagners ursprünglicher Vorstellung war eine *Ring*-Aufführung in einem Festspielhaus mit der Idee des »deutschen Geistes« verknüpft. Jetzt aber gab er jede Hoffnung auf diesen »Geist« auf (siehe seinen Brief an Ludwig II. vom 29. Dez. 1877). Der *Ring,* der anfänglich als eine Art Lehrstück für revolutionäres Denken angelegt war, stand nun für eine Phase der Weltgeschichte, die der Degeneration des Menschen voranging (CT, 2. Okt. 1882), und beschwor ein endgültig verlorenes deutsches Paradies, das nur durch ein allumfassendes Mit-Leiden aufgewogen werden konnte – damit befaßte sich der Komponist in seinem nächsten Werk, um die Bayreuther Bühne schließlich ganz bewußt mit seinem »Weltabschiedswerk« zu weihen.

STEWART SPENCER

Zeitgenössische Komponisten

Wagner war sein Leben lang eher bereit, die Verdienste bereits verstorbener Komponisten zu rühmen – seine Zurückhaltung bei lebenden Komponisten kann verschiedene Gründe haben: Vielleicht mußte er wegen der für seine Entwicklung nötigen Konzentration auf sich selbst ab einem bestimmten Zeitpunkt alle Anregungen von außen abwehren, oder vielleicht erlosch in ihm – wie im Fall Berlioz' – bei seinem erbitterten Kampf um Anerkennung jeder Funke von Altruismus. Natürlich dürfte auch Wagners ausgeprägte Arroganz mit im Spiel gewesen sein. Sein Urteil über die Musik seiner eigenen Zeit war – bestenfalls – äußerst zwiespältig. Fast jedes Lob wurde eingeschränkt, und seine Ansichten konnten sich im Lauf der Zeit radikal ändern; häufig schlugen sie ins völlige Gegenteil um. Rossinis *Otello* zum Beispiel wird mehrmals für die Wärme der Empfindung, den Fluß der Melodie und andere Vorzüge gerühmt, anderswo aber wiederum als »Unsinn« abgetan (vgl. CT, 13. Nov. 1870, 18. April 1876 und 1. Febr. 1879). Mehr als einmal hob Wagner die dramatischen Qualitäten von Spontinis Opern hervor, verwarf sie jedoch zu anderen Gelegenheiten wegen ihrer langweiligen Rezitative und endlos wiederholten Phrasen und bezeichnete sie einmal als einen kindischen »Wust von Trivialitäten« (CT, 1. April 1878, 5. und 6. Nov. 1878).

Unter den älteren noch zu Wagners Lebzeiten in Deutschland tätigen Opernkomponisten waren es Spohr und Marschner, denen er sich zu Dank verpflichtet fühlte; an ihren späteren Opern ließ er aber kein gutes Haar (damit teilte er allerdings nur die allgemeine Kritik). An bestimmten Nummern schätzte er den reinen lyrischen Stil und an ihrem gesamten Œuvre handwerkliche Gediegenheit; andererseits vermißte er immer wieder die Selbstsicherheit, die er beispielsweise (manchmal!) an Spontini positiv hervorhob, oder eine gewisse Dramatik. Solche seiner Meinung nach »echt deutschen« Qualitäten würden im Fall Marschners durch Roheit oder Gemeinheit, »Unbehülflichkeit und Seichtigkeit« und eine »besoffene Unbildung« beeinträchtigt, bei Spohr durch »Albernheit«, seichte Sentimentalität und die Unsitte, in glatte Geigenmelodien »à la polacca« zu verfallen. In einem Brief an seinen Freund Uhlig aus dem Jahr 1852 schimpft er mit ähnlichen Kraftausdrücken auf Marschner, »es ist weiß Gott nur gelehrt-impotent gemachte, deutsch versohlte und verleierte italienische Musik, durchaus nichts andres« (Brief vom 22.–25. März 1852). (Aus dieser Bemerkung spricht vielleicht Wagners eigene Angst vor musikalischer »Impotenz«, da er sich gerade an einem kritischen Punkt seiner Karriere befand; außerdem das dringende Bedürfnis, derartige widerliche, »provinzielle« Einflüsse aus seiner eigenen Tonsprache zu verbannen, worum er schon seit den 1830er Jahren bemüht war.) Über Komponisten leichterer Gattungen wie Lortzing oder Flotow ist von ihm kaum eine Äußerung überliefert, obwohl er unmöglich von deren Werken keine Kenntnis gehabt haben kann – man denke hier etwa an Lortzings komische Oper über Hans Sachs nach J. L. Deinhardstein aus dem Jahr 1840.

Wenn Wagner auf seine herablassende Art an der früheren deutschen Oper oder den volkstümlichen Balladen von Carl Loewe eine gewisse Ehrbarkeit und Solidität würdigt, ist immer auch der Gegensatz zum aalglatten und suspekten »Professionalismus« eines Meyerbeer oder Mendelssohn mitgemeint. Natürlich lassen sich in diesem Fall Wagners Ansichten nicht von seinem unverhohlenen Antisemitismus und seiner Frankophobie (konkret gemeint Meyerbeers Grands opéras) trennen. Andererseits nahm er weder seine frühere Bewunderung für den französisch-jüdischen Komponisten Halévy zurück, noch ließ seine Begeisterung für Auber nach, zumindest für die Werke, die Wagner in seiner Jugend dirigiert hatte (La Muette de Portici, Lestocq). Die heftige Polemik gegen Meyerbeer in der Zeit um 1850 entsprang einer Mischung aus persönlichen, seelischen Motiven und Wagners bewußter Abkehr von den damals üblichen Opernkonventionen, wie sie von Meyerbeers Erfolgsopern repräsentiert wurden. Es ließe sich aber auch behaupten, daß Meyerbeers Werke – objektiv gesehen – für Wagners ästhetische Vorstellungen von einer musikalisch-dramatischen Einheit einen größeren Affront darstellten als die

Opern Aubers oder Halévys. In ähnlicher Weise kann Wagners Schmä-
hung Mendelssohns zumindest zum Teil der legitimen Inkongruenz ihrer
ästhetischen Ideale zugeschrieben werden, wenn man persönliche Vorurteile und Konkurrenzneid einmal beiseite läßt. An der pseudorationalen
Feststellung der angeblich »unpersönlichen«, »oberflächlichen« oder un-
originellen Züge der Musik Mendelssohns kann man mit Recht Anstoß
nehmen, aber bis zu einem gewissen Grad zeugen Wagners Ausführungen
wirklich von einer unterschiedlichen Zielsetzung. Und nicht einmal in *Das
Judentum in der Musik* (1850) bestritt er die hohe Qualität der Werke
Mendelssohns; in späteren Jahren bekannte er aufrichtige Bewunderung
für Mendelssohns *Meeresstille und glückliche Fahrt* und insbesondere für
die *Hebriden*-Ouvertüre, die er in Wahnfried häufig spielte und in seinem
Essay *Über das Dichten und Komponieren* (1879) öffentlich rühmte. (Allerdings verharmloste diese Auswahl Mendelssohn zu einem der Vermittlung urmenschlicher Gefühle nicht fähigen »Landschaftskomponisten«.)
Unter den führenden Frühromantikern kam wohl Schumann bei Wagner
am schlechtesten weg. Es ist nicht ganz klar, was Wagner alles von seiner
Klaviermusik kannte, doch wie viele andere damals beklagte er die Richtung, die Schumann in seinen späteren Werken einschlug und für die er
(wie andere auch) den negativen Einfluß Mendelssohns und seine Geistes-
krankheit verantwortlich machte. (Vergebens versuchten Anhänger wie
Theodor Uhlig und Joseph Rubinstein Schumanns Musik zu verteidigen;
Wagners Verachtung nahm mit der Zeit eher noch zu.) Noch weniger
kannte Wagner von Chopins Musik – eine Tatsache, die er später zwar
bedauerte, gegen die er aber auch nichts unternahm. (Cosima berichtet
darüber, wie sehr er von manchen der *Préludes* angetan war.) Die wohl
stärkste Ambivalenz empfand Wagner gegenüber der Musik von Berlioz.
Dieser französische Einzelgänger hatte ihn seit seinen frühen Pariser Jahren fasziniert, wobei grundlegende, kulturell, sprachlich und stilistisch bedingte Unterschiede immer eine gewisse Distanz verursachten. Das »kla-
gend Wehmütige« sei noch sein bester Zug, erklärte Wagner Cosima,
wohingegen ihm das rauhe Finale der *Symphonie fantastique* – woran er
in jungen Jahren in Paris Anstoß genommen hatte – 1875 immer noch
»steif und widerwärtig« vorkam. »Mich frappiert vor allem die Unfähigkeit von Berlioz, seine oft sehr schönen Motive zu entwickeln, was er mit
Schubert gemein hat«, schreibt Cosima Wagner (CT, 6. Okt. 1875). Liszt
begegnete er mit ähnlich gemischten Gefühlen, wobei sein kompliziertes
Verhältnis zu diesem Mann (und die spätere Ehe mit seiner Tochter) ein
gewisses Maß an Takt erforderte. Besonders beeindruckt war Wagner von
Liszts experimenteller Harmonik (siehe »Musikgeschichtlicher Hintergrund und musikalische Einflüsse«, S. 91 ff.), vielleicht auch von seiner
Technik der Thementransformation, die er parallel zu Wagners Verfeine-
rung der eigenen Leitmotivtechnik entwickelte. Aber wie bei Berlioz
schätzte Wagner an Liszts musikalischer Persönlichkeit eher die stillere,
verhaltenere Seite (*Orpheus*, die beiden Franziskus-Legenden *Légendes*)
als das extrovertierte Ungestüm der *Préludes* oder von *Mazeppa*. Außer-

dem mißfielen ihm die späteren geistlichen Werke wie *Christus* sowohl in musikalischer als auch in ideologischer Hinsicht (bei der Weimarer Uraufführung machte Wagner »alle Phasen der Entzückung bis zur äußersten Empörung durch« – CT, 29. Mai 1873).

Über den berühmtesten Opernkomponisten seiner Zeit – Verdi – schwieg sich Wagner fast völlig aus. Wenn Verdi oder Donizetti von ihm oder von Cosima überhaupt erwähnt werden, dann als Exponenten einer dekadenten Tradition, deren letzte Blütezeit mit Rossini und Bellini vergangen sei. Nach der Arbeit an der Partitur von Donizettis *La Favorite,* die man ihm in Paris aufgezwungen hatte, unternahm Wagner keinen Versuch mehr, mit dem italienischen Repertoire Schritt zu halten.

Ähnliches gilt für die meisten Werke jüngerer Komponisten, welcher Nationalität auch immer sie waren; im allgemeinen wurden sie von Wagner entweder völlig ignoriert oder obenhin abgetan. Auf seinen Konzertreisen Anfang der 1870er Jahre besuchte Wagner auf der Suche nach Stimmtalenten für Bayreuth zahlreiche Opernvorstellungen und bekam auf diese Weise auch neuere Werke zu hören, darunter Gounods *Roméo et Juliette* (»Übelkeit erregend«, heißt es bei Cosima nur), Goldmarks *Die Königin von Saba* (»kein Gold, noch Mark, aber viel Mosenthal!« – womit er den unfähigen Librettisten meint), Rubinsteins *Die Maccabäer* (»entschieden kann man jetzt nur noch Effekt machen, wenn man im Wagnerischen Stile schreibt«), Meyerbeers *L'Africaine* (»entweiht«) und Bizets *Carmen* (»viel Geschmacklosigkeit« – wobei unklar ist, ob sich Cosimas Bemerkung auf die Oper selbst oder die künstlerische Darbietung bezieht). Selbst solche Leute, die wie Wagner als Vertreter der Neudeutschen Schule galten, etwa Joachim Raff oder Peter Cornelius, nahm er zumindest als Komponisten nie wirklich ernst. Eine Ausnahme bildete hier Hans von Bülow, dessen symphonische Dichtung *Nirwana* (entstanden in den 1850er Jahren, 1866 umgearbeitet und veröffentlicht) Wagner um vieles bedeutender fand »als alle jetzigen Kompositionen«. Bruckner ermutigte er in gewisser Weise, indem er 1875 die Widmung der Dritten Symphonie – die aus diesem Grund auch Wagner-Symphonie genannt wird – annahm, doch weiter ging sein Engagement nicht. Bruckners einflußreicher Wiener Rivale Brahms zog Wagners Aufmerksamkeit weit mehr auf sich, meist allerdings im negativen Sinn. Wagner ärgerte sich zweifellos über die Parteienkämpfe, die die Musikpresse schürte. Doch aus seinen Reaktionen spricht auch pure Verdrießlichkeit angesichts des Ruhms, den der jüngere »Antiwagnerianer« bereits genoß. Ganz deutlich zeigt sich das in seinen (von Cosima überlieferten) Äußerungen über Stellen aus Brahms' Erster und Zweiter Symphonie – er spricht von »Nichtigkeit« und »Gemeinheit«, die eine »erschrickt uns völlig«, während ihn die andere »förmlich anwidert«; mit deutlichen Anspielungen auf den Komponisten verrät er in *Über das Dichten und Komponieren* und *Über die Anwendung der Musik auf das Drama* seinen Ärger über Brahms, weil dieser sich anmaße, Wagner seine Position als Nachfolger Beethovens und Vertreter der »ars musicae severioris« streitig zu machen. Eine versteckte Kritik enthält der zweite Essay; hier heißt es, Brahms habe einen »Kammermusikstil« – das heißt eine dichtere, esoterischere Entfaltung der motivischen und tonalen Struktur – in den dafür ungeeigneten öffentlichen Rahmen der Symphonie übertragen (GS X, S. 183). Aus Wagners Reaktionen auf Brahms wird wie bei so vielen seiner Bemerkungen über zeitgenössische Künstler deutlich, daß sein musikalisches Urteil von persönlichen Abneigungen gefärbt war und durch ästhetische Spekulationen und starre Vorurteile verzerrt wurde.

THOMAS S. GREY

Wagners Verhältnis zu Tieren und zur medizinischen Forschung

Kaum ein anderer Opernkomponist oder Dramatiker hat sich in seinem künstlerischen Werk so intensiv mit der Beziehung des Menschen zur Natur und der ihn umgebenden Tierwelt auseinandergesetzt wie Richard Wagner. Fast während seines ganzen Lebens besaß er verschiedene Haustiere, zu denen er ein sehr inniges Verhältnis hatte; z. B. waren Hund und Papagei auf Reisen manchmal mit dabei. Wagner war ein strikter Gegner des Jagdsports, und er nahm sich der Sache des Vegetarismus an. Letzteres war aber eher eine theoretische denn eine praktische Angelegenheit für ihn; so hielt er 1869 Nietzsche entgegen, als dieser ihm erzählte, daß er kein Fleisch mehr esse: »Unsinn«. Jedoch hatte Wagner schon in frühen Jahren das Konzept des »Mitleidens« als einen Schlüsselbegriff für sich entdeckt, den er auch auf die Beziehung zwischen den Menschen und der Tierwelt bezog. Zum Beispiel beschreibt er in einem Brief an Mathilde Wesendonck am 1. Oktober 1858 eine besonders brutale Schlachtszene bei einem Geflügelhändler, deren Zeuge er wurde und die ihn angeblich zeit seines Lebens verfolgte. Dieser Brief macht weiterhin deutlich, daß Mitleid ein zentraler Begriff für Wagners künstlerisches Schaffen und seine Lebensphilosophie war.

Die ethische und medizinische Berechtigung des Tierversuchs war im Hause Wagner spätestens am 11. Oktober 1878 Thema einer heftigen Auseinandersetzung, als Cosima Wagner und Malwida von Meysenbug, eine intime Freundin der Familie, bei Tisch gesprächsweise darauf kamen. Richard Wagner erklärte dabei, wie Cosima in ihrem Tagebuch vermerkte, »seinen Abscheu gegen diesen nutzlosen Frevel, denn dadurch kämen sie [die Ärzte] nimmermehr dem Wesen der Dinge näher« (CT, 11. Okt. 1878). Neun Monate später erhielt Wagner dann ein Buch zugesandt, welches ihn »tief ergriffen und empört machte« (CT, 31. Juli 1879). Es handelte sich um die *Folterkammer der Wissenschaft – Eine Sammlung von Thatsachen für das Laienpublikum* (1879), eine propagandistische Schrift, mit welcher der sächsische Rittergutsbesitzer Ernst von Weber (1830–1902) die Praxis der Tierversuche in physiologischen Laboratorien in Bild und Wort anprangerte und zu einer Agitation nach englischem Vorbild mit dem Ziel des gesetzlichen Verbotes von Tierversuchen aufrief. Er bezeichnete alle diese Versuche, ob sie mit einem chirurgischen Eingriff verbunden waren oder nicht, pauschal als »Vivisektionen«, das heißt als

Aufschneiden lebender Körper. In der Tat bestand zu dieser Zeit außer in England nirgendwo eine Regelung der Verwendung von Tieren für die medizinische Forschung.

Angeregt durch die Greuelberichte der reich bebilderten von-Weberschen Schrift, ergreift Wagner am 9. August 1879 mit einem Brief an den Autor die Initiative, um sich der gerade bildenden Bewegung gegen die Tierversuche in Deutschland »mit seiner ganzen Familie nach äußersten Kräften zu widmen«. Eine Woche später bittet er von Weber sogar, ihn als Gründungsmitglied eines beabsichtigten »Internationalen Vereins zur Bekämpfung der wissenschaftlichen Thierfolter zu betrachten«, was er mit einer großzügigen Spende bekräftigte.

Bestärkt durch den persönlichen Besuch des Agitators am 12. September 1879 sieht sich Wagner veranlaßt, in einem offenen Schreiben zu den medizinischen Tierversuchen Stellung zu nehmen. Er ist vom 20. September bis 9. Oktober 1879 damit beschäftigt, wobei er die Kompositionsarbeit am *Parsifal* unterbricht. Bereits Ende Oktober erscheint die Arbeit unter dem Titel *Offenes Schreiben an Herrn Ernst von Weber, Verfasser der Schrift:* »*Die Folterkammer der Wissenschaft*«. Und in aufwallender Wissenschaftsfeindlichkeit schreibt er ihm bei der Übersendung eines Probeabzugs, daß er »ganz unbedingt die Massenpetition für zweckmäßig halte« und wünsche, daß »die Herren Vivisektoren Furcht bekommen, recht gemeine Lebensfurcht, d. h., sie müssen das Volk mit Prügeln und Knütteln vor sich sehen glauben«.

In diesem offenen Brief betont Wagner eingangs, daß er sich als Künstler äußere, getrieben von einem dunklen Gefühl der Angst vor der Zivilisation seiner »entgeisteten Zeit«, die gekennzeichnet sei durch das »Gespenste der Wissenschaft […], welches vom Sezirtische bis zur Schießgewehr-Fabrik […] sich aufgeschwungen hat« (GS X, S. 194). Dieser einzig der Vernunft gehorchenden Wissenschaft, dem allein als staatsfreundlich geltenden Nützlichkeitsprinzip, stellt er die Erforschung des oft verspotteten Gefühls als Weg zu wahrer Erkenntnis entgegen, ohne daß er allerdings die Vernunft ganz dadurch ersetzt sehen möchte. Demzufolge hat für Wagner die experimentell orientierte Medizin keinen Sinn: Da sie gefühllos sei, wie sie durch die Anwendung des Tier-, ja sogar unter Umständen des Menschenversuchs zeige, könne sie die wahre Ursache krankheitsbedingten Leidens nicht erfassen.

Er übernimmt hierbei die Behauptung naturheilkundlich orientierter Laien und Ärzte, daß die Bemühungen der naturwissenschaftlich-experimentell forschenden Ärzte immer nur der Diagnose, nicht aber der Therapie gälten. Daher brächten Tierversuche für den Kranken keine Verminderung des Leidens oder gar Heilung und seien somit für den Menschen letztlich zwecklos. Solche Gedanken ergeben sich aus einem radikalen soziokulturellen Krankheitsverständnis und finden sich bei Wagner schon Jahre vorher in dem von sozialistischen und Hegelschen Gedanken durchzogenen Dramenentwurf *Jesus von Nazareth* (1849).

Grundsätzlich schätzt Wagner in seinem offenen Brief die ärztliche Tätigkeit jedoch sehr hoch ein. Gerade der praktische Arzt könne aus dem Mitleiden mit seinen Patienten verstehende Einsicht gewinnen, instinktiv das wahre Wesen des kranken Individuums erfassen und Vertrauen schaffen. Eine Abkehr von dieser Praxis sieht er »bei dem spekulirenden, auf abstrakte Ergebnisse für seinen Ruhm hin operirenden Physiologen« enden (GS X, S. 199). Diese Form von Wissenschaft führe zu Verfälschung, zu Pfuschertum und mithin zu Vertrauensverlust. Der rein vernunftmäßige Experimentator interessiere sich vor allem für jene Zivilisationskrankheiten, welche die Reichen sich durch unnatürliche Lebensweise und Überernährung selbst zufügten. Moralisch sei es daher ebensowenig verantwortbar, am Tier künstlich herbeigeführte Erkrankungen zu erforschen, wie den Armen im Krankenhaus als Forschungsobjekt zu benutzen, der damit »noch im Sterben dem Reichen sich nützlich macht« (GS X, S. 205). Nach Wagners Meinung wäre es ein Fortschritt, dem Reichen eine Diät zu verordnen und dem Armen den für den Reichen schädlichen Überfluß zu geben, damit er davon gesunde. Statt sich um die Beseitigung des Überflusses und eine gerechtere Verteilung des Reichtums zu bemühen, kümmere sich, so schreibt er, die sogenannte Wissenschaft in erster Linie um die Bekämpfung vordergründiger Symptome. Auch dieser Gedanke war bereits im *Jesus von Nazareth* vorgegeben (SS XI, S. 296).

Als neuer Punkt kommt allerdings im offenen Brief Wagners Feststellung dazu, daß die Erfolge der Naturwissenschaft gerade auch zur Weiterentwicklung militärischer Zwecke benutzt würden. Die offiziellen staatlichen Apostel des Mitleids fänden sich demnach vorzüglich in den Armeeverwaltungen, welche zynisch darauf hinwiesen, daß durch immer sicherer treffende Geschosse das unnütze Leiden des Daseins »en gros, summarisch« abgekürzt werden könne (GS X, S. 198).

Der offene Brief an Ernst von Weber fiel in eine mit Pamphleten sehr emotional geführte Auseinandersetzung um die medizinische Bedeutung und moralische Zulässigkeit des Tierversuchs. Seitens der Verteidiger des Tierversuchs wurden Wagners Äußerungen ignoriert und nicht ernst genommen. Wagners Schrift war auch für die ihm gegenüber kritisch eingestellte Presse willkommener Anlaß zu süffisanten Attacken.

Andererseits fehlten zustimmende private Zuschriften von Tierversuchsgegnern nicht und freuten den Bayreuther Empfänger sehr (CT, 22. Dez. 1879, 9. Mai 1880). Von den engagierten Tierversuchsgegnern wurde der offene Brief dagegen nur verhalten aufgenommen, obwohl sie sich durch die Verwendung des prominenten Namens Respektabilität zu geben verstanden. Nach Wagners Tod 1883 wurde der *Parsifal* plötzlich sogar als »unvergängliches Denkmal thierschützerischer Liebe« für die Antivivisektionsbewegung entdeckt. Wie Cosima berichtet, hatte Wagner dies einmal amüsiert vorausgesehen: »Ich bin dazu bestimmt gewesen, immer in Prosa (im Leben) auszuführen, was ich dichtete, die Szene mit dem Schwan, man wird glauben, sie sei aus meiner Ansicht über die Vivisektion entstanden« (CT, 6. Febr. 1881).

Wagners Stellungnahme zum Tierversuch befaßt sich übergreifend mit dem ihn tief beunruhigenden Dilemma seiner Zeit, daß die Möglichkeit des wachsenden Wissensgewinns mit einer Preisgabe ethischer Werte verbunden sein könnte. Zur medizinischen Seite der Tierversuchsdebatte brachte Wagner den von der Medizin damals wenig beachteten, aber von einzelnen Antivivisektionisten aufgegriffenen, heute modern erscheinenden Aspekt in die Diskussion ein, daß Krankheit in erster Linie soziokulturell, das heißt durch gesellschaftliche Lebensumstände und -gewohnheiten, bedingt sei. Nur durch Änderung der Lebensbedingungen, durch Hygiene im weitesten Sinn, könnte sie bekämpft werden. Ansonsten orientierte er sich an den Argumenten der führenden Antivivisektionisten und übernahm deren Überzeugung von der Grausamkeit und Nutzlosigkeit der experimentellen Methode für die Krankenbehandlung.

Was die moralische Seite der Mensch-Tier-Beziehung betrifft, blieb Wagner jedoch nicht wie die meisten Tierversuchsgegner jener Zeit auf dem Niveau einer persönlich-sentimentalen Betrachtung stehen. Er verlor sich auch nicht in Polemiken. Die zufällige Auseinandersetzung mit Webers »aufklärerischer« Schrift gegen die »wissenschaftliche Thierfolter« war 1879 nur das auslösende Moment, um erstmalig explizit und öffentlich seine »Kosmologie des Mitleidens« zu formulieren. Wagner sah, daß sie in heftigem Widerspruch zur vorherrschenden utilitaristischen Weltauffassung stand, betrachtete sie aber zugleich – vermittelt über die Kunst – als einen Weg zu deren Veränderung.

JOACHIM THIERY und ULRICH TRÖHLER

»Die Wissenschaft ist die höchste Kraft des menschlichen Geistes; der Genuß dieser Kraft aber ist die Kunst«, stellte Wagner bereits 1849 fest (SS XII, S. 260). Dreißig Jahre später, am 31. März 1880, berichtete er dann König Ludwig II. über seine fortgesetzten wissenschaftlichen Betrachtungen:

Wagners Kritik an Wissenschaft und Technik

Ein noch ungelöstes Problem blieb mir bisher der Grund, der, mit dem Eintritte der eigentlichen Geschichte, an dem Menschengeschlechte wahrnehmbaren Degeneration, was endlich auf einen vorgeschichtlichen Zustand hindeutet, in welchem sich dieses Geschlecht zu seiner wahren Blüte entwickelt hatte. Diesem nachzuforschen nimmt mich jetzt ein: ein Aufsatz gegen die Thierfolter hat mich hierzu auf die rechte Spur geleitet.

Dieser Aufsatz, das *Offene Schreiben an Herrn Ernst von Weber,* führte Wagner direkt zu jener bekannten 32seitigen Abhandlung mit dem Titel *Religion und Kunst,* die er 1880 in den *Bayreuther Blättern* veröffentlichte. In diesem Aufsatz glaubt er hoffnungsvoll, daß sich die dringend notwendige Erneuerung der Gesellschaft, oder wie er sie nennt: ihre »Regeneration«, bereits angekündigt, und zwar in der Vegetarierbewegung, in den

Vereinen zum Schutz der Tiere (besonders wenn sie sich gegen »die menschenschänderischen Ausgeburten der spekulativen Tiervivisektion in unseren physiologischen Operationen« wenden), in den die Alkoholsucht bekämpfenden Mäßigkeitsvereinen, in den Friedensverbindungen und Arbeitervereinigungen und im wahren Sozialismus. Als verbindendes Glied dieser – wohl einer allen gemeinsamen unbewußten religiösen Wurzel entsprießenden – Bewegungen gilt ihm das das Wesen des Menschen bestimmende Mitleid. Dem im Bismarckschen Reich 1878 gerade verbotenen organisierten Sozialismus gibt er allerdings nur eine Chance, wenn er mit den vorgenannten Gruppen in eine innige Vereinigung treten könnte; allein hält er ihn für politisch wirkungslos.

Wie Cosima Wagner in ihren Tagebüchern festhielt, bezog er die neue Einstellung zu den Vegetariern aus der gerade gelesenen Abhandlung des Franzosen Jean Antoine Gleizès (1773–1843) *Thalysia oder das Heil der Menschheit* (CT, 8. Jan. 1880), der darin für den Menschen behauptete, »daß der Thiermord die Hauptquelle seiner Irrthümer und Verbrechen, daß der Gebrauch, sich von Thierfleisch zu nähren, die Hauptursache seiner Häßlichkeit, seiner Krankheiten und seiner kurzen Lebensdauer ist«. Und Cosima notierte später: »R. zitiert das Beispiel aus N. Amerika, von Gleizès angeführt, daß die Gefangenen durch die vegetarische Kost ganz mild geworden seien.« (CT, 28. Febr. 1881) Diese Spekulationen über Ernährungsfragen brachten Wagner in *Religion und Kunst* zu dem wahrhaft phantastischen Plan einer Bevölkerungsumsiedlung aus kälteren in wärmere Weltregionen, da er eine Fleischnahrung nur in kaltem Klima für notwendig hielt.

Seine im *Offenen Schreiben an Herrn Ernst von Weber* geäußerte Medizinkritik und seine gleichzeitig entwickelten Alternativkonzepte auf soziokultureller Basis wandte er jetzt auf die gesamte fortschrittsgläubige Gesellschaft seiner Zeit an. Insbesondere war ihm der technische Fortschritt ein Dorn im Auge. »Das Segelboot«, rief Wagner schon 1880 aus, »das war eine Erfindung, das sagt mir etwas, während alle diese Maschinen nicht.« (CT, 2. Juli 1880) Auch verneinte der Vielgereiste im Gegensatz zu seinem Gesinnungsgenossen Schopenhauer den Nutzen der Eisenbahn, wobei er nicht einmal wie jener den Tierschutz vor Augen hatte. 1880 ließ er sich gegenüber Cosima über die eben eingeweihte Gotthard-Bahn aus: »Nichts der Erwähnung wert würde befördert durch solche Arbeit, denn wie Proudhon sagte: ›Le génie est sédentaire‹ [Das Genie ist seßhaft]« (CT, 14. März 1880). Und »halb im Ernst, halb im Scherz« sprach er im Jahr darauf »beim Kaffee von dem Verfall der Menschheit, gegen welchen man immer mit Anführung von Telegraphen und Eisenbahn remonstriere« (CT, 4. Dez. 1881). Im privaten Gespräch mit Cosima stellte er in diesen Wintertagen weiter für sich fest, »wenn in Kohlengruben Menschen verschüttet werden, da kommt mich das Entsetzen an über eine Gesellschaft, die sich mit solcher Hülfe Heizung verschafft« (CT, 16. Dez. 1881). Als er aber in Sizilien 1882 von dem Ersatz der Kohlenindustrie durch Elektrizität hört, »eifert [er] dagegen, ›es bleibt die Maschine‹, ruft er aus und erzählt mir [Cosima], welche Krüppel-Zustände durch die Maschinen hervorgebracht werden. Nein, keine solchen Verbesserungen, sondern guten Klimaten sich zuwenden, um natürlich zu leben« (CT, 25. März 1882). Und Cosima erinnert sich an des Musikers Urteil über eine neue, epochemachende Entwicklung der Technik: »neulich, wie vom Phonographen gesprochen wurde, sprach er von der Torheit, sich von solchen Erfindungen etwas zu erwarten; die Menschen würden selbst zu Maschinen.« (CT, 7. Okt. 1882) Besonders beunruhigt zeigte er sich jedoch über den sich abzeichnenden Nutzen, den die militärische Rüstung aus wissenschaftlicher Erkenntnis zog. Gegenüber seinem Bühnenbildner Paul von Joukowsky drückte sich Wagner folgendermaßen aus:

Die Motte fliegt in das Licht, weil die Natur unvor[her]sichtig ist, nun käme es für die Menschen darauf an, dieses Licht auszulöschen, nicht das Licht der Erkenntnis, aber [das] der falschen Wissenschaft, der Wissenschaft, welche die Fürsten protegieren, um andrerseits ihr Armeewesen immer ärger betreiben zu können. (CT, 8. Mai 1880)

Die sich in diesen letzten Lebensjahren verstärkenden und offen bekannten Zukunftsängste Richard Wagners kommen vielleicht am deutlichsten am Schluß von *Religion und Kunst* zum Ausdruck, wenn der warnende Zeitkritiker sich seherisch die weiterhin ungehemmte Verbindung von Wissenschaft und Technik apokalyptisch ausmalt:

Bereits bieten uns die gepanzerten Monitors, gegen welche sich das stolze Segelschiff nicht mehr behaupten kann, einen gespenstisch grausenhaften Anblick: stumm ergebene Menschen, die aber gar nicht mehr wie Menschen aussehen, bedienen diese Ungeheuer, und selbst aus der entsetzlichen Heizkammer werden sie nicht mehr desertieren. […] Man sollte glauben, dieses alles, mit Kunst, Wissenschaft, Tapferkeit und Ehrenpunkt, Leben und Habe, könnte einmal durch ein unberechenbares Versehen in die Luft fliegen. (GS X, S. 252)

In seinen letzten zeitkritischen Schriften hat sich Richard Wagner über den äußeren Anlaß der Tierversuchsfrage hinaus als ein sensibler Beobachter der sich infolge der industriellen Revolution radikal verändernden Lebensbedingungen seines Jahrhunderts ausgewiesen, als ein ethisch Denkender, der den Mangel an Gefühl beklagte, der die erstmalig im großen effektive Verbindung von Wissenschaft und Technik zur Beherrschung der Natur argwöhnisch betrachtete und mit dogmatischer Endgültigkeit kommentierte. In der heute wieder stattfindenden Auseinandersetzung um ähnliche Themenkreise erscheint seine ablehnende Kritik einer auf den technischen Fortschritt ausgerichteten Zeit und des Glaubens an eine nicht teleologisch bestimmte, daher vom Menschen steuerbare Natur als unverändert aktuell. In ihrer axiomatischen Selbstgerechtigkeit berücksichtigt diese Kritik indessen weder damals noch heute die möglichen Folgen eines Technikverzichts für den einzelnen wie für die gesamte Gesellschaft.

JOACHIM THIERY und ULRICH TRÖHLER

Kapitel IX

Quellen

Autobiographische Schriften
Tagebücher
Briefe
Gesammelte Schriften
Autographe

Skizzen und Entwürfe: Text
Skizzen und Entwürfe: Musik
Partituren

Wagners Handschrift
Gedruckte Ausgaben

Breitkopf-Ausgabe
Sämtliche Werke (Schott)
Andere Ausgaben

Quellen

**Autobio-
graphische
Schriften**

Wagner begann mit Notizen für eine geplante Autobiographie im August 1835. Seine Lage war damals ziemlich trostlos: ohne Auskommen, künstlerisch unproduktiv, unglücklich verliebt und von den Freunden vermeintlich im Stich gelassen, so daß der Entschluß, Rechenschaft über sein Leben abzulegen und seine äußeren Umstände aufzuzeichnen, sehr wohl motiviert war. Wie John Deathridge vermerkte (Deathridge/Dahlhaus, 1984), erinnert der erste Eintrag stark an den »Beginn eines Artikels in einem Musikwörterbuch«. Diese *Rote Brieftasche* wurde anscheinend bis zum Winter 1865/66 auf dem aktuellen Stand gehalten und diente als Grundlage für *Mein Leben*. Nur die ersten vier Seiten existieren noch; sie umfassen den Zeitraum von 1813 bis zum 17. September 1839, dem Tag, als Wagner in Paris ankam. Bezüglich dieser frühen Periode ließ ihn die Erinnerung punktuell im Stich, aber es gibt keinen Hinweis auf eine systematische Verfälschung. Das läßt sich jedoch nicht für die sogenannten *Annalen* behaupten, die eine Fortsetzung der *Roten Brieftasche* darstellen. Die Einträge aus letzteren, die den Zeitraum ab Ostern 1846 umfassen, wurden zwischen Februar 1868 und Anfang 1869 in *Das Braune Buch* übertragen (siehe unten »Tagebücher«, S. 197). Anscheinend nutzte Wagner die Gelegenheit, in diesem Stadium einige »redaktionelle« Veränderungen einzuführen und einige Erfahrungen von angeblich grundlegender Bedeutung zu mystifizieren. Gleichzeitig machen Wagners Irrtümer bei der Datierung mehrerer Einträge deutlich, daß die Informationen in den *Annalen* mit Vorsicht behandelt werden müssen; darauf weist Otto Strobel in seiner vorbildlichen Edition der *Annalen* für den Zeitraum vom 30. April 1864 bis Ende 1868 hin (Strobel, 1936–1939).

Wagners erste Veröffentlichung einer autobiographischen Schrift war seine *Autobiographische Skizze*, die am 1. und 8. Februar 1843 in Heinrich Laubes *Zeitung für die elegante Welt* erschien. Sie umfaßt den Zeitraum von Wagners Geburt im Jahr 1813 bis zu seiner Rückkehr nach Deutschland im April 1842 und sollte das Publikum nach dem aufsehenerregenden Erfolg der Uraufführung des *Rienzi* im Oktober des Vorjahrs in das Leben seines neuen Opernstars einführen. Wagner wählt darin die Rolle eines für das 19. Jahrhundert typischen Dandys, eines Dilettanten, für den sich das Komponieren ganz natürlich ergab. Gleichzeitig versucht er, eine Verbindung zwischen seinem Leben und seiner Kunst zu knüpfen, indem er beispielsweise behauptet, *Der fliegende Holländer* sei durch seine eigenen Erfahrungen in den norwegischen Fjorden inspiriert worden; wobei er geflissentlich vergißt, daß die Oper – wie ihre Vorlage – bis einige Wochen vor ihrer Premiere in Dresden im Januar 1843 in Schottland angesiedelt war (siehe »Mythen und Legenden«, S. 142). Eine Reihe von kleinen, aber bedeutsamen Veränderungen wurde im Text vorgenommen, als ihn Wagner 1871 im ersten Band seiner Gesammelten Schriften wieder abdruckte: So wurde etwa Heinrich Heines ursprünglicher Beitrag zur Sage des Fliegenden Holländers vollständig unterschlagen.

Im Juli 1851 begann Wagner mit der Arbeit an *Eine Mitteilung an meine Freunde*, einer 36 000 Wörter langen Einführung zu den Textbüchern von *Der fliegende Holländer*, *Tannhäuser* und *Lohengrin*, die in der originalen Broschüre enthalten waren. Der Mitte August 1851 abgeschlossene und im Dezember desselben Jahres veröffentlichte Aufsatz wurde später überarbeitet und in den vierten Band von Wagners Gesammelten Schriften aufgenommen. *Eine Mitteilung an meine Freunde* war der letzte der größeren Aufsätze, die Wagner zwischen 1849 und 1851 in Zürich schrieb; in bestimmter Hinsicht war er ein Versuch, die früheren Schriften in ihren autobiographischen Zusammenhang zu setzen und auf diese Weise die Mißverständnisse zu entkräften, denen sie seiner Meinung nach ausgesetzt waren (siehe etwa seine Briefe an Franz Liszt vom 16. August 1850 und an Theodor Uhlig vom 6./7. Mai 1852). Demgemäß übernimmt Wagner eine – wie man sagen könnte – »behavioristische« Haltung und versucht, seine Werke als Produkt einer Umgebung zu sehen, die er nunmehr überwunden hatte. Eine Konsequenz dieser Auffassung war, daß eine noch engere Verbindung zwischen Wagners Leben und Werk geknüpft wurde: In *Rienzi*, *Der fliegende Holländer*, *Tannhäuser* und *Lohengrin* wird der Künstler im Konflikt mit der Gesellschaft gesehen. Aber wenn man *Eine Mitteilung an meine Freunde* als Schlüssel für das Verständnis von Wagners frühen Opern auffaßt, wie es mehrere Generationen von Wagner-Forschern gern getan haben, kann man den großen Wandel nicht erkennen, der sich im dazwischenliegenden Zeitraum in Wagners Denken vollzogen hatte. Die völkische Ideologie, die Wagner Ende der 40er Jahre übernahm, zwang ihn dazu, die literarischen Ursprünge seiner romantischen Opern zu verleugnen und sie statt dessen als Produkte des schöpferischen Volksgeists zu betrachten. Gleichzeitig macht er sich schuldig, diese Frühwerke in Prototypen von Musikdramen umdeuten zu wollen, indem er die Prinzipien von *Oper und Drama* auf sie anwendet: Die Behauptung, daß die Ballade Sentas der »thematische Keim« der gesamten Partitur des *Fliegenden Holländers* sei, wird durch eine Überprüfung der Skizzen oder des fertigen Werks nicht unterstützt. Außerdem wurde Wagner durch sein inzwischen erwachtes Interesse an dem anthropozentrischen Materialismus des Philosophen Ludwig Feuerbach dazu ermutigt, Feuerbachsche Ideen auf ein Werk wie *Lohengrin* zu projizieren, ungeachtet der Tatsache, daß solche Vorstellungen der grundlegenden Tendenz dieser letzten romantischen Oper Wagners widersprechen. Der Schlußabschnitt der *Mitteilung an meine Freunde* widmet sich der turbulenten Entstehungsgeschichte des *Rings:* Wagner traf seine Entscheidung, aus dem Szenario ein vierteiliges Werk zu machen und es bei einem eigens für diesen Zweck veranstalteten Festspiel aufzuführen, zwischen der Fertigstellung des ersten Entwurfs des Aufsatzes und seiner Überarbeitung der Druckfahnen. Die veröffentlichte Fassung blickt somit nach vorn, auf Wagners Leben in den folgenden Jahrzehnten.

In seiner Autobiographie *Mein Leben* ist Wagner am deutlichsten tendenziös. Die Arbeit am ersten Teil begann er am 17. Juli 1865, anscheinend auf eine Bitte König Ludwigs II. hin (siehe Ludwigs Brief an Wagner vom 28. Mai 1865: »Eine unaussprechliche Freude würden Sie mir mit einer ausführlichen Beschreibung Ihres Geistesganges und auch äußerlichen Lebens bereiten!«). *Mein Leben* umfaßt den Zeitraum von Wagners Geburt bis zu seiner Berufung nach München im Jahr 1864. Es zerfällt in vier Teile und wurde Cosima Wagner (oder Cosima von Bülow, wie sie noch hieß) ab 1865 diktiert, bevor Wagner die Niederschrift selbst korrigierte. Das Diktat erstreckte sich über viele Jahre, oft mit längeren Unterbrechungen:

Teil I	1813–1842	17. Juli 1865–1866/67
Teil II	1842–1850	Winter 1866/67–November/Dezember 1868
Teil III	1850–1861	November/Dezember 1868–19. April 1873
Teil IV	1861–1864	10. Januar 1876–25. Juli 1880

Während die Arbeit an dem Buch voranschritt, schien bei Wagner die Idee aufgetaucht zu sein, daß er vielleicht ein größeres Publikum ins Vertrauen ziehen könnte. Wie er am 13. Januar 1870 an Anton Pusinelli schrieb, sollten seine Freunde

ein Document vor Handen […] wissen, aus welchem alle Entstellungen u. Verleumdungen, die über mich, wie über Keinen, cursiren bestimmt zu widerlegen seien. Damit nun ein solches Manuscript nicht dem Untergange ausgesetzt sei, bin ich jetzt daran, auf meine Kosten einige sehr wenige Exemplare durch Druck herstellen zu lassen. Diese sollen zum Theil den Meinigen vermacht werden; Dir, und noch vielleicht zwei jüngeren, gänzlich zuverlässigen Freunden will ich aber schon bei Lebenszeit je ein Exemplar zustellen, natürlich gegen die treueste Verpflichtung, es nie von sich zu geben, auch nicht nach meinem Tode es zu veröffentlichen. Dagegen wird es diesen Wenigen schon jetzt dazu dienen können, vorkommenden falschen Behauptungen über mein Leben, (namentlich in albernen biographischen Skizzen, welche dann und wann erscheinen) dadurch entgegentreten zu können, dass die nöthig dünkenden Berichtigungen meinen Dictaten selbst entnommen werden.

Am Ende wurde jedoch der implizierte Anspruch, daß *Mein Leben* nichts als die »schmucklose Wahrhaftigkeit« enthalten solle, den Bedingungen geopfert, unter denen die Aufzeichnungen diktiert wurden. Es war natürlich unvermeidlich, daß Wagner versuchen würde, Cosimas Gefühle zu schonen, indem er über eine Reihe seiner romantischen Liebschaften einen Schleier legte und die Bedeutung seiner Affäre mit Mathilde Wesendonck herunterspielte (die er sogar noch im Juni 1863 in einem Brief an Eliza Wille als »meine erste und einzige Liebe« bezeichnete). Ebenso glaubte er zweifellos, es würde Cosima schmeicheln, wenn er das Datum des Beginns seiner Beziehung zu ihr auf den November 1863 vorverlegte, obwohl zeitgenössische Hinweise dafür sprechen, daß sie erst im Sommer darauf die Initiative ergriff und sich in Wagners Arme (und Bett) warf. Aus dem gleichen Grunde war Wagner – als selbsternannter privater Berater Ludwigs II. – darum bemüht, seine Rolle bei dem Aufstand in Dresden im Mai 1849 herunterzuspielen; er glaubte zu Recht, daß seine Aktionen auf den Barrikaden keine Gnade in den Augen des Monarchen gefunden hätten, dessen Großvater durch ebensolche revolutionären Vorgänge in München zur Abdankung gezwungen worden war.

In gewissem Sinne waren dies jedoch verzeihliche Verzerrungen, verglichen mit den weiterreichenden Strategien, die er beim Verfassen von *Mein Leben* verfolgte. Zunächst einmal war Wagner bestrebt, sich zum natürlichen Nachfolger Beethovens zu stilisieren, zu dem deutschen Musiker, mit dem das Musikdrama seinen natürlichen, unausweichlichen Höhepunkt erreichte. Deshalb sein erfundener Bericht über das grundlegende Erlebnis von Schröder-Devrients Leonore in Leipzig im Jahr 1829, deshalb auch seine Behauptung, es sei Beethovens Neunte und nicht *Roméo et Juliette* von Berlioz gewesen, die ihn überzeugt habe, mit seiner *Faust*-Ouvertüre zu beginnen (siehe »Mythen und Legenden«, S. 141 f.). Zum anderen gab Wagner – vermutlich unter dem Einfluß seiner Schopenhauer-Lektüre im Herbst 1854 – die behavioristische Einstellung seiner Feuerbach-Phase auf und präsentierte sich der Welt als Naturgenie, ein Bild, das er nur zeichnen konnte, indem er den Akt der schöpferischen Eingebung mythologisierte: Immer wieder werden in *Mein Leben* alles überstrahlende ästhetische Erfahrungen als entscheidend für die Entstehung jedes seiner Musikdramen der reifen Schaffenszeit beschrieben. Doch selbst wenn *Mein Leben* hinsichtlich der Tatsachen unzuverlässig ist, so besitzt es doch seinen Wert als meisterliche Beschreibung seines Selbstverständnisses als Künstler, in den Worten von Deathridge eine Verteidigung der »Sache der Kunst selbst, die – zumindest wie er es auffaßte – zunehmend durch den Verfall der abendländischen Kultur bedroht war« (Deathridge, 1987).

Es muß noch etwas zur Veröffentlichungsgeschichte von *Mein Leben* gesagt werden. Die ersten drei Bände kamen bei dem Basler Drucker G. A. Bonfantini 1870, 1872 und 1875 heraus. (Basel wurde als Druckort gewählt, damit Nietzsche die Drucklegung beaufsichtigen konnte.) Der vierte Band ging 1880 bei Theodor Burger in Bayreuth in Druck. Die ursprüngliche Auflage von fünfzehn Stück wurde ab dem zweiten Band auf achtzehn erhöht. Exemplare jedes Bands wurden nach dem Erscheinen an eine ausgewählte Gruppe von »bewährten treuen Freunden« geschickt. Nach Wagners Tod jedoch bat Cosima verschiedene Empfänger, ihre Exemplare zurückzuschicken. Die meisten dieser Drucke scheinen ein Opfer von Cosimas Hang zum Verbrennen von Dokumenten geworden zu sein. Aber Bonfantini hatte von den ersten drei Bänden je ein zusätzliches Exemplar für sich drucken lassen; diese wurden 1892 von der unermüdlichen Mary Burrell erworben, die, entsetzt über das, was sie darin las, erklärte, daß »Richard Wagner für das Buch nicht verantwortlich« sei (Burrell, 1898). (Nietzsche hatte, wie man sich erinnern wird, *Mein Leben* als »fable convenue« abgetan; Nietzsche, 1888.) Teilweise um die daraus resultierenden Gerüchte und Spekulationen zu entkräften, genehmigte das Haus Wahnfried 1911 die erste Ausgabe von *Mein Leben*, die in Buchhandlungen zu kaufen war.

Druckfehler verdarben die Ausgabe von Anfang an: Bonfantinis Setzer hatte offensichtlich Schwierigkeiten damit, Cosimas Handschrift zu entziffern (er war nicht der letzte, der solche Probleme hatte), so daß »Sommer 1850« als »Januar 1850« erschien; Wagners »universales Schlafzimmer« in Paris wurde zu einem »miserablen Schlafzimmer« usw. Außerdem wurden – weitgehend aus Rücksichtnahme auf Personen in Wagners Lebensdrama, die noch am Leben waren – siebzehn Passagen weggelassen oder umgeschrieben. Die Ausgabe von 1911 ließ den Strom der Spekulationen aber keineswegs versiegen, sondern trug noch zusätzlich dazu bei; ihren Höhepunkt erreichten diese Spekulationen in der Veröffentlichung von *The Truth about Wagner* (Hurn/Root, 1930), worin Philip Dutton Hurn und Waverley Lewis Root fälschlich behaupteten, Wagner habe auf der ersten Seite der Privatausgabe von 1870 Ludwig Geyer und nicht Friedrich Wagner als seinen leiblichen Vater bezeichnet (siehe »Die Vaterfrage«, S. 100 f.). Dies wiederum führte zur Veröffentlichung der weggelassenen Passagen in *Die Musik* (Jg. XXII, 1929/30, S. 725).

Die »erste authentische Ausgabe« von *Mein Leben*, die von Martin Gregor-Dellin herausgegeben wurde und 1963 erschien, war deshalb keine besonders überraschende Enthüllung, denn mit Ausnahme der erwähnten Druckfehler war der Inhalt schon bekannt. Außerdem machen die Mängel in der Kommentierung die Ausgabe von 1963 nur zu einem indiskutablen Notbehelf. Eine durchgehend kommentierte, kritische Ausgabe des vollständigen Textes, einschließlich der Veränderungen, die Wagner während der Diktate vornahm, bleibt weiterhin eine dringende Aufgabe. (Pläne, eine solche Ausgabe zu beaufsichtigen, konnte Martin Gregor-Dellin nicht mehr realisieren.)

STEWART SPENCER

Tagebücher

Obwohl die Bezeichnung »Tagebücher« im Zusammenhang mit Wagner sich normalerweise auf die Tagebücher bezieht, die Cosima Wagner zwischen 1869 und 1883 führte, gibt es mindestens vier weitere Texte, auf die sich dieser Begriff anwenden läßt.

Im Sommer 1840 schrieb Wagner einen kurzen Bericht über sein Leben in Paris, insbesondere über die Schwierigkeit, mit seinen Einkünften auszukommen. Nur drei Einträge scheinen erhalten zu sein, datiert mit 23., 29. und 30. Juni (siehe SS XVI, S. 4–6). Zwischen dem 21. August 1858 und dem 4. April 1859 führte Wagner ein »Tagebuch seit meiner Flucht aus dem Asyl 17. August 1858« (das »Venedig-Tagebuch«), in dem er versuchte, sich mit dem Ende seiner Beziehung zu Mathilde Wesendonck abzufinden. Das Tagebuch wurde in zwei Teilen an Mathilde geschickt: am 12. Oktober 1858 und nach seinem Abschluß im folgenden April. (Der Text wurde von Wolfgang Golther in seiner Ausgabe des Wesendonck-Briefwechsels veröffentlicht; das Originalmanuskript soll von Cosima vernichtet worden sein.) Zwischen dem 14. und dem 27. September 1865 schrieb Wagner schließlich noch eine Reihe von Tagebucheinträgen für König Ludwig II., in denen er die Rolle des Königs bei der kulturellen Erneuerung Deutschlands darlegte. Auszüge aus diesem »Tagebuch« wurden 1878 in die *Bayreuther Blätter* aufgenommen; der vollständige Text wurde von Otto Strobel in seiner Ausgabe des Briefwechsels zwischen Ludwig II. und Wagner abgedruckt. (Zur *Roten Brieftasche* siehe »Autobiographische Schriften«, S. 192.)

Als *Braunes Buch* bezeichnete Wagner ein in Leder gebundenes Notizbuch, das ihm Cosima irgendwann zwischen Mitte 1864 und August 1865 überreichte. Hinter ihrem Geschenk scheint die Absicht gestanden zu haben, er solle das Buch verwenden, um während ihrer Abwesenheit Botschaften für sie zu notieren. Bis die beiden im Juli 1868 ihre Wohnung in Tribschen nahmen, war dies auch der Hauptzweck, zu dem es diente. Doch selbst hier, unter dem Vorwand, an Cosima zu schreiben, war Wagners ständige Hauptbeschäftigung seine *eigene* Ästhetik. Es ist kein Zufall, daß er sich an sie als »meine Seele« wendet. Der Ton der frühen Einträge ist von überwältigender Trübsinnigkeit bestimmt, von Verzweiflung über die Leiden des Lebens, die nur durch den Trost, den die Zuflucht in die Kunst bot, gemildert wurden. Später gewinnt das Schopenhauersche Element einen positiveren Aspekt, wie aus seinem Glauben an die sich selbst begründende Schönheit der Kunst und aus einer Überzeugung, daß sich alles menschliche Verhalten mit musikalischen Mitteln ausdrücken ließe, hervorging. Aber das *Braune Buch* diente nicht nur für private Bekenntnisse, sondern erfüllte auch die Aufgabe eines Skizzenbuchs für literarische Ideen: Beispielsweise schrieb Wagner darin 1865 den Prosaentwurf des *Parzival* (wie der Stoff damals hieß) nieder, zusammen mit einem kurzen Entwurf für ein Drama über das Leben von Martin Luther und die antifranzösische »Farce« *Die Capitulation* (später in *Eine Kapitulation* umbenannt). Mehrere Gedichte, Entwürfe von Prosawerken, die Annalen für die Jahre 1846 bis 1868 und eine Reihe von Einträgen zum Thema der kulturellen Erneuerung vervollständigen den Inhalt des Tagebuchs, das Wagner in den letzten Jahren seines Lebens immer seltener führte. Nach Wagners Tod wurde das Buch von Cosima wieder in Besitz genommen, die es später ihrer Tochter Eva übergab. Eva wiederum behauptete, sie habe »freies Verfügungsrecht« darüber erhalten, das sie als Erlaubnis interpretierte, sieben Blätter (vierzehn Seiten) des Buches zu vernichten und weitere fünf zu überkleben. 1931 übergab sie es der Richard-Wagner-Gedenkstätte der Stadt Bayreuth mit der Anweisung, es nur »vertrauenswürdigen Personen« zugänglich zu machen. Auszüge aus dem Buch wurden von Otto Strobel in seiner Ausgabe des Briefwechsels zwischen Ludwig II. und Wagner sowie auch in den Programmen der Bayreuther Festspiele 1934 und 1937 veröffentlicht. Obwohl mindestens die Hälfte des Inhalts des *Braunen Buches* schon übertragen und veröffentlicht worden war, *bevor* es in Evas Hände gelangte, war die erste vollständige Ausgabe dennoch ein wertvoller Beitrag zur Wagner-Literatur, der die letzten siebzehn Jahre von Wagners Leben umfaßt und uns einen faszinierenden Einblick in die ästhetischen Fragen dieser Periode gewährt. Joachim Bergfelds diplomatische Textedition (Bergfeld, 1975) wird durch seine unkritische Einstellung gegenüber seinem Gegenstand und durch sein Versäumnis beeinträchtigt, die weiterreichenden ästhetischen Probleme zu berücksichtigen. (Wenn man Wagners Elfenbeinturm-Mentalität als »Fieberfantasien« abtut, ignoriert man den zeitgeschichtlichen Hintergrund.)

Am 21./22. Juli 1865 unterrichtete Wagner König Ludwig II.: »Wir haben beschlossen, die Dictate [zu *Mein Leben*] bis zu meiner Vereinigung mit Ihnen, lieber Herrlicher, fortzusetzen: von dann ab soll Cosima allein die Biographie fortsetzen, und hoffentlich einst beschliessen.« Das Vorhaben wurde schließlich doch nicht realisiert: Cosima war in den 60er Jahren mit ihrem eigenen Privat- und Gefühlsleben zu sehr beschäftigt, um einer Beschreibung von Wagners Aktivitäten Zeit zu widmen. Erst als sie mit ihm nach Tribschen zog, begann sie damit, ihr gemeinsames Leben in der Form eines Tagebuches systematisch festzuhalten. Obwohl dieses Tagebuch zweifellos das Material für eine solche Biographie geliefert hätte, ist es kein Ersatz dafür, wie Wagner selbst wiederholt betonte: Drei Tage vor seinem Tod erzählte er Cosima, »nur die Biographie wolle er schreiben« – eine Bemerkung, die – um John Deathridge zu zitieren – andeutet, »daß Cosimas Aufzeichnungen – anders als meistens angenommen wird – kein Höchstmaß an ›Authentizität‹ bieten« (Deathridge, 1986).

Die Tagebücher füllen 21 identisch gebundene Bände, deren Seitenzahl zwischen 160 und 356 schwankt; jede Seite enthält zwischen 14 und 36 Zeilen Text, die Gesamtzahl der Wörter beläuft sich auf fast eine Million. Neben Hinzufügungen und Berichtigungen von Cosimas Hand sind auch Verbesserungen und Einträge in Wagners Handschrift enthalten, vor allem für den Zeitraum 5.–12. Juni 1869, als Cosima ihren Sohn Siegfried zur Welt brachte. Es hat den Anschein, daß Cosima in ihrem Tagebuch keine regelmäßigen Einträge machte, sondern sie jeweils in Schüben von mehreren Tagen niederschrieb, wobei sie sich auf Vermerke aus einem kleineren Notizbuch stützte. Als sich ihre Sehschärfe verschlechterte, wurde ihre Handschrift immer unleserlicher, was eine Reihe von Konjekturen notwendig machte. Aber selbst deutlich lesbare Passagen sind falsch abgeschrieben worden, was zu unglücklichen Fehldeutungen von wichtigen Textteilen führte (Spencer, 1983).

Die Tagebücher brechen am 12. Februar 1883, dem Tag vor Wagners Tod, ab. In Cosimas Besitz blieben sie bis 1908, als ihre Tochter Eva den in England geborenen (aber fanatisch antienglischen) Historiker Houston Stewart Chamberlain heiratete. Laut einer späteren eidesstattlichen Versicherung empfing Eva die Tagebücher als Mitgift. Ähnlich wie beim *Braunen Buch* scheint es Eva gewesen zu sein, die ganze Sätze durchgestrichen hat, um sie unleserlich zu machen. Fast alle diese Passagen, die abfällige Bemerkungen über Liszt, Hans von Wolzogen und Bismarck enthalten, sind in der veröffentlichten Ausgabe wiederhergestellt worden.

Zum Zeitpunkt, als sie das Geschenk angeblich erhielt, befanden sich die Tagebücher tatsächlich in Riga, wo sie Carl Friedrich Glasenapp, Wagners offizieller Biograph, für den Schlußband seines sechsbändigen Werks über das Leben des Komponisten auswertete. Glasenapp machte umfassenden, jedoch nicht kenntlich gemachten Gebrauch von dem Text. Während der 1920er Jahre erhielt Richard Graf Du Moulin Eckart Einsicht in die Tagebücher, als er Material für eine Biographie Cosimas sammelte, die 1929–31 erschien. Kurz danach fertigte Eva eine Reihe von Auszügen für Arturo Toscanini an: Diese Auszüge, die 130 Quartblätter umfaßten, wurden später, mit falschen Datierungen und Abschreibfehlern, von 1936 bis 1938 in den *Bayreuther Blättern* veröffentlicht.

Im Jahr 1935 machte Eva die Tagebücher der Richard-Wagner-Gedenkstätte der Stadt Bayreuth zum Geschenk, aber mit der Bedingung, daß Otto Strobel, der Archivar der Villa Wahnfried, nie Einblick erhalten dürfe. Strobel war 1934 bei Eva in Ungnade gefallen, als er entdeckte, daß der Briefwechsel zwischen Wagner und Cosima in den Wahnfried-Archiven fehlte, und den Verlust der Polizei meldete. Es stellte sich heraus, daß Eva selbst die Schuldige war, obwohl sie einen Eid schwor, sie habe die Briefe 1930 auf besonderen Wunsch ihres verstorbenen Bruders verbrannt. 1939 ging sie wieder in die Offensive; sie wiederholte ihre Forderung, daß Strobel nie in die Nähe der Tagebücher kommen dürfe, und bestand obendrein darauf, daß sie noch 30 Jahre nach ihrem Tod in den Schließfächern einer Münchener Bank verwahrt bleiben sollten. Eva starb am 26. Mai 1942. Die Familie Wagner versuchte 1954 und noch einmal 1959, die Anordnung aufheben zu lassen, aber in beiden Fällen wurde die Klage abgewiesen. Die Veröffentlichungssperre erlosch am 26. Mai 1972, aber es gab eine weitere Verzögerung durch den Rechtsstreit über die Bedingungen, unter denen die Tagebücher der Stadt Bayreuth ausgehändigt werden sollten. Deshalb kamen die 21 Bände erst im März 1974 unter polizeilicher Bewachung nach Bayreuth zurück, um transkribiert und veröffentlicht zu werden. Darauf folgte eine etwas unerquickliche »Hetzjagd«, denn der deutsche Verlag wollte die Tagebücher rechtzeitig zum einhundertjährigen Jubiläum der Bayreuther Festspiele herausbringen; Ergebnis war, daß die deutsche Ausgabe in Transkription und Kommentierung unzulänglich ist (Gregor-Dellin/Mack, 1976/77). Unter diesem Gesichtspunkt stellt Geoffrey Skeltons bewundernswerte Übersetzung ins Englische (1978–1980) einen Fortschritt gegenüber dem deutschen Original dar, auch wenn nur Cosimas gestelztes Deutsch wirklich als »völlig authentisches Dokument« gelten kann, wie er bescheiden in seiner Einleitung vermerkt.

Cosimas Tagebücher sind von unbestreitbarem Wert sowohl in biographischer wie in sozialgeschichtlicher Hinsicht. Vielleicht mit Ausnahme von Goethe wissen wir über Wagners tägliche Aktivitäten, zumindest für die letzten vierzehn Jahre seines Lebens, mehr als über jeden anderen bedeutenden Künstler. Gleichzeitig liefern die Tagebücher ein fesselndes Porträt der Sitten im deutschen Großbürgertum des späten 19. Jahrhunderts. Doch die Einblicke, die sie bieten, betreffen eher Nebensächliches als wirklich Aufschlußreiches, was weitgehend Cosima selbst anzulasten ist. Ihre selbstquälerische Haltung wirkt wie ein Zerrspiegel: Sie litt unter unsäglicher Gewissenspein darüber, wie sie Hans von Bülow behandelt hatte, und verwendete die Tagebücher zu einer Art ausgesuchter Buße, indem sie darin ihre Schuldgefühle ausbreitete und ihr Verhalten in den Augen ihrer Kinder zu rechtfertigen versuchte. Ihre blinde Liebe zu Wagner – die sie bis zur hagiographischen Reliquienverehrung treibt, wenn sie Haare von seinen Augenbrauen aufbewahrt und täglich bewundert – ist kaum dazu angetan, ein objektives Bild von Wagner zu liefern, während der alternde Lebemensch nebenbei Affären gehabt zu haben scheint, bekanntermaßen mit Judith Gautier und vielleicht auch mit Carrie Pringle, die in den Tagebüchern zwangsläufig weniger detailliert dokumentiert sind.

Dennoch – auch unter Berücksichtigung von Cosimas eingeschränktem Blickwinkel – sind die Tagebücher durchaus lesenswert. Es ist interessant, bisweilen sogar beängstigend, wenn man entdeckt, in welchem Ausmaß sich Wagner über seine Abhängigkeit von König Ludwig II. ärgerte, und erkennt, wie die rassistischen Anschauungen, die Wagner seit Ende der 40er Jahre hatte, immer irrationalere Dimensionen bekamen, als er alt und griesgrämig wurde: Gerüchte über einen Waffenstillstand im Deutsch-Französischen Krieg 1870 machen »uns keine Freude …; R. wünscht das Bombardement [von Paris]« (CT, 4. Nov. 1870); »Er sagt im heftigen Scherz, es sollten alle Juden in einer Aufführung des ›Nathan‹ verbrennen« (CT, 18. Dez. 1881); »Wir kommen zu unserem Racen-Thema wieder, ob die Schop.[enhauersche] oder die Gobineau'sche [Theorie] die richtige sei. R. meint, sie ließen sich vereinigen; schwarz geboren, sei der Mensch, auf den Höhen gedrängt, weiß und auch ein ganz andrer geworden« (CT, 16. Okt. 1882). Ebenso und vielleicht nicht ohne Bezug dazu liefern die Tagebücher Hinweise auf Wagners pathologische Furcht und Unsicherheit, die in vielen seiner Träume zum Ausdruck kamen. Auch in seinem Berufsleben wurde er von Selbstzweifeln geplagt; »ich bin kein Dichter«, sagte er zu Cosima am 22. Januar 1871. Fünf Jahre später heißt es: »R. bleibt dabei, er selbst sei kein Musiker!« (CT, 17. Febr. 1876). Am 22. Juli 1880 fügte er (weniger überraschend) hinzu: »Ich bin kein Schriftsteller.« Und dennoch war Wagner, wie Dieter Borchmeyer in seiner ausführlichen Besprechung von Cosimas Tagebüchern schrieb (Borchmeyer, 1982), all dies und mehr: Nur in der Synthese dieser Fähigkeiten konnte der Musiker seine Rechtfertigung finden; nur dann konnte die Musik Teil eines ganzheitlichen Erziehungsprozesses werden. Während es oft schwerfällt, die wichtigen Gedanken von den trivialen Einzelheiten zu trennen, die die Seiten von Cosimas Tagebüchern füllen – R.s Schlaflosigkeit und Krankheiten, die kleinsten Einzelheiten des Lebens in Tribschen und in der Villa Wahnfried und die Banalitäten der täglichen Unterhaltungen, die den Leser des 20. Jahrhunderts zu einem unfreiwilligen Voyeur machen –, sind sie doch eine lohnende Anstrengung für jeden Leser, der mehr an der Ideologie, die den Bayreuther Festspielen zugrunde liegt, interessiert ist als an der Farbe von Wagners Satinmorgenmänteln.

STEWART SPENCER

Briefe

Wagner war ein unermüdlicher Briefschreiber. Sein Bedürfnis, mit anderen zu kommunizieren, insbesondere während der Jahre seines Exils, und die Organisation von Aufführungen seiner Werke zwangen ihn, viel Zeit auf seine Korrespondenz zu verwenden. Man kann kaum abschätzen, wie viele Briefe er im Lauf seines Lebens geschrieben hat; 10 000 bis 12 000 Briefe sollen erhalten sein.

An welchem Punkt Wagner mit einem Hintergedanken an die Nachwelt zu schreiben begann, läßt sich schwer sagen, obwohl ein Hinweis in seinem Brief an Minna Wagner vom 21. Mai 1862 (»Wer Briefe von *Dir* bei mir vorfinden wird, wird darin geschrieben lesen, daß meine Frau mich und mein Betragen gegen sie ›herzlos‹, ›roh‹ und ›gemein‹ nennt. So wird denn dieß wohl auch in meine Biographie kommen«) zumindest die Möglichkeit andeutet, daß künftige Biographen seinen Briefwechsel als Quelle der (Falsch-)Information verwenden könnten. Diese Annahme wurde 1877 in spektakulärer Weise bestätigt, als Daniel Spitzer sechzehn Briefe Wagners an die Wiener Putzmacherin Bertha Goldwag veröffentlichte, in denen Wagner ungeheure Mengen von Seide und Satin bestellte. Spitzer stellte der Sammlung boshaft eine Zeile aus der *Walküre* voran: »Wie gleicht er dem Weibe!« Das Haus Wahnfried erkannte, welchen Schaden dies alles dem sich langsam festigenden Ansehen des Meisters zufügen würde. Ebenso war klar, daß der aufwieglerische Briefwechsel, den Wagner mit Theodor Uhlig führte (»Mit völligster besonnenheit und ohne allen schwindel versichere ich dir, daß ich an keine andere revolution mehr glaube, als an die, die mit dem Niederbrande von Paris beginnt«; Brief vom 22. Okt. 1850) kaum dazu angetan war, Wagners Image zu fördern. Deshalb wurden Versuche unternommen, die Originale dieser und weiterer Briefe zurückzufordern. Dieses Unterfangen, das nach Wagners Tod von Cosima fortgesetzt wurde, bediente sich einer Mischung aus Überredungskunst und Androhung gerichtlicher Schritte, aber die Strategie hatte Erfolg. Cosima konnte sich somit zusammen mit ihrer Gruppe von Herausgebern an die Arbeit machen, eine entsprechend zensierte Version von Wagners Briefen an seine verschiedenen Korrespondenzpartner zu veröffentlichen. (Wagner selbst hatte Kopien von vielen seiner Briefe behalten, so daß diese oft ebenfalls als Grundlage für spätere Editionen verwendet werden konnten.) Zwischen 1887 und 1911 wurden vom Hause Wahnfried fünfzehn Bände herausgegeben, die rund 2450 Briefe enthielten: an Franz Liszt (1887), Theodor Uhlig, Wilhelm Fischer und Ferdinand Heine (1888), August Röckel (1894), Ferdinand Praeger (1894), Eliza Wille (1894), Otto Wesendonck (1898), Emil Heckel (1899), Mathilde Wesendonck (1904), Familienbriefe (1907), Bayreuther Briefe (1907), an Minna Wagner (1908), Bayreuther Künstler (1908), Freunde und Zeitgenossen (1909), Theodor Apel (1910) und die Verlage Breitkopf & Härtel und B. Schott's Söhne (1911). In diese Zeit fällt auch die unabhängige Veröffentlichung von Briefen an Ernst von Weber (1883), Johann Herbeck (1885), Josef Hoffmann (1896), Wendelin Weißheimer (1898) und Angelo Neumann (1907), sowie von vielen kleineren Sammlungen in Zeitungen und Zeitschriften.

Zu den späteren Sammlungen von Bedeutung, die überwiegend zwischen den beiden Weltkriegen veröffentlicht wurden, gehören die Korrespondenzen mit Friedrich Nietzsche (1915), Hans von Bülow (1916), Julie Ritter (1920), Hans Richter (1924), Albert Niemann (1924), Johanna und Franziska Wagner (1927), Mathilde Maier (1930), Anton Pusinelli (1932, nur engl.), Judith Gautier (1936; die französischen Originale wurden erst 1964 veröffentlicht) und König Ludwig II. von Bayern (1936–39). Erwähnt werden sollte hier auch die Ausgabe der *Lettres françaises* (1935) von Julien Tiersot. Diese elf Bände enthielten weitere 1100 Briefe. Zu den wichtigen Ausgaben nach dem Zweiten Weltkrieg gehören die Burrell-Sammlung (engl. 1951, dt. 1953), die Briefe an Wilhelm Baumgartner (1976) und Cosima Wagner (1979) sowie die Briefe im Besitz des Wagner-Museums in Tribschen (1961) und der British Library in London (1982–84). Weitere Einzelbriefe und kleinere Sammlungen sind ferner in oft ausgefallenen Zeitschriften und in Auktionskatalogen erschienen, so daß eine vollständige Bibliographie der Wagner-Briefe etwa 100 verschiedene Publikationen umfassen würde.

Mit Ausnahme von Otto Strobels Ausgabe des Briefwechsels zwischen Ludwig II. und Wagner waren alle diese Ausgaben durch Auslassungen, unzureichende Anmerkungen und unklare Editionsprinzipien beeinträchtigt. (Und selbst bei Strobel war es immer, wie Egon Voss schrieb, das Ziel, »Richard Wagner, und zwar den Künstler wie den Menschen, zu glorifizieren«; Voss, 1982b). Das auffälligste Beispiel einer solchen Zensur ist vielleicht Wagners Brief an Prinzessin Carolyne Sayn-Wittgenstein vom 12. April 1858, dessen gedruckte Version kaum ein Viertel von Wagners Originalbrief umfaßt. Außerdem schließt ein Band, der sich auf einen einzigen Briefpartner beschränkt und oft nur eine Hälfte des Briefwechsels enthält, zwangsläufig einen Überblick über Wagners facettenreiche Persönlichkeit aus.

Abgesehen von den Katalogen Kastners (1897) und Altmanns (1905, Neuauflage 1971) wurde der erste Versuch, Wagners Briefe systematisch zu sammeln und zu veröffentlichen, im Jahr 1913 von Julius Kapp und Emerich Kastner unternommen. Nach nur zwei Bänden setzte der Ausbruch des Ersten Weltkriegs dem Unternehmen leider ein vorzeitiges Ende. Ein zweiter Versuch wurde Anfang der 60er Jahre gemacht, als das Richard-Wagner-Familienarchiv in Bayreuth mit dem VEB Deutscher Verlag für Musik in Leipzig einen Vertrag über eine Ausgabe aller verfügbaren Wagner-Briefe in chronologischer Reihenfolge schloß. Der Leipziger Verlag wurde in Ermangelung einer besseren Möglichkeit gewählt, weil kein bundesdeutscher Verleger bereit war, sich auf das Projekt einzulassen. Nach dem ursprünglichen Plan sollte die Ausgabe fünfzehn Bände umfassen und etwa 5000 Briefe enthalten. Wenn dies die einzige Fehlkalkulation gewesen wäre, hätte das Unternehmen wohl die Hochachtung der Fachwelt verdient. Aber die Zusammenarbeit von zwei völlig gegensätzlichen Herausgebern (dem hervorragenden marxistischen Musikwissenschaftler Werner Wolf und der rechtskonservativen Bayreuther Archivarin Gertrud Strobel) und die staatliche bzw. selbstverordnete Zensur der beiden (Wolf hatte nur begrenzten Zugang zu den Dokumenten im Westen, während Strobel gegenüber der Existenz von Dokumenten außerhalb des Familienarchivs in Bayreuth blind gewesen zu sein scheint) führten zu einer Ausgabe, die nur wegen ihrer Unvollständigkeit und Unzuverlässigkeit bemerkenswert ist. Egon Voss wies in einer vernichtenden Kritik der Ausgabe (Voss, 1978) darauf hin, daß allein in den ersten drei Bänden nicht weniger als 100 Briefe fehlten, vom Weglassen zahlloser Briefstellen gar nicht zu reden.

Die ersten vier Bände, die den Zeitraum bis September 1852 umfassen, erschienen zwischen 1967 und 1979. Nach dem Tod von Gertrud Strobel im Jahr 1979 und der Pensionierung von Werner Wolf kurz danach wurde ein neues Herausgeberteam (Hans-Joachim Bauer und Johannes Forner) berufen. Die Bände 6 bis 8 erschienen zwischen 1986 und 1991 und führten den Leser weiter bis zum Juli 1857. (Band 5 ist im Sommer 1993 nach endlosen, juristisch bedingten Verzögerungen erschienen.) Die letzten vier Bände verwenden nicht nur einen verwirrend unterschiedlichen Editionsstil, sondern sind auch durch den gleichen Grad an Achtlosigkeit und Ignoranz bestimmt, der die früheren Bände auszeichnete. Deshalb vernimmt man fast mit Erleichterung, daß das gesamte Projekt nach der deutschen Wiedervereinigung und dem Wegfall der staatlichen Unterstützung möglicherweise aufgegeben wird. Vielleicht kann dann ein neuer Anfang gemacht werden, was eine wissenschaftlich-kritische Edition erlauben würde, die die jüngste Forschung berücksichtigt und auch die Briefe *an* Wagner einschließt; denn die einseitige Vorgehensweise, die von der großen Mehrheit der erwähnten Ausgaben gewählt wird, gibt unvermeidlicherweise bestenfalls nur eine Teilsicht des Gegenstands. (Außerdem

kommen immer mehr Wagner-Briefe zum Vorschein, so daß die vollständige Ausgabe schließlich auf 40 Bände veranschlagt wurde, was bei der
bisherigen Geschwindigkeit des Vorgehens nochmals 150 Jahre in Anspruch genommen hätte.)

Wagners Briefe sind aus verschiedenen Perspektiven von Bedeutung. Zunächst einmal liefern sie uns ein objektiveres Bild des Komponisten als die
idealisierte Sicht, die er selbst und seine Anhänger eifrig verbreiteten. (Insbesondere Wagners allmählicher Wandel seiner Einstellung gegenüber
Giacomo Meyerbeer, von unterwürfiger Dankbarkeit zu krankhafter
Paranoia, läßt sich anhand seiner Briefe aus den 1830er und 40er Jahren
detailliert verfolgen.) Des weiteren bieten sie wiederholt wertvolle Einblicke in Wagners Kompositionsverfahren von einer Art, wie man sie anderswo in seinem umfangreichen Werk nicht findet: Beispielsweise sind
sie besonders nützlich, um den Fortschritt in den frühen Stadien des *Rings*
zu dokumentieren und die Realität vom Mythos der sogenannten La-Spe-
zia-Vision zu trennen (siehe »Mythen und Legenden«, S. 143). Drittens
präsentieren sie Interpretationen seiner eigenen Opern und Musikdramen, die nicht vom eigenwilligen Plädoyer seiner autobiographischen
Schriften verzerrt sind. Und viertens erlauben sie es uns, ein umfassendes,
entmythologisiertes Bild von Wagner mit all seinen Widersprüchen und
trivialen Sorgen zu entwerfen, wenn er je nach Empfänger eine andere
Rolle einnimmt. Schließlich zeigen sie – mit Ausnahme der überschweng-
lichen, in einem exaltierten Stil verfaßten Briefe an Ludwig II. – eine Spontaneität des Ausdrucks, die besonders auffällt, da sie in seinen Prosaschriften meist vermißt wird.

STEWART SPENCER

Gesammelte Schriften

Am 6. Januar 1865 schrieb Wagner an König Ludwig II. von Bayern: »Vor
mehreren Jahren beabsichtigte ich eine Herausgabe meiner zu sammeln-
den Schriften, von der ich wieder abgekommen bin.« Es ist nicht klar, zu
welchem Zeitpunkt dieser Plan fallengelassen wurde; daß aber der letzte
Text, der darin enthalten sein sollte, von 1854 stammt, ergibt zumindest
einen frühesten Zeitpunkt. Nur vier Bände wurden ins Auge gefaßt, die
enthielten: eine Reihe von Aufsätzen über eine Theaterreform (Band I);
*Über musikalische Kritik, Das Judentum in der Musik, Über das Dirigie-
ren* (»noch nicht aufgeschrieben«), mehrere »programmatische Erklärun-
gen« und Anweisungen für die Aufführung von *Der fliegende Holländer*
und *Tannhäuser* (Band II); Aufsätze aus Wagners Zeit in Paris (Band III)
und die Prosaentwürfe für *Die Sarazenin, Jesus von Nazareth* und *Wieland der Schmied* sowie den Aufsatz *Die Wibelungen* (Band IV). Vorhan-
dene Broschüren und Flugschriften einschließlich der Textbücher seiner
Opern wurden nicht einbezogen, weil sie allgemein erhältlich waren.

Bis zum 26. April 1868, dem Datum des betreffenden Eintrags im *Braunen Buch*, hatte Wagner diese Liste beträchtlich erweitert. Die geplante
Ausgabe umfaßte nunmehr zehn Bände, darunter alle vorher weggelas-

senen Streitschriften. Die Reihenfolge war jetzt chronologisch, beginnend mit den Pariser Aufsätzen. Nur die letzten drei Bände verletzten diese Reihenfolge, denn sie enthielten den Text zu allen Opern und Musikdramen Wagners ab dem *Fliegenden Holländer*. Der Schlußband war für die »Erinnerungen aus meinem Leben. (Aus der Biographie.)« reserviert.

Wagner selbst überwachte die folgende Veröffentlichung der ersten neun Bände seiner *Gesammelten Schriften und Dichtungen*, die 1871 (Bd. I und II), 1872 (Bde. III–VI) und 1873 (Bde. VII–IX) erschienen. (Band X kam postum im Jahr 1883 heraus.) Die Grundanordnung war chronologisch, wobei die verschiedenen Textbücher nunmehr in ihrer richtigen Reihenfolge eingefügt wurden. Wagner verteidigte dieses Vorgehen in einem Vorwort für Band I: »Nämlich, ich entging der Versuchung, meine zerstreuten Kunstschriften in der Weise zusammenzustellen, daß sie den Anschein eines wirklichen wissenschaftlichen System's hätten gewinnen können, was unsere Ästhetiker von Fach wohl leicht als Unverschämtheit behandelt haben würden; andererseits aber durfte ich so, indem ich eine Art von Tagebuch über alle meine Arbeiten führte, auch meine Dichtungen an der rechten biographischen Stelle mit einstreuen, anstatt sie etwa in einem besondern Bande zusammenzustellen, wodurch ich jedenfalls den verachtungsvollen Ärger unsrer Dichter von Profession erregt […] haben würde.« (GS I, S. iv) Wagner glaubte, daß die Welt auf diese Weise eine klarere Vorstellung von seiner geistigen Entwicklung erhalten und, indem sie seine Werke in ihren biographischen und historischen Kontext stellen könne, sie besser verstehen würde. (Eine chronologische Vorgehensweise macht auch die Entwicklung von Wagners Prosastil von dem »brillanten Stilisten« der Pariser Zeit [Deathridge/Dahlhaus, 1984] zu den gekünstelten Schriften der späteren Jahre deutlich, in denen der Inhalt allzuoft der Form geopfert wird.)

Das tendenziöse Ziel, das den *Gesammelten Schriften* zugrunde liegt, konnte nur aufrechterhalten werden, indem das Material manipuliert wurde. In einigen Fällen ist die Datierung einzelner Aufsätze offenkundig falsch: In Band 2 beispielsweise sollte der Aufsatz *Die Wibelungen* die Jahreszahl 1849 und nicht 1848 tragen, während der *Entwurf zur Organisation eines deutschen Nationaltheaters für das Königreich Sachsen* 1848 und nicht 1849 fertiggestellt wurde. Im erstgenannten Fall scheint Wagner darauf bedacht gewesen zu sein, seine Behauptung zu beweisen, daß er Ende der 40er Jahre die Geschichte zugunsten des Mythos aufgegeben hatte, während die falsche Datierung des letzteren Entwurfs mit seinem Wunsch zusammenhängen mag, sein Engagement für die revolutionäre Bewegung der Zeit möglichst gering erscheinen zu lassen, indem er es auf eine viel kürzere Zeitspanne einschränkte. Wagner nahm auch sicherlich Textänderungen in seinen früheren Aufsätzen vor, als er sie für die Aufnahme in die *Gesammelten Schriften* bearbeitete; aber da die dringend benötigte historisch-kritische Ausgabe fehlt, die solche Änderungen im einzelnen aufführen würde, ist es für die heutigen Leser unmöglich zu erkennen, wo geändert wurde, und somit dem vorliegenden Text zu vertrauen.

Die erste Ausgabe von 1871–83 wurde 1887/88 neu aufgelegt und später 1897/98 und 1907 nachgedruckt. (Bequemlichkeitshalber beziehen sich die meisten Wissenschaftler auf die späteren Ausgaben, weil man an die erste Ausgabe kaum herankommen kann.) Die zweite Ausgabe von 1887/88 wurde 1976 nachgedruckt. Zwischen 1911 und 1914 fügten Hans von Wolzogen und Richard Sternfeld der zehnbändigen Ausgabe weitere sechs Bände hinzu; das Ganze bekam den Titel *Sämtliche Schriften und Dichtungen (Volks-Ausgabe)*. Ihre editorischen Prinzipien enthüllen ein fast perverses Verlangen, sich von den vorhergehenden Ausgaben abzuheben. Die Herausgeber haben nicht nur Wagners für das 19. Jahrhundert typische Rechtschreibung verändert, sondern auch teilweise, d. h. inkonsequent, die chronologische Anordnung der früheren Bände aufgegeben und statt dessen eine thematische Einteilung der Beiträge gewählt. Schließlich haben sie eine Reihe von Briefen oder Briefauszügen in ihre Ausgabe aufgenommen – eine völlig willkürliche Vorgehensweise, die sich die Frage gefallen lassen muß, warum gerade diese Briefe einbezogen wurden, aber nicht die 10 000 oder 12 000 anderen Briefe, die Wagner geschrieben haben soll. (Diese Briefe tauchen weiterhin in fast allen nachfolgenden Aufzählungen von Wagners »Schriften« auf, auch wenn sie keinen Anspruch darauf haben, als solche angesehen zu werden.) Sowohl die sechzehnbändige Ausgabe der *Sämtlichen Schriften* wie auch der zehnbändige Nachdruck der *Gesammelten Schriften* von 1976 sind seit langem vergriffen, ebenso drei andere Sammelausgaben von Wagners Schriften, nämlich die von Julius Kapp (14 Bände, 1914), Wolfgang Golther (10 Bände, 1914) und Dieter Borchmeyer (10 Bände, 1983). Pläne, eine neue kritische Ausgabe von Wagners Schriften mit Carl Dahlhaus als Herausgeber zu veranstalten, mußten nach dem Tod von Dahlhaus aufgegeben werden. Wie Egon Voss erklärte (Voss, 1987), wirft eine solche Ausgabe fast unüberwindliche Probleme auf: In vielen Fällen ist kein Autograph erhalten; vor allem in seiner Frühzeit veröffentlichte Wagner viele Artikel anonym oder unter einem Pseudonym. Außerdem ist die Authentizität von Aufsätzen, die bisher Wagner zugeschrieben wurden, in neuerer Zeit in Frage gestellt worden: Beispielsweise steht nicht fest, daß Wagner *Die deutsche Oper* und *Pasticcio* (beide erschienen 1834 in Laubes *Zeitung für die elegante Welt* und in Schumanns *Neue Zeitschrift für Musik*) verfaßte; und es gibt Indizien dafür, daß es August Röckel und nicht Wagner war, der *Der Mensch und die bestehende Gesellschaft* und *Die Revolution* schrieb (am 10. Februar bzw. am 8. April 1849 in Röckels aufrührerischen *Volksblättern* erschienen).

STEWART SPENCER

Autographe   Einige von Wagners handschriftlichen Manuskripten sind verschwunden, andere sind von privaten Sammlern erworben worden. Der Rest befindet sich in Bibliotheken und Archiven in ganz Europa und in den USA. Glücklicherweise werden die meisten dieser Dokumente im Nationalarchiv der

Richard-Wagner-Stiftung in Bayreuth aufbewahrt und sind für die Wissenschaft leicht zugänglich. Von besonderer Bedeutung sind die Text- und Musikmanuskripte, die mit der Komposition der Opern zusammenhängen.

Skizzen und Entwürfe: Text

Wagners normale Vorgehensweise bei der Anfertigung eines Textbuchs umfaßte vier Schritte: eine kurze Prosaskizze, einen sorgfältiger ausgearbeiteten Prosaentwurf, einen Versentwurf und eine Reinschrift der Dichtung. Für die beiden letzten Stadien verwendet das Wagner Werk-Verzeichnis die Begriffe »Erstschrift« bzw. »Reinschrift des Textbuches«. Die folgende Erörterung untersucht jede dieser Stufen, wobei die *Ring*-Manuskripte als Beispiel dienen.

Prosaskizze

Das Anfangsstadium war normalerweise eine kurze Prosaskizze der dramatischen Handlung. Die Prosaskizze zum *Rheingold* (Herbst 1851) etwa ist auf die Vorderseite eines Einzelblattes geschrieben; sie enthält zwei kurze Absätze und einen dritten längeren, denen jeweils eine römische Ziffer vorangestellt ist. Die ersten beiden Absätze skizzieren die Ereignisse der Szenen 1 und 2 der fertigen Oper, während der dritte die Handlung der Szenen 3 und 4 umfaßt. Anscheinend plante Wagner das Werk in drei Hauptteilen. Der erste Absatz lautete ursprünglich:

I. Die drei Rheintöchter. Wodan (badend) – (Fricka ist der Rheintöchter muhme.) Alberich aus der tiefe. Er wirbt nacheinander um alle drei frauen und wird abgewiesen. – Das Gold erglänzt. »wie das zu gewinnen?« »Wer der liebe entsagt.« – Alberich raubt das gold. – Nacht.

Doch später fügte Wagner nach »Wodan (badend)« die Bemerkung ein: »W. weiß um des goldes beschaffenheit.«
Diese Skizze ist interessant, weil sie zeigt, daß Wagner ursprünglich die Absicht hatte, Wotan (in allen *Ring*-Handschriften »Wodan« geschrieben) in der allerersten Szene einzuführen, vermutlich um ihn Zeuge des Goldraubes werden zu lassen. Später entschied er sich dafür, das erste Auftreten des Gottes bis zum Beginn der Szene 2 zurückzustellen, und verzichtete dabei dankenswerterweise auf die Badeepisode. Dies erforderte jedoch irgendeinen anderen Weg, auf dem Wotan von Alberich und dem Ring erfahren konnte.
Im Falle des *Rheingolds* und der *Walküre* fertigte Wagner ergänzende Prosaskizzen in einem Taschennotizbuch an (Winter 1851/52). Eine davon beginnt mit: »Wodan weiß noch nichts von der macht des goldes« und fährt dann nach einem Hinweis auf die Forderung der Riesen nach dem Rheingold als Lösegeld für Freia fort: »Wodan u. Loke fahren zu-

nächst zu den Rheinfrauen: hier erfahren sie was geschehen und werden um hülfe und wiedererstattung angegangen.« So entschied sich Wagner dafür, daß Wotan über die Ereignisse der Szene 1 von den Rheintöchtern informiert wird, anstatt sie selbst zu erleben.

Eine weitere ergänzende Prosaskizze lautet jedoch wie folgt: »Während des streites um Freia kommt endlich Loke: auf die vorwürfe Wodans wegen seines außenbleibens (da er versprochen die Riesen los zu werden) berichtet er von der klage der Rheintöchter, die ihm Alberich's raub geklagt.« Hier fand Wagner seine endgültige Lösung: Er machte Loge (ursprünglich »Loke« geschrieben) zum Übermittler, der Wotan über Alberich und das Gold informiert. Dies entwickelt sich schließlich zu Loges großartiger Erzählung, dem musikalischen Höhepunkt von Szene 2.

Die Prosaskizze für Die *Walküre* beginnt auf der Rückseite des Blattes, das die *Rheingold*-Skizze enthält; sie fährt auf der Vorderseite eines anderen Blattes fort, auf dessen Rückseite der Satz notiert ist, der den Schlußabschnitt von *Oper und Drama* eröffnet. Dies zeigt uns, daß Wagner wahrscheinlich zuerst die *Rheingold*-Skizze niederschrieb; hätte diese nicht schon existiert, so hätte er zweifellos die *Walküre*-Skizze auf der Rückseite des gleichen Blattes und nicht auf einem anderen Blatt fortgesetzt. So kann uns manchmal die äußerliche Anlage der Manuskripte dabei helfen, Fragen der Chronologie zu entscheiden, selbst wenn – wie hier – die Dokumente selbst undatiert sind. In diesem Falle lernen wir, daß die altehrwürdige Vorstellung, Wagner habe den *Ring* »von hinten nach vorn« geschrieben, nicht ganz stimmt. Die Prosaskizze für *Die Walküre* entwirft nur die Ereignisse der ersten beiden Akte. Für den dritten Akt ist keine Prosaskizze vorhanden; möglicherweise war sie auf einem dritten Blatt niedergeschrieben, das verschollen ist. Vielleicht hielt der Satz für *Oper und Drama* Wagner davon ab, die Rückseite des zweiten Blattes für diesen Zweck zu verwenden. Wie beim *Rheingold* enthält das Taschennotizbuch ergänzende Prosaskizzen, doch auch diese betreffen nur den ersten und zweiten Akt.

Neben anderen interessanten Punkten enthüllen die *Walküre*-Skizzen, daß Wagner erneut beabsichtigte, Wotan unmittelbar in die Handlung einzuführen: als Besucher in Hundings Hütte im ersten Aufzug. Der Gott sollte nämlich eintreten und ein Schwert in die Esche stoßen, worauf Siegmund die Waffe sofort herausziehen sollte. Das sollte die Ausgangsszene des Aktes sein. Eine der ergänzenden Skizzen informiert uns darüber, daß Wotan die Nacht in der Hütte verbringen soll, wobei sein Bett so steht, daß er die Vereinigung von Siegmund und Sieglinde gut sehen kann. Obwohl wir Wagner nur ewig dafür dankbar sein können, daß er Wotan erneut aus den frühen Szenen des Dramas herausnahm, ist interessant, daß zumindest eine moderne Inszenierung (Seattle 1986) Wotan wieder an seinem ursprünglichen Platz erstehen ließ und ihn zu einem schweigenden Beobachter der Ereignisse im ersten Akt machte.

Trotz ihrer Kürze enthalten die Prosaskizzen manchmal schon Dialoge, und zwar meist in Prosaform. Wir hatten bereits ein Beispiel aus der *Rheingold-Skizze*: »Das Gold erglänzt. ›wie das zu gewinnen?‹ ›Wer der liebe entsagt.‹« Ein etwas bedeutsameres Beispiel kommt in der *Walküre*-Skizze vor. Gegen Ende des ersten Absatzes, der den ersten Akt skizziert, findet sich die Zeile: »Siegmund: ›Weib und schwester, so glühe denn Welsungenblut!‹« Diese erhielt schließlich die Versform: »Braut und Schwester / bist du dem Bruder – / so blühe denn Wälsungen-Blut!« Es ist recht bemerkenswert, daß Wagner diese »Ausgangspointe« so früh formulierte.

Die Prosaskizzen für *Das Rheingold* und *Die Walküre* zeigen, daß Wagner diese knappen Umrisse manchmal veränderte und/oder ergänzte, bevor er zur nächsten Stufe (dem Prosaentwurf) überging. Dies trifft auch auf die kurzen, eher fragmentarischen Prosaskizzen für *Der junge Siegfried* zu (ursprüngliche Version von *Siegfried*). Daß diese Skizzen aus dem Frühjahr 1851 überhaupt überlebt haben, ist ein Zufall: Wagner verwendete den großen Bogen, auf den sie geschrieben waren, als Umschlag für den Versentwurf! In der Mitte dieses Blattes befinden sich drei kurze Notizen, eine für jeden Akt, sowie eine Anmerkung zur Notiz für den zweiten Akt. Oben auf dem Blatt befinden sich zwei weitere Erweiterungen von Geschehnissen des zweiten Akts; diese wurden zum Zeitpunkt der ursprünglichen Einträge angefertigt. Unten auf dem Blatt gibt es drei andere Eintragungen, eine zur Wissenswette zwischen Wotan und Mime und zwei zu Wotans Auseinandersetzungen mit Erda und Siegfried. Diese Notizen wurden später als die anderen geschrieben. Die Eintragungen für den zweiten Akt zeigen, daß Wagner ursprünglich plante, die Nibelungen alle zusammen und nicht bloß Alberich und Mime einzuführen. Die für den dritten Akt zeigen, wie sich schrittweise die Idee der Selbstvernichtung der Götter entwickelt. Der frühere Eintrag lautet: »Wodan und die Wala: götterende«, während ein späterer besagt: »Wodan und die Wala. – Schuld der götter, und ihr nothwendiger untergang: Siegfrieds bestimmung. – Selbstvernichtung der götter.«

Von den vier Dramen des *Rings* erforderte lediglich *Siegfrieds Tod* (die ursprüngliche Version der *Götterdämmerung*) keine Prosaskizze. Wagner begann das Projekt mit einem längeren Prosa-»Szenarium« (Oktober 1848), in dem er seine Rekonstruktion des gesamten Nibelungenmythos entwarf, beginnend mit Alberichs Raub des Goldes und endend mit Brünnhildes Selbstopferung. Ein Großteil dieses Szenariums – ursprünglich *Die Nibelungensage (Mythus)* betitelt – ist der Geschichte von Siegfrieds Untergang gewidmet, der einzige Teil der Geschichte, der zur Umsetzung in eine Oper bestimmt war; er machte deshalb die normale Prosaskizze überflüssig. Das Szenarium enthält auch Hintergrundinformationen, die schließlich zu den ersten drei Dramen der Tetralogie erweitert wurden; doch dieses Material war nur vorläufig und benötigte eine gründliche Überarbeitung in Form der erwähnten Prosaskizzen.

Prosaentwurf

Die zweite Stufe der Textabfassung versah das knappe Gerüst der Skizze mit Fleisch. Hierbei arbeitete Wagner seinen Handlungsablauf bis in die kleinste Einzelheit aus, einschließlich der Dialoge (immer noch in Prosa). Doch Veränderungen und Ergänzungen – manchmal auch gewichtige – kamen oft noch während der Anfertigung der Versfassung vor, so daß der Prosaentwurf trotz seines Umfangs und Detailreichtums nicht notwendigerweise die endgültige Form der Handlung darstellte.

Als Beispiel dafür wollen wir den zehnseitigen Prosaentwurf für *Das Rheingold* (23.–31. März 1852) betrachten. Der Titel lautete ursprünglich einfach *Der Raub: Vorspiel*, aber später wurde er zu *Der Raub des Rheingoldes: Vorspiel* abgeändert, woran noch später die Bemerkung »oder: *Das Rheingold?*« hinzugefügt wurde. In diesem gesamten Entwurf sind die Rheintöchter namenlos und werden nur als »die erste«, »die zweite« und »die dritte« bezeichnet. Doch der linke Rand von Seite 1 enthält zwei Gruppen von Namen: zunächst Bronnlinde, Floßhilde und Wellgunde, dann Woghilde, Wellgunde und Floßlinde. Die zweite Gruppe von Namen wurde in den Versentwurf übernommen, aber in diesem Manuskript zu den vertrauten Namen Woglinde, Wellgunde und Floßhilde abgeändert. Der Prosaentwurf enthüllt auf diese Weise Wagners Ringen sowohl um den Titel der Oper wie um die Namen von dreien ihrer Personen.

Weit bemerkenswerter ist jedoch das, was das Manuskript *nicht* enthält. Es gibt darin erstaunlicherweise keine Erwähnung von Wotans Speer! In der fertiggestellten Oper verwendet Wotan diese Waffe, um Donner daran zu hindern, den Riesen mit seinem Hammer den Schädel einzuschlagen, und bringt so die Kraft des Gesetzes zur Geltung. Doch als Donner die Riesen zuerst bedroht, liest man im Prosaentwurf nur: »Wodan fährt dazwischen: nichts durch Gewalt: den vertrag müsse er schützen.« Angesichts der vielfältigen symbolischen und musikalischen Bedeutung des Speers ist sein Fehlen im Prosaentwurf wirklich erstaunlich.

Was ebenfalls im Prosaentwurf fehlt, ist die Erwähnung von Loge (Loke) als Gott des Feuers. Wagner dachte sich diesen Charakter ursprünglich lediglich als Gauner und Erzähler von unwillkommenen Wahrheiten, nicht als Feuergott. Dies ist ein starkes Indiz dafür, daß sich Wagner, als er den Prosaentwurf für *Das Rheingold* niederschrieb, noch nicht dazu entschlossen hatte, die Tetralogie mit der Vernichtung der Götter und der Welt durch Feuer abzuschließen.

Der Prosaentwurf zu *Siegfrieds Tod* (Oktober 1848) beginnt nicht mit der Nornenszene, sondern direkt mit dem 1. Aufzug, d.h. mit der Szene für Gunther, Gutrune und Hagen. Erst nach der Fertigstellung dieses Entwurfs entschied sich Wagner dafür, ein zweiteiliges Vorspiel hinzuzufügen, um das Publikum über die Vorgeschichte des Dramas aufzuklären und mit Siegfried und Brünnhilde bekannt zu machen. Das Vorspiel erforderte seinen eigenen Prosaentwurf; doch dieser Entwurf ist fast ganz in Dialogform abgefaßt und kommt in großen Teilen der endgültigen Versform sehr nahe. Wieder verraten uns die Manuskripte viel über die Entstehungsgeschichte des Textes. In diesem Fall erklären sie, warum Wagner die Nornenszene und das folgende Duett nicht als »Erster Aufzug, Erste Szene«

bezeichnete: In seiner ursprünglichen Konzeption begann der erste Aufzug in der Halle der Gibichungen, und weil er das Vorspiel später entwarf, sah er es seinem Charakter nach als »Einleitung« an.

Versentwurf (Erstschrift des Textbuches)

Im dritten Stadium der Textabfassung wandelte Wagner seinen Prosaentwurf in eine dichterische Dialogform um. Wie wir gesehen haben, enthalten bereits die Prosaentwürfe häufig Dialogpassagen; obwohl der größte Teil davon in Prosa abgefaßt ist, antizipieren einige Zeilen ihre endgültige dichterische Form. Doch nun war der Text in Versform umzuschreiben, sei es in den Stabreim des *Rings,* den Endreim der früheren Opern oder die Kombination dieser beiden Versformen in den späteren Werken. Manchmal fand Wagner (dessen Fähigkeiten als Dichter weitgehend unterschätzt und von einigen sogar offen geschmäht werden) sofort die endgültige Formulierung; doch nicht selten verlangte ein Vers eine eingehende Überarbeitung, bevor er Wagner zufriedenstellte.
Als Beispiel für diesen letzteren Prozeß wollen wir eine kurze Stelle aus *Siegfrieds Tod* betrachten. Im 3. Aufzug, 1. Szene, warnen die Rheintöchter Siegfried vor dem Fluch. Im Versentwurf nimmt ihre Warnung schließlich die folgende Form an:

Siegfried! Siegfried!
Wir weisen dich wahr!
Weich' aus! Weich' aus dem Fluche!
Ihn flochten webende Nornen
In des Urgesetzes Seil!

Aber Siegfried erwidert:

»Eurem Fluche fliehe ich nicht!
noch weich' ich der Nornen Gewebe!

Wagner begann die Warnung der Schwestern mit den Worten »Siegfried! Siegfried! / wir reden wahr.« Er strich dann »reden« durch und schrieb an den linken Seitenrand »weisen dich«, was heißt, daß es »reden« ersetzen sollte. Danach fügte er diesen neuen Ausdruck (»weisen dich«) in den Haupttext ein, in dem er »wahr« durchstrich und mit »weisen dich wahr!« fortfuhr. Darauf strich er die Randbemerkung durch. Die letzten beiden Zeilen der Rheintöchter lauteten ursprünglich: »In des Urgesetzes Seil / Flochten Nornen die ein!« Wagner schrieb die endgültige Fassung in die linke Randspalte, aber diesmal strich er die Originalzeilen *nicht* durch. Er begann Siegfrieds Antwort mit »Eurem Fluch weiche ich nicht! / Noch flieh'«, hielt dann aber inne, strich »flieh« durch und fuhr mit »weich' ich der Nornen Gewebe!« fort. Er kehrte dann zur vorangehenden Zeile zurück und schrieb »fliehe« *über* »weiche«, wodurch er die Wortwiederho-

lung eliminierte. Die Durchstreichungen, Überschreibungen und Rand-
notizen in Wagners Textmanuskripten erlauben uns, seine Korrekturen
mit hinreichender Genauigkeit zu rekonstruieren; eine nicht erläuterte
Wiedergabe dieser Arbeitsschritte hätte jedoch wenig Sinn. Anzumerken
ist noch, daß Otto Strobels Abschriften von einigen Texthandschriften für
den *Ring* (1930) alle Varianten eliminieren und nur die endgültigen Versionen der überarbeiteten Passagen bieten.

Wagner übertrug die Dialoge nicht nur in Versform, sondern erweiterte (und
veränderte manchmal) auch die Szenenanweisungen, die er natürlich nach
wie vor in Prosa abfaßte. Bisweilen kehrte er nach der Fertigstellung eines
Versentwurfs zu diesen Anweisungen zurück und baute sie noch weiter aus.
Diese späteren Hinzufügungen können sehr wichtig sein. So haben wir etwa
darauf hingewiesen, daß der Prosaentwurf des *Rheingolds* nichts über Loges
Feuerzauber enthält. Ebenso gab es zunächst im Versentwurf kaum eine Verbindung dieser Figur mit dem Feuer. Doch nach Vollendung der Versfassung
fügte Wagner als Zusatz am Rand Loges Epilog ein, in dem der Gauner darüber nachsinnt, sich wieder in Feuer zu verwandeln und die Götter zu ver-
zehren. Die Passage gegen Ende der *Walküre*, in der Wotan Loge befiehlt,
Brünnhildes Felsen mit Feuer zu umgeben, war ebenfalls ein nachträglicher
Einfall, wie die letzte Seite des Versentwurfs enthüllt, und wurde möglicherweise zur gleichen Zeit wie die *Rheingold*-Einfügung aufgeschrieben. Wir
können somit recht genau den Augenblick angeben, als sich Wagner dafür
entschied, die Götter durch Feuer zu vernichten: nachdem er den Versentwurf
der *Walküre* (1. Juli 1852) abgeschlossen hatte, und bevor er die Nornenszene
aus *Siegfrieds Tod* (November oder Dezember 1852) überarbeitete. Um diese
Feuersbrunst vorzubereiten, erweiterte er Loges Attribute und machte ihn
zum Gott des Feuers; er veränderte »Loke« zu »Loge«, während er den Versentwurf der überarbeiteten Nornenszene schrieb.

Reinschriften

Nach Vollendung des Versentwurfs pflegte Wagner eine Reinschrift des
Textbuches anzufertigen. Wagners Reinschriften sind in schöner Schrift
gehalten und normalerweise frei von Korrekturen oder Veränderungen
(außer in den Fällen, in denen eine bestimmte Abschrift als Grundlage für
eine spätere Überarbeitung verwendet wurde). Wo ein Versentwurf zwei
oder mehr Versionen der gleichen Passage enthält, weist die Reinschrift
im allgemeinen die endgültige Version auf. Bisweilen jedoch unterscheidet
sich die Reinschrift stellenweise vom Versentwurf. Dies ist der Fall bei der
ersten Reinschrift von *Siegfrieds Tod* (vermutlich Dezember 1848), die einige der Szenenanweisungen verändert; da die Version dieses Textes in den
Gesammelten Schriften (GS II) auf der ursprünglichen Formulierung der
ersten Reinschrift beruht, unterscheidet sie sich ebenfalls leicht vom Versentwurf. Die erste Reinschrift von *Der junge Siegfried* (Sommer 1851)
unterschied sich stellenweise vom Original, so daß letzteres von Theodor
Uhlig verbessert wurde, damit beide Manuskripte übereinstimmten.

Manchmal fertigte Wagner aus unterschiedlichen Gründen mehr als eine Reinschrift des Textbuches an. So machte er beispielsweise eine zweite Reinschrift von *Der junge Siegfried* für Franz Liszt (August 1851). Auch konnte die spätere Überarbeitung einer Dichtung eine weitere Reinschrift erfordern; dies war der Fall bei *Siegfrieds Tod*. Fast unmittelbar nach der Fertigstellung der Reinschrift überarbeitete Wagner dieses Drama umfassend und fügte sowohl im Versentwurf wie auch in der Reinschrift Korrekturen ein. Er verfaßte dann eine zweite Reinschrift der Dichtung, die die Änderungen der ersten Überarbeitung berücksichtigte (dazu gehört die Hinzufügung von Hagens Wacht im ersten Aufzug). Im Mai 1850 veranlaßte die Hoffnung auf eine Veröffentlichung Wagner, noch eine dritte Reinschrift der Dichtung anzufertigen; dieses Manuskript stellt somit die zweite Abschrift der ersten Bearbeitung dar. Wie wir wissen, überarbeitete Wagner *Siegfrieds Tod* gründlich ein zweites Mal (November/Dezember 1852), nachdem er *Die Walküre* und *Das Rheingold* in Versform gebracht hatte. Diese neuen Korrekturen fügte er in die dritte Reinschrift ein, wobei er einige ihrer Seiten durch neue ersetzte und die alten wegwarf. Wagner fertigte danach neue Reinschriften vom *Rheingold*, von der *Walküre* und von *Siegfrieds Tod* an; aus irgendeinem Grund machte er keine weitere Reinschrift von *Der junge Siegfried*, der eine ebenso weitreichende Überarbeitung erfahren hatte. Somit gibt es drei Versionen und nicht weniger als vier Reinschriften von *Siegfrieds Tod*; von diesen Kopien befinden sich die erste in der Stadtbibliothek Winterthur (Schweiz), die zweite (wie der Versentwurf) in einer nicht zugänglichen Privatsammlung und die letzten beiden in Bayreuth.

Wagners Reinschriften dienten manchmal als Grundlage für die ersten gedruckten Ausgaben seiner Textbücher. 1853 beispielsweise ließ Wagner 50 Kopien des *Ring*-Textbuchs auf eigene Kosten drucken; diese beruhten auf seinen Reinschriften, die Anweisungen für den Drucker enthalten. Dieser Druck von 1853 stellt aber nicht die endgültige Textfassung dar. Wagner veränderte oft seine Texte noch während des Komponierens; die Änderungen am *Ring* fügte er in sein persönliches Exemplar der gedruckten Fassung von 1853 ein. Einige, aber *nicht alle* dieser Änderungen wurden in die für die Öffentlichkeit bestimmte Druckfassung von 1863 und in die Ausgabe 1872 der *Gesammelten Schriften* (GS V–VI) aufgenommen. Letztere befindet sich deshalb in einem unsicheren »Niemandsland« irgendwo zwischen dem Druck von 1853 und der Fassung, die man in der Partitur findet. Es ist unklar, warum sich Wagner nicht stärker bemühte, die Druckfassung der *Gesammelten Schriften* enger an die Textfassung in der Partitur anzugleichen, und seine Sorglosigkeit in dieser Hinsicht hat sich als verhängnisvoll für Übersetzer, Kritiker und Regisseure herausgestellt. Jedenfalls können Wissenschaftler, die die Entstehungsgeschichte des *Rings* nachzuzeichnen versuchen und wissen wollen, wie der Text möglicherweise die Musik inspirierte, nicht mit dem Text in den *Gesammelten Schriften* arbeiten; sie müssen den Druck von 1853 zu Rate ziehen, von dem nur eine kleine Zahl von Exemplaren erhalten geblieben ist und von dem eine Faksimileausgabe veröffentlicht wurde (Berlin 1920?).

Die Textmanuskripte helfen uns nicht nur, die Entstehungsgeschichte von
Wagners Textbüchern zu rekonstruieren, sondern enthalten auch einige
musikalische Skizzen. Diese werden im nächsten Abschnitt besprochen.

Skizzen und Entwürfe: Musik

Da Wagner seine Kompositionsmethode mehrmals änderte, weichen seine musikalischen Skizzen und Entwürfe in ihrem Aufbau und im Grad
der Komplexität voneinander ab. Dies hat zu terminologischen Schwierigkeiten geführt, denn es ist irreführend, das Korpus der Musikhand-
schriften mit einer einzigen Terminologie erfassen zu wollen, aber es wäre
ebenso verwirrend, die Nomenklatur für jedes Werk zu verändern. Verschiedene terminologische Systeme wurden von Otto Strobel, John
Deathridge und Robert Bailey vorgeschlagen; die hier verwendeten Begriffe sind diejenigen, die von den Herausgebern des Wagner Werk-Verzeichnisses (WWV) gewählt wurden.
Im allgemeinen bezieht sich der Begriff »Skizze« auf ein alleinstehendes
Fragment, während »Entwurf« ein mehr oder weniger zusammenhän-
gendes Manuskript bezeichnet. In weiterer Differenzierung sind »Einzelskizzen« mit Bleistift oder Tinte notierte Gesangslinien, instrumentale
Motive, harmonische Entwicklungen oder kontrapunktische Studien; sie
unterscheiden sich in Länge und Komplexität beträchtlich. Ein »Gesamtentwurf« ist eine fortlaufende musikalische Realisierung eines gesamten
Aufzugs oder, im Falle des *Rheingolds*, einer ganzen Oper. Ausführliche
Informationen über diese verschiedenen Skizzen- und Entwurfsformen
sind im folgenden zu finden.

Einzelskizzen

Bevor Wagner mit dem ersten Gesamtentwurf einer Oper begann, machte
er einige vorbereitende musikalische Skizzen, und während der Arbeit fertigte er eine ganze Zahl weiterer Skizzen an. Er notierte auch musikalische
Ideen, wie sie ihm gerade einfielen, gleichgültig, ob sie sich auf die Oper
bezogen, an der er gerade arbeitete, oder nicht.
Theoretisch gibt es deshalb mindestens drei Arten von musikalischen Einzelskizzen: diejenigen, die angefertigt wurden, bevor die eigentliche Arbeit
an einer Oper begann, diejenigen, die während des Komponierens entstanden, und die, die in anderen Zusammenhängen notiert wurden. In der
Praxis läßt sich oft schwer entscheiden, in welche Kategorie eine bestimmte Skizze fällt, denn diese Fragmente sind (anders als die Gesamtentwürfe)
normalerweise undatiert.
Die Einzelskizzen tauchen an einer Vielzahl von Stellen auf: in Textmanuskripten (und im Falle des *Rings* in Wagners Kopie des gedruckten
Textbuchs), auf Briefpapierfetzen, in Notizbüchern und auf Notenblät-
tern. Einige sind mit Bleistift, andere mit Tinte geschrieben, je nachdem,

was Wagner zur Hand hatte. Einige können ziemlich genau datiert und bestimmten Werken zugewiesen werden, während andere problematischer sind. Ein paar sind benannt und tragen Titel wie »Fafner« und »Waldvogel« – eine Motivbenennung, die Wagner angeblich nicht vorgenommen haben soll.

Die Tatsache, daß einzelne musikalische Skizzen in den Texthandschriften erscheinen, wurde oft als Beweis für die »Gleichzeitigkeit« von Wagners dramatisch-musikalischer Konzeption angesehen. Mit anderen Worten: Wagner soll Text und Musik gleichzeitig konzipiert haben, aber er konnte ja nicht beide zur gleichen Zeit niederschreiben; deshalb arbeitete er zuerst am Text und schrieb einige musikalische Einfälle auf, wie sie ihm in den Sinn kamen. Die Folgerung daraus würde lauten, daß noch viel mehr musikalische Ideen, vielleicht sogar Opernteile, in seinem Gehirn bereits vorhanden waren, aber daß diese Eingebungen warten mußten, bis der Textdichter Wagner die Feder an den Komponisten Wagner weitergab. Diese Ansicht wird jedoch durch seine Skizzen und Entwürfe nicht unterstützt. In jedem Fall bedeutet die Tatsache, daß eine musikalische Idee in einem bestimmten Textmanuskript auftaucht, nicht zwangsläufig, daß sie Wagner einfiel, während er an diesem Dokument arbeitete; es *könnte* natürlich so gewesen sein, aber vielleicht war dieses besondere Manuskript auch nur gerade bei der Hand, als er den Einfall hatte. Wagner könnte die musikalische Idee sogar für ein völlig anderes Werk, möglicherweise ein nicht-dramatisches, vorgesehen haben.

Ein Beispiel: Die Erstschrift des Textbuchs von *Siegfrieds Tod* (S. 35) enthält eine musikalische Skizze, die am linken Rand von oben nach unten verläuft. Diese Skizze, deren Zweck noch nicht ermittelt werden konnte, ist eine vierstimmige Harmonienfolge in F-Dur, im Tenor- und im Baß-schlüssel geschrieben. Stil, Stimmumfang und Ausführung deuten darauf hin, daß sie für einen Posaunenchor vorgesehen war und möglicherweise entstand, während ein nicht identifiziertes Werk orchestriert wurde. Sie könnten Wagner aber auch als eigenständige musikalische Idee eingefallen sein, im Zusammenhang mit *Siegfrieds Tod* oder einer anderen Komposition. Wagner könnte sie skizziert haben, während er die Dichtung entwarf, oder irgendwann danach.

Andererseits kann eine musikalische Skizze manchmal tatsächlich mit einiger Sicherheit mit dem Textmanuskript in Zusammenhang gebracht werden, in dem sie auftaucht. Beispielsweise hat Wagner in der dritten Reinschrift von *Siegfrieds Tod* aus dem Jahr 1850 (siehe »Skizzen und Entwürfe: Text«, S. 213) ein mit Sopranschlüssel versehenes Notensystem und eine einen Takt lange Melodie in h-Moll mit Tinte aufgezeichnet. Diese erscheint auf Seite 5 gegenüber Brünnhildes Versen »Ging sein Lauf mit mir/einst kühn durch die Lüfte« und ist wahrscheinlich, weil ihr Rhythmus genau dem der Worte entspricht, eine Skizze der Gesangsstimme für diese Zeilen. Aber wann machte Wagner diese Skizze? Vermutlich im Sommer 1850, als er mit der musikalischen Arbeit am Vorspiel zu *Siegfrieds Tod* begann, aber wieder aufhörte (die vorhandenen Entwürfe reichen nicht so weit wie die fraglichen Zeilen). Wagner könnte diese Gesangsstimme auch entweder vor seinem ersten Entwurf des Vorspiels oder während der Arbeit daran skizziert haben; mit anderen Worten: Die Stelle könnte eine vorbereitende oder eine ergänzende Skizze darstellen.

In der Regel sind Wagners Einzelskizzen entweder vokal oder instrumental konzipiert. Vokale Skizzen können textiert oder – wie es viel häufiger der Fall ist – untextiert sein. Im ersten Fall ist der unterlegte Text jedoch möglicherweise nicht derjenige, der schließlich mit der Melodie verbunden wurde; er kann unter Umständen nicht einmal zur selben Oper gehören! Einige vokale Skizzen bestehen nur aus einer einzigen Melodielinie; andere sind sorgfältiger ausgearbeitete harmonische oder kontrapunktische Tonsätze. In ähnlicher Weise kann eine Skizze für ein orchestrales Motiv eine erste Form dieses Themas darstellen, oder sie kann eine mehr oder weniger ausgedehnte Entwicklung eines oder mehrerer Motive enthalten. Es liegt nahe, Begriffspaare wie »einfach/komplex« oder »vorläufig/entwickelt« zu verwenden, um zwischen den beiden Typen von vokalen und instrumentalen Skizzen zu unterscheiden, aber diese Einteilung ist noch nicht allgemein gebräuchlich. Der »komplexe« oder »entwickelte« Skizzentyp erreicht seine extreme Form in einigen Skizzenblättern für die *Götterdämmerung*, die umfangreiche kontrapunktische Studien enthalten.

Die oben erwähnte zweite Skizze für *Siegfrieds Tod* ist ein Beispiel für eine textlose »einfache« Vokalskizze, die allerdings schließlich nicht verwendet wurde. Als Beispiel für eine »komplexe« Vokalskizze ohne Text, die auch tatsächlich verwendet wurde, kann die für Wotans Anfangsverse im dritten Aufzug von *Siegfried* (als der Wanderer Erda aufweckt) gelten. Diese vierstimmige Vertonung, die auf zwei Notensystemen in einem Notizbuch aufgeschrieben ist, stammt wahrscheinlich von Ende September 1864, als Wagner seine Reinschrift des ersten und zweiten Aufzugs anfertigte, d.h. fast fünf Jahre, bevor er mit dem Gesamtentwurf des dritten Aufzugs begann. Die Skizze ist überschrieben mit »Wotan. Siegfr. III« und enthält eine erste Fassung von Wotans Eröffnungsruf (»Wache, Wala! / Wala, erwach'!«). Obwohl sie mit einer vollkommenen Kadenz und nicht mit einem Halbschluß beendet wird, enthält sie alle harmonischen Bestandteile der endgültigen Version, darunter das frühe Auftreten des neapolitanischen Sextakkords (Takt 2) und den enharmonisch umgedeuteten übermäßigen Sextakkord (chromatisch erweitert in den Takten 3 bis 6), der die tonale Struktur des ganzen Aufzugs so markant beeinflußt. Doch die oberste Zeile dieser Skizze zeigt nur die allgemeinen Umrisse der endgültigen Gesangsmelodie und paßt nicht zur Prosodie ihres Textes; wenn man mit dem endgültigen Kontext nicht vertraut ist, fällt es schwer zu entscheiden, ob dies eine »vokale« oder eine »instrumentale« Skizze ist.

Als Beispiele des »einfachen« oder »vorläufigen« Typs einer *instrumentalen* Skizze wollen wir eine Gruppe von Aufzeichnungen betrachten, die Wagner in sein Exemplar des *Ring*-Drucks von 1853 eintrug, in einen Teil des Dokuments, das sich jetzt im Besitz des Verlags Schott in Mainz befindet. Diese vier Bleistiftskizzen betreffen alle die zweite Szene des *Rhein-*

golds; sie sind sehr stark verblaßt und extrem schwer zu entziffern. Geschrieben wurde jede von ihnen nach Februar 1853 (als die gedruckten Kopien zum Versand bereit waren) und spätestens zu dem Zeitpunkt, als Wagner am entsprechenden Teil des Gesamtentwurfs anlangte; sie könnten jedoch alle entstanden sein, bevor der Gesamtentwurf begonnen wurde (1. November 1853). Jede stellt eine frühe Version eines anderen Motivs dar.

Seite 5 enthält eine Skizze für das überaus wichtige Walhall-Motiv; sie verläuft am linken Rand in der unteren Seitenhälfte von oben nach unten und geht dann am unteren Rand von links nach rechts weiter. Sie ist im Tenorschlüssel geschrieben und scheint für Posaunen bestimmt gewesen zu sein, wie im Gesamtentwurf angegeben (später zu Wagnertuben geändert). Die Tonart Des-Dur ist angegeben; nicht eigens gekennzeichnet, aber eindeutig ist der 3/4-Takt. Dies ist ein gutes Beispiel dafür, daß Wagner die Motive oft in ihrer »endgültigen« Tonhöhe einfielen.

Seite 9 enthält eine Skizze des Freia-Motivs, das am rechten Rand von unten nach oben läuft. Der erste Teil ist nicht zu entziffern, aber der zweite Teil beginnt mit einem Sopranschlüssel und präsentiert das Freia-Motiv in seiner lyrischen D-Dur-Form, in der es später in der 2. Szene erscheint, wenn der verliebte Fasolt von der Göttin singt. Wagner mag diese lyrische D-Dur-Form vor der bewegten e-Moll-Version entworfen haben, zu der Freia auftritt; oder er könnte sie als Variante zur e-Moll-Version geschrieben haben, nachdem er letztere in den Gesamtentwurf eingebracht hatte.

Seite 10 enthält eine Skizze des Riesen-Motivs, das am linken Rand von oben nach unten läuft; es umfaßt zwei Takte, wobei der erste Taktstrich falsch gesetzt ist. Tempoangaben lassen erkennen, daß Wagner dieses Motiv skizzierte, als er den Auftritt der Riesen im Gesamtentwurf erreichte.

Seite 11 enthält eine Skizze für die Triolen-Baßfigur, die Donners »Fasolt und Fafner, / fühltet ihr schon« vorangeht; sie verläuft am rechten Rand von unten nach oben und ist so verblaßt, daß sie leicht übersehen werden könnte.

Betrachten wir jetzt eine »komplexe« instrumentale Skizze, wiederum eine, die in Wagners Exemplar des gedruckten *Ring*-Textbuchs von 1853 (S. 116) zu finden ist. Diese nicht textierte Passage, die in bis zu fünf Stimmen harmonisiert ist, bezieht sich eindeutig auf die Stelle der 3. Szene des 3. Aufzugs von *Siegfried*, wo Brünnhilde zuerst Grane weiden sieht (»Dort seh' ich Grane, / mein selig Roß«). Ihre motivische Hauptidee wird als Sequenz in ansteigenden kleinen Terzen entwickelt. Wagner arbeitete diese Motividee in einer anderen Skizze auf einem getrennten Blatt aus, setzte aber jetzt das Motiv als Sequenz einen Ganzton höher, wie in der endgültigen Partitur. Doch diese zweite Skizze ist überschrieben: »III^r Act oder Tristan«; offensichtlich war sich Wagner nicht sicher, ob das Material zu *Siegfried* oder zu *Tristan und Isolde* gehören sollte! Nachdem er sich für ersteres Werk entschieden hatte, überarbeitete er die erste Phrase nochmals und beendete sie mit dem Liebesmotiv aus der *Walküre*. Diese drei Skizzen stellen somit die Entstehungsgeschichte einer Instrumentalpassage dar (die in der vollendeten Oper Brünnhildes Worten vorangeht), einer Passage, deren Bestimmung zunächst nicht entschieden war; sie stammen wahrscheinlich von 1856/57, aus der Zeit, als Wagner die Arbeit am *Ring* abbrach, und zwölf bis dreizehn Jahre bevor er mit der Komposition des Aufzugs begann, in dem diese Passage schließlich erschien. Manchmal zeigt eine textierte Vokalskizze eine Melodie, die uns aus einer Oper vertraut ist, mit dem Text aus einer anderen Oper! So etwa erscheint auf einem Durchschußblatt in Wagners Exemplar des *Ring*-Textbuchs (nach S. 114) eine mit Text versehene Vokalskizze von der »einfachen« Art: Melodie plus harmonischer Hintergrund auf einem einzigen Notensystem. Die Worte stammen aus *Siegfried*, 3. Szene des 3. Aufzugs (»Süß erbebt mir / ihr blühender Mund«), aber die Melodie enthält zwei bedeutungsvolle Motive aus *Tristan und Isolde*: die ansteigende chromatische Linie, die das Vorspiel beherrscht, und die in sich kreisende Figur, die mit König Marke verbunden ist. Eine andere Skizze des »komplexen« Typs ist mit »Im Asyl / erstes Motiv / 16 Mai« überschrieben; sie ist nicht textiert und mehrstimmig auf zwei Notensystemen ausgearbeitet. Am 21. Mai 1857 schrieb Wagner an Mathilde Wesendonck: »Das erste, was ich fand, war eine Melodie, die ich erst gar nicht unterzubringen wußte, bis auf einmal dazu die Worte mir aus der letzten Szene des Siegfried kamen.« Deshalb schrieb Wagner auf einem Durchschußblatt in seinem *Ring*-Textbuch (nach S. 116) die »Asyl«-Melodie im Tenorschlüssel nieder (transponiert von B-Dur nach F-Dur) und unterlegte sie mit Siegfrieds Worten »Sang'st du mir nicht, / dein Wissen sei / das Leuchten der Liebe zu mir?« aus dem 3. Aufzug, 3. Szene, von *Siegfried* (die Skizze ist datiert mit »16 Mai (im Asyl)«). Interessanterweise ist es gerade diese Melodie, die schließlich Brangänes Tröstung im ersten Aufzug des *Tristan* beherrscht! Die Worte aus *Siegfried* wurden zu dem sogenannten »Welterbe«-Thema vertont. Diese Idee entstand als »einfache« *instrumentale* Skizze, die wahrscheinlich von Ende 1864 oder Anfang 1865 stammt, als Wagner an den *Meistersingern* arbeitete; er fügte sie nämlich in modifizierter Form in seinen zweiten Gesamtentwurf dieser Oper ein (unten auf S. 82). Schließlich übernahm er die Idee in seinen Gesamtentwurf des *Siegfried*, 3. Aufzug, 1. Szene, als Teil der Orchesterbegleitung zu Wotans Worten »froh und freudig / führe ich frei es nun aus«. Obwohl Siegfried am Ende die Melodie singt, ist sie ursprünglich als Orchesterthema entworfen worden.

Diese Beispiele lassen daran zweifeln, daß Wagner Text und Musik gleichzeitig entwarf. Man muß jedoch sehr vorsichtig vorgehen, wenn man diese zumeist undatierten Skizzen zur Rekonstruktion von Wagners Kompositionsweise verwendet. Betrachten wir als abschließendes Beispiel das undatierte Skizzenblatt zum *Rheingold*, das die textierte »Weia-waga«-Melodie der Rheintöchter enthält sowie eine Arpeggio-Skizze und eine dreifache Darstellung des Naturmotivs der Hörner. Es wurde viel geschrieben über diese Aufzeichnungen, insbesondere von Curt von Westernhagen (1973) und John Deathridge (1977b), über die Vermutung, es handle sich entweder um vorbereitende Skizzen, die dem Gesamtentwurf vorangingen, oder um ergänzende Skizzen, die während der Arbeit am Entwurf entstanden. Der Verfasser dieser Zeilen meint jedoch (Darcy, 1989/90), daß keine der beiden Annahmen zutrifft; die Skizzen sind vielmehr später angefertigt worden, als Wagner mit der Orchestrierung befaßt war. Die Frage ist nicht trivial, denn von ihr hängt eine genaue Rekonstruktion der Entstehungsgeschichte des Vorspiels ab, eines der originellsten Musikstücke, die je geschrieben wurden. Wenn doch Wagner seine Einzelskizzen nur datiert hätte!

Gesamtentwürfe

Wie schon früher erwähnt, änderte Wagner mehrmals seine Kompositionsweise, mit dem Ergebnis, daß sich seine Gesamtentwürfe in Anordnung und Komplexität beträchtlich voneinander unterscheiden. Eine Erörterung der verschiedenen Typen der Gesamtentwürfe ist untrennbar mit Gesichtspunkten der Kompositionsweise verbunden. Dieser Abschnitt beschreibt deshalb ausführlich nur einen einzigen Gesamtentwurf, den für *Das Rheingold*. Informationen zu Wagners anderen Gesamtentwürfen findet man im Abschnitt »Kompositionsweise« (S. 258 ff.).
Der Gesamtentwurf für *Das Rheingold* ist eine fortlaufende Bleistiftskizze der gesamten Oper. Wagner schrieb diesen Entwurf auf Halbbögen von Notenpapier im Querformat, die er herstellte, indem er einen größeren Bogen in der Mitte auseinanderriß oder zerschnitt. Jeder Halbbogen enthielt vierzehn Notensysteme; 38 Blätter sind auf beiden Seiten beschrieben, das 39. nur auf einer Seite, was insgesamt 77 beschriebene Seiten ergibt. Die Vorderseite jedes Blattes trägt in der oberen linken Ecke eine Nummer. In der oberen rechten Ecke von Blatt 1^r steht »1 Nov: 53«; auf Blatt 29^r erscheint vor dem Takt, der Loges »bist du befriedigt?« (4. Szene) enthält, die Kennzeichnung »1 Jan: 54«; und rechts unten auf Blatt 39^r ist »14 Januar 1854/RW/Und weiter nichts??/Weiter nichts??« angegeben. Wagners originale Bleistiftnotation ist mit Tinte nachgezeichnet worden, vermutlich von Mathilde Wesendonck. Das Papier ist aufgrund des Alters etwas vergilbt, aber immer noch in bemerkenswert gutem Zustand.
Wie Robert Bailey (1969) in Zusammenhang mit den Tristan-Manuskripten feststellte, ist Mathilde Wesendoncks Nachzeichnung mit Tinte oft nicht genau. Außerdem wurde einiges überhaupt nicht mit Tinte überschrieben; die ursprüngliche Bleistiftschrift ist zudem verblaßt und hat auf dem Papier nur schwache Abdrücke hinterlassen. Des weiteren radierte Wagner seine ursprünglichen Einfälle nie aus; er strich sie entweder durch (im Falle einer sofortigen Änderung) oder überschrieb sie (im Falle einer späteren Änderung). Mathilde zeichnete alles mit Tinte nach, frühere Versionen ebenso wie spätere, so daß sie manchmal nicht zu entziffern sind. Es gibt auch keine Möglichkeit, genau zu sagen, *wann* etwas mit Tinte nachgezeichnet worden ist. Bailey (1979) nimmt an, daß es geschah, bevor Wagner mit der Orchestrierung begann, unter der Prämisse, daß Wagner

lieber mit einem Tintenentwurf arbeitete. Es ist jedoch unwahrscheinlich, daß Wagner Mathilde erlaubt hätte, an einem solch wertvollen Manuskript herumzufuschen, bevor er damit fertig war; außerdem fertigte er seine Reinschrift der Partitur anhand des mit Bleistift geschriebenen »Instrumentalentwurfs« an (siehe folgenden Abschnitt), ohne daß letzterer mit Tinte nachgezeichnet wurde. Wahrscheinlich zeichnete Mathilde den Gesamtentwurf nach, um ihn für die Nachwelt zu bewahren, aber erst *nachdem* Wagner die Instrumentierung skizziert hatte. Das Problem wird noch weiter kompliziert durch die Tatsache, daß Wagner während der Anfertigung der Partitur einige Eintragungen im Gesamtentwurf machte – eine Tatsache, die u. a. auch Curt von Westernhagen aus Bequemlichkeit ignoriert (1973). Wenn also eine Instrumentierungsangabe neben einem Thema im Gesamtentwurf auftaucht, bedeutet dies nicht zwangsläufig, daß Wagner das Thema und die Klangfarbe zur gleichen Zeit konzipierte. Es verhält sich umgekehrt: Nur wenn sich eine Instrumentierungsangabe von der endgültigen Partitur *unterscheidet*, ist dies ein Indiz dafür, daß sie zur selben Zeit entstand wie der Entwurf. Jedenfalls könnten (verlorengegangene) vorbereitende Skizzen einer bestimmten Passage im Gesamtentwurf vorangegangen sein, was Behauptungen über die »Gleichzeitigkeit« von Wagners musikalischen Konzeptionen bestenfalls als dürftig erscheinen läßt.

Im ganzen Gesamtentwurf verwendet Wagner zwei oder drei Notensysteme, normalerweise ein System für die Gesangsstimme(n) und eines (manchmal zwei) für die Instrumentalparts. Rein instrumentale Passagen, wie etwa die orchestralen Übergänge zwischen den Szenen, sind auf zwei (manchmal drei) Systemen ausgearbeitet. Diese Beschränkung auf nur wenige Notensysteme läßt erkennen, was Wagner bei einer bestimmten instrumentalen Passage als am wichtigsten ansah; wir haben hier eine Art von musikalischer Reduzierung vor uns, die oft als Leitfaden für die Analyse oder als Überprüfung von analytischen Ergebnissen genutzt werden kann.

Partituren

Wagner fertigte in der Regel nur eine einzige Partitur von einer Oper an. Der Komponist war stolz auf sein kalligraphisches Geschick, so daß diese Partituren wunderschön mit Tinte geschriebene Dokumente sind. Doch bei einigen Opern machte Wagner zuerst einen Bleistiftentwurf der Partitur (Partiturerstschrift), von dem er dann eine Reinschrift mit Tinte erstellte. Manchmal machte jemand anderer – etwa ein berufsmäßiger Abschreiber – eine Kopie (Partitur von fremder Hand), wobei er Wagners Partitur (oder eine zweite Partitur, falls es zwei gab) als Vorlage verwendete.

Von seinen frühen Opern, darunter *Der fliegende Holländer, Tannhäuser* und *Lohengrin,* schrieb Wagner nur eine Partitur (mit Tinte). Die handschriftlichen Partituren vom *Fliegenden Holländer* und von *Lohengrin* sind erhalten, aber die von *Tannhäuser* wurde direkt auf lithographische

Matrizen geschrieben, die beim Vervielfältigungsvorgang unglücklicherweise zerstört wurden. Die recht außergewöhnliche Entstehungsgeschichte des *Rheingolds* (die im Kapitel »Kompositionsweise«, S. 259 ff., ausführlicher beschrieben wird) brachte Wagner erstmals dazu, zwei Partituren zu erstellen, einen Bleistiftentwurf und eine Abschrift in Tinte. Der Entwurf für die Partitur des *Rheingolds* ist eine einmalige Angelegenheit und verlangt eine detaillierte Beschreibung. Wagner schrieb eine Partitur des Vorspiels mit brauner Tinte auf große Doppelblätter mit 30 Notensystemen; der Teil, der erhalten geblieben ist (Takte 1–118), ist auf zwei nicht miteinander verbundene Doppelblätter (acht beschriebene Seiten) geschrieben. In der oberen rechten Ecke steht (mit Tinte): »Zürich, 1 Feb. 54/RW«. Seite 1 zeigt die Überschrift »Das Rheingold. / Vorspiel / und / erste Scene. / (auf dem Grunde des Rheines)«; es fehlen jedoch die Bühnenanweisungen, die sich sowohl im Text von 1853 als auch in der gedruckten Partitur finden. Dieses Dokument entstand also als die übliche, mit Tinte geschriebene Partitur.

Als Wagner jedoch den Beginn der ersten Szene erreichte, stellte er fest, daß er seinen Gesamtentwurf nicht ohne weiteres in eine Partitur umsetzen konnte. Das Manuskript verändert sich an diesem Punkt von einer mit Tinte geschriebenen Partitur zu einer Bleistiftskizze der Instrumentierung – ein Dokument, das von Wagner als »Instrumentationsskizze« bezeichnet und von Strobel und den Herausgebern des WWV »Partiturerstschrift«, von Bailey »instrumentation draft« genannt wurde. Da ein Teil des Manuskripts (Takte 119–151) fehlt, weiß man nicht, wo genau Wagner zu dieser reduzierten Bleistiftausführung wechselte, aber es geschah wahrscheinlich beim Einsetzen der Gesangsstimmen. Wagner ging auch zu einer anderen Papiergröße über, einem kleineren Bogen mit 20 Notensystemen. Er orchestrierte die Takte 152–358 auf diesen Blättern; das Blatt, das die Takte 240–250 enthielt, ist verlorengegangen. Dann wechselte er erneut das Papier und erhielt ein neues Format, indem er ein Doppelblatt mit 30 Notensystemen entlang dem Falz zerriß und jedes so entstehende Blatt in Hälften schnitt oder riß. Auf diese »Halbblätter« schrieb er die Takte 359–420; die Blätter mit den Takten 368–376 und 387–394 fehlen. Die Instrumentierung für die Takte 421–447 (den ersten gemeinsamen Gesang der Rheintöchter) arbeitete er direkt im Gesamtentwurf aus und kehrte mit Takt 448 wieder zu den Halbblättern zurück, so daß die Takte 421–447 dieses Manuskripts, die das WWV als »verschollen« aufführt, fast mit Sicherheit nie existierten. Der größte Teil des restlichen Entwurfs ist auf die Halbblätter geschrieben, mit Ausnahme mehrerer Passagen in der 4. Szene, deren komplexe instrumentale Struktur mehr Notensysteme erforderte; diese Teile sind wieder auf einen anderen Papiertyp geschrieben, einen von Lard Esnault, 25 rue Feydeau, Paris, hergestellten Bogen mit 30 Notensystemen.

Zwei Wochen nach Beginn der Arbeit an diesem Dokument fing Wagner mit einer Reinschrift an. Dies war notwendig, weil seine »Bleistiftpartitur« nicht wie eine reguläre Partitur gesetzt ist: Die Singstimme belegt das oberste Notensystem jeder Seite, die Baßlinie das unterste, während dazwischen Instrumente und Gruppen von Instrumenten ohne feste Reihenfolge oder systematische Anordnung eingesetzt sind. Für einige Zeit sprang Wagner zwischen der Reinschrift und dem »Instrumentationsentwurf« (wie wir ihn nennen wollen) hin und her, wobei er eine Passage in letzterem ausarbeitete und sie dann in erstere einfügte. Wenn er die Einfügung einer Passage in die Reinschrift vorbereitete, berechnete er Seiten- und Notensystemaufteilung mittels verschiedener Markierungen, die er auf die Ränder des Instrumentationsentwurfs schrieb. Der Charakter dieser Markierungen verändert sich mit dem Fortschreiten des Instrumentationsentwurfs; zusammen mit der eigenartigen Paginierung dieses Entwurfs erlauben sie uns Vermutungen über die Art, wie Wagner zwischen den beiden Manuskripten hin- und herwechselte. An einem Punkt stellte Wagner einen Kopisten an, weil er anscheinend hoffte, sich die Mühe der Reinschrift zu ersparen; doch die entsetzlichen Fehler des Kopisten brachten ihn rasch von dieser Idee ab, so daß ihn Wagner nach der Beendigung des Vorspiels entließ. Der erste Teil des Instrumentationsentwurfs (mit Ausnahme der fehlenden Teile und eines Blatts, das irgendwie in die Public Library von New York gelangte) befindet sich in Bayreuth; der Rest (Takt 448 bis Ende sowie zusätzliche Harfenstimmen) liegt (zusammen mit der anonymen Abschrift des Vorspiels) in der Scheide-Sammlung in der Princeton University. Leider ist Wagners Reinschrift vom *Rheingold* verschwunden, aber eine schöne Abschrift von Friedrich Wölfel ist erhalten geblieben (in Bayreuth); ein Vergleich mit Faksimiles von zwei Seiten aus Wagners Kopie zeugt von ihrer äußersten Genauigkeit.

Die Erfahrung der *Rheingold*-Partitur machte Wagner mit seinem neuen *Ring*-Orchester gründlich vertraut, was einen Instrumentationsentwurf für *Die Walküre* überflüssig machte. Er fertigte deshalb sogleich die Partiturerstschrift mit Bleistift und später eine Reinschrift mit Tinte (jetzt verloren). Dennoch bereitete die Erstellung der Bleistiftpartitur der *Walküre* Wagner beträchtliche Schwierigkeit (siehe »Kompositionsweise«, S. 259 ff.).

Bei *Siegfried* ging Wagner erstmals dazu über, für jeden Aufzug *zwei* Gesamtentwürfe und eine Partitur fertigzustellen, bevor er mit dem nächsten begann (siehe dazu wiederum »Kompositionsweise«). Für die beiden ersten Aufzüge des *Siegfried* und das Vorspiel zum *Tristan* gibt es mit Bleistift geschriebene Partituren sowie Reinschriften in Tinte. Ab dem ersten Aufzug, 1. Szene, des *Tristan* kehrte Wagner wieder zu seiner früheren Praxis zurück, nur eine einzige Partitur (mit Tinte) zu schreiben. Sobald ein Aufzug des *Tristan* beendet war, wurde er sofort zum Drucker geschickt, um die Noten stechen zu lassen, so daß die Anfertigung zusätzlicher Kopien überflüssig war.

Zusammenfassend kann man sagen, daß Wagner für die frühen Opern bis einschließlich *Lohengrin* nur eine einzige Partitur anfertigte, die normalerweise mit Tinte geschrieben war. Für *Das Rheingold, Die Walküre*, die ersten beiden Akte des *Siegfried* und das Vorspiel des *Tristan* gibt es *zwei* Partituren, wobei die erste (Entwurf) mit Bleistift und die zweite (Reinschrift) mit Tinte geschrieben ist (wobei der Entwurf zum *Rheingold*, wie oben beschrieben, ein besonderer Fall ist). Für den Rest des *Tristan*, den dritten Aufzug des *Siegfried* und die gesamten Opern *Die Meistersinger*, *Götterdämmerung* und *Parsifal* gibt es je nur eine handschriftliche Partitur (mit Tinte geschrieben). Es gibt jedoch Kopien von fremder Hand, die als Stichvorlagen angefertigt wurden. Die für *Siegfried* und *Die Meistersinger* wurden von Hans Richter hergestellt, die für die *Götterdämmerung* von Joseph Rubinstein und Anton Seidl und die für *Parsifal* von Engelbert Humperdinck.

Leider sind nicht alle diese Manuskripte erhalten geblieben. Die handschriftlichen Partituren von den *Feen*, vom *Liebesverbot* und von *Rienzi* sowie Wagners Reinschriften vom *Rheingold* und der *Walküre* wurden vom Komponisten bei verschiedenen Gelegenheiten König Ludwig II. von Bayern geschenkt und gelangten so in den Wittelsbacher Ausgleichsfond, das Familienarchiv König Ludwigs. Vom Ausgleichsfond wurden sie an die Deutsche Industrie- und Handelskammer verkauft, die sie 1939 Adolf Hitler zu seinem 50. Geburtstag zum Geschenk machte. Hitler bewahrte sie wahrscheinlich in seinem Bunker unter der Reichskanzlei in Berlin auf, wo sie vermutlich im April 1945 vernichtet wurden. Obwohl es Gerüchte gibt, daß sie noch existieren, muß dieses Ereignis als Hitlers letzter vernichtender Beitrag zur Wagnerforschung betrachtet werden.

WARREN DARCY

Breitkopf-Ausgabe

Es gibt zwei Gesamtausgaben von Wagners Werken, doch ist leider keine von ihnen vollständig. Die wichtigere von beiden, die gegenwärtig unter dem Titel *Richard Wagner: Sämtliche Werke* vom Verlag B. Schott's Söhne (Mainz) herausgegeben wird, soll im nächsten Abschnitt beschrieben werden. Die andere, die den Titel *Richard Wagners Werke: Musikdramen – Jugendopern – Musikalische Werke* trägt, erschien 1912–29 bei Breitkopf & Härtel. Sie wurde von Michael Balling herausgegeben, aber nur zehn der mindestens zwanzig geplanten Bände sind veröffentlicht worden. 1971 druckte Da Capo Press die Reihe in sieben Bänden nach.

Die Lücken in der Breitkopf-Ausgabe sind keineswegs belanglos: Zu den Bänden, die nie erschienen, gehören diejenigen, die die Partituren von *Rienzi*, dem *Fliegenden Holländer*, den *Meistersingern von Nürnberg*, von *Parsifal* und allen vier *Ring*-Opern enthalten sollten. Außerdem wird keiner der vorhandenen zehn Bände den zeitgenössischen Ansprüchen einer kritischen Ausgabe gerecht.

Dennoch ist die Reihe sicher nicht wertlos. Zum einen enthält sie die Partituren von Wagners frühesten Opernversuchen: *Die Hochzeit* (von der nur eine Introduktion, ein Chor und ein Septett komponiert wurden), *Die*

Gedruckte Ausgaben

Feen und *Das Liebesverbot*. Bis die Ausgaben der *Sämtlichen Werke* erscheinen, bietet uns die Breitkopf-Ausgabe die einzige Möglichkeit, diese wenig bekannten, aber formbildenden Werke zu studieren. Tatsächlich stellen die Bände, die *Die Hochzeit* (Bd. XII, 1912) und *Das Liebesverbot* (Bd. XIV, 1923) enthalten, die ersten gedruckten Ausgaben dieser Opern dar; im Falle des letzteren Werks müssen wir Balling dafür dankbar sein, daß er es veröffentlichte, als die handschriftliche Partitur noch vorhanden war. Außerdem umfaßt der *Lohengrin*-Band (Bd. IV, 1914) auch eine sechsseitige Beilage, die den zweiten Teil der Gralserzählung enthält – eine Passage, die Wagner vor der Uraufführung in Weimar (28. August 1850) herausnahm. Die erste gedruckte Ausgabe (1852) ließ diese Passage weg, wie es auch in allen nachfolgenden Druckausgaben der Fall war, so daß uns nur die Breitkopf-Ausgabe ermöglicht, die Erzählung in ihrer ursprünglichen Form zu studieren.

Die Bände mit den nicht-dramatischen Werken Wagners sind ebenfalls beachtenswert. Band XV, *Lieder und Gesänge* (1914) betitelt, enthält Wagners Lieder für Gesang und Klavier und ist in dieser Hinsicht inzwischen durch den entsprechenden Band der *Sämtlichen Werke* (SW XVII) ersetzt worden. Er umfaßt jedoch auch drei von Wagners Operneinlagen (für Werke von Marschner, Blum und Bellini), die in der Ausgabe der *Sämtlichen Werke* noch nicht verfügbar sind (vorgesehen sind sie wie das *Hochzeit*-Fragment für SW XV). Band XVI (1914) enthält Werke für Männerchor a cappella, Männerchor mit Orchesterbegleitung (darunter das wichtige *Liebesmahl der Apostel*) und gemischten Chor mit Orchesterbegleitung, die alle in SW XVI erscheinen sollen. Die Bände XVIII (1917) und XX (1926) enthalten Orchesterwerke, darunter die *Faust*-Ouvertüre, das *Siegfried-Idyll* und den *Kaisermarsch;* wiederum sind viele dieser Stücke noch nicht in den *Sämtlichen Werken* erschienen.

Die heutigen strengen Ansprüche an eine kritische Ausgabe machen es leicht, die Breitkopf-Ausgabe zu kritisieren. Sicherlich wirkt Ballings Ausgabe des *Tannhäuser* (Bd. III, 1929) blaß im Vergleich mit Reinhard Strohms Ausgabe (SW V/VI), die, wenn sie vollständig vorliegt, zwei Aufführungspartituren mit allen Varianten bieten wird. Doch Balling arbeitete zu einer Zeit, als Wagners Manuskripte nicht allgemein verfügbar waren; dennoch versuchte er mehrere verschiedene Quellen zu kollationieren, so daß seine Ausgabe bis zu einem gewissen Grad jede der vier »Fassungen« der Oper bietet (er verwendet die vierte »Fassung« als Haupttext und bringt ausgewählte frühere Varianten in einem Anhang). Vor der Veröffentlichung von Strohms Ausgabe kam die von Balling sicherlich einer »kritischen Ausgabe« am nächsten; für ihre Zeit ist sie keine schlechte Leistung.

Sämtliche Werke (Schott)

Die zweite Gesamtausgabe ist ein zur Zeit in Arbeit befindliches Projekt, das von B. Schott's Söhne (Mainz) unter dem Titel *Richard Wagner: Sämt-*

liche Werke herausgegeben wird. Diese Reihe, die 1970 in Zusammenarbeit mit der Bayerischen Akademie der Schönen Künste und mit Egon Voss und dem inzwischen verstorbenen Carl Dahlhaus als leitenden Herausgebern begonnen wurde, legt ihrer kritischen Ausgabe des Wagnerschen Gesamtwerks die höchsten Ansprüche zugrunde. Die Herausgeber haben alle wichtigen Druckausgaben, Orchesterstimmen und Manuskripte zu Rate gezogen, um jeden Band so maßgeblich wie nur möglich zu machen. Leider hat diese Gewissenhaftigkeit dazu geführt, daß die Veröffentlichung im Schneckentempo voranschreitet; im Lauf von zwei Jahrzehnten sind nur vierzehn Bände erschienen (weniger als einer im Jahr), und mehrere davon sind unvollständig. Doch die erschienenen Bände sind Muster an Faktenreichtum und Zuverlässigkeit.

Der Editionsplan sieht folgendermaßen aus: Die Bände I–XXI werden die Musikpartituren enthalten, die Bände XXII–XXXI die Texte und Dokumente zu den Bühnenwerken. In der ersten Gruppe sind die Bände I–XIV für die vollendeten Opern bestimmt (von den *Feen* bis *Parsifal*), während Band XV das *Hochzeit*-Fragment und die Operneinlagen enthalten wird. Die Bände XVI und XVII sind den Chorwerken und Liedern gewidmet, Band XVIII den Orchesterwerken, Band XIX den Klavierstücken und Band XX den Bearbeitungen; Band XXI wird Miszellaneen wie den *Kinder-Katechismus* enthalten. In der zweiten Gruppe werden die Bände XXII–XXX Texte und Dokumente zu den *Feen* bis *Parsifal* präsentieren, während sich Band XXXI den Bühnenwerken widmet, die nie musikalisch realisiert wurden (darunter die berüchtigte fünfaktige Tragödie *Leubald*). Die meisten dieser Bände bestehen aus zwei bis fünf Teilbänden. Viele der erschienenen Bände sind unvollständig, darunter (zum Zeitpunkt der Drucklegung dieses Buches) *Tannhäuser, Tristan,* die Orchesterwerke und die Arrangements. Zu den Bänden, deren Veröffentlichung noch aussteht, gehören die mit folgenden Werken: *Die Feen* und *Das Liebesverbot, Lohengrin,* die Operneinlagen, die Chorwerke, Miszellaneen und alle Texte außer denen zu *Rienzi* und *Parsifal,* sowie der zweite der angekündigten beiden Bände mit *Ring*-Dokumenten. Erschienen und vollständig sind dagegen die Partituren von *Rienzi, Der fliegende Holländer, Die Meistersinger, Das Rheingold, Götterdämmerung* und *Parsifal* sowie die Klavierstücke und die Lieder mit Klavierbegleitung.

Als Beispiel für die Sorgfalt, mit der dieses Projekt betrieben wird, betrachten wir die Ausgabe des *Rienzi* von Reinhard Strohm und Egon Voss (SW III). Obwohl *Rienzi* zu Wagners Lebzeiten eine seiner populärsten Opern war und seinen Ruf als vielversprechender junger Komponist begründete, ist die Oper nie in ihrer ursprünglichen, vollständigen Fassung veröffentlicht worden. Von der Dresdner Uraufführung (1842) an nahm Wagner zahlreiche Kürzungen vor, um die Aufführungsdauer dieses ausufernden Werks zu reduzieren; diese Kürzungen wurden in die beiden vorhandenen handschriftlichen Kopien (1842 und 1843) und die erste gedruckte Ausgabe (Lithographie, 1844) übernommen. Das Problem dabei ist, daß Wagners handschriftliche Partitur, die die vollständige Fassung enthielt, verschollen ist; sie war eines der Manuskripte, die in den Besitz von Hitler gelangten und vermutlich (wie Rienzi selbst) verbrannten. Die erste handschriftliche Kopie, die für die Uraufführung in Dresden verwendet wurde, war anscheinend vollständig, ging aber ebenfalls während des Krieges verloren. Deshalb ist es jetzt unmöglich, die Originalpartitur zu rekonstruieren. Doch Strohm und Voss haben Wagners Gesamtentwurf zu Rate gezogen, der die herausgenommenen Teile enthält (wenn auch nicht in Orchesterfassung); außerdem haben sie einen Klavierauszug aus dem Jahr 1844 von Gustav Klink benutzt, der sich auf Wagners Handschrift stützte und anscheinend die meisten Kürzungen durch den Komponisten ignorierte. Die Herausgeber geben Teile dieser beiden letztgenannten Dokumente in SW III/5 wieder.

Isolde Vetters Ausgabe des *Fliegenden Holländers* (SW IV) stellt die allererste Veröffentlichung der Originalversion der Oper dar. Wie jetzt wohl allgemein bekannt ist, plante Wagner die Oper ursprünglich als Einakter und siedelte ihre Handlung in Schottland an; so erscheint sie in seiner handschriftlichen Partitur. Doch kurz vor der Dresdner Uraufführung entschloß er sich, sie in drei Akte umzuarbeiten und die Handlung nach Norwegen zu verlegen; er transponierte auch Sentas Ballade einen Ganzton tiefer von a-Moll nach g-Moll. Diese Veränderungen wurden in den ersten Druck aufgenommen (Lithographie, 1845), von dem nur 30 Exemplare hergestellt wurden. Wagner unternahm 1846 und 1852 weitere Überarbeitungen und schrieb 1860 das Ende der Ouvertüre und des dritten Aktes um; diese Änderungen wurden in die Ausgabe von C. F. Meser (bei Adolph Fürstner) übernommen, die irgendwann zwischen 1872 und 1877 erschien, ebenso 1897 in Felix Weingartners Ausgabe von Fürstners Druck. Da letztere die Grundlage der Studien- und Taschenpartituren ist, die heute erhältlich sind (siehe nächsten Abschnitt), ist Vetters Ausgabe der Oper wirklich von unschätzbarem Wert. Glücklicherweise entging die handschriftliche Partitur des *Fliegenden Holländers* Hitlers Zugriff, während der Gesamtentwurf nicht so viel Glück hatte.

Aus Reinhard Strohms Ausgabe des *Tannhäuser* (SW V/VI) erfahren wir, daß entgegen der landläufigen Meinung vier (und nicht zwei) »Fassungen« dieser Oper existieren: Wagners handschriftliche Partitur (die für die Dresdner Uraufführung 1845 verwendet wurde), eine Ausgabe von C. F. Meser (bei Hermann Müller) aus dem Jahr 1860, die den abgeänderten Schluß einbaute (die sogenannte »Dresdner Fassung«), eine (nicht veröffentlichte) Fassung von 1861, wie sie in Paris aufgeführt wurde, und eine von Fürstner veröffentlichte Ausgabe aus dem Jahr 1875, die der Wiener Aufführung zugrunde lag (die sogenannte »Pariser Fassung«). Wagner selbst bezog sich nicht auf »Fassungen«, sondern auf »neue Szenen« oder »Änderungen«. Strohms Ausgabe wird, wenn sie abgeschlossen ist, zwei vollständige Aufführungspartituren enthalten: Die erste (SW V) verwendet die Handschrift als Haupttext, während sich die zweite (SW VI) auf die Form stützt, die die Oper bis zum Jahr 1875 erreicht hatte. Jeder Band wird drei Teile umfassen, wobei der dritte alle Varianten enthält. Bislang sind nur die beiden ersten Akte der handschriftlichen Fassung erschienen.

Da die von Wagner geschriebene Partitur des *Rheingolds* verlorengegangen ist, stützt sich die Ausgabe von Egon Voss (SW X) auf die Abschrift Friedrich Wölfels sowie auf den Erstdruck (1873) und einen Teil der Korrekturabzüge dieses Drucks. An problematischen Stellen wurden auch Wagners Gesamtentwurf und sein »Instrumentationsentwurf« zu Rate gezogen. Die Ausgabe von Voss enthält auch (in Klammern) Anmerkungen von Personen, die an den Proben und Aufführungen von 1876 beteiligt waren, wie Hermann Levi, Felix Mottl und Heinrich Porges; diese Kommentare beziehen sich auf Dynamik, Artikulation, Ausdruck und vor allem auf das Tempo. Die einhellige Übereinstimmung zwischen den Quellen deutet darauf hin, daß diese Anmerkungen durchaus Wagners Intentionen genau wiedergeben.

Die Resultate dieses Projekts rechtfertigen das geringe Tempo vollauf. Zwar werden viele Wagner-Forscher den Abschluß der *Sämtlichen Werke* nicht mehr erleben; doch können sich künftige Generationen in ihrer Arbeit einmal auf diese wunderbare, wirklich maßgebliche Ausgabe stützen.

Andere Ausgaben

Dirigierpartituren (Dover-Ausgabe)

Bis vor relativ kurzer Zeit waren die einzigen Wagner-Partituren, die sich auf dem Markt befanden, Taschenpartituren; die Dirigierpartituren waren lange vergriffen und nur in großen Musikbibliotheken verfügbar. Diese Situation änderte sich in den 1970er Jahren, als Dover Publications Inc. (New York) damit begann, billige Nachdrucke von ausgewählten frühen Ausgaben zu veröffentlichen. Diese leicht zu lesenden Dirigierpartituren sind jetzt zu niedrigeren Preisen als ihre Miniaturgegenstücke zu haben. Der Nachteil für nicht deutschsprechende Studenten besteht darin, daß mit Ausnahme der Partitur für den *Fliegenden Holländer* keine eine englische Übersetzung enthält. Das einleitende Material dagegen ist überwiegend auf englisch abgefaßt, manchmal nur mit der Titelseite und der Widmung im Original.

Die Partitur des *Fliegenden Holländers* ist die Ausgabe des Adolph-Fürstner-Drucks von Felix Weingartner aus dem Jahr 1897. Diese enthält die Überarbeitungen von 1846 und 1852 sowie die Ouvertürenfassung und das Ende des dritten Aufzugs von 1860; sie besitzt auch einen sechsseitigen Anhang, der die ursprüngliche Fassung der Rede des Holländers im dritten Aufzug enthält (von »Erfahre das Geschick« bis »Fahr hin, mein Heil, in Ewigkeit!«). Die englische Übersetzung stammt von Paul England (dem Autor des überaus unterhaltsamen Buches *Fifty Favorite Operas*), die ita-

lienische von Alberto Giovannini. Diese Ausgabe von 1897 wurde als
Grundlage für die unten beschriebene Taschenpartitur verwendet.

Die *Tannhäuser*-Partitur ist die Peters-Ausgabe von 1924. Diese nimmt
die Änderungen von 1847 in die Originalpartitur von 1845 auf (wodurch
die sogenannte »Dresdner Fassung« entstanden ist) und enthält in einem
Anhang die »Pariser Varianten«. Die Partitur enthält auch Anmerkungen
des Dirigenten Felix Mottl, die sich auf Kommentare Wagners bei einer
Wiener Aufführung stützen.

Die Partitur zu *Lohengrin* ist die sogenannte »Neue Ausgabe«, die 1887
von Breitkopf & Härtel veröffentlicht wurde; da es sich bei der ersten Ausgabe (1852) um eine Lithographie vom Autograph eines Kopisten handelte, war dies die erste gestochene Ausgabe der Oper.

Drei der *Ring*-Opern sind Erstausgaben, die von Schott veröffentlicht
wurden: *Das Rheingold* (1873), *Siegfried* (1876) und *Götterdämmerung*
(1876). Die Partitur der *Walküre* wurde 1921 von Peters veröffentlicht
und enthält Anmerkungen von Felix Mottl. Kommentare von Mottl finden sich auch in den Partituren zu *Tristan* (1914) und *Parsifal* (1921), die
beide bei Peters herauskamen; in ersterem Fall beziehen sich Mottls Anmerkungen nicht nur auf die Musik, sondern auch auf die dramatische
Gestaltung der Rolle der Isolde, und enthalten viele Bühnenanweisungen.
Die *Meistersinger*-Partitur schließlich wurde 1914 von Peters publiziert.
Alle Wagner-Anhänger sind Dover zu großem Dank verpflichtet, daß diese Partituren so leicht erhältlich sind.

Taschenpartituren (Eulenburg-Ausgabe)

Eine Taschenpartitur ist eine Studienpartitur in Miniaturausgabe, die man
leicht mit sich führen kann (wenn auch nicht gerade in der Jackentasche).
Von Wagner-Opern ist gegenwärtig nur die Ausgabe von Ernst Eulenburg
erhältlich. Im Falle des *Tannhäuser* brachte Eulenburg die originale Taschenpartitur heraus; in allen anderen Fällen übernahm er Druckplatten
vom Originalverlag.

Die *Tannhäuser*-Partitur (1929) enthält sowohl die »zweite Dresdner Fassung« der Oper wie auch neue Szenen und Änderungen, die für die Pariser
Aufführung erstellt wurden (in einem Anhang). Die französische Übersetzung stammt von Charles Nuitter; naturgemäß trägt die Originalversion jedes für Paris neu komponierten Teils nur den deutschen Text.

Die Studienpartitur für den *Fliegenden Holländer* wurde ursprünglich
von Adolph Fürstner in Berlin veröffentlicht. Sie beruhte auf Felix Weingartners Ausgabe von Fürstners Partitur aus dem Jahr 1897. Sie enthält
die Überarbeitungen der Jahre 1846 und 1852 sowie die 1860 vorgenommenen Änderungen der Ouvertüre und des Endes des dritten Aufzugs.
Diese Taschenpartitur ist im wesentlichen identisch mit dem oben beschriebenen Dover-Nachdruck der Dirigierpartitur.

Die Studienpartituren für *Lohengrin* (1906) und *Tristan* (1911) wurden
ursprünglich von Breitkopf & Härtel in Leipzig veröffentlicht. In beiden

Fällen stammt die englische Übersetzung von H. und F. Corder; die französische Übersetzung des *Lohengrin* besorgte Charles Nuitter, die des *Tristan* Alfred Ernst.

Alle anderen Opern, einschließlich des *Rings,* wurden zuerst vom Verlag B. Schott's Söhne (Mainz) veröffentlicht. In allen Fällen stammt die französische Übersetzung von Alfred Ernst, die englische von Frederick Jameson (mit Ausnahme der des *Parsifal,* die Margaret H. Glyn besorgte). Alle wurden ursprünglich in mehreren Bänden veröffentlicht (in der Regel ein Band pro Akt), aber die Eulenburg-Ausgabe faßte diese Bände zusammen. So gab Schott *Das Rheingold* in zwei Bänden (zwei Szenen pro Band) heraus, aber in der Eulenburg-Ausgabe nimmt die Oper nur einen einzigen Band ein. *Die Walküre* und *Siegfried* füllen in der Schott-Ausgabe jeweils drei Bände und in der Eulenburg-Ausgabe einen einzigen, während die *Götterdämmerung* bei Schott drei und bei Eulenburg zwei Bände ausmacht (Bd. I enthält das Vorspiel und den ersten Aufzug, Bd. II den zweiten und den dritten Aufzug). In der Regel ist die Schott-Ausgabe für jeden Band eigens paginiert, während die Seitenzahlen in der Eulenburg-Ausgabe durchlaufend für eine ganze Oper gelten.

Diese Studienpartituren sind natürlich sehr nützlich, aber ihre mikroskopisch kleine Notation ist dazu angetan, dem Optiker neue Kunden zu verschaffen. Außerdem erstrecken sich komplexere Passagen zwangsläufig über zwei gegenüberliegende Seiten, was den Leser von Zeit zu Zeit dazu nötigt, das Buch um neunzig Grad zu drehen. Früher einmal war ihr wichtigster Vorzug der Preis; wenn sie auch nicht gerade billig waren, erlaubten sie es Studenten, Wagner-Partituren zu erwerben, ohne sich gleich verschulden zu müssen. Doch in dieser Hinsicht sind nun die Dover-Nachdrucke günstiger.

WARREN DARCY

230

Wagners Handschrift

Die Begeisterung des jungen Wagner für Beethoven resultierte in einer gewissenhaften Transkription der Neunten Symphonie für Klavier; Abbildung 1 zeigt den Einsatz des Baßsolisten im letzten Satz. Wagners saubere Handschrift ist in dem Manuskript des Siebzehnjährigen schon deutlich zu erkennen; später wurde sie weniger gekünstelt und charaktervoller.

Die mit roter Tinte vorgenommenen Änderungen in der handschriftlichen Partitur der *Faust*-Ouvertüre (Abb. 2) stammen aus dem Zeitraum zwischen der Fertigstellung des Werks in seiner ersten Fassung (Januar 1840) und seiner ersten Aufführung in Dresden im Juli 1844. Die ursprünglich französischen Instrumentenbezeichnungen wurden durch italienische ersetzt und die Notenwerte der ersten vier Takte halbiert. Am interessantesten ist der neue Titel (wieder mit roter Tinte geschrieben) »Ouverture«, wobei die Worte »zu Göthes Faust. Ier Theil.« mit schwarzer Tinte hinzugefügt sind; ursprünglich war das Stück als erster Satz einer *Faust*-Symphonie geplant gewesen, aber Wagner hoffte zweifellos, die Aufführungschancen zu verbessern, wenn er daraus ein abgeschlossenes Werk machte.

Der Anfang der handschriftlichen Partitur der *Trauermusik* über Motive aus Webers *Euryanthe* (Abb. 3) zeigt den riesigen, für eine Aufführung im Freien nötigen Bläserapparat des Stücks (es wurde erstmals auf dem katholischen Friedhof in Dresden-Friedrichstadt aufgeführt, als die sterblichen Überreste Carl Maria von Webers dorthin überführt wurden): 5 Flöten, 7 Oboen, 20 Klarinetten, 10 Fagotte, 14 Hörner, 6 Trompeten, 9 Posaunen, 4 Baßtuben sowie 6 gedämpfte Trommeln.

Die Gegenüberstellung des Beginns des ersten Aufzugs von *Lohengrin* aus zwei verschiedenen Kompositionsstadien illustriert anschaulich Wagners Kompositionsweise. Der erste Gesamtentwurf (Abb. 4) besitzt nur einen Gesangspart und eine Baßlinie, obwohl in diesem Stadium der gesamte Text vertont war. Im zweiten Gesamtentwurf (Abb. 5) werden Harmonien, dynamische Angaben und Instrumentierung skizziert. Die eigentliche Orchestrierung blieb der Erstellung der Partitur vorbehalten.

Abbildung 8, ein charakteristisches Beispiel für Wagners Schrift, ist die erste Seite der Dichtung zu *Siegfrieds Tod*, aus dem schließlich die *Götterdämmerung* wurde, die letzte Oper des *Ring*-Zyklus. Unter dem doppelt unterstrichenen Titel in dieser ersten Reinschrift befindet sich die Überschrift »Eine große Heldenoper in drei Akten«, gefolgt vom Verzeichnis der handelnden Personen.

Abbildung 6 ist eine Skizze für Walthers Preislied in den *Meistersingern von Nürnberg* aus dem Jahr 1866. Die wesentlichen Merkmale des Liedes sind in der Skizze vorhanden; am Schluß die Bemerkung »28 Sept. Nachmittag Weil C.[osima] erwartend (R)«. Der chauvinistische Geist des *Kaisermarsches* aus dem Jahr 1871 wird aus seiner umfangreichen Besetzung und seinen martialischen Rhythmen ersichtlich, die auf der ersten Seite der handschriftlichen Partitur deutlich zu erkennen sind (Abb. 10). Der Marsch wurde ursprünglich für Militärkapelle geschrieben; die Abbildung zeigt die Fassung, die Wagner später für volles Orchester erstellte.

In einer Skizze vom 9. Februar 1876 für die Musik der Blumenmädchen im zweiten Aufzug des *Parsifal* (Abb. 7) erinnern die Worte »Amerikanisch sein wollend!« im rechten Teil des Blattes daran, daß die Komposition des *Großen Festmarsches zur Eröffnung der hundertjährigen Gedenkfeier der Unabhängigkeitserklärung der Vereinigten Staaten von Nordamerika* damals ebenfalls in Arbeit war.

Die handschriftliche Notiz (Abb. 9), die Wagner am ersten Tag der ersten Festspiele (13. August 1876) im Bayreuther Festspielhaus aushängte, enthält eine »Letzte Bitte an meine lieben Genossen«, d. h. die aufführenden Künstler, bevor sie eines der ehrgeizigsten Unternehmen in der Geschichte der Kunst in Angriff nahmen: »Deutlichkeit! – Die grossen Noten kommen von selbst; die kleinen Noten und ihr Text sind die Hauptsache.«

BARRY MILLINGTON

1 Wagners Klaviertranskription von Beethovens Neunter Symphonie, Anfang des letzten Satzes, 1830/31

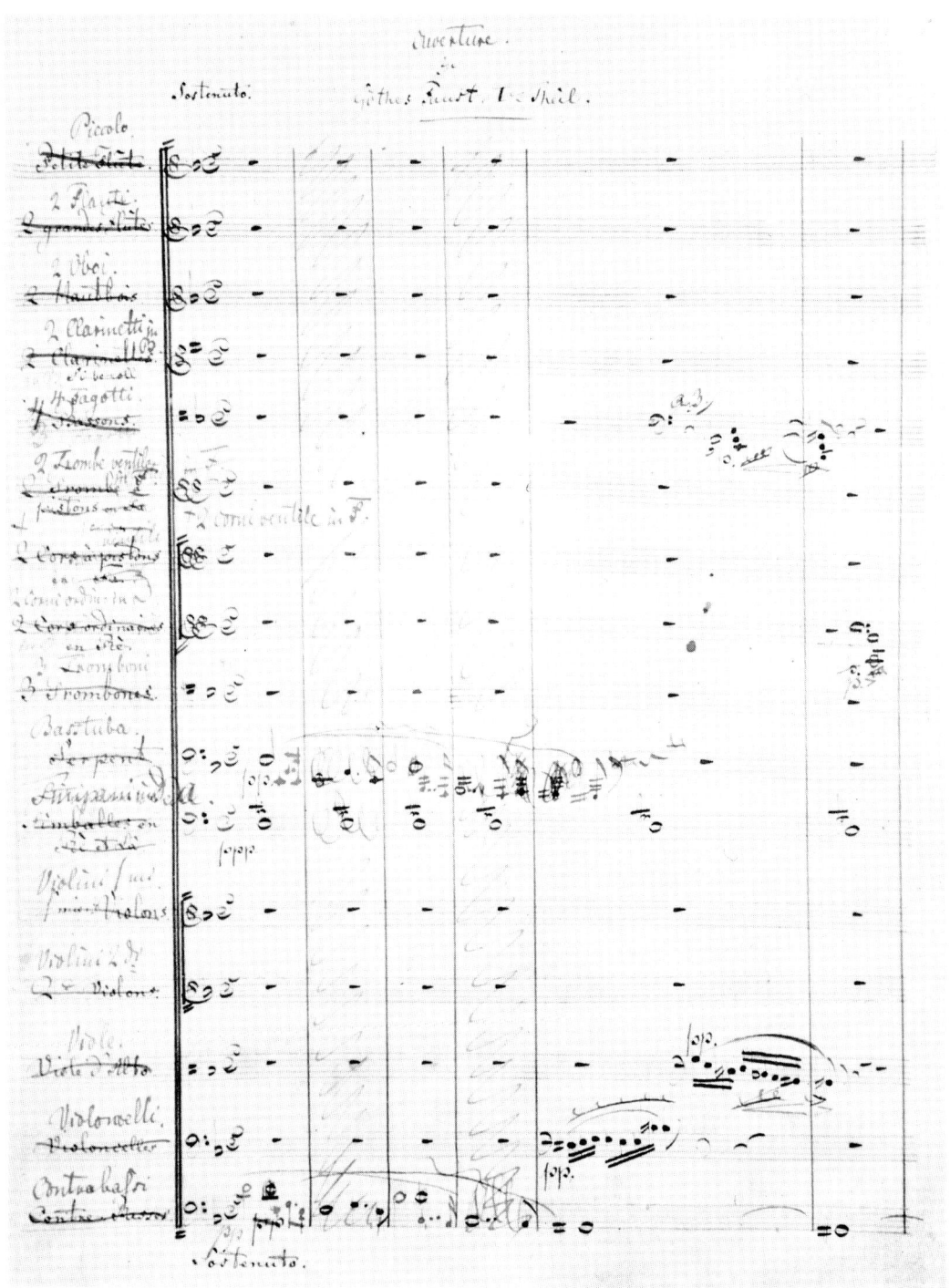

2 *Faust*-Ouvertüre, erste Seite der handschriftlichen Partitur, 1839/40

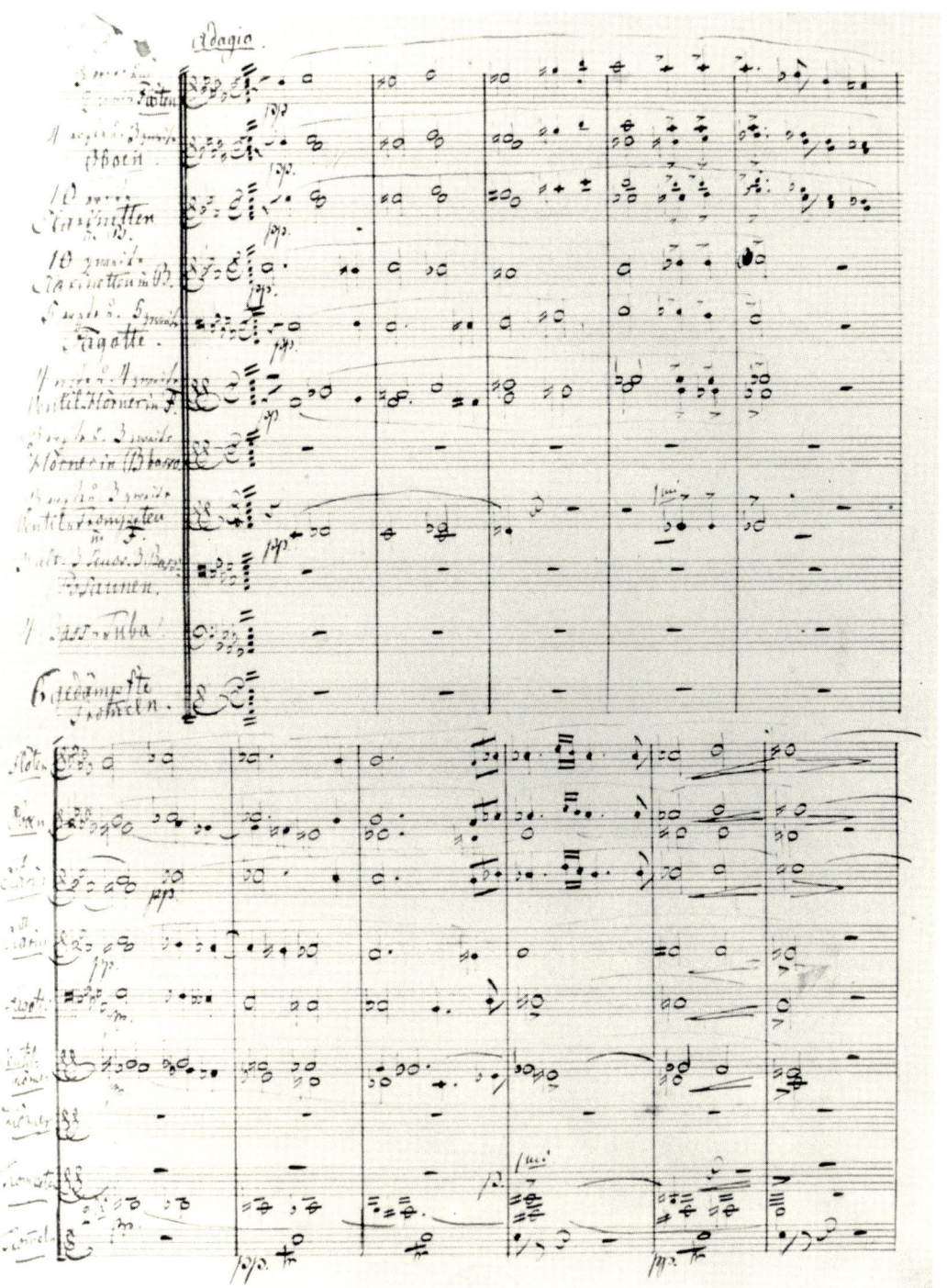

3 *Trauermusik* über Motive aus Webers *Euryanthe*, erste Seite der handschriftlichen Partitur, 1844

4 *Lohengrin*, Beginn des ersten Aufzugs, erster Gesamtentwurf, 1846

5 *Lohengrin*, Beginn des ersten Aufzugs, zweiter Gesamtentwurf, 1847

6 *Die Meistersinger von Nürnberg*, Skizze für das Preislied, 1866

7 *Parsifal*, Skizze für die Musik der Blumenmädchen, zweiter Aufzug, 1876

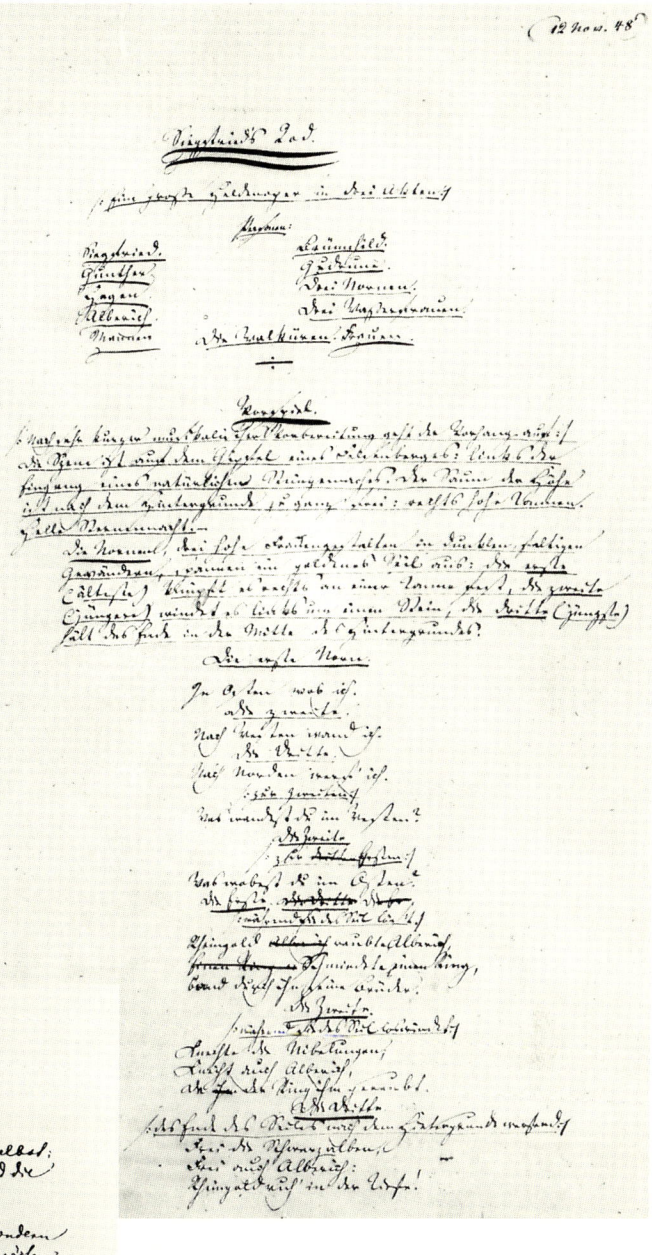

8 *Siegfrieds Tod*, erste Seite der
   Handschrift des Textbuches,
   1848

9 »Letzte Bitte an meine lieben
   Genossen: Deutlichkeit!«
   Wagners handschriftliche
   Notiz, die am 13. August 1876,
   dem ersten Tag der ersten
   Festspiele, im Bayreuther
   Festspielhaus aushing

10 *Kaisermarsch*, erste Seite der handschriftlichen Partitur, 1871

Kapitel X

Wagner-Glossar

Abgesang. Dritter, abschließender Strophenteil der →Barform (in Dichtung und Musik), die Wagner in den *Meistersingern* verwandte.

Absolute Melodie. Unabhängig von außermusikalischen Vorgaben komponierte, eigenständig-zweckfreie Melodie, in Analogie zur →absoluten Musik. Im ersten Teil von *Oper und Drama* beschreibt Wagner Rossinis Opernstil als den Inbegriff der »absoluten Melodie«. Der Begriff wird mit Nachdruck wiederholt, immer noch im Zusammenhang mit Rossini (von dem behauptet wird, er habe seinen Melodietypus dem einfachen Volk abgelauscht): »[…] die *nackte, ohrgefällige, absolut melodische Melodie*, d. h. die Melodie, die eben nur *Melodie* war und nichts Anderes, die in die Ohren gleitet – man weiß nicht warum, die man nachsingt – man weiß nicht warum, die man heute mit der von gestern vertauscht und morgen wieder vergißt – man weiß auch nicht warum, die schwermüthig klingt, wenn wir lustig sind, die lustig klingt, wenn wir verstimmt sind, und die wir uns doch vorträllern – wir wissen eben nicht warum.« (GS III, S. 251 f.) Der Terminus unterscheidet sich inhaltlich nicht wesentlich von verschiedenen anderen Wagner-Begriffen wie »Instrumentalmelodie«, »Tanz-« oder →»Opernmelodie« – letzterer ist praktisch ein Synonym. Aber während die Tanz- oder Instrumentalmelodie ihren formel- und regelhaften symmetrischen Periodenbau zu Recht bewahrt, ist nach Wagners Ansicht eine stereotype »absolute Melodie« in der Oper nur ein schamloses Zugeständnis an bestehende Hörgewohnheiten und andererseits die willkürliche, durch nichts begründete Weigerung des Komponisten, musikalische Gedanken auf dichterische Erfordernisse bzw. die →»dichterische Absicht« abzustellen. Indirekt gibt Wagner zu, daß die »absolute Melodie« in manchen Fällen – so bei Mozart oder Gluck – vom Ausdrucksgehalt her durchaus zum Text paßt und dabei trotzdem die prosodische Integrität gewahrt bleibt. Aber selbst ein derartig gelungenes Zusammenspiel sei letztlich kein vollwertiger Ersatz für die durch Dichtung und Drama bedingte bzw. »befruchtete« Melodie.

Absolute Musik. Den Begriff, mit dem wir die Idee der »reinen«, ästhetisch autonomen (Instrumental-)Musik verbinden, scheint Wagner eher nebenbei geprägt zu haben, jedoch bezeichnenderweise in seinem »Programm« zu Beethovens Neunter Symphonie von 1846. Wagner weist in diesem Zusammenhang auf die besondere Art und Weise hin, »wie der Meister [Beethoven] das Hinzutreten der Sprache und Stimme des Menschen als eine zu erwartende Nothwendigkeit mit

diesem erschütternden Rezitativ der Instrumentalbässe vorbereitet, welches, die Schranken der absoluten Musik fast schon verlassend, wie mit kräftiger, gefühlvoller Rede den übrigen Instrumenten, auf Entscheidung dringend, entgegentritt« (GS II, S. 61). Vermutlich geht der Begriff auf Ludwig Feuerbach zurück, dessen Einfluß besonders in den Züricher Schriften der nächsten Jahre (1849–51) wirksam wird. Feuerbach hatte den ungünstigen Einfluß der von Hegel vertretenen »absoluten Philosophie« auf das deutsche Denken seiner Zeit beklagt – das heißt einer durch und durch abstrakten Philosophie, die gänzlich losgelöst von den Realitäten des menschlichen Lebens zu existieren schien (wie die ganze damalige Generation der »Jungdeutschen« kritisierte auch Feuerbach Hegels Abwertung der Sinnestätigkeit). In *Das Kunstwerk der Zukunft* (1849) und insbesondere in *Oper und Drama* (1850/51) spielt der Ausdruck »absolute Musik« eine wichtige Rolle. Im Kontext von Wagners Theorien über eine Vereinigung der Einzelkünste zu einem →»Gesamtkunstwerk« der Zukunft erhält er eine noch negativere Bedeutung; er steht für Musik, die gleichsam von ihrer lebenspendenden Verwurzelung im Tanz, in der →»Gebärde«, der Dichtkunst und vor allem im Drama abgeschnitten ist.

Inzwischen denkt man bei »absoluter Musik« eher an Eduard Hanslicks Schrift *Vom Musikalisch-Schönen* (1854), worin die Autonomie der Musik als einer im wesentlichen formalästhetisch definierten Kunst behauptet wird – obwohl hier nur an einer einzigen Stelle von der »reine[n], absolute[n] Tonkunst« die Rede ist. Bei Wagner hingegen wird das Attribut »absolut« fast überstrapaziert; es tritt über seine Schriften verteilt in den verschiedensten Kombinationen auf: »absolute Melodie«, »absolutes Kunstwerk«, »absoluter Opernsänger«, »absolute Dichtung« usw., bis hin zu weit hergeholten Ausdrücken wie »absolute Verstandessprache«, »absolute Wirkung«, »absolutes Rezitativ« und »absolute Arie«. Die nachträgliche Anwendung des Begriffs »absolute Musik« auf die Ästhetik der Frühromantiker impliziert eine (über Hanslick vermittelte) Bedeutungsverschiebung von Wagners grundsätzlich negativer Definition (»abgetrennt«, »egoistisch«) zu den positiven Werten Transzendenz, Reinheit, Idealität – Aspekte, die mit dem Hegelschen Verständnis des »Absoluten« übereinstimmen und gegen die Feuerbach allergisch war.

Ahnung →Ahnungsmotiv, →Leitmotiv

Ahnungsmotiv. Im Zuge seiner in *Oper und Drama* (3. Teil) ansatzweise entwickelten Theorie des →Leitmotivs beschrieb Wagner das Motivgewebe der → »Orchestermelodie«, die in einem System verschiedener epischer Zeitebenen – Vergangenheit, Gegenwart, Zukuft – auf die dramatische Gesangslinie der → »Versmelodie« Bezug nimmt. Die »Gegenwart« eines dramatisch-musikalischen Motivs wird durch den Moment seiner semantischen »Definition« bestimmt, wenn nämlich der musikalische Gedanke in unmittelbarem Zusammenhang mit einem bestimmten Namen, Ausdruck, einer → »Gebärde« oder einer Idee erscheint. Außer in diesem einmaligen Moment der Definition kann das Motiv aber auch als orchestrale Antizipation bzw. »Ahnung« oder nachträglich als → »Erinnerung« vorkommen, also in der »Zukunfts-« oder in der »Vergangenheitsform«. Wenn Wagner von der »vorbereitende[n] absolute[n] [→] Orchestermelodie« als einer Vorwegnahme eines semantisch definierten Moments der Handlung spricht – des Moments, wenn der musikalische Gedanke durch Wort oder Geste eine assoziative Bedeutung bekommt –, greift er (vielleicht unbewußt) romantische Vorstellungen von der → »absoluten Musik« bzw. der reinen Instrumentalmusik als Antizipation, Ahnung oder Ankündigung einer verbal nicht faßbaren Empfindung oder Erfahrung auf (wie etwa in E. T. A. Hoffmanns Ausdruck »Ahnung des Unendlichen«). In der Praxis werden Wagners »Leitmotive« natürlich nicht nur durch den Text oder den Gesang »definiert«, sondern oft auch über einen allgemeineren dramatischen Kontext, eine Geste oder irgendein anderes visuelles Zeichen. Das Rheingold-Motiv erscheint zum Beispiel das erste Mal als »Ahnungsmotiv«, gespielt von den Waldhörnern über einer sanft wogenden Streicherfigur. Es bleibt allerdings den ganzen Zyklus hindurch ein ausschließlich instrumentales Motiv; nur ein Nebenmotiv, der »Rheintöchtersang«, mit dem das Gold begrüßt wird, bindet den betreffenden Gegenstand des Motivs (das Rheingold) in einen eindeutigen verbal-musikalischen Zusammenhang ein (d. h. als → »Versmelodie«).

Bar, Barform (siehe auch Abgesang, Stollen). Eine alte Form des Strophenbaus (AAB), bestehend aus zwei gleichartigen Stollen, die zusammen den Aufgesang bilden, und einem kontrastierenden abschließenden Teil, dem Abgesang. Diese dreiteilige Strophenform kann dann mit neuem Text wiederholt werden. Wagner verwandte die Barform in den *Meistersingern* mehrfach, womit er einerseits die Liedkunst der mittel- und süddeutschen Sängerzünfte des 15. und 16. Jahrhunderts vorführt, während auf einer anderen Ebene die kunstvollen Adaptionen dieser Form im Lauf der

Oper das übergeordnete Thema ansprechen: das Spannungsverhältnis zwischen Tradition und Innovation in der Liedkunst. Walther von Stolzing kleidet seinen Bericht über seine bisherigen »Lehrmeister« in einen Bar ein (»Am stillen Herd«) – ein Zeichen für seinen sicheren ästhetischen Instinkt. In seinem Probesang aus dem ersten Aufzug (»So rief der Lenz in den Wald«) entwickelt Walther – wieder eher instinktiv – eine komplexere Formvariante, bei der in jeden Stollen zusätzliche kontrastierende Teile eingearbeitet sind (»In einer Dornenhecken«, »Aus finst'rer Dornenhecken«), was den Schiedsrichter Beckmesser mit seinem beschränkten Kunstverstand völlig durcheinanderbringt. (Es ist bezeichnend für Beckmesser und seine Kollegen, daß sie die erweiterte Barform des Probelieds nicht erkennen oder nicht erkennen *wollen*; das Lied geht schließlich im allgemeinen Durcheinander am Schluß des ersten Aufzugs unter.) Walthers Preislied (»Morgenlich leuchtend im rosigen Schein«) findet beim Volk und den Meistersingern schließlich doch noch Beifall. Sowohl in seiner ursprünglichen Form in der zweiten Szene des dritten Aufzugs als auch in der Schlußszene weist es innovative Züge auf. Beim ersten Mal geht der zweite Stollen von der anfänglichen Tonart ab, und in der Schlußszene läßt sich Walther in seiner leidenschaftlichen Art zu improvisierten Erweiterungen beider Stollen hinreißen, bevor er den ersten Bar doch noch gebührlich abschließt. Sachs erklärt Walther im dritten Aufzug das formale Prinzip mit der Metapher des sich erneuernden Lebens – ein Bild, das Wagner selbst gern gebrauchte: Die beiden Stollen seien wie Mann und Frau, und aus ihrer Verbindung gehe der Abgesang hervor. Dieser solle dem Elternpaar in gewissem Maße gleichen, aber auch ganz neue, eigene Wege gehen.

Alfred Lorenz wandte das Prinzip der Barform in seinen Analysen des »Geheimnisses der Form« bei Wagner auf verschiedenen Ebenen an, und zwar nicht nur bei den *Meistersingern*, sondern auch bei den anderen Musikdramen. Bei den *Meistersingern* prägt die Barform laut Lorenz sogar den Gesamtaufbau, indem auf zwei kürzere Aufzüge, in denen die dramatischen Konflikte aufgeworfen und entwickelt werden, ein dritter, bedeutend längerer folgt, in dem die Konflikte zunächst kulminieren und dann gelöst werden.

Bühnenfestspiel. Offizielle Gattungsbezeichnung für den *Ring des Nibelungen* (»Ein Bühnenfestspiel für drei Tage und einen Vorabend«). Die Idee, die hinter diesem Begriff steht, orientiert sich am Vorbild der griechischen Tragödie, die in Wagners Schaffen um die

Entstehungszeit der Tetralogie Ende der 1840er Jahre und in den beiden Essays *Die Kunst und die Revolution* und *Das Kunstwerk der Zukunft* eine zentrale Rolle spielt. Der Gedanke einer Wiedergeburt des griechischen Theaters in modernem europäischen Gewand als Mittel zur moralischen, geistigen und ästhetischen »Regeneration« der Gesellschaft blieb ein wesentlicher Grundzug der Wagnerschen Ideologie (siehe »Bayreuth und die Festspiel-Idee«, S. 177 ff.).

Bühnenweihfestspiel. Diese Bezeichnung für den *Parsifal* – eine Steigerung der Gattungsbezeichnung für den *Ring* (→ Bühnenfestspiel) – unterstreicht einerseits die exklusive Zugehörigkeit zum Bayreuther »Festspielhaus«, andererseits den »weihevollen«, gleichsam liturgischen Charakter der Handlung. Wie beim *Ring* glaubte Wagner an die erneuernde oder gar »erlösende« Kraft seines Bühnenweihfestspiels; er hielt es deshalb für nötig, das Werk vom durchschnittlichen Opernbetrieb mit seinem nichtswürdigen Repertoire abzugrenzen.

Dichterische Absicht. Der Begriff, den Wagner in *Oper und Drama* entwickelte, bezeichnet die (begrifflichen) Inhalte, die der Dichter bzw. Dramatiker zu vermitteln sucht. Diese »dichterische Absicht« dient aber auch als die motivierende – oder im Sinne Wagners »befruchtende« – Kraft des musikalischen Dramas. Obwohl der Begriff bereits im ersten Teil mehrmals beiläufig erwähnt wird, geht Wagner erst in den letzten Abschnitten des zweiten Teils bewußt auf ihn ein, ausführlich dann im dritten Teil (»Dichtkunst und Tonkunst im Drama der Zukunft«). Am Schluß des zweiten Teils erklärt Wagner den Begriff anhand der Metapher der geschlechtlichen Fortpflanzung: Die dichterische Absicht sei der »befruchtende Samen«, mit dem die Dichtung (als das »männliche« Prinzip) die Musik (als das »weibliche« Prinzip) befruchte. Auf diese Weise werde das musikalische Drama geboren. Die Metapher besagt zweierlei: Musik als ein Medium reinen Ausdrucks kann nur durch einen verbalen oder begrifflichen Gehalt eine konkrete Gestalt annehmen bzw. hervorbringen (»gebären«), und die rationale, reflektierende Komponente der Dichtung (Sprache) erreicht das Publikum nur dann auch auf emotionaler Ebene, wenn sie eine fruchtbare Verbindung mit der Musik als dem Medium des reinen, unmittelbaren Ausdrucks eingeht. Im ganzen dritten Teil spricht Wagner wiederholt von der »Verwirklichung« der dichterischen Absicht im musikalischen Drama, wobei er betont, daß dieses verbale oder rationale Element in der Musik (im

Hegelschen Sinn) »aufgehoben« werden muß, damit es vom Publikum sozusagen auf rein emotionaler Ebene, ohne zwischengeschaltete Reflexion oder begriffliche Vermittlung, erfaßt werden kann. Aus heutiger Sicht besteht ein gewisser Widerspruch zwischen der hier dargelegten Ästhetik einer unmittelbaren Rezeption und Wagners komplexem Kompositionsstil, ganz zu schweigen von der häufigen Unverständlichkeit seiner Dramentexte und den Problemen seiner Leitmotivtechnik.

Dichterisch-musikalische Periode. In *Oper und Drama* (3. Teil, Abschnitt III) beschreibt Wagner die »dichterisch-musikalische Periode« als die »kleinste formale Einheit« des idealen musikalischen Dramas oder »Kunstwerks der Zukunft«. Eine solche Einheit stelle die notwendige Alternative zur »absolut-musikalischen« Periode dar (→ absolute Musik), die bislang die melodische Struktur sowohl der konventionellen Instrumentalmusik als auch der Nummernoper geprägt habe. Der negative Beigeschmack, der dem Begriff anhaftet, ist größtenteils Alfred Lorenz zuzuschreiben, der ihn zur Absicherung seiner erschöpfenden Formanalysen zum gesamten Spätwerk Wagners heranzog und der sich expressis verbis auf des Meisters »heilige Schrift« berief. Die Passage aus *Oper und Drama* enthält eine der wenigen einigermaßen konkreten Aussagen zu Tonalitäts- und Formfragen. Leider bleibt Wagner trotzdem ziemlich vage, selbst noch da, wo er einmal von kompositionstechnischer Seite aus Einblick in die musikalischen Vorgänge zu gewähren scheint. (Andererseits ist das auch nicht weiter verwunderlich, wenn man bedenkt, daß Wagner ästhetische und kompositorische Prinzipien für ein radikal neues musikalisches Projekt formulieren wollte, mit dem er noch nicht einmal begonnen hatte, abgesehen von ein paar gescheiterten Skizzen.) Der Ausdruck »dichterisch-musikalische Periode« zielt auf den grundlegenden Unterschied zwischen der melodischen Struktur bzw. der harmonischen Fortschreitung, die von einer → »dichterischen Absicht« (einem dramatischen Text) getragen ist, und dem formelhaften Periodenbau der konventionellen Opernarie und der Ensemble- oder Chornummer. Daß die theoretische Formulierung für eine praktische Umsetzung viel zu sehr im Dogmatischen, Präskriptiven bleibt, ist kennzeichnend für *Oper und Drama*.
Wagner legt im einzelnen dar, daß sich die → »Versmelodie« innerhalb einer einzigen diatonischen (Dur- oder Moll-)Tonleiter bzw. Tonart bewegen soll, solange der zugrundeliegende »Empfindungsausdruck«

konstant bleibt. Wenn sich dieser aber ändere, »moduliere« die melodische Linie frei in andere tonale Bereiche, immer nach Maßgabe der durch den Text vermittelten »emotionalen Modulation«. Sowohl kongruente als auch kontrastierende Affekte können stellenweise durch die Alliteration bzw. den →Stabreim miteinander verbunden werden, zum Beispiel in der Aneinanderreihung von »Liebe«, »Lust« und »Leid« oder »Weh«, »webt« und »Wonnen«; aber der musikalischen Modulation mit ihrem ungleich größeren expressiv-strukturellen Potential komme es zu, eine sehr viel weitere Progression weg von einem bestimmten Ausgangspunkt und die Rückkehr dorthin zu verkörpern, das heißt von der »Liebe« über die beiden hier zitierten Reihen zu den »Wonnen« (GS IV, S. 152 f.). Auf dieses Postulat tonaler Geschlossenheit berief sich Lorenz bei seiner Gliederung des *Rings* und anderer Opern in tonal definierte Abschnitte nach dem Muster motivische Exposition, Durchführung (Variation) und Reprise. Wagner spricht in diesem Zusammenhang tatsächlich von einer zugrundeliegenden »Haupttonart«, aber Lorenz' übereifrige Suche nach einer tonalen Geschlossenheit auf *allen* Ebenen wurde schon häufig als eine Fehldeutung des fließenden, offenen, evolvierenden Charakters der musikalischdramatischen Formen Wagners kritisiert (den dieser selbst in anderen Schriften betont hat).

Effekt (»Wirkungen ohne Ursache«). Wagners Polemik gegen Meyerbeer im ersten Teil von *Oper und Drama* richtet sich vor allem gegen den gezielt eingesetzten, oberflächlichen »Effekt« als das oberste Prinzip der französischen Grand opéra. Seine Kritik kreist um die Unterscheidung zwischen »Wirkung« und »Effekt« (das Wort »Effekt« ist für Wagner offensichtlich wegen seiner lateinischen, nichtgermanischen Herkunft negativ besetzt). Der »Effekt« der MeyerbeerOpern wird als »Wirkungen ohne Ursache« definiert; dramatische Situationen, gesangliche und szenische Höhepunkte, Chöre und Balletteinlagen seien nur auf bestimmte musikalische bzw. visuelle Effekte ausgerichtet und entbehrten der dichterischen oder dramatischen »Ursache« (GS III, S. 301 f.). Wagner bezieht sich hier besonders auf den »Sonnenaufgang« am Schluß des zweiten Akts von *Le Prophète* (die Einführung des elektrischen Lichts in den Opernhäusern erregte während der ersten Spielzeit der Oper 1849 in Paris großes Aufsehen). Die ganze Situation – so auch die hymnenartige Melodie, die Johann von Leyden mit den Massen des Chors singe – sei vom Komponisten in Absprache mit seinem »dichterischen Privatsekre

tär« Eugène Scribe nur dazu ersonnen, die Voraussetzungen für ein möglichst eindrucksvolles Finale zu schaffen. Wagner ist offensichtlich unfähig zu erkennen, daß diese »unwirkliche« Situation bewußt doppelbödig gehalten ist: Jean (Johann), der Anführer der Volkserhebung in dieser Szene, wurde zuvor als willensschwache Marionette der Wiedertäufer gezeigt, die offensichtlich ein falsches Spiel mit ihm treiben. Der antiheroische, in politischer Hinsicht fast zynische »Realismus« von Scribes Libretto vertrug sich natürlich nicht mit Wagners damaligen revolutionären Idealen. Seine Fehldeutung in diesem Fall entschärft allerdings nicht unbedingt Wagners grundsätzliche Kritik, wenn man bedenkt, wie wenig schlüssig die ScribeMeyerbeerschen Gemeinschaftswerke in psychologischer und dramatischer Hinsicht tatsächlich sind.

Erinnerung, Erinnerungsmotiv (siehe auch Ahnungsmotiv, Leitmotiv). Der Begriff des »Erinnerungsmotivs«, der eine seit dem ausgehenden 18. Jahrhundert verbreitete Opernpraxis bezeichnet, dürfte auf Wagner zurückgehen, der in *Oper und Drama* ein sich ununterbrochen fortspinnendes Gewebe motivischer Aus- und Rückblicke entwirft. Die Technik einer motivisch-thematischen »Erinnerung« war schon vor Wagner in unterschiedlicher Ausprägung gebraucht worden, angefangen von der Wiederkehr einer ganzen Strophe bzw. eines Lieds (mit Text) bis hin zu Anklängen an eine einzelne Melodie, ein Motiv oder auch nur einen Akkord oder eine Klangfarbe im passenden Handlungsmoment. Die Vorformen der Leitmotivtechnik in Wagners früheren Bühnenwerken gehen direkt auf diese neuere deutsch-französische Tradition zurück.

In *Oper und Drama* entwickelt Wagner die Idee des »Erinnerungsmotivs« innerhalb seines spekulativen Gedankengebäudes eines idealen dramatischen »Kunstwerks der Zukunft«. Wagners hier vorgeschlagenes »System« beruht darauf, daß sich ein Motiv jedesmal, wenn es erscheint – sei es als »Ahnungs-« oder als »Erinnerungsmotiv« –, auf eine eindeutige Zuordnung von Motiv und Text, d.h. → »Versmelodie«, bezieht, auf jenen Moment also, in dem die textliche oder dramatische Assoziation zum musikalischen Motiv »offiziell« hergestellt wurde. »Diese [im Drama verteilten] melodischen Momente [...] werden uns durch das Orchester gewissermaßen zu Gefühlswegweisern durch den ganzen vielgewundenen Bau des Drama's« (GS IV, S. 200). In der Praxis kam dem Erinnerungsmotiv natürlich eine viel größere Bedeutung zu als dem Ahnungsmotiv, zumal Wagner in seiner Dramenkonzeption von einer strikt begrenzten Anzahl dramatischer Motive bzw. Situationen und wiedererkennbarer musikalischer Motive ausging. Außerdem beruht die Wirkung der Wagnerschen Motivtechnik zum großen Teil auf den bedeutungsvollen Modifikationen musikalischer Gedanken (in Rhythmik, Harmonik, Orchestrierung usw.), die ja zwangsläufig auf Momente der »Erinnerung« beschränkt sind.

»Ersichtlich gewordene Thaten der Musik« → Musikdrama

Gebärde (siehe auch Orchestermelodie). Die entscheidende Bedeutung der theatralischen Gebärde sowohl im gesprochenen als auch im musikalischen Drama ist ein ständig wiederkehrender Gedanke in Wagners Schriften. In *Oper und Drama* versucht Wagner (auf Umwegen) einen Zusammenhang zwischen der »Orchestermelodie« und der dramatischen Gebärde herzustellen. Der Grundgedanke dieser Theorie wird an vielen Motiven im *Ring* und auch anderen, früheren Werken deutlich. Wie Dahlhaus gezeigt hat, geht die Bedeutung etwa der Motive von Wotans Speer und Siegmunds (später Siegfrieds) Schwert aus den mit diesen Objekten verbundenen Gesten hervor – man denke nur an den machtvollen, gravitätischen Impuls, wenn der Speer als Symbol von Gesetz und Autorität in den Boden gerammt wird, oder an den kühnen Aufwärtsschwung des Schwerts Nothung, wenn Siegmund es triumphierend zieht. In späteren Schriften (z. B. *Über Schauspieler und Sänger,* 1872) führte Wagner seine Ideen zur grundlegenden Bedeutung von Gestik und Mimik im Drama aus. Er beklagt das Verschwinden der echten Improvisationskunst aus dem modernen Drama (gesprochen wie gesungen); sie sei, so Wagner, allenfalls noch in der Volkskunst lebendig, genauer: im Hanswurst und Kasperl des traditionellen Puppentheaters, auf das auch Goethes *Faust* zurückgehe. Wagner bezieht sich hier auf seine Eindrücke von Auftritten Wilhelmine Schröder-Devrients, die in ihrer unnachahmlichen Kombination physischer und stimmlicher Präsenz die verschiedenartigsten Werke in etwas völlig Neues umzuwandeln vermochte, ob es sich nun um Beethovens *Fidelio,* Bellinis *I Capuleti e i Montecchi* oder um Weigls *Die Schweizerfamilie* handelte. Die dramatische Kunst, so schließt Wagner, sei nur durch die selbstlose Zusammenarbeit des Dramatikers (Komponisten) mit dem »Mimen« zu retten. In einem anderen Aufsatz aus dieser Zeit (*Über die Bestimmung der Oper,* 1871)

versuchte Wagner, die Verwurzelung der Shakespeare-Dramen in volkstümlichen Traditionen der Improvisation herauszustellen, indem er sie als »eine fixirte mimische Improvisation von allerhöchstem dichterischem Werthe« (GS IX, S. 143) charakterisierte.

Gesamtkunstwerk. Wie viele der weitverbreiteten Wagnerschen Begriffe geht auch dieser auf die Züricher Schriften der Jahre 1849–51 zurück. In *Die Kunst und die Revolution* (1849) zeichnet Wagner traditionsgemäß ein idealisiertes Bild vom »Gesamtkunstwerk« der griechischen Tragödie; er weist nicht nur auf die Einheit der »einzelnen Kunstbestandteile« Dichtkunst, Tanz und Musik im Drama hin, sondern auch auf den »politischen« Charakter des gesamten Geschehens – seine gesellschaftliche, ethische und religiöse Aufgabe, die Athener zu vereinen, indem es über die Kunst ein geistiges Band zwischen ihnen knüpft. Man könnte also genausogut von einer Art »Gemeinschaftskunstwerk« sprechen (tatsächlich ist bei Wagner auch einmal von einem »gemeinsame[n] Kunstwerk der Zukunft« die Rede; GS III, S. 50). Die ursprüngliche Konzeption des *Rings* (noch als *Siegfrieds Tod*) wurde ebenso wie die Vision vom → »Bühnenfestspiel«, die schließlich im Bayreuther Projekt Wirklichkeit werden sollte, aus dieser Vorstellung geboren (siehe »Bayreuth und die Festspiel-Idee«, S. 177 ff.). Was Wagners Deutung des griechischen Ideals von der traditionellen, klassisch orientierten Ästhetik seit der Renaissance unterscheidet, ist die starke Komponente einer revolutionären Gesellschaftstheorie, die verschiedene Ideen Proudhons, Feuerbachs und anderer »junghegelianischer« Vorläufer von Karl Marx lose verknüpft. In den Züricher Schriften rückt die Gesellschaftstheorie allerdings eher in den Hintergrund; hier haben wir es mehr mit Geschichte, Kritik und ästhetischer Spekulation zu tun (*Oper und Drama*). Der Gedanke, daß die »einzelnen Kunstbestandteile« durch ihre (Wieder-)Vereinigung an Wirksamkeit gewinnen bzw. daß sie andernfalls in Sterilität und Verkümmerung enden würden, forderte natürlich von Anfang an heftige Kritik heraus. Obwohl Wagner weiterhin vom ästhetischen Potential des Musikdramas überzeugt war, vermied er von da an den Begriff des »Gesamtkunstwerks« (wie auch viele andere »revolutionäre« Ausdrücke).

Gestik → Gebärde

Grundmotiv. Gelegentlich bezeichnete Wagner die »Grundmotive« seiner Opern – ohne zwischen den

»Motiven« des Dramas und ihrer musikalischen Verkörperung sauber zu unterscheiden – auch als → »Leitmotive«. In *Oper und Drama* spricht er von »Motiven […], die der Dichter als zusammengedrängte, verstärkte Grundmotive der ebenso verstärkten und zusammengedrängten Handlung zu den *Säulen* seines dramatischen Gebäudes bestimmte«. Diese Motive werden auch als »plastische Gefühlsmomente« beschrieben, die der Musiker zu entsprechenden »melodische[n] Momente[n]« zu verdichten sucht. Solche musikalischen Gedanken können auch als → »Ahnungs-« und als → »Erinnerungsmotive« fungieren (GS IV, S. 201). Die »höchste einheitliche musikalische Form« des Dramas ergebe sich aus dem Einverständnis des Dichters und des Musikers bei der Anordnung der dramatischen und musikalischen Grundmotive zu sorgfältig durchgestalteten Strukturen, die aus Motivvarianten und -wiederholungen gebildet werden. In *Eine Mitteilung an meine Freunde* spricht Wagner von einem charakteristischen »Gewebe der Hauptthemen«, das sich *über das ganze Drama, und zwar in innigster Beziehung zur [→] dichterischen Absicht* ausbreitete« (GS IV, S. 322). An anderer Stelle (1879) ist von einem »Gewebe von Grundthemen« die Rede, das analog zur Aufstellung und Verarbeitung von Themen und Motiven in einem Symphoniesatz konstruiert sei; in diesem Zusammenhang zitiert er den Begriff der »Leitmotive«, den Hans von Wolzogen kurz zuvor in einem seiner »thematischen Leitfäden« gebraucht hatte (GS X, S. 185). Die beiden Begriffe »Grundmotiv« und »Grundthema« bringen allerdings – im Gegensatz zum mittlerweile gängigen Begriff des »Leitmotivs« – die wichtige Unterscheidung zwischen der ursprünglichen Grundgestalt eines Motivs und seinen vielfältigen Varianten in verschiedenen Kontexten zum Ausdruck.

»**Kunst des Überganges**« →Übergang

Kunstreligion. Die Idee einer »Kunstreligion« oder der »Kunst als Religion« durchzieht viele kulturelle Strömungen des gesamten 19. Jahrhunderts, wobei Wagner einer ihrer wichtigsten Vertreter sein dürfte. Am Schluß seines Essays *Über Staat und Religion* (1864), den er auf Geheiß Ludwigs II. verfaßte, versucht Wagner zu erklären, wie Ludwig II. sowohl spirituelle Orientierung als auch seine persönliche »Erlösung« darin finden würde, daß er sein (Wagners) musikalisches Drama unterstütze und erlebe; darüber hinaus seien sogar die sektiererischen Glaubensverirrungen der Zeit in seinem → Kunstwerk der Zukunft aufgehoben (GS VIII, S. 29). Anders formuliert, lautet die Quintessenz seiner Idee (so in seinem Aufsatz von 1880 mit dem bezeichnenden Titel *Religion und Kunst*): »Man könnte sagen, daß da, wo die Religion künstlich wird, der Kunst es vorbehalten sei den Kern der Religion zu retten, indem sie die mythischen Symbole, welche die erstere im eigentlichen Sinne als wahr geglaubt wissen will, ihrem sinnbildlichen Werthe nach erfaßt, um durch ideale Darstellung derselben die in ihnen verborgene tiefe Wahrheit erkennen zu lassen.« (GS X, S. 211) »Kunstreligion« in diesem Sinn ist die Umkehrung des Hegelschen Postulats, daß Kunst und Religion in der modernen Zeit im reinen Denken – das heißt in der Philosophie – »aufgehoben« würden. Andererseits geht der Gedanke einer Kunstreligion in vielen Punkten auf Hegels Generation zurück, in der moderne kritisch-ästhetische Gedanken eines Schelling, Schleiermacher, Wackenroder, Hoffmann, Chateaubriand, Lamartine u. a. mit der neuerwachten Religiosität ihrer Zeit zu verschmelzen begannen. Franz Liszt hatte noch unter dem Einfluß des französischen Saint-Simonismus in einem frühen Aufsatz über die Synthese von Kirche und Theater (1835) die Verbindung von Kunst und Religion propagiert; sein späterer Werdegang zeugt allerdings von einer orthodoxeren Einstellung zum Ideal der Kunstreligion. In Wagners Werk erreicht die in *Tannhäuser* und *Lohengrin* begonnene Auseinandersetzung mit explizit christlichen Themen (und ihrer musikalischen Umsetzung) im → »Bühnenweihfestspiel« *Parsifal* ihren Höhepunkt. Die Konzeption der *Ring*-Tetralogie und der Bayreuther Festspiele entstand hingegen aus dem Wunsch, den Geist der antiken griechischen Tragödie als gemeinschaftsspendenden Ritus in einer modernen deutschen bzw. europäischen Form wiederzubeleben.

Kunstwerk der Zukunft. Der Titel von Wagners zweiter größerer Kunstschrift aus der nachrevolutionären Zeit, »Das Kunstwerk der Zukunft« (1849), geht auf den Philosophen Ludwig Feuerbach zurück, von dessen Schriften (z. B. *Grundsätze der Philosophie der Zukunft*, 1843) Wagner in dieser Zeit stark beeinflußt war, was sich etwa bei der ursprünglichen Konzeption von *Siegfrieds Tod* zeigte. Die enthusiastische Übernahme der damals populären umstürzlerischen Rhetorik mit ihrer apodiktischen Forderung »zukunft«-weisender kultureller und künstlerischer Entwicklungen sollte an Wagner hängenbleiben; Generationen von Satirikern griffen sie immer wieder mit Vorliebe auf. Wagner hatte bereits in seinem vorangegangenen Werk *Die Kunst und die Revolution* vom

»Kunstwerk der Zukunft« gesprochen. Dabei handelte es sich natürlich um das neue, reformierte musikalische Drama, das nach der nötigen Umstrukturierung der Gesellschaftsordnung künftig das moderne und effektivere Gegenstück zur griechischen Tragödie der Antike darstellen sollte. (Wagner legte großen Wert auf die Feststellung, daß dieses neue, revolutionäre Ideal mit den damals üblichen Versuchen einer möglichst originalgetreuen Neubelebung der griechischen Tragödie nichts zu tun hatte; er dachte vor allem an die Sophokles-Aufführungen am Berliner Hoftheater, die Friedrich Wilhelm IV. unter Mitwirkung von Mendelssohn Bartholdy und Ludwig Tieck in Szene setzen ließ.) Wagners neuer Begriff ist also sowohl ideologisch als auch ästhetisch definiert. Im Verlauf der namengebenden Schrift räumt er ein, daß die einzelnen Künste ihre bisherigen Errungenschaften wohl durchaus ihrer Entwicklung als ein eigenes (»absolutes«) Medium verdankten – was insbesondere für die Musik gelte –, aber er ist der festen Überzeugung, daß jede Weiterentwicklung nur als Gemeinschaftsprojekt (→ Gesamtkunstwerk) im Dienste des Dramas möglich sei. Aus dem Ausdruck »Kunstwerk der Zukunft« entwickelte sich unter anderem das Schlagwort der → »Zukunftsmusik«.

Leitmotiv (siehe auch Ahnungsmotiv, Erinnerungsmotiv, Grundmotiv). Der wohl bekannteste Begriff Wagners stammt nicht von ihm selbst. Die Idee eines »leitenden Motivs« kann jedoch auf den dritten Teil von *Oper und Drama* zurückverfolgt werden, in dem Wagner von »Ahnungs-« und »Erinnerungsmotiven« spricht. Dabei geht es um musikalische Gedanken, die in Verbindung mit einem besonderen Moment der Handlung und dem begleitenden Text (→ »Versmelodie«) eine bestimmte assoziative Bedeutung erhalten (für eine bestimmte Figur, einen Gegenstand, eine Idee oder ein Gefühl). In *Oper und Drama* und in der unmittelbar danach entstandenen *Mitteilung an meine Freunde* spricht Wagner verschiedentlich von wichtigen »melodischen Momenten« und »Grundmotiven«, womit er *dramatische* Motive meint, denen wiederum bestimmte musikalische Gedanken zugeordnet sind. Diesen erwachsen im Lauf des Dramas immer mehr Bedeutungsebenen, indem sie – dem jeweiligen Kontext entsprechend – modifiziert wieder auftauchen; zugleich verleihen sie dem Drama eine größere strukturelle Einheit. Wagners »System« knüpfte an die verschiedenen seit dem ausgehenden 18. Jahrhundert gebräuchlichen Praktiken dramatisch-musikalischer Rückbezüge an.

Der Begriff »Leitmotiv« wird im allgemeinen F. W. Jähns zugeschrieben, der ihn in seiner Untersuchung zu Webers Leben und Werk (Berlin 1871) verwandte; gebräuchlich wurde er allerdings erst seit Hans von Wolzogen, der die ersten »thematischen Leitfäden« zu verschiedenen Wagner-Werken veröffentlichte (*Ring* 1876, *Tristan* 1880, *Parsifal* 1882). A. W. Ambros benutzte das Wort »Leitmotiv« schon im Jahr 1860 im Zusammenhang mit den Motiv- und Transformationstechniken in Wagners Opern bis zum *Lohengrin* und in Liszts Orchesterwerken (*Culturhistorische Bilder*, Leipzig 1860). Wagners Leitmotivtechnik wurde im übrigen auch schon vor Wolzogen von Heinrich Porges und Gottlieb Federlein beschrieben, allerdings ohne Verwendung dieses Begriffs.
In seinem Aufsatz *Über die Anwendung der Musik auf das Drama* (1879) bezog sich Wagner auf Wolzogens Analyse seiner »Leitmotive« und bemängelte, daß dieser »das Charakteristische der von ihm sogenannten ›Leitmotive‹ mehr ihrer dramatischen Bedeutsamkeit und Wirksamkeit nach, als [...] ihre Verwertung für den musikalischen Satzbau in das Auge fassend, ausführlicher in Betrachtung nahm« (GS X, S. 185 f.). Die Anordnung, Veränderung und Verarbeitung solcher Motive im Lauf eines Dramas wäre, so Wagner, einer näheren Betrachtung wert gewesen. Im vorausgegangenen Abschnitt des Aufsatzes hatte Wagner von einem »das ganze Kunstwerk durchziehenden Gewebe von Grundthemen« in Analogie zur Themenaufstellung und -verarbeitung in einem Symphoniesatz gesprochen, wobei er sich hier allerdings auf Vorgänge der dramatischen Handlung bezog (Wagner bestätigt hier also den Leitmotiv-Gedanken, ohne den Begriff als solchen zu verwenden).

Melodie, Melos. Wagner sah sich ständig dem Vorwurf ausgesetzt, seine Musik sei unmelodisch, ein künstliches Flickwerk aus (Leit-)Motivfragmenten, die bei Erscheinen irgendeiner Figur, eines Wortes oder einer Idee willkürlich zitiert würden; die verwickelten, rastlos modulierenden »effektsuchenden« Fortschreitungen, die mit dem ständigen Wechsel der Motive verbunden waren, machten nach Meinung der Kritiker die Sache nur schlimmer. Daher dürfte es den einen oder anderen überraschen, daß ausgerechnet die »Melodie« in den theoretischen Überlegungen des Komponisten eine zentrale Rolle spielte – allerdings war das, zumindest teilweise, eine Verteidigungsstrategie.
In allen Schriften nach *Oper und Drama* befaßt sich Wagner immer wieder mit dem Thema »Melodie«, und er zeigt sich erfinderisch in der ästhetischen

Kategorisierung seines Gegenstands: → »absolute Melodie«, »Opernmelodie«, → »patriarchalische Melodie«, »Instrumental-« und »Tanzmelodie«, »Urmelodie« und die vielzitierte → »unendliche Melodie«, um nur ein paar davon aufzuzählen. Hinter dieser Klassifizierungssucht – die fast an Davids pedantisches Aufsagen der Töne und Weisen des Meistersangs erinnert – steht das Anliegen einer apologetischen Neudefinierung der »Melodie« gemäß Wagners ästhetischen Grundsätzen. Er versucht vor allem der automatischen Gleichsetzung der Melodie mit der aus dem Tanz kommenden Instrumentalmelodie entgegenzuwirken, die in ihrem Periodenbau und in Rhythmik und Harmonik von abstrakten Symmetrien bestimmt ist. Wagner ging es meist entweder um die motivischen Einzelbestandteile einer Melodie – sei es das »absolute« Motivmaterial der Beethoven-Symphonien oder die von der Dichtung begründete Motivik seiner eigenen Opern – oder aber um den großen Zusammenhang des ganzen Motivgewebes; die dazwischenliegende Ebene, die der konventionellen Periodenstruktur entspricht, wird nicht erwähnt.

Wagner behauptete bei verschiedenen Gelegenheiten, der Schlüssel zum Verständnis von Werken wie Beethovens cis-Moll-Quartett op. 131 oder dem ersten Satz der Neunten Symphonie liege darin, die zugrundeliegende »Melodie« bzw. das »Melos« in einem größeren Zusammenhang zu sehen, der alle Aspekte der musikalischen Struktur als Projektion der melodischen oder motivischen Impulse umfaßt. Ähnlich sprach er von der »Form« des Tristan als einer Funktion seiner Melodie, d.h. in diesem Fall die Verbindung von Dichtkunst, → »Versmelodie« und dem Motivgewebe der → Orchestermelodie. Mit dem Verweis auf Schönbergs Begriff der → »musikalischen Prosa« könnte man auch sagen, daß Wagner unter »Melodie« die »viel-sagende« Entwicklung und Verarbeitung der Motive im strukturellen Zusammenhang einer Gesamtkomposition verstand.

Mimik → Gebärde

Modulation. In seiner provisorischen Theorie des musikalischen Dramas (Oper und Drama, 3. Teil) stellte Wagner einen Zusammenhang zwischen der musikalischen Modulation, dem → Stabreim und dem dichterischen Ausdruck her. Bei der Vertonung einer Abfolge von Versen (einer rhetorischen oder dichterischen »Periode«) sollen die wechselnden Empfindungen mittels »Modulation« bzw. harmonischer Fortschreitung wiedergegeben werden, wobei durch eine Rückkehr

zum tonalen Ausgangspunkt am Ende der »Periode« der Eindruck von Geschlossenheit hergestellt werden sollte. Diese tonal bedingte Einheit der → »dichterisch-musikalischen Periode« ergänzt die dichterisch-verbale Einheit, die auf untergeordneter Ebene durch den Stabreim und die Assonanz gebildet wird. Das von Wagner anvisierte genau aufeinander abgestimmte Zusammenspiel von Stabreim und Modulation hätte den Komponisten allerdings in der Praxis zu sehr eingeengt. Doch ist mit dieser Stelle aus Oper und Drama ein Charakteristikum seiner späteren Harmonik angesprochen, eine Technik, die Arnold Schönberg als »wandernde Tonalität« bezeichnete – eine äußerst flexible harmonische Syntax, die via Enharmonik und Chromatik sich in jede Richtung weiterbewegen kann. (In Wagners Sprachgebrauch umfaßt der Begriff »Modulation« neben den beschriebenen lokalen Fortschreitungen auch »echte« Modulationen in größeren musikalischen Abläufen.)

Spätere Aussagen machen Wagners Überzeugung, daß eine solche »emanzipierte« harmonische Syntax durch ein dramatisches Motiv bzw. durch die → »dichterische Absicht« gestützt werden müsse, ganz deutlich. In einem postum veröffentlichten Fragment, das offensichtlich aus der Entstehungszeit des Tristan stammt, heißt es: »Über Modulation in der reinen Instrumentalmusik, und im Drama. Grundverschiedenheit. Schnelle und ferne Übergänge sind hier [im Drama] oft ebenso notwendig, als dort unstatthaft, wegen der fehlenden Motive.« (SS XII, S. 280; siehe auch Abbate, 1989.) Die gleiche Idee wird in zwei Aufsätzen von 1879 wieder aufgegriffen, Über das Opern-Dichten und Komponieren im Besonderen und Über die Anwendung der Musik auf das Drama. Im letzteren erklärt Wagner, daß die im thematischen Material von Elsas Arioso enthaltenen enharmonischen Modulationen gleich am Anfang des Lohengrin in nachvollziehbarer Analogie zu den einzelnen Schritten des szenischen Vorgangs erfolgen – sie hebt für einige Augenblicke den schüchtern gesenkten Blick mit einem Ausdruck leidenschaftlicher Erregung und wachsenden Vertrauens, als sie sich das Bild ihres unbekannten Beschützers ins Gedächtnis ruft. Im Andante z. B. einer Symphonie würden die gleichen musikalischen Phrasen hingegen gesucht und unmotiviert wirken (GS X, S. 191 f.).

Motiv → Ahnungsmotiv, → Erinnerungsmotiv, → Grundmotiv, → Leitmotiv, → Naturmotiv

Musikalische Prosa. Für Arnold Schönberg stellte »musikalische Prosa« ein Ideal dar, durch das sich sowohl Wagners als auch Brahms' musikalische Sprache auszeichnete. Gemeint ist die Tendenz, die Normen der musikalischen Struktur zugunsten einer direkten Vermittlung von musikalischen Gedanken, ohne jedes überflüssige Beiwerk und ohne sinnlose Wiederholungen, zu durchbrechen (Schönberg, 1975). Geläufig wurde der Begriff durch Schönberg, doch scheint Wagner den Begriff geprägt zu haben. Wenn ein Musiker nur den natürlichen »Sprachaccent« eines Verses beachtet, heißt es bei ihm (in *Oper und Drama*), behandelt er ihn wie Prosa, wobei die regelmäßig gebildeten metrischen Muster der → »absoluten Melodie« in eine Art »musikalischer Prosa« aufgelöst würden (GS IV, S. 113 f.). Paradoxerweise stellt Wagner das Konzept der »musikalischen Prosa« nun nicht als ein befreiendes Ideal dar, sondern als ein Dilemma für den Komponisten, der einerseits um die richtige dramatische Deklamation, andererseits um die Erkennbarkeit der Melodie bemüht ist. (Die Passage erklärt sich wahrscheinlich wie so manches andere in seinen Züricher Schriften aus einem verzweifelten Bemühen im *Lohengrin*, zwischen der konventionellen Operntradition und einem noch undeutlichen Ideal eines »musikalischen Dramas« zu vermitteln.) Schönbergs Definition der »musikalischen Prosa« kommt wiederum sehr nahe an Wagners affirmative Beschreibung der → »unendlichen Melodie« in *Zukunftsmusik* heran, eine Beschreibung, die die ästhetische Verwandtschaft zwischen *Tristan und Isolde* und Beethovens symphonischem Stil (Eroica) postuliert. Denn laut Wagner erscheinen bei Beethoven die melodischen Gedanken (Motive) wie im *Tristan* in dichter Aufeinanderfolge, wobei sie melodische Struktur und künstlerischen Ausdruck ohne den Leerlauf einer konventionellen melodischen Phraseologie miteinander verbinden. Auf diese Weise entstehe eine Großform, die aus einer »einzige[n], genau zusammenhängende[n], [unendlichen] Melodie« gebildet sei (GS VII, S. 127).

Musikdrama. Paradoxerweise stammt ausgerechnet der Begriff, der heute am ehesten mit Wagners Reifewerken und mit Opern in Wagnerscher Tradition im weitesten Sinn verbunden wird, nicht von Wagner; er hat ihn auch nie explizit anerkannt. Trotzdem gilt er im allgemeinen als treffende Bezeichnung zur Unterscheidung zwischen den »romantischen Opern« bis zum *Lohengrin* und den »leitmotivischen« Dramen seit dem *Rheingold* bzw. nach Wagners Versuch, seine »Theorie« des musikalischen Dramas zu formulieren. Da Wagner selbst keine Gattungsbezeichnung für seine späteren Werke anbot, hat der Gebrauch dieses Begriffs eine gewisse Berechtigung. Zumindest handelt

man in Wagners Sinn, wenn man seine späteren Werke von der »gewöhnlichen« Oper absetzt – ein zentrales Anliegen in vielen seiner Schriften. Um 1851 spricht Wagner schlicht und einfach vom »Drama« – vom »Drama der Zukunft« oder auch ganz allgemein vom idealen oder »vollkommenen Drama« und schließlich vom → »Gesamtkunstwerk der Zukunft«. In einer Fußnote gegen Ende der *Mitteilung an meine Freunde* (1851) merkte er an: »Ich schreibe keine *Opern* mehr: da ich keinen willkürlichen Namen für meine Arbeiten erfinden will, so nenne ich sie *Dramen*, weil hiermit wenigstens am deutlichsten der Standpunkt bezeichnet wird, von dem aus Das, was ich biete, empfangen werden muß.« (GS IV, S. 343) Wagner gebrauchte in seinen verschiedenen Schriften auch wiederholt den Ausdruck »musikalisches Drama«. In seinem kurzen Essay von 1872 *Über die Benennung »Musikdrama«* vermutet er, daß die Bezeichnung »Musikdrama« nichts anderes als eine modische Kurzform des Begriffs »musikalisches Drama« sei. In diesem Zusammenhang schlägt er auch (wenngleich mit sarkastischem Unterton) die hochtrabende Bezeichnung »ersichtlich gewordene Thaten der Musik« vor (GS IX, S. 306), die seiner Auffassung vom Drama als einer künstlerischen »Tat« bzw. einem künstlerischen Akt entspricht. Diese Charakterisierung wird häufig zitiert, weil sie deutlich macht, daß von nun an die Musik den Vorrang besitzt, während er zuvor der Dichtung oder dem Drama vorbehalten war.

Naturmotiv. Auf die Entstehung des fast abgeschlossenen *Rings* zurückblickend, schrieb Wagner 1871 von einer »neuen Bahn«, die er mit dem *Rheingold* beschritten habe. In diesem Werk habe er die »plastischen Natur-Motive« erfunden, »die in immer individueller Entwicklung zu den Trägern der Leidenschafts-Tendenzen der weitgegliederten Handlung und der in ihr sich aussprechenden Charaktere sich zu gestalten hatten« (GS VI, S. 266). Das Wort »Naturmotiv« steht in engem Zusammenhang mit ähnlichen Begriffen aus anderen Schriften (→ »Grundmotiv«, »Grundthema«, »Hauptthema«), die mehr noch die grundsätzliche Transformierbarkeit der musikalischen Motive zum Ausdruck bringen. Der spezielle Begriff »Naturmotiv« ist auf die charakteristischen, meist mit Naturerscheinungen verbundenen Dreiklangmotive aus dem *Rheingold* gemünzt: das ursprüngliche »Naturmotiv« des Vorspiels, das aus der Tiefe des Rheins heraufdringt (und aus dem sowohl das »Erda-« als auch das »Götterdämmerungsmotiv« entwickelt wird, ersteres durch Transposition, letzteres durch Umkehrung), die einfache G-Dur-Hornfanfare des Rheingold-Motivs, die Dreiklang-Wellenlinien (und Sext), die Loges Erzählung (»So weit Leben und Weben«) einleiten – verwandt der Stimme des Waldvogels, die Siegfried später vernimmt –, Donners feierlich-finstere Beschwörung der Gewitterwolken und das Auftreten des Schwertmotivs als Ahnungsmotiv kurz vor Schluß der Oper. Der strahlende Dur-Dreiklang-Charakter vieler musikalischer Gedanken ist auch durch den assoziationsreichen Klang von Hörnern und Trompeten bedingt. In einem späteren Aufsatz (1879) bezeichnet Wagner die Anfangsfigur des *Rheingolds* ausdrücklich als »Naturmotiv«. In diesem Zusammenhang weist er auch auf die »mannigfaltigen« Wandlungen eines ähnlich elementaren diatonischen Motivs hin, die »figurativen, rhythmischen und harmonischen Veränderungen« des Rheintöchtersangs, mit dem die drei Wassermädchen »das glänzende Gold umjauchzen« (GS X, S. 188 f.).

Opernmelodie → Melodie, → Absolute Melodie, → Quadratur.

Orchestermelodie (siehe auch Versmelodie und Leitmotiv). Zunächst bedeutet dieser Begriff aus *Oper und Drama* (3. Teil) ganz allgemein im wörtlichen Sinn die instrumentale »Begleitung« der Oper bzw. des »musikalischen Dramas«, im engeren Sinn das orchestrale Gegenstück zur → »Versmelodie«. In späteren Schriften hob Wagner verstärkt die polyphonen Elemente hervor, aus denen seine »Orchestermelodie« bzw. das orchestrale »Gewebe« bestehe. Die in *Oper und Drama* vertikal (als Akkordfortschreitung) verstandene Begleitung weicht also später einer eher horizontalen oder linearen Auffassung.
Die Fähigkeit des Orchesters, »Unaussprechliches kund zu geben«, beschreibt Wagner als ein Pendant zur Zeichenhaftigkeit der dramatischen → »Gebärde«. Das semantische Verhältnis zwischen »Orchestermelodie« und Gestik entspricht im Prinzip dem zwischen »Versmelodie« und Textdichtung. Harmonik, Rhythmik, Motivik und Klangfarbe ergeben eine Tonsprache, die ins Akustische übersetzt, was die dramatische Gebärde vor Augen führt. Freilich ist sie stets an die harmonische Stütze der »Versmelodie« gebunden, so daß die beiden Elemente eine unauflösliche Einheit bilden. Eine weitere wichtige Funktion der »Orchestermelodie«, die in *Oper und Drama* dargelegt wird, ist die Verwendung der → »Ahnungs-« und → »Erinnerungsmotive«, das heißt allgemein der → Leitmotive. Offensichtlich schwebt Wagner schon

hier eine orchestrale Textur vor, die in ihrer Substanz aus assoziativem Motivmaterial besteht, wie er es beim *Ring* dann gezielt einsetzte.

Patriarchalische Melodie. Der Begriff bezieht sich auf die einfache, hymnenartige Vertonung der ersten Strophe von Schillers Ode *An die Freude* (»Freude, schöner Götterfunken«) in Beethovens Neunter Symphonie und ist eine der verschiedenen aus der Gesellschaftslehre entlehnten Metaphern zur Beschreibung von Tonalität bzw. »Tonfamilienverhältnissen«, wie sie im dritten Teil von *Oper und Drama* gehäuft vorkommen. Die Töne der diatonischen Tonleitern werden mit den Angehörigen einer »patriarchalischen« Groß-»Familie« verglichen, wobei der Grundton (Tonika) dem Familienoberhaupt, das heißt dem Patriarchen entspricht. Beethovens Melodie sei ähnlich wie die meisten überlieferten Volks- und Kirchenlieder »patriarchalisch«, weil sie sich innerhalb einer einzigen Tonleiter bewege. Die Familien-Metapher wird weiter ausgebaut, um auch die Prinzipien musikalischer Modulation zu erklären (als eine Art Vermählung zwischen Familien bzw. Stämmen unterschiedlicher Herkunft).

Quadratur. In seinem Aufsatz *Über die Bestimmung der Oper* aus dem Jahr 1871 spricht Wagner von der »Quadratur einer konventionellen Tonsatzkonstruktion«, die die Beethovensche Melodie »so wunderbar lebensvoll überwachsen« habe, ohne aber die Verwurzelung in ihr zu verhelen. Die »erhabene Unregelmäßigkeit« hingegen, die etwa im Shakespeareschen Drama herrsche – und die die Beethovensche Melodie anzustreben scheine –, sei nur dann möglich, wenn sich die Musik über das Drama vom symmetrischen Periodenbau der Lied- und Tanzformen löse (GS IX, S. 149). Wagner wiederholt in seinen Schriften mehrmals seinen Vorbehalt gegen die melodische »Quadratur« – die Einteilung der klassisch-romantischen Periodenstruktur in metrische Einheiten von 2, 4, 8 oder 16 Takten. Aus dieser kritischen Sicht erwächst sein Glaube an die ästhetische Notwendigkeit des Dramas als der einzigen Möglichkeit einer vollen Entfaltung der expressiven Qualität der Musik.
Ähnlich drückt sich Wagner gegen Ende von *Über das Opern-Dichten und Komponieren im Besonderen* (1879) aus, wenn er von der »Quadratur des Rhythmus und der Modulation« spricht, die das musikalische Äquivalent zu abgegriffenen konventionellen Stilmitteln wie den Theater-»Masken« oder -»Figuren« nach Art der Rossini-Opern darstelle (GS X, S. 174).

Romantische Oper. Die Bezeichnung »romantische Oper« wurde schon für die verschiedenartigsten Werke herangezogen – von der Opéra-comique des ausgehenden 18. Jahrhunderts (Werke wie Grétrys *Zémire et Azor* und *Richard Cœur-de-lion*, Méhuls *Ariodant* oder die Opern Cherubinis) über das deutsche Singspiel und die Wiener »Geisteroper« (Reichardts *Die Geisterinsel*, Wranitzkys *Oberon*) bis zur französischen Grand opéra und zum italienischen »Melodramma« (Anfang des 19. Jahrhunderts). Hauptsächlich aber wird der Begriff mit der deutschen Oper von Weber bis zur mittleren Schaffensperiode Wagners mit dem *Fliegenden Holländer* (1840/41), *Tannhäuser* (1843–45) und *Lohengrin* (1846–48) verbunden. Vor Weber ist die Gattung in erster Linie durch ihr Sujet definiert – vorwiegend mittelalterliche, sagenhafte oder exotische Stoffe, im Unterschied zur Opera seria Metastasios und den Gluck-Opern, die sich an der klassischen Antike orientieren. Die deutsche romantische Oper schlechthin, der *Freischütz* von Weber (1821), knüpfte mit ihrer Verbindung eines volksnahen, sentimentalen Stoffs (und entsprechenden Dialogen) mit experimentellen, »deskriptiven« Elementen (die Wolfsschluchtszene) und durchkomponierten Schlüssen mit ihrem freieren, additiven Aufbau an jüngere Traditionen der Opéra-comique an. Diese volkstümliche Tradition des *Freischütz* und der Marschner-Opern mit ihrem Hang zum Wunderbaren und Schaurigen findet im *Fliegenden Holländer* ihre Fortsetzung. Aber noch stärker dürften Wagners frühe Werke von Webers »großer heroisch-romantischer Oper« *Euryanthe* beeinflußt worden sein, besonders deutlich in *Die Feen* und auch noch im *Tannhäuser* und im *Lohengrin*. Die beiden früheren Werke tragen die an *Euryanthe* angelehnte Gattungsbezeichnung »große romantische Oper«, während der *Lohengrin* (wie auch der *Holländer*) einfach nur noch als »romantische Oper« bezeichnet wird.

Das übergeordnete Anliegen dieser extrem vielgestaltigen Gattung ist wohl, wie Carl Dahlhaus (1986) meint, im Versuch einer musikalischen Verwirklichung der von Friedrich Schlegel formulierten ästhetischen Kategorien des »Charakteristischen«, »Frappierenden« und »Interessanten« zu suchen, was sich in einer gewissen Tendenz zu bruchstückhaften Melodiebildungen und zur »Emanzipation« der instrumentalen Klangfarbe manifestiere.

Stabreim, Stabreimvers. Alliterierende Versform der altgermanischen Dichtung, möglicherweise als Gedächtnisstütze für den mündlichen Vortrag entstanden. Wagner wurde durch seine altnordischen Textquellen zum Gebrauch des Stabreims im *Ring* angeregt. In der häufigsten Form gliederte sich der Stabreim in zwei Halbzeilen mit insgesamt zwei (manchmal drei) Hebungen, wobei diese beiden Halbzeilen durch die Alliteration (das Staben) der jeweils ersten und/oder der betonten Silben verbunden waren.

Nachdem Wagner im ersten Entwurf von *Siegfrieds Tod* (1848) den Stabreim eingeführt hatte, begründete er ihn in aller Ausführlichkeit als die notwendige, gar einzig mögliche Versform für das »musikalische Drama der Zukunft«. Er betont seine Herkunft aus den »unwillkürlichen« schöpferischen Kräften früher Volkskunst: »Es war dieß der, nach dem wirklichen Sprachaccente zur natürlichsten und lebendigsten Rhythmik sich fügende, zur unendlich mannigfaltigsten Kundgebung jederzeit leicht sich befähigende, *stabgereimte Vers*, in welchem einst das Volk selbst dichtete, als es eben noch Dichter und Mythenschöpfer war.« (GS IV, S. 329) Darüber hinaus entwickelt er ein spekulatives Konzept der etymologischen Verwandtschaft von Sprachwurzeln (auch »Wurzelwörtern«) innerhalb ganzer Konsonanten-»Familien« und ihrer Bedeutung für die Übermittlung des semantischen und affektiven Gehalts auf natürlichem, direktem Weg. Der Stabreim, so Wagner, mache als Ausdrucks- und zugleich Klangträger die ursprüngliche Verwandtschaft der Musik mit der Sprache sinnfällig (GS IV, S. 137 f.). Im *Ring* experimentierte Wagner mit zahllosen Alliterationsmustern, wobei er nicht selten über die traditionellen beiden Halbzeilen hinausging. Manchmal enthält der Stabreimvers mehrere miteinander verschränkte Alliterationen, wie etwa im folgenden chiastisch gebauten Textbeispiel aus der ersten Szene des *Rheingolds*: »Mit Händen und Füßen / nicht fasse noch halt' ich«, oder in den folgenden drei Zeilen: »Feuchtes Naß / füllt mir die Nase – / verfluchtes Niesen!« (In der letzten Zeile ist zu sehen, daß die alliterierende Silbe auch auf ein Präfix folgen kann; siehe auch »Wagner als Textdichter«, S. 280 ff.).

Stollen. Einer der beiden Strophenteile des Aufgesangs, der zusammen mit dem kontrastierenden, etwas längeren, abschließenden Abgesang den →Bar bzw. die Barform bildet, die Wagner für die verschiedenen Liedformen in den *Meistersingern* verwandte.

Taten der Musik (»ersichtlich gewordene Thaten der Musik«) →Musikdrama

Tondichter → Tonsprache

Tonsprache. In den Züricher Schriften und späteren Aufsätzen, vor allem aber in *Oper und Drama*, sprach Wagner die bekannten Analogien zwischen Musik und Sprache an und erging sich in philosophischen Spekulationen über ihre gemeinsamen Wurzeln in prähistorischen Stadien der zwischenmenschlichen Kommunikation (hierbei stützte er sich auf ähnlich spekulative Begründungen von Philosophen des 18. Jahrhunderts wie Rousseau und Herder). »Die *Tonsprache* ist Anfang und Ende der Wortsprache«, behauptet er (GS IV, S. 91). Diese beiden Ausdrucksweisen versucht er im → Stabreim miteinander zu verknüpfen, da dieser die Klangelemente der »Wortsprache« hervorhebe. Die »Wortsprache« sei das Medium rationalen Denkens und der Kommunikation über Begriffsinhalte, wohingegen die »Tonsprache« ein direktes, expressives oder emotionales Kommunikationsmittel darstelle. Der Dichter könne sein instinktives Verlangen, sich auf emotionaler Ebene mitzuteilen, letztlich nur dann realisieren, wenn er sich dem Medium des »Tons« zuwende, das heißt wenn die gesprochene Sprache durch Musik transformiert werde. Wagner gebraucht die entsprechenden Begriffe des »Wortdichters« und »Tondichters«, wobei letzterer auch von Beethoven schon stolz verwendet wurde.

Übergang (»Kunst des Überganges«). In einem Brief vom 29. Oktober 1859, wenige Monate nach Beendigung der Partitur von *Tristan und Isolde*, vertraute Wagner Mathilde Wesendonck an, daß er die »Kunst des Überganges« als seine »feinste und tiefste Kunst« erkannt habe. Er identifiziert seine Neigung zur Abbildung extremer Stimmungen als eine Eigenschaft, die er mit den französischen Romantikern (Victor Hugo, Berlioz) gemein habe, mit dem Unterschied freilich, daß er durch feinste, allmähliche Übergänge zwischen diesen Extremen zu vermitteln suche. Hierin liege das Wesen seines musikalischen »Gewebes«. »Mein größtes Meisterstück in der Kunst des feinsten allmählichsten Überganges ist gewiß die große Szene des zweiten Aktes von Tristan und Isolde. Der Anfang dieser Szene bietet das überströmendste Leben in seinen allerheftigsten Affekten, – der Schluß das weihevollste, innigste Todesverlangen. Das sind die Pfeiler: nun sehen Sie einmal, Kind, wie ich diese Pfeiler verbunden habe, wie sich das vom einen zum andern hinüberleitet! Das ist denn nun auch das Geheimnis meiner musikalischen Form.« Wagners Ausdruck mußte schon zur Stützung der verschiedensten analytischen Gesichtspunkte herhalten. Carl Dahlhaus weist zum Beispiel auf eine Überlagerung divergierender textlicher und motivischer Zeichen in der 2. Szene des II. Akts des *Tristan* hin, wenn die bewegte, jubelnde Begleitfigur bei der Begegnung der Liebenden selbst dann noch im Orchester nachklingt, als der Dialog sich längst den Sorgen des Tages zugewandt hat. Am besten ist Wagners »Kunst des Überganges« in den musikalisch-szenischen Verwandlungen nachzuvollziehen, etwa zwischen den Szenen des *Rheingolds* oder in der Überleitung zu den Gralstempel-Szenen im *Parsifal*. Der von Wagner beschriebene stufenweise Übergang zwischen extremen Stimmungen im *Tristan* deutet darauf hin, daß er in größeren Zusammenhängen dachte, in »Wellen« zu- und abnehmender musikalischer Intensität (Tempo, orchestrale Textur, rhythmische und motivische Dichte usw.), wie sie auch in den Schlußszenen der *Walküre* oder des *Siegfried* zu beobachten sind.

Unendliche Melodie. Eine der Wortschöpfungen Wagners, die (ähnlich wie das »Gesamtkunstwerk der Zukunft«) all denen als Zielscheibe des Spottes diente, die mit dem Begriff den scheinbar amorphen, »unmelodischen« Charakter seiner vokalen oder instrumentalen Melodien und die »unendliche« Länge der Opern verbanden. Seither hat sich der Begriff als Stichwort zur Bezeichnung seiner offenen musikalischen Syntax eingebürgert – etwa der Tendenz (besonders in seinen späteren Opern), durch Trugschlüsse, Unterbrechungen u. ä. Kadenzen zu verhindern. Wagner gebraucht den Begriff nur einmal gegen Ende von *Zukunftsmusik* (GS VII, S. 130), doch wird die zugrundeliegende Idee zuvor schon im selben Aufsatz und in anderen Schriften umrissen. Die »unendliche Melodie« wird von Wagner als das musikalische Gegenstück zu seiner neuen Konzeption der dichterisch-dramatischen Struktur dargestellt, obwohl man auch das Orchestervorspiel zu *Tristan und Isolde* als ein Paradebeispiel für die nahtlose, lineare Entwicklung, an die der Begriff denken läßt, anführen könnte. Die allgemeine Tendenz zur Kadenzvermeidung und zur freien, unregelmäßigen Phrasenstruktur in der vokalen Stimmführung macht sich schon im *Rheingold* bemerkbar, wo allerdings die Verwurzelung in traditionellen rezitativischen Wendungen noch stark herauszuhören ist. Wagner verband diesen Begriff allerdings nicht mit kompositionstechnischen Besonderheiten, sondern wies vielmehr auf die ästhetischen Implikate einer Melodie hin, die den dramatisch-gestischen Ausdruck oder die musikalische »Bedeutung« niemals leicht faßlichen, aber formelhaften und daher »bedeutungslosen« melodischen Mustern opfert. In *Zukunftsmusik* hob Wagner den Zusammenhang zwischen der »unendlichen Melodie« und der Emanzipation des Textbuchs von den Beschränkungen durch Reim und Metrik hervor (obwohl er in den *Meistersingern* eine Kompromißlösung fand). Die konsequente »Emanzipation« der Melodie erlaube dem Komponisten, auf Textwiederholungen zum bloßen Ausfüllen einer musikalischen Phrase zu verzichten. Die »Form« von *Tristan und Isolde* – das sich unendlich fortspinnende Motiv- und Melodiematerial – sei »im Gewebe der Worte und Verse« (GS VII, S. 123) bereits vorgezeichnet.

Verdecktes Orchester (Bayreuth). Bereits 1863 plante Wagner einen ganz unter die Bühnenebene abgesenkten und nach oben abgeschirmten Orchestergraben, um die durch das Bühnenbild vermittelte Illusion zu steigern (da der Klangkörper nicht zu sehen ist) und um die Sänger besser verstehbar zu machen, so daß sich das Publikum auf ihren Vortrag und ihr Gebärdenspiel konzentrieren kann. In seinem Vorwort zum *Ring*-Textbuch von 1863 – ein Jahr bevor Pläne zu einem Münchner Festtheater mit Gottfried Semper besprochen wurden – beschrieb Wagner ein solches Theater in seinen Grundzügen. Das versenkte Orchester mit der »akustische[n] Schallwand« würde ansteigende Sitzreihen nach Art eines Amphitheaters ohne Balkone oder Seitenlogen bedingen, damit das Orchester auch tatsächlich für jeden unsichtbar bliebe (zugleich wäre damit die traditionelle »hierarchische« Sitzordnung aufgehoben, die mit Wagners idealistischer Vorstellung vom Theater ohnehin unvereinbar war). Die erwähnte »Schallwand« sollte darüber hinaus »außermusikalische« Geräusche ausfiltern, die die »Bedienung« der Orchesterinstrumente mit sich bringe, so daß ein reiner, ausgewogener Orchesterklang entstünde. »Jedem wird die Wichtigkeit hiervon einleuchten, der mit der Absicht, den wirklichen Eindruck einer dramatischen Kunstleistung zu gewinnen, unseren Operneinführungen beiwohnt, und durch den unerläßlichen Anblick der mechanischen Hilfsbewegungen beim Vortrage der Musiker und ihrer Leitung unwillkürlich zum Augenzeugen technischer Evolutionen gemacht wird, die ihm durchaus verborgen bleiben sollen, fast ebenso sorgsam, als die Fäden, Schnüre, Leisten und Bretter der Theaterdekorationen, welche, aus den Coulissen betrachtet, einen bekanntlich alle Täuschung störenden Eindruck machen.« (GS VI, S. 275) Ähnliche Beobachtungen im Hinblick auf die »Idealität« reiner Instrumentalmusik stellen die Musikfreunde in Wagners Musikernovelle *Ein glücklicher Abend* von 1841 an; sie sind sich einig, daß man die

Musik viel besser würdigen könnte, wenn man nicht dauernd so abgelenkt wäre, etwa durch den Anblick des »Paukenschlägers«, der vor seinem nächsten Einsatz ängstlich den Takt zähle, oder »der gräulich aufgeblasenen Backen und verzerrten Physiognomien der Bläser, des unästhetischen Bekrabbelns der Contrabässe und Violoncelle, ja selbst des langweiligen Hinundherziehens der Violinbögen« (GS I, S. 137). In einem Aufsatz aus der Zeit der Errichtung des Bayreuther Festspielhauses erinnert sich Wagner an den Begriff, den er und Semper einst für den fraglichen Raum zwischen Proszenium und Publikum geprägt hatten – »mystischer Abgrund«; aus diesem sollten die geläuterten Orchesterklänge aufsteigen »gleich den, unter dem Sitze der Pythia dem heiligen Urschooße Gaia's entsteigenden Dämpfen« (sprich: dem Delphischen Orakel; GS IX, S. 338).

Versmelodie. Der Begriff der »Versmelodie«, der im dritten Teil von *Oper und Drama* (GS IV, S. 116 f.) entwickelt wird, bezieht sich auf die Verbindung der Textdichtung und ihrer Vertonung in der Singstimme (in der Oper oder allgemein im Gesang). Die »Versmelodie« solle sich im idealen Drama an den natürlichen Tonfall halten, während die orchestrale Begleitung (→ »Orchestermelodie«) eine Art psychologisch-emotionales Substrat liefere – all das, was die »Versmelodie« verschweigt (vieles kann auch in Körperhaltung, Gesichtsausdruck, Gestik usw. zum Ausdruck gebracht werden). Soweit die »Versmelodie« tatsächlich dem natürlichen »Sprachaccent« der Versdichtung folgt, nähert sich diese der »Prosa« an, d. h. sie übergeht die künstlichen Betonungen der Metrik und die durch Endreime (soweit vorhanden) vorgegebenen Zäsuren. Man solle sich die »Versmelodie« als ein Schiff vorstellen, das von den wogenden Klängen des Orchesters getragen werde, wobei dieses die harmonischen Tiefen von Wagners Metaphernozean darstellt. Laut *Oper und Drama* erhalten die → »Grundmotive« – auf die Handlung bezogene, wiederkehrende »melodische Momente« – ihre objektive Bedeutung nur als »Versmelodie« im Zusammenhang mit wichtigen Textstellen. Sie können zwar vom Orchester vorweggenommen oder wieder aufgegriffen werden, doch im Kontext der Versmelodie wird ihre assoziative Bedeutung am klarsten vermittelt (dies läßt jedoch die Möglichkeit einer semantischen Belegung orchestraler Motive über die Gestik oder den dramatischen Kontext außer acht). Zu den fast synonymen Begriffen, die Wagner gebrauchte, gehören »Gesangsmelodie«, »Worttonmelodie« und »dramatische Melodie«.

Wahn. Dieser Begriff aus Hans Sachs' sogenanntem Wahnmonolog (*Meistersinger,* dritter Aufzug, 1. Szene) läßt sich schwer definieren. Sachs sinniert zunächst über die Tollheit der Johannisnacht, die zur Prügelszene des vergangenen Abends geführt habe. Dieser Ausbruch anscheinend unschuldigen Wahns wird als eine Art mikrokosmischer Manifestation der seit Urzeiten in zwischenmenschlichen Beziehungen anzutreffenden Gewalt und Willkür hingestellt. »Wahn« beinhaltet in diesem Sinn auch Phänomene der Massenpsychologie bzw. -hysterie. (In dem geläufigeren Wort »Wahnsinn« ist diese Bedeutung noch stärker enthalten.)

Am Schluß des Monologs und in der anschließenden Szene mit Walther stellt Sachs andererseits einen Zusammenhang zwischen einem derartigen unbeherrschten Verhalten und dem Wesen künstlerischer Inspiration her (romantisch interpretiert als eine Art göttlicher Schaffensrausch – Nietzsches dionysisches Prinzip). Walther berichtet, ihm sei im Traum ein schönes Lied eingefallen. Sachs sieht es als seine Pflicht als Mentor an, diese unbewußte dionysische Schöpferkraft in die richtigen Bahnen zu lenken (»daß er den Wahn fein lenken mag, / ein edler Werk zu thun«). So trägt er dazu bei, daß Walthers naturhafte musikalische Inspiration den speziellen Anforderungen eines Meisterlieds gerecht wird.

In der Entstehungszeit der *Meistersinger* erläuterte Wagner in seiner Schrift *Über Staat und Religion* (1864 für König Ludwig II. verfaßt) weitere Bedeutungen des Wahns. Hier schreibt Wagner dem »Wahn« eine therapeutische, fast religiöse Funktion zu: Der »Wahn«, verkörpert durch das urromantische Wagnersche Drama, soll den Monarchen zu einer Vision seiner eigenen Berufung inspirieren. Wagners Lieblingswort (und seine starke Identifikation mit der Gestalt des »der Welt überdrüssigen« Dichter-Musikers Hans Sachs) wurde im Namen seiner Bayreuther Villa (»Wahnfried«) wie auch im Motto, das unter dem dekorativen Sgraffito über dem Haupteingang steht, verewigt:

»Hier, wo mein Wähnen Frieden fand
WAHNFRIED
sei dieses Haus von mir benannt.«

Wortsprache → Tonsprache

Worttonsprache. Einer von vielen musikästhetischen Neologismen aus *Oper und Drama;* im Grunde bedeutungsgleich mit dem häufiger gebrauchten Begriff → »Versmelodie«, der sich auf die Verbindung von Melodie und Dichtung in den Singstimmen des idealen musikalischen Dramas bezieht. Genaugenommen bezeichnet »Worttonsprache« die allgemeinere Kategorie (»Sprache«), »Versmelodie« einen besonderen Fall.

Zukunftsmusik. Auf dieses Schlagwort hatte es die Wagner-Kritik um 1860 besonders abgesehen. Es diente zunächst als Titel für die deutsche Ausgabe einer Schrift aus diesem Jahr, die ursprünglich auf französisch als »Vorwort« zur Prosaübersetzung der Operndichtungen des *Fliegenden Holländers, Tannhäuser, Lohengrin* und *Tristan* erschienen war. Der Essay, der sich in der Zeit der Pariser *Tannhäuser*-Aufführungen an das französische Publikum richtete, legt bestimmte Aspekte in Wagners musikalischer Entwicklung dar, seine berühmt-berüchtigten »Theorien« sowie neuere Erkenntnisse, die er mit seinem letzten Werk *(Tristan)* gewonnen hatte. Zum Begriff der »Zukunftsmusik« wird allerdings wenig ausgesagt. Wagner hatte ihn in einem offenen Brief an Berlioz (*Journal des Débats,* Februar 1860) ausdrücklich abgelehnt, da er ihn für eine unsinnige Verdrehung des früheren Titels *Kunstwerk der Zukunft* (1849) hielt. (Berlioz' etwas heftige Kritik der Wagner-Konzerte im Théâtre-Italien dieses Monats endete mit einem polemischen »non credo«, das sich auf die seiner Auffassung nach neueste Entwicklung der Wagner-Lisztschen »Schule« bezog; obwohl er die aufgeführten Ausschnitte aus dem *Tannhäuser* und dem *Lohengrin* bewunderte, stand er dem *Tristan*-Vorspiel völlig ratlos gegenüber.)

Wagner selbst nannte als Erfinder dieses Begriffs Ludwig Bischoff, den Redakteur der *Niederrheinischen Musik-Zeitung* und Verbündeten des Kölner Komponisten Ferdinand Hiller, den Wagner zu seinen erklärten Feinden zählte. Es heißt, Bischoff habe den Begriff 1859 geprägt. Der Band aus diesem Jahr enthielt zwar tatsächlich einen kurzen Leitartikel mit dem Titel *Zukunftsmusik* (mit »Lp.« unterschrieben), auf den dann im Jahr darauf ein längerer anonymer Beitrag folgte, aber der Begriff taucht auch 1857 schon in Bischoffs Zeitung auf. In einer Konzertkritik aus dem Jahr 1854 verwendet der Wiener Musikkritiker L. A. Zellner den Ausdruck »Zukunftsmusik« für die Musik Schumanns und Wagners, außerdem taucht das Wort im gleichen Jahr in einem Brief Louis Spohrs auf. Gegen Ende des Jahrzehnts war »Zukunftsmusik« jedenfalls ein gängiger Begriff, der auch auf die neueren Orchesterwerke Franz Liszts angewandt wurde (seine symphonischen Dichtungen, die *Faust-* und die *Dante-Symphonie*).

Kapitel XI

Musikalischer Stil

Kompositionsweise
Musiksprache

Musikalischer Stil

Da Wagners Skizzen und Entwürfe erhalten sind, liegt es nahe, sie für das Studium seiner Opern heranzuziehen. Skizzen kann man zu vielfältigen Zwecken studieren: um eine chronologische Reihenfolge aufzustellen, um biographische Fakten nachzuprüfen oder um das zu erhellen, was als »Kompositionsweise« bezeichnet wird. Der Abschnitt »Autographe« (S. 206 ff.) bietet einige Beispiele dafür, wie sogar undatierte Papierfetzen manchmal dabei helfen können, chronologische Probleme zu klären, so etwa, daß die Prosaskizze für *Das Rheingold* wahrscheinlich der für *Die Walküre* vorausging. Manche Forscher haben sich mit fast fetischistischem Eifer darangemacht, mit Hilfe der Manuskripte auch Behauptungen in Wagners Autobiographie *Mein Leben* zu widerlegen oder zumindest in Zweifel zu ziehen. Dies kann ein amüsanter und keineswegs irrelevanter Zeitvertreib sein, aber solch unbarmherziger Skeptizismus läuft sich bald tot. Wesentlich produktiver ist die Verwendung der Skizzen und Entwürfe für die Erhellung der Kompositionsweise. Wenn man weiß, wie Wagner tatsächlich seine Musik zu Papier brachte, ist das schon an sich faszinierend; darüber hinaus aber kann dieses Wissen oft die Interpretation und Analyse unterstützen beziehungsweise korrigieren.

Da Wagner seine Operntexte selbst schrieb, sollte das Studium der Kompositionsweise mit einer Untersuchung beginnen, wie er seine Textbücher erarbeitete. Dies ist im Abschnitt »Skizzen und Entwürfe: Text« geschehen (S. 207 ff.). Die Erörterung in diesem Abschnitt beschränkt sich auf die Kompositionsweise. Da Wagners Verwendung vorbereitender Skizzen in »Skizzen und Entwürfe: Musik« aufgezeigt wurde (S. 214 ff.), konzentrieren wir uns hier auf den nächsten Schritt, die Phase, die den Wagner selbst als den tatsächlichen Akt der Komposition ansah: das Schreiben des Gesamtentwurfs (bzw. der Gesamtentwürfe). Wagners mit Bleistift geschriebener Gesamtentwurf für *Das Rheingold* ist ausführlicher in »Skizzen und Entwürfe: Musik« beschrieben; es mag nützlich sein, dort noch einmal nachzulesen und dann mit dem Folgenden weiterzumachen.

Das frühe Verfahren

Wagner veränderte mehrmals seine Kompositionsweise, was dazu führte, daß sich seine Gesamtentwürfe in Anordnung und Komplexität unterscheiden. Tatsächlich können die ersten erweiterten Manuskripte zum *Fliegenden Holländer* und zum *Tannhäuser* eigentlich nicht als »Gesamtentwürfe« bezeichnet werden. Ausgehend von vorbereitenden Skizzen entwarf Wagner einzelne Nummern *(Fliegender Holländer)* oder ganze Szenen *(Tannhäuser)*, und zwar nicht zwangsläufig in chronologischer Reihenfolge. Dann faßte er diese Nummern oder Szenen in der richtigen Reihenfolge zusammen und schuf ein mehr oder weniger fortlaufendes Manuskript. Im Falle des *Fliegenden Holländers* verwendete er diesen Entwurf, in dem er die Begleitung auf zwei Notensystemen skizziert hatte, um eine Orchesterpartitur anzufertigen. Für *Tannhäuser* hingegen erstellte er einen zweiten, mit Tinte geschriebenen Gesamtentwurf. Während der erste Entwurf nur *ein* instrumentales Notensystem enthält, arbeitet der zweite die Begleitmusik auf zwei Notensystemen aus; bedeutsamer ist, daß Wagner Akt für Akt in chronologischer Reihenfolge geschrieben hat. Somit ist nur das zweite der beiden *Tannhäuser*-Manuskripte ein echter »Gesamtentwurf«, wie man ihn bei den späteren Opern findet.
Im *Lohengrin* ging Wagner erstmals dazu über, jeden Akt als Einheit von Anfang bis Ende zu entwerfen, wobei er mit dem ersten begann (natürlich arbeitete er immer noch mit vorbereitenden Skizzen). Deshalb kann man das erste im Zusammenhang ausgeführte Manuskript dieser Oper zutreffend als »Gesamtentwurf« bezeichnen. Es ist zumeist auf zwei Notensystemen geschrieben, einem für den Gesang und einem für die Begleitung; aber letztere ist sehr skizzenhaft, wobei die harmonische Struktur oft nur durch eine Baßlinie angedeutet wird. Wagner fertigte danach einen zweiten Gesamtentwurf an, in dem er die Begleitung auf zwei Notensystemen ausarbeitete und weitere Notensysteme für zusätzliche Gesangs- und Chorpartien verwendete. Er begann jedoch mit dem dritten Akt, weil er vermutlich einige wichtige Änderungen am Text vornehmen wollte. Die oft zitierte Behauptung, Wagner habe die Komposition des *Lohengrin* mit dem dritten Akt begonnen, stimmt deshalb so nicht; sie trifft nur auf den zweiten Gesamtentwurf zu, anhand dessen er die Partitur erstellte.

Das Rheingold und *Die Walküre*

Ausgehend von den in »Skizzen und Entwürfe: Musik« beschriebenen vorbereitenden und/oder ergänzenden Skizzen (S. 214 ff.), schrieb Wagner den Gesamtentwurf für *Das Rheingold* von Anfang bis Ende mit Bleistift nieder. In vielfacher Hinsicht ähnelt dieses (bereits erörterte) Dokument dem ersten Gesamtentwurf für *Lohengrin*. In diesem Stadium der Arbeit – und es war sicherlich das wichtigste – war Wagner hauptsächlich damit beschäftigt, den Text zu vertonen. Er schrieb deshalb die Gesangsstimme und den Instrumentalpart auf je ein eigenes Notensystem; doch oft umfaßt letzterer nicht viel mehr als eine Baßlinie, manchmal mit einer Skizze der Harmonie. Gelegentlich arbeitete Wagner die Begleitung auf zwei Notensystemen aus, insbesondere wenn er auch eine Orchestermelodie konzipieren wollte. In einigen Fällen deutet die Handschrift darauf hin, daß der Orchesterpart zuerst geschrieben und die Gesangsstimme später hinzugefügt wurde, aber dies ist eher die Ausnahme. Wagner arbeitete rein instrumentale Passagen (wie etwa die Zwischenspiele zwischen den Szenen) auf zwei Notensystemen aus, manchmal auch auf dreien. Die generelle Sparsamkeit des Satzes weist darauf hin, daß Wagner die feste Absicht hatte, wie für den *Lohengrin* einen zweiten, ausführlicheren Entwurf mit Tinte anzufertigen.

Doch da die Ausarbeitung des Vorspiels, ein »auskomponierter« Es-Dur-Dreiklang, einer Partitur nahegekommen wäre, entschloß sich Wagner, diese sofort zu erstellen. Er schrieb sie mit Tinte nieder; dabei überarbeitete er die Version des Gesamtentwurfs tiefgreifend, wobei er sich auf Material aus der Erda-Episode in der vierten Szene stützte (zu Einzelheiten siehe Darcy, 1989/90). Als er den Anfang der ersten Szene erreichte, stellte er fest, daß er seinen Gesamtentwurf nicht umstandslos in Partitur umsetzen konnte; außerdem war dieser von den Figuren des ursprünglichen Vorspiels durchdrungen, die jetzt durch die neuen Erda-Akkordbrechungen ersetzt werden mußten. Er gab deshalb seine mit Tinte geschriebene Partitur auf und begann mit einer Bleistiftskizze der Instrumentierung (dem sogenannten »Instrumentationsentwurf«, siehe »Skizzen und Entwürfe: Musik«, S. 214 ff.). In der Regel notierte er oben auf der Seite die Gesangsstimme aus dem Gesamtentwurf und unten die Baßlinie (normalerweise den Celli und Kontrabässen zugewiesen) und führte dann Instrumente und Gruppen von Instrumenten nach Bedarf, in keiner besonderen Reihenfolge oder Anordnung, ein. Manchmal jedoch mußte er eine vorbereitende Skizze für die Instrumentierung einer bestimmten Passage machen. Er tat dies an zwei Stellen: auf ungenutzten Notensystemen des Instrumentationsentwurfs und im Gesamtentwurf selbst. So stammen viele der instrumentalen Bezeichnungen und Skizzen im Gesamtentwurf aus der Zeit, als er die Partitur erstellte, und gehören nicht zu Wagners anfänglicher Konzeption. Curt von Westernhagen (1973), der dies nicht erkannte, wurde zu vielen falschen Schlußfolgerungen über Wagners Kompositionsweise verleitet. Des weiteren mußten einige Passagen des Gesamtentwurfs stark revidiert, wenn nicht sogar völlig neu komponiert werden. Wagner überarbeitete manchmal eine Passage auf den Rändern des Instrumentationsentwurfs, bevor er sie orchestrierte; somit liefert dieses Dokument nicht nur Einsichten in Wagners Methode der Orchestrierung, sondern enthält auch Beispiele für Neukompositionen und bildet ein unschätzbares Verbindungsglied zwischen dem Gesamtentwurf und der Partitur. Da der Instrumentationsentwurf jedoch (außer für das Vorspiel) keineswegs wie eine reguläre Partitur angelegt war, hielt es Wagner – zum ersten Mal in seiner Laufbahn – für notwendig, eine Reinschrift mit Tinte anzufertigen. Weitere Einzelheiten kann man im Abschnitt »Partituren« (S. 220 ff.) nachlesen.

Bevor Wagner diese Reinschrift abgeschlossen hatte, begann er mit der Komposition der *Walküre*. Wie beim *Rheingold* fertigte er einen mit Bleistift geschriebenen Gesamtentwurf an, wobei er die gesamte Oper von Anfang bis Ende ausarbeitete. Er gestaltete jedoch diesen Entwurf ausführlicher als den für *Das Rheingold*: Häufig ist die instrumentale Begleitung auf zwei Notensystemen skizziert, und selbst wenn nur ein Notensystem für die Instrumente verwendet wird, enthält es viel mehr Einzelheiten, als es im *Rheingold*-Entwurf meist der Fall war.

Nachdem Wagner durch die Orchestrierung des *Rheingolds* gründlich mit seinem neuen *Ring*-Orchester vertraut war, hielt er es nicht mehr für notwendig, einen Instrumentationsentwurf für *Die Walküre* zu machen; er begann deshalb mit der Abfassung der (mit Bleistift geschriebenen) Partitur. Doch die Komposition dieser Oper erstreckte sich über einen viel längeren Zeitraum als beim *Rheingold*, und die Orchestrierung erlebte weitere Unterbrechungen und Verzögerungen. Die Folge war, daß Wagner oft die »unvertrauten Hieroglyphen« seines Gesamtentwurfs nicht entziffern konnte und einige Passagen wieder ganz neu komponieren mußte. Da Wagner Zeit für rein kompositorische Probleme aufwenden mußte, stellt die Orchestrierung der *Walküre,* obwohl effektvoll, keinen großen Fortschritt gegenüber der des *Rheingolds* dar. Die Tatsache, daß er seine Partitur mit Bleistift begann, deutet darauf hin, daß er von Anfang an damit rechnete, zwei Partituren anfertigen zu müssen, einen Bleistiftentwurf und eine Reinschrift mit Tinte.

Das spätere Verfahren

Als Wagner mit der Komposition des *Siegfried* begann, war er entschlossen, den Fehler nicht mehr zu wiederholen, den er bei der *Walküre* gemacht hatte, d.h. zwischen der ersten Rohskizze einer Passage und ihrer späteren Orchestrierung übermäßig viel Zeit verstreichen zu lassen. Seine Lösung für dieses Problem war zweifacher Natur: Zum einen pflegte er nun jeden Akt fertigzukomponieren und zu orchestrieren, bevor er zum nächsten überging. Zum anderen kehrte er zu seiner früheren Vorgehensweise zurück und erstellte zwei Gesamtentwürfe, wobei er an beiden abwechselnd arbeitete. Sein erster Gesamtentwurf für *Siegfried* ist mit Bleistift geschrieben; er hat Ähnlichkeit mit dem der *Walküre* und entspricht in seiner Detailgenauigkeit etwa den zweiten (mit Tinte geschriebenen) Gesamtentwürfen von *Tannhäuser* und *Lohengrin*. Der zweite Gesamtentwurf des *Siegfried* ist jedoch auf mindestens drei Notensystemen (zwei instrumentalen sowie einer Gesangsstimme) ausgeführt und enthält den gesamten musikalischen Aufbau bis hin zu Details der Orchesterbesetzung wie der Doppelbesetzung von Instrumenten. Otto Strobel bezeichnete dieses Dokument als »Orchesterskizze«; er verwandte diese Bezeichnung allerdings auch für die weniger detaillierten zweiten Entwürfe von *Tannhäuser* und *Lohengrin*. Seine Terminologie gibt Wagners Kompositionsweise so den falschen Anschein von Einheitlichkeit; deshalb sollte man anstatt von »Orchesterskizze« eher von einem »zweiten Gesamtentwurf« sprechen.

Wagners Kompositionsweise blieb von da an ziemlich gleich: zwei Gesamtentwürfe (der erste mit Bleistift, der zweite mit Tinte geschrieben) sowie eine Partitur. Normalerweise skizzierte er eine Passage im ersten Entwurf und arbeitete sie fast unverzüglich danach im zweiten aus; die Orchestrierung konnte ausgeführt werden, wann immer es die Zeit erlaubte. Zuerst hielt er es noch immer für notwendig, zwei Partituren anzufertigen, einen Bleistiftentwurf und eine Reinschrift. Bekanntlich brach Wagner die Arbeit am *Ring* ab, nachdem er den zweiten Gesamtentwurf des zweiten Aufzugs, die Bleistiftpartitur des ersten Aufzugs und die Reinschrift der ersten Szene des ersten Aufzugs von *Siegfried* abgeschlossen hatte. Er wandte sich danach *Tristan und Isolde* zu, einem Werk, dessen Konzeption ihn schon lange beschäftigt hatte. Wie im Abschnitt »Partituren« (S. 220 ff.) erwähnt, sah er jeden Akt des *Tristan* für die Drucklegung durch, bevor er mit dem nächsten begann, aber nach dem Vorspiel zum ersten Aufzug fertigte er nur eine einzige, mit Tinte geschriebene Partitur an. Dann komponierte er die *Meistersinger von Nürnberg*. Ab dem zweiten Akt dieser Oper änderte Wagner seine Arbeitsweise erneut (oder besser gesagt, er kehrte zu einer früheren Verfahrensweise zurück) und stellte die ganze Oper in seinem zweiten Gesamtentwurf fertig, bevor er mit der Partitur begann. Dieser zweite Gesamtentwurf wurde jedoch extrem gründlich ausgearbeitet: Der Instrumentalpart nimmt in den Gesangsteilen zwei oder drei Notensysteme ein, und in den rein instrumentalen Abschnitten bis zu vier oder fünf. Wagner selbst bezeichnete dieses Stadium als »Orchesterskizze« (wie es auch Strobel tat), während Bailey es einen »Orchestrierungsentwurf« (orchestral draft) nennt; manchmal wird es auch als »Particell« bezeichnet, aber wir wollen den Herausgebern des WWV folgen und es als besonders ausgearbeiteten zweiten Gesamtentwurf ansehen.

Im September 1864 kehrte Wagner zu seiner Reinschrift des *Siegfried* zurück und vollendete die zweite Szene des ersten Aufzugs; im Dezember begann er mit der Bleistiftpartitur des zweiten Aufzugs und schloß sie ein Jahr später ab. Im März 1869 begann er mit der Komposition des dritten Aufzugs und beendete den zweiten Gesamtentwurf im August; er stellte dann seine mit Tinte geschriebene Partitur fertig, wobei der detailliert ausgearbeitete zweite Gesamtentwurf zwei Partituren des dritten Aufzugs überflüssig machte. Die Komposition des *Parsifal* lief ebenso ab wie die der letzten beiden Aufzüge der *Meistersinger* und des dritten Aufzugs von *Siegfried*: zwei Gesamtentwürfe, die gleichzeitig entstanden, und danach eine mit Tinte geschriebene Partitur.

WARREN DARCY

Wagner, so könnte man mit einigem Recht behaupten, hatte keine eigentliche *Musik*sprache, weil er nur sehr selten etwas komponierte, das sich nicht auf außermusikalische Ideen bezog. Es trifft sicher zu, daß wir bei der Erörterung von Wagners musikalischen Verfahren leicht ein verzerrtes Bild entwerfen, wenn wir das theatralische Ziel aus den Augen verlieren, auf das seine musikalischen Mittel ausgerichtet waren. Gleichzeitig jedoch machte es die Natur des Bühnengeschehens, wie es Wagner vorschwebte, der Musik zunehmend möglich, bei der Gestaltung und Charakterisierung dieser Vorgänge die Initiative zu ergreifen. 1851 war Wagner überzeugt, »die Sprache der Musik« zu beherrschen. Und dennoch glaubte er: »Das in der musikalischen Sprache Auszudrückende nun sind aber einzig *Gefühle* und *Empfindungen* [...] Was somit der absoluten musikalischen Sprache für sich unausdrückbar bleibt, ist die genaue Bestimmung des Gegenstandes des Gefühles und der Empfindung [...] und dieses gewinnt sie nur in ihrer Vermählung mit der Wortsprache.« (*Eine Mitteilung an meine Freunde,* GS IV, S.317 f.) Wagner legte großen Wert auf die »genaue Bestimmung des Gegenstandes«, zumindest während der ersten Phase seiner Arbeit am *Ring.* Aber es ging ihm vor allem um die emotionale Qualität, die die Musik diesem Gegenstand verlieh. Schon 1844, als er am *Tannhäuser* arbeitete, gab er gegenüber Karl Gaillard die berühmte Erklärung ab:

»Es ist bei mir nicht der Fall, daß ich irgend einen beliebigen Stoff wähle, ihn in Verse bringe, u. dann darüber nachdenke, wie ich auch eine passende Musik dazu machen wolle; – bei dieser Art des Verfahren's würde ich allerdings dem Uebelstande ausgesetzt, mich zweimal begeistern zu sollen, was unmöglich ist. Die Art meiner Production ist aber anders: – zunächst kann mich kein Stoff anziehen, als nur ein solcher, der sich mir nicht nur in seiner dichterischen sondern auch in seiner musikalischen Bedeutung zugleich darstellt. Ehe ich dann daran gehe, einen Vers zu machen, ja eine Scene zu entwerfen, bin ich bereits in dem musikalischen Dufte meiner Schöpfung berauscht.« (30. Jan. 1844)

Drei Jahre später machte Wagner gegenüber Eduard Hanslick sein nicht weniger berühmtes Geständnis: »Ich kann nicht den besonderen Ehrgeiz haben, durch meine Musik meine Dichtung in den Schatten zu stellen, wohl aber würde ich mich zerstücken u. eine Lüge zu Tage bringen, wenn ich durch meine Dichtung der Musik Gewalt anthun wollte.« (1. Jan. 1847) Die Bedeutung der späteren musikalischen Ausarbeitung kann gar nicht genug betont werden, da die Skizzen zeigen, daß Wagner kein gründlich ausgearbeitetes Musikmaterial schriftlich fixierte, während er seine Textbücher verfaßte, und da »im musikalischen Dufte meiner Schöpfung berauscht« nicht heißt, daß Wagner eine klare und detaillierte Vorstellung von der Form besaß, die dieses musikalische Material letzten Endes annehmen sollte. Wagners Glaube an die einzigartige Macht des Theaters drückt sich in seinem Gefühl für die einzigartige Macht der Musik aus. »Eine Gattung, die halb Repräsentation und halb Unterhaltung gewesen war, wurde von Wagner [...] zum Inbegriff von Kunst erklärt« (Dahlhaus 1989a). Damit dieses Programm in der Praxis funktionieren konnte, mußten entsprechende musikalische Elemente gefunden und entwickelt werden, die sich von denen der traditionellen Oper natürlich unterschieden. Wir dürfen zwar zu Recht skeptisch sein, wenn Wagner uns weismachen will, daß er musikalisch alles nur Beethoven und keinem anderen verdanke, aber gerade deshalb ist die faszinierendste Aufgabe in der Untersuchung von Wagners Musik nicht der Nachweis seiner Quellen oder seiner Arbeitsmethoden, sondern zu zeigen, welche Antwort er auf seinen ungeheuren Anspruch fand, ein neues Musiktheater zu schaffen. Und dazu reicht es nicht aus, die Begriffe oder Elemente der Musiksprache zu identifizieren, sondern man muß ihre Grammatik studieren, d.h. die Art und Weise, wie diese Elemente verwendet werden.

Es gibt deutliche musikalische Einflüsse in Wagners frühen Opern: Weber und Marschner in den *Feen*, Bellini und Auber (u.a.) im *Liebesverbot*. Hier beweisen die Ansätze einer Leitmotivtechnik den Ursprung in der französischen ebenso wie in der deutschen Oper. Wichtiger jedoch als die anfängliche Fortschrittlichkeit der musikalischen Sprache (z.B. eine radikale chromatische Harmonik) in den frühen Opern einschließlich *Rienzi* ist die zunehmende Erweiterung und Flexibilität der Form als unmittelbares Ergebnis des Kontakts mit der Welt der Großen Oper. Diese Flexibilität mag noch nicht ausreichen, um den Eindruck der monotonen Verwendung einer »quadratischen« Phrasenstruktur zu mildern, aber man erkennt hier bereits eine einprägsame melodische Ökonomie, die für Wagners reifen Stil charakteristisch ist.

Wer die Melodie von Rienzis Gebet mit anderen charakteristischen Wagnerthemen vergleicht, z.B. mit dem Pilgerchor aus *Tannhäuser*, dem Hochzeitsmarsch aus *Lohengrin*, der Walhall-Musik, die die zweite Szene des *Rheingolds* eröffnet, oder dem Preislied aus den *Meistersingern*, mag durchaus der Behauptung zustimmen, Wagners Aussagekraft als Musikdramatiker liege in der Einfachheit. Die Unmittelbarkeit des emotionalen Ausdrucks rührt von einer starken musikalischen Idee her, die in sich zwar so geschlossen ist, daß sie eine klare Identität besitzt, aber auch offen genug, um eine Fortführung zu ermöglichen. In Wagners markantesten Motiven schwingt immer etwas Archetypisches mit, immer spürt man etwas deutlich Zielgerichtetes, wenn auch nicht unbedingt Einheitliches, wenn er Themen und deren Transformationen – unmittelbar oder versetzt, mehr oder weniger variiert – wiederholt und so größere Formen – Perioden, Szenen, ganze Akte – aufbaut. Um sein neues Theater des Mythischen und Epischen zu schaffen, brauchte Wagner eine Sprache und eine Methode, die nicht so sehr originell (selbst sein späterer Stil hatte beispielsweise Liszt viel zu verdanken) als vielmehr von größter Vielfältigkeit und Flexibilität sein mußten, um alle Aspekte des theatralischen Vorgangs tragen und integrieren zu können. Wagner scheint sich in erheblichem Maße (bewußt oder instinktiv) an dem im 19. Jahrhundert so einflußreichen Bild von der Natur orientiert zu haben: Aus einfachsten Grundele-

menten habe sich die große Vielfalt der heute vorfindlichen Welt entwikkelt. Ebenso wie seine Stoffwahl das Gewöhnliche und Alltägliche von
sich weist, so verschmähte sein musikalischer Stil die oberflächlichen
Reize einer vokalen Entfaltung und die Aufeinanderfolge von säuberlich
distinkten, regelmäßig gebauten formalen Einheiten mit klassisch ausgewogenen Phrasen. Dieser Stil sollte eine konstruktive Kritik der Fehlentwicklungen der traditionellen Opernkomposition liefern, indem er auf
symphonischen Grundlagen nach dem Vorbild Beethovens aufbaute.
Doch wie Wagner bei der Entwicklung seiner Stoffe feststellte, daß die Idee
von neuen Welten, die kühn aus den Ruinen der alten erstanden, nicht so
leicht zu realisieren war, wie es anfangs erschien, so erwies sich auch bei
der Schaffung seiner Musik die anfängliche Vision eines Fortschritts von
alter Beliebigkeit zu neuer Folgerichtigkeit in der Praxis als weniger einfach umsetzbar. Anstatt daß sich prägnante Grundideen unwiderstehlich
ausbreiteten, um große Formen von noch nie dagewesener Kraft und
Länge zu erzeugen, stellte ebendiese Prägnanz für die Ausbildung groß
angelegter Einheiten auch ein Hindernis dar.

In der Praxis können die Zuhörer natürlich Wagners Werke gut genug
kennen, um im voraus zu wissen, was als nächstes kommt, sowohl im Text
als auch in der Musik. Da sie den Zusammenhang nicht verlieren, können
sie die konkurrierenden Ansprüche der Integration (in erster Linie die kleinen oder größeren Wiederholungen von musikalischem Material) und des
Fortschreitenden (der sich wandelnde Kontext, in dem die Wiederholungen auftreten) im Gleichgewicht halten. Zweifellos vermittelt es dem Hörer große ästhetische Befriedigung, wenn er spürt, daß die wachsende
Intensität in Lohengrins »In fernem Land« oder im letzten Gruß Brünnhildes an Wotan und Walhall in der *Götterdämmerung* sich grundlegend
der Tatsache verdankt, daß die Musik für diese neuen und entscheidenden
Vorgänge in ihren wesentlichen Bestandteilen nicht zum ersten Mal gehört wird. Diese Art der musikalischen Wiederverwendung erfordert eine
Disziplin der Form, die sich aus dem ästhetischen Prinzip ergibt, daß eine
fortlaufende Entwicklung eines Werks durch totale und ständige Veränderung nicht mehr verständlich ist. Wagner verwendet deshalb die Musik
dazu, das Entwicklungspotential seines dramatischen Stoffs zu beschränken: Die Handlung erreicht ihren Höhepunkt, und die Tragweite dieser
Krisis kann nur vermittelt werden, wenn Altes und Neues in der Wahrnehmung des Publikums zusammenfließen. Vertraute Personen werden
in einer neuen Situation gezeigt, aber die Musik trägt entscheidend zu dem
Gefühl des bevorstehenden Abschlusses bei, indem sie ihre verschiedenen
Fäden zusammenführt.

Die Schlußkadenz wirkt bei Wagner um so eindringlicher, als die klar umrissene formale Einteilung der traditionellen Oper – die Abfolge von getrennten Nummern, von denen jede mit einer emphatischen Kadenz endet
– nicht mehr vorhanden ist. In *Don Giovanni* oder im *Barbier von Sevilla*
fungieren diese Kadenzen als strukturelle Trennelemente, die den Fluß unterbrechen und den Zuhörer ermutigen, sich weniger auf den Zusammen-

hang der einzelnen Nummern zu konzentrieren, als vielmehr darauf, wie diese einander ergänzen und zur Entfaltung des Dramas als einer Folge von eigenständigen, nicht wiederholbaren Einheiten beitragen. Doch Wagners lange, durchgehende Akte würden dem Hörer viel weniger Genuß bieten, wenn sie nicht ebenfalls unterteilt wären, nicht nur durch offensichtliche Veränderungen der Stimmung und des Charakters, die mit den wechselnden Ereignissen in einem Akt einhergehen, sondern auch durch Brüche im musikalischen Fluß innerhalb der Szenen – Brüche, die spezielle und oft subtile dramatische Funktionen haben, auch wenn sie nicht exakt dem Konzept der »dichterisch-musikalischen Perioden« entsprechen, wie es Wagner in *Oper und Drama* theoretisch entwickelte. Die plausible These, daß »Wagner, schon mit grundlegenden Motiven im Hinterkopf, buchstäblich von einem Augenblick zum anderen improvisierte, oft zu beschäftigt mit kleineren Formen und unmittelbaren Wirkungen, um den größeren formalen Zusammenhängen viel Aufmerksamkeit zu schenken« (Deathridge 1977 b), rechtfertigt nicht schon die Schlußfolgerung, daß die Kontinuität innerhalb dieser »kleineren Formen und unmittelbaren Wirkungen« und zwischen ihnen von größerer Bedeutung war als jene auf höherer Ebene. Aber sie kann von der leichtfertigen Annahme abhalten, daß Wagner weniger an dem Gleichgewicht zwischen diesen vielen gegensätzlichen Elementen interessiert war als an der Schaffung einer »Einheit« als der einzigen Garantie für den strukturellen und ästhetischen Zusammenhalt.

Die Durchgestaltung größerer Strukturen werden wir später in diesem Kapitel betrachten. Zuerst jedoch ist es notwendig, die Hauptelemente der Wagnerschen Musiksprache darzulegen. Im Bereich der Tonhöhen ist das wichtigste Grundelement das tonale System, dessen zwölf Dur- und zwölf Molltonarten ein ganzes Geflecht von künstlerischen Möglichkeiten umfassen, die aus der Beziehung zwischen den Tonarten und den Möglichkeiten des Wechsels zwischen ihnen erwachsen. Wagner war für die zweite Hälfte des 19. Jahrhunderts keineswegs ungewöhnlich radikal, wenn er davon ausging, daß eine »Tonart« sowohl das Dur- als auch das Mollgeschlecht über einem bestimmten Grundton umfaßt, oder wenn er parallele Dur- und Molltonarten (beispielsweise a-Moll und C-Dur) in einem einzigen harmonischen System zusammen verwendet. Auch was den Umgang mit der wichtigsten Unterscheidung der tonalen Harmonik, mit Konsonanz und Dissonanz, betrifft, war Wagner seiner Zeit nicht besonders voraus. Da eine Dissonanz (eigentlich jeder andere Akkord als die Grunddreiklänge in Dur und Moll) ein stärkeres Ausdrucksvermögen besitzt als eine Konsonanz, konnte Wagner ihr Gewicht verleihen und sie freier behandeln, als es die Lehrbücher erlaubten. Für ihn waren schließlich alle harmonischen und tonalen Beziehungen Mittel zum Zweck: Sie sollten den wirkungsvollsten Kontext für die musikalischen Ideen liefern. Man würde die Tatsachen verkennen, wollte man behaupten, daß Wagners musikalische Ideen vorrangig melodischer Natur waren: Der Charakter seiner Hauptmotive hängt meist ebenso vom harmonischen Kontext wie von der melodischen Gestalt ab; einige – das Tarnhelm-Motiv aus dem *Ring* ist eines der bekanntesten Beispiele – sind mehr Akkord als Melodie. Außerdem ist die fortlaufende melodische Entwicklung oder die »unendliche Melodie«, die so wichtig für die Wagnersche Sprache ist, unvorstellbar ohne den kontrollierenden, formenden Kontext der Harmonik. Wagners eigene Erörterungen dieser Probleme – z. B. seine berühmte Forderung in *Oper und Drama,* daß ein Wechsel der Tonart immer mit einer bedeutsamen Veränderung der verbalen Sinngehalte verbunden sein sollte – sind zumeist nur Versuche, technische Verfahrensweisen zu klären, und nicht bereits die Darlegung einer fertigen Position. Aber es wird auch zur Genüge klar, insbesondere aus seinen Kommentaren in dem späten Aufsatz *Über die Anwendung der Musik auf das Drama* (1879), daß er die Harmonik als entscheidend für die integrative Struktur seiner Musik ansah und ihr eine Rolle zuwies, die im Zusammenhang einer Symphonie zu bloßer Effekthascherei führen könnte; als Beispiel führt er die Emphase an, die der Lobgesang der Rheintöchter auf das Gold erhält, wenn er verwandelt in Hagens Wachtgesang zu hören ist (im ersten Aufzug der *Götterdämmerung*).

Die verzögerte, aber am Ende doch stattfindende Auflösung der Dissonanz zur Konsonanz, die ein grundlegendes Kennzeichen des Wagnerschen Stils darstellt, ist besonders einprägsam in den Schlußtakten des *Tristan* enthalten, wo der berühmte Tristan-Akkord über die teilweise Auflösung (wie die zum Dominantseptakkord am Anfang des Werks) hinausgeht, die sein Schicksal zu sein schien, und innerhalb der plagalen Schlußkadenz des Werks zu einem Ganzschluß gelangt. Ein nicht weniger grundlegendes Merkmal ist die Tendenz, daß solche dissonanten Akkorde nicht unbedingt in die vorherrschende Tonart passen: Selbst der Tristan-Akkord zeigt – als sogenannter »halbverminderter« Septakkord, eine relativ milde Dissonanz – bei seinem letzten Auftreten ein fremdartiges, chromatisches Element, weil eine seiner vier Tonstufen (Eis) nicht zur vorherrschenden Tonalität H-Dur gehört. Grundlegende Erörterungen von Wagners Musik betonen diesen Gegensatz von Diatonischem und Chromatischem wahrscheinlich mehr als jedes andere Merkmal: In *Parsifal* beispielsweise sind die gegensätzlichen Bedeutungen der chromatischen Musik für die Kräfte des Bösen und der diatonischen Musik für die Kräfte der Erleuchtung offensichtlich und folgerichtig, obwohl eine solche Unterscheidung, wie die Erörterung auf S. 276 f. zeigen wird, nur der Ausgangspunkt für eine subtilere Interpretation des Wechselspiels von musikalischen Mitteln und ihren Bedeutungen sein kann. Gerade weil die chromatische Harmonik weniger stabil (und normalerweise dissonanter) als die diatonische ist, bot sie Wagner eine ideale Metapher für eine ganze Reihe von dramatischen Zuständen und Situationen: In seinem Aufsatz *Über die Anwendung der Musik auf das Drama* weist Wagner mit Bezug auf die Verknüpfung (im zweiten Aufzug der *Walküre*) des Natur- und des Walhall-Motivs aus dem *Rheingold* darauf hin, »daß diese Ton-Erscheinung mehr als Wotan's Worte uns ein Bild der furchtbar verdüsterten Seele des leidenden Gottes gewahren lassen sollte« (GS X, S. 188). Wagner wurde ein Meister darin, die Interaktion von Tendenzen zu bzw. weg von tonaler Stabilität auszunützen, ebenso von Tendenzen zu längeren bzw. kürzeren strukturellen Einheiten, die von einer tonalen Stabilität ermöglicht werden. Außerdem erkannte er, daß die Chromatik selbst zweideutig ist und ihre Funktion verändern kann, indem sie die Tonalität anreichert oder unterminiert, wie es die dramatische Situation gerade erfordert.

Die Wechselwirkung zwischen gegensätzlichen Tendenzen ist auch von grundlegender Bedeutung, wenn man die Grundelemente von Wagners musikalischen Formen betrachtet. In Klassik und Frühromantik wurden Phrasen normalerweise aus regelmäßigen Folgen von ähnlichen Einheiten aufgebaut (deren Länge gewöhnlich ein Vielfaches von vier oder acht Takten betrug); organisiert waren sie nach Regeln des harmonischen Fortschreitens, um größere, meist zwei- oder dreiteilige Formen zu erzeugen. Indem sich Wagner von den klar umrissenen Einteilungen der Nummernoper (Arie, Rezitativ, Ensemble und Chor) entfernte, nutzte er in zunehmendem Maße kleinmaßstäbliche Kontraste, die möglich werden, wenn Phrasen aus einer geraden oder ungeraden Zahl von Takten konsequenter als vorher aneinandergereiht oder einander gegenübergestellt wurden. Wie Alfred Lorenz und seine Anhänger gezeigt haben, gibt es wichtige Belege dafür, daß Wagner seine formalen Einheiten oder Perioden aus dreiteiligen Strukturen – »Brücken-« oder »Bogenformen« (ABA) und »Barformen« (AAB); siehe »Wagner-Glossar«, *Bar*, S. 243) – aufbaute; doch dies war nie ein mechanischer Vorgang. Andere Autoren haben außerdem die Vermutung geäußert, daß die motivische Variation und die Verwendung eines Refrain- oder Ritornellprinzips möglicherweise nicht weniger von Bedeutung sind und einen geeigneten flexiblen Hintergrund für die umfangreichen Dialoge schufen, die Wagners Hauptmittel der dramatischen Exposition wurden. Schließlich muß noch hinzugefügt werden, daß Wagners Entwicklung zum Meister der formalen und harmonischen Strukturierung ohne seine Orchestrierungsfähigkeiten und seine Neuerungen auf vielen Gebieten der instrumentalen Praxis des 19. Jahrhunderts sicher weit weniger beeindruckend wäre, als es tatsächlich der Fall ist.

Die romantischen Opern

Der Rest dieses Kapitels konzentriert sich stärker auf die Funktionsweise von Wagners Musiksprache. Schon der Anfang seiner ersten typischen Oper, *Der fliegende Holländer,* illustriert das Wechselspiel zwischen einfachen Ideen und komplexeren Kontexten: zwischen eindrucksvoller, unmittelbarer Einführung des Themas und dem Impuls zu seiner Fortführung, um schließlich die Auflösung von Spannung und Zweideutigkeit zu suchen. In der Ouvertüre wird das elementare Hornrufmotiv, das mit dem Holländer verbunden ist, zuerst im einfachsten harmonischen Kontext präsentiert, der von seinen eigenen zwei Hauptnoten gebildet wird, D und

A, dem Grundakkord der Tonart d-Moll. Nach vier Takten umgibt Wagner die erweiterte Wiederholung dieses Motivs mit chromatischen Tonleitern; dieses dekorative Element (das die Vorstellung von einem stürmischen Meer weckt) bekommt ab Takt 13, bereits im zweiten ausgehaltenen Akkord der Ouvertüre, eine grundlegende harmonische Rolle. Der Akkord harmonisiert das A des Holländer-Motivs mit den Tönen His, Dis und Fis, die für die Grundtonart d-Moll alle fremd sind. Zusammen mit A bilden sie den vertrauten verminderten Septakkord, der – zumindest seit der Wolfsschluchtszene in Webers *Freischütz* – die eindringlichste Darstellung von Entsetzen und Furcht ist, die die Romantik kennt: im allgemeinen dadurch, daß er – obwohl selbst nicht sehr dissonant – den stabilen musikalischen Kontext stört, in den er eindringt. Wagners Vorbereitung und Einführung dieses chromatischen Akkords (der ohne weiteres diatonisch in einer anderen Tonart sein kann, in diesem Fall cis-Moll) könnte, nach dieser Beschreibung zu urteilen, nicht mehr als ein zufälliges Detail sein. Wichtig ist jedoch die Art und Weise, wie Wagner diesen »Störenfried« als Quelle für eine längerfristige harmonische Organisation verwendet, die seinen expressiven und dramatischen Zwecken viel mehr nützt als eine bloße Konzentration auf den unmittelbaren »Schauplatz«. Dieser besondere verminderte Septakkord wirkt so kraftvoll, weil die Syntax der Musik – ihre Phrasenstruktur, gemessen nach Takten – von Anfang an eine Spannung zwischen »ungerade« und »gerade«, »unregelmäßig« und »regelmäßig« zeigt. Im Grund gibt es zwei vorbereitende Takte, die die Ouvertüre eröffnen und die D-A-Harmonie begründen, dann zwei weitere Takte, in denen das Holländer-Motiv eingeführt wird, ergänzt durch einen weiteren Takt, in dem Wagner das Motiv zu entwickeln beginnt. Die »Geradzahligkeit« wird wiederhergestellt am Beginn der chromatischen Tonleitern (Takt 6): Sie erstrecken sich über vier Takte. Dann wird das Holländer-Motiv mit noch größerer Eindringlichkeit wiederholt, und hier umfaßt der erste Teil der Phrase, wie schon vorher, tatsächlich drei Takte (10–12), und führt zum entscheidenden verminderten Septakkord. Somit besitzt die Musik bis dahin im wesentlichen diese Phrasenstruktur:

Takte:	2 + 3	+	2 + 2	+	3	+	2
Motiv:	Holländer-Motiv		Erweiterung		Holländer-Motiv		Erweiterung
Harmonie:	D + A		chromatische Tonleitern				verminderter Septakkord

Wenn man einen solchen dynamischen Vorgang als Folge von ganzen Zahlen darstellt, mag dies einfältig und sicher auch nicht-wagnerisch erscheinen. Doch so läßt sich sehr deutlich die grundsätzliche Art und Weise zeigen, wie Wagner den Dialog zwischen »geraden« und »ungeraden« Elementen steigert, wodurch er die Erwartung verstärkt und die Ausarbeitung solcher Dialoge in immer größerem Maßstab motiviert. Im ersten Hauptabschnitt der *Holländer*-Ouvertüre gibt es insgesamt 25 Takte, davon 12 vor dem Auftreten des verminderten Septakkords, während die verbleibenden 13 dazu bestimmt sind, die Musik sicher in die unzweideutige d-Moll-Tonart zurückzubringen, von der sie ihren Ausgang nahm. Dieser Vorgang des Sich-Entfernens aus der Tonart und der Rückkehr zu ihr läßt sich am besten als Anreicherung und nicht als Modulation auffassen (Wagner selbst verwendete wie die meisten, die im 19. Jahrhundert über Musik schrieben, den Begriff »Modulation« zumeist für relativ leichte Verschiebungen der harmonischen Perspektive). Begleitet und verstärkt wird dieser Vorgang durch ein einfaches, sehr wirkungsvolles Verfahren: Das elementare Holländer-Motiv wird erweitert durch die Verwendung seiner oberen Note (A) als Nebenton oder Appoggiatur zu Gis, um einen ausdrucksvollen fallenden Halbton zu bilden, der zu den ansteigenden Intervallen des Hauptteils des Themas auffällig kontrastiert.

Diese Ouvertüre ist eine symphonische Komposition, in der Wagner musikalisch ohne die Zwänge eines Texts arbeiten kann, auch wenn ihre expressive Bedeutung für das Drama, das sie einleitet, nicht in Frage steht. Aber aus der Oper selbst wird klar, daß Wagner immer empfänglich für die Möglichkeiten ist, die sich daraus ergeben, daß vereinzelte, unmittelbare Überraschungen durch eine starke Tendenz zur Schaffung von größeren Zusammenhängen ausgeglichen werden – zuerst durch die Verzögerung und schließlich durch die Zulassung der harmonischen Auflösung. Er ist bereits darauf bedacht, Verbindungen von einer »Nummer« zur anderen zu komponieren, so daß beispielsweise die Arie des Holländers im ersten Akt, »Die Frist ist um«, sehr ruhig endet und störenden Applaus hemmt, auch wenn sie mit einer vollkommenen harmonischen Kadenz schließt. Einige der Nummern sind dennoch konventionell genug, um unaufdringliche harmonische Begleitungen zu melodischen Linien aufzuweisen, die vorwiegend eine regelmäßige Phrasenstruktur besitzen; sie zeigen eine fast italienisch anmutende Neigung zu Verzierungen, so etwa Eriks zwei Hauptsologesänge. Solche Merkmale sind auch in *Tannhäuser* und *Lohengrin* häufig, auch wenn dort ein zunehmender Gegensatz zwischen diesen Elementen und Passagen in einem radikaleren, fortschrittlicheren Stil besteht. Im zweiten Aufzug des *Tannhäuser* ist der Konflikt zwischen Tannhäuser und den anderen Rittern in nicht geringem Maße eine Sache der Atmosphäre: Wagner hebt Tannhäuser von Walther und Wolfram mehr durch die Stimmung und die Tonart als durch Konflikte zwischen diatonischer und chromatischer Harmonik ab, denn sie sind ja alle damit beschäftigt, Lieder vorzutragen. Im dritten Aufzug jedoch wird die schmerzliche Distanz Tannhäusers sowohl zu Elisabeth wie auch zu Wolfram formal und gattungsmäßig durch den starken Kontrast zwischen seiner »Erzählung«, die in der Form freier ist und eine weitere Bandbreite von harmonischen Bezügen besitzt, und ihren »Liedern« unterstrichen. Im zweiten Akt, zweite Szene des *Lohengrin* scheint es fast, als würde Wagner die »sprachliche« Differenz bewußt einsetzen, um den Gegensatz zwischen Elsas Naivität und Ortruds Böswilligkeit dramatisch zu gestalten. Alle Kommentatoren sind sich darin einig, daß die erste Szene des zweiten Akts am klarsten zeigt, wie sich Wagners Stil in den späteren Musikdramen entwickeln sollte. In ihrer Konzentration auf die Bitterkeit und Qual von Ortrud und Telramund ist sie sicherlich eine Szene von großer Stärke. Obwohl ihr relativ wortreicher Text impliziert, daß Wagner sich immer noch stark auf eine rezitativähnliche Deklamation verläßt, bewahrt er einen hohen Grad an Spannung, indem er direkte tonale Kadenzen auf ein Mindestmaß beschränkt. So bevorzugt Telramunds »Du fragst? War's nicht dein Zeugnis?« zuerst eine einzige Tonart (a-Moll), schweift aber von einer möglicherweise bekräftigenden Kadenz zu einer ganz anderen Tonart (c-Moll) ab und schwankt dann zwischen den beiden Zentren, ohne eines von beiden stärker zu betonen, bevor es sich zu neuen Regionen weiterbewegt.

Nicht weniger bedeutsam als die harmonische Ambivalenz in dieser Szene und die damit verbundene rhythmische, metrische und formale Flexibilität ist die sich steigernde Konzentration auf einfache melodische Wendungen, die nicht mehr die melodramatische Rhetorik Telramunds vorangehender Wut-Arie – »Durch dich mußt' ich verlieren« – enthält. Wenn Ortrud und Telramund am Ende der Szene in Oktaven singen (»Der Rache Werk«), ist dies ein »Duett«, dem alle Elemente des traditionellen, einem Höhepunkt zustrebenden Ensemblegesangs fehlen – ein »Mangel«, der um so stärker wirkt, als solche Ensembles an anderen Stellen in *Lohengrin* keineswegs vermieden werden. Dies ist ein Moment von besonderer Wagnerscher Kraft, auch wenn er einer ähnlichen Passage in Webers *Euryanthe* viel zu verdanken hat.

In vielerlei Hinsicht sind die triumphalen Erfolge der drei romantischen Opern nicht in der Vorwegnahme von späteren Entwicklungen begründet, sondern in besonders charakteristischen Elementen, die wahrscheinlich auch heute noch gefeiert würden, wenn Wagner schon 1850 gestorben wäre: im *Fliegenden Holländer* die tief empfundenen Qualen der Holländer-Arie (im ersten Aufzug), die kühnen Gegenüberstellungen in Sentas Ballade und die bemerkenswert anhaltende Konfrontation zwischen Menschen und Gespenstern in der 1. Szene des 3. Aufzugs (Nr. 13); im *Tannhäuser* der tiefe Gegensatz zwischen der vornehmen Getragenheit des Pilgerchors und dem hysterischen Wortschwall von Tannhäusers Hymne an die Venus, die wundersame plötzliche Umwandlung vom Venusberg zur Wartburg (erster Akt) und die sparsamen, doch wirkungsvollen Mittel, mit denen Wagner die Konfrontation zwischen Gutem und Bösem am Ende des Werks neu aufgreift; im *Lohengrin* der Stil des »In fernem Land«, ein ausdrucksvolles, mit einer »symphonischen« Begleitung verbundenes Arioso, das aufgrund seines reimhaften, regelmäßig skandierenden Textes eine intime, aber nicht unpassende formale Qualität besitzt, die man in den späteren Werken nicht findet. Wagners Sieg über die »Beschränkungen« seines frühen Stils, insbesondere im dritten Akt des *Lohengrin* mit seiner anrührend zurückhaltenden Liebesmusik und seiner überaus pompösen Militärmusik, gewährleistet somit, daß diese Opern in künstlerischer Hinsicht nicht durch die großartigen nachfolgenden Musikdramen obsolet geworden sind.

Die Musikdramen

Obwohl *Das Rheingold* mit dem denkbar einfachsten motivischen und harmonischen Material und dem unkompliziertesten Formschema (Folge von viertaktigen Einheiten) beginnt, kündigt die Musik eine neue Welt an. Manche sehen das Orchestervorspiel als eine Neuauflage der Morgendämmerungsmusik aus dem *Lohengrin* (2. Akt, 3. Szene) an, aber auch das kann ihre außergewöhnliche Originalität nicht schmälern. Die *Lohengrin*-Musik leitet einen der routinemäßigeren festlichen Chöre Wagners ein. Das *Rheingold*-Vorspiel jedoch führt in eine Szene von noch nie dagewesener Frische und Freiheit, die nicht nur aus der dramatischen Situation und ihrer textlichen Darstellung herrührt, sondern dem Ohr durch die Musik wirklich »ersichtlich« gemacht wird – in einer Vorwegnahme der Ermutigung, die Wagner später aus seiner Schopenhauer-Lektüre ziehen sollte, das Musikdrama als »ersichtlich gewordene Thaten der Musik« (GS IV, S. 306) aufzufassen. Dieser Vorgang hängt in entscheidendem Maße davon ab, wie wichtiges, bedeutungstragendes Motivmaterial zwischen Singstimmen und Orchester aufgeteilt wird. Das Orchester »begleitet« nicht so sehr die Stimmen, sondern vereinigt sich vielmehr mit ihnen, um gemeinsam das Drama auf den Weg zu bringen. Doch nicht jeder Takt im Orchester ist tatsächlich von thematischer Bedeutung, präsentiert eines der Hauptmotive des Werks. Frickas Worte zu Beginn der 2. Szene (»Um des Gatten Treue besorgt«) beispielsweise werden ganz im »alten« Stil von einfachen Akkorden unterstützt; möglicherweise hat Wagner darauf zurückgegriffen, um Frickas konventionelle, konservative Einstellung zu symbolisieren. Doch die Passage unterstreicht auch das Hauptanliegen des Komponisten: den dramatischen Kern so unmittelbar und eindringlich wie nur möglich zum Ausdruck zu bringen, ohne sich gleichzeitig zu sehr auf den Augenblick zu konzentrieren, was Wagner als den Fluch der traditionellen Oper ansah. Frickas Melodie ist prägnant und ausdrucksvoll, die Begleitung ist harmonisch offen und ohne kadenzierende Zäsuren, während das zeitweilige Fehlen von leitmotivischem Material den Fortgang des Dramas nicht behindert.
Dennoch machten Wagners Fähigkeiten in der neuen Kunst der Motivtransformation und motivischen Charakterisierung das *Rheingold* zu einem äußerst innovativen Werk, das von einer neuen formalen Flexibilität kündet. Am Ende der ersten Szene alterniert das Welterbe-Motiv in regelmäßigen zweitaktigen Einheiten mit den letzten Anklängen an die Rheinmusik, wenn die Wellen zu Nebel werden. Es gibt drei solche Wechsel, die sich insgesamt über zwölf Takte erstrecken und dazu dienen, die vorherrschende Tonalität (C) zu klären und zu verstärken. Die ersten bei-

den Darbietungen des Welterbe-Motivs sind sehr ähnlich; die dritte steigt um eine Stufe an, und die vierte (nach Takt 12) beginnt mit der gleichen oberen Note der Melodie wie die dritte (F). Aber alles andere hat sich verändert. Was zur Tonart C gehörte, bezieht sich nun auf As, eine in diesem Kontext etwas überraschende harmonische Verschiebung; anstelle der zweitaktigen Wechsel gibt es jetzt acht Takte, die diese neue Version des Welterbe-Motivs wiederholen und erweitern. Die Phrase endet mit einer milden Dissonanz, und anstatt sich zum erwarteten Grundton (As) aufzulösen, bewegt sich die Harmonie im Quintenzirkel eine Stufe weiter zur Darbietung der Walhall-Musik (in Des) am Anfang der zweiten Szene. Die Veränderungen – in Tonart, Tonfarbe und Metrum – sind beträchtlich, aber das Walhall-Motiv ist dennoch nichts anderes als eine neue Version des Welterbe-Motivs. Es bildet die Grundlage für den ersten Abschnitt der Szene, ein klares Beispiel für eine (in den Begriffen von Lorenz) bogenförmige Periode (ABA), wobei A rein instrumental ist, B Material von A variiert (die ersten Wortwechsel zwischen Fricka und Wotan) und das zweite A eine variierte Wiederholung des ersten darstellt – lediglich erweitert, um auf der Tonika und nicht auf der Dominante zu schließen, sowie ergänzt durch die würdevolle Melodielinie Wotans. Eine eingehendere Analyse enthüllt eine subtile Wechselwirkung zwischen Zusammenhang und Diskontinuität sogar innerhalb einer scheinbar so einfach geformten Periode; diese Facetten der Struktur verweisen wiederum direkt auf ihre innere Semantik. Was diese Musik mit unverkennbarer Kraft ausdrückt, ist nicht nur Vertrauen und Zufriedenheit, sondern auch das Potential für Konflikt und wechselseitige Mißverständnisse. Die neue Musik für das neue Musikdrama wäre, wie nochmals zu unterstreichen ist, nicht möglich gewesen ohne den neuen, mythischen Stoff und den prägnanten Text in Stabreimversen. Und wenn es auch letztlich unmöglich ist, Einigkeit über das zentrale Thema des *Rings* zu erzielen, oder auch nur darüber, ob er von einem oder mehreren Dingen handelt, so ist dies eine Vieldeutigkeit, der Wagners Musik völlig adäquat ist.

Wagner-Kommentatoren neigen dazu, einen von Schopenhauer inspirierten Rückzug von den Theorien aus *Oper und Drama* und deren weitgehender Verwirklichung im *Rheingold* und der *Walküre* zu erkennen, wenn musikalische Vorgänge ihre unvermeidliche Kraft zur Geltung bringen. Sogar Wagner selbst gibt der Versuchung nach, so konventionelle Opernelemente wie groß angelegte Gesangsensembles wieder zuzulassen. Doch es ist weniger eine Sache des Rückzugs als der Erweiterung seines Konzepts, um einer dramatischen Situation gerecht zu werden, wenn Wagner kunstvollere musikalische Vorgänge und gelegentlich sogar verzierte Gesangsfiguren verwendet. In dem Maße, wie diese Entwicklung ein reicheres Gefühl der Spannung zwischen formalen Komponenten bewirkt (z.B. die »geschlossene« dramatische und musikalische Form des *Meistersinger*-Quintetts innerhalb der fortlaufenden Entwicklungen, die den dritten Aufzug beherrschen), paßt sie gut zur nicht weniger reichhaltigen Spannung zwischen den musikalischen Komponenten selbst: Wie die chromatische Harmonik intensiver und radikaler wird in ihrem Widerwillen, sich aufzulösen, so schlägt die Diatonik zurück, eifersüchtig darauf bedacht, das letzte Wort zu behalten. Außerdem gibt es innerhalb der eigenständigen formalen Segmente oder Perioden, die man in den späteren Musikdramen immer noch nachweisen kann, ein subtiles Wechselspiel zwischen einer Musik, deren Struktur immer noch die hierarchischen harmonischen Beziehungen der tonalen Tradition zeigt, und einer Musik, die mehr im Sinne von motivischen Assoziationen und Akkordreihungen funktioniert; eine interpretierende Analyse wird hier Inkohärenzen und Überraschendes ebenso herausstellen wie Zusammenhänge und Folgerichtiges.

Wagners Erkundung der verschiedenen Facetten seiner Musiksprache wurde durch die Vielzahl von dramatischen Stoffen angeregt, die er zur Bearbeitung auswählte. Der Wechsel vom *Ring* zum *Tristan* brachte eine Liebesmusik, die noch subtiler und intensiver war als die für Siegmund und Sieglinde in der *Walküre*, und eine Musik der Verzweiflung und des Verlusts (König Marke im zweiten Aufzug, Tristan im dritten Aufzug), die noch extremer und kunstvoller ausgearbeitet war als die für Wotan in der *Walküre*. Der besonders dichte Symbolismus des *Tristan* wurde dann durch die verhältnismäßig naturalistische Gestaltung der *Meistersinger* ausgeglichen, in der es einen neuen Grad von kontrapunktischer Arbeit gibt, die – worauf die Ouvertüre deutlich hinweist – teilweise selbstironisch ist (von meisterlicher Wichtigtuerei). Als Gegengewicht dazu besitzen die *Meistersinger* eine einprägsame lyrische Direktheit, die den eher bodenständigen Sorgen von Walther und Hans Sachs angemessen ist.

Zwischen *Tristan* und den *Meistersingern* nahm sich Wagner altes Material nochmals vor: Seine »Tristanisierung« des *Tannhäuser* steigerte die Konfrontation von erotischer Intensität und bürgerlicher Rechtschaffenheit im ersten Akt zu einem fast surrealen Ausmaß. Nach den *Meistersingern* kehrte er zum Material des *Rings* zurück; im dritten Aufzug des *Siegfried* und in der *Götterdämmerung* bewies er einen neuen Reichtum in motivischer Entwicklung und größere formale Flexibilität. Die Einführung und Kombination der Motive hat sich nunmehr völlig von den Regeln in *Oper und Drama* gelöst, insofern sie nicht mehr zwangsläufig von den jeweiligen Bildern und Bezügen zum Text veranlaßt werden. Aber der motivische Prozeß dient – wie das Vorspiel zum dritten Aufzug des *Siegfried* deutlich macht – weiterhin dem Drama und schafft ein differenziertes, lebendiges Porträt von Wotans edler Wut und Verzweiflung. Harmonische und formale Verfahrensweisen bestimmen die Struktur der Musik, aber die Erfordernisse des Dramas bestimmen ihren Charakter.

Insgesamt besitzt der Stil des dritten Aufzugs des *Siegfried* eine epische Größe, die schon fast aufdringlich wirkt. Man mag bedauern, daß nicht mehr von der pastoralen Erhabenheit des zweiten Aufzugs in der langen, leidenschaftlichen Liebesszene übrigbleibt, mit der *Siegfried* endet, aber in nicht geringerem Maße als im *Tristan* resultiert die Notwendigkeit, menschliches Verlangen als ein Phänomen mit erschütternden Folgen darzustellen, im Verzicht auf kontrastierenden intimen Ausdruck. Hier kann man den Haupteinwand gegen Wagners musikalische Sprache – von Debussy und vielen anderen geäußert –, daß er schreit, wenn er flüstern sollte, nicht von der Hand weisen, auch wenn es eine Schwäche ist, die weit davon entfernt ist, Schaden anzurichten. Man könnte sich die Wirkung vorstellen, die Wagner im *Siegfried* erreicht hätte, wenn er – beginnend mit dem Augenblick der größten Zartheit, wenn die Musik des *Siegfried-Idylls* einsetzt – diese Musik in der unschuldigen, fast spielerischen Weise weitergeführt und den dritten Aufzug in einem ruhigen, entrückten E-Dur beschlossen hätte, in Anspielung auf das zurückhaltende Ende des zweiten Aufzugs in der gleichen Tonart. Aber die triumphierenden Ausrufe im Text machen ein solches Ende musikalisch unglaubwürdig; es ist auch dramatisch unmöglich angesichts der Bedeutung der Situation, in der Brünnhilde zu lieben und Siegfried zu fürchten lernt.

In ihrer musikalischen Sprache zeigt die *Götterdämmerung* triumphierend die Richtigkeit und Stärke der grundlegenden musikalischen Ideen und stilistischen Elemente, die Wagner zu Beginn seines epischen Unternehmens begründet hatte. Das Ende mit seiner Orchester-»Fantasie« über die Walhall- und Rhein-Motive und seiner Schlußkadenz, die Bezüge zu Siegfried als Held, zum Untergang der Götter und zur »Erlösung durch Liebe« (»die Verherrlichung der Brünnhilde«, wie Wagner in einem Brief von 1875 schreibt; siehe Deathridge 1981/82) enthält, überläßt nicht eigentlich der Musik das letzte Wort, sondern verstärkt die innige Beziehung zwischen der Bühnenhandlung und dem »Sichtbarmachen« durch das Orchester, wenn es keinen Text mehr gibt. Im Schlußabschnitt der *Götterdämmerung* werden einige typische, ausgereifte Wagner-Techniken mit einem Höchstmaß an Wirkung verwendet. Zum ersten führen Brünnhildes entschlossene letzte Worte die Handlung nicht zu Ende, sondern leiten ihre Schlußphase ein, indem Wagner sein vertrautes Mittel des Umgehens der Kadenz einsetzt: Auf einen Dominantakkord (in Des-Dur) folgt nicht die Tonika, sondern eine chromatische Alteration des Tonikaakkords: Des, F und A. Diese einfache, aber entscheidende Veränderung treibt die Musik vorübergehend in ein harmonisches Niemandsland; Wagner bewahrt und intensiviert die Spannung, die nach einer endgültigen Auflösung verlangt (in den Episoden, die das Auflodern des Feuers und den Brand von Walhall beschreiben), mit dem nicht weniger vertrauten Mittel einer ansteigenden Sequenzwiederholung, von seinen Techniken diejenige, die sich am stärksten auf das Vorbild Beethovens stützt. Außerdem ergänzt Wagner das gerade beschriebene Umgehen des Kadenzschlusses (in Des-Dur) durch die abgeschwächte Einführung des (Des-)Grundakkords an dem Punkt, an dem das Walhall-Motiv wiederkehrt – ein weiteres wirksames Mittel, um darauf hinzuweisen, daß die Auflösung noch immer unvollständig ist. Am Ende wird der Ganzschluß nicht durch rein diatonisches Fortschreiten erreicht, sondern durch die Erweiterung und Ausschmückung einer plagalen Kadenz (Subdominante zur Tonika) durch den chromatischen neapolitanischen Akkord (D-Dur in der Tonart Des).

Das harmonische Schema ist deshalb: Subdominante (Dur wird zu Moll) für die abschließende Darbietung des Siegfriedthemas, neapolitanischer Akkord für den Untergang der Götter, Tonika (durch Subdominantfärbung angereichert, Dur und dann Moll) für die »Verherrlichung der Brünnhilde«. Schematisch verwendet könnte dies äußerst banal sein, und es gibt sicherlich nichts Neuartiges daran. Weil aber Wagner das entscheidende dramatische Ereignis des Untergangs der Götter mit dieser Anreicherung der Schlußkadenz verbindet, betont er genau die Art von tiefgründigen psychologischen Bedeutungen, die es ihm immer wieder ermöglichten, das Phrasenhafte zu transzendieren. Eine solche Tiefgründigkeit mit simplen Mitteln zu erreichen war seine größte Begabung. Man kann deshalb mit Sicherheit behaupten, daß nie wirkungsvollere musikalische Mittel ersonnen wurden, um die Aufarbeitung und Auflösung dramatischer Konflikte und Spannungen darzustellen.

Wenn sich die Musiksprache des *Rings* als wunderbar flexibles Medium erweist, um die epischen und mythischen Qualitäten des Dramas darzustellen, so könnte es den Anschein haben, daß *Parsifal* eine geringere Ausdrucksvielfalt benötigt. Doch die Rolle des religiösen Glaubens – nicht die Existenz von Göttern, sondern das Vorhandensein eines Gottesgefühls – macht noch stärkere Andeutungen notwendig. Dargestellt wird im *Parsifal* nicht ein bis zum Ende eindimensionaler Kampf zwischen Gutem und Bösem, Diatonischem und Chromatischem, Konsonantem und Dissonantem, sondern die Infragestellung und Unterminierung des Guten wie des Bösen, die Demonstration, daß jedes von beiden relativ ist. Die inneren Ambiguitäten der Wechselwirkung zwischen Musik und Drama sind offensichtlich, wenn wir beobachten, daß die letzte Darstellung des »Guten« im Werk – die Ritter verehren den leuchtenden Gral in Parsifals erhobenen Händen – von einer Musik begleitet wird, die zwar von einem sicheren diatonischen Tonartzentrum (Des-Dur) ausgeht und zu ihm zurückkehrt, aber in Sequenzen vorwiegend konsonanter Harmonien weit durch das chromatische Spektrum streift. Es gibt einen deutlichen Unterschied zwischen der Fähigkeit der Chromatik, durch Erweiterung eines harmonischen Rahmens eine gesteigerte Spiritualität anzudeuten, und ihrer Kraft, tiefste seelische Verwirrung auszudrücken, wie in dem Augenblick, als Parsifal im zweiten Aufzug nach Kundrys Kuß zu sich selbst findet. In diesem zweiten Aufzug ist die Musik ebenfalls von Sequenzen geprägt, aber die Harmonik ist dissonanter, die Textur zerrissener; außerdem gibt es keinen sicheren diatonischen Rahmen.

Im *Parsifal* stehen verschiedene Typen von Chromatik miteinander in Dialog oder auch in Konflikt, ebenso verschiedene stilistische Ausprägungen der Diatonik, wie es etwa der Kontrast zwischen den marschartigen Chorälen der Ritter und dem wellenförmig fließenden »Ich sah das Kind« Kundrys zeigt. Letzten Endes jedoch wird das Drama am eindringlichsten durch die Art von Dialog geformt, wie er mit unübertrefflicher Subtilität in der Karfreitagsszene (dritter Aufzug) zwischen dem tonalen Rahmen (Parsifals Freude an der Natur) und den chromatischen Durchbrechungen dieser Tonalität (der Bericht von Gurnemanz über die Kreuzigung des Erlösers) demonstriert wird. Die Stimmungsschwankungen bei beiden Personen (im wesentlichen zwischen Freude und Trauer) hängen so eng zusammen, daß die Musik sich von simpler Mimesis bis in feinste Schattierungen bewegt, deren Bedeutungsnuancen einer Übersetzung in Worte widerstreben. Doch das soll nicht heißen, daß das einzig Wichtige im Schluß der Karfreitagsszene die Bestätigung der Haupttonart (D-Dur) oder die Demonstration einer bestimmten Periodenform (ABA mit Coda) ist. Selbst in dieser »Coda« sind die motivischen Anspielungen auf die Blumenmädchen und auf Amfortas und den Speer die dramatische Motivation hinter den weiten Perspektiven der Musik und ihrer zentralen Tonalität. Diese Perspektiven verhindern eine harmonische Verfestigung und treiben das Drama in seine Schlußabschnitte weiter.

In der Musikwissenschaft ist es ein ständiges Thema, inwieweit ein bestimmtes Wagnersches Vorgehen rein oder vorwiegend musikalische Gründe hat. Aber gleichgültig, ob Wagner der Versuchung unterlag, musikalische Ideen um ihrer selbst willen weiterzuführen, ob er Episoden schuf, deren musikalischer Charakter »symphonischer« organisiert ist als in den Teilen, deren Hauptgewicht auf der Deklamation des Textes liegt: Man kann keineswegs behaupten, daß solche Intentionen in dramatischer Hinsicht kontraproduktiv oder irrelevant wären (möglicherweise mit Ausnahme der längeren Pantomimen im ersten Aufzug der *Walküre*, die sich noch bemüht, den Theorien von *Oper und Drama* treu zu bleiben). Genau in diesen Momenten, wenn im Musikdrama wenig oder gar nichts »passiert« (der Vorhang kann auch geschlossen sein), ist die Kraft der Musik am stärksten spürbar, das Wesentliche der Stimmung und Handlung in ihrer eigenen Sprache und mit eigenen Mitteln auszudrücken.

Wagner veränderte das Wesen der Oper so radikal, wie seine Musik frühromantische Prinzipien der Form und des harmonischen Aufbaus umgestaltete. Anstelle von »Nummern« oder umfangreicheren Formen der Großen Oper entwickelte er eine außergewöhnliche Vielfalt von periodischen Formen, in denen die Kontinuität oder Diskontinuität von motivischen und harmonischen Vorgängen die entscheidende Komponente ist. Aber obwohl kunstvoll ausgearbeitete, psychologisch fundierte Dialoge im Mittelpunkt seiner musikalisch-dramatischen Methode stehen, entging er dem Einfluß älterer Opernformen (vom begleiteten Rezitativ bis zur konventionellen Arie und zum Ensemble) genausowenig, wie er letzten Endes der Autorität von Dissonanzen und ihrer Auflösung sowie tonaler Schlüsse verhaftet blieb. Die Sprache der Musik veränderte sich nach Wagner so rasch, weil sein überlegener Balanceakt zwischen integrativen und störenden Kräften innerhalb der Sprache der Tonalität nicht zu übertreffen war und weil man das bewußte und entschiedene Bedürfnis hatte, über den Wagnerschen Stil hinauszugelangen.

ARNOLD WHITTALL

Kapitel XII

Wagner als Textdichter

Wagner als Textdichter

Die vom Theater beeinflußte Umgebung, in der Wagner aufwuchs, prädisponierte ihn eher für das Schauspiel als für Musik, so daß sein frühestes erhaltenes Werk, das romantische Trauerspiel *Leubald*, ursprünglich als Theaterstück konzipiert war. Als sich sein Interesse für Musik entwickelte, muß es ihm ganz natürlich erschienen sein, seine eigenen Textvorlagen zu schreiben, nicht zuletzt im Lichte von E. T. A. Hoffmanns Erzählung *Der Dichter und der Komponist*, in der der Komponist Ludwig die Ansicht vertritt: »Eine wahrhafte Oper scheint mir nur die zu sein, in welcher die Musik unmittelbar aus der Dichtung als notwendiges Erzeugnis derselben entspringt.«

In seinen frühesten Textdichtungen begnügte sich Wagner damit, romantischen Vorbildern zu folgen: *Die Hochzeit, Die Feen, Das Liebesverbot* und *Rienzi* verzichten fast völlig auf Endreime und setzen dadurch eine Entwicklung fort, die von E. T. A. Hoffmann selbst eingeleitet und vor allem von Georg Döring in seinem Libretto für den *Berggeist* (1825) weiterentwickelt wurde, für das Spohr eigens einen reimlosen Text verlangt hatte. Die Ablehnung des Endreims war Teil einer allgemeinen Bewegung hin zu einer gehobenen Prosa und einer Auflockerung von formalen Strukturen im Interesse des psychologischen Realismus. Drei-, vier- oder fünffüßige Verse überwiegen und wechseln größtenteils aus Gründen der emotionalen Intensität und sich verändernder Gefühlslagen ab. In vielen Passagen herrscht so große metrische Freiheit, daß die betreffenden Verse fast als Prosa hätten geschrieben werden können.

Im *Fliegenden Holländer* dagegen kehrt Wagner zu einem Reimschema zurück, das zum »populäreren« Charakter des Werks und zu seiner Unterteilung in Volkslied und Ballade paßt. Nur in Augenblicken erregter Wechselreden wird der Endreim vermieden. Dieselbe Entwicklung läßt sich in *Tannhäuser* und *Lohengrin* beobachten. Tatsächlich war Wagner nunmehr so geschickt im Abfassen romantischer Operndichtungen, daß andere Komponisten – Josef Dessauer, Jan Kittl und Ferdinand Hiller – ihn um Texte baten.

Wagners eigener Kommentar zu seinen frühen Textbüchern muß mit Vorsicht behandelt werden, weil er aus einer Zeit stammt, als er sich bereits von diesen Werken zu distanzieren begann. Über *Die Feen* sollte er in *Mein Leben* schreiben (diese Passage wurde 1865/66 diktiert):

In betreff der poetischen Diktion und der Verse verfuhr ich mit fast absichtlicher Nachlässigkeit. Es kam mir keineswegs darauf an, meiner ehemaligen Tendenz auf Dichterruhm zu schmeicheln; ich war wirklich »Musiker« und »Komponist« geworden und wollte mir einen gehörigen »Operntext« machen, von welchem ich nun einsah, daß mir ihn niemand anders machen könnte, eben weil ein Operntext, als solcher ganz für sich, etwas Besondres sei, was ein Dichter und Literat gar nicht zustande bringen kann. (ML, S. 81)

Als er 1871 die Veröffentlichung des ersten Bands seiner Gesammelten Schriften vorbereitete, stellte er sich die Frage, ob er die Dichtungen zu den *Feen* und dem *Liebesverbot* aufnehmen solle, verzichtete aber darauf, weil er sie für »zu kindisch« (CT, 16. Juli 1871) hielt. In *Eine Mitteilung an meine Freunde* von 1851 schrieb er ähnlich geringschätzig über *Rienzi* und behauptete: »So verwandte ich auch durchaus noch keine größere Sorgfalt auf Sprache und Vers, als es mir nöthig schien, um einen guten, nicht trivialen, *Operntext* zu liefern.« (GS IV, 259) Doch im selben Aufsatz erhob er für den *Fliegenden Holländer* überzogene Ansprüche:

Die Gestalt des »fliegenden Holländers« ist das mythische Gedicht des Volkes: [...] das war das erste *Volksgedicht*, das mir tief in das Herz drang, und mich als künstlerischen Menschen zu seiner Deutung und Gestaltung im Kunstwerke mahnte. Von hier an beginnt meine Laufbahn als *Dichter*, mit der ich die des Verfertigers von Operntexten verließ. (GS IV, S. 265f.)

Interessant ist, diese spätere Interpretation des Textes mit Wagners mehr oder weniger zeitgenössischer Einschätzung seines dichterischen Werts zu vergleichen. In einem Brief an Karl Gaillard vom 30. Januar 1844 schreibt er:

Ich bilde mir auf meinen Dichter-Beruf wahrlich nichts ein, u. gestehe, daß ich nur aus Nothdurft, weil mir keine guten Texte geboten wurden, dazu griff, mir diese selbst zu dichten.

(Natürlich gibt es auch hier einen Grund für Wagners scheinbare Bescheidenheit: Er war darauf bedacht, das Flair eines literarischen Dandys aufrechtzuerhalten, mit dem er sich in seiner *Autobiographischen Skizze* von 1843 umgeben hatte.) Der romantische Primat der Musik wird im gleichen Brief an Gaillard deutlich, wenn Wagner schreibt, daß er bereits vom musikalischen Geist eines Stücks erfaßt sei, bevor er darangehe, an der Dichtung zu arbeiten:

Ehe ich dann daran gehe, einen Vers zu machen, ja eine Scene zu entwerfen, bin ich bereits in dem musikalischen Dufte meiner Schöpfung berauscht, ich habe alle Töne, alle charakteristischen Motive im Kopfe, so daß, wenn dann die Verse fertig u. die Scenen geordnet sind, für mich die eigentliche Behandlung mehr eine ruhige u. besonnene Nacharbeit ist, der der Moment des eigentlichen Produziren's bereits vorangegangen ist.«

Als romantisches Manifest ist dies eindrucksvoll (hier könnte fast Hoffmanns Komponist sprechen), aber als Erklärung von Wagners Arbeitsmethode reicht es nicht hin. Offensichtlich schien es Wagner sehr unangemessen, daß beim Schreiben seiner romantischen Opern und Musikdramen immer zuerst der Text stand, so daß die Musik, die doch allen romantischen Theoretikern zufolge ihm hätte vorausgehen sollen, zwangsläufig erst an zweiter Stelle kam. Kein Theoretisieren Wagners konnte dieses Problem lösen.

Als Wagner gegen Ende der 40er Jahre unter den Einfluß von Ludwig Feuerbach geriet, für den die Musik »die Sprache des Gefühls« war, »das Gefühl, das sich mittheilt«, konnte er – sich auf Feuerbachs tuistische Philosophie stützend – eine einfallsreiche Analogie vorschlagen, wonach die Wagnersche Musik als Kind der Liebe zwischen der (männlichen) Dichtung und der (weiblichen) Musik zu sehen sei (GS IV, S. 103). Mit der Entdeckung des romantischsten aller Philosophen, Arthur Schopenhauer, im Herbst 1854 wurde der Primat der Musik erneut betont; diese Auffassung prägte Wagners Ästhetik für den Rest seines Lebens, selbst wenn, wie erwähnt, Theorie und Praxis getrennte Wege gingen.

Wagner machte sich am Ende der 40er Jahre nicht nur Feuerbach zu eigen, sondern schloß sich auch der »völkischen« Ideologie an, die um die Mitte des 19. Jahrhunderts unter den deutschen Intellektuellen geläufig war. Daher sein Wunsch, sich als Sprachrohr des Volkes zu sehen, und daher auch seine Rechtfertigung der Verwendung germanischer Metren in der Versform des *Rings*.

Es ist wohl nicht mehr zu klären, zu welchem Zeitpunkt in den 40er Jahren sich Wagner entschloß, von der klassischen Prosodie der romantischen Dichter abzugehen und statt dessen auf die germanischen Metren des frühen Mittelalters zurückzugreifen. Andere Dichter, darunter Fouqué, Rückert, Goethe und Bürger, hatten in ihren Schauspielen alliterierende Versformen verwendet, aber Wagner war der erste, der den Stabreim in einem Operntext einsetzte. Seine Argumentation für den Anfangsreim kann man ausführlich in der Schrift *Oper und Drama* verfolgen, die er im Winter 1850/51 verfaßte. Seine Prämisse besitzt eine romantische Grundlage. Die früheste Sprache und der unmittelbarste Ausdruck individueller Empfindungen sei die Musik. Als sich die Sprache entwickelte, entfernte sie sich immer weiter von ihren poetischen Ursprüngen: Das Bedürfnis, komplexe Beziehungen in einer Gesellschaft zu beschreiben, die den Kontakt mit der Natur verloren habe, führe zu einer Sprache, die zwar Ideen, aber nicht mehr Gefühle auszudrücken vermag. Kurz gesagt: Das Volk verwandte die Sprache des Herzens. Durch die Wiederbelebung dieser Sprache hoffte Wagner das verkümmerte Herz seines Publikums des 19. Jahrhunderts direkt zu erreichen und sein Gefühl für die menschlichen Empfindungen wecken zu können, die seiner Meinung nach durch die verderblichen Einflüsse der modernen Zivilisation zerstört worden waren.

Der wichtigste Einfluß auf die dichterische Sprache des *Rings* ging von Ludwig Ettmüllers *Lieder der Edda von den Nibelungen* aus, die 1837 in Zürich veröffentlicht worden waren und moderne Stabreimübersetzungen der Heldenlieder aus der *Edda* enthielten. Von den Germanisten des frühen 19. Jahrhunderts erkannte allein Ettmüller, daß die altnordischen Versformen nicht mit denen der Griechen und Römer verwandt waren und daß man nichts gewann, wenn man die Silbenzahl in jeder Verszeile zählte. Statt dessen untersuchte Ettmüller die Verszeilen unter dem Gesichtspunkt von Hebungen und Senkungen, und er stellte fest, daß es normalerweise zwei, gelegentlich auch drei Hebungen pro Zeile gab, während die Zahl der sie trennenden Senkungen variierte. In den folgenden Beispielen warnt der Waldvogel Sigurd bzw. Siegfried vor der Heimtücke seines Ziehvaters, zuerst in Ettmüllers Übersetzung des altnordischen *Fáfnismál* und danach im zweiten Aufzug von Wagners *Siegfried*. Die Hebungen sind durch Kreuze gekennzeichnet.

x x Hauptes kürzer lass' er	x x O traute er Mime
x x den haarigen Schwätzer	x x dem treulosen nicht!
x x x fahren hin zur Hel;	x x Hörte Siegfried nur scharf
x x ihm dann eigen	x x x auf des Schelmen Heuchlergered';
x x wird alles Gold,	x x wie sein Herz es meint,
x x x der Hort, den Fafnir hegte.	x x kann er Mime versteh'n;
	x x x so nützt' ihm des Blutes Genuß.

Zeilen mit zwei Hebungen sind durch Alliterationen paarweise verbunden: Der Hauptstab befindet sich auf der ersten Hebung jedes zweiten Halbverses, während die beiden Hebungen im vorangehenden Halbvers als Beistäbe behandelt werden, wobei einer oder beide mit dem Hauptstab alliterieren müssen. Bei Verszeilen mit drei Hebungen können zwei der Stäbe alliterieren. (Wagner unterscheidet die beiden Versarten typographisch.) Für alliterierende Zwecke können alle Vokale und Diphthonge untereinander reimen; ein H am Anfang wird außer acht gelassen. (In Parenthese ist zu erwähnen, daß Wagners Personen teilweise Leipzigerisch sprechen, weil Wagners sächsischer Dialekt nicht zwischen stimmhaften und stimmlosen Verschlußlauten unterscheidet. Die Frage der zweiten Norne, »Dämmert der Tag schon auf?«, deutet beispielsweise darauf hin, daß von den drei Nornen zumindest sie möglicherweise aus Leipzig stammt.)

Ettmüller sprach sich gegen zweifachen Stabreim und die Bildung von pseudo-archaischen Ausdrücken aus, aber Wagner hatte keine solchen Hemmungen. Tatsächlich brachte ihn die romantische Basis seiner Argumentation zu der Ansicht: Je nachdrücklicher der Stabreim und je archaischer die Sprache, desto »authentischer« sei der Text des *Rings* als Ausdruck von »rein menschlichen« Empfindungen. Deshalb wird der Stabreim ebenfalls, wenn auch in viel beschränkterem Maße, in *Tristan und Isolde* verwendet, denn auch hier ist es das Ziel Wagners, eine urtümlichere Form der Sage als diejenige zu schaffen, die von seiner unmittelbaren Quelle, Gottfried von Straßburg, überliefert worden war. Gottfrieds Hauptbeitrag zu der Erzählung bestand in einer Neubearbeitung der Tradition im Sinne der scholastischen *Artes*; Spuren dieser Rhetorik findet man auch in Wagners Text. Wortspiele (bereits ein Kennzeichen des *Rings*) kommen in Versen wie »Nun hör' wie ein *Held* / Eide *hält!*« vor; Oxymora verklären Isoldes Ausruf »O Freundesfeindin!« und König Markes Klage »du treulos treuester Freund«, und man trifft auf Personifikationen wie »Im Schweigen der Nacht / nur lacht mir der Quell'«. Mittelhochdeutscher Sprachgebrauch zeigt sich auf vielfältige Weise: Beim Vers »du wilde, minnige Maid« dachte Wagner sicherlich an das mittelhochdeutsche *wilt* = »fremd«, während »blöd« in der Wendung »Blöde Herzen« weniger mit der modernen Bedeutung als mit der Bedeutung im Mittelhochdeutschen »schwach, feige« zu tun hat. Die Tugenden der Ritterlichkeit schließlich werden in Worten wie diesen offenbar: »Von edler Art / und mildem Mut« (*milte* = »freigebig, gütig«), und: »wohin ist Tugend nun entfloh'n« (*tugent* = »männliche Tüchtigkeit«). Wie im *Ring* überwiegen Verse mit zwei und drei Hauptbetonungen.

Der Endreim löste den Anfangsreim in der deutschen Versdichtung im Laufe des 9. Jahrhunderts ab; Langverse mit vier Hauptbetonungen ersetzten die früheren Halbverse mit jeweils zwei Hauptbetonungen. Die Zahl der schwach betonten Silben blieb variabel, bis die Zwänge der klassischen Prosodie die metrische Regelmäßigkeit einführten, die es bis dahin nicht gab. Die frühere Versform – vier Hauptbetonungen und eine wechselnde Zahl von Silben mit Nebenbetonung – wurde im 15. und 16. Jahrhundert und erneut im 18. und 19. Jahrhundert wiederbelebt, vor allem durch Hans Sachs, durch Goethe im *Faust* und in *Hans Sachsens Poetischer Sendung* sowie durch Wagner in den *Meistersingern von Nürnberg*. (Der Fachausdruck dafür ist »Knittelvers«.) Wagners Nachahmung erstreckt sich auch auf die Barform, eine ursprünglich aus dem 12. Jahrhundert stammende Versform, die von den Meistersingern wiederbelebt wurde und bei der auf zwei metrisch gleiche Stollen, als Aufgesang bezeichnet, ein Abgesang folgt (siehe »Wagner-Glossar: Barform«, S. 243). (Strenggenommen kann der Bar der Renaissance drei, fünf, sieben oder mehr Strophen lang sein, aber für Wagner war dies immer ein dreiteiliges Versgebilde.)

Parsifal stellt weniger eine Nachahmung der Sprache Wolfram von Eschenbachs dar (auch wenn Wolframs berüchtigt dunkler Stil seine Spuren in Wagners komplizierten Satzgebilden hinterlassen hat) als eine Zusammenfassung aller früheren Stilmittel. Der Endreim wird nur sparsam verwendet (»R. spricht von seinen Versen, er habe noch keinen Reim gemacht; je natürlicher die Musik sei, um so unangebrachter sei der Endreim«; CT, 16. März 1877). Die Zahl der Hebungen im Vers bewegt sich zwischen zwei und fünf. Diese metrische Freiheit bringt den Text in die Nähe einer gesteigerten Prosa – eine Entwicklung, die nicht nur auf die romantische Ästhetik seiner frühen Opern zurückgreift, sondern auch auf die *vers libres* verweist, wie sie die französischen und englischen Dichter in den 70er und 80er Jahren des 19. Jahrhunderts pflegten.

Obwohl Wagner seine Textbücher – oder »Dichtungen«, wie er sie in der Regel nannte – vor der eigentlichen Aufführung und in einigen Fällen vor der Vertonung veröffentlichte, geschah dies nicht in der Absicht, sie als unabhängige dichterische Werke zu präsentieren; tatsächlich beklagte er sich häufig über eine derartige Einschätzung. Sein Ziel war es einfach, sein Publikum auf die spätere Aufführung vorzubereiten. Dies wurde um so notwendiger, als Wagner in Bayreuth die revolutionäre Neuerung einführte, während der Aufführung die Beleuchtung herunterzudrehen und so die Zuschauer daran zu hindern, während der Aufführung im Textbuch zu lesen, wie sie es in der Vergangenheit getan hatten. Folglich sollten die Textbücher Wagners nicht als Literatur beurteilt werden (obwohl bestimmte Passagen zweifellos dichterisch sind), sondern als integraler Bestandteil der musikalisch-dramatischen Synthese, auf die Wagner abzielte.

STEWART SPENCER

Kapitel XIII

Das musikalische Werk

Opern
Orchesterwerke
Chorwerke
Kammermusik
Werke für Solostimme und Orchester
Werke für Solostimme und Klavier
Klavierwerke
Geplante oder unvollendete Bühnenwerke
Editionen und Arrangements

Das musikalische Werk

Das maßgebliche *Wagner Werk-Verzeichnis* (an dem sich die folgenden Ausführungen orientieren) führt 113 Wagner-Werke auf – eine Tatsache, die diejenigen überraschen mag, die bei Wagner nur an dreizehn Opern und eine Handvoll anderer Werke denken. Es trifft zwar zu, daß eine große Zahl der nicht-dramatischen Werke von zweitrangiger Bedeutung und in der Tat von sehr unterschiedlicher Qualität ist; andererseits sind sie von mehr als nur peripherem Interesse, weil sie oft Rückschlüsse auf die kompositorischen Ambitionen Wagners zu verschiedenen Zeitpunkten seiner Laufbahn zulassen – Ambitionen, die man im allgemeinen beschönigte, indem man Wagner so präsentierte, wie er sich selbst sah: als Komponist, der die Beethovensche Tradition durch eine neu geschaffene Form, das Musikdrama, fortführen wolle, das die geistigen Bedürfnisse der Zeit in einzigartiger Weise darstellen könne.

Neben den Opern oder Musikdramen gibt es auch eine Reihe anderer Werke, darunter einige nie fertiggestellte; sie erlauben wichtige Rückschlüsse auf die Person Wagners als Künstler und Polemiker und bieten in einigen Fällen Musik von beträchtlichem Wert und Reiz. Die nicht-dramatischen Werke kann man in zwei Kategorien einteilen: die frühen Stücke, die der Vervollkommnung seiner kompositorischen Fähigkeiten dienten, und die Instrumental- und Vokalwerke, die er zu verschiedenen Zeitpunkten seines Lebens komponierte, manchmal zu speziellen Ereignissen oder als Auftragsarbeiten, bisweilen auch nur aus dem Wunsch, sich in einem anderen Medium auszudrücken.

Die Skizzen und Entwürfe für die geplanten und unvollendeten dramatischen Werke liefern eindrucksvolle Hinweise auf Projekte Wagners, die entweder keine endgültige künstlerische Ausdrucksform fanden oder in einem der größeren Werke aufgingen. In den Jahren um die Zeit der Dresdner Aufstände von 1848/49 beispielsweise sind vier verschiedene Versuche zu verzeichnen, ein befriedigendes Ausdrucksmittel für Ideen zu finden, die ihre endgültige Form im *Ring* erhielten: Das historische Thema *Friedrich I.* (Friedrich Barbarossa) wurde aufgegeben – wenn auch nicht ganz so rasch, wie Wagner später behauptete (siehe S. 351) – zugunsten des größeren Potentials, das der Nibelungenmythos enthielt; ein dreiaktiges Drama über die Gestalt des Achilles, das einen freien Helden und den Sieg der Menschlichkeit über die Götter zum Thema hatte, das fünfaktige Drama *Jesus von Nazareth* mit seinem Eintreten für eine neue Religion der Menschlichkeit und die »heroische Oper« *Wieland der Schmied* wurden alle im *Ring* »aufgehoben«. Der buddhistische Stoff der *Sieger*, der sich mit dem Konflikt zwischen Leidenschaft und Keuschheit befaßte, beschäftigte Wagner von der Mitte der 50er Jahre bis zum Ende seines Lebens, aber das Thema wurde in einem anderen Werk, dem *Parsifal*, abschließend behandelt.

Aufbau der Werkbeschreibungen

Die Beschreibungen der Opern sind folgendermaßen aufgebaut: Titel, WWV-Nummer (bezieht sich auf den Eintrag im *Wagner Werk-Verzeichnis*; siehe Auswahlbibliographie, »Kataloge/Bibliographien«), Bezeichnung der Oper mit Zahl der Aufzüge bzw. Akte und Hauptquelle des Stoffs, Zeit der Textverfertigung von der Konzeption bis zur Vollendung des Textbuchs, Zeit der Komposition der Musik von den ersten Skizzen bis zur Fertigstellung der Partitur, Ort und Tag der Uraufführung, Personenverzeichnis mit Angabe der Stimmfächer, Orchesterbesetzung, Schauplatz der Handlung und Inhaltsangabe. Diesen allgemeinen Angaben folgen Abschnitte über die literarischen Quellen, die Entstehungsgeschichte des Werks, seinen musikalischen Stil sowie gegebenenfalls andere Fassungen und Überarbeitungen.

Die Beschreibungen der nicht-dramatischen Werke unterscheiden sich geringfügig von Genre zu Genre, sind aber grundsätzlich so aufgebaut: Titel, WWV-Nummer, Besetzung (Stimmfächer und/oder Instrumente), Zeitdaten der Komposition und der Uraufführung, Anmerkungen.

Die Bezeichnung »fragm.« (= fragmentarisch) zeigt an, daß ein Werk unvollständig erhalten ist. »Wahrsch.« (= wahrscheinlich) bedeutet einen größeren Grad von Sicherheit als »?« (vermutlich). Wenn sich das Fragezeichen im letzteren Fall nicht erkennbar auf ein bestimmtes Detail der Zeitangabe oder einer anderen Information bezieht, muß die gesamte Information als fraglich angesehen werden.

Abkürzungen

A	Alt
arr.	arrangiert
B	Baß
Be	Becken
Bkl	Baßklarinette
Bpos	Baßposaune
Btp	Baßtrompete
Btu	Baßtuba
EnglHn	Englischhorn
Fg	Fagott
Fl	Flöte
fragm.	fragmentarisch
Gl	Glockenspiel
grTr	große Trommel
Hn	Horn
Kast	Kastagnetten
Kb	Kontrabaß
Kfg	Kontrafagott
Kl	Klarinette
Klav	Klavier
klTr	kleine Trommel
Ob	Oboe
Oph	Ophikleide
Orch	Orchester
Org	Orgel
Pik	Pikkoloflöte
Pk	Pauken
Pos	Posaune
rev.	revidiert (überarbeitet bzw. bearbeitet)
S	Sopran
S, A, T, B	Sopran, Alt, Tenor, Baß (Solostimmen)
SATB	Sopran, Alt, Tenor, Baß (Chorstimmen)
Serp	Serpent
T	Tenor
Tamb	Tamburin
Tp	Trompete
Tri	Triangel
Tu	Tuba
UA	Uraufführung
Va	Viola
Vc	Violoncello
Vl	Violine

Opern

Die zehn Opern vom *Fliegenden Holländer* bis zum *Parsifal* bilden den allgemeingültigen Kanon von Wagners Werken; sie sind die einzigen Opern, die bei den Bayreuther Festspielen aufgeführt werden und in das gängige Repertoire anderer Opernhäuser Eingang gefunden haben. Ihnen sind jedoch drei Opern vorausgegangen, die keineswegs bedeutungslos sind und deren gelegentliche Aufführungen zeigen, daß sie mehr sind als nur kurios und nur etwas weniger als Meisterwerke: *Die Feen* (1833/34), *Das Liebesverbot* (1834–36) und *Rienzi* (1837–40). Jedes dieser Frühwerke folgt unterschiedlichen stilistischen Prinzipien und Vorbildern – der deutschen romantischen Oper, der italienisch-französischen Oper und der Pariser Großen Oper – weil sich Wagner mit dem zweifachen Anspruch abmühte, sich einen Namen zu machen und einen überzeugenden persönlichen Stil zu prägen.

Ein völlig typischer, »Wagnerscher« Stil kommt in der Gruppe der folgenden drei sogenannten »romantischen Opern« zum Vorschein: *Der fliegende Holländer*, *Tannhäuser* und *Lohengrin*. In diesen Werken machen die traditionellen Formen der »Nummernoper« (Rezitativ, Arie, Chor usw.) nach und nach durchkomponierten Strukturen Platz; außerdem tritt eine Singstimme, die geschmeidiger geführt wird und empfänglicher für die Betonungen und expressiven Nuancen des Textes ist (Wagner schrieb seine Textbücher selbst), zunehmend in den Vordergrund. Die fortschrittlichen stilistischen Züge insbesondere des *Lohengrin* kennzeichnen diese Oper als »Übergangswerk« zu den voll ausgebildeten Musikdramen des *Rings* (tatsächlich werden *Der fliegende Holländer*, *Tannhäuser* und *Lohengrin* bisweilen als »Musikdramen« bezeichnet, eine Praxis, die von Wagner angeregt wurde, als er ihnen im Rückblick größere stilistische Übereinstimmung mit den späteren Werken zubilligte, als sie wirklich verdienen).

»Musikdrama« (siehe »Wagner-Glossar«, S. 250) ist der Begriff, mit dem Wagner ursprünglich die Werke ab dem *Rheingold* bezeichnete; später, in dem Aufsatz *Über die Benennung »Musikdrama«* von 1872, lehnte er den Ausdruck ab; dennoch blieb er weiterhin in Gebrauch. Die Komposition der vier Opern des *Rings* erstreckte sich über ein Vierteljahrhundert (1848–74); während dieser Zeit wurden auch *Tristan und Isolde* und *Die Meistersinger von Nürnberg* komponiert und aufgeführt. Die Anforderungen des *Rings* sollten nach Wagners Intention immer über die Möglichkeiten der herkömmlichen Theater hinausgehen. Nach vielen Jahren des Geldsammelns und der künstlerischen Vorbereitungen wurde die Tetralogie schließlich im eigens zu diesem Zweck erbauten Festspielhaus in Bayreuth inszeniert. Die einzigartigen akustischen Qualitäten des Festspielhauses hatte Wagner im Kopf, als er sein letztes Musikdrama, den *Parsifal*, schrieb.

Die Feen
WWV 32
Große romantische Oper in drei Akten, nach *La donna serpente* von Carlo Gozzi

Text: vermutlich Jan./Febr. 1833
Musik: 20. Febr. 1833 – 6. Jan. 1834; rev. Frühjahr 1834
UA: Königliches Hof- und National-Theater, München, 29. Juni 1888

Der Feenkönig	*Baß*
Ada ⎫	*Sopran*
Zemina ⎬ Feen	*Sopran*
Farzana ⎭	*Sopran*
Arindal, König von Tramond	*Tenor*
Lora, seine Schwester	*Sopran*
Morald, ihr Geliebter	*Bariton*
Gernot, im Dienste Arindals	*Baß*
Drolla, Loras Begleiterin	*Sopran*
Gunther, am Hofe von Tramond	*Tenor*
Harald, Feldherr im Heere Arindals	*Baß*
Die Stimme des Zauberers Groma	*Baß*
Ein Bote	*Tenor*
Die beiden Kinder Arindals und Adas	*stumme Rollen*

Feen, Gefährten Moralds, Volk, Krieger, Erdgeister, eherne Männer, unsichtbare Geister Gromas

Pik, 2 Fl, 2 Ob, 2 Kl, 2 Fg, 4 Hn, 2 Tp, 3 Pos, Pk, Harfe, Streicher
Auf/hinter der Bühne: 2 Fl, 2 Kl, 2 Tp, 4 Pos

Handlung
Arindal, Prinz von Tramond, der mit seinem Jäger unterwegs ist, wird in das Zauberreich von Ada – halb Fee, halb Sterbliche – entführt. Sie willigt ein, Arindals Frau zu werden unter der Bedingung, daß er acht Jahre lang nicht fragt, wer sie sei. Die Neugier überwältigt ihn schließlich, und als er die verbotene Frage stellt, verschwindet das Zauberreich. Morald und Gernot vom Königshof von Tramond finden Arindal in einer felsigen, wilden Einöde und überreden ihn, mit nach Hause zu kommen, wo er nach dem Tod seines Vaters König geworden ist und gebraucht wird, um den Feind zurückzuschlagen. Ada schickt Arindal zurück an seinen Hof; sie sehnt sich danach, sich als seine irdische Gemahlin wieder mit ihm zu vereinigen, aber ein »unseliges Los« bestimmt, daß sie bestraft wird, wenn sie einen Sterblichen heiratet. Sie läßt ihn schwören, daß er sie, was auch immer geschehen mag, nicht verfluchen werde. Er leistet den Schwur, erkennt aber nicht, daß ihre Wiedervereinigung davon abhängt, daß er eine Reihe von Leiden besteht, die ihm Ada selbst zufügen wird. Er scheitert und verflucht sie, weil er sein Unglück nicht mehr ertragen kann. Ada enthüllt nun alles und erzählt Arindal, daß sie dazu verurteilt sei, für hundert Jahre zu Stein zu werden (in Gozzis Geschichte verwandelt sie sich in eine Schlange). Arindal treibt die Verzweiflung in den Wahnsinn, aber als er Ada in das unterirdische Reich folgt, erweckt er sie schließlich wieder zum Leben, indem er singt und auf der Leier spielt. Sein Mut wird mit Unsterblichkeit belohnt. Er entsagt seinem irdischen Königreich und regiert fortan zusammen mit Ada im Feenreich.

Quelle
Für die Handlung der *Feen* verwendete Wagner eine *fiaba* des venezianischen Dramatikers Carlo Gozzi (1720–1806), *La donna serpente* (Die Frau als Schlange). Vier Personennamen übernahm er aus seinem früheren, unvollendeten Werk *Die Hochzeit* (siehe »Geplante oder unvollendete Bühnenwerke«, S. 350); diese Namen wiederum entstammten Dichtungen des Ossian und von anderen.

Musikalischer Stil
Die Musik der *Feen* wurzelt fest in der Tradition der deutschen Romantik (siehe auch »Musikgeschichtlicher Hintergrund und musikalische Einflüsse«,

S. 68 f.), in der Wagner von Kindheit an stand. In *Mein Leben* beschreibt er voller Begeisterung die Wirkung, die die gespenstische Stimmung von Webers *Freischütz* auf seine jugendliche Phantasie hatte; er machte sich damals auch mit der Partitur vertraut. Andere Weber-Opern folgten rasch. Als er im Januar 1833 Chordirektor am Theater in Würzburg wurde, gehörten die Opern von Weber und Marschner zu seinem Pensum. Marschners *Vampyr,* ein Musterbeispiel der Schauerromantik, war ein Vorbild für die *Feen,* was Wagner zumindest hinsichtlich des Genres anerkannte.

Weniger bereitwillig gab er die Ähnlichkeiten mit einem anderen Werk von Marschner zu: *Hans Heiling.* Doch den Einfluß dieser Oper sollte man nicht überbewerten. *Hans Heiling* hat mit den *Feen* das Thema der tragischen Liebe zwischen einem Sterblichen und einer Fee gemeinsam, aber dies war ein Thema, das bis in das Mittelalter zurückreicht und durch die Behandlung von Friedrich de la Motte Fouqué in seiner Novelle *Undine* (1811) – eine Geschichte, aus der E. T. A. Hoffmann 1816 eine Oper machte – zu einem festen Bestandteil der romantischen Imagination geworden war. Außerdem hatte Theodor Körner (1791 bis 1813) die böhmische Sage von Hans Heiling sowohl in einer Erzählung als auch in einem Gedicht behandelt. Die verhängnisvollen Folgen, wenn sich Sterbliche in Bewohner der Geisterwelt und umgekehrt verlieben, finden eine dramatische Form in mehreren späteren Werken Wagners, vor allem im *Fliegenden Holländer,* in *Tannhäuser* und *Lohengrin.* Am Abend vor seinem Tod sann Wagner über die Ähnlichkeit zwischen den »Undinen-Wesen, die sich nach einer Seele sehnen«, und seinen eigenen »Rheintöchtern« nach. Die *Feen* waren jedoch bereits im Entstehen begriffen, bevor Wagner *Hans Heiling* kennenlernte. Das Textbuch wurde im Januar und Februar 1833 geschrieben, und der erste Akt lag schon vollständig als Partitur vor, als Marschners Werk im Herbst desselben Jahres in Würzburg aufgeführt wurde. Zufällig fand die Uraufführung von *Hans Heiling* in Berlin am 24. Mai 1833 statt, am selben Tag, an dem Wagner den Gesamtentwurf des ersten Aufzugs beendete, aber es gibt keine Hinweise darauf, daß er das Werk gehört hätte, bevor es nach Würzburg kam. Hingewiesen wurde jedoch darauf (Warrack, 1979), daß Wagner in *Hans Heiling* fast mit Sicherheit die Möglichkeiten bestimmter technischer Mittel entdeckte, insbesondere »die Verwendung von Sequenzen ebenso wie von wiederholten Figuren, um Spannung zu erzeugen, den Effekt, ein Publikum direkt in das Zentrum eines Dramas einzutauchen, und eine gesteigerte dramati-

sche Verwendung der Orchestrierung«, während das Auftauchen der Bergkönigin zwei Jahrzehnte später im Hauptthema der Todesverkündigung *(Die Walküre)* einen Nachhall finden sollte.

Zwei grundlegende Topoi in den *Feen* sollten in späteren Werken Wagners wiederkehren: Erlösung und Frageverbot. Bemerkenswert ist jedoch, daß im frühen Werk eher der Mann als die Frau der Urheber der Erlösung ist und daß ihn menschliche Schwäche dazu treibt, die verbotene Frage zu stellen.

Die stilistische Sicherheit des zwanzigjährigen Komponisten zeigt sich in den *Feen* überzeugend in dem einfallsreichen Einsatz von herkömmlichen Formen wie Arie, Rezitativ, Romanze, Kavatine und verschiedenen Ensembles, z. B. Terzett, Quartett und Septett. Adas Kavatine im ersten Aufzug beispielsweise, »Wie muß ich doch beklagen«, verwendet eindringlich pochende Vorschlagsdissonanzen, um ihre Trauer beim Verlust Arindals auszudrücken. Das Schlußensemble im selben Aufzug, ein Septett, zu dem der ganze Chor hinzukommt, läßt mehrere Stimmen, die Arindals Schwur und die Krönung Adas zur Königin feiern, kunstvoll zusammenwirken.

Eine Ahnung von der weiteren Entwicklung Wagners vermitteln Szene und Arie »Weh' mir, so nah' die fürchterliche Stunde« im zweiten Aufzug (als sich Ada dafür entscheidet, lieber ihre Unsterblichkeit zu opfern als Arindal aufzugeben) sowie Szene und Arie »Halloh!« im dritten Aufzug, die Arindals Qualen beschreiben, als er aus Kummer über den Verlust Adas wahnsinnig geworden ist. Diese »Nummern« kombinieren Rezitativ, Arioso und Arie: eine Möglichkeit, die herkömmlichen Formen zu erweitern – ein Prinzip, das Wagner später zu einem logischen Höhepunkt brachte, indem er durchkomponierte Musikdramen schuf. Arindals Wahnsinnsszene gibt einen interessanten Vorgeschmack auf *Die Walküre,* wenn Arindal die Hunde bellen zu hören glaubt: Die wiederholten verminderten Septimen mit Acciaccaturen werden in der gleichen Weise im späteren Werk eingesetzt, als Sieglinde im zweiten Aufzug, Szene 3, ebenfalls ein Bellen zu hören glaubt. Arindals Lied zur Leier im dritten Aufzug, mit dem er Ada wiedergewinnt, ist ebenfalls beachtenswert, nicht zuletzt als Vorläufer von Walthers Preislied in den *Meistersingern von Nürnberg,* wo das »Happy-End« in ähnlicher Weise von der erfolgreichen Darbietung eines Musikstücks abhängt. Das komische Duett zwischen Drolla und Gernot im zweiten Aufzug schließlich steht der Tradition der Opera buffa und der Wiener Zauberposse (siehe »Musikgeschichtlicher Hintergrund und musikalische Einflüsse«, S. 69) näher als der deutschen romantischen Oper, ist aber trotzdem eine der am kunstreichsten komponierten Nummern in dem Werk. Wenn sich die Liebenden streiten, überschneiden sich ihre Gesangslinien, während sich Meinungsänderungen in überraschenden harmonischen Wendungen widerspiegeln. Die Instrumentierung ist treffend gewählt, so daß das ganze Duett von Witz und Einfallsreichtum überschäumt.

Wagners erster vollendeter Versuch in der von ihm gewählten Form profitiert bereits von mehreren Jahren der kompositorischen Übung. Die Oper ist zwar weit von einem Meisterwerk entfernt, aber auch wenn sie das Werk eines Lehrlings ist und sich stilistisch weithin auf Vorbilder stützt, offenbart sie doch viele originelle Züge; sie verdient zumindest eine gelegentliche Aufführung.

Das Liebesverbot oder Die Novize von Palermo
WWV 38
Große komische Oper in zwei Akten, nach *Measure for Measure* von William Shakespeare

Text: Prosaskizze Juni 1834, Textbuch Aug.–Dez. 1834
Musik: Jan. 1835–Anfang 1836
UA: Stadt-Theater, Magdeburg, 29. März 1836

Friedrich, ein Deutscher, in Abwesenheit des Königs Statthalter von Sizilien		*Baß*
Luzio	⎫ zwei junge Edelleute	*Tenor*
Claudio	⎭	*Tenor*
Antonio	⎫ ihre Freunde	*Tenor*
Angelo	⎭	*Baß*
Isabella, Claudios Schwester	⎫ Novizinnen im Kloster der Elisabethinerinnen	*Sopran*
Mariana	⎭	*Sopran*
Brighella, *Chef der Sbirren*		*Baßbuffo*
Danieli, *Wirt eines Weinhauses*		*Baß*
Dorella *früher Isabellas Kammermädchen*	⎫ in Danielis Diensten	*Sopran,*
Pontio Pilato	⎭	*Tenorbuffo*

Nonnen, Gerichtsherren, Sbirren, Einwohner jedes Standes von Palermo, Volk, Masken, ein Musikkorps

Pik, 2 Fl, 2 Ob, 2 Kl, 2 Fg, 4 Hn, 4 Tp, 3 Pos, Oph, Pk, grTr, Bk, Tri, Kast, Tamb, Streicher
Auf / hinter der Bühne: Glocken, Banda militare (2 Pik, 5 Kl, 4 Fg, 4 Hn, 6 Tp, 3 Pos, Oph, grTr, klTr, Be, Tri)

Ort der Handlung: Palermo im 16. Jahrhundert

Handlung
Der Statthalter Friedrich hat strenge Gesetze erlassen, die sittenloses Verhalten – sogar die Liebe, insbesondere die außereheliche – mit dem Tod bestrafen. Claudio wird als erster nach den neuen Gesetzen zum Tode verurteilt; seine Schwester Isabella, eine Novizin, läßt sich etwas widerwillig dazu überreden, persönlich beim Statthalter vorzusprechen. Es stellt sich heraus, daß Friedrich einmal mit Isabellas Mitnovizin Mariana verheiratet war, sie aber wegen seines politischen Ehrgeizes verstieß. Entgegen seiner eigenen Verfügung bietet er an, Claudio die Freiheit zu geben, wenn ihm Isabella ihre Gunst schenken würde. Isabella gibt vor, damit einverstanden zu sein, schickt aber Mariana, Friedrichs eigene Ehefrau, zur Verabredung: zum Karneval, der vom Statthalter ebenfalls verboten wurde. Friedrichs schlüpfrige Heuchelei wird entlarvt, ebenso der Bruch seines Versprechens, Claudio freizulassen. Obwohl er bereit ist, die Strafe dafür auf sich zu nehmen, läßt das Volk ihn gehen, und eine neue Zeit der uneingeschränkten Sinnlichkeit wird durch die Rückkehr des Königs eingeleitet.

Quellen
Zum *Liebesverbot* inspiriert wurde Wagner im Juni 1834, als er zusammen mit seinem Freund Theodor Apel einen lustvollen Sommerurlaub in Böhmen verbrachte. Unter dem Einfluß der radikalen literarisch-politischen Bewegung des Jungen Deutschland, das reaktionäre Moral und katholischen Mystizismus zugunsten sinnlicher Lebensfreude ablehnte, sprachen Wagner und Apel gutem Essen, Wein und anderen Annehmlichkeiten des Lebens zu. Zwei literarische Einflußmomente waren Heinrich Laubes *Das junge Europa*, eine Romantrilogie, deren erster Teil im Jahr zuvor erschienen war, und Wilhelm Heinses Roman *Ardinghello und die glückseligen Inseln,* der schon 1787 veröffentlicht worden war. Laube propagierte Freiheit im erotischen und politischen Bereich als zwei untrennbare Aspekte der gleichen idealistischen Vision; er setzte sich außerdem für religiöse Toleranz und nationale Befreiung, Gleichberechtigung der Frau und gleiche Rechte für Juden ein.
Laube, ein Freund Wagners, war einer der führenden

Köpfe des Jungen Deutschland, dessen Anhänger sich als Erben der Schriftsteller des Sturm und Drang in den 1770er Jahren mit ihrer Rousseauschen Begeisterung für Freiheit und Natur sahen. Der Verfasser des *Ardinghello*, Wilhelm Heinse (?1749–1803), wird mit der Sturm-und-Drang-Bewegung identifiziert; Ardinghello, der Held des Romans, ist ein universell gebildeter und tätiger Mensch nach dem Ideal der italienischen Renaissance. Er befürwortet die freie Liebe und läßt sich schließlich nach vielen Abenteuern mit seinen Anhängern auf den griechischen Inseln Naxos und Paros nieder; dort verbieten sie persönlichen Besitz und machen die Entfaltung verborgener Talente möglich.

Im Geiste dieser beiden Romane wählte Wagner Shakespeares *Measure for Measure (Maß für Maß)* als Vorlage für seine Oper, wobei er die Handlung nach Sizilien verlegte und nicht nur scheinheiligen Puritanismus, sondern die bürgerliche Moral per se zum Ziel seines Angriffs machte.

Musikalischer Stil

Während sich Wagner in den *Feen* auf die Vorbilder der deutschen Romantik gestützt hatte, die ihm von Jugend an vertraut waren, begann er im *Liebesverbot* die Prinzipien der Jungdeutschen zum Ausdruck zu bringen. In Laubes *Zeitung für die elegante Welt* hatte Wagner im Juni 1834 seinen ersten ästhetisch-kritischen Aufsatz veröffentlicht: *Die deutsche Oper*. Darin wandte er sich gegen das, was er als deutsche »unselige Gelehrtheit« bezeichnete, und pries statt dessen die Tugenden der Italiener mit ihrer Vorliebe für starke, charakter- und lebensvolle Melodielinien. Wagner sollte diese Idee 1837 prägnanter in seinem Aufsatz *Bellini* ausdrücken: »Gesang, Gesang und abermals Gesang, ihr Deutschen!« Als Ergebnis dieser veränderten Auffassung, soweit sie *Das Liebesverbot* betraf, faßte Wagner nunmehr italienische und französische Vorbilder, vor allem Bellini und Auber, ins Auge.

Was er diesen Vorbildern am offensichtlichsten verdankt, ist der leichte, spritzige Charakter der Musik – eine Eigenschaft, die in keiner der nachfolgenden Opern Wagners mehr zu finden ist. Italienischer Einfluß ist auch in den langen Finales (die beide gut konstruiert sind, auch wenn jenes im ersten Akt denn doch zu weitschweifig ist) und in der Verwendung der *banda* (einer Art Militärkapelle, die auf bzw. hinter der Bühne spielt) zu erkennen. Doch die Relevanz der deutschen Tradition darf keineswegs außer acht gelassen werden. Einige der herausstechendsten thematischen Ideen sind kraftvolle Motive mit Appoggiaturen, die typisch für Wagners spätere Werke sind, während es auch Anklänge an das »Dresdner Amen« (im Salve Regina der Nonnen im ersten Akt) und an Beethovens *Fidelio* gibt (eine auffällige Anspielung auf Leonores emphatisches »Töt' erst sein Weib!« am Höhepunkt der Gerichtsszene: »Erst hört noch mich«).

Zu den einprägsamsten Nummern dieses Werks gehören das Terzett (Isabella, Dorella und Luzio) im zweiten Akt, das auf reizvolle Weise den Geist von Luzios zwangloser Galanterie erfaßt, das Duett zwischen Isabella und Claudio, in dem der langsame Mittelteil den Sturz des Helden von seiner erhabenen Märtyrerebene darstellt, als er erkennt, daß er bei einem ruhmvollen Tod nicht die Freuden der Liebe erleben wird, sowie Szene und Arie Friedrichs (ebenfalls im zweiten Akt), in der der puritanische Tyrann mit dem menschlichen Herzen melodienreich mit seinem Gewissen kämpft.

Das Liebesverbot markiert die erste durchgehende Verwendung der Leitmotivtechnik bei Wagner. Das bedeutungsvollste unter den öfter wiederkehrenden Motiven ist das mit Friedrichs Liebesverbot verbundene, das gleich am Anfang der Ouvertüre erklingt (es beginnt mit warnendem Sprung nach unten und steigt dann über zwei Halbtöne wieder an). Einige der später auftauchenden Formen des Motivs deuten darauf hin, daß Wagner ein beträchtliches komisches Potential aus dieser Technik hätte schöpfen können, wenn er sich in seinen späteren Werken dafür entschieden hätte. Im Finale des ersten Akts beispielsweise klingt eine Form des Motivs ironisch in den Oboen und Klarinetten an, als Friedrichs steinernes Herz durch das beredte Flehen Isabellas um Gnade bewegt wird – von der Wärme ihres Atems ganz zu schweigen. Brighella, der großspurige Anführer der Sbirren, wird auf ähnliche Weise ein Opfer der Verlockungen der Liebe mitten in seinem »Verhör« Dorellas, in dem er ihr mit Strafe für die Überschreitung des neuen Gesetzes droht. Die munter trillernde Version des Motivs, das dabei zu hören ist, deutet auf amüsante Weise an, daß Brighellas Denken nicht unbedingt vom Liebesverbot bestimmt wird.

Frühe Aufführungen

Die Uraufführung des *Liebesverbots* am 29. März 1836 in Magdeburg war ein Fiasko, denn keiner der Sänger beherrschte seine Rolle. Ein heftiger Ehestreit hinter der Bühne, kurz bevor der Vorhang aufging, verhinderte die geplante zweite Aufführung. Weihnachten 1866 überreichte Wagner König Ludwig II.

die Partitur mit den Zeilen: »Ich irrte einst, und möcht' es nun verbüßen; / wie mach' ich mich der Jugendsünde frei? / Ihr Werk leg' ich demüthig Dir zu Füßen, / daß Deine Gnade ihm Erlöser sei.« Erst 1923 wurde *Das Liebesverbot* in Deutschland wieder aufgeführt.

Rienzi, der Letzte der Tribunen
WWV 49
Große tragische Oper in fünf Akten nach dem gleichnamigen Roman von Edward Bulwer-Lytton

Text: Prosaskizze Juni/Juli 1837, Textbuch abgeschlossen 5./6. Aug. 1838
Musik: 7. Aug. 1838–19. Nov. 1840; rev. 1843/44, 1847
UA: Königlich Sächsisches Hoftheater, Dresden, 20. Okt. 1842

Cola Rienzi, päpstlicher Notar	*Tenor*
Irene, seine Schwester	*Sopran*
Steffano Colonna, Haupt der Familie Colonna	*Baß*
Adriano, sein Sohn	*Mezzosopran*
Paolo Orsini, Haupt der Familie Orsini	*Baß*
Raimondo, päpstlicher Legat	*Baß*
Baroncelli, römischer Bürger	*Tenor*
Cecco del Vecchio, römischer Bürger	*Baß*
Der Friedensbote	*Sopran*

Ein Herold, Der Gesandte Mailands, Die Gesandten der lombardischen Städte, Der Gesandte Neapels, Die Gesandten Böhmens und Bayerns, römische Nobili und Trabanten, Anhänger der Colonna und Orsini, Priester und Mönche aller Orden, Senatoren, Bürger und Bürgerinnen Roms, Friedensboten

Pik, 3 Fl, 2 Ob, 3 Kl, 3 Fg, Serp, 4 Hn, 4 Tp, 3 Pos, Oph, Pk, grTr, klTr, Rührtrommel, Be, Tri, Tamtam, Harfe, Streicher
Auf/hinter der Bühne: Tp, Org, Glocken, Militärkapelle (3. Akt): 12 Tp, 6 Pos, 4 Oph, 10 klTr, 4 Rührtrommeln

Ort der Handlung: Rom um die Mitte des 14. Jh.

Handlung
1. Akt: Rienzis Schwester Irene wird von Paolo Orsini und seinen Anhängern entführt, als ihnen die Colonna, die Rivalen der Familie Orsini, entgegentreten. Adriano Colonna, der Irene liebt, versucht sie zu beschützen. Rienzis Ankunft beendet den Kampf. Rienzi wird gedrängt, die Macht zu übernehmen und in der Stadt für Ruhe und Ordnung zu sorgen. Er hat geschworen, seinen Bruder zu rächen, der von einem Colonna ermordet wurde. Adriano leistet Sühne für die Schuld seiner Familie, indem er ihm Treue gelobt. Im Gegenzug vertraut ihm Rienzi seine Schwester Irene an. Rienzi lehnt die Königskrone ab, willigt aber ein, Volkstribun zu werden.
2. Akt: In einem großen Saal im Kapitol feiern die jungen Patrizier den Erfolg ihrer Friedensmission in ganz Italien (Chor der Friedensboten). Die Colonna und Orsini, die das Gesetz genauso achten müssen wie das niedere Volk, verschwören sich gemeinsam gegen Rienzi. Dieser empfängt auswärtige Gesandte und beansprucht für die römischen Bürger das historische Recht, den deutschen Kaiser zu wählen.
In einem Ballett wird die Vereinigung des alten und des neuen Rom allegorisch dargestellt. Orsini will Rienzi einen Dolch in die Brust stoßen, aber sein Attentatsversuch wird durch Rienzis Panzerhemd vereitelt. Colonnas Männer haben inzwischen versucht, das Kapitol zu besetzen. Die Senatoren und das Volk fordern für die Verräter den Tod, doch Adriano und Irene bitten um Gnade für Colonna, und Rienzi vergibt den Adligen.
3. Akt: Schauplatz ist ein großer Platz auf dem antiken Forum. Die Nobili zetteln eine Verschwörung gegen Rienzi an, während sich Adriano quält, wem gegenüber er sich loyal verhalten soll. Rienzi führt eine Schlacht gegen die Adligen und kehrt triumphierend mit den Leichen von Orsini und Colonna zurück. Adriano verflucht Rienzi und schwört Rache.
4. Akt: Auf einem Platz vor der Laterankirche beschuldigt Baroncelli den Rienzi, eine Verbindung mit den Adligen zu suchen und dazu seine Schwester Irene anzubieten. Die Menge fordert Beweise für diesen Verrat. Adriano wirft seine Verkleidung ab und bestätigt den Vorwurf. Rienzi tritt vor die Verschwörer, aber Adriano zögert, ihn vor den Augen Irenes anzugreifen, während der Volkstribun die anderen Nobili durch seine rhetorischen Fähigkeiten auf seine Seite zieht. Als der päpstliche Legat Rienzis Exkommunikation verkündet, lassen ihn seine Anhänger im Stich.
5. Akt: In einer Halle im Kapitol betet Rienzi um Stärke und geht dann hinaus, um sich zu bewaffnen. Adriano versucht, Irene gewaltsam fortzubringen, aber sie weigert sich. Auf einem Platz vor dem Kapitol

will Rienzi zum Volk sprechen, doch es versucht ihn zu steinigen und legt Feuer. Adriano versucht, zu Irene zu gelangen, aber das brennende Gebäude stürzt ein und begräbt ihn ebenso wie Rienzi und Irene unter sich.

Quelle und Entstehung

Der Roman, den Wagner als Hauptquelle für *Rienzi* benutzte, war *Rienzi, the Last of the Tribunes* (Rienzi, der Letzte der Tribunen; nach dem 1835 erschienenen Erstdruck veröffentlichte Ausgaben trugen den Titel *Rienzi: the Last of the Roman Tribunes)* von Sir Edward Bulwer-Lytton. Wagner las ihn (in Bärmanns deutscher Übersetzung) im Sommer 1837 in Blasewitz bei Dresden und skizzierte sofort die Umrisse für eine Oper; die Idee dazu scheint von seinem Freund Apel gekommen zu sein. Auf diese kurze Skizze folgten ein Prosaentwurf und im Sommer ein Versentwurf. Nachdem Wagner eine Reihe von Kompositionsskizzen angefertigt hatte, machte er sich an einen fortlaufenden Kompositionsentwurf, dessen erste beide Akte er am 9. April 1839 abschloß. Danach folgte eine kurze Pause, als Wagner nach Paris reiste. Der dritte Akt wurde im Februar 1840 begonnen; das ganze Werk wurde als Entwurf im Oktober 1840 abgeschlossen, wobei die Ouvertüre zuletzt geschrieben wurde – zu einem Zeitpunkt, als Wagner bereits mit der Arbeit am *Fliegenden Holländer* begonnen hatte.

Musikalischer Stil

Die etwa zehnmonatige Unterbrechung in der Kompositionsarbeit führte zu einer erkennbaren stilistischen Veränderung im Werk. Die ersten beiden Akte ahmen ungeniert die Vorbilder der italienischen und französischen Großen Oper nach, wobei Wagner die Absicht hatte, alle früheren Beispiele an prachtvoller Extravaganz zu übertreffen. In den Akten 3 bis 5 hingegen wird ein neuer, fortschrittlicher Stil erkennbar, auf den er hinarbeitete und der in den späteren Musikdramen Früchte tragen sollte. Beispielsweise wird eine phantasievollere Methode der Textvertonung deutlich, die mit der strengen Unterscheidung zwischen Rezitativ und Arie bricht; außerdem beginnt das Orchester einen eher kommentierenden Part zu übernehmen. Dennoch gibt es Elemente der Großen Oper in beiden Teilen des Werks: in der spektakulären Dramaturgie (gewaltige Massenszenen, dramatische Exkommunikationen, einstürzende Gebäude und ähnliches mehr), im erhabenen Stil von Adrianos Szene und Arie »Gerechter Gott!« – die Wagner für die von ihm verehrte Sängerin Wilhelmine Schröder-Devrient schrieb – und

in der Fülle von Märschen, Prozessionen und Balletten.

Der Schwulst der Musik mag als Widerspiegelung des extravaganten zeremoniösen Prunks angesehen werden, den ein anonymer zeitgenössischer Biograph Rienzis als Grund für den Niedergang des Demagogen ansah. Ein Vorwurf der Selbstverherrlichung findet sich bei Bulwer-Lytton, Wagners unmittelbarer Quelle, nicht, doch hat die Oper unstreitig – bewußt oder instinktiv – eine aufgeblasene politische Rhetorik mehr als nur andeutungsweise erfaßt. Auch kann die Tatsache, daß einige der Masseneffekte nicht Teil der ursprünglichen Konzeption waren, sondern technische Unzulänglichkeiten kaschieren sollten, die faschistischen Tendenzen des Werkes nicht weginterpretieren: Je weniger die Demagogen zu sagen haben, desto lauter reden sie. *Rienzi* machte denn auch mächtigen Eindruck auf den jungen Adolf Hitler; über eine Aufführung des Werks 1906 in Linz erklärte er später: »In jener Stunde begann es.«

Trotz der Überlänge des Werks – laut *Mein Leben* dauerte die Uraufführung von sechs Uhr abends bis nach Mitternacht – war diese ein enormer Erfolg, wobei die Schröder-Devrient besonders beeindruckte. Doch Wagner war bewußt, daß er Kürzungen vornehmen mußte, wenn das Werk im Repertoire der Opernhäuser bleiben sollte. Eine gekürzte Fassung wurde getestet, auch wurde die Oper vollständig, aber auf zwei Abende verteilt, aufgeführt, wobei der erste Teil *Rienzis Größe* und der zweite *Rienzis Fall* hieß. Man kehrte dann wieder zu von Wagner unterschiedlich gekürzten Fassungen zurück. Nach dem Tod Wagners erstellten Cosima Wagner und Julius Kniese eine wenig authentische und wenig befriedigende Fassung, die die Grundlage für die meisten Aufführungen in diesem Jahrhundert bildete. Wahllos entfernten sie Elemente, die nach Großer Oper klangen, und versuchten, das Werk in ein »Proto-Musikdrama« umzuwandeln, mit der Folge, daß ein Teil der wirkungsvollsten Musik verlorenging. Die Schwierigkeit, eine vollständige, »authentische« Fassung zu erstellen (zumal der Komponist selbst seine Meinung dazu wiederholt änderte), wird dadurch noch größer, daß von der Handschrift nie eine gedruckte Partitur ohne Streichungen angefertigt wurde und die Handschrift mit Hitler unterging, in dessen Besitz sie war. Eine solche Ausgabe wurde jedoch für eine Studioaufnahme der BBC (gesendet 1976) angefertigt; außerdem wurde in den Sämtlichen Werken eine kritische Ausgabe der Partitur veröffentlicht (1974–77).

Der fliegende Holländer
WWV 63
Romantische Oper in drei Aufzügen, nach *Aus den Memoiren des Herren von Schnabelewopski* von Heinrich Heine
Text: Erster Prosaentwurf 2.–6. Mai 1840, Textbuch 18.–28. Mai 1841
Musik: Beginn der Arbeit Mai–Juli 1840, Partitur beendet Nov. 1841; rev. 1846, 1852, 1860
UA: Königlich Sächsisches Hoftheater, Dresden, 2. Jan. 1843

Daland, ein norwegischer Seefahrer	*Baß*
Senta, seine Tochter	*Sopran*
Erik, ein Jäger	*Tenor*
Mary, Haushälterin Dalands	*Alt*
Der Steuermann Dalands	*Tenor*
Der Holländer	*Baßbariton*

Norwegische Matrosen, die Mannschaft des fliegenden Holländers, Mädchen

Pik, 2 Fl, 2 Ob, EnglHn, 2 Kl, 2 Fg, 4 Hn, 2 Tp, 3 Pos, Oph, Pk, Streicher
Auf/hinter der Bühne: 3 Pik, 6 Hn, Tamtam, Windmaschine

Ort der Handlung: Die norwegische Küste

Handlung
Die Sturmmusik der Ouvertüre leitet in den ersten Akt über. Dalands Schiff hat Anker geworfen, um einen Sturm abzuwarten. Der Steuermann, der Wache hat, als der Sturm nachläßt, schläft ein. Der Sturm fängt erneut zu toben an, und das Schiff des Fliegenden Holländers mit seinen blutroten Segeln kommt in Sicht. Der Holländer erzählt von seinem Schicksal: Es sei ihm erlaubt, alle sieben Jahre einmal an Land zu gehen, um Erlösung von einem (noch nicht benannten) Fluch zu suchen. Der Holländer bietet Daland riesige Schätze, wenn er ihm eine Nacht lang Gastfreundschaft gewähren würde. Daland, der seinen Ohren nicht traut, freut sich nicht nur über seinen künftigen Reichtum, sondern auch über das Interesse des wohlhabenden Fremden an seiner Tochter Senta, und macht sich mit ihm auf den Weg nach Hause.
2. Akt: In Dalands Haus sitzen, von Mary, der Haushälterin Dalands und Amme Sentas, veranlaßt, Mädchen um den Kamin und spinnen, um ihren Liebsten zu gefallen, die draußen auf dem Meer sind. Senta jedoch starrt nur auf ein Bild an der Wand, das einen bleichen Mann mit dunklem Bart in schwarzer, spani-

scher Kleidung zeigt. Sie singt die Ballade vom Fliegenden Holländer (in der man erfährt, daß er wegen eines blasphemischen Schwurs verdammt wurde) und schwört, ihn zu erlösen.
Erik, der Senta liebt, tritt ein; er ist entsetzt über ihren Gefühlsausbruch. Er erzählt ihr von einem Traum, in dem ihr Vater einen Fremden mit nach Hause gebracht habe, der dem Seemann auf dem Bild ähnlich gewesen sei. Voller Verzweiflung stürzt er hinaus und läßt Senta zurück, die gedankenversunken weiter das Bild betrachtet. Als ihr Vater mit dem Holländer erscheint, erkennt Senta in ihm tatsächlich den Mann auf dem Bild, und sie gesteht ihm ihren Wunsch, ihn erlösen zu wollen. Er warnt sie vor dem Schicksal, das ihr drohe, wenn sie ihren Treueschwur nicht halten könne. Sie gelobt ihm Treue bis in den Tod. Daland kommt zurück und fragt, ob das Fest der Heimkehr mit einer Verlobung verbunden werden könne. Senta bekräftigt ihr Treuegelöbnis.
3. Akt: Meeresbucht mit felsigem Gestade. Auf dem norwegischen Schiff feiern die Matrosen ihre Heimkehr, während das holländische Schiff daneben unnatürlich dunkel und totenstill ist. Die Norweger tanzen und stampfen mit den Füßen im Takt der Musik. Die Mädchen bringen Körbe mit Essen und Getränken und fordern die holländische Schiffsbesatzung auf mitzufeiern, doch alle Rufe bleiben unbeantwortet. Halb im Scherz erinnern die Norweger an die Legende vom Fliegenden Holländer und feiern noch ausgelassener. Um das holländische Schiff herum kommt ein Sturm auf, und seine Mannschaft stimmt einen gespenstischen Gesang an.
Senta erscheint, gefolgt von Erik, der sie daran erinnert, daß sie ihm einst ewige Treue gelobt habe. Der Holländer, der sie ungesehen belauscht hat, ist tief verletzt und will auf sein Schiff zurückkehren. Er erzählt Senta von seinem schrecklichen Schicksal; er will sie vor einem ähnlichen Schicksal bewahren und entläßt Senta aus ihrem Treuegelöbnis. Er geht an Bord, aber Senta, die ihre Bereitschaft beteuert, ihn durch ihre Treue zu erlösen, stürzt sich ins Meer. Sogleich versinkt das Schiff des Holländers mit der gesamten Mannschaft. Das Meer türmt sich auf und zieht sich wieder zurück, der Holländer und Senta entsteigen in verklärter Gestalt den Fluten.

Quellen
Wagners hauptsächliche Quelle für seine Oper über die Geschichte des Fliegenden Holländers war Heinrich Heines Fassung der Legende in *Aus den Memoiren des Herren von Schnabelewopski*, veröffentlicht 1834.

Es handelte sich dabei um eine deutsche Überarbeitung eines französischen Textes, der im Jahr vorher in den *Tableaux de voyages* erschienen war (seine ursprüngliche Kurzfassung war 1826 in den *Reisebildern* erschienen). Aber Heines erweiterte Version ist von beißender Ironie und von beträchtlicher Frauenfeindlichkeit. Sie erzählt, wie der verfluchte Schiffskapitän bis zum Jüngsten Tag auf dem Meer umherirren muß, wenn ihn nicht die Treue einer Frau errettet. »Armer Holländer! Er ist oft froh genug, von der Ehe selbst wieder erlöst und seine Erlöserin loszuwerden, und er begibt sich dann wieder an Bord.« Am Ende, nachdem die »Frau fliegende Holländerin« ihren erlösenden Sprung von einer Klippe in das Meer getan hat, hängt Heine die zynische, antiromantische Moral an, daß Frauen »sich in acht nehmen müssen, keinen fliegenden Holländer zu heuraten; und wir Männer ersehen aus diesem Stücke, wie wir durch die Weiber, im günstigsten Falle, zugrunde gehn« – vermutlich, indem sie den Wanderer durch eine Heirat an sich ketten, die er in Wirklichkeit gar nicht will.

Über Heines eigene Quellen kann man nur spekulieren. Die Legende scheint im 18. Jahrhundert entstanden zu sein, als England auf dem Meer herrschte: England hatte zwischen 1652 und 1674 drei ergebnislose See- und Kolonialkriege gegen die holländischen Republiken geführt, und die Scharmützel, die aus Handelsstreitigkeiten resultierten, mögen solche Seemannsgeschichten hervorgebracht haben, die von Generation zu Generation weitergegeben wurden.

Doch erst zu Beginn des 19. Jahrhunderts erhielt die Legende vom Fliegenden Holländer in verschiedenen englischen und deutschen Versionen eine literarische Form. Ein Gedicht von Thomas Moore (1779–1852) spielt auf einen Aberglauben unter Seeleuten an, nach dem es ein »Fliegender Holländer« genanntes Geisterschiff gibt. Sir Walter Scotts Piratenballade *Rokeby* (1813) bezieht sich auf einen »wohlbekannten seemännischen Aberglauben, der ein phantastisches Schiff betrifft, das von den Seeleuten der Fliegende Holländer genannt wird und auf der Höhe des Kaps der Guten Hoffnung zu sehen sein soll. Es unterscheidet sich von allen irdischen Schiffen dadurch, daß es sämtliche Segel gesetzt hat, wenn alle anderen Schiffe wegen der Stärke des Winds keinen Zoll Segeltuch zeigen können.« Die Legende taucht auch in zeitgenössischen deutschen Quellen auf, darunter *Der ewige Segler* (1812) von H. Schmidt und *Das Geisterschiff* (1832) von Joseph Christian Freiherr von Zedlitz, sowie in einer Reihe von Volksmärchen Wilhelm

Hauffs, die fast mit Sicherheit sowohl Heine wie auch Wagner vertraut waren.

Wagner gab seinem Holländer nie einen Namen, aber er hatte einen, und zwar in einer wichtigen schottischen Quelle mit dem Titel *Vanderdecken's Message Home; Or, The Tenacity of Natural Affection,* die 1821 in der Mai-Ausgabe von Blackwoods *Edinburgh Magazine* abgedruckt wurde. Die Geschichte, die anonym veröffentlicht wurde, aber einem gewissen John Howison zugeschrieben wird, berichtet vom Auftauchen des Gespensterschiffs, das »wild vor dem Wind kreuzt, alle Segel gesetzt«, und von dem vergeblichen Versuch eines Mitglieds seiner Mannschaft, einige Briefe an schon längst tote Verwandte an Land loszuwerden. (Dieses Motiv der Weitergabe von Briefen wird von Wagner, obwohl es in vielen Versionen der Legende von großer Bedeutung ist, auf ein unbedeutendes Detail verkürzt.)

Während es keine Hinweise darauf gibt, daß Wagner die Fassung Howisons aus erster Hand kannte, bestehen bemerkenswerte Parallelen zwischen der Blackwood-Erzählung und der von Heine. Es hat deshalb den Anschein, als habe sich Heine auf Howison gestützt; er verwertete außerdem verschiedene Erzählungen, die von Seeleuten und Fischern überliefert worden waren, und reicherte die Geschichte mit Elementen aus seiner eigenen Phantasie an. Gelegentlich wurde die Vermutung geäußert, daß Heine auch Edward Fitzballs Stück *The Flying Dutchman; or The Phantom Ship* verarbeitet habe. Aber das ist höchst unwahrscheinlich: Das Stück ist eine belanglose Farce, wie das Vorwort des Verlegers deutlich macht, das dem Verfasser zu einem Stück gratuliert, das »Frohsinn und Mondschein, Mord und Heiterkeit, Feuer und Spaß so glücklich vereint«. Außerdem wurde das Stück im Adelphi Theatre in London eine Woche vor dem Eintreffen Heines 1827 in England zum letzten Mal gegeben; und es wurde allem Anschein nach erst zwei Jahre später veröffentlicht.

Entstehung

Die Sage vom Fliegenden Holländer enthielt für Wagner eine tiefe mythische Bedeutung. Die Hauptfigur war, wie er vermerkte, bereits in der griechischen Mythologie in Odysseus, der sich nach Heimat und Frau zurücksehnt, und in der christlichen Tradition in der Gestalt Ahasvers, des Ewigen Juden (mit dem sich auch Wagner selbst identifizierte), verkörpert. Die Möglichkeit einer Erlösung des gequälten Wanderers durch die selbstlose Liebe einer Frau übte einen besonderen Reiz auf Wagner aus. Tatsächlich identifizierte er sich so sehr mit der Geschichte, daß sein Bericht über die Entstehungsgeschichte des Werks in *Mein Leben* davon beeinflußt wurde. So beschreibt er die stürmische Überfahrt von Riga nach London an Bord der *Thetis* im Juli und August 1839 und die Rufe der Schiffsbesatzung, die von den Granitwänden des norwegischen Fjords zurückgeworfen wurden, als grundlegend für die Entstehung des *Holländers:* »Der kurze Rhythmus dieses Rufes haftete in mir wie eine kräftig tröstende Vorbedeutung und gestaltete sich bald zu dem Thema des Matrosen-Liedes in meinem ›Fliegenden Holländer‹, dessen Idee ich damals schon mit mir herumtrug und die nun unter den soeben gewonnenen Eindrücken eine bestimmte poetisch-musikalische Farbe gewann.«

Die Wahrheit ist, daß die Oper ursprünglich überhaupt nicht in Norwegen, sondern in Schottland angesiedelt war. Erik und Daland hießen Georg bzw. Donald (oder der Schotte), während Senta in der Prosaskizze den Namen Anna trug (und nicht, wie manchmal behauptet, Minna). Die Veränderung des Schauplatzes, die erst ein paar Wochen vor der Uraufführung der Oper vorgenommen wurde, als schon Proben stattfanden, war zweifellos teilweise durch den Wunsch begründet, das autobiographische Element zu verstärken. Aber gleichzeitig erlaubte die Veränderung Wagner, sich von Heines Fassung, die ebenfalls in Schottland angesiedelt war, abzusetzen und – vielleicht dringlicher noch – von der Opernversion von Pierre-Louis Dietsch (mit einem Libretto von Paul Foucher und Bénédict-Henry Révoil), die durch einen unglücklichen Zufall im selben Monat (November 1842) auf die Bühne der Pariser Oper kam, als in Dresden die Proben für den *Holländer* begannen. (Entgegen der populären Auffassung trifft es jedoch nicht zu, daß die Librettisten von Dietsch ihre Handlung auf Wagners Szenarium aufbauten; siehe dazu »Mythen und Legenden«, S. 142 f.) Nachdem Wagner im Mai 1841 in Meudon (bei Paris) seine Dichtung für die Oper geschrieben hatte, wandte er seine Aufmerksamkeit der Vertonung zu und stellte bis zum 22. August einen vollständigen Entwurf und bis zum 19. November die Partitur fertig. Aber drei für das Werk entscheidende Nummern, Sentas Ballade, der Chor der norwegischen Matrosen und der Chor der Mannschaft des Holländers, waren schon vorher komponiert worden, vermutlich zwischen dem 3. Mai und dem 26. Juli 1840, d. h. zwischen dem Zeitpunkt, als Wagner an Meyerbeer schrieb, er wolle dem berühmten Librettisten Eugène Scribe seine Prosaskizze für das Werk schicken, und dem Tag, an dem

er bekanntgab, die drei Stücke lägen für eine Singprobe bereit. Möglicherweise wurden einige Ideen für die Musik tatsächlich in den Monaten nach der Reise auf der *Thetis* notiert, doch gibt es keine handfesten Hinweise dafür.

Musikalischer Stil

Eine der auffälligsten Nummern des Werks ist die Ballade der Senta im 2. Akt; sie beginnt mit dem gleichen erregenden Streichertremolo aus leeren Quinten, das auch die Ouvertüre eröffnet, und mit dem Hornrufmotiv des Holländers, das zuerst stampfend in den tiefen Instrumenten und dann in der Singstimme zu hören ist. (Der erregende Effekt dieser Eröffnung wird in der heute vertrauten Fassung dadurch verstärkt, daß die Tonart ohne Vorbereitung von A-Dur zu g-Moll wechselt. Doch ursprünglich war die Ballade in a-Moll geschrieben und wurde von Wagner für Wilhelmine Schröder-Devrient tiefer transponiert, die die Rolle kreierte.) Der strophische Aufbau von Sentas Ballade verankert das Stück fest in der Operntradition des frühen 19. Jahrhunderts mit ihrer Zwischenschaltung von erzählenden Liedern; es gibt sogar eine direkte Verbindung zu dem von Emmy gesungenen Lied in Marschners *Der Vampyr*, den Wagner 1833 in Würzburg einstudiert hatte.

So wichtig Sentas Ballade auch sein mag: Wagners Bemerkung, die er ein Jahrzehnt nach der Komposition des Werks in *Eine Mitteilung an meine Freunde* machte, daß nämlich die gesamte Oper sich aus dem »thematischen Keim« der Ballade entwickelt hätte, sollte als das angesehen werden, was sie ist: ein nachträglicher Versuch, den *Fliegenden Holländer* als Vorform eines durchkomponierten Musikdramas vorzustellen, nicht als altmodische Nummernoper. Es stimmt zwar, daß Elemente der Ballade in einigen der anderen zentralen Nummern des Werks auftauchen, z. B. im Monolog des Holländers, in Eriks Traumerzählung, im Duett Senta – Holländer sowie im Finale. Es trifft auch zu, daß eine melodische Idee, die man als »Erlösungsmotiv« bezeichnen könnte (in der Ballade mit den Worten »Ach! möchtest du, bleicher Seemann, sie finden!« gesungen) an anderen Stellen im Werk wiederkehrt. Aber solche Formen der Wiederkehr sind weit entfernt von der strukturellen Organisation, die den *Ring* kennzeichnet, wo eine große Zahl von Leitmotiven einer systematischen Ausarbeitung in großem Rahmen unterworfen wird.

Auch wenn *Der fliegende Holländer* noch kein durchkomponiertes Musikdrama ist, so ist er doch auch keine »Nummernoper« im althergebrachten Sinne mehr. Die deutsche romantische Oper ging in den ersten Jahrzehnten des 19. Jahrhunderts von der Unterteilung in Nummern mit verbindenden Rezitativen allmählich ab. Wagner trieb diesen Prozeß mit seinem *Holländer,* der genauer als »Szenenoper« bezeichnet werden könnte, voran, insofern als die einzelnen Aufzüge kleine Gruppen von miteinander verbundenen Nummern enthalten: Nr. 4 beispielsweise wird als »Lied, Szene, Ballade und Chor« bezeichnet. Chorensembles waren aus dem *Holländer* noch nicht verbannt, wie es in Wagners reifen Musikdramen der Fall sein sollte – zumindest theoretisch, denn die verbliebenen wurden dort nahtlos in die musikalische Textur verwoben. Der Chor der Matrosen, der den ersten Aufzug beendet, und der Chor der Spinnerinnen, der den zweiten Aufzug eröffnet, treiben die Handlung kaum voran und sind auch nicht fugenlos in die Struktur integriert. Andererseits ist der erweiterte Chor im dritten Aufzug »fortschrittlicher«. Die rivalisierenden Ensembles der heiteren Norweger und der erschreckend geisterhaften Mannschaft des Holländers werden einander gegenübergestellt und überlagern sich zum Schluß mit wunderbar theatralischer Wirkung, wobei ihr Kampf um die Vorherrschaft kraftvoll den das gesamte Werk durchdringenden Kampf zwischen den Sphären des Weltlichen und des Teuflischen widerspiegelt.

Ein besonders auffälliges Merkmal der Partitur ist der Kontrast zwischen der »äußeren«, öffentlichen Welt von Daland, Erik, den norwegischen Matrosen und den Mädchen einerseits und andererseits der »inneren« Welt der Vorstellung, in der Senta und der Holländer leben. Die äußere Welt ist durch traditionelle Formen und Harmonien gekennzeichnet; die regelmäßigen, zweitaktigen Phrasen in Eriks Kavatine im dritten Aufzug sind ein extremes Beispiel dafür. Die innere Welt dagegen versucht häufig, sich von den Zwängen einer regelmäßigen periodischen Struktur zu befreien: Der Monolog des Holländers im ersten Akt kommt diesem Ziel am nächsten. Die einzige bemerkenswerte Ausnahme von dieser Dichotomie ist Eriks Traumerzählung, »Auf hohem Felsen«, wo unregelmäßige, bruchstückhafte Phrasen eine entsprechend traumähnliche Atmosphäre heraufbeschwören. (Siehe auch »Musikgeschichtlicher Hintergrund und musikalische Einflüsse«, S. 78–80.)

Fassungen
Um die Chancen zu verbessern, daß sein Werk in der Pariser Oper (als »Vorprogramm« zu einem Ballett) aufgeführt wird, entwarf Wagner den *Holländer* ur-

sprünglich als Einakter. (Die Behauptung in *Mein Leben,* daß er sich »ohne alles jetzt mich anwidernde Opernbeiwerk« auf die wesentlichen dramatischen Umstände konzentrieren wollte, klingt wie eine nachträgliche Rationalisierung.) Aber als er die Musik schrieb, hatte die Opéra seinen Vorschlag bereits abgelehnt; deshalb entwickelte er eine dreiaktige Anlage, die ohne Pause gespielt werden sollte. Als er dann, einige Zeit nach Ende Oktober 1842, seine Partitur von der Berliner Oper zurückverlangte (und möglicherweise einen Ratschlag von dieser Seite befolgend), arbeitete er sie zu drei getrennten Aufzügen um – die Form, in der das Werk in Dresden aufgeführt und später veröffentlicht wurde. Als Cosima Wagner das Werk in Bayreuth 1901 einführte, entschied sie sich für eine Aufführung in einem einzigen Aufzug, um es stärker als Proto-Musikdrama zu präsentieren. Sowohl die fortlaufende Fassung wie auch die in getrennte Akte unterteilte Version haben somit einigen Anspruch auf Authentizität.

Überarbeitungen
Von der Uraufführung bis zu seinem Lebensende beschäftigte sich Wagner mit der Partitur des *Fliegenden Holländers.* 1846 überarbeitete er die Instrumentierung für eine geplante Aufführung in Leipzig (die nicht stattfand), mit dem Ziel, das Übergewicht der Blechbläser zu vermindern, das er von der französischen Großen Oper übernommen hatte. Einschneidendere Überarbeitungen waren 1852 für Aufführungen in Zürich und Weimar beabsichtigt, doch gab sich Wagner schließlich mit Änderungen in der Instrumentation und einem verbesserten Schluß der Ouvertüre zufrieden und erklärte die Leipziger Fassung von 1846 in den übrigen Teilen als authentisch. 1860, als die Ouvertüre in Pariser Konzerte aufgenommen wurde, veränderte er ihre Coda und paßte entsprechend den Schluß der gesamten Oper an; diese Umgestaltung stammt nicht, wie manchmal behauptet wird, aus dem Jahr 1852. Die Überarbeitung von 1860 mit ihren verfeinerten, komplizierteren Texturen spiegelt Wagners Beschäftigung mit *Tristan* wider (siehe Abraham, 1968 und Vetter, 1979 und 1982).

Tannhäuser und der Sängerkrieg auf Wartburg
WWV 70
Große romantische Oper in drei Akten

Text: Erster Prosaentwurf 28. Juni – 6. Juli 1842, Textbuch abgeschlossen Anfang April 1843

Musik: fragmentarische und vollständige Gesamtentwürfe Sommer/Herbst 1843 – Dez. 1844, Partitur abgeschlossen am 13. April 1845; rev. 1845, 1847, 1851, 1860/61, 1865, 1875
UA: Königlich Sächsisches Hoftheater, Dresden, 19. Okt. 1845

Herrmann, Landgraf von Thüringen	*tiefer Baß*
Tannhäuser	*Tenor*
Wolfram von Eschinbach	*hoher Baß*
Walther von der Vogelweide	*Tenor*
Biterolf	*Baß*
Heinrich der Schreiber	*Tenor*
Reinmar von Zweter	*Baß*
Elisabeth, Nichte des Landgrafen	*Sopran*
Venus	*Sopran*
Ein junger Hirt	*Sopran*
Vier Edelknaben	*Sopran, Alt*

Thüringische Ritter, Grafen und Edelleute, Edelfrauen, ältere und jüngere Pilger, Sirenen, Najaden, Nymphen, Bacchantinnen.
In der Pariser Fassung zusätzlich: Die drei Grazien, Jünglinge, Amoretten, Satyre und Faune.

Pik, 3 Fl, 2 Ob, 2 Kl, Bkl, 2 Fg, 2 Ventil-Hn, 2 Wald-Hn, 3 Ventil-Tp, 3 Pos, Btu, Pk, grTr, Be, Tri, Tamb, Kast (Pariser Fassung), Harfe (4 Harfen in der Pariser Fassung), Streicher
Auf/hinter der Bühne: EnglHn, 2 Pik, 4 Fl, 4 Ob, 6 Kl, 6 Fg, 12 Hn, 12 Tp, 4 Pos, Tri, Be, Tamb

Ort der Handlung: Thüringen, Wartburg, zu Anfang des 13. Jahrhunderts

Dresdner und Pariser Fassung

Das *Wagner Werk-Verzeichnis* (Deathridge, Geck und Voss, 1986) unterscheidet vier »Stadien« des Werks: 1. die Originalfassung, wie sie bei der Premiere 1845 in Dresden aufgeführt wurde; 2. die 1860 von Meser veröffentlichte Ausgabe, die zwischen 1847 und 1852 vorgenommene Veränderungen (vor allem im Schluß) aufnahm; 3. die (nicht veröffentlichte) Fassung von 1861, die im selben Jahr an der Pariser Opéra aufgeführt wurde; und 4. die unter Wagners Aufsicht 1875 in Wien aufgeführte Fassung, die nach 1861 vorgenommene Überarbeitungen (Klavierauszug 1876, Partitur 1888) enthielt. Es gibt jedoch keinen Grund, die griffigen traditionellen Bezeichnungen »Dresdner Fassung« (d.h. Nr. 2) und »Pariser Fassung« (Nr. 4) aufzugeben, vorausgesetzt man behält im Gedächtnis, daß mit diesen Bezeichnungen nicht das gemeint ist, was tatsächlich 1845 in Dresden und 1861 in Paris zu hören war, sondern die revidierten Ausgaben dieser Aufführungen. Die Hauptunterschiede zwischen den beiden Fassungen werden in der nachfolgenden Inhaltsangabe vermerkt; die Pariser Varianten findet man in der Dover-Partitur.

Handlung

Eine der Hauptänderungen für Paris ist die Erweiterung des Beginns der Oper, des Bacchanals im Venusberg (den Wagner und andere mit dem Hörselberg in Thüringen gleichsetzten). In der ursprünglichen Fassung waren eine Grotte mit badenden Najaden, liegenden Sirenen und tanzenden Nymphen verlangt. Venus sollte in rosarotem Licht auf einem Lager ausgestreckt liegen, während Tannhäuser vor ihr kniet und seinen Kopf in ihrem Schoß hat. Von Bacchantinnen angefeuert, erreichen die Tänzer und Tänzerinnen einen orgiastischen Höhepunkt. Die Pariser Fassung fügt die drei Grazien und Amoretten hinzu, während Satyrn und Faune in wilder Ekstase die Nymphen jagen. Die Amoretten beenden auf Veranlassung der Grazien das Getümmel, indem sie von oben einen Hagel von Liebespfeilen auf alle schießen. Das Pariser Bacchanal ist sowohl länger als auch ausschweifender.

Tannhäuser, der sinnlichen Vergnügungen des Venusbergs überdrüssig, bittet Venus, ihn ziehen zu lassen; schließlich gibt sie nach. Als Tannhäuser die Jungfrau Maria anruft, verschwinden Venus und ihr Reich augenblicklich. Tannhäuser findet sich in einem von der Sonne erhellten Tal vor der Wartburg. Eine Schar Pilger zieht vorbei; während Tannhäuser ein Dankgebet singt, tauchen der Landgraf und die Sänger auf. Als sie Tannhäuser erkennen, begrüßen sie ihn freundlich. Tannhäuser willigt ein, sich ihnen anzuschließen.

2. Akt: Elisabeth begrüßt freudig bewegt die Sängerhalle auf der Wartburg, die sie während der Abwesenheit Tannhäusers nicht mehr betreten hatte. Tannhäuser und Elisabeth feiern ihr Wiedersehen. Im Burghof ertönen Trompeten, die die Ankunft der Gäste (Ritter, Grafen mit Edelfrauen und Gefolge) für den Sängerwettstreit ankündigen. Der Landgraf preist die Kunst des Liedes und fordert die Sänger auf, ihre Kunstfertigkeit zu zeigen und das Wesen der Liebe zu besingen. Der Sieger soll seinen Preis aus Elisabeths Händen empfangen. Wolfram benutzt das Bild eines »Wunderbronnens«, um die Reinheit der Liebe zu besingen. Tannhäuser erwidert darauf, daß der Quell der Wonnen ihn nur mit brennender Begierde erfülle. Walther

von der Vogelweide warnt, daß der Brunnen, den Tannhäuser besungen habe, nur so lange Tugend verleihe, wie fleischliche Begierden verbannt blieben. Tannhäuser will aber solche Gedanken keineswegs verbannen. Biterolf fordert Tannhäuser zu einem Kampf, der sich nicht auf verbale Potenz beschränkt, dieser aber verhöhnt Biterolf, daß er von wahrer Liebe – wie sie im Venusberg zu erfahren sei – keine Ahnung habe. Allgemeines Entsetzen herrscht über dieses Eingeständnis der »Sünde«, und die Frauen mit Ausnahme von Elisabeth verlassen bestürzt die Halle. Die Ritter dringen drohend auf Tannhäuser ein, aber Elisabeth wirft sich dazwischen und fleht um Milde. Tannhäuser selbst wird von Reuegefühlen überwältigt. Der Landgraf verkündet ihm, daß seine einzige Hoffnung auf Rettung darin bestehe, sich dem Pilgerzug nach Rom anzuschließen.

3. Akt: Elisabeth betet zur Jungfrau Maria für Tannhäusers Seelenheil, als die Pilger aus Rom zurückkehren; Tannhäuser ist nicht unter ihnen. Wolfram, der ebenfalls wehmütig gestimmt ist, singt seine Hymne an den Abendstern. Da taucht Tannhäuser auf und berichtet Wolfram, wie er als Büßer den Papst in Rom besuchte, nur um von diesem verdammt zu werden: Ihm könne keine Vergebung zuteil werden, so wenig wie aus dem Stab des Papstes grüne Blätter sprießen würden. Zu Wolframs Entsetzen verkündet Tannhäuser seine Absicht, in den Venusberg zurückzukehren. Venus selbst erscheint, auf ihrem Lager ruhend, in hellem, rosarotem Licht. (In der ursprünglichen Fassung von 1845 tauchte Venus am Ende nicht auf; der Venusberg wurde durch ein rotes Glühen in der Ferne angedeutet. In ähnlicher Weise wurde Elisabeths Tod nur durch Glocken symbolisiert, die von der Wartburg her läuteten.) Es entbrennt ein Kampf um Tannhäusers Seele, der entschieden ist, als Wolfram emphatisch Elisabeths Namen nennt. Ein Chor hinter der Bühne verkündet, daß Elisabeth gestorben sei. Aber ihre Fürsprache hat Tannhäuser erlöst, und Venus verschwindet besiegt. Ein Trauerzug kommt mit Elisabeths Sarg; Tannhäuser, der die Heilige anruft, für ihn zu bitten, stürzt leblos zu Boden. Die Schlußverse des Pilgerchors berichten von einem Wunder: Der dürre Stab des Papstes sei neu ergrünt. Tannhäusers Seele ist gerettet.

Quellen

Wagner zog für den *Tannhäuser* eine Reihe von Quellen heran. Hauptquellen waren dabei *Der getreue Eckart und der Tannenhäuser* aus Ludwig Tiecks Märchensammlung *Phantasus*, worin die Geschichte Tannenhäusers und seiner wollüstigen Abenteuer im Venusberg, seiner Wallfahrt nach Rom und seiner Zurückweisung durch den Papst erzählt wird; E. T. A. Hoffmanns Geschichte *Der Kampf der Sänger* in seinen *Serapions-Brüdern*, in der der Sängerstreit auf der Wartburg geschildert wird; der Aufsatz *Die Elementargeister* von Heinrich Heine, der ein ironisches Gedicht über Tannhäuser enthält, sowie eine Erzählung von Friedrich de la Motte Fouqué und Eichendorffs Geschichte *Das Marmorbild*.

Die Sagen von Tannhäuser (der ursprünglich fränkischer Ritter auf dem Kreuzzug gewesen sein soll, der vermutlich seine erotischen Verse schmiedete, während er sich rüstete, für den nächsten Dienstherrn in die Schlacht zu ziehen) und dem Sängerstreit auf der Wartburg waren traditionell völlig getrennt. Da sich Wagner aber nach zwei zeitgenössischen Schriftstellern orientierte, Ludwig Bechstein und C. T. L. Lucas, die zweifelhafte und zeitlich unhaltbare Verbindungen zwischen den Sagen zogen, vermengte er sie und formte daraus eine Geschichte, die uns kein authentisches Bild der Ideale und Sitten des 13. Jahrhunderts gibt, sondern eines nach dem romantischen Geschmack des 19. Jahrhunderts.

Entstehung

Dresdner Fassung: Die Idee, aus der Geschichte von Tannhäuser eine Oper zu machen, hatte Wagner schon während seines unglücklich verlaufenen Aufenthalts in Paris (1839–42). Das Werk nahm während eines Sommerurlaubs in Böhmen Gestalt an, kurz nach seiner Rückkehr aus Frankreich. Auf den ersten ausführlichen Prosaentwurf (28. Juni – 6. Juli 1842) folgte im Frühjahr 1843 das Textbuch; nach einer Reihe von Skizzen für einzelne Abschnitte des Werks entstanden zwei vollständige Entwürfe, anscheinend unmittelbar nacheinander (Sommer/Herbst 1843 – Januar 1845). Der erste dieser beiden Entwürfe, der weniger ausgearbeitet war als der zweite, existiert nur mehr in Fragmenten, aber er wurde von Wissenschaftlern gewissenhaft wieder zusammengesetzt (die meisten, aber nicht alle Bruchstücke befinden sich in den Bayreuther Archiven). Die Ouvertüre wurde zuletzt geschrieben; die Partitur wurde am 13. April 1845 abgeschlossen.

Pariser Fassung: Die Einladung an Wagner, den *Tannhäuser* in der Pariser Oper aufzuführen, kam Anfang der 1860er Jahre von Kaiser Napoleon III. Aber es war allgemein bekannt, daß die unbeliebte Fürstin Pauline Metternich, die Frau des österreichischen Botschafters in Paris, die Einladung zuwege brachte. Diese Tatsache führte zu Demonstrationen gegen die Oper, so daß sie schließlich nach nur drei Aufführungen wieder abgesetzt wurde. Wagner hatte sich den Launen der weißbehandschuhten Mitglieder des Jockey-Clubs gebeugt, die es nicht gewöhnt waren, sich Werke von Anfang an anzuschauen; vielmehr erhoben sie sich von ihren Eßtischen, wenn es Zeit für das Ballett im zweiten Akt war und sie sich an ihren Lieblingstänzerinnen ergötzen konnten. Die Forderung nach einem Ballett gab Wagner jedoch die Idee ein, die Musik für den Venusberg, die vorher den ersten Akt eröffnet hatte, zu einem wilden Bacchanal zu erweitern, um so die Exzesse des Venusbergs besser darzustellen, denen Tannhäuser entkommen möchte.

Die Mitglieder des Jockey-Clubs blieben jedoch unbeeindruckt und nahmen unbarmherzig Rache am Protégé der Fürstin Metternich, indem sie nicht nur die Premiere in der Opéra (am 13. März 1861), sondern auch zwei weitere Aufführungen (am 18. und 24. März) mit andauerndem Bellen und ihren Hundepfeifen störten. Erst nach dieser dreimaligen Zerreißprobe für den Komponisten und das Opernensemble erlaubte man Wagner, seine Inszenierung zurückzuziehen – eine Inszenierung, die nicht weniger als 164 Proben erfordert hatte.

Musikalischer Stil

Die konkurrierenden Sphären der sinnlichen und der spirituellen Liebe, die der Venusberg auf der einen Seite und Elisabeth und die Wartburg auf der anderen Seite repräsentieren, werden direkt in der Musik dargestellt. Die Tonart E-Dur ist mit dem Venusberg verbunden, Es-Dur mit den Pilgern, mit heiliger Liebe und Rettung. In der emphatischen Rom-Erzählung (dritter Aufzug, dritte Szene) beispielsweise macht das Es-Dur bei der Audienz beim Papst nach einer Reihe von Modulationen dem E-Dur des Venusbergs Platz, bevor die endgültige triumphierende Rückkehr zu Es-Dur Tannhäusers Rettung bekräftigt.

Aber es gibt auch eine tiefere Polarität im Werk, die im Zusammenhang mit dem gesellschaftlich-historischen Hintergrund der Oper zu sehen ist. Tannhäusers Eintreten für eine weltliche, sinnliche Liebe ist eine Widerspiegelung der hedonistischen Anschauungen des Jungen Deutschland, von dem Wagner in den 30er Jahren beeinflußt worden war. Die Verachtung gegenüber den festgefügten, reaktionären Tugenden der Biedermeierzeit und für die Scheinheiligkeit des Bürgertums in sexueller Hinsicht, die von der Kirche und vom Staat aufrechterhalten wurde, wird deutlich in den höhnischen Bemerkungen Tannhäusers während des Sängerstreits. Musikalisch wird der reaktionäre Hofstaat der Wartburg mit traditionellen, um nicht zu sagen veralteten opernhaften Strukturen verbunden, während der Venusberg durch den neuen fortschrittlichen Stil des Musikdramas charakterisiert wird, dem sich Wagner immer mehr annäherte. Der Sängerstreit beispielsweise ist eine Reihe von mehr oder weniger selbständigen Arien. Elisabeth hat zwei konventionelle Arien (die Hallenarie »Dich, teure Halle«, die den zweiten Aufzug eröffnet, und ihr Gebet, »Allmächt'ge Jungfrau«, im dritten Aufzug) sowie ein traditionelles Duett mit Tannhäuser. Wolframs berühmte Arie »O du mein holder Abendstern« ist mit ihren regelmäßigen achttaktigen Perioden und ihrem tonalen Aufbau ebenfalls in hohem Maße konservativ. Außerdem sind die Konturen eines traditionellen italienischen Finales des 19. Jahrhunderts im zweiten Aufzug des *Tannhäuser* immer noch erkennbar, worauf Carolyn Abbate hingewiesen hat (1984, 1988); Teile, die die Handlung einfrieren, wechseln ab mit solchen, die sie vorwärtsbringen. Es gibt sogar einen klassischen *coup de théâtre* (Elisabeths »Haltet ein!«, wenn sie eingreift, um Tannhäuser vor den Rittern zu schützen) und eine abschließende Stretta (»Mit ihnen sollst du wallen«). Elisabeths dramatische Einmischung ist übrigens ein weiterer Anklang an den vergleichbaren Augenblick in Beethovens *Fidelio*, als Leonore eingreift, um ihren Ehegatten Florestan zu beschützen (ein ähnlicher Nachklang taucht im *Liebesverbot* auf, siehe S. 293).

Wenn die mit der Wartburg verbundene Musik stilistisch rückwärtsgerichtet ist, so ist die des Reichs der Venus wesentlich fortschrittlicher. Ihre Musik im Duett mit Tannhäuser (erster Akt) befreit sich aus der Zwangsjacke regelmäßiger Phrasenlängen, die vor allem im Gegensatz zu Tannhäusers eigenen eher formelhaften Äußerungen stehen. Diese Szene und das vorangehende Bacchanal sind auch in anderer Hinsicht fortschrittlich: Sie sind weniger straff gebaut; die Vertonung folgt mehr dem Drama, und es gibt rudimentäre Beispiele für motivische Querverweise. All dies gilt zu einem gewissen Grad für die originale Dresdner Fassung, aber die tristanhaften Dehnungen und die ausdrucksvollen Asymmetrien der Pariser Fassung (siehe unten) erhöhen den stilistischen Kontrast beträchtlich. Abgesehen von diesen Szenen erscheint die fortschrittlichste Kompositionsweise des *Tannhäuser* in der Rom-Erzählung. Hier steht das erzählerische Element im Vordergrund; deshalb macht die regelmäßige Phrasenstruktur einem kontinuierlichen dramatischen Rezitativ oder Arioso Platz, das dem der späteren Musikdramen vergleichbar ist. Der Charakter der Musik verändert sich tatsächlich, wenn es im Text um Tannhäusers Reumütigkeit zu Beginn seiner Reise, seine Erinnerung an Elisabeth, die tief bedrückten Pilger, die ehrfürchtige Stimmung in Rom, die demütige Buße und schließlich um die Zurückweisung durch den Papst geht. Nicht nur der Vokalpart ist bemerkenswert; das Orchester übernimmt in der Rom-Erzählung ebenfalls eine gewichtige Rolle. Die in dieser Form wohl noch nie dagewesene Verwendung des Orchesters für expressive, veranschaulichende Zwecke, als Medium, um Spannung zu erzeugen und Wandlungen darzustellen – d.h. die Hauptlast der dramatischen Entwicklung zu übernehmen –, weist auf die epochemachenden Neuerungen des *Rings* und der späteren Werke voraus.

Die Pariser Revisionen

Nur drei Wochen vor seinem Tod tat Wagner die berühmt gewordene Äußerung, daß er der Welt noch den *Tannhäuser* schulde (CT, 23. Januar 1883). Trotz der verschiedenen Überarbeitungen, die er an der Partitur im Lauf der Jahre seit der Uraufführung in Dresden 1845 vorgenommen hatte (zuletzt einige kleine Änderungen an der Pariser Fassung für mehrere Aufführungen in Wien im Jahr 1875), war Wagner noch nicht der Ansicht, daß er eine endgültige Partitur zustande gebracht hätte. Vielleicht hat ihn auch die ständige Flickschusterei unzufrieden gemacht. Es wurde schon beschrieben, daß die Partitur in ihrer ursprünglichen Form konservative und progressive Elemente nebeneinander enthielt. Diese stilistischen Diskrepanzen wurden noch wesentlich verstärkt, als Wagner Teile der Partitur für die Pariser Aufführungen neu schrieb; deren Stil stand zwangsläufig dem des *Tristan* näher, an dem er kurz vorher gearbeitet hatte, als dem sich noch entwickelnden Stil um 1845.

Die stilistische Uneinheitlichkeit der Pariser Fassung ist am offensichtlichsten in den letzten Teilen des neuen Bacchanals und in der neu geschriebenen Szene für Venus und Tannhäuser (erster Akt, Szene 1 und 2). Das Bacchanal ist nicht nur viel länger und wilder (für Paris wurden Kastagnetten und eine dritte Pauke hinzugenommen), sondern es enthält auch deutlich tristaneske Ideen und Texturen wie die ansteigende chromatische Phrase aus vier Tönen, die im *Tristan* allgegenwärtig ist. Die Sirenenrufe werden in ihrer Begehrlichkeit integraler Bestandteil der Musik, ebenso die Antworten der Venus auf Tannhäuser in der zweiten Szene. Während vorher ihre eher einfache Deklamation von schmucklosen Akkorden unterstri-

chen worden war, ist nun ihre Gesangslinie sinnenhaft geschmeidig und mit einer reich instrumentierten Begleitung versehen.

Die Charakterisierung der Venus wird noch weiter vertieft durch die Einfügung von zwei Äußerungen nach Tannhäusers Hymne an die Liebe. Die erste (»Sie, die du siegend einst verlachtest«) ist zornig und spöttisch, die zweite (»Ha! du kehrtest nie zurück!«) ein Ausbruch echter Verzweiflung. So wird die vergleichsweise oberflächlich gestaltete und eindimensionale Venus der Dresdner Fassung für Paris in Text und Musik in einen vollständig abgerundeten Charakter verwandelt. Die Skala an Emotionen, die ihr zu Gebote stehen, um Tannhäuser zurückzulocken (stille Ungläubigkeit – Ungehaltenheit – verführerischer Zauber – heftiger Zorn – Verzweiflung), ist der listenreichen, schizophrenen Kundry im zweiten Akt des *Parsifal* ebenbürtig.

Eine weitere tiefgreifende Veränderung wurde für Paris vorgenommen. Aufgrund der Unfähigkeit des Tenors, der die Rolle singen sollte, wurde Walthers Beitrag zum Sängerwettstreit gestrichen, so daß Tannhäuser nicht auf Walther, sondern auf Wolfram erwidert. Weitere kleinere Überarbeitungen: Hirtenlied im ersten Aufzug, 3. Szene; in der 4. Szene des ersten Aufzugs Neuinstrumentierung von 13 Takten unmittelbar vor Tannhäusers »Zu ihr! zu ihr!«; Schlußtakte des zweiten Aufzugs leicht verändert, ebenso des dritten (ergänzt durch eine Harfe).

Lohengrin
WWV 75
Romantische Oper in drei Akten

Text: Prosaentwurf abgeschlossen 3. Aug. 1845, Textbuch vollendet 27. Nov. 1845
Musik: erster Gesamtentwurf beendet 30. Juli 1846, zweiter Gesamtentwurf beendet (Vorspiel) 29. Aug. 1847, Partitur 1. Jan.–28. April 1848
UA: Großherzogliches Hof-Theater, Weimar, 28. Aug. 1850

Heinrich der Vogler, deutscher König	*Baß*
Lohengrin	*Tenor*
Elsa von Brabant	*Sopran*
Herzog Gottfried, ihr Bruder	*stumme Rolle*
Friedrich von Telramund, brabantischer Graf	*Bariton*
Ortrud, seine Gemahlin	*Sopran*
Der Heerrufer des Königs	*Baß*

Vier brabantische Edle   *Tenor, Baß*
Vier Edelknaben   *Sopran, Alt*
Sächsische und thüringische Grafen und Edle, brabantische Grafen und Edle, Edelfrauen, Edelknaben, Mannen, Frauen, Knechte

Pik, 3 Fl, 3 Ob, EnglHn, 3 Kl, Bkl, 3 Fg, 4 Hn, 3 Tp, 3 Pos, Btu, Pk, Be, Tri, Tamb, Harfe, Streicher
Auf/hinter der Bühne: Pik, 3 Fl, 3 Ob, 3 Kl, 3 Fg, 4 Hn, 12 Tp, 4 Pos, Orgel, Harfe, Pk, Be, Tri, Rührtrommel

Ort der Handlung: Antwerpen, erste Hälfte des 10. Jh.

Handlung
1. Akt: König Heinrich (der historische Heinrich der Vogler) ist nach Antwerpen gekommen, um die Brabanter für die Verteidigung des Deutschen Reichs gegen die drohende Invasion der Ungarn im Osten zu gewinnen. Bei dieser Gelegenheit hält Heinrich am Ufer der Schelde Gericht. Ein brabantischer Graf, Friedrich von Telramund, klagt Elsa an, ihren Bruder Gottfried, den Erben des Herzogtums Brabant, ermordet zu haben. Er beansprucht die Erbfolge für sich selbst. Elsa, die sich verteidigen soll, erzählt statt dessen von einer Traumvision von einem Ritter, der für sie streiten würde. Der König und die Umstehenden sind bewegt, aber Telramund bleibt unbeeindruckt. Er fordert ein Gottesurteil durch einen Zweikampf. Elsa ruft ihren visionären Streiter an. Zweimal bleibt der Ruf des Herolds und der Trompeter unbeantwortet. Elsa sinkt betend auf ihre Knie, da erscheint auf dem Fluß ein Ritter in einem Boot, das von einem Schwan gezogen wird. Lohengrin bietet sich als Streiter für Elsa an, nimmt ihr aber das Versprechen ab, ihn nie nach seinem Namen oder seiner Herkunft zu fragen. Sie geloben einander gegenseitige Treue. Da Telramund auf ein Gottesgericht nicht verzichten will, kommt es zum Kampf. Lohengrin besiegt Telramund, schont aber sein Leben. Ortrud, die Gemahlin Telramunds und heidnische Seherin, fragt sich, wer der Fremde sei, der ihre Zauberkräfte wirkungslos machte. Telramund bricht geschlagen und erniedrigt zu ihren Füßen zusammen.
2. Akt: Vor der Antwerpener Burg, in der ein Fest stattfindet. Telramund wirft Ortrud vor, daß sie durch ihre Intrige an seiner Schmach schuld sei. Sie erzählt ihm, daß Lohengrins Macht zu Ende sei, wenn ihn Elsa nach seinem Namen und seiner Herkunft fragt. Ortrud spricht Elsa an, die auf dem Söller erscheint, und appelliert scheinheilig an ihre Güte. Während Elsa

vom Balkon steigt, ruft Ortrud die heidnischen Götter an. Mit gespielter Bewegung wirft sie sich vor Elsa nieder. Nach und nach aber flößt sie ihr das Gift des Zweifels ein, indem sie dunkle Andeutungen über Lohengrins rätselhafte Herkunft macht.
Der Heerrufer verkündet, daß Telramund in Acht und Bann sei. Der gottgesandte Fremde, fährt er fort, wolle nicht Herzog, sondern Schützer von Brabant genannt werden. Heute feiere er seine Hochzeit, morgen werde er das Heer in den Kampf führen. Der Hochzeitszug wird von Ortrud und dann von Telramund angehalten, der Lohengrin der Zauberei bezichtigt. Seine Forderung, der Ritter solle seinen Namen enthüllen, wird von Lohengrin abgewehrt. Kein König oder Fürst könne ihm das befehlen, nur Elsa. Zu seinem Schrecken muß er aber feststellen, daß diese sehr in Unruhe ist. Vom König begleitet, betreten Lohengrin und Elsa das Münster.
3. Akt: Nachdem sie zum Brautlied (»Treulich geführt«) ins Brautgemach geleitet wurden, sind Lohengrin und Elsa allein und beteuern sich gegenseitig ihre Liebe. Elsa, obwohl noch einmal gewarnt, fragt ihn schließlich doch, wer er sei. In diesem Augenblick stürzen Telramund und seine Männer in die Kammer. Lohengrin streckt Telramund nieder und befiehlt, die Leiche vor das Gericht des Königs zu tragen; dort werde er Elsas Frage beantworten.
Die dritte Szene spielt wiederum am Ufer der Schelde. Telramunds verhüllte Leiche wird auf die Bühne getragen. Dann tritt Elsa auf, gefolgt von Lohengrin, der dem König mitteilt, er könne seine Truppen nicht mehr in die Schlacht führen. Er erklärt, daß er Telramund in Notwehr getötet habe, und klagt Elsa an, ihren Schwur gebrochen zu haben. Nun sei er gezwungen, seine Herkunft zu enthüllen. Er erzählt, daß er als Diener des Grals gekommen sei. Diese Gralsritter seien unbesiegbar, solange sie anonym blieben. Nachdem nun sein Geheimnis aufgedeckt sei, müsse er nach Monsalvat zurückkehren. Sein Vater sei Parzival, und er werde Lohengrin genannt. Der Schwan taucht auf, ein leeres Boot ziehend. Lohengrin erklärt Elsa, daß ihr Bruder Gottfried ihr zurückgegeben worden wäre, wenn sie nur ein Jahr lang zusammengelebt hätten. Er überreicht ihr sein Schwert, sein Horn und seinen Ring, die sie Gottfried bei seiner Rückkehr geben solle. Ortrud erklärt, sie erkenne an der Kette um den Hals, daß der Schwan Gottfried sei, den sie verzaubert habe; nun sei er für Elsa auf immer verloren. Lohengrin kniet schweigend zum Gebet nieder. Eine weiße Taube schwebt über dem Boot herab. Bei ihrem Anblick löst Lohengrin die Kette um den Hals des Schwans, der

daraufhin versinkt. An seiner Stelle taucht ein Knabe in glänzendem Silbergewand auf: Gottfried. Lohengrin zieht ihn ans Ufer und ruft ihn zum Herzog von Brabant aus. Ortrud sinkt zusammen; und als Lohengrin in der Ferne verschwindet, gleitet auch Elsa entseelt zu Boden.

Quellen

Mit der Lohengrin-Sage wurde Wagner erstmals im Winter 1841/42 bekannt, als er im Jahresheft der Königsberger Deutschen Gesellschaft auf eine kommentierte Inhaltsangabe stieß. Während seines Kuraufenthalts in Marienbad im Sommer 1845 setzte er sein Quellenstudium fort. Er hatte Simrocks und San-Martes Ausgaben des *Parzivâl* und des *Titurel* Wolframs von Eschenbach (um 1170 – kurz nach 1220) sowie eine von Johann Joseph Görres besorgte Ausgabe des anonymen Epos *Lohengrin* dabei. Laut Wagners späterem Bericht in *Mein Leben* stand seine Oper »plötzlich vollkommen gerüstet mit größter Ausführlichkeit der dramatischen Gestaltung des ganzen Stoffes vor mir«; tatsächlich erforderte der Prosaentwurf, den er bis zum 3. August desselben Jahres angefertigt hatte, keine radikale Umgestaltung, als er ihn nach seiner Rückkehr nach Dresden ausarbeitete.

Entstehung

Abweichend von der Kompositionsmethode, die er beim *Fliegenden Holländer* und beim *Tannhäuser* verwendet hatte, fertigte Wagner für den *Lohengrin* einen durchkomponierten Entwurf des ganzen Werks an, der allerdings aus nur zwei Notensystemen bestand (eines für die Singstimme, während das andere die Harmonien andeutete, oft nur durch einen Baß), »nur in sehr flüchtigen Umrissen«, wie er später schrieb. Dieser Entwurf entstand zwischen Mai und Juli 1846; danach arbeitete Wagner die Orchester- und Chorpartien in einem zweiten vollständigen Entwurf aus, den er am 9. September 1846 begann und mit dem Vorspiel am 29. August des folgenden Jahres beendete. Während der Kompositionsarbeit wurden verschiedene Änderungen an der Dichtung vorgenommen, insbesondere im dritten Aufzug. Dies ist wohl der Grund dafür, daß der zweite vollständige Entwurf für diesen Akt ungewöhnlicherweise vor denen für Akt I und II erstellt wurde. Die Umkehrung der Reihenfolge führte zu der oft wiederholten, aber unrichtigen Behauptung, daß die Oper selbst in dieser Reihenfolge (d.h. beginnend mit dem dritten Akt) komponiert wurde: Der erste vollständige Entwurf, in dem das Werk ausführlich skizziert wurde, entstand in der herkömmlichen

Reihenfolge. Wagner erarbeitete die Partitur zwischen dem 1. Januar und dem 28. April 1848.

Musikalischer Stil

Die »assoziative« Verwendung der Tonarten, die beim *Tannhäuser* beschrieben wurde (siehe S. 302), wird im *Lohengrin* erneut deutlich. Die Hauptfigur und die Sphäre des Grals werden durch A-Dur dargestellt, die Tonart, mit der das Werk beginnt und schließt und in der auch Lohengrins wichtige Erzählung »In fernem Land« im dritten Aufzug steht. Wie im *Tannhäuser* (E und Es) wählte Wagner auch hier um einen Halbton differierende Tonarten für seine Hauptgegensätze, so daß er Elsas As-Dur (und as-Moll) Lohengrins A gegenüberstellt – mit dem Ergebnis, daß ein geschicktes, aber auch unbestreitbar wirkungsvolles Manövrieren zwischen beiden Tonarten erforderlich ist. Die zweite Szene des ersten Aufzugs (Auftritt Elsas, um auf die Anschuldigungen gegen sie zu antworten) beginnt in As (Moll und Dur); die Beschreibung ihres Traums, »Einsam in trüben Tagen«, ist ebenfalls hauptsächlich in As gehalten. Aber Elsas Ahnung von Lohengrins Ankunft in einem von einem Schwan gezogenen Kahn hebt die Tonart um einen Halbton an; dies ist ein Augenblick der Verklärung, in dem die Musik anschaulich den strahlenden Ausdruck auf Elsas Gesicht widerspiegelt. A-Dur wird dann als Tonart Lohengrins bekräftigt, wenn der Chor ihm zujubelt und dieser dem Schwan Lebewohl sagt. Doch als er in Elsas Sphäre eintritt und sich als ihr Ritter anbietet, wechselt die Musik wieder zu As, um jedoch sogleich zu A zurückzukehren, als Elsa in ihm ihren Beschützer erkennt.

Die Paralleltonart zu Lohengrins A-Dur ist fis-Moll, die Tonart, die vor allem mit Ortrud und ihren bösen Eigenschaften verbunden ist. Aber während sich im *Tannhäuser* die reaktionäre Sphäre der Wartburg in rückschrittlichen stilistischen Merkmalen widerspiegelt (siehe S. 302 f.), scheint im *Lohengrin* das Gegenteil der Fall zu sein. Ortrud ist nicht nur die Vertreterin des Bösen, sondern auch der alten heidnischen Götter; ihre dem Bösen dienenden Zauberkräfte werden schließlich von Lohengrins positiver Spiritualität überwunden. Es mag deshalb paradox erscheinen, daß die fortschrittlichste Passage des Werks in stilistischer Hinsicht die Szene zwischen Ortrud und Telramund ist (2. Aufzug, 1. Szene), in der die Zauberin Friedrich zeigt, wie die Mächte der Dunkelheit über Lohengrin und Elsa siegen können. In dieser Szene werden die Gesangslinien von der viertaktigen Phrasenstruktur befreit und bringen den Sinn der Worte mit einer Unmittelbarkeit zum Ausdruck, die für die nachfolgenden Musikdramen kennzeichnend werden sollte. Die Erklärung des Paradoxons liegt in der Tatsache, daß für Wagner der Kampf im *Lohengrin* nicht in erster Linie zwischen der Nacht des Heidentums und der Erleuchtung durch das Christentum stattfand. In dem Aufsatz *Eine Mitteilung an meine Freunde* von 1851 bemüht er sich klar zu machen, daß ihn die Lohengrin-Sage »keineswegs nur im christlichen Übernatürlichkeitshange« inspirierte, sondern weil sie zum Kern der menschlichen Sehnsüchte vordringe. Die 40er Jahre des 19. Jahrhunderts waren das Jahrzehnt, in dem Junghegelianer wie David Friedrich Strauß und Bruno Bauer die Dogmen der herkömmlichen Religion in Frage stellten und in dem die humanistische Ethik Ludwig Feuerbachs einen gewaltigen Einfluß auf deutsche Intellektuelle hatte (siehe »Geistesgeschichtlicher Hintergrund«, S. 62). Auch wenn Wagner Feuerbach erst nach der Revolution gelesen zu haben scheint, kann nicht daran gezweifelt werden, daß er durch einige der Ideen beeinflußt wurde, die in Städten wie Dresden in radikalen Kreisen herrschten. Die Gestalt des Lohengrin gefiel Wagner deshalb nicht in erster Linie als eine Art göttlicher Beschützer oder Retter, sondern als »metaphysisches Phänomen«, dessen Kontakt mit der menschlichen Natur nur tragisch enden konnte; die christliche Ausschmückung der Sage war wie im *Parsifal* von eher symbolischem Wert. So ist es, wie im *Tannhäuser,* die Sphäre, die der orthodoxen Religion gegenübersteht, die mit der fortschrittlicheren Kompositionsweise charakterisiert wird.

Überreste der altmodischen Nummernanordnung sind jedoch noch im gesamten *Lohengrin* zu finden: Rezitative, Arien, Duette und Chöre. Selbst die oben erwähnte Szene zwischen Ortrud und Telramund (2. Aufzug, 1. Szene) endet mit einem konventionellen Racheduett, in dem beide Stimmen unisono geführt werden. Die Gesangslinien weichen hier jedoch von der regelmäßigen zwei- oder viertaktigen Phrasenstruktur ab, die ansonsten das Werk beherrscht. Bedeutsame Abweichungen von der Norm gibt es auch in Elsas Traum und in Lohengrins Gralserzählung, die in traditioneller Weise symmetrisch strukturiert beginnen und im weiteren Verlauf freiere, weniger straff gebaute Muster aufweisen. Diese Entwicklung dient in jedem Fall einem dramatischen Zweck: Die steife Formelhaftigkeit, die typisch ist für den Beginn einer öffentlichen Rede, macht einem lockereren Aufbau Platz, wenn sowohl der Erzähler als auch der Zuhörer vom Erzählfluß mitgerissen werden.

Wagner hatte seine Leitmotivtechnik noch nicht vollständig entwickelt, aber es gibt eine deutliche Vorform im *Lohengrin:* das Motiv des Frageverbots. Zum ersten Mal hört man es gesungen im 1. Aufzug, 3. Szene (»Nie sollst du mich befragen«); es taucht wieder auf als ständige Erinnerung an Lohengrins strenge Anweisung an Elsa, nicht nach seinem Namen oder seiner Herkunft zu fragen. Seine dramatischste Wiederkehr findet sich zweifellos in den Schlußtakten des zweiten Aufzugs, wenn der Hochzeitszug durch Elsas Erschrecken über Ortruds drohend ausgestreckten Arm unterbrochen wird: Das Motiv erklingt in den Trompeten und Posaunen, wobei seine f-Moll-Färbung einen dunklen Schatten auf die vorherrschende Tonart C-Dur wirft. Die Geste nimmt einen ähnlichen Augenblick in den Schlußtakten des zweiten Aufzugs der *Götterdämmerung* vorweg, wo der Hochzeitszug von Hagen aufgehalten wird, dessen unheilvolles Motiv ebenfalls fortissimo erklingt. (Das unterbrochene Zeremoniell, ein fester Bestandteil der Grand opéra, wird vorher schon im selben Aufzug der *Götterdämmerung* verwendet; siehe »Musikgeschichtlicher Hintergrund und musikalische Einflüsse«, S. 81). Trotz all seiner dramatischen Wirkung und seiner vorausschauenden Tendenz unterscheidet sich das Motiv des Frageverbots wie die anderen Motive im *Lohengrin* von typischen Leitmotiven im *Ring* und hat auch eine andere strukturelle Funktion. Während die Motive im *Lohengrin* im allgemeinen abgerundete Themen mit ergänzenden Phrasen sind, ist das charakteristische *Ring*-Motiv kurz, prägnant und zu unbegrenzter Umwandlung fähig (auch wenn man dort ebenfalls stärker ausgearbeitete melodische Ideen findet). Und während die Motive des *Rings* entwickelt werden, um die Gestalt ganzer Abschnitte oder sogar Szenen festzulegen, besitzen sie im *Lohengrin* nur einen veranschaulichenden oder dramaturgischen Zweck; sie liefern nicht die Bausteine für die Struktur.

Überarbeitungen und Kürzungen

Anders als *Tannhäuser,* mit dem Wagner nie vollständig zufrieden war, wurde *Lohengrin* nicht wesentlich überarbeitet. Wagner bat jedoch Liszt, der die Uraufführung in Weimar in Abwesenheit des Komponisten (der sich im Exil in der Schweiz befand) dirigierte, eine bedeutsame Kürzung in Lohengrins Gralserzählung vorzunehmen. Der zweite Teil der Erzählung, der entsprechend Wagners Anweisungen traditionell gestrichen wird, setzte den Bericht fort, daß die Ritter in Monsalvat Elsas Flehen vernommen hatten und den

Schwan (den verzauberten Gottfried) in ihre Dienste nahmen: Ein Jahr im Dienste des Grals erlöst ein Opfer von jedem Zauberfluch. Auf diese Weise erklärt die gestrichene Passage Lohengrins Hinweis kurz nach »nur ein Jahr an deiner Seite«, wonach Elsa ihren Bruder Gottfried zurückerhalten hätte. In diesem Abschnitt finden sich einige neue, wertvolle musikalische Züge, aber die einzige Platteneinspielung, die diese Passage wiederherstellt (von Erich Leinsdorf dirigiert), bestätigt eher Wagners Einschätzung, daß seine Einfügung die Spannung vermindert.

Zwei andere Kürzungen, die häufig vorgenommen werden, sind weniger wünschenswert. Die Auslassung des doppelt besetzten Männerchors »In Früh'n versammelt uns der Ruf« im zweiten Aufzug opfert einen einfallsreichen Wechselgesang, während eine Streichung, die traditionell nach Lohengrins Gralserzählung (von Elsas Ohnmacht bis zu »Der Schwan!«) gemacht wird, besonders zu bedauern ist, weil sie Elsa keine Gelegenheit gibt, Reue zu zeigen.

Der Ring des Nibelungen
WWV 86
Ein Bühnenfestspiel für drei Tage und einen Vorabend

»Darum erblicke ich in einer Bearbeitung der Nibelungen als Oper in der That einen Fortschritt, und glaube, daß der Componist, welcher die Aufgabe in entsprechender Weise zu lösen vermöchte, der Mann der Zeit werden würde.« Diese prophetische Herausforderung wurde 1845 von Franz Brendel, dem Herausgeber der einflußreichen *Neuen Zeitschrift für Musik*, veröffentlicht, zu einer Zeit, als die Begeisterung für das mittelalterliche Epos des *Nibelungenlieds* in Deutschland zu einem wahren Fieber geworden war. Schon zu Beginn des 19. Jahrhunderts hatte die Nibelungensage eine erste Welle der Popularität erlebt; in den 40er Jahren war sie zum mächtigen Symbol im Kampf für die deutsche Einheit geworden. Wagner sollte nicht der erste oder einzige sein, der eine Behandlung des Stoffs in einer Oper versuchte, aber er war bei weitem der einflußreichste, so daß ihn dieser Opernzyklus tatsächlich zum »Mann der Zeit« machte.

Der *Ring*, der ursprünglich als einzelnes Drama geplant war, wuchs zu einer riesigen Tetralogie an: einem Opernzyklus, der vier Abende in Anspruch nimmt und aus mehr als vierzehn Stunden Musik besteht (die Aufführungsdauer variiert beträchtlich; Hans Richter brauchte bei den ersten Aufführungen im Jahr 1876 vierzehneinhalb Stunden). Die Komposition des Werks beschäftigte Wagner – mit Unterbrechungen – 26 Jahre lang, von der ersten Prosaskizze im Jahr 1848 bis zum Abschluß der Partitur der *Götterdämmerung* im Jahr 1874.

Entgegen Wagners Behauptung, er habe sich von historischen Stoffen abgewendet und die Möglichkeiten des Mythos für seine zukünftigen Musikdramen entdeckt, waren Mythos und Geschichte im *Ring* von Anfang an miteinander verwoben. Noch 1848/49 arbeitete er an seinem historischen Drama *Friedrich I.*, das er 1846 begonnen hatte, und er stellte auch spekulative Zusammenhänge zwischen dem hohenstaufischen Kaiser und dem Nibelungenhort her. Diese vermuteten Beziehungen formulierte er in dem Aufsatz *Die Wibelungen: Weltgeschichte aus der Sage.* Während früher vermutet wurde, daß *Die Wibelungen* der Vorstudie und dem Textbuch des späteren *Rings* vorausgegangen seien, gilt es heute als wahrscheinlicher, daß der Aufsatz erst anschließend verfaßt wurde, vermutlich Mitte Februar 1849 (Deathridge, Geck und Voss, 1986).

Quellen
Die Hauptquellen, auf die sich Wagner für den *Ring* stützte, sind: die *Lieder-Edda* (oder Ältere Edda), die *Völsunga-Saga* und die *Prosa-Edda* von Snorri Sturluson (alle drei in Island entstanden, wahrscheinlich in der ersten Hälfte des 13. Jahrhunderts zusammengetragen), das *Nibelungenlied,* ein um 1200 in Mittelhochdeutsch verfaßtes Epos, und *Thidreks Saga af Bern,* eine um 1260–70 in Altnorwegisch verfaßte Prosaerzählung. Wagner las auch zahlreiche andere Werke, die sich mit dem Thema befaßten, und nutzte dabei Schriften von Gelehrten wie Karl Lachmann, Franz Joseph Mone, Ludwig Ettmüller und den Brüdern Grimm.

Das griechische Drama war ebenfalls von großem Einfluß, nicht zuletzt wegen seiner Verwendung der Mythologie, seines lebensbejahenden Idealismus und der religiösen Aura, die seine Aufführungen umgab. Die *Oresteia* regte nicht nur die Struktur einer Trilogie an (*Rheingold* war lediglich ein »Vorabend«), sondern auch die Konflikte zwischen Personenpaaren, die Möglichkeit der Verbindung aufeinanderfolgender Episoden durch die Themen von Schuld und Fluch und vielleicht sogar das Prinzip des Leitmotivs (in der Verwendung wiederkehrender Bilder bei Aischylos). Bedeutsame Parallelen gibt es auch zwischen dem *Ring* und der Trilogie *Prometheus,* insbesondere in der Rekonstruktion durch ihren deutschen Übersetzer Johann Gustav Droysen.

Entstehung des Textbuchs

Wagner entwarf eine Vorstudie für sein Drama, die er am 4. Oktober 1848 beendete und die er in seinen Gesammelten Schriften *Der Nibelungen-Mythus: Als Entwurf zu einem Drama* – das Original trägt den Titel *Die Nibelungensage (Mythus)* – nannte. In dieser Skizze konzentriert sich das Drama auf Siegfrieds Tod; am Schluß sühnt Brünnhilde die Schuld der Götter durch einen Akt der Selbstopferung, der es den Göttern erlaubt, in Herrlichkeit zu regieren, statt unterzugehen. Die Geschichte folgt in dieser Vorstudie weitgehend der Reihenfolge der Vorgänge, die aus dem fertigen *Ring* bekannt ist, aber als nächstes erstellte Wagner im Herbst 1848 ein Textbuch für *Siegfrieds Tod* (ursprünglich *Siegfried's Tod*). Dies erforderte jedoch so viele Rückblenden auf frühere Ereignisse, daß er 1851 *Der junge Siegfried* (ursprünglich *Jung-Siegfried*) und schließlich *Die Walküre* und *Das Rheingold* (1851–52) schrieb. Als er dazu überging, *Der junge Siegfried* und *Siegfrieds Tod* im Lichte des gesamten Zyklus zu überarbeiten, ersetzte er Siegfried als zentrale Figur durch Wotan und änderte den Schluß, so daß die Götter und Walhall durch Feuer vernichtet werden. *Der junge Siegfried* und *Siegfrieds Tod* wurden schließlich in *Siegfried* und *Götterdämmerung* umbenannt. So wurden die Textbücher der Teile des *Ring*-Zyklus mehr oder weniger in der umgekehrten Reihenfolge verfaßt, auch wenn die ursprüngliche Konzeption in der »richtigen« Reihenfolge entstand, ebenso wie die der Musik.

Das Drama

Der *Ring* ist ein komplexes, widersprüchliches Werk, dessen »Bedeutung« noch nie angemessen formuliert wurde und wohl auch nicht formuliert werden kann: Wie bei jedem großen Kunstwerk finden die folgenden Generationen weitere Einsichten und Bezüge, die möglicherweise nur zum Teil vom Komponisten selbst wahrgenommen wurden. Im Zentrum des Werks steht der Konflikt zwischen Liebe und Macht: Der Fortschritt der Menschheit in Richtung Selbsterkenntnis und mitfühlendes Verständnis für andere wird ständig von dem Verlangen nach Macht und von den Kompromissen bedroht, die wir in unserem täglichen Leben eingehen müssen.

Die im *Ring* vorgelegte Weltsicht wird im allgemeinen als schopenhauerisch bezeichnet, d. h., sie ist in erster Linie resignativ; sie bewertet menschliche Triebe bzw. Begierden und Bedürfnisse an sich als schlecht und den Willen zum Leben als verwerflich. Doch bevor Wagner Schopenhauer entdeckte, und sogar noch danach, wurde er auch tief durch die Philosophie Ludwig Feuerbachs beeinflußt. Für Feuerbach war das Wesen der menschlichen Natur und die Quelle ihrer Moral die »Ich-Du«-Beziehung. Nur in Verbindung mit einem anderen konnte ein Individuum Glück und ein Bewußtsein seiner sozialen Verantwortung erlangen. Wagners eigene Interpretation des *Rings*, wie er sie in den 50er und 60er Jahren des 19. Jahrhunderts entwickelte, tendierte möglicherweise stärker zur Schopenhauerschen Auffassung, aber er gab nie ganz die lebensbejahende Idee der Liebe auf, die er von Feuerbach übernahm.

Feuerbach wiederum war von Hegel beeinflußt, und wie in jüngster Zeit gezeigt wurde (Corse, 1990), verdankt der *Ring* der Hegelschen Philosophie viel mehr, als man früher annahm. Eine Reihe von Hegelschen Ideen sind hier von Bedeutung: Selbsterkenntnis (das Erreichen von »Aufklärung« oder Selbstbewußtsein als Ergebnis von Erfahrungen, die der einzelne macht), gegenseitiges Erkennen (ein Individuum erkennt in dem oder in der Geliebten etwas von sich selbst), das Herr-Diener-Verhältnis, die Notwendigkeit als bewegender Geist der Geschichte.

Wagners Idee der freien, bedingungslosen Liebe verdankt auch viel dem französischen Schriftsteller Pierre-Joseph Proudhon. Wahre Liebe könne nicht dem Gesetz oder der Institution der Ehe, die nur Eigentumsverhältnisse etablieren und aufrechterhalten, unterworfen werden, erklärte Wagner im Rückgriff auf Proudhon wie auch auf Feuerbach. Alle Ehen, die im *Ring* dargestellt oder erwähnt werden, entbehren der Liebe. Die Ehe von Wotan und Fricka beispielsweise ist sowohl lieblos als auch unfruchtbar. Sieglinde wird von Hunding gefangengehalten, und auch seine Verwandten behandeln laut Siegmunds Erzählung ihre Frauen nicht respektvoller. Wahre Liebe findet man dagegen nur außerhalb der Ehe – wie bei Siegfried und Brünnhilde – oder sogar zwischen Bruder und Schwester (Siegmund und Sieglinde).

Wagners Kritik richtete sich natürlich nicht nur gegen feudale Geschlechtsbeziehungen in mythischen Zeiten, sondern auch gegen die Situation in seiner eigenen Gegenwart, wie recht klar aus seinen verschiedenen Schriften jener Zeit hervorgeht. Ebenso enthält der *Ring* eine Kritik der Produktionsverhältnisse, der zerstörerischen, entfremdenden Macht des Kapitals und der Ausbeutung und Unterdrückung sowohl in den wirtschaftlichen wie in den sozialen Bereichen. Der *Ring* erzählt nicht bloß von Abenteuern von Göttern, Riesen, Zwergen und Drachen, sondern illustriert die Konflikte, die entstehen, wenn Zivilisation und Macht auf die unschuldige Natur stoßen. Gesellschaftliche Verträge und Einrichtungen, die unveränderlich auf Besitzverhältnissen und Machthierarchien beruhen, beeinträchtigen die natürliche Ordnung der Dinge.

Das Rheingold
WWV 86A
Vorabend zum *Ring des Nibelungen* in vier Szenen

Text: Prosaskizze Herbst (vermutl. Okt.) 1851, Prosaentwurf mit dem Titel *Der Raub des Rheingoldes./Vorspiel. (oder: das Rheingold)?* 23.–31. März 1852, Erstschrift des Textbuchs 15. Sept.–3. Nov. 1852, Reinschrift des Textbuchs wahrscheinlich Dez. 1852/Jan. 1853
Musik: Gesamtentwurf 1. Nov. 1853–14. Jan. 1854, Partiturerstschrift 1. Febr.–28. Mai 1854, Partiturreinschrift 15. Febr.–26. Sept. 1854
UA: Königliches Hof- und National-Theater, München, 22. Sept. 1869; Erstaufführung als Teil des Zyklus: Festspielhaus, Bayreuth, 13. Aug. 1876

Götter

Wotan	*hoher Baß*
Donner	*hoher Baß*
Froh	*Tenor*
Loge	*Tenor*

Nibelungen

Alberich	*hoher Baß*
Mime	*Tenor*

Riesen

Fasolt	*hoher Baß*
Fafner	*tiefer Baß*

Göttinnen

Fricka	*tiefer Sopran*
Freia	*Sopran*
Erda	*Alt*

Rheintöchter

Woglinde	*Sopran*
Wellgunde	*Sopran*
Floßhilde	*tiefer Sopran*

Nibelungen

Pik, 3 Fl, 3 Ob, EnglHn, 3 Kl, Bkl, 3 Fg, 8 Hn, 2 Tenor-Tu, 2 Baß-Tu (»Wagnertuben«, von vier Hornisten gespielt), 3 Tp, Baß-Tp, 4 Pos, Kontrabaßposaune (= 4. Pos), Kontrabaßtuba, Pk, Be, Tri, Tamtam, 6 Harfen, 16 Erste Vl, 16 Zweite Vl, 12 Va, 12 Vc, 8 Kb

Auf/hinter der Bühne: 18 Ambosse verschiedener Größe, 1 Hammer, 1 Harfe

Handlung
Vorspiel und erste Szene
Auf dem Grund des Rheins spielen die drei Rheintöchter, Woglinde, Wellgunde und Floßhilde, sie necken sich und versuchen, einander zu fangen. Floßhilde tadelt ihre Schwestern, daß sie des »Goldes Schlaf« schlecht hüten würden. Der Zwerg Alberich kriecht aus einer dunklen Spalte im Flußbett und spricht die Rheintöchter an, nachdem er ihr Spiel beobachtet hat. Sie schaudern vor seiner häßlichen Erscheinung und beschließen, ihm für seine lüsternen Annäherungen eine Lektion zu erteilen. Woglinde lädt ihn ein, näher zu kommen. Als er dies tut, gleitet er auf den Felsen aus und muß niesen, weil Wasser in seine Nase eindringt. Er versucht sie zu umarmen, aber sie entschlüpft ihm. Er gibt Woglinde auf und wendet sich Wellgunde zu, die ihn anlockt, sich dann aber über seine haarige, bucklige Gestalt lustig macht. Sie entzieht sich ihm ebenso, aber Floßhilde, die dritte Rheintochter, scheint Trost zu bieten und schmeichelt ihm, indem sie seinen süßen Gesang und seine Anmut preist. Während sie ihn in den Armen hält, bewundert sie zärtlich seine stachligen Haare, seine Krötengestalt und seine krächzende Stimme. Alberich erkennt, daß er hinters Licht geführt worden ist, und jammert enttäuscht. Die Rheintöchter necken ihn weiter, und er macht einen letzten verzweifelten Versuch, sie zu fassen. Als er stumm vor Wut nach oben blickt, dringt ein heller Lichtstrahl herab und erhellt den Felsen in der Mitte mit goldenem Glanz. Die Rheintöchter begrüßen das glänzende Gold und schwimmen in freudiger Ausgelassenheit um das Riff. Alberich fragt fasziniert, was das sei. Er erfährt, daß es sich um das Rheingold handle, aus dem ein Ring geschmiedet werden könne, der unbegrenzte Macht verleihe. Nur wer der Macht der Liebe entsage, könne den Ring formen, fügt Woglinde hinzu; aber von dem lüsternen Zwerg hätten sie wohl nichts zu fürchten. Aber Alberich hat begierig zugehört und klettert unter ihren Augen auf den Felsen, verflucht die Liebe und reißt mit schrecklicher Kraft das Gold an sich. Er verschwindet damit, taub gegenüber den Klagen der Rheintöchter.

Zweite Szene
Wotan, der mächtigste der Götter, und seine Gemahlin Fricka liegen schlafend auf Bergeshöhen. Hinter ihnen leuchtet eine prächtige Burg im Licht des anbrechenden Tages. Fricka erwacht als erste, sieht die Burg und

weckt ihren Gemahl. Wotan stimmt einen Lobgesang auf das vollendete Werk an, aber Fricka erinnert ihn daran, daß ihre Schwester Freia, die Göttin der Liebe, den Riesen Fafner und Fasolt unbesonnen als Bezahlung angeboten wurde. Wotan tut ihre Befürchtungen ab. Sie selbst sei es gewesen, die um den Bau der Burg gebeten hätte. Sie antwortet, ihr Wunsch sei nur gewesen, sie beide enger aneinander zu binden. Sie schilt ihn dafür, die Liebe und Tugend der Frau gegen Macht und Herrschaft einzutauschen. Wotan erinnert sie daran, daß er einst sein einziges verbliebenes Auge aufs Spiel gesetzt habe, als er um sie warb (ein Pfand, daß er nicht zu entrichten brauchte), und fügt hinzu, er habe nie beabsichtigt, Freia aufzugeben.

Dann solle er sie jetzt beschützen, erwidert Fricka, und bei ihren Worten tritt Freia in hastiger Flucht auf, verfolgt von den Riesen Fasolt und Fafner. Wotan hatte sich auf Loge verlassen, ihn von dem Vertrag zu befreien: der Feuergott aber bleibt aus. Fasolt fordert Freia als vereinbarte Bezahlung, doch erwidert Wotan, er müsse eine andere Belohnung fordern. Fasolt erinnert Wotan empört daran, daß die Runen auf seinem Speer für die vertraglichen Vereinbarungen stünden und daß allein Verträge seine Macht legitimierten. Fafner ist weniger an Freias Schönheit interessiert, aber er weiß, daß die Götter untergehen und sterben würden, wenn ihnen Freia entrissen wird, weil sie dann nicht mehr in den Genuß der Äpfel der ewigen Jugend kämen.

Als die Riesen Freia entführen wollen, eilen ihre Brüder Froh und Donner hinzu, um sie zu schützen. Wotan hindert Donner an Gewaltanwendung und sieht schließlich erleichtert Loge kommen. Loge berichtet, er habe das Werk der Riesen überprüft. Wotan will von ihm wissen, was er ihnen als Bezahlung anbieten solle. Loge erzählt, daß er alle Winkel der Welt durchstöbert habe, um herauszufinden, was den Männern wertvoller sei als die Tugenden der Frau. Niemand wolle die Liebe aufgeben, mit Ausnahme eines Nibelungenzwergs, der nach der Zurückweisung seiner erotischen Avancen das Rheingold gestohlen habe. Er fordert Wotan auf, dafür zu sorgen, daß das Gold wieder in die Obhut der Rheintöchter zurückkehre. Fasolt und Fafner haben aufmerksam zugehört und fragen nach dem Nutzen des Goldes. Als Loge erklärt, daß ein daraus geschmiedeter Ring höchste Macht verleihe, erwacht in Wotan das Verlangen nach dem Gold. Fricka, die sich das Gold für ein Geschmeide wünscht, drängt Wotan ebenfalls, es zu erringen. Loge schlägt vor, das Gold zu stehlen. Und Fafner verlangt,

es ihnen dann als Bezahlung zu übergeben. In der Zwischenzeit würden sie Freia als Geisel behalten.

Als die Riesen davonstampfen und Freia mitschleppen, sinkt Nebel auf die Götter nieder, die ohne Freias goldene Äpfel zu altern beginnen. Wotan steigt mit Loge in die Klüfte Nibelheims hinab, um das Gold zu suchen.

Dritte Szene

In den Tiefen von Nibelheim quält Alberich seinen schwächeren Bruder Mime und fordert den magischen Tarnhelm, den anzufertigen er diesem befohlen hatte. Alberich beweist dessen Wirksamkeit, indem er unsichtbar wird und dem wehrlosen Mime Hiebe versetzt. Alberich entfernt sich schließlich, bevor Wotan und Loge kommen. Loge, der Mime seine Hilfe anbietet, erfährt von ihm, daß die arglosen Schmiede der Nibelungen unter der Fron Alberichs stünden, seitdem dieser einen Ring aus dem Rheingold geschmiedet habe.

Alberich kehrt zurück und treibt seine Sklaven mit einer Geißel an, das Gold aufzustapeln. Er zeigt drohend seinen Ring, so daß sie angstvoll in alle Richtungen davonlaufen. Alberich wendet nunmehr seine Aufmerksamkeit den Fremden zu. Wotan schmeichelt ihm, aber Loge erinnert ihn, daß es sein Feuer war, das Alberich einst half. Der Zwerg tut diese frühere falsche Freundschaft höhnisch ab. Er brüstet sich mit der Macht, die er jetzt besitze und die er erlangt habe, indem er der Liebe entsagte, und droht damit, eines Tages die Götter zu unterwerfen und ihre Frauen zur Unzucht zu zwingen. Nun beginnt Loge, ihm zu schmeicheln, fragt aber, wie er – so mächtig er auch sei – sich gegen einen nächtlichen Dieb schützen wolle. Alberich zeigt ihm den Tarnhelm, woraufhin Loge ihn zu einer Demonstration auffordert. Alberich verwandelt sich in einen Drachen, und Loge stellt sich, als sei er von Furcht ergriffen. Er gibt sich beeindruckt, will aber wissen, ob Alberich auch fähig sei, sich in etwas so Kleines wie eine Kröte zu verwandeln. Als Alberich dies tut, wird er von den Göttern gefangen. Sie fesseln ihn, nehmen ihm die Tarnkappe und schleppen ihn mit zur Oberfläche.

Vierte Szene

Zurück auf den Bergeshöhen, verspotten Loge und Wotan den gefesselten Alberich und seine Absicht, die Welt beherrschen zu wollen. Wenn er frei sein wolle, müsse er das Gold aufgeben. Da Alberich den Ring behalten will, mit dessen Hilfe er sich neuen Reichtum schaffen kann, willigt er ein, das Gold zu übergeben. Seine rechte Hand wird gelöst, und er ruft mit dem

Ring die Nibelungen herbei. Die Nibelungen tragen das Gold herauf, während Alberich, der wütend über die Schmach ist, von seinen Sklaven gefesselt gesehen zu werden, ihnen Strafe androht, falls sie nicht unverzüglich zu ihrer Arbeit zurückkehren. Er küßt den Ring, und sie zerstreuen sich eingeschüchtert.

Alberich fordert die Rückgabe des Tarnhelms, aber Loge wirft ihn auf den Goldhaufen. Er könne sich immer noch einen anderen machen lassen, denkt Alberich, aber zu seinem Entsetzen fordert Wotan nun auch den Ring an seinem Finger. »Das Leben, doch nicht den Ring!« fleht Alberich. Wotan stellt ungerührt fest, daß er ihn ohnehin von den Rheintöchtern geraubt habe. Alberich legt verbittert die Heuchelei Wotans bloß und wirft ihm vor, daß er das Gold ebenfalls geraubt haben würde, hätte er gewußt, wie man daraus einen Ring schmiedet. Außerdem habe er, Alberich, nur an sich selbst gefrevelt. Wenn Wotan jetzt den Ring stehle, würde er an allem freveln, »was war, ist und wird«.

Wotan zieht Alberich den Ring gewaltsam vom Finger und triumphiert über seinen Besitz. Alberich wird losgebunden. Außer sich vor Wut, belegt er den Ring mit einem Fluch. Wer ihn auch trage, dem werde er Angst und Tod bringen; wer ihn besitze, den würden Sorgen plagen, und wer ihn nicht habe, an dem werde der Neid nagen.

Donner, Froh und Fricka begrüßen Wotan und Loge bei ihrer Rückkehr. Diese zeigen ihnen das Lösegeld für Freia: den Goldschatz. Es wird hell, als Freia mit den Riesen zurückkommt. Fasolt verzichtet nur widerwillig auf Freia und besteht darauf, das Gold müsse so aufgehäuft werden, daß es den Blick auf sie verdecke. Loge und Froh schichten das Gold zwischen zwei Pfählen auf und füllen alle Zwischenräume aus. Aber Fafner kann noch immer Freias Haar sehen: Der Tarnhelm muß auf den Hort geworfen werden. Fasolt kann durch eine Spalte ihre glänzenden Augen erkennen, so daß Fafner den Ring von Wotans Finger verlangt, um damit die Ritze zu verstopfen. Loge schlägt vor, Wotan solle ihn den Rheintöchtern zurückgeben, aber Wotan bringt sie zum Schweigen: Er werde nicht auf den Ring verzichten. Die Riesen drohen, Freia wieder mitzunehmen, und die anderen Götter bitten ihn, nachzugeben. Wotan bleibt unnachgiebig, bis Erda, die Erdgöttin, aus einer Felskluft aufsteigt. Sie warnt Wotan, daß ihn der Besitz des Rings rettungslos zum Verderben verdamme. »Ein düst'rer Tag dämmert den Göttern«: Er solle auf den Ring verzichten.

Nachdem Erda entschwunden ist, entschließt sich Wotan nachzugeben. Er wirft den Ring auf den Hort, und

Fafner beginnt das Gold wegzutragen. Als Fasolt seinen Anteil fordert, hält ihm Fafner entgegen, daß er doch mehr an Freia interessiert gewesen sei. Wotan verweigert ein Urteil, doch Loge rät Fasolt, auf den Schatz zu verzichten und den Ring zu behalten. Es gibt einen Kampf um den Ring, bei dem Fafner seinen Bruder totschlägt. Wotan erkennt mit Entsetzen die Macht des Fluches.

Die Götter schicken sich an, in die Burg einzuziehen. Donner schwingt seinen Hammer, es donnert und blitzt. Plötzlich verziehen sich die Wolken, und eine Regenbogenbrücke wird sichtbar, die sich über das Tal hinüber bis zur Burg spannt. Wotan fordert seine Frau auf, ihm in die Burg zu folgen, die er Walhall nennt. Als das Paar, gefolgt von Froh, Donner und Freia, zur Brücke schreitet, blickt ihnen Loge gleichgültig nach. Aus den Tiefen des Tals dringt das Jammern der Rheintöchter, die den Verlust ihres Goldes beklagen. Wotan ignoriert sie und führt die Götter über die Brücke.

Entstehung

Es paßt vielleicht zum *Ring,* daß der Ursprung seiner Musik in mythische Nebel gehüllt ist. Laut Wagners eigenem Bericht in *Mein Leben* hatte er die erste Idee zum *Rheingold* – vorwärtstreibende Arpeggiofiguren in Es-Dur –, als er sich in einem Hotel in La Spezia in einem tranceähnlichen Zustand befand. Die Wahrscheinlichkeit einer solchen »Vision« ist angezweifelt worden, aber Warren Darcy (1989/90; siehe auch »Autographe«, S. 218 f.) meint, daß die dokumentarischen Belege Wagners Bericht weder stützen noch ihm widersprechen. Wenn man eine Handvoll musikalischer Notizen beiseite läßt, wurde die eigentliche Komposition des *Rheingolds* am 1. November 1853 mit dem ersten vollständigen Entwurf begonnen, einer fortlaufenden Vertonung der Dichtung, die Wagner bis zum 14. Januar 1854 beschäftigte. Angesichts der beispiellosen Probleme, die die Komposition für die erweiterte Orchesterbesetzung des *Rings* (darunter vierfache Holzbläser) mit sich brachte, arbeitete er die Orchestrierung in einem Partiturentwurf aus (ein Verfahren, das er nicht mehr wiederholen sollte). Das Endstadium war die Partiturreinschrift, die zwischen dem 15. Februar und dem 26. September 1854 angefertigt wurde. (Zu weiteren Einzelheiten siehe »Autographe«, S. 206 ff., und »Kompositionsweise«, S. 258 ff.)

Musikalischer Stil

Als erstes dramatisches Werk nach den theoretischen Aufsätzen von 1849–51 zeigt *Das Rheingold* eine

Reihe von Fortschritten gegenüber seinen Vorläufern. Zum ersten weichen regelmäßige Taktmuster fließenden Ariosostrukturen, deren Gesangslinien die Akzente, die dichterische Bedeutung und den emotionalen Gehalt des Texts getreu widerspiegeln. Gelegentlich führt – wie man allerdings zugeben muß – der rigorose Versuch, die dichterische Gestalt mit der musikalischen Phrase in Einklang zu bringen, im *Rheingold* zu etwas banalen Melodien: Diese Technik meisterte Wagner erst in der nächsten Oper des Zyklus, der *Walküre*. Insbesondere in der 2. und 4. Szene gibt es Passagen im alten Rezitativstil, wobei in der Orchesterbegleitung nach Art des 18. Jahrhunderts abgerissene und gehaltene Akkorde abwechseln.

Während im *Lohengrin* charakteristische musikalische Motive für dramatische Zwecke entwickelt wurden, übernimmt das Leitmotiv (siehe »Wagner-Glossar«, S. 248) im *Ring* zusätzlich eine strukturelle Funktion, d. h., Motive kehren nicht nur wieder, um auf etwas hinzuweisen – etwa wenn das Fluchmotiv beim Mord an Fasolt erklingt –, sondern sie werden auch einer quasisymphonischen Entwicklung unterworfen. Die veranschaulichende Funktion der Leitmotive ist im *Rheingold* noch am deutlichsten; es besteht selten Zweifel, zu welchem Zweck sie eingesetzt werden. Am Ende des Zyklus (dritter Aufzug des *Siegfried*, *Götterdämmerung*) werden die Verbindungen undeutlicher, um nicht zu sagen dünn: Motive erscheinen in so großer Zahl und werden mit einer solchen kontrapunktischen Virtuosität kombiniert, daß die strengen Prinzipien aus *Oper und Drama*, die den Einsatz von Motiven reglementieren, ganz offensichtlich nicht mehr gelten. (Mehr über die Umformung der Motive im Abschnitt »Musikalischer Stil«, S. 258 ff.; zu den Vorläufern des Leitmotivs siehe »Musikgeschichtlicher Hintergrund und musikalische Einflüsse«, S. 83 ff.)

Im *Tannhäuser* und im *Lohengrin* werden einzelne Charaktere oft mit speziellen Tonarten verknüpft. Im *Ring* jedoch beziehen sich diese Assoziationen auf Gruppen von Charakteren. So ist die Nibelungen-Tonart b-Moll; die gesamte Nibelheim-Szene (3. Szene) im *Rheingold* wird von dieser Tonart beherrscht, die sogar Loges A-Dur-Musik unterbricht, wenn Alberich sich der Weltherrschaft rühmt. Bestimmte Motive haben auch spezielle tonale Bezüge: der Fluch und der Tarnhelm zu h-Moll, Walhall zu Des-Dur, das Schwert zu C-Dur. Nicht jedesmal erscheinen die Motive in der »richtigen« Tonart, aber es ist bemerkenswert, in welchem Maß die tonale Ausrichtung ganzer Abschnitte

und sogar ganzer Szenen von solchen Assoziationen bestimmt wird.

Die Walküre
WWV 86 B
Der Ring des Nibelungen: Erster Tag. In drei Aufzügen

Text: Prosaskizze Herbst (wahrscheinlich Nov.) 1851, Prosaentwurf 17.–26. Mai 1852, Erstschrift des Textbuchs 1. Juni – 1. Juli 1852, Reinschrift des Textbuchs wahrscheinlich Dez. 1852/Jan. 1853
Musik: Gesamtentwurf 28. Juni – 27. Dez. 1854, Partiturentwurf Jan. 1855 – 20. März 1856, Partiturreinschrift 14. Juli 1855 – 23. März 1856
UA: Königliches Hof- und National-Theater, München, 26. Juni 1870; Erstaufführung als Teil des Zyklus: Festspielhaus, Bayreuth, 14. Aug. 1876

Siegmund	*Tenor*
Hunding	*Baß*
Wotan	*hoher Baß*
Sieglinde	*Sopran*
Brünnhilde	*Sopran*
Fricka	*Mezzosopran*
Gerhilde	
Ortlinde	
Waltraute	
Schwertleite	
Helmwige	Walküren *Sopran, Alt*
Siegrune	
Grimgerde	
Roßweiße	

Orchester wie im *Rheingold*, jedoch mit 2. Pik (= 3. Fl), Rührtrommel und Gl
Auf/hinter der Bühne: Stierhorn, Donnermaschine

Handlung
Vorspiel und erster Aufzug
Das Orchestervorspiel beschreibt ein heftiges Gewitter. Es beginnt nachzulassen, als sich der Vorhang hebt und das Innere von Hundings Hütte freigibt. Siegmund tritt ein und wirft sich erschöpft auf ein Bärenfell, wo ihn Hundings Frau Sieglinde findet. Sie bringt ihm Wasser. Von ihrem Gesicht fasziniert, fragt er sie, wer sie sei. »Dies Haus und dies Weib sind Hundings Eigen«, antwortet sie. Ihr Gatte habe nichts zu befürchten, erwidert er, er sei unbewaffnet und verwundet. Sie verlangt besorgt, nach seinen Wunden zu sehen, aber er beruhigt sie: Sein Leib sei stark, und

wenn sein Schild und sein Speer es ebenso gewesen wären, so hätte er nicht vor seinen Feinden fliehen müssen. Doch sie hätten seine Waffen zerschmettert und ihn verfolgt.

Sieglinde reicht ihm ein Trinkhorn mit Met. Als er trinkt, fühlt er sich immer stärker zu ihr hingezogen. Aber da er fürchtet, er werde ihr Unheil bringen, bricht er abrupt auf. »Wer verfolgt dich, daß du schon fliehst?« fragt sie. »Mißwende folgt mir, wohin ich fliehe«, gibt er zur Antwort und geht zur Tür. »So bleibe hier!« ruft sie, »nicht bringst du Unheil dahin, wo Unheil im Hause wohnt.« Sie blicken einander tief ergriffen lange in die Augen. Hunding kommt herein und fragt schroff, wer der Fremde sei. Sie erklärt seine Lage, woraufhin Hunding barsch selbst seine Gastfreundschaft anbietet. Als Sieglinde den beiden Männern das Nachtmahl aufträgt, erkennt Hunding voller Widerwillen und Argwohn die Ähnlichkeit zwischen seiner Frau und dem Fremden. Er fragt ihn, was ihn hierhergetrieben habe. Ausweichend antwortet Siegmund, Sturm und starke Not hätten ihn gejagt. Wie sein Name laute, fragt Hunding nach. Als Sieglinde ebenfalls ihre Anteilnahme zeigt, erwidert Siegmund, er müsse sich Wehwalt nennen, und beschreibt, wie er eines Tages von der Jagd mit seinem Vater Wolfe heimkehrte und ihr Haus niedergebrannt und seine Mutter erschlagen vorfand; außerdem sei seine Zwillingsschwester entführt worden. Er fährt fort, daß er die Spur des Vaters verloren habe und von der Gesellschaft geächtet worden sei. Er habe einem Mädchen beigestanden, das von ihrer Sippe zur Heirat mit einem ungeliebten Mann gezwungen werden sollte. Er habe ihre grausamen Brüder getötet, aber nachdem man ihm Speer und Schild zerschlagen habe, sei er nicht mehr fähig gewesen, die Frau zu beschützen. Sie sei vor seinen Augen gestorben, und er habe vor dem wütenden Heer fliehen müssen. Hunding erkennt jetzt, daß die von Siegmund angegriffenen Männer seine Verwandten waren und daß er den Feind in seinem Haus beherbergt. Das Gastrecht zwingt ihn dazu, Siegmund für diese Nacht Schutz zu gewähren, aber am nächsten Morgen will er mit ihm kämpfen.

Als Sieglinde für Hunding den Nachttrunk bereitet, schüttet sie ein Schlafmittel hinein. Sie verläßt den Raum mit einem sehnsüchtigen Blick auf Siegmund und weist mit den Augen auf eine Stelle am Stamm der Esche, um die herum der Saal errichtet ist. Siegmund bleibt allein zurück, verwirrt über seine Erregung bei Sieglindes Anblick und verzweifelt über seine Wehrlosigkeit. Ihm fällt eine Prophezeiung seines Vaters ein, er würde in der Stunde der höchsten Not ein Schwert finden. Der Schein der aufsprühenden Glut fällt auf eine Stelle im Baumstamm, wo jetzt ein Schwertgriff zu sehen ist.

Sieglinde tritt wieder ein und erzählt, wie bei ihrer Hochzeit ein Fremder in grauem Gewand, den Hut über ein Auge gezogen, das Fest unterbrochen und ein Schwert bis zum Heft in den Stamm gestoßen habe. Nicht einmal die stärksten Männer könnten es um einen Zoll bewegen. Siegmund umarmt Sieglinde leidenschaftlich und ruft, Waffe und Weib seien für ihn bestimmt; sie sei alles, was er je ersehnt habe. Plötzlich springt die Türe auf, eine mondhelle Frühlingsnacht wird sichtbar. Siegmund preist Lenz und Liebe als Bruder und Schwester, und Sieglinde erkennt in Siegmund den Lenz, nach dem sie sich immer gesehnt hatte. Der Rest des Aufzugs ist ein ekstatisches Geständnis ihrer beider Liebe. Der Name Wehwalt ist nun nicht mehr angebracht, Sieglinde erkennt und benennt ihren Bruder Siegmund, der nun zu ihrem Entzücken das Schwert Nothung aus dem Baumstamm zieht. Sie offenbart ihm, mit dem Schwert Schwester und Braut gleichzeitig gewonnen zu haben. Sie umarmen sich voller Ungestüm, und der Vorhang fällt – zumindest in traditionellen Inszenierungen – in schicklicher Eile.

Zweiter Aufzug

In einem wilden Felsgebirge beauftragt Wotan seine Tochter Brünnhilde – die Walküre, nach der die Oper benannt ist –, dafür zu sorgen, daß Siegmund den Kampf gegen Hunding siegreich beendet. Sie stößt den Schlachtruf der Walküren aus, warnt ihn aber, daß ihm noch ein weiterer Kampf bevorstehe: Seine Frau Fricka nahe wütend in einem von Widdern gezogenen Wagen. Brünnhilde verschwindet, und Fricka tritt auf, zornig, aber mit Würde. Als Hüterin der Ehe sei sie von Hunding angerufen worden, das ehebrecherische Wälsungenpaar zu bestrafen. Wotan will wissen, was so schlimm an der Tat sei: Der Lenz habe das Paar liebend vereint. Auf ihren Vorwurf, sie hätten den heiligen Eid der Ehe verletzt, erwidert er: Ein Eheeid, der eine Ehe ohne Liebe erzwingt, müsse nicht respektiert werden. Fricka klagt daraufhin die inzestuöse Natur der Verbindung zwischen dem Zwillingspaar an und beschuldigt Wotan, die Werte nicht zu achten, die das Geschlecht der Götter zusammenhielten. Die Götter bräuchten einen Helden, antwortet Wotan, einen, der vom göttlichen Schutz befreit sei und die Tat vollbringen könne, die ihnen verwehrt sei. Wenn Siegmund keinen Schutz benötige, dann solle er ihm das Schwert nehmen, erwidert Fricka. Wotans Einwand, Siegmund habe es selbst in der Not gewonnen, wird von Fricka widerlegt: Er habe für Siegmund diese Notlage ebenso wie das Schwert geschaffen. Sie läßt ihn versprechen, daß weder er noch seine Walkürentochter bei dem bevorstehenden Kampf Siegmund helfen würden. Brünnhildes Walkürenruf kommt näher, als Wotan, der die Logik von Frickas Argumenten einsehen muß, in äußerstem Unmut seinen Eid leistet.

Mit seiner Tochter allein, läßt Wotan seinem Zorn und seiner Scham freien Lauf. Brünnhilde drängt ihn, ihr zu vertrauen. Er zögert, weil er fürchtet, es könne als Zeichen von Schwäche ausgelegt werden. Aber als Brünnhilde darauf hinweist, er spreche zu seinem eigenen Willen, wenn er zu ihr spreche, gibt er nach und beginnt seine große Erzählung. Er beschreibt, wie er, als die jugendliche Liebe in ihm verblich, anfing, nach Macht zu verlangen. Er habe die Herrschaft über die Welt gewonnen, aber dabei sei er in Verträge verstrickt worden. Während sich in ihm die Sehnsucht nach Liebe wieder regte, habe der Nibelungenzwerg Alberich der Liebe entsagt, um das Rheingold zu erringen. Der Ring, den dieser daraus geschaffen habe, sei von ihm, Wotan, selbst gestohlen worden, aber anstatt ihn den Rheintöchtern zurückzugeben, habe er ihn dazu verwendet, die Riesen zu bezahlen.

Dann habe er Erda, die Quelle alter Weisheit, im Schoß der Erde aufgesucht. Er habe ihre Geheimnisse erfahren, und sie habe ihm Brünnhilde geboren. Diese sei zusammen mit ihren acht Walkürenschwestern (die übrigens anscheinend keine Töchter der Erda sind; siehe »Mythen und Legenden«, S. 145) aufgezogen worden. Gemeinsam sollten sie tote Helden auf dem Schlachtfeld aufsammeln, damit sie Wotan in Walhall dienten. Diese Helden würden Wotan, wie er glaubt, verteidigen, falls Alberich ein Heer aufstellen sollte; doch unter allen Umständen dürfe dieser nie den Ring zurückgewinnen. Deshalb müsse er um jeden Preis den Ring seinem jetzigen Besitzer entreißen, dem Riesen Fafner, der sich in einen Drachen verwandelt habe, um seinen Schatz besser bewachen zu können. Er sei jedoch machtlos gegenüber Fafner, weil er durch einen Vertrag mit ihm gebunden sei. Aus diesem Grund brauche er einen besonderen Helden, der frei handeln könne, aber für die gleichen Ziele kämpfen würde, die auch er anstrebe.

Doch er könne seine Hoffnung nicht in den Wälsung Siegmund setzen, wie Brünnhilde vorschlägt, da Fricka den Selbstbetrug durchschaut habe. Nun müsse er aufgeben, was er am meisten liebe; er sehne sich nur mehr nach einem Ende für all sein Leiden. Er habe gehört, daß Alberich einen Sohn gezeugt habe, den er voll Grimm segnet: »Was tief mich ekelt, dir geb ich's zum Erbe ...« Brünnhilde dürfe bei der kommenden Schlacht nicht Siegmund beschützen, sondern müsse für Hunding den Sieg erfechten. Sie versucht, seinen Sinn zu ändern, aber er bleibt unerbittlich und droht ihr die schwerste Strafe an, wenn sie nicht gehorche. Siegmund und Sieglinde tauchen atemlos auf. Von Schuldgefühlen geplagt, fleht sie ihn an, sie zu verlassen, aber er schwört nur, die Schande, die ihr angetan wurde, dadurch zu rächen, daß er Hunding töte. Hörner erklingen aus dem Wald. Sieglinde, die sich wie im Fieberwahn vorstellt, wie Hundings Meute ihre Zähne in Siegmunds Fleisch schlägt, fällt in Ohnmacht. Darauf folgt eine Szene, die für die Tetralogie von entscheidender Bedeutung ist: die Todesverkündigung. Brünnhilde erscheint und verkündet Siegmund, daß er ihr nach Walhall folgen müsse. Dort werde er nicht nur den großen Walvater (Wotan), sondern auch seinen eigenen Vater finden und von Wunschmädchen bedient werden. Als Siegmund vernimmt, daß er seine bräutliche Schwester nicht mitnehmen könne, beschließt er, nicht nach Walhall zu gehen. Brünnhilde teilt ihm mit, daß sein Los unabänderlich sei. Sie ist bekümmert über seine offensichtliche Liebe zu Sieglinde und läßt sich erweichen, als er sogar droht, eher Sieglinde zu töten als sich von ihr zu trennen; sie verspricht, ihn entgegen dem Befehl Wotans zu beschützen. Siegmund neigt sich liebevoll über die schlafende Sieglinde.

Hundings Horn ist zu hören. Im folgenden Kampf versucht Brünnhilde, Siegmund mit ihrem Schild zu decken, doch da erscheint Wotan und läßt Siegmunds Schwert an seinem Speer zerspringen. Hunding ermordet Siegmund, wird aber dann selbst von Wotan in bitterer Wut getötet. Danach verfolgt Wotan Brünnhilde, die Sieglinde in Sicherheit bringt.

Dritter Aufzug

Zum Vorspiel, dem Walkürenritt, versammeln sich die Walküren auf dem Gipfel eines Felsberges, um die gefallenen Helden nach Walhall zu bringen. Sie stellen fest, daß Brünnhilde fehlt, aber schließlich taucht sie auf, hält jedoch keinen Helden, sondern eine Frau im Sattel. Brünnhilde bittet ihre Schwestern, sie selbst und Sieglinde, die sie vom Schlachtfeld gerettet hat, vor dem Zorn Wotans zu beschützen. Keine der Schwestern wagt ihr zu helfen. Sieglinde will sterben, doch als sie erfährt, daß sie einen Wälsung gebären wird, bittet sie Brünnhilde um Hilfe. Diese heißt sie in die östlichen Wälder fliehen und übergibt ihr die Bruchstücke des Schwerts, aus denen ihr Sohn eines Tages eine neue Waffe schmieden wird.

Als Wotan herbeistürmt, versuchen die Walküren, Brünnhilde vor seinem Zorn zu schützen. Er verhöhnt ihren Wankelmut und berichtet von Brünnhildes »Verbrechen« der Untreue und des Ungehorsams ihm gegenüber. Brünnhilde stellt sich der Bestrafung und erfährt, daß sie keine Walküre mehr sein könne; außerdem würde sie auf dem Berg in wehrlosem Schlaf dem ersten Mann zum Opfer fallen, der sie finde und erwecke. Die Walküren protestieren entsetzt, aber als Wotan ihnen dieselbe Strafe androht, falls sie sich einmischten, fahren sie auseinander und stürzen davon.

Allein mit Wotan zurückgeblieben, bittet Brünnhilde um Gnade. Sie erzählt ihm, wie der Wälsung ihr Herz gerührt habe und wie sie sich entschlossen habe, ihn zu beschützen, weil sie gewußt habe, daß dies Wotans innerster Wunsch sei. Wotan zeigt sich taub gegenüber ihren Bitten und ist verärgert, daß sie ihn an die Wälsungen erinnert. Er bleibt bei seinem Verdikt, sie schlafend auf dem Felsen zurückzulassen. Brünnhilde fleht ihn an, sie wenigstens vor der Schmach einer unwürdigen Verbindung zu bewahren: Er solle sie mit einem Feuerkreis umgeben, der alle bis auf den kühnsten Helden abschrecken würde. Überwältigt zieht Wotan die kniende Brünnhilde zu sich herauf und umarmt sie. Er besingt leidenschaftlich ihr leuchtendes Augenpaar, das er so sehr geliebt habe, und versenkt sie dann mit einem Kuß auf die geschlossenen Augen in Schlaf. Nachdem er ihren Körper niedergebettet hat, ruft er Loge herbei und zeigt ihm mit dem Speer, wo seine Feuer rund um den Felsen entflammen sollen. Traurig entfernt sich Wotan.

Entstehung

Die ersten musikalischen Skizzen für *Die Walküre* stammen vom Sommer 1852 und enthalten eine frühe Fassung von Siegmunds Lenzeslied. Der erste Gesamtentwurf wurde zwischen dem 28. Juni und dem 27. Dezember 1854 angefertigt. Anders als der vergleichbare Entwurf für *Das Rheingold*, der aus einem vokalen und einem instrumentalen Notensystem bestand, ist der für *Die Walküre* etwas genauer orchestriert, oft mit einem Notensystem für den Gesang und zweien für die Instrumente. Trotz der Schwierigkeiten – durch die vielen Verzögerungen und Unterbrechungen –, die die Ausarbeitung dieses Entwurfs zur Partitur beeinträchtigten, hielt es Wagner nicht für notwendig, einen zweiten Entwurf wie für *Das Rheingold* zu machen, da er nunmehr mit der erweiterten Orchesterbesetzung vertraut war. Statt dessen machte er sich direkt an einen Partiturentwurf (Januar 1855 bis 20. März 1856); die Reinschrift entstand parallel dazu zwischen dem 14. Juli 1855 und dem 23. März 1856.

Musikalischer Stil

Während im *Rheingold* die Strenge, mit der Wagner seine theoretischen Prinzipien anwandte, bisweilen zu banalen Melodielinien führte, gelang es ihm in der *Walküre*, Text und Musik ohne solche Opfer gleichrangig zu behandeln. Insbesondere im ersten Aufzug demonstriert Wagner seine musikalisch-dichterische Synthese hervorragend: Der Text wird unter Wahrung seiner natürlichen Betonung mit einer Melodie kombiniert, die jede Bedeutungsnuance erfaßt und doch musikalischen Eigenwert besitzt. Der zweite und dritte Aufzug sind nicht weniger meisterhaft konzipiert, auch wenn es hier schon deutliche Anzeichen für Wagners spätere Abkehr von der absoluten Gleichberechtigung zwischen Dichtung und Musik gibt. Die Begegnung mit der Philosophie Schopenhauers – der die Musik über alle anderen Kunstformen erhob – genau zu diesem Zeitpunkt mag in hohem Maße für diese Verschiebung verantwortlich gewesen sein.

In der zweiten Szene des zweiten Aufzugs kommt eine von Wagners großen Erzählungen vor: Wotans Rückbesinnung »Als junger Liebe Lust mir verblich«. Es wird oft behauptet, daß solche Erzählungen von Zurückliegendem zunächst dadurch motiviert waren, daß Wagner den Zyklus »von hinten« entwarf (s. S. 308), und durch den Fortgang der Arbeit eigentlich überflüssig wurden. Dies läßt jedoch die Bedeutung außer acht, die Wagner dem Narrativen beimaß: Das griechische Theater war schließlich einer der Vorläufer des Musikdramas. Solche Erzählungen dafür zu kritisieren, daß sie die Handlung aufhalten oder etwas wiederholen, was wir, das Publikum, bereits wissen, geht am Wesentlichen vorbei. Strenggenommen bietet keine Geschichte oder Oper, die mehr als einmal erzählt bzw. gespielt wurde, wirkliche Überraschungen. Erzählungen geben aber Gelegenheit, über vergangene Ereignisse zu reflektieren, sie durch die Augen einer anderen Person zu sehen. Und sie sind ein Mittel, das sich perfekt für Wagners Leitmotivtechnik eignet, weil sich nicht nur die Interaktion von Personen, Absichten und Ideen insgesamt durch die Nebeneinanderstellung von musikalischen Motiven darstellen läßt, sondern auch die Umformung dieser Motive subtile Nuancen und psychologische Tiefen stärker auszudrücken vermag als alle Worte.

Im Falle von Wotans Erzählung wird der Gott veranlaßt, seiner Lieblingstochter seine Seele zu öffnen; ihre
Sympathie ermutigt ihn, sich auszusprechen und sein
Dilemma zu überwinden. Wotan beginnt mit dem Geständnis, wie er die Leere in seinem Leben, verursacht
durch den Mangel an Liebe, durch Macht ausfüllen
wollte. Seine geflüsterte Rekapitulation (»Als junger
Liebe«) kommt im gesamten Werk einem reinen Rezitativ am nächsten, aber sie vergißt keineswegs die
Prinzipien der Textvertonung aus *Oper und Drama*,
und sie gewinnt eine besondere Aura der Spannung
durch die Begleitung: Kontrabässe allein, pianissimo.
Die entsprechenden Motive tauchen auf, als sich Wotan
an den Diebstahl des Golds, den Bau von Walhall und
den Ring erinnert. Andere Motive kommen zum Vorschein, vor allem die des Fluchs und des Schwerts, die
die Erzählung zu einem erregenden Höhepunkt treiben:
Wotan hält nur nach einem Ausschau, dem »Ende«.

Siegfried
WWV 86 C
Der Ring des Nibelungen: Zweiter Tag. In drei Auf-
zügen

Text: Erste Prosaskizzen für *Jung-Siegfried* (ursprünglicher Titel der Oper, später in *Der junge Siegfried*
geändert) vermutlich 3.–24. Mai 1851, Prosaentwurf
24. Mai–1. Juni 1851, Erstschrift des Textbuchs 3.–
24. Juni 1851, Dichtung überarbeitet Nov.–Dez.
1852, 1856
Musik: Vorbereitende Skizzen 1851, erster Gesamtentwurf 1856 (vermutlich Anfang Sept.)–14. Juni
1869, zweiter Gesamtentwurf 22. Sept. 1856–5. Aug.
1869, Partiturerstschrift 11. Okt. 1856–5. Febr.
1871, Reinschrift der Partitur (erster und zweiter Aufzug) 12. Mai 1857–23. Febr. 1869. Zu Einzelheiten
siehe unten »Entstehung«.
UA: Festspielhaus, Bayreuth, 16. Aug. 1876

Siegfried	*Tenor*
Mime	*Tenor*
Der Wanderer (Wotan)	*Baßbariton*
Alberich	*Baßbariton*
Fafner	*Baß*
Erda	*Alt*
Brünnhilde	*Sopran*
Waldvogel	*Sopran*
	(ursprünglich als »Knabenstimme« bezeichnet)

Orchester wie im *Rheingold*, jedoch mit 2. Pik
(= 3. Fl), 4. Fl (= Pik), 4. Ob (= EnglHn), 4. Kl
(= Bkl) und Gl
Auf/hinter der Bühne: EnglHn, Hn, Schmiedeham-
mer, Donnermaschine

Handlung
Vorspiel und erster Aufzug
Schauplatz des ersten Aufzugs ist eine Felsenhöhle im
Wald. Das Vorspiel beginnt mit einem sanften Wirbel
der Pauken und einem wiederholten zweitönigen Fa-
gott-Motiv, das den dunklen Wald sowie den verschla-
genen Nibelungenzwerg Mime, der hier lebt, versinnbildlicht. Andere Motive, die mit den Nibelungen und
dem Ring verbunden sind, erklingen, unerwartet so-
dann das Schwertmotiv, bevor sich der Vorhang hebt
und Mime zu sehen ist, auf einem Amboß hämmernd.
Er verflucht seine mühselige Arbeit und seine hoff-
nungslosen Versuche, ein Schwert zu schmieden, das
der junge Siegfried nicht zerbrechen kann. Wenn er nur
die Fähigkeit hätte, die Trümmer von Nothung, dem
Schwert von Siegfrieds Vater Siegmund, zusammenzu-
schweißen – dieses Schwert würde jedem Hieb widerstehen. Der Riese Fafner habe sich in einen feuerspei-
enden Drachen verwandelt, um den Schatz der
Nibelungen besser beschützen zu können. Wenn er,
Mime, nur Nothung schmieden könnte, wäre Siegfried
imstande, den Drachen damit zu erschlagen, und der
Ring würde in Mimes Besitz gelangen.
Siegfried kommt aus dem Wald, einen riesigen Bären
an einem Seil führend. Lachend sieht er zu, wie der Bär
Mime durch die Hütte hetzt. Das für ihn geschmiedete
Schwert zerschmettert er höhnisch auf dem Amboß.
Siegfried fragt nach seiner Herkunft und seinen Eltern.
Mime berichtet, er habe sich einst einer Frau erbarmt,
die wimmernd im Wald lag, und sie in seine Höhle ge-
bracht. Sie sei bei Siegfrieds Geburt gestorben, und er,
Mime, habe ihren Wunsch erfüllt, ihn aufzuziehen.
Siegfried erfährt auch den Namen seiner Mutter – Sieg-
linde –, nicht aber den seines Vaters. Als Siegfried Be-
weise für die Geschichte fordert, holt Mime die Bruch-
stücke von Nothung, die Sieglinde seiner Obhut
anvertraut hatte. Siegfried ist begeistert; er befiehlt, das
Schwert wieder zusammenzuschmieden, und läuft aus
Freude über die Aussicht auf Freiheit, die es ihm bringen
würde, in den Wald. Mime sitzt niedergeschlagen am
Amboß und überlegt verzweifelt, wie er aus den Stük-
ken ein unzerstörbares Schwert formen könnte.
Ein Wanderer (der verkleidete Wotan) erscheint an der
Tür der Höhle. Er trägt einen großen Hut, dessen
Krempe sein fehlendes Auge verbirgt, und einen Speer.

Er wettet um sein Haupt, daß er jede Frage beantworten könne, die Mime ihm stelle. Der Zwerg fragt zuerst nach dem Geschlecht, das in den Tiefen der Erde lebt, und erhält zur Antwort, das seien die Nibelungen, die von Alberich beherrscht würden. Dann fragt er, welches Geschlecht auf dem Rücken der Erde lebe. Die Riesen, lautet die Antwort. Die dritte Frage betrifft die Bewohner der »wolkigen Höhn«. Dort wohnen die Götter, antwortet der Wanderer, beherrscht von Wotan. Als sein Speer dabei den Boden berührt, ist Donner zu vernehmen.

Der Wanderer verlangt daraufhin den gleichen Wetteinsatz von Mime und fragt zuerst nach dem Namen des Geschlechts, das Wotan schlecht behandelt habe, obwohl es ihm das liebste sei. Die Wälsungen, antwortet Mime selbstsicher. Die zweite Frage betrifft das Schwert, das der Held Siegfried schwingen werde. Nothung, lautet Mimes Antwort. Aber als der Wanderer danach fragt, wer dieses Schwert schmieden werde, fährt Mime entsetzt auf: Er weiß es nicht. Der Wanderer tadelt Mime dafür, daß er nicht die Frage gestellt habe, die ihm von Nutzen gewesen wäre. Die Antwort sei: »Nur wer das Fürchten nie erfuhr, schmiedet Nothung neu.« Er überläßt Mimes Haupt dem Furchtlosen und verschwindet.

Mime bleibt erregt zurück. Im flackernden Feuer glaubt er erschreckt die Gestalt des Drachen zu sehen. Siegfried kehrt zurück. Da der Zwerg erkennt, daß sein Leben dem furchtlosen Siegfried verfallen ist, entschließt er sich, den Jungen das Fürchten zu lehren. Siegfried verlangt die Trümmer des Schwerts und beginnt es selbst zu schmieden, wobei er die Stücke zunächst in Späne feilt. Mime schaut erschrocken zu. Als Siegfried den Namen des Schwerts erfährt, besingt er es begeistert (Schmelzlied). Währenddessen beschließt Mime, Siegfried nach seinem Kampf mit dem Drachen einen vergifteten Trunk zu verabreichen und ihn dann mit seinem eigenen Schwert zu töten. Schließlich ist das Schwert fertig. Siegfried spaltet mit ihm den Amboß mit einem Hieb, und Mime stürzt erschreckt zu Boden.

Zweiter Aufzug

Alberich, der Fafners Höhle tief im Wald bewacht, ist überrascht vom Auftauchen des Wanderers. Er erinnert sich voller Wut daran, wie Wotan ihm den Ring stahl. Alberich macht dem Wanderer Vorwürfe wegen seiner Absicht, die Weltherrschaft zu erringen, aber Wotan bleibt ruhig. Er warnt Alberich sogar vor der Ankunft Siegfrieds und Mimes. Auf Alberichs Bitte weckt er sogar Fafner und heißt ihn den Ring herausgeben; den Drachen läßt die drohende Gefahr jedoch

ungerührt. Nach weiteren freundlichen Ratschlägen verschwindet der Wanderer im Wald.

Mime kommt mit Siegfried und beschreibt ihm den schrecklichen Drachen, dessen Geifer giftig und dessen Schlangenschweif tödlich sei. Doch Siegfried ist nur daran interessiert, wo sich das Herz des Drachen befindet, um sein Schwert hineinstoßen zu können. Mime läßt Siegfried allein zurück. Zum Motiv des Waldwebens bringt der Junge seine Erleichterung darüber zum Ausdruck, daß der häßliche Zwerg nicht sein Vater ist.

Der Gedanke, daß seine Mutter bei seiner Geburt starb, stimmt ihn traurig. Als er einen Waldvogel singen hört, versucht er, seinen Gesang nachzuahmen, um das Lied zu verstehen. Er schneidet sich aus einem Schilfrohr eine Pfeife, aber nachdem er vergeblich ihre Form mehrmals verändert hat, gibt er auf. Statt dessen bläst er sein Horn, und ein schlaftrunkener Fafner wälzt sich aus der Höhle. Nach einem Austausch von Hänseleien stößt Siegfried sein Schwert Nothung in Fafners Herz. Fafner erzählt ihm sterbend seine Geschichte. Als Siegfried sein Schwert aus dem Herz des Drachen zieht, kommt seine Hand mit dessen Blut in Berührung. Es brennt auf der Haut, und er führt unwillkürlich die Finger zum Mund. Als er das Blut schmeckt, kann er den Gesang des Waldvogels verstehen: Er rät ihm, den Ring und den Tarnhelm aus der Höhle zu holen.

Als Siegfried in der Höhle verschwindet, erscheinen Mime und Alberich aus entgegengesetzten Richtungen. Sie streiten wütend um den rechtmäßigen Besitz des Schatzes. Mime bietet an, auf den Ring zu verzichten, falls er dafür den Tarnhelm erhalte. Ihr Streit wird unterbrochen, als Siegfried mit beiden Gegenständen zurückkehrt. Der Waldvogel rät ihm, sich vor Mime in acht zu nehmen. Mime schmeichelt Siegfried, aber seine Worte verraten seine wirkliche Absicht. In einem Anfall von Ekel tötet ihn Siegfried mit einem Schwertstreich.

Er wirft Mimes Leiche in die Höhle und wälzt den Leichnam Fafners vor den Eingang. Unter einer Linde liegend, lauscht er wieder dem Gesang des Waldvogels und bittet ihn um seinen Rat. Der Vogel erzählt ihm von der Braut, die auf einem hohen Felsen, von Feuer umgeben, auf ihn warte. Siegfried springt auf und folgt dem Vogel, der ihm den Weg weist.

Dritter Aufzug

Der Wanderer erscheint am Fuße eines Felsenberges und weckt die Erdgöttin Erda aus ihrem Schlaf, um mehr über die Geheimnisse der Welt zu erfahren. Zuerst rät sie ihm, die Nornen zu befragen, weil diese das Seil des Schicksals weben. Dann empfiehlt sie ihm, die Tochter zu fragen, die sie ihm geboren habe: Brünnhilde. Als er Erda erzählt, daß Brünnhilde für ihren Ungehorsam bestraft würde, drückt sie ihre Überraschung aus: »Der den Trotz lehrte, straft den Trotz?« Erda will wieder schlafen, aber der Wanderer verlangt zu wissen, wie er seine Ängste überwinden könne. Er fürchte das Ende der Götter nicht mehr; vielmehr sei dies sein Wunsch. Er überlasse sein Erbe dem Wälsungenhelden, der Alberichs schlechte Absichten aufgrund seiner edlen Natur vereiteln werde. Erda versinkt wieder in Schlaf.

Als der Wanderer an der Höhle wartet, taucht Siegfried auf, geführt vom Waldvogel. Nach einem heftigen Wortwechsel versucht der Wanderer, Siegfried mit seinem Speer den Weg zu versperren. Siegfried zerschlägt den Speer mit einem einzigen Schwerthieb. Der Wanderer verschwindet, und Siegfried steht plötzlich der Flammenwand gegenüber.

Der Schauplatz wechselt zum Gipfel des Felsberges aus der letzten Szene der *Walküre*. Siegfried erklimmt die Spitze und erblickt unter den Bäumen die schlafende Brünnhilde. Da ihr Gesicht verdeckt ist, hält er sie für einen Mann, selbst dann noch, nachdem er ihr den Helm abgenommen hat. Als er mit dem Schwert ihren Brustpanzer löst, erkennt er, daß sie eine Frau ist. Er fühlt sich schwach und schwindelig und ruft seine Mutter an. Jetzt hat er zum ersten Mal Furcht erfahren, aber er möchte die Schlafende aufwecken. Verzweifelt küßt er sie auf die Lippen; da öffnet sie ihre Augen und richtet sich langsam auf.

Sie begrüßt das Tageslicht, und beide preisen die Mutter, die ihn gebar. Sie eröffnet ihm, daß sie ihn schon immer geliebt habe, sogar noch bevor er gezeugt worden sei. Siegfried fragt, ob sie vielleicht seine Mutter sei, aber sie erzählt, sie habe seinen Vater entgegen den Wünschen Wotans beschützt und sei auf den Felsen verbannt worden. Als Siegfried sie leidenschaftlich umarmt, stößt sie ihn erschreckt zurück, sich ihrer Verwundbarkeit bewußt. Trotz ihrer Angst blickt sie ihn zärtlich an; sie bittet ihn, die Reinheit ihrer Liebe nicht zu zerstören. Nach und nach erliegt sie der Stärke von Siegfrieds Leidenschaft, und sie akzeptiert ihren neuen Zustand als Sterbliche. Sie umarmen sich heftig, und Brünnhilde sagt der Welt der Götter Lebewohl. Durch die Liebe zueinander verwandelt, rufen sie den »lachenden Tod« an.

Entstehung

Einige vorbereitende musikalische Skizzen für das Werk mit dem ursprünglichen Titel *Der junge Siegfried*

entstanden 1851, aber die eigentliche Kompositionsarbeit wurde 1856 (wahrscheinlich Anfang September) mit dem ersten Gesamtentwurf begonnen. Um die Probleme zu vermeiden, mit denen er bei der *Walküre* konfrontiert wurde, stellte Wagner jeden Akt vom ersten Entwurf bis zur Partitur fertig, bevor er den nächsten in Angriff nahm. Er arbeitete außerdem gleichzeitig an dem ersten (mit Bleistift geschriebenen) und dem zweiten Gesamtentwurf (mit Tinte geschrieben, auf mindestens drei Notensystemen, zwei instrumentalen und einem vokalen, wobei er Einzelheiten der Orchestrierung ausarbeitete). Im Juni 1857 brach er die Arbeit an den Entwürfen mitten im zweiten Aufzug ab (mit Siegfrieds Betrachtung unter der Linde), teils weil der *Ring* zu einer finanziellen Belastung wurde, teils auch, weil er den Wunsch hatte, seinen neuen chromatischen Stil am *Tristan* auszuprobieren. Dennoch nahm er bald danach die Komposition des zweiten Akts für kurze Zeit wieder auf und vollendete den ersten Entwurf am 30. Juli 1857 und den zweiten am 9. August. Erst ab dem 27. September 1864 widmete er sich wieder der Aufgabe, eine Reinschrift des ersten Akts anzufertigen; zwischen dem 22. Dezember dieses Jahres und dem 2. Dezember 1865 arbeitete er an der Partiturerstschrift des zweiten Akts. Die Arbeit am dritten Akt begann am 1. März 1869, nachdem die Reinschrift für den ersten und den zweiten Akt abgeschlossen war. Die Partiturerstschrift des dritten Akts wurde am 5. Februar 1871 vollendet.

Musikalischer Stil

Die zwölf Jahre dauernde Lücke zwischen der Beendigung der Komposition des ersten und zweiten Aufzugs (alles mit Ausnahme der Partitur) und dem Beginn des dritten führte unvermeidlich zu stilistischen Diskrepanzen. Der erste und zweite Aufzug stehen dem *Rheingold* und der *Walküre* in ihrer Verwendung von überwiegend kurzen, prägnanten Motiven näher. Im dritten Aufzug jedoch sind – wie in der *Götterdämmerung* – häufiger ausgedehnte melodische Gedanken zu finden. Selbst wenn Motive des früheren Typs auftauchen, werden sie mit einer neuen Freiheit kombiniert und dienen weniger als vorher einem assoziativen Zweck. Sie führen jetzt ein eigenständiges Leben, und ihr beständiges Wechselspiel erzeugt ein viel dichteres, enger gearbeitetes Gewebe, das deutlich von der Konzentration auf musikalische Werte beeinflußt ist, die den inzwischen entstandenen *Tristan* kennzeichnen.

Die neue Reife wird gleich zu Beginn des dritten Aufzugs deutlich. Das Orchestervorspiel bringt eine meisterhafte symphonische Verarbeitung einer Reihe von Hauptmotiven, vor allem des punktierten Rhythmus, der das Vorspiel durchdringt und auf Wotan, die Walküren und ihren Ritt verweist; das Erda-Motiv und seine Umkehrung, die Götterdämmerung; die erniedrigten Mediantharmonien des Wanderers; der fallende Halbton, der im *Rheingold* mit Alberich und der unheilvollen Macht des Rings verbunden ist; und das Motiv des Zauberschlafs. Wenn sich der Vorhang hebt, erscheint der Wanderer. Seine Szene mit Erda, der Erdgöttin, ist ein Dialog, in dem das für jede Person charakteristische Tonmaterial variiert wird. Kraftvoll entworfene Gesangslinien, die das Rezitativ zugunsten eines gesteigerten Arioso ganz aufgeben, werden durch ein instrumentales Gewebe von unerhörtem Reichtum und beispielloser motivischer Dichte unterstützt. Die Form droht gesprengt zu werden, wenn sich das Fieber der Emotion steigert – bis zu dem Höhepunkt mit der Ankündigung des Wanderers, daß er nunmehr auf das Ende der Götter warte. Die Feierlichkeit des Augenblicks wird durch ein vornehmes neues Motiv angezeigt; Leitmotive von solcher Ausdehnung und Selbständigkeit werden von nun an im *Ring* eine wichtige Rolle spielen.

Götterdämmerung
WWV 86 D
Der Ring des Nibelungen: Dritter Tag. In einem Vorspiel und drei Aufzügen

Text: Erster Prosaentwurf von *Siegfrieds Tod* (ursprünglicher Titel der Oper) datiert (am Schluß) 20. Okt. 1848, Versentwurf 12.–28. Nov. 1848, rev. 1848/49, 1852, 1856
Musik: Vorbereitende Skizzen Sommer 1850, erster Gesamtentwurf 2. Okt. 1869–10. April 1872, zweiter Gesamtentwurf (Particell) 11. Jan. 1870–22. Juli 1872, Partitur 3. Mai 1873–21. Nov. 1874. Zu Einzelheiten siehe unten »Entstehung«.
UA: Festspielhaus, Bayreuth, 17. Aug. 1876

Siegfried	*Tenor*
Gunther	*Baßbariton*
Alberich	*Baßbariton*
Hagen	*Baß*
Brünnhilde	*Sopran*
Gutrune	*Sopran*
Waltraute	*Mezzosopran*
Erste Norn	*Alt*
Zweite Norn	*Mezzosopran*
Dritte Norn	*Sopran*
Woglinde	*Sopran*
Wellgunde	*Sopran*
Floßhilde	*Mezzosopran*
Mannen, Frauen	

Orchester wie im *Rheingold* (siehe oben), aber mit Rührtrommel und Gl
Auf/hinter der Bühne: Stierhörner, Hn, 4 Harfen

Handlung
Vorspiel
Schauplatz ist wie am Schluß des *Siegfried* der Walkürenfelsen. Die drei Nornen, Töchter Erdas, weben das Seil des Schicksals. Die erste Norn erzählt, daß vor langer Zeit, als sie an der Weltesche webte, Wotan kam, um aus der Quelle der Weisheit zu trinken, und dafür mit einem Auge bezahlte. Er schnitt sich einen Speer aus dem Stamm, der später verdorrte und abstarb. Die zweite Norn berichtet, wie ein kühner Held Wotans Speer im Kampf zerschlug; der Gott schickte daraufhin Helden aus Walhall, um die Weltesche zu fällen. Die dritte Norn beschreibt, wie die Scheite aus der Weltesche um Walhall herum aufgeschichtet wurden; eines Tages würden sie angezündet werden und mit ihren Flammen den ganzen Saal verschlingen. Götter und Helden warten auf diesen Tag. Die erste Norn sieht Feuer rund um den Walkürenfelsen brennen und erfährt, daß Loge Wotans Befehl erfüllt. Eine Vision von Alberich und dem geraubten Rheingold erfüllt die Nornen mit Angst: Ihr Seil zerreißt.
Als sie in die Erde hinabsteigen, bricht der Tag an. Siegfried und Brünnhilde kommen aus der Höhle, in die sie sich zum Schluß des *Siegfried* zurückgezogen hatten. Brünnhilde schickt Siegfried zu »neuen Taten« aus, ermahnt ihn aber, ihrer beider Liebe nicht zu vergessen. Als Pfand seiner Treue gibt Siegfried ihr den Ring; dafür schenkt ihm Brünnhilde ihr Roß Grane. Sie versichern sich ihrer unzerstörbaren Liebe. Siegfried bricht auf; das Orchesterzwischenspiel schildert seine Fahrt rheinabwärts.

Erster Aufzug
Gunther, der Fürst der Gibichungen, sitzt mit seiner Schwester Gutrune in der Halle seines Palastes. Sein Halbbruder Hagen bestätigt ihm seinen Ruhm, der jedoch noch größer wäre, wenn er eine Frau und Gutrune einen Mann finden würde. Er erzählt ihm von Brünnhilde, die, umgeben von Feuer, auf einem Felsen liege und nur durch Siegfried errungen werden könne. Weiter beschreibt er, wie Siegfried den Drachen erschlagen hat, und rät, daß Siegfried Brünnhilde als

Braut für Gunther heimbringen solle, wenn Gutrune ihn zuvor für sich gewonnen habe. Hagen erinnert beide daran, daß sie einen Trank besäßen, der Siegfried alle anderen Frauen vergessen ließe.

Siegfrieds Horn ist zu vernehmen, ihm wird Gastfreundschaft angeboten. Hagen erkundigt sich nach dem Nibelungenhort, und Siegfried antwortet, er habe ihn in einer Höhle zurückgelassen und nur das »Gewirk« mitgenommen, das an seinem Gürtel hänge. Hagen erkennt den Tarnhelm und erklärt ihm dessen Wirkung. Als Siegfried auf die Frage, ob er dem Schatz noch etwas entnommen habe, einen Ring erwähnt, den ein »hehres Weib« für ihn hüte, flüstert Hagen für sich den Namen Brünnhildes. Gutrune erscheint mit dem Zaubertrank. Mit einer ironischen Geste trinkt Siegfried auf die Erinnerung an Brünnhilde und ihre gemeinsame Liebe. Danach fühlt er sich sofort zu Gutrune hingezogen, fragt den Bruder nach ihrem Namen und verliert keine Zeit, sich ihm als ihr Gemahl anzutragen.

Siegfried bietet an, für Gunther eine Frau zu freien. Als Gunther ihm von Brünnhilde erzählt, die hoch auf einem Felsen lebe, umgeben von Feuer, wird klar, daß er nur noch eine ganz schwache Erinnerung an sie hat. Er verspricht, mit Hilfe des Tarnhelms Gunthers Gestalt anzunehmen, um ihm Brünnhilde zu bringen. Sie schwören einander »Blutbrüderschaft«, woran Hagen sich nicht beteiligt. Siegfried und Gunther fahren wieder den Rhein hinauf. Der mürrische Hagen bleibt als Wächter der Halle zurück und sinnt über den zufriedenstellenden Fortschritt seines Plans, Macht zu gewinnen.

Die dritte Szene zeigt wieder den Walkürenfelsen. Brünnhilde sitzt am Eingang der Höhle und betrachtet glücklich den Ring, den ihr Siegfried zurückgelassen hat. Blitz und Donner kündigen die Ankunft ihrer Schwester Waltraute auf einem geflügelten Pferd an. Brünnhilde ist so erfreut, sie zu sehen, daß sie Waltrautes Erregung nicht erkennt: Hat Wotan ihr vielleicht vergeben? Waltraute hat jedoch mit ihrem Kommen Wotans Gebot gebrochen; aber leider müsse Wotan nicht mehr gefürchtet werden. Wotan sei als Wanderer mit seinem zerbrochenen Speer nach Walhall zurückgekehrt und habe den Helden befohlen, die Scheite vom Stamm der Weltesche um den Saal herum aufzuschichten. Die Götter säßen voller Furcht und Entsetzen stumm da, und Wotan sehne sich danach, daß der Ring den Rheintöchtern zurückgegeben werde. Um Brünnhilde dazu zu überreden, sei sie gekommen.

Brünnhilde ist bestürzt über diesen Bericht, aber Waltraute fleht sie an, den Ring herauszugeben. Doch Brünnhilde will sich nicht von Siegfrieds Liebespfand trennen und schickt ihre Schwester nach Walhall zurück, dies auch den Göttern mitzuteilen. Waltraute entfernt sich in einer Gewitterwolke, die einem ruhigen Abendhimmel weicht. Die Flammen um den Felsen herum lodern höher, und Brünnhilde hört Siegfrieds Horn. Sie eilt erregt zum Felsrand und sieht entsetzt einen Fremden (Siegfried in Gunthers Gestalt). Der Fremde erhebt Anspruch auf sie als Frau, zieht ihr gewaltsam den Ring vom Finger und befiehlt ihr, in die Höhle zu gehen, um dort die Nacht zu verbringen. Als Zeichen der Treue gegenüber seinem Blutsbruder legt er sein Schwert zwischen sich und Gunthers Braut.

Zweiter Aufzug

Hagen, der vor der Halle der Gibichungen wacht, wird von seinem Vater Alberich besucht. Dieser drängt ihn, den Ring zu erringen. Hagen bestätigt zwar diese Absicht, schwört aber Treue nur gegen sich selbst. Der Morgen bricht an, und Siegfried kehrt zurück, nunmehr wieder in seiner eigenen Gestalt. Gunther folge mit Brünnhilde nach, verkündet er, und er erzählt Hagen und Gutrune, wie er das Feuer bezwungen und Brünnhilde überwältigt habe. Danach habe er heimlich mit Gunther den Platz getauscht und die Zauberkraft des Tarnhelms benutzt, um augenblicklich hierher zurückzukehren. Als Gunthers Schiff in der Ferne zu erkennen ist, weist Gutrune Hagen an, die Männer und Frauen zusammenzurufen, um Hochzeit zu feiern.

Hagen stößt in sein Horn, um seine Mannen zu sammeln. Diese eilen aus allen Richtungen herbei und stellen jubelnd fest, daß sie Hagen nicht zu einer Schlacht, sondern zu einer Hochzeitsfeier gerufen hat. Sie schlagen ihre Waffen zusammen, um Gunther zu begrüßen, der Brünnhilde geleitet; diese folgt ihm mit gesenktem Blick. Gunther begrüßt Siegfried und übergibt ihm Gutrune zur Frau. Als Brünnhilde den Namen Siegfrieds vernimmt, reagiert sie mit heftiger Verwunderung. Habe er seine Frau vergessen, fragt sie. Brünnhilde sieht den Ring an Siegfrieds Hand und will wissen, woher er ihn habe, da ihn doch Gunther ihr entrissen habe. Die Umstehenden sind betroffen. Siegfried erwidert, er habe ihn gewonnen, als er einen Drachen erschlagen habe. Brünnhilde wütet gegen die Götter, weil sie Siegfried erlaubt hatten, sie zu betrügen. Siegfried sei ihr Gemahl, verkündet sie. Daraufhin berichtet Siegfried, wie er Brünnhilde für Gunther als Braut gewonnen habe, behauptet aber, daß sein Schwert die ganze Nacht zwischen ihnen gelegen habe. Brünnhilde versichert jedoch, Nothung habe an der Wand gehangen, als sein Besitzer um sie geworben habe. Siegfried, der von Gunther und den Umstehenden bedrängt wird, seine Unschuld zu erklären, schwört bei der Spitze von Hagens Speer, daß er seinem Blutsbruder die Treue gehalten habe. Die empörte Brünnhilde schwört bei derselben Speerspitze, Siegfried habe einen Meineid geleistet. Siegfried ruft alle zum Hochzeitsfest und führt Gutrune in die Halle.

Brünnhilde, die mit Gunther und Hagen zurückbleibt, klagt über Siegfrieds Verrat. Zuerst verhöhnt sie Hagens Angebot, sie zu rächen: Der Held werde ihn rasch zittern lassen. Aber dann vertraut sie ihm an, daß Siegfried am Rücken verwundbar sei: Sie habe ihm dort keinen Schutz verliehen, weil er den Rücken nie dem Feind zuwenden würde. Gunther beklagt seine Schande, reagiert aber zunächst mit Entsetzen auf Hagens Vorschlag, Siegfried zu töten. Er läßt sich jedoch überreden, als ihm Hagen den Ring verspricht, und beide verabreden, Gutrune zu erzählen, Siegfried sei auf der Jagd von einem Eber getötet worden. Siegfried und Gutrune erscheinen wieder vor der Halle, wo sich ein Brautzug bildet.

Dritter Aufzug

Der Schauplatz ist ein wildes, waldiges Felsental am Ufer des Rheins. Die Rheintöchter spielen im Fluß und singen vom verlorenen Rheingold. Als sie Siegfrieds Horn hören, hoffen sie, er würde ihnen den Ring zurückbringen. Siegfried, der sich verirrt hat, stößt auf die Rheintöchter. Sie bitten ihn spielerisch um den Ring, aber er weigert sich. Dann gibt er nach, doch als ihm die Rheintöchter von den Gefahren erzählen, die der fluchbeladene Ring bringe, erwidert er, er lasse sich nicht durch Drohungen schrecken. Die Rheintöchter lassen den »Toren« zurück und schwimmen fort, während Siegfried über das seltsame Verhalten von Frauen nachdenkt.

Hagens Stimme ist zu hören, und Siegfried ruft die Jagdgesellschaft zu sich herüber. Er berichtet den anderen, das einzige Wild, das er gesehen habe, seien drei wilde Wasservögel gewesen, die ihm erzählt hätten, er würde heute noch ermordet. Siegfried trinkt heiter aus einem Horn, aber Gunther kann in seinem eigenen Horn nur Siegfrieds Blut erkennen. Siegfried wird aufgefordert, seine Lebensgeschichte zu erzählen, und er berichtet ausführlich: Er sei bei dem Zwerg Mime aufgewachsen; er habe bei ihm das Schmieden gelernt, das Schwert Nothung wieder zusammengefügt und damit den Drachen Fafner getötet; das Drachenblut habe ihn befähigt, den Gesang des Waldvogels zu verstehen. Als seine Schilderung zum Verrat Mimes und zu dessen Bestrafung kommt, gibt Hagen ihm einen Trank, der – wie er sagt – die Erinnerungen wecken solle. Siegfrieds Gedächtnis kehrt zurück; er erinnert sich, daß er zu einem hohen, von Feuer umgebenen Fels geleitet worden sei. Dort habe er die schlafende Brünnhilde gefunden, die er mit einem Kuß erweckt habe. Als Gunther dies hört, springt er erschrocken auf. Zwei Raben fliegen auf. Siegfried fährt hoch und blickt ihnen nach, da stößt Hagen ihm seinen Speer in den Rücken. Siegfried stirbt mit Brünnhildes Namen auf den Lippen. Seine Leiche wird in einem feierlichen Begräbniszug fortgetragen.

Schauplatz der dritten und letzten Szene ist wieder die Halle der Gibichungen. Gutrune tritt aus ihrem Gemach. Sie glaubt, Siegfrieds Horn zu hören, aber er ist nicht heimgekehrt. Sie ist besorgt, weil sie Brünnhilde zum Ufer hat gehen sehen. Man hört Hagen näherkommen, Siegfrieds Leiche wird hereingebracht. Gutrune bricht über der Leiche zusammen. Sie klagt Gunther an, Siegfried erschlagen zu haben, aber ihr Bruder schiebt die Verantwortung auf Hagen, der erklärt, den Meineid gerächt zu haben. Hagen tritt vor, um den Ring an sich zu nehmen. Als Gunther sich ihm in den Weg stellt, streckt ihn Hagen nach einem kurzen Kampf mit dem Schwert nieder. Wieder greift Hagen nach dem Ring, doch zum Entsetzen aller hebt sich die Hand des toten Siegfried.

Brünnhilde tritt ruhig auf und berichtet von Siegfrieds heiligem Eid. Als Gutrune den Zweck des Vergessenstrunks erkennt, verflucht sie Hagen; sie wirft sich über Gunthers Leiche, wo sie bis zum Ende bewegungslos verharrt. Brünnhilde befiehlt, Holz zu einem des Helden würdigen Scheiterhaufen aufzuschichten. Sie weiß nun: Der edelste und treueste aller Männer war unwillentlich zum Verräter geworden. An Wotan in Walhall gewandt, verkündet sie, Siegfrieds Tod habe seine Schuld wiedergutgemacht und ihr durch Leid Erleuchtung gebracht. Sie zieht den Ring von Siegfrieds Finger ab und verspricht, ihn den Rheintöchtern zurückzugeben. Dann entreißt sie einem der umstehenden Männer eine brennende Fackel und schleudert sie in den Holzstoß, der sofort entflammt. Sie schwingt sich auf ihr Pferd Grane und reitet in die Flammen. Das gesamte Gebäude scheint vom Feuer ergriffen, und die Männer und Frauen drängen sich entsetzt zusammen. Plötzlich erlischt das Feuer, der Rhein tritt über seine Ufer und überflutet alles. Als die Rheintöchter auftauchen, stürzt sich Hagen in die Flut, um den Ring an sich zu bringen. Zwei Rheintöchter ziehen ihn mit sich in die Tiefe, während die dritte jubelnd den Ring in die Höhe hält. Der Fluß zieht sich wieder in sein Bett zurück. Aus den Trümmern der zusammengestürzten Halle sehen die Männer und Frauen einen Feuerschein, der zum Himmel emporwächst. Er erleuchtet den Saal von Walhall, wo man die Götter und Helden versammelt sitzen sieht. Walhall wird von Flammen verschlungen: Das langerwartete Ende der Götter ist gekommen.

Entstehung von Text und Musik
Der erste Entwurf von *Siegfrieds Tod* (ursprünglich *Siegfried's Tod* geschrieben und später in *Götterdämmerung* umbenannt) ist (am Schluß) mit 20. Oktober 1848 datiert. Dieser Entwurf beginnt in der Gibichungenhalle, aber nachdem sich Wagner hatte überzeugen lassen, daß er zuviel Hintergrundwissen für die Geschichte voraussetzte, fügte er noch vor dem 12. November ein Vorspiel hinzu. Zwischen dem 12. und 28. November erstellte er die Versfassung von *Siegfrieds Tod*, aber dann legte er das Drama beiseite, vielleicht weil er sich unsicher war, wie er die verschiedenen Stränge – Göttermythos und Heldentragödie – vereinen konnte. Im Sommer 1850 machte er einige musikalische Skizzen zum Vorspiel und begann mit einem Kompositionsentwurf, der mit dem Anfang der Abschiedsszene zwischen Siegfried und Brünnhilde abgebrochen wurde. Nachdem Wagner ein vorbereitendes Drama, *Der junge Siegfried* (1851), sowie *Die Walküre* und *Das Rheingold* (1851/52) hinzugefügt hatte, hielt er es für notwendig, *Siegfrieds Tod* einer Überarbeitung zu unterziehen: Siegfried war bereits durch Wotan als zentrale Gestalt des Zyklus ersetzt worden; der Schluß wurde verändert, so daß die Götter und Walhall durch Feuer vernichtet wurden; die Nornenszene wurde vollständig umgeschrieben; eine Konfrontation zwischen Brünnhilde und den übrigen Walküren wurde zum Dialog zwischen Brünnhilde und Waltraute (1. Aufzug, 3. Szene) verdichtet; außerdem wurden einige erzählende Passagen gestrichen, die jetzt durch *Die Walküre* und *Das Rheingold* überflüssig geworden waren.
In dieser Textfassung von 1852 wurden die folgenden Zeilen hinzugefügt:

> Nicht Gut, nicht Gold,
> noch göttliche Pracht;
> nicht Haus, nicht Hof,
> noch herrischer Prunk;
> …
> selig in Lust und Leid
> läßt – die Liebe nur sein.

Wegen des deutlichen Einflusses des Philosophen Ludwig Feuerbach (siehe »Geistesgeschichtlicher Hintergrund«, S. 56, 62) – vor allem in der Erhebung der Liebe über materielle Besitztümer – sollte dieser Schluß als »Feuerbach-Schluß« bekannt werden.
Doch 1856, bedingt durch die einschneidende Begegnung mit der Philosophie Schopenhauers, aber auch durch sein gleichzeitig erwachtes Interesse am Buddhismus, veränderte Wagner den Schlußtext noch einmal. Im »Schopenhauer-Schluß« sieht sich Brünnhilde, die »Wissende«, vom endlosen Zyklus des Leidens und der Wiedergeburt erlöst; wissend geworden durch »Trauernder Liebe tiefstes Leiden«, geht sie in den Zustand des Nichtseins, d. h. in das Nirvana ein:

> Führ' ich nun nicht mehr
> nach Walhall's Feste,
> wiss't ihr, wohin ich fahre?
> Aus Wunschheim zieh' ich fort,
> Wahnheim flieh' ich auf immer;
> des ew'gen Werdens
> off'ne Thore
> schließ' ich hinter mir zu:
> nach dem wunsch- und wahnlos
> heiligstem Wahlland,
> der Welt-Wanderung Ziel,
> von Wiedergeburt erlös't,
> zieht nun die Wissende hin.
> Alles Ew'gen
> sel'ges Ende,
> wiss't ihr, wie ich's gewann?
> Trauernder Liebe
> tiefstes Leiden
> schloß die Augen mir auf:
> enden sah ich die Welt.

Die kontinuierliche Arbeit an der Musik zur *Götterdämmerung* wurde mit dem ersten Gesamtentwurf eingeleitet, der am 2. Oktober 1869 begonnen und am 10. April 1872 abgeschlossen wurde. Der zweite Gesamtentwurf (Particell) entstand wie bei *Siegfried* parallel dazu, zwischen dem 11. Januar 1870 und dem 22. Juli 1872. Die Partitur wurde am 21. November 1874 in Wahnfried fertiggestellt.
(Zu weiteren Einzelheiten der Entstehungsgeschichte von *Siegfrieds Tod* und seiner späteren Entwicklung siehe »Autographe«, S. 209–220).

Musikalischer Stil
Die *Götterdämmerung* führt das im dritten Aufzug des *Siegfried* begonnene Verfahren fort, die Motive mit einer in *Oper und Drama* kaum vorausgesehenen Freiheit einzusetzen und zu kombinieren. Während in

den früheren Opern des Zyklus das motivische Material recht eng mit dem Text verknüpft ist, ist die Partitur der *Götterdämmerung* durch eine größere Dichte der Motivsubstanz und ihre sich unmittelbar anschließende musikalische Verarbeitung geprägt. Und dennoch stellt die *Götterdämmerung* in mancherlei Hinsicht auch einen stilistischen Rückschritt dar. So werden z. B. die musikalischen Mittel des Terzetts der Verschwörer im zweiten Aufzug mit seinen Wortverdopplungen, dem Ensemblegesang und seiner Art der Deklamation oft mit den Mitteln der herkömmlichen Grand opéra verglichen. Der scheinbare Widerspruch läßt sich teilweise durch die Tatsache erklären, daß das Textbuch für die *Götterdämmerung* mehr als zwanzig Jahre vor der Musik verfaßt wurde, als die Theorien des Musikdramas noch nicht formuliert waren.

Ähnlich rückschrittlich ist der Chor der Mannen in der 2. Szene des 2. Aufzugs: ein C-Dur-Ensemble (wenn auch unter dem unheilvollen Einfluß Hagens mit übermäßigen Dreiklängen gefärbt) in einem etwas altmodischen Stil. Er ist jedoch unbestreitbar sehr bühnenwirksam und hinterließ offenkundig einen starken Eindruck beim jungen Schönberg, der in seinen *Gurreliedern* deutlich darauf anspielt.

Die rückwärtsgerichteten Tendenzen beeinträchtigen die stilistische Integrität der *Götterdämmerung* jedoch kaum. Die unterschiedlichen Elemente werden mit einer technischen Fertigkeit und einer dramaturgischen Überzeugungskraft zusammengeschweißt, die kleinliche Kritik beiseite räumen. Die Länge und die Komplexität des Werks, die eine häufige Aufführung ausschließen, stellen außerdem sicher, daß eine Inszenierung dieser Oper – normalerweise als Höhepunkt des vollständig aufgeführten *Ring*-Zyklus – ein besonderes Ereignis darstellt.

Tristan und Isolde
WWV 90
Handlung in drei Aufzügen

Text: Prosaskizze (verloren) Okt. 1854, Prosaentwurf begonnen 20. Aug. 1857, Textbuch vollendet 18. Sept. 1857
Musik: Früheste erhalten gebliebene Skizze datiert mit 19. Dez. 1856, erster Gesamtentwurf 1. Okt. 1857–16. Juli 1859, zweiter Gesamtentwurf 5. Nov. 1857–19. Juli 1859, Partitur vollendet 6. Aug. 1859
UA: Königliches Hof- und National-Theater, München, 10. Juni 1865

Tristan	*Tenor*
König Marke	*Baß*
Isolde	*Sopran*
Kurwenal, Tristans Diener	*Bariton*
Melot, ein Höfling	*Tenor*
Brangäne, Isoldes Dienerin	*Sopran*
Ein Hirt	*Tenor*
Ein Steuermann	*Bariton*
Ein Seemann	*Tenor*
Schiffsvolk, Ritter und Knappen	

Pik, 3 Fl, 2 Ob, EnglHn, 2 Kl, BKl, 3 Fg, 4 Hn, 3 Tp, 3 Pos, Btu, Pk, Be, Tri, Harfe, Streicher
Auf/hinter der Bühne: EnglHn, 6 Hn (wenn möglich mehrfach), 3 Tp, 3 Pos

Handlung
Erster Aufzug
Der erste Akt spielt an Deck von Tristans Schiff, das von Irland nach Kornwall unterwegs ist. Isolde liegt in ihrem Gemach auf einem Ruhebett, das Gesicht in die Kissen gedrückt. Ein junger Seemann singt, »aus der Höhe, wie vom Mast her vernehmbar«, ein unbegleitetes Lied über seine Geliebte, die er in Irland zurückgelassen hat. Isolde, die von Tristan als Braut für seinen Onkel, König Marke, von Irland nach Kornwall gebracht wird, glaubt sich durch die Erwähnung einer »irischen Maid« verhöhnt. Als ihre Dienerin und Vertraute Brangäne verkündet, daß sie bald Kornwall erreichen, stößt Isolde wilde Verwünschungen gegen ihr »entartet Geschlecht« aus, das so leicht dem Feind nachgegeben habe. Brangäne versucht vergeblich, sie zu beruhigen.

Zweite Szene: Tristan steht am Heck des Schiffs, in Gedanken versunken; ihm zu Füßen sitzt sein Diener Kurwenal. Brangäne kommt hinzu und übermittelt ängstlich Isoldes Befehl an Tristan, sie aufzusuchen. Tristan reagiert ausweichend; als sie Isoldes Befehl wiederholt, gibt ihr Kurwenal seine unverblümt ablehnende Antwort und singt ein Spottlied auf Morold, den Verlobten Isoldes. Tristan hatte ihn erschlagen, als er aus Irland kam, um von Kornwall Tributzahlungen zu fordern.

Brangäne kehrt verwirrt zu Isolde zurück, die vor Wut außer sich ist (3. Szene). Aus Isoldes Bericht erfährt man, daß der verwundete Tristan, unter dem Namen »Tantris«, sich von ihr pflegen ließ und sie in ihm den Mörder Morolds erkannte. Isoldes Rachevorsatz schwand, als er ihr mitleidheischend in die Augen blickte. Aber jetzt bedauert sie bitter, daß sie das Schwert sinken ließ. Brangäne erinnert Isolde an die

Zaubertränke ihrer Mutter. Isolde, die nur Rachegedanken hegt, wählt den Todestrank aus. Kurwenal
tritt ungestüm ein und fordert die beiden Damen auf,
sich bereit zu machen (4. Szene), aber Isolde besteht
darauf, Tristan zu sprechen, um ihm zu »vergeben«,
bevor sie an Land gingen. Tristan kommt, und Isolde
erzählt, daß sie seine Verkleidung als »Tantris« durchschaut habe, und fordert Rache für Morold. Tristan
reicht ihr sein Schwert, aber Isolde gibt Brangäne ein
Zeichen, den Trank zuzubereiten. Isolde reicht Tristan
den Becher. Da sie aber weiteren Betrug fürchtet,
entwindet sie ihm den Becher und trinkt ihrerseits.
Brangäne hat jedoch in ihrer Verzweiflung den Todestrank gegen den Liebestrank ausgetauscht. Tristan und
Isolde umarmen sich heftig verliebt, während Brangäne voll Schauder zuschaut. Das Schiff erreicht den
Hafen. Widersprüchliche Gefühle werden kundgetan,
während im Hintergrund Trompeten erschallen und
allgemeiner Jubel laut wird.

Zweiter Aufzug
Ein Garten mit hohen Bäumen im Park des Schlosses
von König Marke in Kornwall. Zur einen Seite Isoldes
Gemach; eine brennende Fackel steckt neben der ge-
öffneten Tür. Jagdhörner, deren Klang sich entfernt,
zeigen den Aufbruch von König Marke zur Jagd an.
Die besorgte Brangäne warnt ihre Herrin, daß die
Hörner noch immer zu vernehmen seien, aber alles,
was Isolde hört, sind die Laute einer linden Sommer-
nacht. Brangäne warnt Isolde außerdem, in ihrer Ungeduld, Tristan zu sehen, nicht den falschen Melot zu
vergessen, Tristans angeblichen Freund, der die nächtliche Jagd nur als Falle arrangiert habe. Isolde schlägt
die Befürchtungen in den Wind und heißt Brangäne,
die Fackel zu löschen: das Zeichen für Tristan. Brangäne zögert und beklagt ihre unselige Vertauschung
des Tranks. Schließlich wirft Isolde die Fackel selbst
zu Boden. Sie schickt Brangäne auf Wache, während
sie ungeduldig auf Tristan wartet. Er stürzt herein
(2. Szene), und sie umarmen sich stürmisch.
Tristan und Isolde singen ihr großes Liebesduett, das
von Brangänes Wachtlied, von der Zinne herab, unterbrochen wird. Die wachsende Leidenschaftlichkeit der
Musik überläßt wenig der Einbildungskraft. Im Augenblick der Verzückung ist ein Schrei Brangänes vom
Turm zu hören. Kurwenal warnt Tristan, als schon
König Marke, Melot und die Hofleute auf dem Schauplatz erscheinen. Betroffen wendet sich König Marke
an Tristan, erhält aber keine direkte Antwort von ihm
und beginnt einen langen Monolog über die unbegreif-
liche Schande. Auf König Markes Fragen gebe es keine

Antwort, erwidert Tristan. Er fühlt, daß er nicht mehr
zu dieser Welt gehört, und fordert Isolde auf, ihm in
das Reich der Nacht zu folgen. Sie stimmt zu und küßt
ihn auf die Stirn. Melot, dessen Handeln – wie Tristan
erkennt – in seiner eifersüchtigen Liebe zu Isolde begründet ist, zieht das Schwert. Tristan tut desgleichen,
wehrt sich aber nur halbherzig und wird verwundet.

Dritter Aufzug
Tristans Burg Kareol in der Bretagne. Tristan liegt
schlafend unter einer Linde, Kurwenal ist kummervoll
über ihn gebeugt. Aus der Ferne hört man einen melancholischen Hirtenreigen, gespielt von einer Schalmei. Der Hirt erscheint an der Mauerbrüstung. Kurwenal weist ihn an, eine lustige Weise zu spielen,
sobald er Isoldes Schiff sieht. »Öd und leer das Meer!«
antwortet der Hirt und fährt mit seiner traurigen
Weise fort. Zur Freude Kurwenals erwacht Tristan;
langsam und schmerzvoll kommt er wieder zu Bewußtsein. Er erinnert sich dunkel daran, daß er aus
dem »weiten Reich der Welten Nacht« zurückgekehrt
sei, wo er Vergessen gefunden habe. Isolde sei noch im
Reich der Sonne, aber er erwarte den Augenblick, an
dem die Fackel endgültig erlösche und sie für immer
vereint wären.
Kurwenal erzählt ihm, daß er nach Isolde geschickt
habe. Im Fieberwahn sieht Tristan das Schiff kommen.
Tristan ruft verzweifelt Kurwenal zu, nach dem Schiff
Ausschau zu halten, doch man hört nur die klagende
Weise des Hirten. Im Fieber erinnert sich Tristan, daß
er dieses Lied in seiner Kindheit hörte, als seine Eltern
starben. In der letzten, exaltiertesten Phase seines Fie-
berwahns sieht er Isolde über das Wasser zu ihm
kommen. Diesmal bestätigt eine muntere Weise der
Schalmei, daß das Schiff tatsächlich in Sicht ist. Kurwenal eilt zum Hafen, um Isolde zu helfen (2. Szene).
Inzwischen stellt sich Tristan in fieberhafter Erregung
ihre Ankunft vor und reißt den Verband von seiner
Wunde. Isolde eilt atemlos herbei, Tristan sinkt ihr
sterbend in die Arme.
Der Hirt berichtet Kurwenal von der Ankunft eines
zweiten Schiffs (3. Szene). Sie versuchen das Burgtor
zu verrammeln. Melot kann eindringen und wird von
Kurwenal niedergestreckt. König Marke taucht mit
seinem Gefolge auf. Taub für die Bitten des Königs,
greift Kurwenal sie an und wird tödlich verwundet; er
stirbt zu Tristans Füßen. König Marke, der von dem
Liebestrank erfahren hatte und gekommen ist, um
Isolde und Tristan zusammenzuführen, beklagt die
Szene des Todes und der Zerstörung. In ihrem Liebestod (oder ihrer Verklärung, wie Wagner ihn lieber

bezeichnete) sinkt Isolde auf Tristans Leiche, zuletzt auf mystische Weise mit ihm vereint.

Quellen

Die alte Tristansage, die wahrscheinlich keltischen Ursprungs ist, erhielt im 12. Jahrhundert ihre erste literarische Form. Die Fassung, die Wagner als Grundlage für sein Drama benutzte, war die von Gottfried von Straßburg (entstanden ca. 1200–1220). Drei Figuren bei Gottfried werden in der Oper zu einer einzigen, Melot, verschmolzen; außerdem führte Wagner die Nebenfiguren des Matrosen, des Hirten und des Steuermanns ein. Seine Hauptfiguren bleiben jedoch, wie er sie vorfand, so daß wir annehmen können, daß Tristan nicht viel älter als 18 Jahre und Isolde ähnlich jung an Jahren ist. Die Sitte der damaligen Zeit schrieb vor, daß die Begleiter von Personen edler Abkunft ähnlichen Alters sein sollten. Kurwenal und Brangäne sind deshalb wahrscheinlich ebenfalls jünger als 20 Jahre, während König Marke, der von Eilhart von Oberge in einer früheren Fassung der Geschichte als »der koning junge« beschrieben wurde, allgemein als Dreißigjähriger gilt.

Entstehung

Angeregt wurde Wagner laut *Mein Leben* von einem gescheiterten Versuch seines Freundes Karl Ritter, die Tristansage zu dramatisieren; er konzipierte die Idee einer Oper zu diesem Thema im Oktober 1854. Der Bericht in *Mein Leben* deutet an, daß damals eine Prosaskizze entstand, während ein Brief an Liszt (vom 16.? Dezember 1854) unbestimmter ist: »... ich habe im Kopfe einen *Tristan* und *Isolde* entworfen, die einfachste, aber vollblutigste musikalische Conception«. Falls damals tatsächlich eine Prosaskizze angefertigt wurde, ist sie nicht überliefert. Die früheste erhaltene Skizze (in der er zwei Fragmente ausarbeitete) stammt vom 19. Dezember 1856, als Wagner noch mit dem ersten Aufzug von *Siegfried* befaßt war.

Der Prosaentwurf wurde im Sommer darauf begonnen, am 20. August 1857; die Dichtung wurde am 18. September vollendet. Wie bei *Siegfried* – aber im Unterschied zu allen anderen Musikdramen – wurden die Aufzüge der Reihe nach entworfen und ausgearbeitet, so daß die Partitur fertiggestellt war, bevor der nächste Akt skizziert wurde. Da Breitkopf & Härtel darauf brannten, ein neues Werk zu veröffentlichen, wurde die Partitur tatsächlich Akt für Akt gedruckt. Die Partiturreinschrift zu Akt I wurde am 3. April 1858 in Zürich abgeschlossen, zu Akt II am 18. März

1859 in Venedig und zu Akt III am 6. August 1859 in Luzern.

Das Drama

Tristan und Isolde ist die musikalische Darstellung einer Leidenschaft, die so intensiv, einer Sehnsucht, die so unauslöschlich ist, daß ihre Erfüllung nur im Tod möglich ist. Als solche gilt diese Oper im allgemeinen als eines der sinnlichsten Werke, die je geschrieben wurden. Der Komponist machte auch keine Zugeständnisse an den bürgerlichen Geschmack: Wilfrid Mellers spricht von der »orgiastischen Ekstase« der Musik, während Virgil Thomson behauptete, daß im Duett des zweiten Aufzugs »die Liebenden siebenmal gleichzeitig zum Orgasmus kommen« und daß diese Augenblicke »in der Musik deutlich markiert« sind.

Doch dies ist nur die eine Seite der Geschichte. Es ist kein Zufall, daß das Werk in Wagners Geist genau zu der Zeit Gestalt annahm, als er die pessimistischen Ideale Schopenhauers und die buddhistische Idee der Entsagung kennenlernte. Schopenhauer glaubte, daß Leiden und Kampf in diesem Leben unvermeidlich seien und daß der einzige Ausweg in der Verneinung des Willens liege, um den Zustand des Nirvana, das Ende der individuellen Existenz zu erreichen. Wagner vereinte aber Teile dieser Philosophie mit seiner eigenen Neigung zu sinnlicher Hingabe: Der Weg zur Besänftigung des »Willens zum Leben« führe durch die Liebe, erklärte er, insbesondere die geschlechtliche Liebe zwischen einem Mann und einer Frau.

Die Liebe Tristans und Isoldes geht somit über das rein Körperliche, über die materielle Ebene hinaus und erreicht eine metaphysische Ebene. Da die Liebenden ihre körperlichen Erscheinungsformen (in denen sie für die Außenwelt existieren) aufgeben, vereinen sie ihre Identität zu einem inneren Bewußtsein, der äußersten Wirklichkeit, die durch »Tod« und »Nacht« symbolisiert wird.

Musikalischer Stil

Die Äußerung Wagners, die am häufigsten im Zusammenhang mit *Tristan* zitiert wird, ist die von den »ersichtlich geworden[n] Thaten der Musik«. Diese Definition des Musikdramas weist auf eine Vorherrschaft der Musik über den Text hin – eine Hierarchie, die in *Tristan* deutlicher ist als in jedem anderen Werk Wagners. Der Einfluß von Schopenhauers Ästhetik, die die Musik über alle anderen Künste erhob, ist klar: Wagner entdeckte Schopenhauer nur einen Monat vor der »vollblutigste[n] musikalische[n] Conception« des *Tristan* im Jahr 1854. Dennoch gibt das Werk keineswegs die Vorschriften von *Oper und Drama* auf: Die organische Verbindung von Musik und Dichtung wird noch immer sehr deutlich, auch wenn die Feinheiten des Textes oft durch die opulentere orchestrale Textur verdeckt werden.

Deshalb, aber auch weil sich *Tristan* auf einer metaphysischen Ebene entfaltet, die recht verschieden von der gesellschaftlich geprägten Welt des *Rings* ist, sind Leitmotive in diesem Werk im allgemeinen nicht mit speziellen Gegenständen oder Seelenzuständen verbunden. Während es im *Ring* Motive gibt, die deutlich mit dem Schwert oder mit dem Gold verknüpft sind (auch wenn diese Bezüge im weiteren Verlauf des Zyklus gelockert werden), verschmilzt im *Tristan* eine Assoziation sehr rasch mit der nächsten, indem die Motive thematisch verändert werden. Ein Versuch, etwa das fallende chromatische Motiv, das das Werk eröffnet, mit einem bestimmten Etikett zu belegen, wird rasch in Schwierigkeiten kommen, denn es wird an verschiedenen Stellen des Dramas mit unterschiedlichen Eigenschaften oder Seelenzuständen korreliert. Es ist außerdem so eng mit einigen anderen erkennbaren Motiven im Werk verwandt, daß sie oft ununterscheidbar werden.

Die musikalische Sprache von *Tristan* ist durch den Zusammenbruch der Tonalität und eine extreme Chromatik sowohl in der Melodieführung wie auch in der Harmonik gekennzeichnet. Nie zuvor war das klassische tonale System so ausgeweitet worden: Dominantseptakkorde und andere Dissonanzen bleiben ständig unaufgelöst, Kadenzen unvollendet; Melodien werden ebenso wie Harmonien beständig durch chromatische Alteration gesteigert. All diese Mittel werden natürlich der expressiven Wirkung wegen verwendet, um Spannung zu erzeugen und zu intensivieren – die Spannung von versprochener, aber vorenthaltener Erfüllung. Das Ergebnis beeinflußte den Lauf der Musikgeschichte unumkehrbar. Mit *Tristan* begann die Emanzipation der Harmonie vom klassischen tonalen System wirklich.

Zu weiteren Details der Vorläufer für die Musiksprache im *Tristan* siehe »Musikgeschichtlicher Hintergrund und musikalische Einflüsse«, S. 89–93.

Die Meistersinger von Nürnberg
WWV 96
In drei Aufzügen

Text: Erster Prosaentwurf Juli 1845, zweiter Prosaentwurf ?14.–16. November 1861, dritter Prosaentwurf 18. November 1861, Textbuch vollendet 25. Januar 1862

Musik: Begonnen März/April 1862, erster Gesamtentwurf beendet 7. Februar 1867, zweiter Gesamtentwurf beendet 5. März 1867, Partitur fertiggestellt 24. Oktober 1867

UA: Königliches Hof- und National-Theater, München, 21. Juni 1868

Hans Sachs, Schuster	⎫	Baß-bariton
Veit Pogner, Goldschmied		Baß
Kunz Vogelgesang, Kürschner		Tenor
Konrad Nachtigal, Spengler		Baß
Sixtus Beckmesser, Stadtschreiber		Baß
Fritz Kothner, Bäcker	Meister-singer	Baß
Balthasar Zorn, Zinngießer		Tenor
Ulrich Eisslinger, Würzkrämer		Tenor
Augustin Moser, Schneider		Tenor
Hermann Ortel, Seifensieder		Baß
Hans Schwarz, Strumpfwirker		Baß
Hans Foltz, Kupferschmied	⎭	Baß
Walther von Stolzing, ein junger Ritter aus Franken		Tenor
David, Sachsens Lehrbube		Tenor
Eva, Pogners Tochter		Sopran
Magdalene, Evas Amme		Sopran
Ein Nachtwächter		Baß

Bürger und Frauen aller Zünfte, Gesellen, Lehrbuben, Mädchen, Volk

Pik, 3 Fl, 2 Ob, 2 Kl, 2 Fg, 4 Hn, 3 Tp, 3 Pos, Btu, Pk, grTr, Be, Tri, Gl, Harfe, Laute, Streicher
Auf/hinter der Bühne: Orgel, Stierhorn, Hn, Tp, Rührtrommeln

Ort der Handlung: Nürnberg, um die Mitte des 16. Jahrhunderts

Handlung

Erster Aufzug

In der Katharinenkirche. Die Gemeinde singt einen kraftvollen Choral in C-Dur (aus der Feder Wagners). Walther will unbedingt mit Eva in Kontakt kommen. Als sich am Ende des Gottesdienstes die Kirche leert, spricht er sie an. Ohne Umschweife fragt er sie, ob sie verlobt sei. Obwohl Eva ihre Amme Magdalene immer wieder wegschickt, um zuerst ihr Tuch, dann ihre Spange und zum Schluß ihr Gebetbuch zu suchen, die sie in der Kirchenbank zurückgelassen habe, schafft sie es nicht, Walthers leidenschaftlichen Redefluß mit einer Antwort zu hemmen. Magdalene erzählt schließlich, daß Eva den Meistersinger heiraten soll, der das Wettsingen am nächsten Tag gewinnt. Eva hat sich allerdings schon für Walther entschieden: »Euch oder keinen!« Walther bleibt zurück, um von David – dem Lehrbuben von Hans Sachs –, in den Magdalene verliebt ist, in den Regeln des Meistergesangs unterrichtet zu werden.

In der zweiten Szene führt David nach einigen Neckereien der anderen Lehrbuben Walther in die Geheimnisse der Kunst seines Meisters ein: Ein richtig geformtes Lied sei im Grunde wie ein Paar gut gemachter Schuhe. Sein Katalog von »Tönen«, die erlernt werden müssen, zusammen mit den entsprechenden Regeln (die meisten davon hat Wagner aus Wagenseils *Nürnberger Chronik* übernommen), erdrückt Walther mit seiner Fülle, aber er erkennt, daß die einzige Hoffnung, Eva zu gewinnen, darin besteht, ein Meisterlied nach den anerkannten Regeln zu komponieren. Die Lehrbuben, die in der Zwischenzeit das falsche Gerüst aufgebaut haben, stellen unter der Aufsicht Davids nun das richtige Gemerk auf.

Evas Vater, Veit Pogner, tritt zusammen mit dem Stadtschreiber Beckmesser auf. Er versichert Beckmesser seines Wohlwollens und begrüßt Walther bei der Zunft, überrascht darüber, daß Walther als Adliger Mitglied der Zunft werden will. Kothner verliest die Meisterliste, und Pogner gibt den Preis bekannt, den am nächsten Tag der Gewinner des Wettsingens erringt. Da Bürger wie sie in deutschen Landen als geizig verschrien seien, will er dieser Verleumdung dadurch begegnen, daß er dem Sieger im Kunstgesang all seine Habe und seine einzige Tochter geben werde. Seine Bedingung, daß sie den Mann akzeptieren muß, wird nicht von allen Meistern begrüßt. Der Vorschlag von Sachs, den Sieger vom Volk bestimmen zu lassen, als ein Mittel, die traditionellen Regeln durch den gesunden Menschenverstand und die natürlichen Empfindungen der einfachen Leute zu erneuern, wird als indiskutabel verlacht.

Walther wird von Pogner vorgestellt und nach seinem Meister gefragt. Seine Antwort lautet, er habe seine Kunst »am stillen Herd« von der Dichtung Walthers von der Vogelweide und von der Natur selbst gelernt. Beckmesser zieht sich in sein Gemerk, eine mit Vorhängen verschlossene Kabine, zurück, bereit, über den Versuch des jungen Ritters, der Zunft beizutreten, zu urteilen. Die Regeln der Tabulatur, die »Leges Tabulaturae«, werden von Kothner vorgelesen.

In seinem Probelied nimmt Walther die Aufforderung des Merkers »Fanget an!« auf und fährt fort: »So rief der Lenz in den Wald.« Sein überschwenglicher Lobpreis der Freuden des Frühlings und der jungen Liebe findet keine Gnade bei den Meistern. Beckmessers Vermerken der Fehler mit Kreidestrichen auf einer Tafel bewirkt einen ärgerlichen Gefühlsausbruch Walthers, der hier den neidischen Winter in einer Dornenhecke lauern sieht (zur Symbolik unten S. 330).

Beckmesser führt die Opposition gegen Walther an; nur Sachs bewundert seine Originalität. Walther steigt auf den Singstuhl (ein grober Verstoß gegen die Regel), um sein Lied zu beenden. Der Tumult steigert sich: Die Meister lehnen mit überwältigender Mehrheit seine Bewerbung zur Zunft ab, während sich die Lehrbuben an dem Durcheinander ergötzen. Mit einer stolzen, verächtlichen Geste verläßt Walther die Bühne und läßt Sachs zurück, der gedankenvoll den leeren Singstuhl betrachtet.

Zweiter Aufzug

Schauplatz ist eine Straße in Nürnberg, von der eine schmale Gasse abgeht. Das größere Eckhaus, mit einer Linde davor, gehört Pogner. Vor dem einfacheren Haus, das Sachs gehört, blüht ein Fliederstrauch. Die Lehrbuben ärgern David wieder einmal. Magdalene erkundigt sich bei ihm, wie es Evas Freier in der Singschule ergangen sei, und ist tieftraurig über die schlechte Nachricht. Sachs befiehlt David, ihm die neuen Schuhe auf den Leisten zu stecken. Pogner und Eva kehren von einem Abendspaziergang heim und setzen sich auf eine Bank unter der Linde. Pogner erkennt verspätet, daß Evas Fragen nach dem Ritter nicht bloße Neugier sind.

Als Eva ihrem Vater ins Haus folgt, läßt Sachs Tisch und Schemel an die Tür rücken. Im sogenannten Flieder-Monolog besingt er den Wohlgeruch des Flieders (»Was duftet doch der Flieder«); sein Solo entwickelt sich zu einer köstlichen Beschwörung der Freuden des Frühlings.

Eva nähert sich Sachsens Werkstatt (4. Szene) und versucht in einer langen, fein gesponnenen Unterhaltung, ihm den Namen des wahrscheinlichen Gewinners des Wettsingens am nächsten Tag zu entlocken. Sachs pariert spielerisch ihre Fragen, bis Magdalene aus dem Haus kommt und ihr mitteilt, ihr Vater rufe sie, und Beckmesser werde ihr heute nacht ein Ständchen bringen.

Walther taucht auf (5. Szene). Ein leidenschaftliches Duett folgt. Sie wissen nicht, wie sie die Bedingung ihres Vaters, daß nur ein Meistersinger ihre Hand erhalten soll, umgehen könnten. Walther schlägt vor, sie zu entführen, und läßt sich dann zu Haßtiraden auf die Pedanterie der Meister hinreißen, bis er vom Ruf des Nachtwächterhorns unterbrochen wird. Eva ist inzwischen Magdalene ins Haus gefolgt und erscheint wieder, nachdem sie ihre Kleider getauscht haben.

Eva und Walther schicken sich an fortzugehen, als Sachs, der erkannt hat, was im Gange ist, mit seiner Lampe die Straße erleuchtet. Sie stehen plötzlich im hellen Licht da und zögern. Dann werden sie vom Klang der Laute aufgehalten, die Beckmesser stimmt. Walther will seine Rechnung mit dem Merker begleichen und muß von Eva beruhigt werden: »Was mit den Männern ich Müh' doch hab'!« seufzt sie. Sie überredet ihn, sich hinter dem Gebüsch zu verstecken, bis Beckmesser sein Lied beendet habe. Aber Sachs, der für Beckmesser noch Schuhe machen muß, hat eine andere Idee und stimmt selbst ein fröhliches, lärmendes Lied an: »Jerum! Jerum!« Sein Lied ist mit Anspielungen auf die biblische Eva und auf das Schuhmachen durchsetzt, die den anderen nicht ganz entgehen. Aber Beckmesser hat weniger Zeit für dichterische Feinheiten; da er glaubt, das Objekt seines Werbens komme ans Fenster (in Wirklichkeit Magdalene in Evas Kleidern), bittet er Sachs, mit dem Krach aufzuhören. Sachs erinnert ihn daran, daß er heute Kritik an seiner Arbeit geübt habe, und schlägt vor, sie würden beide Fortschritte machen, wenn Beckmesser sein Lied singe, während er, Sachs, die Fehler mit seinem Hammer anmerke. Der Lärm, den das Gehämmere von Sachs und Beckmessers Versuche, es zu übertönen, verursachen, ruft die Leute auf die Straße. Ein Tumult folgt (7. Szene), bei dem David Beckmesser verprügelt, weil er glaubt, dieser werbe um Magdalene. Auf dem Höhepunkt der wilden Schlägerei zwischen Nachbarn und Lehrbuben hört man wieder den Hornruf des Nachtwächters. Alle zerstreuen sich, und als der Nachtwächter die Bühne betritt, sind die Straßen leer; ungläubig reibt er sich die Augen.

Dritter Aufzug

Die Werkstatt von Hans Sachs; David tritt ein. Sachs, in die Lektüre eines Folianten vertieft, bemerkt ihn zuerst nicht, bittet ihn aber dann, sein Sprüchlein aufzusagen, das er für das zur Sommersonnwende gefeierte Johannisfest gelernt habe. David, der im Geist noch immer mit den Ereignissen des Vorabends beschäftigt ist, beginnt sein Lied zur Melodie von Beckmessers Serenade und muß nochmals anfangen. Verspätet bemerkt er, daß es auch der Namenstag seines Meisters ist. Als der Lehrling in seine Kammer gegangen ist, philosophiert Sachs über den Wahn der Menschen: »Wahn! Wahn! Überall Wahn!« (Die Idee des »Wahns«, der die Begriffe Illusion, Unsinn und Wahnsinn mit einschließt, ist ein Zentralbegriff der *Meistersinger*; in den 1860er Jahren war Wagner zu der Ansicht gekommen, daß alle menschlichen Unternehmungen auf Illusion und Sinnlosigkeit beruhen; die Kunst jedoch begriff er als »edle Illusion«.)

Walther erscheint und erzählt Sachs einen wundervollen Traum. Sachs heißt ihn, den Traum nochmals zu erzählen, weil er damit vielleicht den Meisterpreis gewinnen kann. (Wagner hatte sich kurz vorher die Schopenhauersche Anschauung zu eigen gemacht, daß Kreativität ihren Ursprung in der Traumwelt habe.) Walther überwindet seinen Widerstand gegen die Meisterregeln um der Liebe willen und beginnt seine Morgentraumerzählung – aus der später das Preislied »Morgenlich leuchtend im rosigen Schein« wird. Er dichtet einen Stollen, d.h. eine Strophe, und – auf Bitten von Sachs – einen weiteren Stollen, auf den ein Abgesang folgt. Unter der Anleitung von Sachs produziert er noch drei weitere Strophen.

In der dritten Szene erscheint Beckmesser allein in der Werkstatt. Nach der nächtlichen Prügelei hinkt und taumelt er, verfolgt von alptraumhaften Erinnerungen und Einbildungen. Er findet Walthers gerade gedichtetes Lied und steckt es ein, als Sachs zurückkommt. Er hält es für einen Beweis, daß sich Sachs am Wettsingen beteiligen will, aber Sachs verneint dies und schenkt ihm das Lied. Beckmessers Argwohn ist beruhigt, und er zieht sich vergnügt zurück, um sich das Lied einzuprägen.

Eva tritt ein (4. Szene) unter dem Vorwand einer Beschwerde über die Schuhe, die Sachs für sie gemacht hatte; doch dann bringt sie ihre Befürchtungen hinsichtlich Walthers und des bevorstehenden Wettsingens zum Ausdruck. Sachs gibt vor, nicht zu verstehen, und tut auch so, als würde er Walthers Erscheinen nicht bemerken – trotz des leidenschaftlichen Ausrufs von Eva (und einer erregten tonalen Modulation im Orchester). Walther dichtet den letzten Abschnitt seines Lieds, woraufhin Eva unter Tränen an die Brust von Sachs sinkt. Dieser macht sich aber frei und klagt über das Los des Schusters. Eva, gefühlsmäßig hin- und hergerissen zwischen der Zuneigung zu dem älteren, onkelhaften Schuhmacher und ihrem jüngeren Geliebten, zieht Sachs von neuem an sich. Sachs erinnert sie an die Geschichte von Tristan und Isolde und meint, er wolle nicht die Rolle von König Marke spielen. Magdalene und David erscheinen. Mit einer Ohrfeige erhebt Sachs David zum Gesellen, damit er der Taufe eines »Kinds« beiwohnen könne. Das Kind stellt sich als Walthers neues Lied heraus, das im berühmten Quintett gelobt wird.

Der Schauplatz wechselt zu einer Festwiese an der Pegnitz (5. Szene). Die Bürger, mit Frauen, Kindern und Gesellen, sind versammelt und begrüßen, von Trompetern begleitet, den Aufzug der Zünfte: zuerst die Schuster, dann die Schneider und die Bäcker. Ein Kahn bringt die »Mädel von Fürth«, mit denen die Lehrbuben zu tanzen beginnen. David, der zuerst nicht mittanzen will, wird in den Reigen hineingezogen.

Zuletzt treffen die Meister ein. Sachs wird vom Volk mit den Worten begrüßt, mit denen der historische Sachs seinerzeit Luther und die Reformation begrüßte: »Wach auf, es nahet gen den Tag«. Sachs wehrt die Ehrung bescheiden ab und ermahnt die Volksmenge und die Meister, das bevorstehende Wettsingen aufmerksam zu verfolgen. Beckmesser, der verzweifelt versucht hat, sich Walthers Lied einzuprägen, wird als erster zur Sängerbühne geführt. Sein Vortrag des Lieds zur Melodie seiner eigenen Serenade ist voll falscher Betonungen und Verstöße gegen das Metrum, aber vor allem seine Verstümmelung der Wörter, die eine groteske Parodie des Originals ergibt, ruft bei den Zuhörern lautes Gelächter hervor. Er fährt verwirrt fort, blamiert sich dabei aber nur noch mehr. Schließlich verläßt er das Podest und stürzt davon, wobei er Sachs als Verfasser des Lieds bezeichnet.

Sachs weist diese Ehre zurück und führt den Mann ein, der es richtig vortragen könne. Walther singt sein Lied und erhält durch die Zustimmung aller den Preis zuerkannt. Als Pogner ihm die Meisterkette anbietet, lehnt er heftig ab. Sachs hält daraufhin eine Predigt über die Kunst, die in der bewegten Geschichte Deutschlands von den Meistern gepflegt und bewahrt worden sei. Er beschließt seine Ermahnung mit einem Lobpreis auf die Souveränität des deutschen Geistes; dieser könne nie ausgerottet werden, solange die große deutsche Kunst, die ihn bewahrt, geachtet wird. Der Chor schließt sich Sachs und seiner Huldigung der »heil'gen deutschen Kunst« an.

Quellen

Ein Großteil des historischen Hintergrunds in Wagners Prosaentwurf für *Die Meistersinger* beruhte auf der 1835–42 veröffentlichten *Geschichte der poetischen National-Literatur der Deutschen* von Georg Gottfried Gervinus. Wagners Bibliothek in Dresden enthielt auch Jacob Grimms *Über den altdeutschen Meistergesang* (1811), J. G. Büschings Ausgabe der Stücke von Hans Sachs (1816–19) und die Sachs-Biographie von Friedrich Furchau (1820). Für die späteren Entwürfe erwies sich J. G. Wagenseils Nürnberg-Chronik aus dem Jahr 1697 als besonders reichhaltige Informationsquelle zu den alten Gewerben und Zünften sowie anderen Aspekten Nürnbergs. Ebenfalls deutlich sind Motive aus zeitgenössischen Erzählungen wie E. T. A. Hoffmanns *Meister Martin der Küfner und seine Gesellen,* die im Nürnberg des 16. Jahrhunderts angesiedelt ist.

Entstehung

Ursprünglich sollten *Die Meistersinger* ein komisches Pendant zu *Tannhäuser* sein – so etwas wie ein Satyrspiel, das im griechischen Drama auf die Tragödie folgte. Noch im Oktober 1861, kurz bevor er den zweiten und den dritten Prosaentwurf anfertigte, beschrieb Wagner seinem Verleger Schott das geplante Werk als eine Oper, die im Stil »durchaus leicht und populär« sein sollte; zudem sollte sie nur bescheidenen Aufwand erfordern und somit auch für kleine Opernhäuser im Bereich der Möglichkeiten bleiben. Das Orchester begnügt sich mit zweifacher Bläserbesetzung (im Gegensatz zur dreifachen in *Tristan* und zur vierfachen im *Ring*), aber das Werk, das schließlich entstand, war alles andere als bescheiden angelegt. Allein schon in der Länge (etwa vier Stunden) übertrifft es die meisten Opern des gängigen Repertoires.

Laut seinem Bericht in *Mein Leben* wurde Wagner zur Arbeit an den *Meistersingern* angeregt, als er während eines Besuchs bei Otto und Mathilde Wesendonck Anfang November 1861 in Venedig Tizians Gemälde *Mariä Himmelfahrt (Assunta)* sah. Ein Brief an Schott vom 30. Oktober 1861, der seine Absicht ankündigt, mit der Arbeit an der neuen Oper zu beginnen, läßt jedoch auf eine prosaischere Inspiration schließen. Die Arbeit begann im März oder April des folgenden Jahres, aber eine Reihe von Verzögerungen bewirkte, daß der erste Gesamtentwurf erst am 7. Februar 1867 vollendet wurde. Der zweite Gesamtentwurf entstand parallel dazu, wobei sich seine Anlage zwischen dem ersten und dem zweiten Aufzug veränderte. Für den zweiten Aufzug erstellte Wagner einen viel gründliche-

ren Entwurf, mit drei oder sogar vier bis fünf Notensystemen; außerdem begann er mit der Ausarbeitung
der Partitur des zweiten und des dritten Aufzugs erst,
nachdem er beide im Entwurf abgeschlossen hatte (vgl.
Tristan, dessen Partitur Akt für Akt gedruckt wurde).
Die Partitur wurde am 24. Oktober 1867 vollendet.

Das Drama
Die philosophische Weltanschauung, die in den *Meistersingern* entwickelt wird, ist so widersprüchlich wie
nur selten bei Wagner. Auf der einen Seite ist sie eine
gloriose Feier der Menschlichkeit und des Werts der
Kunst wie auch eine Parabel über die Notwendigkeit,
die Inspiration des Genies durch die Regeln der Form
zu mäßigen. Walther, das natürliche, nicht ausgebildete Genie, verachtet die Pedanterie der Meister und muß
lernen, daß große Kunst zwar in visionären Träumen
entworfen werden mag, aber dennoch der Regulierung
durch formale Struktur unterworfen werden muß.
Sein Lehrer ist der Schuhmacher und Poet Hans Sachs,
dessen Meisterschaft und Klugheit in der künstlerischen Sphäre nicht weniger wichtig sind als seine
weisen Einsichten in die Dummheiten der menschlichen Natur. Seine freisinnige, tolerante Haltung gegenüber dem Eifer der Jugend und modernen Tendenzen
liefert ein Vorbild für die anderen Meister und auch
für das gemeine Volk.
Doch allzulang hat man diese humane Weltsicht für
den einzigen Impuls der *Meistersinger* gehalten. Die
Wahrheit ist, daß das Werk auch eine dunkle Seite
besitzt, denn man kann es gleichzeitig als künstlerischen Teil in Wagners ideologischem Kreuzzug der
60er Jahre des 19. Jahrhunderts auffassen: einem
Kreuzzug, der den »deutschen Geist« wiederbeleben
und alle fremden Elemente, worunter vor allem die
Juden zu verstehen waren, ausmerzen wollte. Außerdem kann man die Auffassung vertreten, daß in die
ideologische Struktur des Werks antisemitische Züge
hineingewoben wurden und daß die Darstellung Beckmessers zumindest Andeutungen einer antisemitischen
Haltung trägt. Deutlich läßt sich das erkennen, wenn
man Wagners Charakterisierung von Beckmesser mit
seinem Bild des Juden (nicht zuletzt in dessen angebli-
cher Unfähigkeit, Worte und Musik zu schaffen oder
aufeinander abzustimmen) vergleicht, wie es in dem
berüchtigten antisemitischen Aufsatz *Das Judentum in
der Musik* dargestellt ist, den der Komponist zur Zeit
der *Meistersinger*-Uraufführung erneut veröffentlichte. Zudem bedient sich die Charakterisierung des
Stadtschreibers und Kritikers, der ein gesellschaftlicher Außenseiter wird, einer Parodie der jüdischen

»mauschelnden« Sprechweise und des Stereotyps des
komischen Juden, des Schlemiel.
Die Menge der Indizien (siehe Millington, 1991)
macht die These ohnehin unanfechtbar, aber eine Reihe von speziellen Bezügen stellt sie ganz außer Zweifel; vor allem sind das die Verweise auf und die Parallelen zu *Der Jude im Dorn*, die archetypische
antisemitische Volkserzählung der Gebrüder Grimm.
Gegen Ende des ersten Aufzugs, als man Beckmessers
kratzendes Schreiben mit der Kreide aus seinem Ka-
sten hört, das Walthers Meisterlied unterbricht, singt
Walther verärgert vom neidischen Winter, der sich in
einer Dornenhecke versteckt. Wagner beschreibt den
Winter sogar als »Grimm-bewehrt«, ein kompliziertes-
tes Wortspiel, das sowohl »mit Grimm bewehrt« als
auch (durch die Brüder) »Grimm bewährt« bedeutet;
niemand, der mit Wagners literarischem Stil vertraut
ist, kann ernsthaft annehmen, daß das Wortspiel ein
Zufall ist. Beckmesser wird somit unmißverständlich mit dem griesgrämigen Juden in der Geschichte
gleichgesetzt; außerdem kehrt Walther zu seiner Idee
der Dornenhecke zurück, nachdem Beckmesser seine Tafel mit Kreidestrichen vollgeschrieben hat. Im
Grimmschen Märchen stürzt ein Vogel in einen Dorn-
busch; in Walthers Lied steigt er, als Bild der Freiheit,
auf. Es gibt auch eine Parallele in der Inszenierung.
Der Knecht im Märchen steht auf den Stufen des Gal-
gens und blickt auf den Richter, den Juden und die
Zuschauer hinab, die wild tanzen, während er auf
seiner Fiedel spielt. Walther, der auf den Singstuhl
gestiegen ist, blickt auf den Aufruhr unter den Meistern hinab, als er sein Lied singt.
Die nationalistischen und antisemitischen Empfindungen, die in den *Meistersingern* zum Ausdruck kommen, bestimmen – wie bereits angedeutet – das Werk
nicht ausschließlich. Aber sie sind untrennbar damit
verbunden und müssen, um diese Oper in ihrer Ge-
samtheit zu begreifen, berücksichtigt werden.

Musikalischer Stil
Von zentraler Bedeutung für die Geschichte der *Meistersinger* sind die Regeln der Meister für die Verfer-
tigung eines Lieds und insbesondere für die Schöpfung eines Meisterlieds, das aus zwei gleichen Stollen
und einem dazu kontrastierenden Abgesang besteht,
nach dem Schema AAB (siehe »Bar« im »Wagner-
Glossar«, S. 243). Es überrascht daher nicht, daß die
Bar-Form in der Partitur häufig vorkommt, oft in
modifizierter Weise. Es ist nicht notwendig, diese
Beobachtung zu überinterpretieren wie der Musikwissenschaftler Alfred Lorenz, der es 1931 fertig-

brachte, die Stollenform dem gesamten Werk aufzuzwingen. Wagner spielt häufig ganz einfach parodierend auf diese Form an. In seiner Arie im ersten Aufzug »Am stillen Herd« antwortet Walther beispielsweise auf eine Frage nach seiner Ausbildung in einer Form, die die Stollenform offenkundig nachäfft. Ebenso macht sich Walther bei seinem Meisterlied auf Kosten Beckmessers und seiner konservativen Kollegen lustig (siehe »Bar«, S. 243).

Solche eigenständigen Lieder sind zusammen mit Chören, Umzügen, Märschen und Tänzen ein Kennzeichen der *Meistersinger;* Wagners unverhohlene Verwertung all dieser traditionellen Formen zeigt, wie weit er sich von den theoretischen Prinzipien in *Oper und Drama* entfernt hatte. Dies ist jedoch keine stilistische Rückkehr zum Inventar der Großen Oper; vielmehr ist es Wagner nunmehr gelungen, traditionelle Formen in die Struktur des Musikdramas zu integrieren.

Ähnliches geschieht in der Sphäre der Tonalität. Die vorangegangene Oper, *Tristan und Isolde,* trieb die Chromatik zu ihren äußersten Grenzen, aber das Vorspiel der *Meistersinger* ist ein Monument der beständigen Kraft der Diatonik: Sein beharrliches Bestehen auf C-Dur ist eine kraftvolle neue Bestätigung der Tugenden des klassischen tonalen Systems. Doch mit diesem C-Dur hat es mehr auf sich, als man auf den ersten Blick erkennen kann. Zunächst einmal wird es von plötzlichen tonalen Modulationen (z. B. nach E- und Es-Dur im Vorspiel) und im ganzen Werk von Nebendreiklängen flankiert, die der Musik eine archaische modale Atmosphäre verleihen. Auf diese Weise wird die Neigung der Oper zu nostalgischer Rückschau befriedigt, während gleichzeitig die traditionelle Tonalität neu belebt wird, indem sie in einen neuen Kontext gestellt wird. Zum anderen hat, wie Warren Darcy gezeigt hat, das Wiedererreichen von C-Dur am Schluß der Oper ideologische Implikationen. Die gesellschaftliche Stabilität, die von den abschließenden Klängen in C-Dur repräsentiert wird, ist um den Preis des Verlustes der Individualität erkauft: Alle, die die Selbstgefälligkeit der Nürnberger Gesellschaft bedroht haben, werden in einer massiven, undifferenzierten C-Dur-Klangfülle absorbiert.

Parsifal
WWV 111
Ein Bühnenweihfestspiel in drei Aufzügen

Text: Erste Prosaskizze April 1857, erster Prosaentwurf 27.–30. Aug. 1865, zweiter Prosaentwurf beendet 23. Februar 1877, Textbuch abgeschlossen 19. April 1877
Musik: Erster Gesamtentwurf Sept. 1877–16. April 1879, zweiter Gesamtentwurf 25. Sept. 1877 bis 26. April 1879, Partitur abgeschlossen Jan. 1882
UA: Festspielhaus, Bayreuth, 26. Juli 1882

Amfortas	*Bariton*
Titurel	*Baß*
Gurnemanz	*Baß*
Parsifal	*Tenor*
Klingsor	*Baß*
Kundry	*Sopran*
Erster Gralsritter	*Tenor*
Zweiter Gralsritter	*Baß*
Erster und zweiter Knappe	*Sopran*
Dritter und vierter Knappe	*Tenor*
Stimme von oben	*Alt*
Klingsors Zaubermädchen	*6 Solistinnen (Sopran) und 2 Chöre (Sopran und Alt)*
Die Brüderschaft der Gralsritter	*Tenor, Baß*
Jünglinge und Knaben	*Tenor, Alt, Sopran*

Pik, 3 Fl, 3 Ob, EnglHn, 3 Kl, BKl, 3 Fg, KFg, 4 Hn, 3 Tp, 3 Pos, Btu, Pk, 2 Harfen, Streicher
Auf/hinter der Bühne: 6 Tp, 6 Pos, Rührtrommel, Glocken, Donnermaschine

Handlung
Erster Aufzug
Der Akt beginnt auf einer Waldlichtung auf dem Gebiet der Ritter, die die heiligen Reliquien – den Gral, d. h. den Kelch, aus dem Jesus beim letzten Abendmahl trank, und die Lanze, die dem Gekreuzigten von einem Soldaten in die Seite gestoßen wurde – bewachen. Gurnemanz weckt zwei Knappen auf, sie knien nieder und verrichten das Morgengebet. Er weist sie an, das Bad für den kranken König Amfortas zu bereiten. Dieser ist der Sohn von Titurel und jetzt der Wächter des Grals. Kundry, das verwünschte »wilde Weib«, eilt mit Balsam aus Arabien herbei, der für Amfortas bestimmt ist. Amfortas stimmt die Formel vom »durch Mitleid wissend[en] reine[n] Thor[en]« an, der ihm als Retter prophezeit worden ist. Er bekommt den Balsam und wird ins Bad getragen.

Gurnemanz rügt die Knappen für ihren Spott über Kundry; sie büße vielleicht mit guten Taten für eine Sünde in einem früheren Leben. Ihre Stichelei, man solle sie nach der verlorenen Lanze aussenden, ruft in

Gurnemanz die Erinnerung daran zurück, wie Amfortas verführt wurde und seine furchtbare Verwundung erlitt, nachdem er die heilige Lanze an den Zauberer Klingsor verloren hatte. Als die Knappen Gurnemanz fragen, woher er Klingsor kenne, beginnt er seine eigentliche Erzählung: Die heiligen Reliquien seien der Obhut Titurels übergeben worden, der damals Hüter des Grals war. Die Brüderschaft des Grals, die Titurel zur Bewachung des Grals um sich sammelte, war Klingsor aufgrund einer nicht bekannten Sünde verschlossen. In dem verzweifelten Bemühen, seiner rasenden Leidenschaft Herr zu werden, entmannte sich Klingsor sogar, aber er wurde dennoch zurückgewiesen. Um sich zu rächen, wandte er sich der Zauberei zu und schuf einen »Wonnegarten«, in dem er nun auf verirrte Ritter wartet und sie mit Hilfe von »teuflisch holden Frauen« verführt. Der alte Titurel schickte seinen Sohn Amfortas aus, um Klingsor zu besiegen, was zu den schon beschriebenen Folgen führte. Seine Erzählung beendet Gurnemanz mit der Erinnerung an die göttliche Prophezeiung, die sich auf einen »reinen Thoren« bezieht.

Ein junger Mann (Parsifal), mit einem Bogen in der Hand, wird plötzlich von den Rittern hereingezerrt. Er hat auf geweihtem Boden einen Schwan erlegt. Als ihn Gurnemanz dafür tadelt, wird er von heftiger Reue ergriffen und zerbricht seinen Bogen. Gurnemanz fragt ihn nach seinem Namen und seiner Herkunft, doch Parsifal kann darüber nichts sagen. Die beiden bleiben allein mit Kundry zurück, und Parsifal erzählt das Wenige, was er über sich weiß. Der Name seiner Mutter sei Herzeleide; er sei von zu Hause fortgelaufen, auf der Suche nach Abenteuern, und habe sich zum Schutz selbst Waffen angefertigt. Als Kundry, die offensichtlich mehr über ihn weiß als er selbst, verkündet, daß seine Mutter tot sei, greift Parsifal sie an und muß zurückgehalten werden.

In der Ferne sieht man die Ritter und Knappen, die Amfortas in die Gralsburg zurückbringen. Als die Musik für den feierlichen Zug einsetzt, bietet Gurnemanz Parsifal an, ihn dorthin zu geleiten. Glocken erklingen in der Verwandlungsszene, als der Schauplatz vom Wald in die Burg überwechselt. Gurnemanz und Parsifal treten in den Saal der Gralsburg ein. Amfortas wird hereingetragen; der – noch verhängte – Gralsschrein wird auf einen Marmortisch gestellt. Amfortas, der den Bitten Titurels, den Gral zu enthüllen, nicht nachgeben will, hält einen schmerzerfüllten Monolog; er sucht Buße für seine Sünde. Auf Titurels beharrlichen Wunsch hin wird die Decke vom goldenen Schrein entfernt, dem die Knaben die Kristallscha-

le des Grals entnehmen. Amfortas segnet Brot und Wein, die unter den Rittern verteilt werden. Als die Wunde erneut aufbricht, wird der Gralshüter wieder hinausgetragen. Parsifal, der sich bei Amfortas' letztem Klageruf krampfhaft ans Herz faßte, ist unfähig, Gurnemanz zu erzählen, was er gesehen hat, und wird unsanft hinausgestoßen. Eine Stimme von oben wiederholt die Prophezeiung, auf die andere Stimmen aus der Höhe antworten.

Zweiter Aufzug

Von seinem Schloß aus wacht der Zauberer Klingsor, umgeben von Zauberwerkzeugen und nekromantischen Vorrichtungen, über sein Reich. Als er Parsifal nahen sieht, ruft er Kundry und zwingt sie dazu, Parsifal zu verführen. Sie versucht, Klingsors Befehl zu widerstehen, und verhöhnt ihren Meister wegen seiner selbstauferlegten Keuschheit. Klingsor beobachtet Parsifal, wie er eine Wache nach der anderen niederschlägt. Der Turm versinkt, und an seiner Stelle erscheint ein üppig blühender Zaubergarten.

Blumenmädchen eilen von allen Seiten herbei und wetteifern, als Parsifal auftaucht, um seine Aufmerksamkeit. Parsifal gelingt es, sich von ihren Liebkosungen zu befreien, und will fliehen, aber Kundry ruft ihn bei seinem Namen, den er lange schon vergessen hatte. Sie hat sich in eine bezaubernde jugendliche Schönheit verwandelt. Auf ihren Befehl hin entfernen sich die Blumenmädchen widerstrebend.

Kundry erzählt Parsifal, daß sie ihn als Kind an der Brust seiner Mutter gesehen habe. Seine Mutter habe liebevoll über ihn gewacht, aber eines Tages habe er ihr das Herz gebrochen, weil er nicht mehr zurückgekehrt sei, und sie sei aus Gram gestorben. Parsifal ist über die Nachricht tief betrübt, aber er wird von Kundry getröstet, und sie bedrängt ihn, ihr die Liebe zu erweisen, die er seiner Mutter schulde. (Eine Prosaskizze für das Werk deutet an, daß Parsifal, als er erstmals Kundry seinen Namen rufen hört, glaubt, es sei seine Mutter, die ihn ruft.) Als Kundry ihn immer eindringlicher liebkost, kann Parsifal die mütterliche Liebe, die er einst erlebte, und die sinnliche Liebe, die ihm jetzt geboten wird, kaum auseinanderhalten; Wagner stellt dies mit geradezu Freudscher Einsicht dar. Kundry gibt Parsifal, über acht lange Takte hinweg, einen alles andere als mütterlichen Kuß. Parsifal springt auf und greift sich ans Herz. Sein Schrei »Amfortas! Die Wunde!« zeigt an, daß er Amfortas' Leiden nun verstanden hat; dies ist der erste Schritt auf dem Weg zur Selbsterkenntnis. Er gerät in völlige Entrückung und hört, wie Christus, der Erlöser, ihn ruft, er solle ihn aus »schuldbefleckten Händen« retten und das entweihte Heiligtum reinigen.

Er stößt Kundry von sich, aber sie fleht ihn an, sie mit seinen erlösenden Kräften zu retten. Weil sie den Heiland geschmäht habe, müsse sie seit Jahrhunderten auf der Erde umherirren. Nur eine Stunde der Vereinigung würde sie erlösen. Aber Parsifal erkennt, daß die Rettung für sie beide davon abhängt, daß er ihren Verführungen widersteht, und stößt sie weg. Sie versucht, ihm den Weg zu Amfortas zu verstellen, und ruft Klingsor. Der Zauberer erscheint und schleudert seine Lanze auf Parsifal. Als der Speer über Parsifal schwebend stehenbleibt, ergreift dieser ihn und macht mit ihm das Zeichen des Kreuzes. Daraufhin stürzt das Schloß zusammen, und der Zaubergarten verdorrt zur Einöde.

Dritter Aufzug

Eine weite Frühlingslandschaft auf dem Gebiet der Gralsburg. Gurnemanz, der sehr alt geworden ist und das Gewand eines Einsiedlers trägt, tritt aus seiner Hütte; er hört ein Stöhnen. In einem Gestrüpp liegt Kundry, erstarrt und leblos. Obwohl er sie wieder ins Leben zurückruft, dankt sie ihm nicht: Die einzigen Worte, die sie im ganzen Akt spricht, sind »Dienen – dienen«. Ein Ritter in Rüstung, mit einer Lanze in der Hand, nähert sich. Eine schlichte Variante des Parsifal-Motivs verrät uns sowohl die Identität des Fremden wie auch, daß er nun ein anderer Mensch ist. Gurnemanz heißt ihn willkommen, fordert ihn aber auf, die Waffen abzulegen: Es sei Karfreitag, und dies sei ein geweihter Ort. Als Parsifal gehorcht, erkennt Gurnemanz in ihm den Mann, den er einst so grob wegschickte.

Er erkennt auch die Lanze, die Parsifal, wie er berichtet, während seiner Irrfahrt sicher behütet habe. Gurnemanz begrüßt ihre Wiedererlangung; Parsifal sei zur rechten Zeit mit der heilenden Lanze zurückgekehrt. Amfortas, der sich nach dem Tod sehne, weigere sich, den Gral zu enthüllen, die Brüderschaft sei zerfallen und Titurel gestorben. Parsifal wird von seinen Reuegefühlen fast übermannt. Kundry wäscht seine Füße in einer Quelle, während Gurnemanz mit dem Wasser Parsifals Haupt besprengt. Dann salbt sie seine Füße und trocknet sie mit ihren Haaren. Die zögerliche Reminiszenz an die Musik der Blumenmädchen weist darauf hin, daß Parsifal jetzt möglicherweise Kundrys Alter ego erkennt.

Mit einem Blick auf die wunderschönen Wiesen verkündet Parsifal, am Karfreitag sollte jedes Lebewesen nur trauern und weinen. Gurnemanz jedoch meint, daß sich reuige Sünder an diesem Tag über den Kreuzestod Christi, der die Menschheit erlöst hat, freuen würden und selbst die Natur verklärt sei. In einer Verwandlungsszene – ähnlich der im ersten Aufzug, jetzt aber in entgegengesetzter Richtung – führt Gurnemanz Parsifal und Kundry in den Saal der Gralsburg. Eine Gruppe von Rittern bringt Titurels Leiche in einem Sarg herein, eine zweite Gruppe Amfortas auf einer Sänfte. Als Titurels Sarg geöffnet wird, brechen alle in Wehklagen aus. Amfortas weigert sich, den Gral zu enthüllen. Die Ritter beharren darauf und bedrängen Amfortas, doch dieser fordert sie nur auf, ihm ihre Schwerter in sein Herz zu stoßen.

Parsifal ist inzwischen unbemerkt erschienen. Er nimmt seine Lanze und berührt mit der Spitze Amfortas' Wunde, der auf wunderbare Weise geheilt wird. Parsifal übernimmt das Amt als Hüter des Grals. Als er den Gral aus dem Schrein nimmt, beginnt dieser zu erstrahlen. Kundry sinkt leblos zu Boden, von ihren Sünden endlich erlöst. Segnend hält Parsifal den Gral über die anbetende Ritterschar. Eine weiße Taube schwebt herab und verweilt über seinem Kopf.

Quellen

Wagners Hauptquelle für sein letztes Musikdrama war das Epos *Parzivâl* von Wolfram von Eschenbach (um 1170–1220), das zu Beginn des 13. Jahrhunderts entstand – nur wenige Jahre, nachdem Chrétien de Troyes seine *Li contes del Graal* geschrieben hatte, die Wagner ebenfalls las. Chrétien beschrieb den Gral als Schale, Wolfram als Stein mit Zauberkräften. Keiner von beiden setzte ihn mit dem Kelch gleich, aus dem Christus beim letzten Abendmahl getrunken hatte, oder mit dem Gefäß, in dem Joseph von Arimathäa das Blut von Christus auffing, als dieser am Kreuz hing. Diese Verbindungen wurden erstmals im frühen 13. Jahrhundert von dem burgundischen Dichter Robert de Boron und dem ersten der anonymen Dichter hergestellt, die Chrétiens Geschichte fortsetzten.

Neben diesen christlichen und heidnischen Quellen wurde Wagner sowohl vom Buddhismus wie auch von der Philosophie Schopenhauers, deren Ideen häufig auf orientalischen Gedanken beruhen, stark beeinflußt. Mitleid und Entsagung sind entscheidende Ideen Schopenhauers, während die buddhistische Lehre der Seelenwanderung in Kundrys jahrhundertelanger Wanderung durch die Welt deutlich wird, bei der sie die Gestalt der nordischen Gundryggia und der biblischen Herodias annahm. Der zweite Aufzug von *Parsifal* erinnert an ein zentrales Ereignis im Leben des Gautama, bei dem er in einem Zustand tiefer Meditation auf die letzte Erleuchtung wartete, die ihn zu Buddha, dem »Erleuchteten«, machen würde. Eine ähnliche Parallele gibt es in der unmittelbar vorangehenden Episode in Buddhas Lebensbericht, als der Versucher Mara ihn durch seine verführerischen Töchter und seine bewaffneten Krieger zu verführen suchte. In der Oper ist es Klingsor, der Parsifal mit Hilfe seiner verführerischen Blumenmädchen verlocken will.

Entstehung

Wagners autobiographischer Bericht über die Entstehungsgeschichte des *Parsifal* im Jahr 1857 ist auf ganz typische Weise durch dichterische Freiheit gekennzeichnet (siehe »Mythen und Legenden«, S. 144). Die Prosaskizze, die er damals anfertigte, ist nicht erhalten geblieben. Der in München 1865 entstandene Prosaentwurf ist weit mehr als nur eine Skizze der Geschichte: Er enthält eine Vielzahl ausführlicher Kommentare zu den Charakteren und Themen des Dramas, die von unschätzbarem Wert für das Verständnis des Werks sind.

Die beiden Entwürfe der Musik wurden auf Wagners nun gewohnte Weise erstellt: parallel, wobei der zweite, mit Tinte geschriebene die im ersten Entwurf mit Bleistift verfaßte Vertonung des Texts ausarbeitete. Das Vorspiel wurde im Herbst 1878 instrumentiert; die restliche Partitur entstand zwischen August 1879 und Januar 1882.

Erste Aufführungen

Die 98 634 Mark, die Wagner aus den ersten Bayreuther Festspielen dem bayerischen Königshof schuldete, wurden ihm durch eine Vereinbarung am 31. März 1878 erlassen, die König Ludwig II. gewisse Rechte an Wagners Werken gegen 10 Prozent Tantiemen gab. Eine der Klauseln des Vertrags legte fest, daß die Uraufführung von *Parsifal* (ob nun in Bayreuth oder in München) mit dem Orchester, den Sängern und dem künstlerischen Personal des Münchener Hoftheaters inszeniert werden sollte; diese Bestimmung zwang Wagner, den Juden Hermann Levi als Dirigenten der Uraufführung zu akzeptieren. *Parsifal* war jedoch von Wagner speziell für das Bayreuther Festspielhaus entworfen; diese besondere Verbindung, die nach dem Tod des Komponisten eine fast religiöse Aura bekommen sollte, wurde dadurch sanktioniert, daß Aufführungen des Werks außerhalb Bayreuths 30 Jahre lang verboten waren.

Mit Ausnahme der privaten Aufführungen, die nach Wagners Tod für Ludwig inszeniert wurden, war das Werk deshalb drei Jahrzehnte lang in der Regel nur in konzertanten Aufführungen zu hören. Joseph Barnby beispielsweise dirigierte zwei 1884 in London. Das Werk wurde jedoch 1905 in Amsterdam für Mitglieder des Wagner-Vereins (und erneut 1906 und 1908) aufgeführt. Dies stieß beim Bayreuther Kreis nicht auf Sympathie, doch erweckte es nicht die harsche Verdammung wie die Aufführung in der New Yorker Metropolitan Opera im Jahr 1903. Der Direktor der Met, Heinrich Conried, der das Aufführungsverbot brechen wollte, strengte eine Zivilklage in New York an, mit dem Ergebnis, daß Aufführungen in den USA nicht verhindert werden konnten, weil es keine urheberrechtliche Vereinbarung zwischen diesem Land und Deutschland gab.

Das Drama

Wie die Fülle der Quellen für das Werk anzeigen dürfte (siehe oben »Quellen«), stellt *Parsifal* eine reiche Sammlung von Ideen und Anschauungen dar, die sich gegenseitig befruchten: von christlichen und heidnischen, buddhistischen und Schopenhauerschen. Zumeist wird der christliche Symbolismus der Oper betont, doch war Wagner zur Zeit der Entstehung des *Parsifal* stärker vom Buddhismus beeinflußt. Im April 1855 teilte er Mathilde Wesendonck mit, er lese gerade Adolf Holtzmanns *Indische Sagen*. Kurz danach regte ihn die *Introduction à l'histoire du buddhisme indien* von Eugène Burnouf zu einem Drama an, das auf einer buddhistischen Legende von Leidenschaft und Verzicht basierte: *Die Sieger* wurden nie vollendet, aber ihre Hauptanliegen fanden Eingang in den *Parsifal*.

Die buddhistische Idee des Mitleids wird mit *Parsifal* besonders in einem wichtigen Brief aus Venedig an Mathilde Wesendonck verbunden, der vom 1. Oktober 1858 stammt. Darin beschreibt Wagner sein Entsetzen über die grausame Behandlung eines Huhns durch einen Geflügelhändler und äußert die Vermutung, der einzige Zweck eines solchen Leidens könne nur »Erweckung des Mitleidens im Menschen« sein. Wagner deutet weiter an, daß dieses Thema in der Karfreitagsszene im dritten Aufzug von *Parsifal* behandelt werden soll.

Verzicht ist eine weitere buddhistische Idee, mit der Wagner schon durch die Philosophie Schopenhauers vertraut war. Die menschliche Existenz war für Schopenhauer eine sinnlose Abfolge von Leiden und Mühen; der einzige Ausweg lag für ihn in der Verneinung des Willens, in der Auslöschung oder im Nirvana (Aufhören der individuellen Existenz). Der anscheinende Verzicht auf die Sexualität im *Parsifal* sollte vor diesem philosophischen Hintergrund gesehen werden.

Nicht so sehr die Sexualität selbst wird zurückgewiesen, vielmehr wird Selbsterleuchtung oder »Erlösung« als ein Vorgang der Befreiung von der Ichbezogenheit dargestellt. Entsagung und Selbstaufgabe sind somit nicht in erster Linie ein Problem der Keuschheit, sondern die Annahme einer moralischen Verantwortung.

In christlicher Perspektive stellt der Gral sowohl die Verkündigung der Erlösung durch Christi Blut, die im letzten Abendmahl gefeiert wurde, als auch das Versprechen des ewigen Lebens und Gottes Anwesenheit unter den Menschen dar. Diese Elemente rückten in den Vordergrund, als Wagner 1865 seinen Prosaentwurf schuf. In dieser ausführlichen Exposition des Werks, von der ein Großteil im fertigen Textbuch nicht enthalten ist, werden einige der christlichen Elemente gründlich ausgearbeitet, auf die im Text selbst nur angespielt wird: die heilige Natur des Grals und des Bluts von Jesus Christus, das darin aufgefangen wurde, und die Bitte des Erlösers, den Kelch vor unreinen Händen zu bewahren. Wagner war alles andere als ein konventioneller Christ, sogar am Ende seines Lebens, aber er glaubte an die Funktion der Kunst, das Wesen der Religion zu erhalten, »indem sie die mythischen Symbole [...] ihrem sinnbildlichen Werthe nach erfaßt« (*Religion und Kunst,* 1880; GS X, S. 211); durch eine solche Darstellung könnten Wahrheiten enthüllt werden, die bei der buchstäblichen Befolgung der Religion verborgen blieben. Daher findet man in *Parsifal* die christlichen Symbole des Kelchs, der Lanze, die Christi Seite durchbohrte, des Karfreitags, der Taufe und der Eucharistie.

Noch ein weiterer Aspekt des *Parsifal* muß erwähnt werden. Die Oper wurde zu einer Zeit in Wagners Leben geschrieben, als er von den Ideen einer »rassischen Reinheit« und der angeblichen Notwendigkeit zu einer »Regeneration« der menschlichen Rasse besessen war. Der wesentliche Gedanke dabei war, daß die Menschheit aufgrund ihrer Entfernung von einer natürlichen vegetarischen Ernährung entartet sei, was zu einer Verderbnis durch das Blut geschlachteter Tiere geführt habe. Doch sogar die entartetsten Rassen könnten durch das Blut Christi gereinigt und so gerettet werden. Zu diesen degenerierten Rassen gehörten natürlich die Juden. Ein so großer Teil der Geschichte des *Parsifal* dreht sich um eine Elitegemeinschaft von Rittern, die »heilige Ritterschaft zum Dienst des Grales«, wie Wagner sie nannte, um den Niedergang und die befürchtete Auslöschung dieses Geschlechts und die erlösenden Eigenschaften von reinem, unverdorbenem Blut, daß man kaum behaupten kann, das Werk

sei von der unheilvollen rassistischen Ideologie aus Wagners Spätzeit verschont geblieben.

Musikalischer Stil
Das Thema des *Parsifal* und die Tatsache, daß es das einzige Werk Wagners war, das er speziell für die Atmosphäre und die Akustik des Bayreuther Festspielhauses schrieb, sorgen dafür, daß sich die Partitur deutlich von jeder anderen des Komponisten unterscheidet. Die rituelle Konzeption zumindest der Akte I und III des Werks erzeugt eine vertikale, hierarchisch geordnete Organisierung, die sogar in der Anordnung auf der Druckseite erkennbar wird. In diesem Sinne steht die Partitur in deutlichem Gegensatz zu der des *Tristan,* wo sich die Motive eher horizontal und die Gesangs- und Instrumentallinien auf sinnlichere Weise verweben. Dennoch besitzt auch *Parsifal* seine eigene Form von Sinnlichkeit: eine äußerst verfeinerte, unterschwellig stets präsente Sinnlichkeit, die sich wiederum von der phallischen Aggressivität des *Tristan* abhebt, wo schon die Natur des thematischen Materials einen vorwärtsdrängenden, eindringlichen und zielgerichteten Verlauf der Musik diktiert.

Die Partitur des *Parsifal* besitzt Qualitäten, die häufig als impressionistisch apostrophiert werden: ihr Wechselspiel von Licht und Schatten, ihr Sinn für schwebende Schwerelosigkeit, ihre Substanz, die ständig an dem Punkt ist, sich in Atmosphäre aufzulösen, ihre einhüllende mystische Energie. Eigenschaften dieser Art veranlaßten Debussy zu der Behauptung, die Musik klinge, als sei sie »von hinten erleuchtet«, und fanden auch sehr starken Anklang bei den Symbolisten und Dekadenz-Künstlern der 80er und 90er Jahre des 19. Jahrhunderts (siehe »Die Geburt der Moderne«, S. 428 f. und 431 ff.).

Orchesterwerke

Ouvertüre in B-Dur (»Paukenschlag-Ouvertüre«)
(verschollen)
WWV 10
Sommer 1830; UA: Leipzig, 25. Dez. 1830
Der Beiname rührt von einem lauten Paukenschlag auf dem zweiten Viertel jedes fünften Takts her.

Politische Ouvertüre
(verschollen, vermutl. unvollendet)

WWV 11
Vermutl. Sept. 1830
Inspiriert durch revolutionäre Aufstände in Paris und
Dresden im Juli und September 1830.

**Ouvertüre zu Friedrich Schillers Trauerspiel
mit Chören *Die Braut von Messina***
(verschollen?)
WWV 12
Sommer oder Herbst 1830
Wahrscheinlich angeregt durch Aufführungen des
Stücks in Leipzig im Mai und Juni 1830. Siehe unten
WWV 13.

Orchesterwerk in e-Moll (fragm.)
WWV 13
2 Fl, 2 Ob, 2 Kl, 2 Fg, 4 Hn, 2 Tp, Oph (?), Pk, Streicher
mit geteilten Vc (?)
Vermutl. 1830
Möglicherweise identisch mit der verschollenen Ou-
vertüre zu Schillers *Die Braut von Messina* (siehe oben
WWV 12). Das Werk besitzt einen programmatischen
Charakter und vor allem einen Trauermarsch wie in
Schillers Stück.

Ouvertüre in C-Dur (6/8-Takt)
(verschollen)
WWV 14
Ende 1830
Erwähnt in Cosima Wagners Tagebüchern (15. Dez.
1878): »R. sprach von seiner Ouvertüre in C dur,
6/8 Takt, welche er bedaure verloren zu haben, sie sei
nicht schlecht gewesen, habe den Akkord (Trugschluß)
aus dem Holl. [Holländer] enthalten.«

Ouvertüre in Es-Dur
(verschollen, vermutlich unvollendet)
WWV 17
Anfang 1831

Ouvertüre in d-Moll
(Konzert-Ouvertüre Nr. 1)
WWV 20
2 Fl, 2 Ob, 2 Kl, 2 Fg, 4 Hn, 2 Tp, Pk, Streicher
Sommer/Herbst 1831; UA: Leipzig, 25. Dezember
1831
Wahrscheinlich begonnen, als Wagner im Sommer
1831 bei Müller studierte. Die Partitur wurde vom
Komponisten überarbeitet, wobei die zweite Fassung
(mit dem Titel »Konzert-Ouvertüre«) mit 4. November 1831 datiert ist.

**Ouvertüre in e-Moll und Theatermusik zu
Ernst Raupachs historischem Trauerspiel
in fünf Akten *König Enzio***
WWV 24
2 Fl, 2 Ob, 2 Kl, 2 Fg, 4 Hn, 2 Tp, Pk, Streicher
[Ouvertüre] Winter 1831/32; UA: Leipzig, 17. Febr.
1832
Ouvertüre und wahrscheinlich weitere Stücke von
Wagner, gespielt bei Aufführungen des Trauerspiels im
Königlich Sächsischen Hoftheater in Leipzig im Febru-
ar und März 1832. Erhalten geblieben ist nur die
Ouvertüre.

Entreactes tragiques, Nr. 1 in D-Dur, Nr. 2 in c-Moll
WWV 25
2 Fl, 2 Ob, 2 Fg, 2 Hn, 2 Tp, Pk, Streicher [Nr. 1]
Vermutl. Anfang 1832
Über diese Stücke ist wenig bekannt, da sie weder in
Wagners autobiographischen Schriften noch in seinen
Briefen erwähnt werden. Möglicherweise konzipiert
als Zwischenaktmusiken zu Raupachs Trauerspiel
König Enzio, weil sie zur gleichen Zeit wie die Ouver-
türe WWV 24 (siehe oben) entstanden.

Konzert-Ouvertüre Nr. 2 in C-Dur
WWV 27
2 Fl, 2 Ob, 2 Kl, 2 Fg, 4 Hn, 2 Tp, 3 Pos, Pk, Streicher
März 1832; UA: Leipzig, vermutl. Ende März 1832
Möglicherweise entstanden als eine Art Gesellenstück;
mehrmals von Wagner aufgeführt.

Symphonie in C-Dur
WWV 29
2 Fl, 2 Ob, 2 Kl, 2 Fg, Kfg, 4 Hn, 2 Tp, 3 Pos, Pk,
Streicher
Vermutl. April–Juni 1832; UA: Prag, Nov. 1832
Wagners einziges abgeschlossenes symphonisches
Werk. Es wurde laut Wagner in einem Zeitraum von
sechs Wochen unter dem Einfluß von Beethovens Symphonien, insbesondere der Dritten, der Fünften und
der Siebten, geschrieben. Das Werk ist voll von Beethovenschen Stilmerkmalen: Tatsächlich kann man die
zehn hämmernden Akkordschläge, die die Symphonie
eröffnen, als eine Reminiszenz an die *Eroica* auffassen
und gleichzeitig als Versuch, sie zu übertreffen. Später
sagte Wagner, der langsame Satz seines Werks hätte
wahrscheinlich ohne das Andante von Beethovens
Fünfter und das Allegretto der Siebten nie das Licht
der Welt erblickt; die thematischen Anklänge an diese
beiden Sätze sind tatsächlich auffällig. Das Finale
dagegen ist Mozart verpflichtet, insbesondere dem

Finale der *Jupiter-Symphonie* (KV 551), die in der gleichen Tonart gehalten ist. Ungeachtet dieser Einflüsse ist die Symphonie ein in hohem Maße charakteristisches Werk, in dem der junge Komponist die Beherrschung des Genres eindrucksvoll demonstriert. Wagner hegte eine lebenslange Vorliebe für das Werk; er dirigierte es 1882 zum letzten Mal in einer privaten Aufführung im Theater La Fenice, Venedig, zur Feier von Cosimas Geburtstag.

Symphonie in E-Dur (fragm.)
WWV 35
August–September 1834; UA: München, 13. Oktober 1988
Nur der erste Satz ist abgeschlossen. Der zweite Satz, der das zweite Thema aus Wagners A-Dur-Klaviersonate entlehnt, bricht nach 29 Takten ab. Wagner behauptet in *Mein Leben*, die Vorbilder für diese Symphonie seien die Siebte und die Achte von Beethoven, aber größere Ähnlichkeiten sind mit der *Pastorale*, hinsichtlich der symphonischen Verarbeitung, und den Ouvertüren von Weber erkennbar. Das Symphoniefragment war bis vor kurzem verschollen. Wagners Handschrift bleibt es auch weiterhin, aber eine Partitur, die von Felix Mottl angefertigt worden war, tauchte Ende der 80er Jahre in München wieder auf.

Ouvertüre in Es-Dur und Theatermusik zu Theodor Apels historischem Drama in fünf Aufzügen
Columbus
WWV 37
Pik, 2 Fl, 2 Ob, 2 Kl, 2 Fg, 4 Hn, 6 Tp, 3 Pos, Btu, Pk, Streicher
Dez. 1834 – Jan. 1835; UA: Magdeburg, 16. Febr. 1835
Wagner setzte sich dafür ein, daß das fünfaktige historische Drama *Columbus* seines Freundes Theodor Apel am Stadt-Theater in Magdeburg aufgeführt wurde. Von der Musik, die er als Begleitung für die Aufführung schrieb, ist nur die Ouvertüre überliefert. Wagner war zweifellos von Mendelssohns Ouvertüre *Meeresstille und glückliche Fahrt* beeinflußt, die er am 13. Januar 1835 in Magdeburg dirigierte, in dem Monat, in dem er seine *Columbus*-Partitur vollendete. Mendelssohns Trompetenfanfare, die in ähnlicher Weise das Insichtkommen der Küste beschreibt, wurde von ihm nachgeahmt; außerdem gibt es strukturelle Parallelen zwischen *Columbus* und anderen Ouvertüren Mendelssohns.

Ouvertüre in C-Dur *Polonia*
WWV 39
2 Pik, 2 Fl, 2 Ob, 2 Cl, 2 Fg, 4 Hn, 4 Tp, 3 Pos, Oph, Pk, grTr, klTr, Rührtrommel, Bk, Tri, Streicher
Mai – Juli 1836; UA: Königsberg, Winter 1836/37(?)
Da die *Polonia*-Ouvertüre fünf Jahre nach der Erhebung der Polen gegen die Russen entstand, könnte Wagners Sympathie für die Flüchtlinge durch die Polenbegeisterung seines Freundes Heinrich Laube neu belebt worden sein, den er während seines Aufenthalts in Berlin im Mai und Juni 1836 häufig sah. Die Ouvertüre, die weitgehend Sonatenform aufweist, enthält Anspielungen auf polnische Musik, die dem Werk einen authentischen Anstrich geben.

Theatermusik zu J. Singers romantisch-historischem Schauspiel mit Gesang in vier Abteilungen *Die letzte Heidenverschwörung in Preußen oder Der Deutsche Ritterorden in Königsberg* (fragm.)
WWV 41
Vermutl. Febr. 1837; UA: Königsberg, vermutl. 17. Febr. 1837
Weder Singers Schauspiel noch Wagners Partitur sind erhalten. Eine Skizze enthält Chöre von Priestern und jungen Männern und Frauen; es ist nicht bekannt, ob mehr geschrieben wurde.

Ouvertüre in D-Dur *Rule Britannia*
WWV 42
2 Pik, 2 Fl, 2 Ob, 3 Kl, 2 Fg, Kfg, Serp, 4 Hn, 4 Tp, 3 Pos, Oph, Pk, grTr, klTr, Bk, Tri, Streicher
März 1837; UA: Riga, vermutl. 19. März 1838
Zusammen mit der *Polonia*-Ouvertüre (WWV 39) und einer nicht ausgeführten Ouvertüre zu Ehren Napoleons als Trilogie konzipiert. Die Partitur wurde Sir George Smart von der Philharmonic Society in London in der Hoffnung auf eine Aufführung geschickt, jedoch vergebens. Das Werk ist schwülstig und überinstrumentiert; das Triangel klingt wie eine Alarmglocke. Aber es ist unmöglich, einem Werk, das so marktschreierisch versucht, das Idol Beethoven zu überflügeln, eine gewisse Sympathie zu verweigern: Eine Reihe von Trugschlüssen mit zunehmend emphatischen Tonika- und Dominantakkorden erzeugt eine unbeabsichtigt komische Wirkung.

Eine Faust-Ouvertüre (d-Moll)
WWV 59
Pik, 2 Fl, 2 Ob, 2 Kl, 3 Fg [1. Fassung: 4 Fg], 4 Hn, 2 Tp, 3 Pos, Btu [1. Fassung: Serp], Pk, Streicher
Dez. 1839 – Jan. 1840; rev. Jan. 1855

UA: Dresden, 22. Juli 1844 (1. Fassung), Zürich, 23. Jan. 1855 (2. Fassung)

Als erster Satz einer *Faust-Symphonie* geplant, aber zu »Ouvertüre« umbenannt – vermutlich, um die Wahrscheinlichkeit einer Aufführung zu erhöhen. Den Haupteinfluß hatte wohl nicht Beethovens Neunte Symphonie (trotz *Mein Leben*), sondern *Roméo et Juliette* von Berlioz, das Wagner zur Zeit der Komposition kennenlernte und das er als mögliche Lösung für das Problem ansah, eine literarische Anregung mit der abstrakten symphonischen Form zu vereinen. Das Werk wurde einer Reihe von Überarbeitungen unterzogen und erreichte seine endgültige Form mit der Veröffentlichung 1855.

Trauermusik nach Motiven aus Webers *Euryanthe*
WWV 73
5 Fl, 7 Ob, 20 Kl, 10 Fg, 14 Hn, 6 Tp, 9 Pos, 4 Btu, 6 gedämpfte Tr
Nov. 1844; UA: Dresden, 14. Dez. 1844

Wagner war eine der treibenden Kräfte der Kampagne, die sterblichen Überreste Webers von London nach Dresden zu überführen. Auf dem Weg zum Friedhof Friedrichstadt wurde der Sarg von einem Fackelzug begleitet, für den Wagner die *Trauermusik* komponierte; diese basierte zu Ehren Webers auf drei Themen aus *Euryanthe*, einem aus der Ouvertüre, einem aus Euryanthes Kavatine »Hier dicht am Quell« und einem aus Adolars »Ich ahne Emma!« im Finale. Wagners Vorbild war Berlioz' *Grande symphonie funèbre et triomphale* für eine 200 Musiker umfassende Harmoniemusik.

Symphonien (unvollendet)
WWV 78
1846/47

Skizzen existieren für mindestens zwei Symphonien aus den Jahren 1846/47, als Wagner mit der Komposition des *Lohengrin* in Dresden beschäftigt war und die Aufführung von Beethovens Neunter Symphonie beim traditionellen Palmsonntagskonzert im alten Opernhaus von Dresden intensiv vorbereitete. Dieses große Unterfangen war einer der Höhepunkte in Wagners Karriere als Kapellmeister; es ist wahrscheinlich, daß ihn sein eingehendes Studium der Neunten zu diesem kurzen symphonischen Ausbruch anregte. Siehe auch WWV 107, S. 340.

Huldigungsmarsch (Es-Dur)
WWV 97
2 Pik, 4 Fl, 23 Kl, BKl, 2 Fg, 8 Hn, 12 Tp, 3 Flügelhörner, 3 Alt-Hn, 2 Tenor-Hn, 2 Bariton-Hn, 6 Pos, 6 Btu, Pk, grTr, klTr, Be, Tri (Fassung für Militärmusik)

Pik, 2 Fl, 2 Ob 2 Kl, Bkl, 2 Fg, 4 Hn, 3 Tp, 3 Pos, Btu, Pk, grTr, klTr, Be, Tri, Streicher (Orchesterfassung)
Aug. 1864; UA: München, 5. Okt. 1864 (Fassung für Militärmusik); Wien, 12. Nov. 1871 (Orchesterfassung)

Komponiert zur Geburtstagsfeier von König Ludwig am 25. August 1864. Die Uraufführung mußte bis Oktober zurückgestellt werden. Wagner scheint bereits im Februar 1865 mit einer Bearbeitung für großes Orchester begonnen zu haben; beendet wurde das Arrangement schließlich von Joachim Raff und erst 1871 aufgeführt. Etwa 70 Takte des Marsches, rund ein Drittel des gesamten Werks, wurden von Wagner instrumentiert. Der Marsch ist ein reizvolles Werk mit charakteristischen Wagnerschen Zügen; er besteht aus einem einzigen Satz und nicht wie gewohnt aus Marsch und Trio.

Romeo und Julie (unvollendet)
WWV 98
April – Mai 1868

Zwei fragmentarische Skizzen aus dem Frühjahr 1868 sind der einzige in Noten gefaßte Hinweis auf Wagners Absicht, ein Werk über das Thema »Romeo und Julia« zu schreiben. Aber es war eine Idee, die in den 70er Jahren des 19. Jh. wiederholt auftauchte (siehe Cosima Wagners Tagebücher zum 3. Mai 1873, 26. Oktober 1876, 8. März 1879 und 19. April 1879).

Siegfried-Idyll (E-Dur)
WWV 103
Fl, Ob, 2 Kl, Fg, 2 Hn, Tp, Streicher
Ende Nov. – Dez. 1870; UA: Tribschen, 25. Dez. 1870

Gedacht als Geburtstagsgeschenk für Cosima und erstmals aufgeführt an Weihnachten 1870 auf der Treppe ihres Hauses in Tribschen (Cosimas Geburtstag war eigentlich am 24. Dezember, aber sie feierte ihn bescheiden am 25. Dezember). Wagner hatte einige Zeit heimlich Vorbereitungen getroffen, und Hans Richter hatte speziell für diesen Anlaß Trompete spielen gelernt. In ihren Tagebüchern (25. Dezember 1870) erzählt Cosima, wie sie am betreffenden Morgen aufwachte und außerhalb ihres Zimmers wie in einem Traum Musik hörte. Als diese aufgehört hatte, betrat Wagner, der dirigiert hatte, den Raum mit den fünf Kindern und legte die Partitur des »Symphonischen Geburtstagsgrußes« in ihre Hände. Alle Anwesenden brachen angeblich in Tränen aus. Nach dem Frühstück versammelte sich das Orchester wieder und gab eine erneute Wiedergabe, gefolgt vom Hochzeitsmarsch aus *Lohengrin* und von Beethovens Septett. Das *Siegfried-Idyll* wurde dann zum dritten Mal aufgeführt.

Wie der Ton von Cosimas Tagebucheintragung bestätigt, spiegelte das Werk neugefundenen häuslichen Frieden wider und besiegelte ihn (nach Jahren der Ungewißheit und des Leidens waren die beiden zuletzt glücklich und legal in Tribschen vereint; Cosima war am 16. November 1868 endlich dorthin gezogen, aber sie hatten erst am 25. August 1870 heiraten können). Das *Idyll* war auch eine nachträgliche Feier der Geburt ihres Sohns Siegfried (am 6. Juni 1869) und der Komposition des dritten Aufzugs von *Siegfried* im Jahr vorher. Die private Bedeutung des Werks für das Paar veranlaßte sie, sich so lang wie möglich einer Veröffentlichung zu widersetzen, aber die finanzielle Lage machte sie schließlich unvermeidlich: »Der geheimnisvolle Schatz wird zum Gemein-Gut«, schrieb Cosima in ihren Tagebüchern (19. November 1877).

Trotz seiner Intimität war das *Siegfried-Idyll* nicht für ein kleines Kammerensemble geplant: Die Größe des Orchesters bei der ersten Aufführung (fünfzehn Musiker laut WWV – unter Bezugnahme auf Fehr, 1953 – und nicht wie oft behauptet dreizehn) wurde mehr durch die Ausmaße der Treppe des Hauses in Tribschen als durch ästhetische Erwägungen diktiert. Für eine spätere private Aufführung in Mannheim am 20. Dezember 1871 verlangte Wagner eine erheblich größere Streicherbesetzung: 6–8 erste Violinen, 7 bis 8 zweite Violinen, 4 Bratschen, 4 Celli und 2–3 Kontrabässe (bei der Uraufführung waren es insgesamt acht Streicher gewesen). Und in ihren Tagebüchern (14. Januar 1874) berichtet Cosima über Wagners (nicht verwirklichte) spätere Absicht, das *Idyll* für »ein großes Orchester« zu arrangieren.

Die Bedeutung des *Idylls* für Wagners symphonische Ambitionen wird sowohl durch diesen Hinweis wie auch durch die Bezeichnung »Symphonischer Geburtstagsgruß« in der ursprünglichen Widmung bestätigt. Außerdem ist das Werk selbst trotz der lyrischen Melodien und der pastoralen Orgelpunkte weitgehend in einer (modifizierten) Sonatenform gehalten, in der das Seitenthema durch das Schlaflied (»Schlaf, Kindchen, schlafe«) repräsentiert wird, das im Braunen Buch für Neujahr 1868 festgehalten ist, und in der anstelle einer herkömmlichen Durchführung neue thematische Ideen entwickelt werden.

Die vollständige Widmung auf der Titelseite der Handschrift lautet etwas rätselhaft: »Tribschener Idyll / mit Fidi-Vogelgesang und Orange-Sonnenaufgang, / als / Symphonischer Geburtstagsgruß / Seiner

Cosima / dargebracht / von / Ihrem Richard, / 1870«. Fidi war der Kosename für Siegfried, »Orange-Sonnenaufgang« bezieht sich auf den »unglaublich schönen Feuerglanz« (CT 6. Juni 1869), den die Sonnenstrahlen auf der orangefarbenen Tapete im Schlafzimmer verursachten – eine Huldigung der Natur an seinen ersten Sohn, wie Wagner das Phänomen deutete. Der Titel *Siegfried-Idyll* scheint aus der Zeit um eine Aufführung in Meiningen am 10. März 1877 zu stammen.

Zum mythischen »Starnberg-Quartett«, das angeblich mit dem *Siegfried-Idyll* im Zusammenhang steht, siehe »Mythen und Legenden« (S. 146).

Kaisermarsch (B-Dur)
WWV 104

Einstimmiger Volksgesang ad libitum, Pik, 2 Fl, 3 Ob, 3 Kl, 3 Fg, 4 Hn, 3 Tp, 3 Pos, Btu, Pk, grTr, klTr, Be, Tri, Streicher

Febr.–Mitte März 1871; UA: Berlin, 14. April 1871

Der *Kaisermarsch* wurde in der nationalistischen Begeisterung komponiert, die auf den Sieg Deutschlands im Deutsch-Französischen Krieg und die Proklamation des zweiten deutschen Kaiserreichs folgte. In einem Nachtrag zu dem Aufsatz *Was ist deutsch?* von 1865, der 1878 veröffentlicht wurde, berichtet Wagner über sein Anerbieten, die Musik für einen Gedenkgottesdienst oder einen Marsch mit Chor zu schreiben, um die Heimkehr der Truppen im Jahr 1871 zu feiern. Das Angebot wurde abgelehnt, so daß Wagner aus dem Marsch ein Konzertstück machte.

Der Marsch war ursprünglich für Militärmusik instrumentiert, wurde aber später vom Komponisten selbst für großes Orchester arrangiert. Die fakultativ dazu gesungenen Verse, die allzu deutlich Wagners fanatischen Chauvinismus zur Zeit des Deutsch-Französischen Kriegs widerspiegeln (sie werden von Ernest Newman treffend als »schwülstiger Unsinn« charakterisiert), wurden ebenfalls später hinzugefügt. Wagner schlug vor, die Sänger nicht auf eine Bühne zu stellen, sondern unter die Zuhörer zu verteilen, die Zettel mit Text und Noten erhalten sollten.

Ein bewegendes Ringen zwischen dem Anspruch auf ästhetische Reinheit und materiellen Erwägungen wird bezüglich des *Kaisermarsches* in Cosima Wagners Tagebüchern (16. März 1871) berichtet: »Bei Tisch hatte er sich auch überlegt, ob er der Londoner Ausstellung vielleicht seinen Marsch mit der Umänderung von ›God save‹ anstatt ›ein feste Burg‹ schicken könnte. ›Das wären 50 Pfd., allein das würde den Marsch schänden.‹ «

Der chauvinistische Geist des Stücks erzeugt kaum Musik hohen Ranges. Das Hauptthema des Marsches ist eine recht vielversprechende Idee, aber die ständige Einschaltung von Luthers *Ein' feste Burg* – eine Widerspiegelung des unerschütterlichen Protestantismus der Hohenzollern-Dynastie – klingt zunehmend bombastisch. Wie Wagner selbst erkannte, eignen sich Marschthemen im Vierviertaltakt nicht gerade für eine symphonische Entwicklung; die Durchführung dieser Ideen ist auch nicht überzeugend. Eine Atmosphäre der Verzweiflung wird durch die anhaltenden Trommelwirbel und das klirrende Triangel nur erhöht.

Pläne zu Ouvertüren und Symphonien
Themen und Melodien
WWV 107
1874–83

Ouvertüren
Von Januar 1874 bis Februar 1875 spielte Wagner mit der Idee, eine Reihe von Ouvertüren zu schreiben, von denen jedoch keine verwirklicht wurde. Am 23. Januar 1874 schrieb er an seinen Verleger Schott und bat ihn um einen Vorschuß von 10 000 Gulden (»um mit meinem Hause und Garten fertig zu werden«) und bot dafür in sechsmonatigen Abständen »sechs größere Orchesterwerke, jedes von dem Umfange und der Bedeutung einer großen Ouvertüre« an; das erste wollte er spätestens Ende desselben Jahres liefern. Cosima Wagners Tagebucheintragung für den folgenden Tag nennt drei der geplanten Titel: »*Lohengrin's Meerfahrt, Tristan als Held* und *Romeo und Julie Grabesgesang*«. Eine spätere Eintragung (CT, 10.–16. Februar 1874) berichtet, daß Schott die 10 000 Gulden schickte und Wagner begann, über die Ouvertüren nachzudenken, von denen nunmehr fünf einen Titel hatten: *Lohengrin's Fahrt, Tristan, Epilog zu Romeo und Julie, Brünnhild* und *Wieland der Schmied*. Die Werke wurden wieder erwähnt in einem Brief an Schott vom 14. Oktober 1874 und in Tagebucheintragungen für den 14. Dezember 1874 und den 3. Januar 1875, aber am 17. Februar 1875 schrieb Cosima über Wagners Wunsch, mit Schott zu brechen und einen Vertrag mit Peters zu schließen, »welcher ihm dreifach so viel anbietet für eine Ouvertüre«. Nichts mehr war von diesem Projekt zu hören; mit der Ausnahme einer Skizze, die möglicherweise für *Tristan als Held* vorgesehen war (siehe WWV 107), gibt es deshalb keinen vernünftigen Grund für die Annahme, daß eine der verschiedenen Skizzen aus dieser Zeit in Verbindung mit den geplanten Ouvertüren steht.

Symphonien
Von Herbst 1877 bis zu seinem Tod im Februar 1883 faßte Wagner wiederholt ins Auge, Symphonien zu komponieren; keine davon kam über das Stadium der Skizze hinaus. Die früheste Erwähnung in Cosimas Tagebüchern stammt vom 8. Oktober 1877, wo sie schreibt: »Abends spielt er mir ein herrliches Thema zu einer Symphonie und sagt, er habe so viele solcher Themen, jeden Augenblick fiele ihm etwas ein, er könne alles das Wohlige aber nicht für Parsifal gebrauchen.« Einigen dieser Inspirationsausbrüche folgten Skizzen; in anderen Fällen lassen sich Zusammenhänge zwischen CT-Hinweisen und erhalten gebliebenen Skizzen – auch wenn sie datiert sind – nicht beweisen (zu Einzelheiten siehe WWV 107).
Es ist klar, daß Wagner solche Symphonien als Fortsetzung der Beethovenschen Tradition betrachtete. Er glaubte jedoch: Die »viersätzige Symphonie kann man nach Beeth.[oven] nicht mehr schreiben, alles scheint ihm dann nachgemacht« (CT, 19. November 1878). Wagners beabsichtigte Lösung war eine einsätzige Anlage (ebd.). In einer Tagebucheintragung schlägt er vor, die Stücke »Symphonische Dialoge« zu nennen, weil sie aus Thema und Gegenthema im Wechselgespräch miteinander bestehen sollten (CT, 22. September 1878). An anderer Stelle ermahnt er Liszt: »Wenn wir Symphonien schreiben, Franz, nur keine Gegenüberstellungen von Themen, das hat Beeth.[oven] erschöpft, sondern einen melodischen Faden spinnen, bis er ausgesponnen ist.« (CT, 17. Dezember 1882) Diese Idee wird in einem späteren Tagebucheintrag (CT, 30. Januar 1883) aufgegriffen, in dem Wagner Cosima erzählt, »er könne sich noch eine Art symphonischer Werke in einem Satze vorstellen, wie der Kaisermarsch z. B., wo keine Gegenüber-Stellung der Themen, aber eines aus dem andren emporkeimt«.

Themen und Melodien
Zu dieser Zeit entstand eine beträchtliche Zahl von anderen Skizzen, die anscheinend nicht mit den Plänen für Ouvertüren und Symphonien zusammenhingen. Eine Melodie insbesondere hat Verwirrung hervorgerufen. Eine Skizze in Es-Dur mit fallenden Quinten wurde von Cosima als »Melodie der Porazzi!« betitelt; dieses Thema stammt offenkundig aus der Zeit von Wagners Aufenthalt an der Piazza dei Porazzi in Palermo (2. Februar–19. März 1882); diese Melodie ist eher das echte »Porazzi-Thema« als das lamentoartige Fragment in As-Dur (WWV 93). Ein weiteres Thema, in C-Dur und mit »Tempo di Porazzi« gekennzeichnet, stammt ebenfalls aus dieser Zeit.

*Großer Festmarsch zur Eröffnung der hundertjähri-
gen Gedenkfeier der Unabhängigkeitserklärung der
Vereinigten Staaten von Nordamerika* (G-Dur)
WWV 110
Pik, 3 Fl, 3 Ob, 3 Kl, 3 Fg, Kfg, 4 Hn, 3 Tp, Btp, 3
Pos, Kontrabaßtuba, Pk, grTr, klTr, Be, Tri, Tamtam,
Streicher
Febr.–März 1876; UA: Philadelphia, 10. Mai 1876
Komponiert als Auftragsarbeit für die Zentenarfeier
der amerikanischen Unabhängigkeitserklärung. Im
Dezember 1875 wandte sich Gottlieb Federlein an
Wagner, im Namen des Dirigenten Theodore Thomas,
der vom Festausschuß in Philadelphia mit den musikalischen Veranstaltungen für die Feier betraut worden war. In einem Brief an Thomas vom 8. Februar
1876 nahm Wagner den Auftrag an, für den er
5000 Dollar verlangte. Obwohl Wagner mit dem Gedanken gespielt hatte, in die USA zu emigrieren, brachte er nur mühsam die Begeisterung oder Inspiration
auf, die er für die Komposition des Marsches brauchte.
Am 14. Februar notierte Cosima: »R. immer noch
arbeitend, klagt darüber, daß er sich bei dieser Komposition gar nichts vorstellen könne, beim Kaiser-
Marsch sei es anders gewesen, selbst bei Rule Britannia, wo er sich ein großes Schiff gedacht, hier aber gar
nichts außer den 5000 Dollars, welche er gefordert
und welche er vielleicht nicht bekäme.«
Zumindest hinsichtlich des Honorars wurde Wagner
nicht enttäuscht, aber der Marsch bleibt eine nicht
besonders rühmliche Komposition. Das Hauptthema
ist sehr ausdrucksstark, aber die Ausarbeitung – in der
Art der *Meistersinger* – ist ähnlich wie beim *Kaisermarsch* nicht überzeugend; das Ergebnis klingt nicht
nach echter Entwicklung, sondern wie leeres Füllwerk.

Chorwerke

Vokalfugen
WWV 19
Vierstimmiger Chor a cappella
Herbst 1831–Winter 1831/32
Diese beiden Fugen, von denen die erste die Worte
»Dein ist das Reich, von Ewigkeit zu Ewigkeit« ver-
tont, stammen aus der Zeit, als Wagner bei dem
Leipziger Kantor Christian Theodor Weinlig studierte.
Die zweite Fuge, der kein Text zugrunde liegt, ist eine
Doppelfuge.

**Bühnenmusik zu Wilhelm Schmales
allegorischem Festspiel in einem Akt**
Beim Antritt des neuen Jahres 1835
WWV 36
Chor (SATB), Pik, 2 Fl, 2 Ob, 2 Kl, 2 Fg, Kfg, 4 Hn,
2 Tp, 3 Pos, Pk, grTr, klTr, Be, Tri, Streicher
Auf/hinter der Bühne: 2 Fl, 2 Ob, 2 Kl, 2 Fg, 4 Hn
Ende Dezember 1834; UA: Magdeburg, 1. Januar
1835
Schmale war der Regisseur der Theatertruppe in
Magdeburg, der Wagner von 1834 bis 1836 angehörte. Sein Festspiel, mit dem das neue Jahr gefeiert werden sollte, erforderte eine Bühnenmusik. Wagner teilte in einem Brief an seinen Freund Theodor Apel
(27. Dezember 1834) mit, daß er innerhalb eines sehr
kurzen Zeitraums fünf Nummern schreiben müsse:
eine Ouvertüre, Chöre und »allegorische Musik«.
Zur Feier von Wagners 60. Geburtstag im Jahr 1873
wurde der Musik ein neuer Text von Peter Cornelius
unterlegt.

Volkshymne in G-Dur *Nicolay*
WWV 44
Solo (S oder T), Chor (SATB), Pik, 2 Fl, 2 Ob, 2 Kl,
2 Fg, Kfg, 4 Hn, 4 Tp, 3 Pos, Oph, Pk, grTr, klTr, Be,
Tri, Streicher
Herbst 1837; UA: Riga, 21. Nov. 1837
Die »Volks-Hymne«, die aus Wagners Zeit in Riga
stammt, war eine Auftragsarbeit für die Feierlichkei-
ten der Thronbesteigung von Zar Nikolaus; der Text
wurde von Harald von Brackel verfaßt. In *Mein Leben*
erzählt Wagner, daß er ihr »eine möglichst despotisch-
patriarchalische Färbung zu geben suchte«. Sie hatte
einen gewissen Erfolg und wurde allem Anschein nach
in den folgenden Jahren immer am gleichen Tag aufgeführt.

Gesang am Grabe
(verschollen)
WWV 51
Zwischen 29. Dez. 1838 und 4. Jan. 1839
UA: Riga, 4. Jan. 1839
Ein Grabgesang, der zu einem Text von Harald von
Brackel für das Begräbnis von Julie von Holtei, der
Schauspielerin und Frau von Karl von Holtei,
Direktor des Theaters in Riga, komponiert wurde.
Das Werk ist verlorengegangen, aber eine erhalten
gebliebene Skizze, die möglicherweise in Zusammen-
hang mit diesem Stück steht, deutet darauf hin, daß
es für einen vierstimmigen Männerchor bestimmt
war.

Descendons gaiment la courtille
(Choreinlage für die Vaudeville-Ballett-Pantomime
La descente de la courtille von Marion Dumersan
und Charles-Désiré Dupeuty)
WWV 65
Vermutl. Jan. 1841; UA: vermutl. Paris, 20. Jan. 1841
Chor (SSTB), Pik, Fl, 2 Ob, 2 Kl, 2 Fg, 2 Hn, 2 Tp,
3 Pos, Pk, grTr, klTr, Be, Tri, Tamb, Kast, Streicher
Auf / hinter der Bühne: Kornette
Chormusik in B-Dur (Text möglicherweise von Du-
mersan), die als Einlage für das zweiszenige Vaudeville
La descente de la courtille geschrieben wurde; dieses
hatte seine erste Aufführung am 20. Januar 1841 im
Théâtre des Variétés in Paris.

Festgesang *Der Tag erscheint*
WWV 68
Mai 1843; UA: Dresden, 7. Juni 1843
Männerchor a cappella (TTBB)
Als Teil der offiziellen Pflichten Wagners als Kapell-
meister am sächsischen Hof komponiert für die Ent-
hüllung eines Denkmals für König Friedrich August I.
Der Text stammte von Christoph Christian Hohlfeld.
Der Chor wurde bei dieser Gelegenheit a cappella
gesungen, aber Wagner erstellte – wahrscheinlich zur
selben Zeit – auch eine Fassung für Männerchor und
Blechblasinstrumente (4 Hn, 4 Tp, 3 Pos, Btu).

Das Liebesmahl der Apostel. Eine biblische Szene
WWV 69
Chor der Jünger (3 Chöre, jeweils TTBB), Apostel
(12 B), Stimmen aus der Höhe (16 T, 12 erste B, 12
zweite B)
Pik, 4 Fl, 4 Ob, 4 Kl, 4 Fg, Serp, 4 Hn, 4 Tp, 3 Pos,
Btu, 4 Pk, Harfe(n), Streicher [im Partitur-Erstdruck
nur 2 Fl, 2 Ob, 2 Kl, keine Harfe]
April – Juni 1843; UA: Dresden, 6. Juli 1843
Komponiert in der Zeit, als Wagner Kapellmeister in
Dresden war. Im Januar 1843 wurde er Dirigent der
Dresdner Liedertafel, eines Männergesangsvereins,
deren führende Persönlichkeit, Professor Löwe, sich
entschloß, eine Galaaufführung zu veranstalten, an
der alle Männergesangsvereine in Sachsen teilnehmen
sollten. Wagner wurde mit der Aufgabe betraut, ein
halbstündiges Werk für Männerchor zu schreiben:
Das Liebesmahl der Apostel war das Ergebnis.
Er versuchte, einer möglichen ermüdenden Monotonie
vorzubeugen, indem er seinen Chor in verschiedene
Gruppen einteilte: Die eine, bestehend aus vierzig
speziell ausgewählten Tenören und Bässen, sollte in
der Domkuppel singen; eine andere Gruppe von zwölf

Bässen stellte die Apostel dar; der Chor der Jünger war
in drei Chöre unterteilt, die jeweils zweistimmig aus
Tenören und Bässen bestanden. Bei der Uraufführung
in der Dresdner Frauenkirche nahmen die Massen der
Sänger, insgesamt etwa 1200, fast das ganze Kirchen-
schiff ein, wobei hinter ihnen ein 100 Musiker umfassendes Orchester saß.
Der Text des Werks, den Wagner selbst schrieb, befaßt
sich mit den Geschehnissen des ersten Pfingstfestes, als
der Heilige Geist auf die Apostel herabkam. Die Aus-
gießung des Heiligen Geists wird dramatisch dargestellt: Nach 25 Minuten A-cappella-Gesang setzt das
Orchester mit flüsternden Tremolostreichern zu den
Worten »Welch' Brausen erfüllt die Luft?« ein. Um
sicherzustellen, daß der Ton im unbegleiteten Abschnitt gehalten würde, verwendete Wagner – sowohl
bei den Proben wie auch bei der Aufführung selbst –
zwei Harfen, die von Zeit zu Zeit den Grundton
angaben. Die Aufführung wurde begeistert aufgenommen, während Wagner selbst über »die unverhältnis-
mäßig geringe Wirkung« eines so großen Ensembles
von Laiensängern enttäuscht war und schwor, sich nie
mehr an einem solchen Unternehmen zu beteiligen.

Gruß seiner Treuen an
Friedrich August den Geliebten
»Im treuen Sachsenland«
WWV 71
Männerchor (TTBB), Pik, 3 Fl, 2 Ob, 8 Kl, 2 Fg, 6 Hn,
4 Tp, 6 Pos, 2 Btu (im selben Monat, in dem die
Fassung für Blasorchester komponiert wurde, ent-
stand auch eine Fassung für Singstimme und Klavier)
Anfang Aug. 1844; UA: Pillnitz, 12. Aug. 1844
Komponiert für die Feier zur Rückkehr des sächsi-
schen Königs Friedrich August II. aus England. Die
Komposition war keine offizielle Verpflichtung, sondern ein spontaner Ausdruck der Zuneigung zu dem
Monarchen. Weil Wagner das Protokoll verletzte, als
er diese Huldigung veranstaltete, zog er sich den Zorn
seines Vorgesetzten Lüttichau und des älteren Kapellmeisters Reißiger zu. Letzteren besänftigte er dadurch,
daß er ihn bat, zu dirigieren, und selbst unter den
Tenören einen Platz einnahm. Diese Loyalitätsbezeu-
gung scheint Wagner ebensoviel Vergnügen bereitet zu
haben wie dem König, insbesondere da der Komponist
einen sehr wirkungsvollen Schluß zustande brachte
(der König hatte eine Wiederholungsaufführung verlangt, aber wegen schwerer Zahnschmerzen gebeten,
sie zu verkürzen). Der Refrain kombiniert zwei melodische Gedanken, die kurz darauf im zweiten Aufzug
von *Tannhäuser* verwendet werden sollten: den gro-

ßen Marsch und die Phrase »Sei mir gegrüßt!« aus Elisabeths Hallenarie.

An Webers Grabe
WWV 72
Männerchor (TTBB)
Anfang Nov. 1844; UA: Dresden, 15. Dez. 1844
Wagner hatte entscheidend dazu beigetragen, daß die sterblichen Überreste seines Vorbilds Carl Maria von Weber aus London in seine Heimatstadt Dresden überführt wurden. Nach mehreren Verzögerungen fand die Zeremonie am 14. Dezember 1844 mit einem Fackelzug statt; die Begräbnismusik hatte ebenfalls Wagner komponiert (siehe *Trauermusik*, WWV 73). Am Morgen darauf hielt Wagner im katholischen Friedhof Friedrichstadt eine feierliche Rede und dirigierte seinen Chor, dem er eigene Worte unterlegt hatte: »Hebt an den Sang, ihr Zeugen dieser Stunde.«

Wahlspruch für die deutsche Feuerwehr
WWV 101
Männerchor (TTBB)
Anfang Nov. 1869
Ein kurzes (neuntaktiges), vierstimmiges Chorstück mit einem Text von Franz Gilardone. Cosima bezieht sich darauf in ihrem Tagebucheintrag vom 9. November 1869: »R. wird um einen Feuerwehrmänner-Gruß gebeten, welchen er gleich aufsetzt.« Wagners Partitur ist jedoch mit 8. November datiert.

Kinder-Katechismus
WWV 106
Kinderstimmen (Soli, einstimmiger Chor), Klav (rev. Fassung für Orchesterbegleitung mit Fl, Ob, 2 Kl, Fg, 2 Hn, Streichern)
Dez. 1873; UA: Bayreuth, 25. Dez. 1873 (rev. Fassung 25. Dez. 1874)
Ein Chorstück, das als Geburtstagsüberraschung für Cosima 1873 komponiert wurde. Die Handschrift trägt die Widmung »Kinder-Katechismus zu Kosel's Geburtstag«. »Kosel« oder »Cosel«, einer von Wagners Kosenamen für Cosima, ist ein Wortspiel mit »kosen«. Wagners Verse, die in einer Frage-und-Antwort-Form gehalten sind (deshalb »Katechismus«), machen ein Wortspiel über die Rosen, die im Mai blühen, und die *Kose*, die zur Weihnachtszeit blüht; Cosima bezieht sich darauf in ihren Tagebüchern (25. Dezember 1873) als das »Kose- und Rosenlied«.
Der Chor wurde vor Cosimas Schlafzimmer am Weihnachtstag des Jahres 1873 (an dem Tag, an dem sie ihren Geburtstag feiert) von ihren vier Töchtern (viel-

leicht auch von ihrem Sohn) aufgeführt; Siegfried trug dann das Gedicht an ihrem Bett vor. Im Dezember darauf fertigte Wagner eine neue Fassung für das Orchester, das er versammelt hatte, um Cosima mit dem *Siegfried-Idyll* und Auszügen aus seinen Opern ein Ständchen zu bringen. Für diese Fassung fügte er ein Nachspiel hinzu, in dem er das Motiv der »Verherrlichung Brünnhildes« aus dem Schluß der *Götterdämmerung*, die er einen Monat vorher abgeschlossen hatte, verarbeitete.

Willkommen in Wahnfried, du heil'ger Christ
WWV 112
Kinderstimmen
24. Dez. 1877; UA: Bayreuth, 24. Dez. 1877
Kurzes (achttaktiges) Chorstück, das spontan komponiert und an Heiligabend 1877 in Wahnfried für Cosima von den Kindern aufgeführt wurde. Cosimas Tagebücher berichten: »R. war es beim Nachhausegehen, beim Anblick des Hauses, ›aller der Freuden‹, eingefallen, daß Christ nicht nur ein Erlöser, sondern ein ›Erfreuer‹ auch ist: Die Kinder unter Lulu's [Danielas] Anleitung lernten es sogleich und sangen es schön.« (24. Dezember 1877) Möglicherweise improvisierte Wagner dazu eine Begleitung auf dem Klavier.

Ihr Kinder, geschwinde, geschwinde
WWV 113
Kinderstimmen
Vermutl. Dez. 1880; UA: Bayreuth, 25. Dez. 1880
Dieses als »antiker Chorgesang« bezeichnete heitere Chorstück wurde in Wahnfried von den Kindern als Geburtstagsgeschenk für Cosima am Weihnachtstag des Jahres 1880 aufgeführt. Gleichzeitig schenkte ihr Wagner ein Kästchen, das seine 50 Jahre früher angefertigte Transkription von Beethovens Neunter Symphonie enthielt. Die Schatulle trug die Widmung »Geschreibsel, Gebleibsel für lieb' gut' Weibsel«.

Kammermusik

Streichquartett in D-Dur
(verschollen)
WWV 4
Herbst 1829
Eine von Wagners ersten Kompositionen, aber wie die Sonaten WWV 2 und 5 ist sie nicht erhalten geblie-

ben. Die Datierung auf Herbst 1829 folgt der Roten Brieftasche; in *Mein Leben* wird sie dem Sommer zugewiesen.

Streichquartett (sog. »Starnberg-Quartett«)
Beweise für ein solches Werk sind nicht erhalten. Siehe »Mythen und Legenden«, S. 146.

Adagio für Klarinette und Streichquartett
Früher Wagner zugeschrieben; in Wirklichkeit komponiert von Heinrich Joseph Baermann (1784–1847), gehört zu seinem Klarinettenquintett op. 23.

Werke für Solostimme und Orchester

Arie (verschollen)
WWV 8
S, Orch
Anfang 1830 (?)
Laut *Mein Leben* komponierte Wagner die Arie für Sopran, die er »sorgfältig« instrumentierte, nach dem Studium der Partitur von Mozarts *Don Giovanni.* Sie wird im Zusammenhang mit der »Schäferoper« WWV 6 (siehe »Geplante oder unvollendete Bühnenwerke«, S. 350) erwähnt, für die sie möglicherweise vorgesehen war. Die Datierung stammt aus der Roten Brieftasche; *Mein Leben* gibt Sommer 1829 an.

Szene und Arie
(verschollen)
WWV 28
S, Orch
Anfang 1832; UA. Leipzig, 22. April 1832
Das in *Mein Leben* als »eine größere Arie für Sopran und Orchester« bezeichnete Stück wurde von Henriette Wüst im Leipziger Theater gesungen, wo es der Programmzettel als »Szene und Arie« auswies. Gerald Abrahams Hypothese (1969), daß es sich bei der Arie in Wirklichkeit um die erste Fassung von Adas Arie »Ich sollte ihm entsagen« aus dem zweiten Akt der Oper *Die Feen* handelt, ist in Zweifel gezogen worden (Deathridge, 1978). Der Inhalt des Texts und sein Verfasser sind unbekannt.

»Doch jetzt wohin ich blicke«
Neues Schlußallegro zur Arie Nr. 15 (Aubry) aus
Heinrich Marschners großer romantischer Oper in zwei Akten *Der Vampyr*
WWV 33
T, 2 Fl, 2 Ob, 2 Kl, 2 Fg, 2 Hn, 2 Tp, Pk, Streicher
Sept. 1833; UA: Würzburg, 29. Sept. 1833
Über seinen Bruder Albert erhielt Wagner 1833 eine Stelle als Chordirektor am Theater in Würzburg. Eine seiner Aufgaben war es, den Chor für Marschners *Der Vampyr* einzustudieren, für den er dieses neue Schlußallegro zu Aubrys Arie »Wie ein schöner Frühlingsmorgen« schrieb. Der neue Schluß mit Skalenläufen und Arpeggien erwies sich als wirkungsvolles Paradestück für Albert, der die Rolle des Aubry spielte.

»Sanfte Wehmut will sich regen«
Baßarie als Einlage in Carl Blums komische Oper in einem Aufzug *Mary, Max und Michel*
WWV 43
B, Pik, Fl, 2 Ob, 2 Kl, 2 Fg, 4 Hn, 2 Tp, Pk, klTr, Streicher
Aug. 1837; UA: Riga, 1. Sept. 1837
Als Wagner seine Stelle als Musikdirektor des Theaters in Riga übernahm, eröffnete er die Saison mit einer Aufführung von Carl Blums komischer Oper *Mary, Max und Michel,* für die er eine zusätzliche Baßarie (Text von Karl von Holtei) komponierte; sie bestand aus »einer sentimentalen Einleitung und einem heitren militärischen Rondo« (*Mein Leben*).

Baßarie (Gebet) als Einlage in Joseph Weigls lyrische Oper in drei Aufzügen *Die Schweizerfamilie*
(verschollen)
WWV 45
Vermutl. Dez. 1837; UA: Riga, vermutl. 22. Dez. 1837
Diese Arie wurde wie »Sanfte Wehmut« WWV 43 (siehe oben) als Einlage in der Oper eines anderen Komponisten geschrieben, in diesem Falle Joseph Weigls lyrische Oper *Die Schweizerfamilie.* Die Arie ist verlorengegangen. Laut *Mein Leben* hatte sie die Form eines Gebets und legte »bereits von der großen Umwandlung Zeugnis« ab, »welche sich immer mehr in meiner musikalischen Entwicklung kundgab«.

»Norma il predisse, O Druidi«
Baßarie mit Männerchor als Einlage in Vincenzo Bellinis Tragedia lirica *Norma*
WWV 52
B, Männerchor (TB), Pik, Fl, 2 Ob, 2 Kl, 2 Fg, Serp, 4 Hn, 2 Tp, 3 Pos, Pk, grTr, Be, Streicher
Ende Sept./Anfang Okt. 1839
Komponiert in Paris in der Hoffnung, Eindruck zu

machen, in der Anfangszeit von Wagners Aufenthalt dort (nicht wie in *Mein Leben* behauptet gegen Ende dieser Zeit, als alles andere fehlgeschlagen war). Wagners Idee war, die Arie von dem gefeierten Baß Luigi Lablache singen zu lassen, der die Rolle des Oroveso in Bellinis Oper spielte. Lablache lehnte höflich ab, die Arie aufzunehmen, weil es »ganz unmöglich« sei, »sie in der bereits so häufig gegebenen *Bellini*schen Oper nachträglich noch einzulegen«.

Werke für Solostimme und Klavier

Lieder
WWV 7
1828–30
Diese kleine Gruppe von Liedern scheint nicht über das Stadium von Skizzen und Entwürfen hinausgekommen zu sein. Möglicherweise waren sie entweder für die »Schäferoper« WWV 6 (siehe »Geplante oder unvollendete Bühnenwerke«, S. 350) oder für Theateraufführungen vorgesehen, an denen Wagners Schwestern, vor allem Rosalie, beteiligt waren.

Arie (verschollen)
WWV 3
1829
Laut *Mein Leben* wurde die Arie von einem gewissen Flachs für eine Blaskapelle arrangiert und in Kintschys Schweizer Hütte gespielt.

Sieben Kompositionen zu Goethes *Faust*
WWV 15
Nr. 1 Lied der Soldaten:
        vierstimmiger Männerchor, Klav
Nr. 2 Bauer unter der Linde:
        S, T, vierstimmiger Chor, Klav
Nr. 3 Branders Lied:
        B, einstimmiger Männerchor, Klav
Nr. 4 Lied des Mephistopheles:
        B, einstimmiger Männerchor, Klav
Nr. 5 Lied des Mephistopheles: B, Klav
Nr. 6 Gretchen am Spinnrade: S, Klav
Nr. 7 Melodram:
        Sprechstimme (Gretchen), Klav
Anfang 1831
Diese Stücke für Goethes *Faust*, die möglicherweise im Zusammenhang mit einer Aufführung des Stücks in

Leipzig geschrieben wurden, stammen von Anfang 1831, einige Monate bevor Wagner seinen Unterricht bei Weinlig begann, zählen also zu seinen ersten Kompositionen.

Glockentöne (auch unter dem Titel *Abendglocken*)
(verschollen)
WWV 30
12. Okt. 1832
Das von Wagner zu einem Text seines Freundes Theodor Apel komponierte Lied beginnt mit der Zeile »Glockentöne hör' ich klingen«. Es wurde in Pravonin, in der Nähe von Prag, geschrieben, wo sich Wagner im Herbst 1832 mit Graf Pachta und dessen beiden heiratsfähigen Töchtern aufhielt.

Der Tannenbaum
WWV 50
Vermutl. Herbst 1838
Eines aus einer Gruppe von Liedern, die Wagner an August Lewald, den Herausgeber der Zeitschrift *Europa*, schickte, weil er hoffte, sich in Paris einen Namen zu machen. *Der Tannenbaum* zu einem Text von Georg Scheurlin wurde wahrscheinlich im Herbst 1838 in Riga und nicht in Königsberg geschrieben, wie in *Mein Leben* behauptet wird. Die Tonart es-Moll und die sich langsam bewegende Melodielinie spiegeln die tiefe Melancholie des Textes wider.

Dors mon enfant
WWV 53
Herbst 1839
Wagners Freunde in Paris, Anders und Lehrs, drängten ihn, einige Lieder zu schreiben, die gefeierten Sängern für ihre Konzerte angeboten werden könnten. Der Text für *Dors mon enfant* wurde von einem jungen Dichterfreund Anders' geliefert; es war der erste französische Text, den Wagner vertonte. Die Altistin Widmann sang das Lied »gefühlvoll« für Wagner, aber nicht vor Publikum. *Dors mon enfant* wurde von Lewald 1841 in der Zeitschrift *Europa* und von Durand, Schoenewerk et Cie. in Paris zusammen mit *Mignonne* und *Attente* 1870 als »3 Mélodies« veröffentlicht.

Extase (fragm.)
WWV 54
Herbst 1839
Dieses Lied zu einem Text von Victor Hugo ist nur in fragmentarischer Form erhalten geblieben; es ist anzunehmen, daß es nie vollendet wurde.

Attente
WWV 55
Herbst 1839
Unter den gleichen Umständen wie *Dors mon enfant* WWV 53 (siehe oben) komponiert. *Attente*, die Vertonung eines Gedichts von Victor Hugo (aus seinen *Les Orientales*), wurde zuerst 1842 von Lewald in der Zeitschrift *Europa* veröffentlicht. Die atemlose Erwartung des Gedichts wird von schnellen Tonrepetitionen in der Begleitung dargestellt, die eine Gesangslinie voll seufzerartiger Appoggiaturen unterstützt.

La tombe dit à la rose (fragm.)
WWV 56
Herbst 1839
Wie *Extase* WWV 54 (siehe oben) existiert dieses Lied nur in fragmentarischer Form und wurde vermutlich nie vollendet. Der Text stammt von Victor Hugo, aus seiner Gedichtsammlung *Les voix intérieures*.

Mignonne
WWV 57
Herbst 1839
Unter den gleichen Umständen wie *Dors mon enfant,* WWV 53, und *Attente,* WWV 55 (siehe oben), komponiert. *Mignonne,* zu einem Text des im 16. Jh. lebenden französischen Dichters Pierre de Ronsard, wurde erstmals 1843 von Lewald in der Zeitschrift *Europa* veröffentlicht. Es ist ein sanft bewegtes, balladenhaftes Lied im ⁹/₈-Takt, das fast Mendelssohnsche Züge hat.

Tout n'est qu'images fugitives (Soupir)
WWV 58
Herbst 1839
Dieses weder in Wagners Briefen noch in seinen autobiographischen Schriften erwähnte Lied wurde etwa zur selben Zeit wie die anderen französischen Lieder geschrieben, aber erst 1914 veröffentlicht. *Soupir* ist der Titel des Gedichts von Jean Reboul, der aber in Wagners Manuskript nicht erscheint. Die »dahineilenden Bilder« des Gedichts werden durch eine bewegte (»agitato«) Sechzehntelbegleitung angedeutet, aber jede der drei Strophen endet mit einer wirkungsvollen Steigerung (Arpeggien in der Begleitung), wenn irdische Betriebsamkeit der Unendlichkeit des Himmels gegenübergestellt wird. Die erste Zeile der dritten Strophe, »Navigateur d'un jour d'orage« (»Seemann an einem Gewittertag«), wird von einer stürmischen Zweiunddreißigstelfigur in der Begleitung vorweggenommen.

Les deux grenadiers
WWV 60
Dez. 1839 – Anfang 1840
Lied für Bariton mit dem Text von Heinrich Heine (in französischer Übersetzung), der die Heimkehr zweier besiegter Soldaten aus Moskau beschreibt. Heines Sympathie für Napoleon wurde vermutlich durch das Auftauchen der *Marseillaise* gegen Ende zufriedengestellt, als einer der Grenadiere davon phantasiert, wie er aus dem Grab auferstehen wird, um den Kaiser zu verteidigen. Interessanterweise wählte Schumann das gleiche Mittel, als er ein paar Monate später seine eigene Vertonung des Gedichts verfertigte, während sein ironisches, fünf Takte langes Klaviernachspiel keine Parallele bei Wagner hat. Wagner hat das Lied im Juli 1840 auf eigene Kosten veröffentlicht; die Titelseite war mit einer ergreifenden Lithographie seines Freundes Kietz geschmückt.

Adieux de Marie Stuart
WWV 61
März 1840
Komponiert wahrscheinlich für die Sopranistin Julie Dorus-Gras, die 1840 an der Vorführung von Stücken aus dem *Liebesverbot* teilnahm. Dieses Lied ist viel breiter angelegt als alle anderen aus Wagners Pariser Jahren. Pierre de Bérangers Gedicht erinnert an den tränenreichen Abschied der schottischen Königin Maria Stuart von Frankreich; Wagner nutzt die Gelegenheit für einige opernhafte Gesten (er war damals mitten in der Arbeit an *Rienzi*). Die Melodie fällt beispielsweise bei den Wörtern »patrie« und »Marie« eine ganze Oktave, kadenzartige Ausschmückungen im weiteren Verlauf machen das Lied noch ungewöhnlicher. Wird es schwungvoll vorgetragen, entwickelt es eine beträchtliche dramatische Wirkung.

Wesendonck-Lieder
WWV 91
Ende Nov. 1857 – Mai 1858 (1. Fassung), Dez. 1857 bis Okt. 1858 (2. Fassung), Anfang Okt. 1858 (3. Fassung)
UA: Laubenheim bei Mainz, 30. Juli 1862
Unter dem Titel »Fünf Gedichte für eine Frauenstimme« in der folgenden Reihenfolge (in der sie im allgemeinen heute aufgeführt werden) veröffentlicht: *Der Engel, Stehe still!, Im Treibhaus, Schmerzen, Träume.* Die Texte stammen von Mathilde Wesendonck, mit der Wagner damals eine Affäre hatte; sie sind durchdrungen von Schopenhauerscher und tristanhafter Empfindung und Sprache. Das Fieber der Leidenschaft

machte Wagner jedoch nicht blind gegenüber dem amateurhaften Charakter der Texte, denn der Titel der zweiten Fassung bezeichnet sie ursprünglich als »Dilettanten-Gedichte«. Zwei der Lieder wurden von Wagner als »Studien zu *Tristan und Isolde*« bezeichnet (er war zur selben Zeit mit den ersten beiden Aufzügen dieser Oper befaßt): *Im Treibhaus,* das das trostlose Vorspiel für den dritten Aufzug vorwegnimmt, und *Träume,* das auf das Duett im zweiten Aufzug verweist.

Jedes der Lieder wurde ein- bis zweimal überarbeitet, mehr in Einzelheiten als in der Substanz; alle Fassungen waren für Gesang und Klavier. In der ersten Fassung von *Schmerzen* probierte Wagner drei verschiedene Schlüsse aus, bevor er zufrieden war: Der erste beendet das Lied mit einer einfachen dreitaktigen Kadenz, der zweite dehnt die Kadenz auf sechs Takte aus, und der dritte (der gewohnte, veröffentlichte) fügt noch einen weiteren Takt hinzu mit der Bemerkung: »Noch ein Schluss. / Es muss immer schöner werden.« Die fünf Lieder wurden erstmals in Schotts Villa bei Mainz von der Sopranistin Emilie Genast aufgeführt, von Hans von Bülow am Klavier begleitet.

Als Geburtstagsgeschenk für Mathilde arrangierte Wagner *Träume* für Solovioline und Kammerorchester (2 Kl, 2 Fg, 2 Hn, 2 erste Vl, 2 zweite Vl, 2 Va, 1 Vc) und dirigierte sie am 23. Dezember 1857 in Wesendoncks Villa in Zürich. Die Orchesterfassung der Lieder, die heute im allgemeinen aufgeführt wird, stammt von Felix Mottl.

Zur Schreibweise des Namens Wesendonck siehe »Who's who der Zeitgenossen Wagners«, S. 38.

Es ist bestimmt in Gottes Rat (Entwurf)
WWV 92
Vermutl. Jan. 1858

Wagner erwähnt in einem Brief an Liszt, den er im Januar 1858 aus Paris schrieb, die ersten Zeilen dieses Lieds: »Es ist bestimmt in Gottes Rath, / Daß von dem Liebsten, was man hat, / man auf der Welt soll scheiden.« Damals war er gezwungen, Zürich wegen der »nachbarlichen Verwirrung« (wie es die Annalen so schön ausdrücken), die durch seine Affäre mit Mathilde Wesendonck entstanden war, kurzfristig zu verlassen. Der deutliche biographische Zusammenhang macht es fast sicher, daß dieser 13 Takte lange Entwurf (nur die erste Strophe) aus jener Zeit stammt. Der Text ist von Ernst Freiherr von Feuchtersleben.

Schlaf, Kindchen, schlafe
Ende Dez. 1868

Ein zehn Takte kurzes Schlaflied, das mit »Silvester-

abend 1868/69« überschrieben ist und ein Thema verwendet, das im *Siegfried-Idyll* wieder auftauchen sollte.

Der Worte viele sind gemacht
WWV 105
April 1871

Ein für Louis Kraft komponiertes und ihm gewidmetes Lied. Der Besitzer des Hotels in Leipzig beherbergte Wagner und Cosima bei ihrem Aufenthalt im April 1871 in den königlichen Gemächern. Der Titel *Kraft-Lied,* mit dem das Stück oft bezeichnet wird, ist nicht authentisch.

Klavierwerke

Sonate in d-Moll
(verschollen)
WWV 2
Sommer 1829

Eines von Wagners frühesten Stücken, das aus dem Jahr nach seinen ersten Unterrichtsstunden in Harmonielehre bei Müller stammt, und sein erster Versuch, sich selbst die Grundlagen der Komposition beizubringen.

Sonate in f-Moll
(verschollen)
WWV 5
Herbst 1829

Ein weiteres Frühwerk, das nicht erhalten geblieben ist. Die f-Moll-Sonate stammt aus dem Jahr nach Wagners erstem Unterricht in Harmonielehre bei Müller (Herbst 1828). In der Roten Brieftasche wird es im Zusammenhang sowohl mit diesem Studium wie auch mit dem Streichquartett in D-Dur, WWV 4, erwähnt.

Sonate in B-Dur zu vier Händen
(verschollen)
WWV 16
Anfang 1831

Wagner erzählt in *Mein Leben,* daß er diese Duosonate mit seiner Schwester Ottilie übte; weil sie ihnen so gut gefiel, instrumentierte er sie auch für Orchester. Weder das Original noch die Orchesterfassung sind erhalten.

Sonate in B-Dur, op. 1
WWV 21
Herbst 1831
Die früheste erhaltene Klaviersonate Wagners, von
Breitkopf & Härtel als »op. 1« bezeichnet, als sie 1832
veröffentlicht wurde. Das Werk stammt aus der Zeit,
als Wagner bei Weinlig studierte; laut *Mein Leben* gab
der Lehrer für die Klaviersonate folgende Anweisung:
Sie sollte »auf den nüchternsten harmonischen und
thematischen Verhältnissen aufbauen [...], zu deren
Modell er mir eine der kindlichsten *Pleyel*schen Sonaten empfahl«. Aufgrund des Fehlens einer offenkundi-
gen Vorlage und angesichts des Werks selbst hat es
jedoch den Anschein, daß Wagner nicht Pleyel, sondern Beethoven und möglicherweise auch bis zu einem
gewissen Grad Mozart zum Vorbild nahm. Obwohl
die Sonate nicht viel mehr als eine blasse Nachahmung
Beethovens ist, besitzt sie beträchtlichen Einfallsreichtum und eine eindrucksvoll durchgehaltene Lebendigkeit.

Fantasie in fis-Moll
WWV 22
Herbst 1831
Diese Fantasia (so der veröffentlichte Titel, während
auf der autographen Reinschrift »Fantasie« steht)
folgte kurz nach der B-Dur-Sonate WWV 21 (siehe
oben). Als Belohnung für den im Sinn der Klassik
korrekten formalen Aufbau seiner Sonate, erzählt
Wagner in *Mein Leben*, habe ihm Weinlig erlaubt, ein
Stück in einer weniger strukturierten Form zu komponieren. Die Fantasie war das Ergebnis; in den ungleich-
mäßigen Phrasen, abrupten Rhythmen und in dem
häufigen Abbrechen und Wiedereinsetzen wird eine
eigenwillige Individualität sichtbar. Außerdem wird
unzweifelhaft eine dunkle, düstere Atmosphäre erzeugt, vor allem mit Hilfe eines beharrlichen Motivs,
das schrittweise durch eine kleine Terz ansteigt und
fällt – eine unheimliche Vorwegnahme von Tannhäusers Rom-Erzählung. Der Einfluß von Beethoven wird
erneut deutlich, aber nicht weniger Bellinischer Belcanto als frühe Manifestation eines Einflusses, der von
einiger Bedeutung werden sollte.

Polonaise in D-Dur [op. 2]
WWV 23A: Fassung zu zwei Händen
WWV 23B: Fassung zu vier Händen
Ende 1831–Anfang 1832
Diese Polonaise, die offenkundig von der Welle der
Sympathie für die polnischen Flüchtlinge nach dem
erfolglosen Aufstand gegen die Russen im Jahr 1831

angeregt wurde, übernimmt die traditionellen Merkmale des Tanzes: kräftige, martialische punktierte
Rhythmen, vorwärtsdrängende Melodien und charakteristisch verzögerte Kadenzen. Das Arrangement zu
vier Händen ist eine überarbeitete, verbesserte Fassung
des Originals zu zwei Händen.

Sonate in A-Dur, op. 4 (Große Sonate)
WWV 26
Anfang 1832
Diese Sonate ist zweifellos durch Beethoven beeinflußt. Ihr Titel »Große Sonate« macht ihren Anspruch
deutlich. Typisch beethovensch sind das eröffnende
dreitönige Motiv und seine beständige Wiederkehr im
ersten Satz. Der langsame Satz mit seiner weitgespann-
ten Belcantolinie über düsteren, tiefen Akkorden im
Baß erinnert an die langsamen Sätze von zwei Beet-
hoven-Klaviersonaten: der *Hammerklavier-Sonate*
op. 106 und der Sonate in As-Dur op. 110. Eine drei-
stimmige, 41 Takte umfassende Fuge wurde im Autograph von Wagner selbst gestrichen, der wahrscheinlich zu dem Schluß gekommen war, daß sie zu
akademisch geraten war.

Albumblatt in E-Dur (»Lied ohne Worte«)
WWV 64
Vermutl. Dez. 1840
Ein Albumblatt war ein kurzes Stück ohne festgelegte
Form, das einer bestimmten Person gewidmet war und
ihr auf einem Blatt oder in einem Album überreicht
wurde. Im 19. Jh. wurde der Begriff in allgemeinerer
Bedeutung verwendet, während die Idee der Widmung
weitgehend erhalten blieb. Wagners Albumblatt in
E-Dur besitzt keinen Titel im Autograph, scheint aber
zur gleichen Zeit wie ein gefühlvolles Gedicht für
seinen Freund Ernst Benedikt Kietz geschrieben worden zu sein, der auf eine Reise gehen wollte. Eine
Wendung in dem Gedicht – »Worte fehlen« – war
anscheinend der Ursprung für den Titel »Lied ohne
Worte«, der die Komposition seit ihrer ersten Veröffentlichung im Jahr 1911 begleitet. Der Titel ist zwar
nicht authentisch, aber passend, denn das Stück besitzt
die beredte Lyrik und die Triolenbegleitung, die für
Mendelssohns berühmte Werke dieses Genres charakteristisch sind.

Polka in G-Dur
WWV 84
Ende Mai 1853
Das Stück ist in der einzigen erhaltenen handschrift-
lichen Quelle (einem ersten Entwurf) ohne Titel, aber

es besteht wenig Zweifel daran, daß es sich dabei um die »wenigen Takte einer Polka« handelt, die laut Wolfgang Golther, dem Herausgeber des Briefwechsels mit Mathilde Wesendonck, eine Mitteilung Wagners vom 29. Mai 1853 begleitete. Die betreffende Stelle lautet: »Hier Geschmolzenes für das Gefrorene von gestern.« Dieses 23 Takte lange Stück ist tatsächlich »Konfekt«, aber keineswegs sentimental; der humoristische Ton dieser an Johann Strauß erinnernden Polka hat vielmehr einen parodistischen Anklang.

Sonate in As-Dur
Eine Sonate für das Album
von Frau M[athilde] W[esendonck]
WWV 85
Juni 1853

Die unmittelbar nach der Polka (siehe oben) komponierte Sonate für das Album von Mathilde Wesendonck ist das umfangreichste Beispiel aus der Reihe von Widmungswerken, die Wagner für Klavier schrieb. Die Sonate und die Polka waren die ersten Werke, die Wagner nach der Fertigstellung des *Lohengrin* im Jahr 1848 komponierte.

Die Sonate ist einsätzig, folgt aber nicht dem Vorbild von Liszts kurz vorher komponierter h-Moll-Sonate (mehrere Sätze in einen einzigen integriert), sondern ist eines der seltenen Beispiele im 19. Jh. für einen einzelnen Satz in Sonatensatzform. Zu den anderen ungewöhnlichen Merkmalen gehören die vier Seitenthemen, die auf der Mediante (und nicht auf der Dominante) beginnen, und die Umkehrung der Reihenfolge der Themen in der Reprise, so daß das Hauptthema des Werks als letztes in der Ausgangstonart erscheint.

Die Sonate, die ursprünglich die orakelhafte Widmung »Wißt ihr wie das wird?« – ein Nachhall der Nornenszene in der *Götterdämmerung* – trug, erhielt schließlich den oben genannten Titel, mit dem Wagner klarstellte, daß das Werk eine Gelegenheitsarbeit war. Die vermutlich erste öffentliche Aufführung fand bei einer Veranstaltung des Berliner Wagner-Vereins am 29. Sept. 1877 statt; es spielte Wilhelm Tappert.

Züricher Vielliebchen-Walzer
WWV 88
Ende Mai 1854

Dieses kurze Stück (32 Takte) wurde für Mathilde Wesendoncks Schwester Marie Luckemeyer geschrieben, die häufig die Villa der Wesendoncks in Zürich besuchte. Ein Teil der Widmung lautet: »Züricher / Vielliebchen- / Walzer, Polka oder sonst 'was. / Der ...

/ Marie / von Düsseldorf gewidmet vom besten Tänzer aus Sachsen, / genannt: Richard, der Walzermacher.« Der Charakter des Stücks mit seinen häufigen Gegenrhythmen ist liebenswert ausgelassen. »Vielliebchen« spielt auf ein Gesellschaftsspiel an, bei dem jede von zwei Personen die Hälfte einer Walnuß ißt und jede der anderen unter bestimmten Bedingungen ein Pfand gibt. Die Formel, um das Pfand zurückzuverlangen, ist »Guten Morgen, Vielliebchen«.

Thema in As-Dur
WWV 93
Vermutl. 1858; rev. 1881

Fälschlich als »Porazzi-Thema« bekannt und angeblich Wagners »letzter musikalischer Einfall«. Das klagende As-Dur-Thema stammt fast mit Sicherheit von 1858: Da sein erster Entwurf auf der Rückseite eines Bogens auftauchte, der eine Skizze für die zweite Szene des zweiten Aufzugs des *Tristan* enthielt, die wahrscheinlich im Dezember 1858 entstand, ist anzunehmen, daß das Thema ebenfalls aus diesem Zeitraum stammt. Wagner überarbeitete das Thema und erweiterte es von acht auf zwölf Takte, vermutlich während seines Aufenthalts in Palermo (November 1881). Die Bestimmung des Themas ist unklar. Es mag ursprünglich für den *Tristan* vorgesehen gewesen sein, aber seine spätere Fortführung deutet auf eine eigenständigere Funktion hin. Zum echten »Porazzi-Thema« siehe »Themen und Melodien«, S. 340.

In das Album der Fürstin M[etternich]
WWV 94
Juni 1861

Ein Albumblatt in C-Dur, das Fürstin Pauline Metternich, der Frau des österreichischen Gesandten in Paris, gewidmet war. Die Fürstin hatte sich dafür eingesetzt, daß der *Tannhäuser* im März 1861 in Paris aufgeführt wurde – ein zweifelhafter Dienst angesichts des Fiaskos, zu dem die Aufführung wurde. Das Albumblatt war Wagners Zeichen seiner Dankbarkeit.

Ankunft bei den schwarzen Schwänen
WWV 95
Juli 1861

Dieses Albumblatt in As-Dur war der Fürstin Pourtalès gewidmet. Dem Grafen und der Gräfin verdankte Wagner seinen Aufenthalt im Sommer 1861 in einem Gästehaus der preußischen Botschaft in Paris. Ein Brief an Mathilde Wesendonck beschreibt die Aussicht: »Ich habe einen Garten mit schönen hohen Bäumen und einem Bassin mit zwei schwarzen Schwänen vor mir, über dem Garten die Seine, und über der Seine der Garten der Tuilerien.« Die bedrückte Atmosphäre des Beginns erinnert an *Tristan und Isolde* (insbesondere an das Vorspiel zum dritten Aufzug), während das Thema selbst Elisabeths Hallenarie heraufbeschwört, das Motiv zu den Worten »Sei mir gegrüßt«, das gegen Ende eine zauberhafte Wandlung nach Dur erfährt.

Albumblatt in Es-Dur
WWV 108
Jan. – 1. Febr. 1875

Betty Schott, der Frau von Wagners Verleger Franz Schott, gewidmet. Der Komponist wies auf seine Absicht, ein Albumblatt für Frau Schott zu schreiben, schon am 16. Januar 1872 hin, einen Tag nachdem er von dem Verleger das Manuskript seines aus seiner Jugend stammenden Arrangements von Beethovens Neunter Symphonie zurückerhalten hatte. Doch erst im Januar 1875 wurde das Versprechen eingelöst. Das Stück wurde am 2. Februar abgeschickt; Frau Schott starb kurz danach am 5. April. In seiner maßvollen harmonischen und rhythmischen Freiheit spiegelt das Albumblatt dezent Wagners Spätstil wider.

Geplante oder unvollendete Bühnenwerke

Leubald
WWV 1
Trauerspiel in 5 Aufzügen
1826–28

Das erste dramatische Werk des jungen Wagner war ein ehrgeiziges Unterfangen, das sich, wie er später in *Mein Leben* berichtete, auf *Hamlet, Macbeth* und *König Lear* sowie auf Goethes *Götz von Berlichingen* stützte. Die schauerliche Handlung, die Gespenster, Wahnsinn und mehrere Morde einschließt, erweckte bei Wagners Familie einen nicht gerade günstigen Eindruck, dennoch entschied er sich, für das »gewaltige tragische Stück« eine Theatermusik im Stil von Beethovens *Egmont* zu schreiben. Falls überhaupt Musik für *Leubald* komponiert wurde, so ist sie nicht erhalten.

Schäferoper (ohne Titel; fragm., verschollen)
WWV 6
Anfang 1830 (?)

Diese jugendliche Schäferdichtung Wagners war »durch Goethes ›Laune des Verliebten‹ für Form und Inhalt […] bestimmt«. Die Datierung auf Anfang 1830 folgt der Roten Brieftasche, während *Mein Leben* andeutet, daß sie 1829 geschrieben und in jenem Sommer nach Magdeburg mitgenommen wurde. Laut seinem Bericht komponierte Wagner eine Szene für drei Frauenstimmen und eine Tenorarie.

Die Hochzeit
WWV 31
Oper in drei (?) Akten
Okt./Nov. 1832 – 1. März 1833

Von Wagner im Herbst 1832 entworfen, als er sich bei der Familie Pachta in Pravonin bei Prag aufhielt. Wie im *Leubald* drehte sich das Stück um Mord und Rache, besaß aber eine »veredelte« Form, wie der junge Komponist meinte. Die Dichtung ist verloren; von der Musik wurden nur eine Einleitung, ein Chor und ein Septett geschrieben.

Die hohe Braut, oder Bianca und Giuseppe
WWV 40
Große Oper in vier Akten (fünf in den ursprünglichen Prosaskizzen)
Vermutl. Juli 1836 und Aug. 1842

Wagner erstellte den Prosaentwurf für *Die hohe Braut* höchstwahrscheinlich in Königsberg, wo er sich im Juli 1836 um eine Dirigentenstelle bemühte. Er schickte ihn an Eugène Scribe in Paris in der Hoffnung, der berühmte Librettist würde ein Textbuch daraus machen, das Wagner dann im Auftrag der Pariser Oper hätte vertonen können. *Die hohe Braut* wurde schließlich jedoch nicht von Scribe, sondern von Wagner selbst 1842 in Dresden zu einem Textbuch ausgearbeitet; dieses Libretto wurde zuerst Karl Reißiger, dem Hofkapellmeister in Dresden, und dann Ferdinand Hiller angeboten, aber schließlich von Jan Bedřich Kittl vertont.

Männerlist größer als Frauenlist oder Die glückliche Bärenfamilie
WWV 48
Komische Oper in zwei Akten
Vermutl. Sommer 1838

Diese auf einer Geschichte aus *Tausendundeiner Nacht* basierende Oper war in der Form eines Singspiels konzipiert, mit Prosadialogen und abgeschlossenen Nummern. Zwei Nummern wurden komponiert, aber laut seiner *Autobiographischen Skizze* brach Wagner die Komposition ab, als er feststellte, daß sie zu sehr an Auber erinnerte. Das Projekt stammt fast mit Sicherheit aus dem Sommer 1838 und nicht von 1837, wie in *Mein Leben* behauptet wird.

Die Sarazenin

WWV 66

Oper in fünf Akten

Vermutl. 1841, Anfang 1843

Diese geplante Oper über das Thema des Hohenstaufenprinzen Manfred, Sohn von Friedrich II., und eine mysteriöse sarazenische Prophetin namens Fatima wurde mit großer Wahrscheinlichkeit Ende 1841 in Paris konzipiert. Wagner arbeitete später (1843) seinen Entwurf in Dresden aus, setzte die Arbeit aber nicht fort und schrieb auch keine Musik dafür.

Die Bergwerke zu Falun

WWV 67

Oper in drei Akten

Febr.–März 1842

Dieses aufgegebene Projekt stammt ebenfalls aus Wagners Pariser Jahren. Ein böhmischer Komponist namens Josef Dessauer, der zeitweilig in Paris wohnte, verlangte von ihm ein Libretto. Wagner stützte sich mit seinem Prosaentwurf auf eine Geschichte von E. T. A. Hoffmann, die unter Bergwerksarbeitern in der schwedischen Stadt Falun spielte. Er gab das Projekt auf, als die Idee von der Pariser Oper abgelehnt wurde. In Dresden überließ er den Entwurf August Röckel, der anscheinend die Absicht hatte, ihn zu vertonen.

Friedrich I.

WWV 76

Oper (?) in fünf Akten

Okt. 1846, Winter 1848/49

Wagner machte seine erste Skizze für dieses fünfaktige Werk (das vermutlich als Oper geplant war) 1846 in Dresden. Das Thema war der im 12. Jh. lebende Hohenstaufer-Kaiser Friedrich Barbarossa. Später behauptete Wagner, er habe die Idee aufgegeben, als er das größere Potential der Nibelungensage erkannte; die Existenz einer Skizze für den zweiten Akt, die in Antiqua geschrieben ist (und auf ein Entstehungsdatum im Winter 1848/49 hinweist, weil Wagner die Frakturschrift erst Mitte Dezember 1848 aufgab), zeigt jedoch, daß sie zu einem späteren Zeitpunkt niedergeschrieben wurde als die Versfassung von *Siegfrieds Tod* (später *Götterdämmerung*).

Jesus von Nazareth

WWV 80

Oper (?) in fünf Akten

Jan.–April 1849

Jesus von Nazareth folgte unmittelbar nach Aufgabe von *Friedrich I*. Die Arbeit erreichte das Stadium eines vollständigen fünfaktigen Prosaentwurfs, bevor sie fallengelassen wurde. Das Vorhandensein einer musikalischen Skizze weist darauf hin, daß eine Oper beabsichtigt war. Der Prosaentwurf, der Jesus als Sozialrevolutionär darstellt, verrät den Einfluß von Feuerbach, Proudhon und den Junghegelianern David Friedrich Strauß und Bruno Bauer.

Achilleus

WWV 81

Oper (?) in drei Akten

Anfang 1849, Febr.–Juli 1850

Das WWV vertritt die Meinung, daß die in SS XII als »Bruchstücke eines Dramas ›Achilleus‹« bezeichneten Fragmente nicht Skizzen für diese Oper seien, sondern Notizen zu einem theoretischen Essay. Später beschrieb Wagner das Projekt gegenüber König Ludwig II. als eine »reine [sic] dramatische Dichtung«, aber es war wahrscheinlich eine der »fünf Opern«, die er einem Brief an Ferdinand Heine (vom 19. November 1849) zufolge ins Auge faßte. Wie im Fall von *Friedrich I*. wurden die Themen des geplanten Achilleus-Dramas – ein freier Held und Götter, die der Menschheit weichen – in den *Ring* übernommen.

Wieland der Schmied

WWV 82

Heldenoper in drei Akten

Dez. 1849–März 1850

Für diese geplante Oper gibt es nur Prosaentwürfe aus dem Winter 1849/50. Die Geschichte handelt von einem Schmied, der sich mit selbstgemachten Flügeln über die Welt erhebt, die ihn gefangenhält; sie enthält viele Hinweise auf den *Ring* und andere Werke. Wagners ursprünglicher Plan war, die Oper in Paris aufzuführen, aber er kam zu dem Schluß, daß sich der deutsche Held Wieland nicht in einen französischen Kontext übertragen ließe, und gab das Projekt auf.

Die Sieger

WWV 89

Oper in drei (?) Akten

Mai 1856

Wagner fertigte eine kurze Prosaskizze für diese geplante Oper an, nachdem er die Partitur für die *Walküre* vollendet hatte und bevor er die Arbeit am *Siegfried* aufnahm. Aus dem Projekt wurde nichts, aber es verfolgte Wagner für den Rest seines Lebens. Das buddhistische Thema befaßt sich mit Leidenschaft und Keuschheit, Entsagung und Erlösung, alles Prinzipien, die Wagners spätere Werke durchdringen, vor allem den *Parsifal*, mit dem *Die Sieger* viel gemein haben. Wagner glaubte, daß sich die Idee der wiedergeborenen Seelen für seine kurz vorher entwickelte Technik der motivischen Erinnerung eignen würde.

Luthers Hochzeit
WWV 99
Aug. 1868
Dieses Projekt stammt aus dem Jahr 1868, als der 350. Jahrestag der Reformation gefeiert und in Worms ein Lutherdenkmal aufgestellt wurde. *Luthers Hochzeit*, die einen der entscheidenden Akte der Reformation – Luthers Ablehnung des priesterlichen Zölibats und seine Heirat mit Katharina von Bora – behandelt, spiegelt auch einen akuten Konflikt in Wagners eigenem Leben in den späten 60er Jahren wider: Wagner lebte damals mit Cosima von Bülow zusammen und wollte, daß sie sich von ihrem Ehemann scheiden lassen und auf ihre katholische Konfession verzichten sollte. Nur Prosaskizzen sind vorhanden; Wagner scheint nichts komponiert zu haben. Zehn Jahre später trug er sich mit dem Gedanken, ein Prosastück über das Thema zu schreiben (CT, 5. Juli 1878).

Ein Lustspiel in 1 Akt
WWV 100
Ende Aug. 1868
Prosaentwurf für eine frivole, satirische Komödie über ein Thema aus der Welt des Theaters. Aus dem Projekt wurde nichts, auch wenn ein Hinweis in Cosima Wagners Tagebüchern einige Jahre später (19. April 1879) auf diese »Posse« andeutet, daß ursprünglich möglicherweise eine musikalische Behandlung beabsichtigt war.

Eine Kapitulation
Lustspiel in antiker Manier
WWV 102
Nov. 1870
Die plumpe Possenhaftigkeit und der zweifelhafte Geschmack von *Eine Kapitulation* machen das Stück wahrscheinlich zu dem am wenigsten reizvollen von Wagners Werken, ob sie nun vollendet wurden oder nicht. Die Handlung ist im Paris des Herbstes 1870 angesiedelt; die »Kapitulation« des Titels bezieht sich auf die erwartete Übergabe des belagerten Paris. Wagners Thema ist jedoch die angebliche Überschwemmung der deutschen Kultur durch wertlose französische oder von Frankreich angeregte Werke. Wagner

vertonte den Text nicht selbst, sondern hat möglicherweise an der Vertonung mitgearbeitet, die Hans Richter vornahm; diese ist nicht erhalten (vielleicht wurde sie von Richter selbst vernichtet).

Editionen und Arrangements

Beethoven, Symphonie Nr. 9, arr. für Klavier
WWV 9
Sommer 1830 – Ostern 1831
Wagner bot die Transkription von Beethovens Neunter Symphonie Schott an, der es aber ablehnte, sie zu veröffentlichen.

Haydn, Symphonie Nr. 103 in Es-Dur, arr. für Klavier
(verschollen)
WWV 18
Sommer 1831
Wagner schickte seine Transkription von Haydns Symphonie »mit dem Paukenwirbel« an Breitkopf & Härtel (Brief vom 14. August 1831) und bot gleichzeitig an, alle anderen Haydn-Symphonien zu arrangieren, die von Breitkopf veröffentlicht worden waren. Das Angebot wurde abgelehnt.

Bellini, Kavatine aus *Il pirata*, instrumentiert anhand des Klavierauszugs
(verschollen)
WWV 34
Nov. – Dez. 1833
Diese Bearbeitung entstand auf Wunsch von Wagners Bruder Albert, der eine Arie aus *Il pirata* (für das keine Partitur verfügbar war) in ein anderes Werk von Bellini, *La straniera*, einfügen wollte. Wagner gab zu, daß das Arrangement kein Erfolg war; es wurde deshalb nicht verwendet.

Bellini, *Norma*, Instrumentationsretuschen
WWV 46A
Vermutl. Dez. 1837
Kleinere Retuschen des Bläsersatzes in der Partitur von *Norma* für eine Aufführung der Oper in Riga am 11. Dezember 1837.

Rossini, »Li marinari«, aus *Les Soirées musicales*, Instrumentation der Klavierbegleitung
WWV 47

Vermutl. Anfang 1838

Die Bearbeitung von Rossinis Duett wurde vermutlich speziell für die Aufführung gemacht, die Wagner selbst am 19. März 1838 in Riga dirigierte.

Meyerbeer, *Robert le diable*, Transkription der Harfenpartie der Kavatine »Robert toi que j'aime« für Streichinstrumente
WWV 46B
Vermutl. Nov. 1838
Die Transkription entstand wahrscheinlich für die Aufführung anläßlich von Wagners Benefizveranstaltung am 30. November 1838 in Riga.

Weber, *Euryanthe*, Uminstrumentierung des Jägerchors
WWV 46C
Vermutl. Jan. 1839
Wagners Uminstrumentierung, die Webers Besetzung (vier Hörner und eine Baßposaune) auf zwölf Hörner erweiterte, war vermutlich für das Abonnementkonzert am 17. Januar 1839 in Riga bestimmt.

Verschiedene Komponisten, Suiten für *Cornet à pistons* (Opernpotpourris)
(verschollen)
WWV 62A
Vermutl. Herbst 1840
Laut *Mein Leben* erhielt Wagner von dem Pariser Verleger Maurice Schlesinger den Auftrag, vierzehn Suiten für das damals beliebte *cornet à pistons* (Ventilkornett) zu schreiben, die aus Auszügen populärer Opern bestehen sollten. Schlesinger schickte ihm zu diesem Zweck nicht weniger als 60 Opernpartituren. Wagner wurde jedoch mitten in der Arbeit von diesem Auftrag entbunden, weil er die Möglichkeiten des Instruments nicht kannte.

Verschiedene Komponisten, Klavierauszüge und Arrangements
WWV 62B, C, D, E und F
1840–42
Trotz seines Fehlschlags bei den Suiten für *Cornet à pistons* (siehe oben WWV 62A) wurde Wagner von Schlesinger beauftragt, eine Reihe von Arrangements von Donizettis *La Favorite* (WWV 62B) zu machen. Wagner listet sie in *Mein Leben* auf: »vollständiger Klavierauszug, Klavierauszug ohne Worte zu zwei Händen, dito zu 4 Händen, vollständiges Arrangement für Quatuor, ebenso für zwei Violinen, dito für Cornet à pistons.« Mit der möglichen Ausnahme des

letzten wurden alle von Wagner fertiggestellt und von Schlesinger zusammen mit einem Band von Einzelstücken mit Klavierbegleitung veröffentlicht. Das Arrangement für Cornet à pistons ist vielleicht unter einem anderen Namen erschienen.

WWV 62C ist ein Arrangement der *Grande fantaisie sur »La Romanesca«* von Henri Herz für Klavier zu vier Händen.

WWV 62D umfaßt Arrangements von Halévys Oper *Le Guitarrero*: der Ouvertüre für Klavier zu vier Händen und für Klavier mit Flöte oder Violine ad libitum sowie Auszügen für Streicher- oder Flötenquartett und für zwei Violinen.

WWV 62E enthält Arrangements von Halévys Oper *La Reine de Chypre*: Klavierauszug mit und ohne Worte, Einzelstücke mit Klavierbegleitung, Bearbeitungen für Quartett und für zwei Violinen.

WWV 62F besteht aus Arrangements von Aubers Oper *Zanetta* für Flötenquartett.

Spontini, *La vestale*, Instrumentationsergänzungen
WWV 74
Vermutl. Nov. 1844
Kleine Veränderungen der Instrumentation im Zusammenhang mit der Neuinszenierung von *La vestale* (am 29. November 1844) unter Spontinis Leitung.

Gluck, *Iphigénie en Aulide*, rev. Fassung
WWV 77
Vermutl. Dez. 1846 – Anfang Febr. 1847
Wagner überarbeitete Glucks Partitur für die Inszenierung, die er im Februar 1847 in Dresden auf die Bühne brachte. Die Arien und Chöre wurden durch Vorspiele, Nachspiele und Übergänge verbunden, wobei er so weit wie möglich Glucks Material verwendete. Die Instrumentation wurde ebenfalls bearbeitet, diskret und dabei die charakteristischen Züge von Glucks Partitur herausstellend. Wagners Hauptänderung bestand in der Streichung des »läppischen alten Schlusses«, der Heirat von Achilles und Iphigenie, den er durch einen neuen, der »Eurypideischen ›Iphigenia‹ entsprechenden« Schluß ersetzte; dazu war es notwendig, eine neue Figur (Artemis) sowie einige Rezitative einzuführen.

Palestrina, *Stabat mater*, rev. Fassung
WWV 79
Vermutl. Febr. – Anfang März 1848
Dieses Arrangement wurde für eine Aufführung des Werks unter Wagners Leitung am 8. März 1848 in Dresden gemacht. Der antiphonale Charakter des Ori-

ginals wird im allgemeinen bewahrt, auch wenn bisweilen die beiden Chöre kombiniert werden. Hinzugefügt wurden für das 19. Jh. typische Bezeichnungen für Tempo, Dynamik und Ausdruck.

Mozart, *Don Giovanni*, rev. Fassung
(verschollen)
WWV 83
Anfang Nov. 1850
Diese Bearbeitung wurde für drei Aufführungen des Werks unter Wagners Leitung am Stadttheater in Zürich (Premiere am 8. Nov. 1850) erstellt. Die vorhandenen Orchesterstimmen mußten stellenweise verbessert, fehlende Stimmen ergänzt werden. Einige der Rezitative wurden ins Deutsche übersetzt und die szenische Anordnung vereinfacht.

Gluck, *Iphigenie in Aulis*, Konzertschluß zur Ouvertüre
WWV 87

Vermutl. Febr. – Anfang März 1854
Erstellt für Aufführungen in Zürich unter Wagners Leitung; die erste Aufführung fand am 7. März 1854 statt.

Johann Strauß, Uminstrumentierung des Walzers *Wein, Weib und Gesang*
WWV 109
Mai 1875
Wagners Bearbeitung für großes Symphonieorchester wird durch autographe Vermerke in einem Klavierauszug angezeigt. Das Arrangement war möglicherweise in dem Konzert zu hören, das an Wagners Geburtstag am 22. Mai 1875 in Wahnfried gegeben wurde; in Cosimas Mitteilung über das Ereignis an König Ludwig II. ist allerdings nur ein Streichorchester erwähnt.

BARRY MILLINGTON

Kapitel XIV

Schriften

Schriften

Die folgende Liste umfaßt die meisten Schriften, Kritiken, Reden, offenen Briefe und Briefe Wagners über spezielle Themen, die (nicht immer ganz zu Recht) in den SS veröffentlicht wurden; Gelegenheitsgedichte und Widmungen sowie Prosaentwürfe und Texte von Bühnenwerken in den GS und SS sind ausgenommen.

Das Verzeichnis nimmt für sich nicht in Anspruch, vollständig zu sein. Wagner veröffentlichte viele Artikel in obskuren Zeitungen und Zeitschriften, die heute oft schwer zu erhalten sind. Er publizierte auch viele Aufsätze, Kritiken und Reden anonym oder unter einem Pseudonym. Berücksichtigt sind einige nicht veröffentlichte Schriften, die von J.-J. Nattiez im Katalog seines Buchs *Wagner androgyne* (Paris 1990) aufgeführt werden. Ein ausführlicher Katalog von Nattiez ist in Vorbereitung.

Die Werke sind in chronologischer Reihenfolge (nach dem Entstehungsjahr und innerhalb eines Jahres) aufgeführt. Die genaue Form des Titels, der bisweilen von Ausgabe zu Ausgabe variiert, ist der Volksausgabe der Schriften (Leipzig 1911–14) entnommen, mit Ausnahme aller Titel von Zeitschriften und musikalischen und literarischen Werken, die kursiv gedruckt sind. In romischen Ziffern ist der jeweilige Band der Schriften angegeben.
(Zu den Abkürzungen siehe S. 450)

Titel, Entstehungsjahr	GS, SS
Die deutsche Oper, 1834	XII
Pasticcio, 1834	XII
Eine Kritik aus Magdeburg, 1835	XVI
Aus Magdeburg, 1836	XII
Berliner Kunstchronik von Wilhelm Drach, 1836 [verschollen]	–

Bellinis *Norma*, 1837 [Kritik der Aufführung in Magdeburg, erstmals veröffentlicht in F. Lippmann: Ein neu entdecktes Autograph Richard Wagners, *Musicae scientiae collectanea: Festschrift Karl Gustav Fellerer*, Köln 1973]	–
Der dramatische Gesang, 1837	XII
Notiz zum Konzert vom 13. November 1837	–
Bellini: ein Wort zu seiner Zeit, 1837	XII
Theater-Anzeige, 1837 [Aufführung der *Norma* in Riga]	XVI
Wagners Ankündigung des Konzerts vom 19. März, 1838	–
Konzert-Anzeige, 1839	XVI
Wagners Programm für das Konzert vom 14. März 1839	–
Ein Tagebuch aus Paris, 1840	XVI
Über deutsches Musikwesen, 1840	I
Über Meyerbeers *Hugenotten*, ?1840	XII
Stabat mater de Pergolèse, arrangé ... par Alexis Lvoff, 1840	XII
Der Virtuos und der Künstler, 1840	I
Eine Pilgerfahrt zu Beethoven, 1840	I
Über die Ouvertüre, 1841	I
Ein Ende in Paris, 1841	I
9 Pariser Berichte für die Dresdner *Abend-Zeitung*, 1841	XII
Pariser Amüsements, 1841	XII
Der Künstler und die Öffentlichkeit, 1841	I
Ein glücklicher Abend, 1841	I
Der Freischütz: an das Pariser Publikum, 1841	I
Le Freischütz in Paris: Bericht nach Deutschland, 1841	I
Pariser Fatalitäten für Deutsche, 1841	XII
Rossinis *Stabat mater*, 1841	I

Anthologien und andere Ausgaben

Glasenapp, C. F. und von Stein, H.: Wagner-Lexikon: Hauptbegriffe der Kunst- und Weltanschauung Richard Wagners in wörtlichen Anführungen aus seinen Schriften, Stuttgart 1883

Glasenapp, C. F.: Wagner-Encyclopädie: Haupterscheinungen der Kunst- und Kulturgeschichte im Lichte der Anschauung Richard Wagners, Leipzig 1891

Kapp, J. (Hrsg.): Der junge Wagner: Dichtungen, Aufsätze, Entwürfe 1832–1849, Berlin 1910

Golther, W. (Hrsg.): Richard Wagner: Gesammelte Schriften und Dichtungen in 10 Bänden, Berlin 1913 [einschließlich einer Einführung in Leben und Werk, Ergänzungsband mit Anmerkungen und Kommentaren]

Bücken, E. (Hrsg.): Richard Wagner: Die Hauptschriften, Leipzig 1937 (überarbeitete und gekürzte zweite Fassung 1956 hrsg. von E. Rappl)

Lorenz, A. (Hrsg.): Richard Wagner: Ausgewählte Schriften und Briefe, Berlin 1938

Gregor-Dellin, M. (Hrsg.): Richard Wagner: Mein Leben, München 1963, ²1976 [erste authentische Ausgabe]

Dahlhaus, C. (Hrsg.): Wagners Ästhetik, Bayreuth 1972

Mack, D. (Hrsg.): Ausgewählte Schriften, Frankfurt a. M. 1974 [mit einem Aufsatz von Ernst Bloch]

Bergfeld, J. (Hrsg.): Das braune Buch: Tagebuchaufzeichnungen 1865–1882, Zürich 1975 [enthält Fragmente, Skizzen und die Annalen (autobiographische Aufzeichnungen für die Jahre 1846–68)]

Voss, E. (Hrsg.): Schriften eines revolutionären Genies, München 1976

Gregor-Dellin, M. und Mack, D. (Hrsg.): Cosima Wagner: Die Tagebücher 1869–1883, München 1976/77

Voss, E. (Hrsg.): Schriften: Ein Schlüssel zu Leben, Werk und Zeit, Frankfurt a. M. 1978

Strobel, G. und Wolf, W. (Hrsg.): Die rote Brieftasche, in Richard Wagner: Sämtliche Briefe, Bd. I (S. 81–92), Leipzig 1967 [autobiographische Aufzeichnungen für die Jahre 1813–39]

Gregor-Dellin, M. (Hrsg.): Mein Denken, München 1982

Borchmeyer, D. (Hrsg.): Dichtungen und Schriften, Frankfurt a. M. 1983

Kropfinger, K. (Hrsg.): Richard Wagner: Oper und Drama, Stuttgart 1984

BARRY MILLINGTON

Kapitel XV

Instrumentation

Instrumentation

Wagner übernahm ein Orchester, dessen Besetzung kaum größer war als die klassische des Beethovenschen Orchesters, und entwickelte es schrittweise zu einem gewaltigen Klangkörper von beispielloser Stärke und Flexibilität. Richard Strauss vertrat (in seiner Überarbeitung von Berlioz' Instrumentationslehre von 1904) die Meinung: »Die Partituren Richard Wagners [...] bedeuten den einzig nennenswerten Fortschritt in der Instrumentierungskunst seit Berlioz.« Theodor W. Adorno (1952) war der Auffassung, Wagners subtile Handhabung der Orchesterfarbe sei etwas völlig Neues: »Instrumentationskunst [...] hat es vor ihm nicht gegeben.« Tatsächlich war Wagner ein extrem praxisbezogener Musiker, der in der Tradition einer soliden, wenn auch nicht aufregenden Operninstrumentierung mit gelegentlichen »dramatischen« Farbtupfern ausgebildet worden war, die auf Weber und Meyerbeer zurückgeht, wie die Instrumentation des *Fliegenden Holländers* deutlich zeigt. Aber er sah über die Begrenzungen jedes Instruments oder jeder Instrumentengruppe hinaus und erfaßte ihr Potential an Farbe und Ausdruck; zudem hatte er das Glück, in einer Zeit tätig zu sein, in der der Instrumentenbau ebenso wie die Spieltechnik rasche Fortschritte machten. Er griff eifrig jede neue Entwicklung auf und trug selbst einige bei; er erfand auch neue Instrumente, wenn es ihm notwendig erschien. In seiner Reifezeit nützte er die Palette der Instrumente in einer linearen Polyphonie, die die Singstimme unterstützen sollte, ohne sie zu überfluten; Linien wurden in subtilen Kombinationen verdoppelt, so daß sich einzelne Instrumente nur zu einem speziellen Zweck zur Geltung bringen: um ein Leitmotiv anzukündigen, eine Stimmung oder eine Verknüpfung von Gedanken zu skizzieren, einen Vogel oder einen Drachen darzustellen.

Im Festspielhaus in Bayreuth gelang es Wagner, das Orchester im berühmten gedeckten Orchestergraben zu versenken und so sicherzustellen, daß die Sänger vom gewaltigen Orchesterklang nicht erdrückt wurden. Aber das »unsichtbare Orchester« war nicht unbedingt die Ideallösung für alle Probleme Wagners hinsichtlich Ausgewogenheit und Proportionen; Strauss war der Auffassung, daß es nur in *Parsifal, Tristan* und *Ring* wirkungsvoll sei, daß aber in den *Meistersingern* zuviel Einzelheiten verlorengingen. Jede seiner reifen Opern verfügt über eine andere Klangwelt: Die unfertige Konventionalität von *Rienzi* und dem *Fliegenden Holländer* weicht der Herausstellung von Soloinstrumenten im *Tannhäuser* und der subtilen Holzbläserinstrumentierung im *Lohengrin*, der großartigen Vielfalt der Mittel im *Ring*, der atmosphärisch geschichteten Polyphonie im *Tristan*, der erfrischenden Einfachheit der *Meistersinger* und schließlich der hieratischen Dichte des *Parsifal*, dessen strahlende Orchesterfarben für Debussy wie »von hinten erleuchtet« zu sein schienen.

Streicher

Für Wagner bilden die Orchesterstreicher einen kraftvollen, flexiblen Klangkörper, der zu großer Subtilität der Schattierung und der Atmosphäre fähig ist und dennoch die Aufmerksamkeit nie von den Sängern ablenkt (Strauss bezeichnet ihn als »sammetweich«). Wagner verlangt eine umfangreiche Streicherbesetzung: 16 erste Violinen, 16 zweite, 12 Bratschen, 12 Celli und 8 Kontrabässe für den *Ring* – zu groß für die meisten Orchestergräben oder Etats von Opernhäusern. In den seltenen Augenblicken, in denen er die gesamten Streicher sich allein entfalten läßt, können sie eine gewaltige Kraft entwickeln, so etwa um den Sturm zu Beginn der *Walküre* darzustellen; andererseits suggerieren die sanften gedämpften Streicher, als Beckmesser in den *Meistersingern* verstohlen einen Blick auf das Manuskript des Preislieds wirft, die zweidimensionalen Noten auf dem Blatt mit geradezu unheimlicher Bildhaftigkeit.

Häufiger erreicht Wagner seine Ergebnisse durch feinfühlige Nutzung des Repertoires von Spieltechniken, wie etwa in der Begleitung des Spinnerlieds im *Fliegenden Holländer*, die das rhythmische Tremolo in den Bratschen mit Sechzehntelfiguren in den zweiten Violinen und Pizzicatobässen kombiniert und genau die richtige Atmosphäre von leerer Geschäftigkeit erzeugt. Oder der spröde, hastige Klang des mit dem Bogen gespielten Tremolos im *Ring* beim »Hojotoho!« der Walküren und in dem Moment, als Siegfried das Blut des Drachen schmeckt. Das unrhythmisierte Fortissimo-Streichertremolo tritt auffällig hervor zu Siegmunds »Wälse! Wälse! Wo ist dein Schwert?« in der *Walküre*; zu den ungewöhnlicheren Effekten gehören Bogenspiel col legno (mit dem Rücken des Bogens) für Mimes Gekicher im *Siegfried* und das Tremolo sul ponticello (am Steg), das gleich zu Beginn des zweiten Aufzugs des *Tristan* ein Schaudern versinnbildlicht, bevor ein Klarinettensolo zu Isoldes entsprechend angstvollen Worten »Sorgende Furcht beirrt das Ohr« hinführt. Der flüsternd sinnliche Klang der gedämpften Streicher schafft in der darauffolgenden Szene eine gegensätzliche Stimmung für das Liebesduett »O sink' hernieder«.

Die große Anzahl von Violinen kann in einzigartiger Weise erregend wirken; für den Feuerzauber in der *Walküre* ist die dichte Figurierung von Zweiunddreißigstelnoten eigentlich zu schnell, als daß sie ein einzelner Geiger spielen könnte – selbst wenn man den Konzertstandard annimmt, den Wagner als gegeben voraussetzte –, aber der Klang von 32 Geigern, die sich darum bemühen, dies annähernd zu erreichen (von Strauss als »Al-fresco«-Technik bezeichnet), führt zu einem blendenden, funkelnden Effekt. Zu Brünnhildes Erwachen im *Siegfried* halten erste Violinen unisono einen weiten, ununterbrochenen Melodiebogen aufrecht, der dreieinhalb Oktaven umfaßt und, fast durchgehend unbegleitet, 26 Takte andauert, wodurch genau die Stimmung von Konzentration, Verwunderung und Erleuchtung entsteht, die Siegfrieds Worten »Selige Öde auf wonniger Höh'!« entspricht. Eine andere Art von vertiefter Stille wird zu Beginn des *Lohengrin* hervorgerufen, wenn vier hohe Soloviolinen über einem schimmernden Hintergrund der vierfach geteilten übrigen Violinen schweben. Den Klang einer einzelnen Solovioline spart sich Wagner für besondere Augenblicke der Intimität auf, so wenn sie (dies ist Richard Strauss' Beispiel) Fricka im *Rheingold* begleitet und die »innersten Geheimnisse der Frauenseele verrät«.

Mit dem erwähnten Violin-Unisono im *Siegfried* scheint Wagner die Geiger mit einer Reihe von Legato-Bögen, die sich über vierzehn Takte hinweg überlagern und eigentlich einen mehrere Meter langen Bogen erfordern, vor eine unmögliche Aufgabe zu stellen. Seine Legatos sind jedoch keine Markierungen für die Bogenführung, sondern Anweisungen für die Phrasierung; er überläßt es deshalb den Musikern (bzw. ihrem Konzertmeister), Auf- und Abstriche anzugeben, so daß die fest miteinander verbundenen Phrasen fugenlos klingen. Vor dasselbe Problem stellt er die Kammermusiker im *Siegfried-Idyll*; hier stehen, bei langsamem Tempo, fünf Takte der eröffnenden Violinmelodie unter einem Bogen.

Cecil Forsyth (1935) schreibt: »Als Wagner erschien, wurde für die Viola erstmals das geschrieben, was sie verdiente. […] Seine Violen müssen riesige Flächen ausfüllen, aber wenn sie tatsächlich in den Vordergrund treten, ist dies ein Hervortreten, das vom speziellen Charakter der Musik dringend verlangt wird.« Forsyth führt als Beispiel dafür das aufsteigende chromatische Bratschensolo im *Tristan* an, wenn Brangäne den Liebestrank hervorholt. Im ersten Aufzug des *Siegfried* scheinen die Bratschen Mime mit dem Ostinato des Schmiedemotivs zu verspotten, wenn er Wotan die Geschichte von Nothung erzählt. Geteilte Bratschen verleihen den Akkorden besonderen Reichtum; in Lohengrins Erzählung im dritten Aufzug verwendet Wagner vierfach geteilte Bratschen, die unisono mit geteilten ersten und zweiten Violinen spielen und so einen magischen Glanz hervorrufen.

Das Cello ist die Seele der Streicher; Wagner nutzt seine Stimme hervorragend in allen Registern. Die Eröffnung des dritten Aufzugs der *Meistersinger* zeigt eine wirkungsvolle Verwendung der stimmungsvollen tiefen Lagen des Cellos. Im *Siegfried-Idyll* singt es in der mittleren Lage; und sicherlich könnte die grenzenlose Sehnsucht der ansteigenden Eröffnungsphrasen des Tristan-Vorspiels von keinem anderen Instrument ausgedrückt werden als von den Celli, die in hoher Lage gleichsam in die Dunkelheit einbrechen. Im ersten Aufzug der *Walküre* verwendet Wagner ein Ensemble von Solocellisten, wozu ihn vielleicht Rossinis *Wilhelm-Tell*-Ouvertüre inspirierte.

Die Kontrabässe sind selten als eigenständige Instrumente zu hören; hauptsächlich beschränken sie sich darauf, eine solide Grundlage für die Orchester-Tutti zu schaffen oder die Celli in dunklen oder düsteren Stimmungen zu unterstützen. Eigentlich besteht die Flexibilität in Wagners Streichersatz z. T. auch darin, daß er wußte, wann er die Kontrabässe weglassen mußte. In den ersten 65 Takten des *Parsifal*-Vorspiels tragen die Kontrabässe nur zwei wirkungsvoll plazierte, isolierte Pizzicato-Töne bei. Überraschenderweise muß man feststellen, daß Wagner die tiefsten Noten, die er für den Kontrabaß vorschrieb, nicht als gegeben voraussetzen konnte: Die zusätzliche fünfte Saite, die bis zum tiefen C hinabreicht, war eine Seltenheit (und ist sogar heute keineswegs allgemein verbreitet); der Verlängerungsmechanismus, der die E-Saite um die tieferen Töne ergänzte, wurde erst um die Jahrhundertwende erfunden. Wagner geht, wenn er bis zum tiefen C schreibt (z.B. im Leichenzug des dritten Aufzugs des *Parsifal*), zu Beginn des *Rheingolds* davon aus, daß seine Kontrabässe nur vier Saiten besitzen; er weist nämlich die Spieler des unteren Parts an, ihre »tiefste Saite« in Es zu stimmen.

Harfen

Der berühmte Broadway-Arrangeur Robert Russell Bennett (1975) hat Wagners Kompositionsweise für Harfe kritisiert:

Mehr gute Arrangeure haben öfter schlecht für die Harfe geschrieben als für jedes andere Instrument – zumindest wird das behauptet. Zu den prominentesten davon gehören die beiden großen Richards, Wagner und Strauss, die komponierten, als ob Harfenisten mit fünf Fingern an jeder Hand spielen würden. Sie tun es nicht. Sie gebrauchen vier.

Doch Strauss (der eine Harfenpassage im *Tannhäuser* als »so gut wie unausführbar« bezeichnet) berichtet über Wagners realistische Haltung gegenüber dem Problem, als ihm der Harfenist August Tombo erklärte, sein Part im *Rheingold* sei unspielbar:

Wagner sagte zu dem ausgezeichneten Künstler: »Sie können nicht von mir verlangen, daß ich auch noch Harfe spiele; Sie sehen, welche Wirkungen ich erzielen will, richten Sie sich nun die Stimme nach Ihrem Gutdünken ein.« (Berlioz/Strauss, 1904)

Wagner verwendet die Harfe sparsam, aber mit eindrucksvoller Wirkung; z. B. ist ihr Einsatz bei Isoldes Liebestod am Ende des *Tristan* so effektvoll, weil sie seit der Liebesmusik des zweiten Aufzugs fast völlig geschwiegen hatte. Das berühmt-berüchtigte Beispiel ist die Regenbogenbrücken-Musik am Ende des *Rheingolds,* für die Wagner sechs Harfen verlangt, von denen jede einen eigenen Part hat; sie nehmen so viele Notensysteme ein, daß ihre Partien in einen Anhang zur Partitur verbannt werden müssen.

Holzbläser

Der fliegende Holländer ist für eine »klassische« Holzbläserbesetzung von jeweils zwei Flöten, Oboen, Klarinetten und Fagotten, zu denen eine Pikkoloflöte (und ein vom zweiten Oboisten gespieltes Englischhorn) hinzukommen, angelegt. Wagner erweiterte seine Holzbläser zunehmend und fügte im *Tannhäuser* und *Lohengrin* dritte Spieler für eine dritte Flöte oder Pikkoloflöte, Englischhorn, Baßklarinette und drittes Fagott (aber nicht Kontrafagott) hinzu; er verstärkte die Besetzung für den *Ring* auf vierfache Holzbläser (jedoch nur drei Fagotte). Er zügelte diese Extravaganz im *Tristan* (dreifache Holzbläserbesetzung) und in den *Meistersingern* (doppelte Holzbläser plus Pikkolo-/dritte Flöte), kehrte aber für den *Parsifal* zu einer vorwiegend vierfachen Bläserbesetzung zurück: drei Flöten (wobei der dritte Flötist zeitweilig Pikkoloflöte spielt), drei Oboen plus Englischhorn, drei Klarinetten und Baßklarinette, drei Fagotte und – zum Schluß – Kontrafagott.

Strauss (1953) äußert sich über das »Hervortreten des solistischen Elementes« der Holzbläser im *Tannhäuser,* dessen Partitur »noch teilweise aus Weberschem Geiste heraus so oft der Individualität des einzelnen Instrumentalisten die schwersten Aufgaben an gefühlvollem Vortrag und feinster Phrasierung stellt«. Mit Blick auf eine Aufführung 1891 in Bayreuth schreibt er:

Nur ein so ganz von dem poetischen Inhalt des Dramas erfüllter Dirigent wie Felix Mottl war imstande, mit seinen Künstlern im Orchester durch den Vortrag z. B. der Klarinettenmelodie in der Ouvertüre, der Oboensoli in dem Vorspiele des II. und III. Aktes dem Auge des Zuhörers beinahe schon die *Gestalten* hervorzuzaubern, deren Schicksal den hörenden Zuschauer dann von der Bühne herab zu innigster Teilnahme zwingen und aufs Tiefste ergreifen und erheben sollte.

Adorno (1952) lobt zwar an Wagners frühen Opern: »Holländer, Tannhäuser kennen großartige instrumentale Intuitionen.« Doch erst im *Lohengrin* findet er das »kompositorisch relevante Prinzip der Mischung« und begrüßt gemeinsam mit Strauss und Liszt die Subtilität des Holzbläsersatzes. Etwas kryptisch behauptet er: »Die besondere Stellung der Holzbläser und Holzbläsermischungen im Lohengrin hängt zusammen mit der poetischen Idee der Hochzeit, die den Stil der ganzen Oper [...] vorschreibt«, und fährt dann fort, eine acht Takte lange Passage am Beginn der zweiten Szene des ersten Aufzugs im Hinblick auf die Einheitlichkeit zu analysieren, die aus der zweifachen Besetzung der Holzbläser resultiere: Wagners genaue Wahl der unisono spielenden Instru-

mente unterdrücke einzelne Klangfarben und erreiche eine Gesamt-
mischung mit glatt »zementierten« Übergängen zwischen den Phrasen.
Strauss preist die zarte Holzbläserpassage zu Elsas Erscheinen auf dem
Söller (zweiter Aufzug, zweite Szene); bemerkenswert ist auch der Beginn
der vierten Szene des zweiten Aufzugs: 31 Takte dreifach besetzte Holzbläser in unermüdlich fließenden Linien, unbegleitet mit Ausnahme einer
gelegentlichen Unterstützung durch die Hörner.

Wagner setzt die Flöte zurückhaltend ein, teilweise auch, um zu verhindern, daß die Sopranstimme mit einem konkurrierenden Ton in gleicher
Lage überdeckt wird. Einprägsame Flötensoli haben entweder tonmalen-
den Effekt (das Flattern der Flagge an Isoldes Schiff im dritten Aufzug des
Tristan) oder erscheinen in reinen Orchesterpassagen (im *Lohengrin* die
erwähnte Söllerszene, in den *Meistersingern* das erste Auftauchen der mit
»ausdrucksvoll« bezeichneten Phrasen der Ouvertüre und die Staccatis-
simo-Figur, kurz bevor der Vorhang vor der leeren Bühne am Ende des
zweiten Aufzugs fällt, sowie im *Tristan* das Solo im Vorspiel zum zweiten
Aufzug). Obwohl Wagner an den Fortschritten im Instrumentenbau interessiert war, scheint er die ältere, konisch gebohrte Querflöte gegenüber
der 1847 eingeführten lauteren, flinkeren Böhm-Flöte mit zylindrischer
Bohrung bevorzugt zu haben. Die Querflöte bestand aus Holz und besaß
ein Metall- oder Elfenbeinkopfstück; mit ihren zwölf oder dreizehn Klappen reichte sie oft bis zum tiefen H hinab, das im *Lohengrin* verwendet
wird, aber auf der Standardform der modernen Querflöte nicht erreichbar
ist.

Im Unterschied zu den anderen »zusätzlichen« Holzblasinstrumenten
taucht die Pikkoloflöte in Wagners ersten Partituren auf, ein Erbe der grel-
len Instrumentierung, die Wagner von der Großen Oper übernahm. Ihre
Verwendung in den Matrosenchören des *Fliegenden Holländers* ist lustig,
aber völlig konventionell; einen wunderbaren Klangeffekt haben dagegen
die drei zusätzlichen Pikkoloflöten in höchster Lage, die im dritten Aufzug
den unheimlichen Wind hörbar machen, der durch die Segel des holländischen Schiffes pfeift. Wagner hoffte offensichtlich, er könne zumindest
sechs zusätzliche Pikkoloflöten zur Verfügung haben, denn eine Fußnote
in der Partitur lautet: »Sobald sich Musiker genug vorfinden, um die 3 Pic-
coli mehrfach zu besetzen, so sind sie auf der Bühne und zwar in der Nähe
des holländischen Schiffes zu placiren; kann man sie jedoch nur einfach
besetzen, so sind sie in das Orchester zu stellen.« In den späteren Partituren ist die Pikkoloflöte für heitere Charakterisierungen (die Schneider und
Lehrbuben in den *Meistersingern*) oder für malende Effekte wie etwa die
sprühenden Funken des Feuerzaubers in der *Walküre* (zwei Pikkoloflöten) reserviert.

Wagner verwendet die Oboe in den früheren Opern für die konventionelle
Darstellung des Pathos; ihr klagender Ton leiht sowohl Sentas Mitleid für
den Holländer ihre Stimme, wenn sie Erik im zweiten Aufzug dessen Porträt zeigt, als auch Eriks eigenem Leiden (in seiner Kavatine im dritten
Aufzug). In späteren Werken wird die Oboe sparsam, aber mit mehr Ein-

fühlsamkeit herausgestellt, vor allem im *Tristan*, wie Leon Goossens und Edwin Roxburgh (1977) begeistert konstatieren:

In den Seiten dieser Partitur können die Oboisten und die Spieler des Englischhorns eine der leidenschaftlichsten Musiken entdecken, die je für diese Instrumente komponiert worden sind, von einem Meister, der genaue Vorstellung von den Klängen hatte, die er hören wollte, aber zu einer Zeit, als wenige Orchestermusiker diese Qualitäten aufbringen konnten.

Dagegen merkt Forsyth (1935) lediglich an: »In den bedeutenderen Werken seines mittleren und späten Lebensabschnitts scheint Wagner die Oboe weniger eingesetzt zu haben. […] Vielleicht mochte er die deutschen Oboisten nicht.« Wie bei der Flöte war das bevorzugte Instrument der deutsche Oboentyp, dessen Ton voller, runder und weniger geschmeidig war als der seines französischen Gegenstücks, das sich erst nach Wagners Tod in Deutschland durchsetzte. Goossens pflegte *Tristan* auf seiner »süß tönenden Lorée« zu spielen.

Das Englischhorn verleiht den Oboen-Partien nicht nur zusätzliches Gewicht, sondern bringt einen unvermeidlichen Hauch Traurigkeit und Sehnsucht mit; deshalb tritt es im *Tristan* hervor und fehlt in den *Meistersingern*. Im *Parsifal* färbt sein melancholischer Ton die Orchester-Tutti und verdunkelt sogar das Unisono-Thema der Anfangstakte des Vorspiels. Wagner ließ eine Alt-Oboe speziell für den *Ring* und *Parsifal* bauen; sie trat hier an die Stelle des Englischhorns, das er als zu schwach ansah, aber das neue Instrument konnte sich nicht behaupten.

Am eindrucksvollsten verwendet Wagner das Englischhorn als Schalmei des Hirten im dritten Aufzug des *Tristan*, ein wehmütiges Solo, das ohne Orchesterbegleitung über 40 Takte lang (und auch noch einige Male später) hinter der Bühne gespielt wird, wenn Tristan sehnsüchtig auf Isoldes Schiff wartet. Wagner fordert, daß dieses Solo vom selben »vollendeten Künstler« vorgetragen wird, der das Instrument auch im Orchestergraben spielt. Um die Ankunft des Schiffs anzuzeigen, spielt der »Hirt« dagegen ein fröhliches Solo, das immer noch auf dem »englischen Horn« geblasen werden soll, auch wenn eine Fußnote hier »die Wirkung eines sehr kräftigen Naturinstrumentes (wie das Alpenhorn)« verlangt. Falls die Verstärkung des Englischhorns durch Oboen und Klarinetten nicht ausreiche, schlägt Wagner vor, ein Holzblasinstrument zu bauen, das aufgrund seiner Einfachheit »weder schwierig noch kostbar« sei. Hans Richter probierte ein ungarisches Tarogato mit Einfachrohrblatt aus. Zu den weiteren Instrumenten, mit denen man sich zu behelfen suchte, gehören Diskantschalmei, Sopransaxophon, gedämpfte Trompete und die »Heckelclarina«, ein Instrument, das ausdrücklich für diesen Zweck von dem Instrumentenbauer Wilhelm Heckel entwickelt (wenn auch möglicherweise nie gebaut) wurde. Wagners eigener Vorschlag wird in Bayreuth und auch an anderen Orten verwertet: eine gerade Trompete aus Holz mit einem einzigen Ventil.

Zu Wagners Zeit war die Klarinette in Tonumfang und Spielweise voll entwickelt. Dies ermöglichte Wagner, Partien von großer Brillanz und Gewandtheit zu schreiben, bis hin zum (notierten) c'''' – fast so hoch wie für die Flöte. Er verwendet nur die Klarinetten in B und A (entsprechend den vorherrschenden Tonarten) und läßt die schrillere C-Klarinette unberücksichtigt; gelegentlich nimmt er die höhere Klarinette in D hinzu, so im *Tannhäuser* und beim Feuerzauber und Walkürenritt in der *Walküre*.

Im Gegensatz zur Oboe (»offensichtlich nicht eines seiner Lieblingsinstrumente«), behauptet Cecil Forsyth, seien die Klarinetten bei Wagner zweifellos sehr beliebt gewesen. Er hätte sie vollkommen begriffen. Forsyth führt zwei ihren ganzen Tonumfang durchmessende *dolce*-Passagen aus dem zweiten Aufzug der *Meistersinger* an, wenn Pogner Eva auffordert, sich neben ihn zu setzen, und bezeichnet diesen Effekt als »eine Art audiovisuelle Andeutung des aufgewirbelten Staubs und Strohs, das der Wind in einer Straßenecke verursacht«, während Strauss glaubt, er stelle das Lied einer Amsel dar.

Berlioz vertrat die Auffassung, die Klarinette habe eine feminine Qualität; Wagner bestätigt dies, indem er sie mit Brünnhilde (ihr Abtreten im zweiten Aufzug der *Walküre* und das Zwischenspiel vor der dritten Szene im ersten Aufzug der *Götterdämmerung*, ein ausgedehntes Duett für zwei Klarinetten) und mit Kundry (laut Strauss die »Verkörperung der dämonischen Sinnlichkeit«) verbindet.

Die Baßklarinette war erstmals in Meyerbeers *Les Huguenots* (1836) zu hören; Wagner übernahm sie begeistert, weil er erkannte, daß sie dem Chor der Holzbläser eine volltönendere, geschmeidigere und spezifischere Baßstimme gab als die Fagotte. Als Soloinstrument ist ihr Ton voller Würde und Wehmut; Wagner setzt sie für Elisabeths Gebet im *Tannhäuser* und für König Markes Monolog im zweiten Aufzug des *Tristan* ein. Er schreibt für Baßklarinette sowohl in B wie auch in A; das Instrument in A gibt es praktisch nicht mehr, so daß nicht nur umständliches Transponieren, sondern auch eine zusätzliche Klappe notwendig ist, um mit dem Instrument in B das notierte tiefe E im *Tristan*-Solo zu erreichen.

Nachdem Wagner die Fagotte von ihrer traditionellen Funktion als Baßinstrumente der Holzbläsergruppe weitgehend befreit hatte, setzte er sie mit Vorliebe als harmoniefüllende Instrumente im Tenorregister oder als »ehrenamtliche« zusätzliche »Hörner« ein (wie in der Einleitung zum dritten Aufzug der *Meistersinger*). Ihre seltenen Soli nutzen den hohlen Ton in den Varianten des Ringmotivs, die im *Ring* mit Mime verbunden sind, oder parodistisch für den humpelnden Beckmesser in der dritten Szene des dritten Aufzugs der *Meistersinger*.

Das *Meistersinger*-Solo enthält als höchsten Ton ein c''; in der *Tannhäuser*-Ouvertüre (Dresdner Fassung) schreibt Wagner unbekümmert bis zum hohen e'' hinauf, auch wenn dieser Ton sicherheitshalber von den Streichern überdeckt wird. Die tiefste Note des regulären Fagotts ist B', aber im *Ring* schreibt Wagner ein tiefes A' für das dritte Fagott, das jedoch, falls dieser Ton nicht verfügbar sei, vom Kontrafagott übernommen werden kann (wie eine Fußnote erläutert). Im *Tristan* schreibt er kommentarlos bis zum tiefen A' hinab. Ein Fagott mit diesem Ambitus wurde für Wagner vom Instrumentenbauer Wilhelm Heckel angefertigt; Wagner war ein häufiger Besucher in Heckels Werkstatt in Biebrich und beobachtete eifrig die Entwicklung des modernen deutschen Fagotts, das seine Vorläufer in den Experimenten Carl Almenräders in den 20er Jahren des 19. Jh. hatte, die fehlerhafte Intonierung und den schwachen Ton des klassischen Fagotts mit seinen acht Klappen zu verbessern, indem er Grifflöcher neu plazierte und die Bohrung vergrößerte. Heckel verfeinerte den groben Ton von Almenräders Instrument und fügte weitere Klappen hinzu, um die chromatische Beweglichkeit zu erhöhen; das perfektionierte Heckel-Fagott wurde 1879 erstmals in Bayreuth vorgestellt.

Heckel entwickelte auch ein leistungsfähiges Kontrafagott, das eine Oktave unter dem Fagott liegt; Wagner hielt einen soliden »Kontrabaß« für die Holzbläser für notwendig, aber frühere Kontrafagotte (wie sie Händel, Haydn und Beethoven verwendeten) waren für seine Zwecke unzureichend. Wagner hatte Heckels Kontrafagott im Oktober 1879 gehört und einen Part für dieses Instrument in den *Parsifal* eingefügt, wobei er es ungewöhnlicherweise klingend notierte und nicht eine Oktave höher.

Wagner schlug dem unermüdlichen Heckel auch vor, eine Baßoboe zu entwerfen, um so die Holzbläser mit vollständigen »Familien« von Oboen, Klarinetten und Fagotten zu versorgen, aber er erlebte das »Heckelphon« nicht mehr, das sein Debüt 1905 in der *Salome* von Strauss hatte.

Hörner

Richard Strauss schrieb:

Durch die Einführung und Vervollkommnung des Ventilhorns ist entschieden in der modernen Orchestertechnik – seit Berlioz – der größte Fortschritt erzielt worden. Die wahre Proteusnatur des Ventilhorns erschöpfend zu schildern, müßte ich (wieder einmal!) die Partituren des großen Magiers vom Rheingold an Takt für Takt durchgehen. (Berlioz/Strauss, 1904)

Berlioz kannte das Ventilhorn, aber der erste Komponist, der es verwendete, war Halévy, der in *La Juive* (1835) außer für zwei Waldhörner auch für zwei Ventilhörner schrieb. Diesem Beispiel folgten Wagner im *Rienzi* (1838–40) und Schumann in seiner *Genoveva* (1847–49). Wagners Erster Hornist in der Dresdner Oper war Josef-Rudolf Lewy, der jüngere von zwei Brüdern, die in den 20er Jahren des 19. Jh. Pioniere auf dem Ventilhorn waren; der ältere Bruder Eduard-Constantin soll den berüchtigten vierten Hornpart in einer frühen Aufführung von Beethovens Neunter Symphonie gespielt haben. Schubert schrieb für Josef-Rudolf 1828 den chromatischen obligaten Hornpart zu dem Lied *Auf dem Strom.* Wagner verlangte auch weiterhin je zwei Waldhörner und Ventilhörner, so im *Fliegenden Holländer* und im *Tannhäuser,* während im *Lohengrin* vier Ventilhörner verwendet werden, die verwirrenderweise so notiert sind, als würde es sich um Waldhörner handeln. Ein »echtes« Waldhorn würde eine Unterbrechung von mehreren Takten zum Aufsetzen von kürzeren bzw. längeren Stimmbögen benötigen, um natürliche Obertöne in einer tieferen oder höheren Tonart spielen zu können. Im *Lohengrin* läßt Wagner den Hörnern nur etwa eine Viertelnote Zeit, um von D nach G und dann nach E überzuwechseln, was darauf hindeutet, daß er das Ventilhorn wie ein Waldhorn mit schnell wechselbaren Stimmbögen behandelte. Wagner war sich auch des klanglichen Unterschieds zwischen »offenen«, natürlichen Obertönen und gestopften Tönen sowie zwischen Stimmbögen von verschiedener Länge bewußt; sogar noch 1865 hielt er es für notwendig, der Partitur von *Tristan* eine Erklärung anzufügen:

Die Behandlung des Hornes glaubt der Tonsetzer einer vorzüglichen Beachtung empfehlen zu müssen. Durch die Einführung der Ventile ist für dieses Instrument unstreitig so viel gewonnen, daß es schwer fällt, diese Vervollständigung unbeachtet zu lassen, obgleich dadurch das Horn unleugbar an der Schönheit seines Tones, wie namentlich auch an der Fähigkeit, die Töne weich zu binden, verloren hat. Bei diesem großen Verluste müßte allerdings der Komponist, dem an der Erhaltung des echten Charakters des Hornes liegt, sich der Anwendung der Ventilhörner zu enthalten haben, wenn er nicht andererseits die Erfahrung gemacht hätte, daß vorzügliche Künstler durch besonders aufmerksame Behandlung die bezeichneten Nachteile *fast* bis zur Unmerklichkeit aufzuheben vermochten [...]. In Erwartung einer hoffentlich unausbleiblichen Verbesserung des Ventilhornes sei daher den Hornbläsern dringend empfohlen, die in der vorliegenden Partitur ihnen zugewiesenen Partien sehr genau zu studieren, um für alle Erfordernisse des Vortrages die richtige Verwendung der entsprechendsten Stimmungen und Ventile auszufinden.

Dieser Ratschlag wäre für Wagners Ersten Hornisten in München, Franz Strauss, überflüssig gewesen, der in den Uraufführungen des *Tristan* und der *Meistersinger* spielte und dessen Technik und Ton unübertrefflich waren; dennoch bestand – laut seinem Sohn Richard Strauss (1953) – zwischen dem Komponisten und dem Musiker keine Zuneigung:

Einmal ging Wagner an dem verdrossen im Orchester dasitzenden Hornisten vorbei mit den Worten: »Immer finster die Hornisten.« Mein Vater hierauf: »Wir haben auch allen Grund dazu.« Die Hornstimmen der »Meistersinger« erklärte er für Klarinettenstimmen, blies sie aber trotzdem so schön, daß Wagner ihm das Lob spendet: »Dieser Strauss ist zwar ein unausstehlicher Kerl, aber wenn er bläst, kann man ihm nicht böse sein.«

Wagners charakteristische Kompositionsweise für Horn kommt dem Geist des Waldhorns nahe: Fanfarenmotive überwiegen, wie für Freias Ewige-Jugend-Motiv »Goldne Äpfel« im *Rheingold*, einem Hornduo,

das auf Waldhörnern spielbar ist. Eriks Traum im *Fliegenden Holländer*
wird durch eine Fanfare angekündigt, bei der zu zwei Waldhörnern ein
Ventilhorn hinzukommt, das offene Töne spielt, bis ein verminderter Septakkord den Einsatz von Ventilen verlangt. Selbst die 39 Takte von Siegfrieds Hornmotiv enthalten nur eine Note, die auf einem Waldhorn völlig
unspielbar wäre, und einen kurzen Abschnitt (das Heldenmotiv), der ein
Stopfen mit der Hand erfordert.

Die vier Hörner der frühen Opern werden im *Ring* auf acht erweitert, eine
extravagante Ausstattung, die bereits in den Anfangstakten des *Rheingolds* erscheint, wenn die Hörner nacheinander ein langsames Arpeggio
ausführen, das Emporsteigen aus den Tiefen des Rheins symbolisierend.
Im dritten Aufzug des *Siegfried* kann Wagner vier Hörner einsetzen, die
die Akkordfolge des Feuermotivs spielen, während die anderen vier unisono Siegfrieds Hornmotiv blasen. *Tristan* erfordert ähnlich wie *Tannhäuser* sechs Hörner hinter der Bühne (»nach Möglichkeit zu verstärken«)
sowie vier im Orchestergraben. Das *Siegfried-Idyll* benötigt nur zwei Hornisten, mit dem berüchtigten Part des zweiten, der für seine lang ausgehaltenen Noten über 17 Takte hinweg keine Atempause bekommt.

Das Dämpfen der Hörner war ein Effekt, der zwar schon Beethoven und
Weber bekannt war, aber erst von Wagner voll genutzt wurde. Einzelne
Töne werden mit der Hand gestopft, wie in den schauerlichen Akkorden
(wobei Fagotte für die kleine Terz sorgen) im dritten Aufzug des *Fliegenden Holländers,* wenn die gespenstische Besatzung des Holländers nicht
auf die Rufe von Dalands Matrosen reagiert; längere Passagen erfordern
einen Papp- oder Holzfaserdämpfer, der in die Stürze des Instruments eingesetzt wird, wie für das unvergeßlich gespenstische Tarnhelmmotiv mit
sechs gedämpften Hörnern im *Rheingold*.

»Wagnertuben«

Als Teil seiner Erweiterung der klanglichen Mittel im *Ring* verlangt Wagner ein Quartett zusätzlicher Instrumente, die normalerweise als »Wagnertuben« bezeichnet, aber in der Partitur nur »Tenor«- und »Baßtuben« genannt werden; sie werden vom fünften bis achten Hornisten
gespielt und verwenden Hornmundstücke. Schon früher gab es experi-
mentelle Formen von Blechblasinstrumenten mittlerer Tonhöhe, die von
Cerveny, Sax, Mahillon, Distin u.a. gebaut worden waren; auf der Suche
nach einer neuen Stimme, die den Blechbläsern Gewicht verleihen sollte,
war Wagner zwar erfinderisch, aber nicht gerade revolutionär. Beeindruckt hatten ihn die Instrumente von Adolphe Sax, vermutlich Bügel-
hörner, die er 1853 in Paris gesehen hatte; erst als er weder diese noch
einen geeigneten Ersatz besorgen konnte, »erfand« er die neuen Instrumente. Was genau für die Münchener Uraufführung des *Rheingolds*
1869 verwendet wurde, ist unsicher; 1875 bat Wagner Hans Richter,
der selbst Hornist war, einen deutschen Instrumentenbauer (wahrschein-

lich Moritz in Berlin) zu beauftragen, einige Tuben für die Bayreuther Premiere herzustellen.

Die Tenortuben sind in F gestimmt, die Baßtuben in B; dennoch notierte sie Wagner in der *Walküre* und im *Siegfried* in der Partitur, aber nicht in den Stimmen in B bzw. Es, »weil den Tonsetzer diese Schreibart, namentlich auch zum Lesen, bequemer dünkte«. Im Prolog zur *Götterdämmerung* probiert er noch eine andere Notation aus, in F und B, aber eine Oktave höher und im Violinschlüssel, bevor er zur Schreibweise in der *Walküre* und dem *Siegfried* zurückkehrt: »Ein heilloses Durcheinander«, wie Forsyth kommentiert.

Der unverkennbare finstere Klang der vier Tuben ist zum ersten Mal im *Rheingold* zu hören, wenn Woglinde Alberich von der Notwendigkeit erzählt, der Liebe zu entsagen, um das Gold zu gewinnen. Wagner setzt sie zusammen mit der Kontrabaßposaune und der normalen Tuba als klangvollen Chor ein, der Walhall darstellt; sie treten auch am Ende des zweiten Aufzugs der *Walküre* hervor, wo Strauss ihre »heiser grollenden Töne« als »Symbol [...] der drohenden Zornesader auf Wotans Stirn« beschreibt.

Trompeten, Posaunen, Baßtuben

Für den *Ring* erweiterte Wagner die Zahl und den Tonumfang seiner Blechbläser, nicht nur der größeren Lautstärke wegen, sondern um die charakteristischen Klangfarben der Instrumentenfamilien (Hörner, Tuben, Trompeten, Posaunen) auszunützen. Blechbläser-Tutti setzt Wagner bemerkenswert selten ein, wobei er ihre ganze Majestät für reine Orchesterstücke (wie die Ouvertüre zu *Rienzi* und das Vorspiel zum *Parsifal)* oder für Höhepunkte wie das Ende des *Rheingolds* oder der *Meistersinger* aufspart und sich ansonsten damit begnügt, die Musiker über lange Strecken – außer für bedeutungsvolle Solodarbietungen von Leitmotiven oder sanfte Akkordtupfer, die eine Atmosphäre oder eine charakteristische Situation unterstreichen sollen – schweigen zu lassen. Er vermeidet es im allgemeinen, Trompeten oder Posaunen allein einzusetzen, um die Singstimmen zu unterstützen; den rauhen, animalischen Charakter von Hagens »Starke Stiere sollt' ihr schlachten« in der dritten Szene, zweiter Aufzug, der *Götterdämmerung* bringen sie hingegen passend zum Ausdruck.

Wagner setzt drei Trompeten in seinen reifen Werken ein (nur zwei im *Fliegenden Holländer*, aber unerwartete sechs in der frühen *Columbus*-Ouvertüre von 1835); nach *Rienzi* waren dies in der Regel vollständig chromatische Ventiltrompeten, obwohl Wagner im *Lohengrin* die gleiche Notationsmarotte wie für die Hörner verwendet und wie für Naturtrompeten mit schnell wechselbaren Setzstücken schreibt. Das Standardinstrument war damals die »lange« Trompete in F oder Es, aber im *Parsifal* schreibt Wagner ein Solo, das als »sehr zart« gekennzeichnet ist und bis zum notierten g″ reicht; dieses erklingt als c‴, ein gewagter zwölfter Oberton auf der F-Trompete, was darauf hindeutet, daß seine Musiker bereits die kleineren modernen B- oder C-Trompeten verwendeten. In der *Meistersinger*-Ouvertüre schreibt Wagner für die erste und zweite Trompete in F sowie einen Part für eine dritte Trompete in C, der fast nur offene Töne enthält, vielleicht ein bewußter Archaismus.

Wie für die Hörner schreibt Wagner auch für die Trompeten traditionell konzipierte Partien; er verwendet sie für die vielen Dreiklangmotive im *Ring*, wie etwa das Gold und das Schwert, sowie für symbolhaft charakterisierende Phrasen wie etwa die Triolenfiguren, die das Walhallthema begleiten, oder die vielen Fanfarenstöße und fanfarenähnlichen Wendungen im *Lohengrin* und in den *Meistersingern*. Der Einsatz der einzelnen Trompete im *Siegfried-Idyll,* für den Hans Richter eigens das Instrument zu spielen gelernt hatte, ist nicht weniger charakteristisch.

Im Hinblick auf die Verwendung von Dämpfern für die Trompeten erklärt Forsyth, daß es Richard Wagner war, »der als erster diese besondere Sorte von Klangfarbe fand, die im Dunkel des Kellers lag, und sie ans Tageslicht beförderte, um die übersättigten Gaumen der Musikwelt zu reizen. Der säuerliche ›Beigeschmack‹ dieser Ernte ist sowohl für Mime wie auch Beckmesser geeignet.« Im dritten Aufzug der *Meistersinger* fordert Wagner gedämpfte Trompeten, die »bei starkem Anblasen« den erheiternden Klang von Spielzeugtrompeten erzeugen.

Eine weitere Neuerung Wagners für den *Ring* war die Baßtrompete, für die es wie für die Tuben Vorläufer in den Militärkapellen gab. Wagners anfänglicher Vorschlag lief auf ein Instrument hinaus, das eine Oktave tiefer gestimmt war als die lange Es-Trompete; dies wäre eine riesige, schwerfällige Schöpfung gewesen, größer als eine Baßposaune. Wagner entschied sich deshalb für ein kleineres, aber immer noch majestätisches Instrument, das in C, D oder Es gestimmt war und von Moritz für ihn gebaut wurde. Er gibt ihr angemessen gewaltige Dreiklangmotive, am eindrucksvollsten im ersten Aufzug der *Walküre,* wenn Siegmund sich anschickt, das Schwert aus dem Baum zu ziehen.

Der Klang der Wagnerschen Posaunen ruft so heroische Unisono-Melodien in Erinnerung, wie sie im Vorspiel zum dritten Aufzug des *Lohengrin* oder im Walkürenritt hervortreten, aber diese Augenblicke sind selten. Ebenso charakteristisch ist die bedrohliche Stimme der Posaunen, die einzeln oder unisono das (eine Dreiklangharmonik scheuende) Fluchmotiv im *Ring* ankündigen. Wagner wollte mit den Posaunen einen vollen, aber edlen Ton erreichen, der sowohl zu sanftem als auch zu kraftvollem Ausdruck fähig ist; wegen der Einheitlichkeit und des Stimmumfangs verlangt er die »sogenannte Tenor-Baßposaune« für die höheren Instrumente (nicht die engmensurierte ganz hohe Altposaune) und die »echte Baßposaune« als dritten Part. Für den *Ring* jedoch fordert er drei Tenor-Baßinstrumente sowie noch eine weitere »neue Erfindung«, die Kontrabaßposaune, um die Familie zu vervollständigen. Tiefe Posaunen gab es ebenfalls schon in Militärkapellen; Wagners Kontrabaßposaune ist eine Oktave tiefer gestimmt als die Tenorposaune, mit einer Verdopplung der Röhre für den Posaunenzug, so daß die Verlängerung für den Musiker gut zu erreichen ist. Ihre Wirkung ist unvergeßlich, ob sie nun einen volltönenden Baß für das Walhallmotiv am Ende des *Rheingolds* liefert oder das Speermotiv unerbittlich über zwei Oktaven hinuntermarschiert, bis hinab zum »16-Fuß«-E'.

Im *Rienzi* war Wagner noch der Konvention gefolgt, indem er die rauh tönende und heute nicht mehr verwendete Ophikleide als Baß für die Blechbläser einsetzte; später wandte er sich der Baßtuba zu, war aber bald der Ansicht, daß ihr Ton nicht als Baß für die Posaunen ausreichte. Deshalb übernimmt er im *Ring* die Kontrabaßposaune und setzt die tiefe Kontrabaßtuba lieber als Baß für die Hörner und die Wagnertuben ein. Die Tuba ist gelegentlich als vornehme Solostimme zu hören, wie am Anfang der *Faust*-Ouvertüre; für den Drachen Fafner im *Siegfried* spielt die Kontrabaßtuba im Oktavabstand mit einer »normalen Baßtuba« in C, anscheinend vom vierten Wagnertubabläser ausgeführt. In der Ouvertüre der *Meistersinger* hat die Baßtuba ein von den Posaunen unabhängiges, gewichtiges Profil – samt dem berühmten Triller.

Pauken und Schlaginstrumente

Wagner war gezwungen, für Pauken ganz konventionell zu schreiben, weil die »Maschinenpauke«, die durch ein Pedal oder einen Hebel für den Schraubmechanismus gestimmt wird, erst um die Jahrhundertwende erfunden wurde; um die Tonhöhe der Pauke zu verändern, mußten mehrere Schrauben rund um das Fell von Hand neu gespannt werden. Wagner konnte von seinem Musiker nicht einmal erwarten, daß er mehr als zwei Pauken besaß; dennoch schreibt er für den *Tristan* drei vor. Im *Parsifal*, im *Ring* und in der Venusbergmusik des *Tannhäuser* schreibt er für zwei Musiker mit zwei Paukenpaaren, vorwiegend um verschiedene Tonhöhen zur Verfügung zu haben. Dennoch setzt Wagner die Pauken immer zur Erzeugung einer bestimmten Atmosphäre ein, ob in der prunkvollen *Meistersinger*-Ouvertüre, mit dem erwartungsvollen Trommelwirbel, der den zweiten Aufzug des *Lohengrin* eröffnet, oder mit den drohenden, einzelnen leichten Schlägen (die Strauss als »einzigen angstvollen Pulsschlag« bezeichnet) in Siegmunds Monolog und in der Todesverkündigung der *Walküre*. Zu Beginn des zweiten Aufzugs des *Siegfried* sind die beiden Pauken in Tritonus gestimmt, ein bedrohlicher Effekt, der der Einleitung zum zweiten Akt von Beethovens *Fidelio* entlehnt ist.

Wagners Verwendung von gestimmten Orchesterschlaginstrumenten ist fast ganz auf den hellen Metallklang des Glockenspiels beschränkt, so im Waldweben des *Siegfried* und beim Tanz der Lehrbuben in den *Meistersingern*. Auch ungestimmte Schlaginstrumente setzt er sparsam ein, wobei er sogar im *Fliegenden Holländer* auf die konventionellen Schlaginstrumente der Großen Oper, Große Trommel und Becken, verzichtet und nur ein paar gut plazierte Schläge auf dem Tamtam verlangt; *Tristan* fordert nur Becken und Triangel. Die Kastagnetten im Bacchanal des *Tannhäuser* erzeugen einen untypisch vulgären, jedoch passenden Effekt. Im *Ring* umfassen die Klangfarben der Schlaginstrumente die Rührtrommel im Walkürenritt, einen Pianissimo-Wirbel mit Paukenschlegeln auf einem hängenden Becken im *Rheingold*, um das Glitzern des Goldes zu symbolisieren, und – für Strauss das Lieblingsbeispiel für den »weisen Gebrauch[es] dieses Schlaginstrumentes« – einen einzigen Schlag auf dem Triangel am Ende des zweiten Aufzugs des *Siegfried*.

Weitere »Instrumente« und Effekte

Diese Überschrift soll die zahlreichen Instrumente erfassen, die Wagner aus dramatischen Gründen auf und hinter der Bühne verlangt, wie etwa die »Echohörner« im *Fliegenden Holländer*, das dreizehn Musiker umfassende Orchester von Holzbläsern, Hörnern und Harfe in der Venusbergmusik des *Tannhäuser*, die auf der Bühne eingesetzten Trompeten im *Lohengrin*, Beckmessers Laute in den *Meistersingern* und die eintönigen »Stierhörner« in der *Walküre*, in der *Götterdämmerung* und den *Meistersingern*. Im *Rheingold* (1853, im gleichen Jahr wie Verdis Amboßchor in *Il Trovatore*) stellt Wagner die mühevolle Arbeit der Nibelungen durch nicht weniger als 18 Ambosse dar, die sorgfältig in drei Gruppen mit verschiedenen Tonhöhen und in verschiedenen Rhythmen notiert sind. Zu den dagegen weniger problematischen »Geräuschemachern« gehören die Windmaschine im *Fliegenden Holländer* und die Donnermaschine für Klingsors zusammenstürzende Burg im *Parsifal*.

Die vier tiefen Glocken (C, G, A, E) für die Szenen der Gralszeremonie im *Parsifal* werfen ein größeres Problem auf. Herkömmliche Röhrenglocken sind zu hoch gestimmt; echte Kirchenglocken wären zu groß und zu schwer. Barry Millington (1984) druckt ein Foto von den »Glocken« ab, die bei der Uraufführung verwendet wurden; sie wirken wie riesige Bierfässer auf Lafetten. Laut Forsyth (1935) erfand Felix Mottl eine Maschine, die »etwas erschreckend« aussah – »als ob ein Amateurzimmermann versucht hätte, einen Billardtisch in einen Konzertflügel zu verwandeln« – und sechs Klaviersaiten für jede Note anschlug, aber trotzdem nicht laut genug war und durch fünf Tamtams und eine Baßtuba verstärkt werden mußte. Andere Hilfsmittel waren u.a. ein Klavier, das in Tritonusintervallen spielte, extragroße Röhrenglocken (die von einer Leiter aus gespielt wurden) und aufgehängte Messingplatten; moderne Theater verwenden manchmal einen Synthesizer. Nichts klingt völlig richtig.

Wagners Orchester

Die gewaltigen und vielfältigen instrumentalen Mittel, die Wagner im Dienste der dramatischen Handlung entwickelte, haben für Komponisten späterer Generationen einen großartigen und flexiblen Klangkörper geschaffen; das große Orchester von Bruckner, Mahler, Strauss, Schönberg und Berg ebenso wie von Debussy, Ravel, Strawinsky, Messiaen und Tippett ist im Grunde Wagners Orchester. Wagners »neue« Instrumente haben auch außerhalb Bayreuths überlebt. Bruckner, Strauss und Schönberg verwenden die vier Wagnertuben; die Baßtrompete taucht wieder in Strauss' *Macbeth* und *Elektra* (die auch die Kontrabaßposaune einsetzt) und in Strawinskys *Le sacre du printemps* auf. Wagners Vermächtnis umfaßt auch das Heckelphon, das er »erfand«, aber nicht mehr erlebte. Spätere Komponisten sind nicht immer Wagners Beispiel hinsichtlich des klanglichen Ideenreichtums und der Ökonomie der Mittel gefolgt. Strauss (Berlioz/Strauss, 1904) aber empfiehlt dem Studenten der Instrumentation:

[…] dann vergleiche der gutwillige »junge Meister« die 11 Wagnerschen Partituren untereinander, er bemerke, wie jedes dieser Werke seine eigene Orchesterzusammenstellung, seinen eigenen Orchesterstil besitzt, wie jedes den einfachsten Grad des Darzustellenden aufweist, welch edles Maßhalten in der Verwendung aller Mittel diese Werke durchzieht.

JONATHAN BURTON

Kapitel XVI

Aufführungspraxis

Das Orchester
Dirigieren
Gesang
Wagner im »Originalklang«?

Aufführungspraxis

Bei keinem Komponisten des 19. Jh. ist das Konzept einer »authentischen« Aufführungspraxis problematischer als bei Wagner. Selbstverständlich unterschieden sich die Aufführungen – und die Einstellung zu den Aufführungen –, wie sie Wagner und seine Zeitgenossen gewöhnt waren, beträchtlich von denen, die wir heute erleben; viele dieser Unterschiede lassen sich anhand erhaltener Hinweise erkennen oder erschließen. Andererseits war Wagner mit vielen Gepflogenheiten des damaligen Aufführungsstils höchst unzufrieden und gehörte daher zu den führenden Betreibern einer Reform. Wenn er Aufführungen persönlich überwachte oder selbst vorbereitete, tat er alles, um die Gewohnheiten der Beteiligten aufzubrechen; ihre Beiträge sollten auf eigener Überzeugung und echtem Verständnis des Werks aufbauen anstatt auf Vorhersagbarkeit und Routine. (Natürlich impliziert eine solche Einstellung selbst bestimmte stilistische Eigenheiten.) Zur Analyse dieses »Mischstils«, der aus einer problematischen Beziehung zwischen Bedingungen, die Wagner als gegeben voraussetzen mußte, und Ergebnissen besteht, die den Künstlern zu seinen Lebzeiten nur mit großen Anstrengungen für jeden Einzelfall abgefordert werden konnten, muß eine Einschätzung der tatsächlichen Leistung der besten Wagner-Aufführungen der damaligen Zeit hinzukommen, die normalerweise jene »modellhaften« Inszenierungen waren, deren Erarbeitung Wagner selbst überwachte und beeinflußte. Gemeinsam deuten diese Bedingungen und andere Überlegungen darauf hin, daß jeder Versuch, den Aufführungsstil der Wagnerzeit heute neu zu beleben, zwar möglich, aber nicht ratsam wäre, und daß Wagners Hauptziel darin bestand, bestimmte Wirkungen zu erzeugen und größere ästhetische Zusammenhänge zu thematisieren, die jede enge Definition von »korrekter Inszenierung« unmöglich machen. Dennoch kann eine genaue Untersuchung der zu Wagners Lebzeiten herrschenden Bedingungen und Praktiken sowie der Versuche, diese Voraussetzungen zu verändern, zeigen, wie der damalige Stil die Aufnahme seiner Werke beim Publikum beeinflußte.

In Wagners Jugend und während seiner frühen Zeit als Dirigent und Komponist befand sich die musikalische Aufführungskunst in Deutschland in einem trostlosen Zustand. Die Orchester waren klein, ihre Mitglieder überarbeitet, nicht ausreichend geübt, unterbezahlt und nicht immer in der Lage, ihr Bestes zu geben. Es überrascht nicht, daß Wagner mit diesem Zustand unzufrieden war. Dennoch war dies die Umgebung, in der er aufwuchs und seine Begeisterung für Musik und Schauspiel entwickelte; so ist es auch nicht erstaunlich, daß er einen Enthusiasmus für gewisse Elemente dieses Umfelds bewahrte. Insbesondere im Hinblick auf das Orchester fand er die klanglichen Eigenschaften einiger Instrumente – vor allem der Holz- und Blechbläser – besser, bevor sie sich im Laufe des Jahrhunderts veränderten. In einigen Fällen störte ihn die größere Lautstärke, die sie später erreichten; beispielsweise verabscheute er die »Gewaltsröhre«, zu der sich die Flöten entwickelten. Zu den Hörnern – die ursprünglich ihre Stimmlage veränderten, indem Stimmbögen von verschiedener Länge manuell ausgetauscht wurden, und die erst mit der Einführung von Ventilen alle Noten der chromatischen Tonleiter leichter erreichen konnten – erklärte Wagner in seinem Vorwort zur Partitur von *Tristan und Isolde*, daß die Vornehmheit des Tons und des weichen Legato, zu der das frühere Instrument in höherem Maße fähig gewesen sei, auf dem Instrument mit Ventilen nachgeahmt werden sollte. Kurzum, die ungeheure »Verbesserung« der meisten Instrumente zu Lebzeiten Wagners fand nicht immer seine Billigung, selbst wenn seine Werke einige dieser Veränderungen notwendig machten. (Übrigens wurden Metallsaiten erst nach Wagners Tod allgemein übernommen.)

Wagners ideales Orchester war viel größer als das Standardorchester seiner Jugendzeit. Diese Erweiterung war nicht nur auf die Notwendigkeit zurückzuführen, durch eine Vergrößerung der Streichergruppen das Gleichgewicht zu den Holz- und Blechblasinstrumenten aufrechtzuerhalten, die an Lautstärke gewonnen hatten, sondern auch dadurch bedingt, daß Wagner bei seiner Suche nach verfeinerten Schattierungen für seine Klangpalette neue Instrumente dauerhaft im Orchester etablierte. Nachdem er herausragende Soli für Englischhorn und Baßklarinette im *Tannhäuser* geschrieben hatte, machte er diese Instrumente und die Pikkoloflöte zu einem Bestandteil der dreifachen Besetzung der Holzbläser im *Lohengrin* und schließlich der vierfachen Besetzung der Holzbläser im *Ring*. Blechblasinstrumente wurden in seinen Partituren ebenfalls zahlreicher; die Einführung von vier sogenannten »Wagnertuben«, die bei Bedarf vom fünften bis achten Hornisten gespielt wurden, sowie einer Baßtrompete und einer vierten Posaune im *Ring* weist auf das Ausmaß hin, zu dem sich Wagners Partitur erweiterte, auch wenn *Parsifal* sich auf einen kleineren Klangkörper beschränkte und *Tristan* und *Die Meistersinger* einige Holzbläser nur doppelt besetzen. Ironischerweise zwang das selbstgeschaffene Klangvolumen Wagner dazu, kraftvollere Versionen einiger Instrumente vorzuschlagen und auch bauen zu lassen (Mitte der 1870er Jahre förderte Wagner z.B. die Entwicklung einer Alt-Oboe, die über eine

Das Orchester

größere Lautstärke und Eindringlichkeit als das damalige Englischhorn verfügte, und empfahl, dieses neue Instrument in all seinen Partituren anstelle des Englischhorns zu verwenden – ein Vorschlag, der aber fast völlig ignoriert wurde). Seine entsprechend große Streichergruppe – 16 erste Violinen, 16 zweite Violinen, 12 Bratschen, 12 Celli und 8 Kontrabässe – sollte dem Orchester mit diesem in der Oper noch nie dagewesenen Kontingent von Holz- und Blechbläsern die richtige Ausgewogenheit verleihen.

Eine solch außergewöhnliche Instrumentierung bedrohte die Hörbarkeit der Sänger, so daß Wagner eine neue Lösung suchen mußte, um das Gleichgewicht zwischen Sängern und Orchester aufrechtzuerhalten. Seine idealistische Begeisterung für ein unsichtbares Orchester hatte also auch ihre praktische Seite: Wenn man das Orchester versenkte, verringerte man seine Lautstärke; deshalb wurden die Theater, die diese Anordnung übernahmen, vor allem das Bayreuther Festspielhaus und später das Prinzregententheater in München, als ideale Theater für Wagner-Aufführungen betrachtet; hier waren die Schwierigkeiten einer klanglichen Ausgewogenheit zwischen Orchester und Sängern wesentlich verringert.

Auch in der Spieltechnik der Instrumente unterscheiden sich Aufführungen des 19. Jh. von den heutigen. Man darf annehmen, daß Wagners Einfluß auf moderne Vorstellungen vom Klang eines Orchesters – nicht bloß der Instrumentierung – tiefgreifend war. So wurden in dem Bemühen, das neue Ideal des Streicher-Sostenutos zu erreichen (Ausnutzung des ganzen Bogens und nahtloser Übergang zwischen Auf- und Abstrich), auch der freizügige Gebrauch des Portamento (inzwischen längst wieder aufgegeben) und ständiges Vibrato in Wagners Partituren und in das Orchesterspiel allgemein eingeführt. Daß ein kontinuierliches Streichervibrato nicht allgemein üblich war, ist deutlich der Eröffnungspassage von Brahms' Ungarischem Tanz in g-Moll zu entnehmen, den der greise Joseph Joachim 1903 einspielte. Im Unterschied zu späteren Aufführungen, bei denen das Vibrato großzügig verwendet wird, um den pathetischen Charakter der Passage zu unterstreichen – was dazu führt, daß das Nicht-Vibrato des abschließenden g (das nur auf der leeren Saite gespielt werden kann) aus dem Kontext herausfällt –, bleibt in Joachims Interpretation das klangliche Kontinuum gewahrt. Tatsächlich betrachteten die meisten Komponisten des 19. Jh. das Vibrato als einen Spezialeffekt, der sparsam eingesetzt werden sollte. Das Portamento wurde angeblich mehrere Jahrzehnte nach Wagners Tod allgemein ausgiebiger verwendet als zu seinen Lebzeiten. Auch wenn dies wahrscheinlich ist, können spätere Exzesse zumindest teilweise dem Versuch zugeschrieben werden, Wagners Betonung des Sostenuto-Spiels gerecht zu werden – nun jedoch ohne seine Festlegung angemessener Grenzen.

Dirigieren

Wagners Hauptbeitrag zur Kunst der Interpretation hing mit seiner Vorstellung von der Rolle des Dirigenten zusammen. Bei den Opernaufführungen in Wagners Jugend konnte der Sänger eine geniale dramatische

Darstellung einer bestimmten Rolle erreichen, aber der Kontext, in dem diese Darstellung stattfand, blieb normalerweise kläglich unbestimmt. Diese Sachlage wird verständlich durch die Tatsache, daß der Dirigent zwischen der Bühne und dem Orchestergraben stand und sich entweder dem Orchester oder den Darstellern zuwenden mußte, um ihre Aufmerksamkeit zu erhalten. Und auf jeden Fall verließ er sich auf den Konzertmeister, um das Orchester zusammenzuhalten. Da bei den Künstlern eine übergreifende Vorstellung vom Werk fehlte und der Erfolg von Opern hauptsächlich durch die Darbietungen führender Sänger erreicht wurde, machte nur eine starke Vereinfachung der Rollen, dramatischen Situationen und musikalischen Funktionen eine einigermaßen praktikable Opernarbeit möglich.

Wagners Aussagen zum herkömmlichen Stil von Orchesterdarbietungen in seiner Jugend und während seiner frühen Karriere sind als eine nicht gerade wohlwollende subjektive Sicht des damaligen Zustands und nicht als genaue, objektive Beschreibung zu verstehen. Nichtsdestoweniger hat seine Wahrnehmung des Wandels, den er durch seine eigenen Ansprüche an Orchester- und Opernaufführungen bewirkte, zwangsläufig unsere Auffassung vom damals vorherrschenden Stil geprägt, der zu gleichförmigen, mäßig raschen Tempi (vor allem um unpräzises Zusammenspiel aufgrund ungenügender Probenarbeit zu vermeiden) und einer begrenzten dynamischen Spannweite ohne Extreme tendierte. Der Stil, für den Wagner selbst sowohl als Dirigent als auch in seinen Schriften, vor allem in *Über das Dirigieren*, eintrat, war mehr, als es die damalige Praxis zuließ, durch wirkungsvolle Expressivität gekennzeichnet, die sich vor allem in stärkeren Tempo- und Dynamikkontrasten äußerte. Wagner brachte seinen Orchestern die flexibleren Ausdrucksweisen bei, die eine neue Generation romantischer Instrumentalvirtuosen vorführte. Es ist somit auch nicht überraschend, daß die Anhänger des alten Stils Wagners Aufführungen als exzentrisch oder rundweg als verfehlt betrachteten.

Es erscheint einleuchtend, daß sich Wagners Dirigiertechnik auch von der Dirigierweise der Stabartisten unterschied, die als Reaktion auf die neuen, von seinem Beispiel eingeleiteten Wege auftauchten. Wie anders läßt sich sonst die Tatsache erklären, daß er 1877 in London die Ouvertüre zum *Fliegenden Holländer* nicht weniger als viermal beginnen mußte (Klein 1903)? Die Aufführungsbedingungen, die er in seinen frühen Jahren kennenlernte, veranlaßten ihn dazu, sich auf den Konzertmeister als Garanten für ein funktionierendes Zusammenspiel zu verlassen, während er als Dirigent sich dem Ausdruck widmete. Selbst in seiner besten Zeit erscheint es verständlich, insbesondere wenn er keine angemessene Probenzeit zur Verfügung hatte, daß manchmal mangelhafte Koordination seine Aufführungen störte. Für viele Zuhörer brachte Wagners Dirigierstil jedoch ungeahnte Einsichten in den expressiven oder dramatischen Gehalt der Werke, deren Aufführung er leitete. Zur Zeit seines größten Ruhms konnte man Wagner in erster Linie als Dirigenten seiner eigenen Werke erleben;

deshalb wurde seine Art zu dirigieren auch als integraler Bestandteil seiner dramatischen Konzeption betrachtet.

Die größere dynamische Spannweite in Wagners Aufführungen wurde bald zum Allgemeingut großer Dirigenten und Orchester und ein wichtiges Kennzeichen des modernen Aufführungsstils. Weit widersprüchlicher – und lange überholt – ist die Art und Weise der Tempomodifizierung, die Wagner in der Praxis wählte und zu der er in seinen Schriften ermutigte. Wagner bestand darauf, daß jedes Thema eine spezielle Ausdrucksqualität enthalte, die ihr eigenes Tempo bedinge; deshalb vermieden seine Aufführungen jede durchgehende Zählzeit, die die Orchesteraufführungen seiner Jugend kennzeichnete und die heute noch starrer befolgt wird. Wagners bevorzugtes Mittel, um die Kluft zwischen einem vorherrschenden raschen Tempo und dem langsameren Tempo zu überbrücken, das ein lyrisches Thema erforderte, scheint ein erhebliches Ritardando gewesen zu sein, bevor er das neue Tempo aufnahm. Hinweise auf sein Vorgehen beim Übergang zu einem schnellen Tempo sind weniger eindeutig, denn eine systematische, zunehmende und allmähliche Steigerung des Tempos über eine lange Zeitspanne scheint unwahrscheinlich für einen Künstler, dem die unmittelbare melodische Qualität der Musik, die er dirigierte, so sehr am Herzen lag.

Man ist versucht zu glauben, daß Wagners Aufführungen den uns vertrauten nicht unähnlich waren. Sicherlich wirken die berühmten Tempomodifizierungen von Wilhelm Furtwängler auf viele wie eine Manifestation von Wagners Einfluß. Insoweit sich Wagners Stil aus überlieferten Hinweisen rekonstruieren läßt, muß man jedoch davon ausgehen, daß Wagner in seiner eigenen Musik eine Skala von Tempomodifikationen vorführte, die viel detaillierter war als alles, was Furtwängler ausprobierte. Eines der aufschlußreichsten Dokumente von Wagners Art, seine Musik zu dirigieren, ist die Aufnahme des *Tristan*-Vorspiels durch Richard Strauss 1928. Willi Schuh hat Dokumente gefunden (Schuh, 1982), in denen Strauss bestätigt, daß er seine Interpretation von seinem ehemaligen Lehrer Hans von Bülow hat, der nicht nur die ersten Aufführungen des Vorspiels und der kompletten Oper dirigiert hatte, sondern auch mit dem Stil des Dirigenten Wagner völlig vertraut war; er hat ihn auch nachweislich in vielen wichtigen Aspekten der »modellhaften« Wagner-Aufführungen der 1860er Jahre in München übernommen. Die Wiedergabe durch Strauss zeigt einen Dirigierstil, in dem die variierten Tempi, die Wagner für symphonische Werke vorsah, auf kurze Motive angewendet werden, selbst wenn eng miteinander verflochtene Melodiefragmente eine solche Methode auszuschließen scheinen. So wirkt z.B. in der Strauss-Interpretation des *Tristan*-Vorspiels, das heute als großer symphonischer Zusammenhang verstanden wird, das »Blickmotiv« der Takte 17 bis 22 in seinem dramatischen Accelerando und Ritardando erstaunlich detailfreudig. Noch aufschlußreicher ist die Reihe von abrupten Verschiebungen zwischen zwei Tempoebenen in den Takten 63 bis 73, so daß die zahlreichen Wiederholungen des aufsteigenden chromatischen Motivs, das erstmals in Takt 2 eingeführt wird, als feierlicher Hintergrund für die erregten Aufwärtsläufe dienen, die das Vorspiel zu seinem Höhepunkt vorantreiben. Diese Einspielung ist so untypisch für die ansonsten »stromlinienförmige« Art, wie Strauss sowohl Wagner als auch andere Komponisten dirigierte, daß man sich des Verdachts nicht erwehren kann, die Konzeption stamme tatsächlich mindestens von Bülow, wenn nicht gar von Wagner. Die magnetische Kraft, die Wagner auf die Orchester ausübte, wird aus einem solchen Beispiel erfaßbar: Wenn sich der expressive Topos jedes Augenblicks vom vorhergehenden durch die Anwendung dieses gestischen Stils unterscheiden kann, werden Aufmerksamkeit und gefühlsmäßige Beteiligung notwendige Komponenten der Rolle des Orchestermusikers.

Gesang

Wagner beschreibt in *Mein Leben*, wie ihm die Sängerin Wilhelmine Schröder-Devrient ein prägendes Theatererlebnis bescherte (siehe »Mythen und Legenden«, S. 141). Zwar schuf Wagner seine faszinierenden und so facettenreichen Werke aus seinem intuitiven Genie für das Dramatische, doch kann man ebenso annehmen, daß der Impetus dafür im Grunde ein Versuch war, dem überwältigenden Erlebnis, das Wagner durch Schröder-Devrients Kunst erfahren hatte, eine dauerhafte Form zu geben. Und weil er die Darbietung einer Sängerin als Impuls für seine eigene dramatische Offenbarung beschrieb, behauptete er immer, daß die beabsichtigte Wirkung seines Werkes am unmittelbarsten durch eine überwältigende dramatische Verkörperung der Hauptrollen realisiert werden könnte. Was er unter einer solchen Vorstellung verstand, läßt sich bis zu einem gewissen Grad beschreiben. Aber es ist äußerst problematisch, die Mittel und Wege zu solch einer Wirkung festzulegen. Jedenfalls unternahm Wagner alle Anstrengungen, von den Sängern die gewünschte Leistung zu bekommen, und dennoch erhielt er sie nicht immer und automatisch. Diese Wirkung entzieht sich einer einfachen technischen Definition, denn sie hängt kaum von äußeren Stilmerkmalen ab; Wagners Ziel wird eher durch eine Vortragsart erreicht, die noch das dichteste und gedankenvollste musikalische Gewebe in eine gesteigerte verbale Ausdrucksweise aufnehmen kann. »R. klagt es, wie ahnungslos die Darsteller dessen, was darin [die Szene zwischen Parsifal und Kundry im zweiten Aufzug des *Parsifal*] sei, blieben, und gedenkt der Schröder-Devr., wie sie würde das gesprochen haben: ›So war es mein Kuß, der hellsichtig dich machte.‹ Nun müsse die Musik alles übernehmen«, schreibt Cosima in ihrem Tagebuch (CT, 9. Juli 1882). Nur in Ludwig Schnorr von Carolsfeld traf Wagner auf einen Sänger, dessen Darstellung seiner Rollen ihn zu mehr als nur dem Lob veranlaßte, das in Theaterkreisen üblich ist. Hält man sich vor Augen, daß Wagner seine Vorstellungen von Gesang und dramatischer Darstellung selbst nicht realisieren konnte, kann man sich nicht darauf versteifen, einen einmal existenten Stil wiederzubeleben; das Ziel ist, einen Stil zu definieren, der Wagner als Ideal vorschwebte.

Die Unterschiede zwischen der Gesangstechnik zu Wagners Zeiten und der heutigen sind allerdings beträchtlich. Auch der beste Gesang war damals weit entfernt von einer präzisen Intonation; mitschwingende Nebentöne trugen zum Stimmcharakter bei und verliehen ihm klangliche Anziehungskraft. Aber man muß betonen, daß das fortwährende starke Vibrato (technisch gesprochen Tremolo), das seit langem ein selbstverständliches Element im modernen Operngesang ist, dem Gesang, wie ihn Wagner kannte, vollkommen fremd war. Man kann nur spekulieren, wie er darauf reagiert hätte, aber da er nur bei bestimmten – stark gefühlsgeladenen oder karikierenden – Stellen Vibrato verlangte, scheint er das Vibrato als einen Spezialeffekt angesehen zu haben, der nicht wahllos verwendet werden sollte. Da die Motivation für ein kontinuierliches Vibrato außerdem auf rein musikalische Kriterien zurückgeht und weil das Vibrato eine natürliche dramatische Darstellung und eine angemessen lebensnahe Aussprache des Textes behindert, wäre Wagners Mißfallen ohne Zweifel beträchtlich gewesen. Zumindest ist vielfältig belegbar, daß gut ausgebildete Sänger und Sängerinnen zu Wagners Zeit nicht das Klangideal verfolgten, das auf einem ubiquitären starken Vibrato beruht.

In welchem Maße Wagner die Verwendung von vokalem Portamento wünschte, ist eine strittige Frage. Zum einen ist das Zeichen für seinen Einsatz – ein Bindebogen –, ungenau, weil es auch viele andere Vortragsweisen bezeichnen kann, so z. B. welche Noten in einer melismatischen Passage auf einer bestimmten Silbe gesungen werden sollen, welche Noten in einem Atemzug (oder in einem vorgetäuschten Atemzug) zusammengebunden werden sollen usw. Zum zweiten umfaßt das Portamento selbst eine Reihe verschiedener Effekte: Das weiche Legato, das eine auf- oder absteigende melodische Wendung verbindet, bezeichnet einen Aspekt des Begriffs; das lange Glissando, das zwei Töne mit einem weiten Intervall dazwischen verbindet, ist ein anderer. Eine solche Unsicherheit sollte aber nicht dazu verleiten, den Effekt generell zu vermeiden. Manche Sänger wollen das Glissando nicht verwenden, aus Angst, man würde sie für geschmacklos halten. Immer wenn ein Notenpaar mit einem Bogen verbunden ist und die zweite Note sich dabei auf ein neues Wort oder eine neue Silbe bezieht, ist dies eine klare Portamentoanweisung (»Ich hört' *ihn fern* hin hallen« aus dem ersten Abschnitt von Elsas Traum im ersten Aufzug des *Lohengrin* ist ein schönes Beispiel). Und bestimmte Passagen, in denen Bindebögen als bloße Schreibkonvention abgetan werden können und manchmal auch werden, müssen klar als Portamenti gesungen werden (die Oktavsprünge in Brünnhildes Schlachtruf oder »Seine Raben beide sandt' er auf *Reise*« in Waltrautes Erzählung). Im Schlachtruf beispielsweise begründet die Tatsache, daß zwischen den ersten beiden Silben von »Hojotoho!« Portamento gefordert wird, eine charakteristische Qualität von Freiheit, die durch einen sauberen Intervallsprung auf der letzten Silbe durchbrochen wird; dagegen deuten bei Waltrautes Worten das langsame Tempo, die prekäre Qualität des Intervalls, die Bedeutung des Worts, in dem der Bindebogen erscheint, und die Tatsache, daß der frühere gleiche

Intervallsprung (zwischen den beiden Silben von »Raben«) keinen solchen Effekt verlangt, gemeinsam darauf hin, daß Wagner an dieser Stelle ein Portamento wollte. Im allgemeinen verlangen große Aufwärtssprünge, die mit einem solchen Bindebogen versehen sind, ein Portamento vom Glissando-Typ und kulminieren in einer kurzen Vorwegnahme des zweiten Tons. Aber in jedem Fall kann die Praxis, Portamento nur bei Bindebögen anzuwenden, die ausdrücklich zwei Noten verbinden, dem Sänger helfen, die expressive Syntax in Wagners Gesangslinien zu verwirklichen.

Auch andere Angaben machen diese Syntax klarer: Beispielsweise werden Akzente an Stellen angebracht, wo eine besondere Klarheit des verbalen sprachlichen Vortrags angemessen ist. Bis zum *Lohengrin* sind Wagners Gesangspartien zunehmend mit Artikulationen, dynamischen Bezeichnungen und anderen musikalischen Symbolen versehen, die anzeigen, wie Wörter, Linien und zusammenhängende Phrasen gestaltet werden sollen; danach wird ein einfacherer Notationsstil die Norm. Diese Veränderung sollte nicht dahingehend interpretiert werden, daß die Vokalpartien in Wagners späteren Werken weniger detailliert zu gestalten wären, im Gegenteil: Der schöpferische Akt einer gleichzeitigen Konzeption von Text und musikalischem Gedanken hat zu einem solchen Reichtum an Gestaltungsmöglichkeiten geführt, daß er nicht mehr mit musikalischen Symbolen dargestellt werden konnte.

Unglücklicherweise wird im allgemeinen der Begriff »Sänger« oder »Sängerin« verwendet, um die Person zu bezeichnen, die in Wagners Werken auf der Bühne auftritt. »Sänger« ist ein Künstler, der in erster Linie dafür verantwortlich ist, einen ästhetisch angenehmen Klang zu erzeugen; jede Abweichung von einem abstrakten Gesangsideal wird beanstandet. Wagners bedeutsame Begegnung mit Schröder-Devrient ließ ihn jedoch von einer »Sängerin« schwärmen, deren Gesang von den Hardlinern unter den Kritikern verunglimpft wurde. Der englische Kritiker Henry F. Chorley beispielsweise zögerte nicht, sie als »Natursängerin« zu bezeichnen, worunter zu verstehen ist, daß sie weder eine kultivierte Atemtechnik besaß noch einen schönen Ton halten konnte. Wer behauptet, daß Wagner schönes Singen schätzte, und darunter jenen Gesangsstil versteht, der um die Jahrhundertwende von den berühmten internationalen (d.h. nicht deutschen) Stars praktiziert wurde, liest die betreffenden Stellen in Wagners Schriften nicht in ihrem Kontext. Tatsächlich läßt die Aufzählung seiner begeisterten Äußerungen über bestimmte Sänger die Frage aufkommen, ob Wagner für diese Art von »Gesangskunst« viel Verwendung hatte. Von den Sängern, die mit ihm als Darsteller seiner Hauptrollen besonders eng zusammenarbeiteten, scheint nämlich nur Joseph Tichatschek, sein erster Tenor in Dresden, gleichbleibend imstande gewesen zu sein, einheitlich fließende Gesangslinien zu produzieren, die auch das Lob eines Kenners fanden. Viele der anderen Sänger, mit denen Wagner arbeitete und denen er seine Hauptrollen anvertraute, waren typisch für die deutschen Sänger jener Zeit: Sie waren schlecht ausgebildet und besaßen keine differenzierte Technik.

Auch wenn Wagner anerkennend über Sänger schrieb, die einen schönen Ton pflegten, war er in erster Linie an einer genuin vokalen Kompositionsweise interessiert, die fähig wäre, flexibel und überzeugend ein intensiviertes Sprechen nachzuahmen. Um jedoch diese Wirkung zu erzielen, mußten die damaligen Sänger ihre Gewohnheit überwinden, die Musik in Rezitative und Arien einzuteilen, die sie mit nachlässiger Freiheit bzw. harmloser Musikalität sangen. Wagners Parlando-Schreibweise schien für die meisten Sänger einem Rezitativstil zu ähneln, so daß sie, falls sie nicht anders angewiesen wurden, diese Musik mit den den Text vergewaltigenden Überbindungen und Vorhalten sangen, die man üblicherweise beim Rezitativ erwartete. Wagners Schriften und Kommentare zeigen auf vielfältige Weise seinen Wunsch, daß die Notenwerte seiner Vokallinien mit äußerster Genauigkeit eingehalten und seine Texte klar artikuliert werden sollten, so daß er auf einen lebendigen Vortrag der Musik hoffen konnte; nur die Konzentration ihrer Energie auf eine präzise Wiedergabe der Gesangslinien konnte den damaligen Künstlern die korrekte verbale Gestaltung des Texts eröffnen. Selbst in der Bayreuther Inszenierung des *Rings* von 1876 enthält seine letzte Bitte an die Sänger den Ratschlag: »! Deutlichkeit! – Die großen Noten kommen von selbst: die kleinen Noten und ihr Text sind die Hauptsache. –« Wagner hoffte, daß die Sänger, wenn sie die Noten und Notenwerte seiner Gesangslinien beherrschten, »weitergehend mit verständiger Freiheit, eher befeuernd als zurückhaltend, […] nur noch den Eindruck einer erregten, poetischen Redeweise hervorbringen können«. Während Wagners Interesse an Genauigkeit für die damaligen Sänger und Sängerinnen größere Konzentration und eine ungewöhnliche Beherrschung der Partie erforderte, besteht die Herausforderung für heutige Künstler darin, die andere Seite seiner Gleichung zu verwirklichen: »verständige Freiheit« zu zeigen, »eher befeuernd als zurückhaltend«, um dadurch eine »erregte, poetische Redeweise« hervorzubringen.

Man sollte noch etwas dazu sagen, was Wagners Sänger und Sängerinnen tatsächlich erreichten. Angesichts der zweifelhaften und höchst unterschiedlichen technischen Fähigkeiten der meisten Sänger ist es kaum überraschend, daß ihre Darbietungen selten von denen gelobt wurden, die andere Vorstellungen von schönem Gesang hatten. Wagners Arbeit scheint von unterschiedlichem Erfolg gewesen zu sein, was das Problem angeht, seine Sänger von ihrem verfälschenden Stil abzubringen. Zu den erfolgreich Bekehrten gehörten Anton Mitterwurzer als Wolfram und Schnorr als Tristan (Wagners Aufsatz *Erinnerungen an Ludwig Schnorr von Carolsfeld* idealisiert diesen Sänger und stellt an seinem Beispiel die Eigenschaften dar, die Wagners ideale Sänger besitzen sollten). Diejenigen Sänger, die seinen Anforderungen genügten, waren Ausnahmen, weil sie nicht nur Intelligenz und Talent besaßen, sondern flexibel und Wagner ausreichend ergeben waren, um für seine Vorschläge zugänglich und empfänglich zu sein – und sie schienen dem Komponisten schließlich dankbar zu sein, daß er ihnen den richtigen Weg gewiesen hatte. Aber der Tenor

Albert Niemann, dessen Wirkung in Wagner-Rollen auf seine Zeitgenossen einen Eindruck machte, der sich mit dem von Schröder-Devrient auf Wagner vergleichen ließe, beweist – obwohl er sowohl persönlich wie künstlerisch eine stürmische Beziehung zu Wagner hatte –, daß der Gesangsstil, nach dem Wagner suchte, auch anders als wie vom Komponisten gefordert vorstellbar war. Hanslick belegte Niemann mit demselben Begriff wie Chorley die Schröder-Devrient, »Natursänger«, beschrieb aber seinen Gesang als »vollständige Verschmelzung von Wort und Ton, von Gedicht und Composition«. Während Wagners Wunsch nach »gefügigen« Sängern nach seinem Tod weiterverfolgt und in Bayreuth zu einer Tugend gemacht wurde, war es Niemann, der als erstes und langlebiges Vorbild eines großen Wagnersängers durch seine Gesangs- und Darstellungskunst großen Einfluß ausübte. Die paradoxe Situation, daß der »beste« und einflußreichste Wagnersänger der damaligen Zeit Interpretationen bot, gegen die der Komponist etwas einzuwenden hatte, hat für die Aufführungspraxis zwei unterschiedliche Konsequenzen: Entweder muß sich der Versuch, die erfolgreichsten Wagner-Interpreten seiner Zeit zu verstehen, ausgerechnet auf diejenigen konzentrieren, die dem Komponisten selbst mißfielen, oder aber die Disziplin wird weiterhin einen Stil befürworten, den Wagner selbst niemals verwirklichen, sondern immer nur annäherungsweise auf die Bühne bringen konnte.

Die Aufführung alter Musik auf historischen Instrumenten, die sich in den letzten Jahrzehnten fest etabliert hat, unternimmt auch Ausflüge in das Standardrepertoire des 19. Jh. So wird auch die Musik Wagners in den Fokus dieses Ideals rücken. Die Möglichkeit, Wagners Musik von Instrumenten gespielt zu hören, wie er sie kannte oder bewunderte, werden sich wenige versagen, die an seiner Musik interessiert sind; auch in anderer Hinsicht können solche Aufführungen erhellend sein. Gegen eine kompromißlose Realisierung von Wagners Musik gemäß diesen Kriterien spricht jedoch einmal der anhaltende Mangel an Sängern und Sängerinnen von Wagnerschem Kaliber; und diejenigen Sänger, die Wagners Anforderungen an Sprachgestaltung und Ausdauer genügen würden, werden kaum einen Gesangs- und Ausdrucksstil übernehmen wollen, der sich so kraß von den gängigen, den Publikumsgeschmack treffenden Inszenierungen unterscheidet. In diesem Stadium der Aufführungsgeschichte wäre es in jedem Fall äußerst schwierig und sogar nicht einmal wünschenswert, die technischen Beschränkungen und Unzulänglichkeiten nachzuahmen, die Sänger und Sängerinnen zu Wagners Lebzeiten zeigten.

Die andere Hauptschwierigkeit wäre, die expressive Eindringlichkeit der Wagnerschen Konzeption wiederzubeleben. Diese setzt eine solche Spontaneität voraus, arbeitet mit solchen darstellerischen Extremen und ist in solchem Ausmaß auf (heute verpönte) subjektive Zurschaustellung aus, daß sie in einer Zeit, die von den Musikern Darbietungen von steriler Perfektion erwartet (in der sie ausgebildet werden), kaum zu verwirklichen

Wagner im »Originalklang«?

ist. Ein früher Versuch, Wagner im Originalklang wiederzugeben, war Roger Norringtons Einspielung der Ouvertüre zum *Fliegenden Holländer* von 1988. Sie scheitert an der Verwendung unflexibler Tempi, bei denen die »schnellen« Passagen gesetzt und die »langsamen« brüchig und atemlos erscheinen. Der »Originalklang-Bewegung« ist es hier gelungen, (auf moderne Weise) einen wesentlichen Teil des Stils wiederzuerschaffen, gegen den sich Wagner mit leidenschaftlicher Verachtung wandte. Werden ihre Anhänger genügend Einsicht besitzen, sich von einigen ihrer Dogmen zu befreien – in diesem Falle von der unverletzlichen Kontinuität des Tempos –, um die Freiheit zu gewinnen, die Ausgangspunkt der Wagnerschen Revolutionierung des Aufführungsstils war? Wir werden sehen.

DAVID BRECKBILL

Kapitel XVII

Aufführungsgeschichte

Gesangsstil
Dirigierstil
Inszenierung

Aufführungsgeschichte

Die Aufführungsgeschichte der Werke Wagners liefert einen unverzichtbaren Hintergrund für die Beurteilung ihrer Rezeption im Lauf der Jahre. Jede Wagner-Aufführung stellt ein kompliziertes Wechselspiel zwischen vielen künstlerischen Parametern dar – eine Tatsache, die gegen eine strikte Einteilung in Rubriken, wie sie etwa hier vorgenommen wird, zu sprechen scheint. Dennoch haben Gesang, Dirigieren und Inszenierung – jedes für sich ein bedeutsames künstlerisches Unterfangen, das eine Reihe von problematischen Details umfaßt – in Hinsicht auf das Wagnersche Werk eine grundlegende Entwicklung durchlaufen; und jedes Element verdient es, gesondert beschrieben zu werden. Bevor wir uns an diese voneinander teilweise unabhängigen Entwicklungen der Aufführungsgeschichte wagen, ist es vielleicht von Nutzen, einen allgemeinen Überblick über die Aufführungsgeschichte Wagners zu geben, die man in drei Perioden gliedern kann.

In der ersten, in der Zeit kurz nach Wagners Tod, wurde eine Vielzahl von Lösungsansätzen für die von ihm aufgestellten, bis dato unbekannten musikalischen Forderungen vorgeschlagen bzw. verfeinert, während sein Inszenierungsstil kaum in Frage gestellt wurde. Im folgenden Zeitraum, der etwa zwei Jahrzehnte umfaßte (ungefähr zwischen 1920 und 1940), gelang eine Synthese der wichtigsten musikalischen Versuche aus der ersten Periode, so daß in mancher Hinsicht die schlüssigsten und befriedigendsten Ergebnisse erzielt wurden, die je zu hören waren. Zur gleichen Zeit wurden neue Prinzipien in der Aufführung von Wagner-Werken benutzt, die zusätzliche Bedeutungsschichten offenlegten, während die traditionellen – damals oft schon zur Routine erstarrten – Inszenierungen verschwanden. In der dritten Periode, seit 1945, hat ein zunehmend experimenteller und »interpretierender« Inszenierungsstil dazu geführt, daß bei einer Wagner-Aufführung die Regie und nicht mehr die Musik an erster Stelle steht. Die historische Entwicklung der Wechselwirkungen zwischen den verschiedenen Komponenten der künstlerischen Synthese, die Wagners Werke darstellen, deutet darauf hin, daß der Punkt, an dem wir in den 90er Jahren angekommen sind, nicht das Endstadium in dieser spannenden Geschichte sein wird.

Wagners frühe Werke fanden allmählich Eingang in das Repertoire; zur Zeit seines Todes waren sie sowohl stilistisch wie statistisch in das deutsche Standardrepertoire integriert. Eine Chronik der Opernaufführungen auf 28 führenden deutschen Bühnen für das Jahr 1885 (Kürschner, 1886) zeigt, daß Wagners romantische Opern öfter als jede vergleichbare Werkgruppe anderer Komponisten aufgeführt wurden. Die drei populärsten Meisterwerke Mozarts (*Le nozze di Figaro, Don Giovanni* und *Die Zauberflöte*) erreichten beispielsweise 194 Aufführungen, während *Der fliegende Holländer, Tannhäuser* und *Lohengrin* zusammen 305 mal gespielt wurden; sie waren in diesem Kalenderjahr die neunt-, dritt- und zweithäufigst aufgeführten Opern. (Das populärste Werk war übrigens Neßlers ein Jahr alte Oper *Der Trompeter von Säckingen*, die sich kurzzeitig einer solchen Beliebtheit erfreute, daß sie allein 300 Vorstellungen erreichte.) Die deutschen Sänger und Sängerinnen sahen Wagners frühe Werke bald als alte Bekannte an, und sie hatten eine Musik zu bewältigen gelernt, die man einmal als unüberwindlich schwierig angesehen hatte. Dies geschah mit Hilfe eines Gesangsstils, den die regelmäßige Präsenz dieser Werke im Repertoire bis zu einem gewissen Grad geprägt hatte, der aber auch dazu beigetragen hatte, die unmittelbare Expressivität abzuschwächen, die sie nach Wagners Vorstellung haben sollten.

Als man Ende der 70er Jahre und in den 80er Jahren des 19. Jh. begann, Wagners spätere Werke häufig zu spielen (in dem von uns herausgegriffenen Jahr 1885 führte *Die Walküre* mit 71 Vorstellungen auf deutschen Bühnen diese Gruppe in der Beliebtheitsskala mit leichtem Vorsprung an), war man der Ansicht, ihr Status als Musikdramen würde einen anderen Aufführungsstil erfordern als traditionelle Opern, zu denen nunmehr auch Wagners eigene frühe Werke gezählt wurden. In Deutschland rührte diese Auffassung auf jeden Fall von der Überzeugung her, Wagners Musik sei ihrem Charakter nach in erster Linie symphonisch. Der Sänger diente in einer solchen Konzeption eher als Medium, durch das der Text vermittelt wurde, und als Schauspieler, in dem die symphonische Komponente ihre dramatische Verkörperung fand, denn als Sänger im traditionellen Sinne; diese Auffassung wurde durch die allgemein vertretene und völlig irrige Annahme gestützt, Wagners Konzipierung des Gesangs (in den Werken nach *Oper und Drama*) sei ein unbeholfener Nachtrag beim Kompositionsvorgang gewesen. Viele Sänger waren verständlicherweise durch diese Einstellung verunsichert und fanden Möglichkeiten, Wagners Musik durch ihnen vertraute standardisierte Ausdrucksformen zu kanalisieren. Allerdings ließ man auch häufig zu, daß durch ungenaue Einhaltung von Tonhöhen und Rhythmus das Niveau des Wagner-Gesangs litt.

Diese Laissez-faire-Haltung stellte einen Mittelweg zwischen zwei anscheinend widersprüchlichen Ideologien des Wagner-Gesangs dar, die sich im späten 19. Jh. entwickelten – der Auffassung, vor allem die Worte darzubieten, und derjenigen, in erster Linie die Musik zu singen. Die meisten deutschen Sänger, die von einem vagen, intuitiven Stil abgingen, machten sich das erstere Ziel zu eigen und nahmen sich Albert Niemann zum Vorbild. Leider konnten nur wenige, die ihn nachahmten, mit Niemanns künstlerischer Ausstrahlung konkurrieren; die unbeholfene Annäherung an seinen Stil, die in den 80er und 90er Jahren des 19.Jh. allgemein verbreitet war, pflegte eine nachlässige, ungenaue, oft schlampige Singweise, die sich auf einer monotonen, dynamisch starren Ebene bewegte, was – wie man glaubte – die Worte verständlicher machen würde.

Trotz der schrecklichen sängerischen Leistung, der sie im allgemeinen unterworfen waren, kamen die Werke Wagners bis zu den 90er Jahren des 19.Jh. sehr in Mode. Die Direktionen internationaler Opernhäuser stellten bald fest, daß es sich lohnte, diese Werke zu inszenieren, aber kunstsinnigeren Zuhörern widerstrebte der große Qualitätsunterschied zwischen den besten Sängern französischer und italienischer Opern und denen, die hauptsächlich Wagner sangen. (Wagners frühe Opern waren seit den 70er Jahren Bestandteil des italienischen und in geringerem Maße des französischen Repertoires geworden. In diesem Rahmen war Wagners Sprachvertonung dem nationalen Gesangsstil angepaßt worden, der die Aufspaltung zwischen dem Singen und dem Vortragen des Textes, die die deutschen Sänger verwirrte, nicht kannte.) Kritiker wie etwa G.B.Shaw und W.J.Henderson ermutigten ihre Lieblinge, den reifen Wagner auf deutsch zu singen und gleichzeitig die unumstößlichen Gesetze des Belcanto zu beachten; Sängerinnen und Sänger wie Lilli Lehmann, Lillian Nordica und Jean und Edouard de Reszke brachten einen Stil zu Gehör, der in internationalen Kreisen als ideal für Wagner angesehen wurde, aber in Deutschland als ungenügend durchgestaltet und als übertrieben »opernhaft« galt.

Bayreuth, unter der Leitung von Wagners Witwe Cosima, bot eine Alternative zu dieser Dichotomie. Indem sie beharrlich die Realisierung des Dramengeschehens in Wagners Werken als Hauptziel der Bayreuther Inszenierungen sah, war sie mit denjenigen einig, die einen deutlichen Vortrag des Textes favorisierten; in der Tat war sie die Hauptverfechterin dieses ästhetischen Prinzips. Deshalb wurde die oft unangenehme Singweise, die während ihrer Amtszeit auf die Bühne des Festspielhauses gelangte, manchmal als trockene, brüchig artikulierte Karikatur von Gesang empfunden. Nicht zu Unrecht warf man Cosimas Bayreuth vor, ein Friedhof für Stimmen zu sein, eine unpassende Betonung von Konsonanten zu fördern und dem Belcanto als übertrieben opernhaft zu mißtrauen. Dennoch wurden einige Sängerinnen und Sänger, darunter Ernestine Schumann-Heink und Anton Van Rooy, sowohl in Bayreuth als auch auf den großen internationalen Bühnen hoch geschätzt. Ihre Leistung und die einiger anderer Bayreuther Kollegen weist darauf hin, daß Cosima nach einem Stil suchte, bei dem der Gesang den Ausdruck einer erregend detaillierten Rezitation des Textes verstärkte. Die besten auf Tonträger aufgezeichneten Beispiele dieses Stils – die Ausbrüche von Luise Reuss-Belce als Ortrud auf einem Mapleson-Zylinder aus dem Jahre 1903, Schumann-Heinks gekürzte Erzählung Waltrautes von 1929, Otto Briesemeisters Aufnahme von Loges Erzählung von 1904 sowie Aufnahmen von Alfred von Bary,

Felix von Kraus und anderen – machen deutlich, daß eine breite Vielfalt von technischen Verfahren möglich war, um die große Intensität der Deklamation zu realisieren. Während man in wichtigen internationalen Zentren es als höchste Tugend betrachtete, eine kontinuierliche Gesangslinie beizubehalten, war dies in Bayreuth auch nicht annähernd der Fall (in bestimmten Fällen wurde eine solche Gesangslinie als Spezialeffekt eingesetzt). Statt dessen war zu erwarten, daß eine Reihe von Sätzen oder sogar Wörtern mit ebenso vielen unterschiedlichen expressiven oder technischen Verfahren vorgetragen wurde. Als Synthese zweier ideologischer Extreme des Wagner-Gesangs um die Jahrhundertwende (oder besser gesagt als differenzierte Steigerung des verbalen Ausdrucks durch stimmliche Mittel) wurde der Bayreuther Stil in der damaligen Zeit kaum verstanden, und er hatte daher wenig positiven Einfluß auf nachfolgende Stilrichtungen.

Im frühen 20. Jh. bestanden in Deutschland zahlreiche geographische Unterschiede im Wagner-Gesangsstil: In Dresden herrschte ein süßer Lyrismus, verbunden mit größter musikalischer Präzision; in München führte man den früheren deutschen Stil fort; in Berlin bevorzugte man einen ausgeglicheneren, aber weniger farbigen Stil; in Wien schwelgte man in üppigen Stimmen usw. Diese nebeneinander existierenden Stile begannen zu verschmelzen, als ihre führenden Vertreter mit einem breiteren stilistischen Angebot konfrontiert wurden, insbesondere in London und bei den alljährlichen Wagnerfestspielen in München. Die ungeheure Wirkung, die Enrico Caruso in Deutschland hatte, bewirkte, daß lyrischere Ausdrucksweisen bald in die deutsche Gesangskultur allgemein aufgenommen wurden. Bis zum Ende des Ersten Weltkriegs verkörperten Frida Leider, Lotte Lehmann, Lauritz Melchior, Friedrich Schorr und viele andere eine Synthese von deutschem, auf dem Wort beruhenden Wagner-Gesangsstil und den besten lyrischen Stilmerkmalen des internationalen Operngesangs. Diese Sängerinnen und Sänger waren für ihre vitale Energie bekannt, aber in der Erinnerung blieben sie, weil sie durch ausschließlich stimmliche Mittel (wozu auch artikulatorische gehören) ein breites Spektrum an ausdrucksvoll charakterisierenden Affekten übermitteln konnten. Melchior beispielsweise schreitet mit überschwenglicher Kraft und fast lässiger Sicherheit markig durch Siegfrieds Schmiedelieder, ist dann aber fähig, Siegfrieds Tod mit schmerzvoll langsamen Portamenti darzustellen, die sowohl der Musik wie auch der Komplexität des Charakters gerecht werden. Frida Leiders bemerkenswerter Vortrag von Brünnhildes Schlachtruf zeigt eine in hohem Maße differenzierte Abstufung von expressiven Gemütsbewegungen, zusammengedrängt auf einen kurzen Augenblick: Der schwertähnliche Stoß der oktavtiefen Portamenti und die Überschwenglichkeit eines echten Trillers werden durch lebhafte Artikulation, klaren Ton und sicheres, präzises Tempo verbunden und unterstützt. Ein nach späteren Maßstäben rasches Tempo führt dazu, daß Leiders Aufnahme von Brünnhildes Schlußgesang aus der *Götterdämmerung* die Wirkung einer gesteigerten Rede erhält: Natürliche Rhythmen und Schattierungen bereichern den Fluß der Worte. Lotte Lehmanns mechanische Schallplattenaufnahme von Sieglindes »Der Männer Sippe« – die sogar noch lebhafter wirkt als dieselbe Passage in ihrer berühmten Aufnahme mit Melchior, Emmanuel List und Bruno Walter – zeigt ebenfalls das Beispiel einer Sängerin, die die Musik zum unmittelbaren Ausdruck der Worte gestaltet. Diese Studioaufnahmen spiegeln nicht immer getreu das tatsächliche Niveau der Aufführungen: Live-Aufnahmen aus der gleichen Zeit lassen erkennen, daß insbesondere Melchior ein nachlässiger Sänger war, der auf der Bühne nur selten seine lebhafte Artikulation mit einem lyrischen Timbre versah, während Schorrs Stimme leider schon Mitte der 1930er Jahre in ihren oberen Lagen abgenutzt war. In ihrer Bestform erreichten diese Künstler gemeinsam mit einer Reihe von anderen Sängerinnen und Sängern (darunter Germaine Lubin, Maria Müller, Karin Branzell, Kerstin Thorborg, Franz Völker, Max Lorenz, Herbert Janssen, Rudolf Bockelmann und Alexander Kipnis), die diesen herausragenden Interpreten kaum nachstanden, einen Wagner-Stil, der weithin als Maßstab für spätere Generationen von Wagner-Sängern betrachtet werden kann.

Das Debüt der norwegischen Sopranistin Kirsten Flagstad 1935 an der Metropolitan Opera eröffnete die Karriere der gefeiertsten Wagner-Sängerin ihrer Zeit; das Ansehen, das sie genoß, verankerte im allgemeinen Bewußtsein die Vorstellung, daß der Wagner-Gesang damals seine Hochzeit hatte. Trotzdem kündigte Kirsten Flagstads überragende Stellung in diesem Repertoire eine Tendenzwende an, die schließlich die einzigartige Stilsynthese, die zwischen den beiden Weltkriegen geherrscht hatte, beenden sollte. Einerseits war Kirsten Flagstad, falls dies möglich ist, eine noch eindrucksvollere Stimmathletin als Frida Leider und besaß eine größere, reichere Stimme und eine bemerkenswerte Ausdauer; zudem bewahrte sie bei den oft chaotischen Live-Aufnahmen von Aufführungen in den 30er Jahren aufgrund ihres zuverlässigen musikalischen Könnens und ihrer Vorbereitung ihre innere Sicherheit. Auf der anderen Seite bot ihr Gesang eine weniger umfassende Synthese von musikalischen und textlichen Qualitäten als die ihrer vier berühmten Kollegen. Ihre Stärke waren musikalische und stimmliche Tugenden; zu beachten ist dabei, daß sie ihren großen Erfolg als Wagner-Sängerin in der englischsprachigen Welt erzielte, vor Zuhörern, die die eloquenten, aber subtilen Wortabstufungen einer Leider weniger schätzen konnten. Außerdem tendierte Kirsten Flagstads dramatische Pose, auch wenn sie zu beträchtlicher Intensität fähig war, zu einer unerschütterlichen Matronenhaftigkeit – eine Eigenschaft, die in stimmlicher Hinsicht durch ihre Gewohnheit verstärkt wurde, viele Töne von unten anzugehen. »Schaufeln« wäre ein zu starkes Wort, um diese Technik zu beschreiben, zumindest wie sie von der Flagstad gehandhabt wurde, aber spätere Sängerinnen nahmen sich diesen Stil zum Vorbild. Trotz der unangenehmen Stilelemente, die die Flagstad einführte, bedeutete ihr vorübergehendes Abtreten von der Bühne 1941 das Ende einer Periode, die sich eines Wagner-Gesangs rühmen darf, den man aus heutiger Perspektive als bisher einheitlichsten und herausragendsten bezeichnen kann.

Zunächst schien es nach dem Zweiten Weltkrieg lediglich an den außergewöhnlichen Stimmen zu fehlen, über die eine Flagstad und ein Melchior zu ihrer besten Zeit verfügt hatten. Als wieder bedeutende Wagner-Sänger auftauchten, waren ihre stilistischen Eigenheiten jedoch von den weniger wünschenswerten Besonderheiten der Flagstad beeinflußt. Einige Künstler, die mit dem Bayreuth Wieland Wagners verbunden waren, vor allem Wolfgang Windgassen, Hans Hotter und Astrid Varnay, übernahmen den ungefähren Tonansatz, aber auch die Gelassenheit der Flagstad, so daß sich eine Kluft zwischen musikalischem und sprachlichem Ausdruck auftat. Oft schienen die musikalischen Werte die Oberhand zu gewinnen, aber ohne die stimmliche Präsenz und Mühelosigkeit, die den Gesang der Flagstad so bemerkenswert gemacht hatten. Diese Mühelosigkeit hatte manchen auch zu der Vorstellung verleitet, daß das Format einer solchen Stimme langsamere Tempi und eine fließendere (in der Praxis undeutliche) Aussprache erforderte – eine Hypothese, der die rhythmische Lebhaftigkeit der Flagstad deutlich widerspricht, wenn ihre Dirigenten (in erster Linie in den 30er Jahren) schnelle Tempi wählten.

Deutsch war nicht mehr die Muttersprache einer wachsenden Zahl von führenden Wagner-Interpreten der 50er und 60er Jahre: George London, Jess Thomas, James King, Jon Vickers, Thomas Stewart und Claire Watson beispielsweise wurden alle in Nordamerika geboren. Als Folge davon wurden die Interpreten, die Wagners detaillierte Wechselwirkungen zwischen Wort und Ton hörbar machten, immer weniger. Nicht zufällig leitete dies eine Ära des selbstbewußten Wagner-Gesangs ein. Die überragende Wagner-Sängerin dieser Zeit, Birgit Nilsson, deren kraftvolle, metallische Stimme und vergleichsweise sparsamer Gebrauch des Portamento – das sie manchmal sogar wegließ, wenn Wagner es vorgeschrieben hatte, wie etwa in Brünnhildes Schlachtruf – verliehen dem Wagner-Gesang einen energischeren Ausdruck als in den 50er Jahren üblich. Diese Wirkung entsprang dabei nicht so sehr der Sprachgestaltung, wie es in der Zeit zwischen den beiden Weltkriegen der Fall gewesen war, als vielmehr intuitiven musikalischen Beweggründen. Bald sollte Herbert von Karajan von der Praxis abgehen, die Hauptrollen nur mit Superstimmen zu besetzen, und er präsentierte in seinen Salzburger Wagner-Inszenierungen leichtgewichtigere Stimmen; diese Künstler – wie ihr Typ allgemein – fanden jedoch selbst zu ihrer Zeit keine ähnlich weltweite Zustimmung, auch wenn sie in den 70er Jahren dominierten (teilweise wegen ihrer überzeugenden schauspielerischen Leistung in den zunehmend experimentellen und aktualisierenden Inszenierungen). In den 80er Jahren genossen Künstler wie Gwyneth Jones, René Kollo, Peter Hofmann, Hildegard Behrens und James Morris große Popularität in Wagner-Rollen, obwohl ihre stimmlichen Leistungen leider nicht gleichmäßig hoch waren.

Eines der unangenehmsten Merkmale des Wagner-Gesangs seit der Flagstad-Ära war das starke Tremolieren, das auch viele heute zu hörende Sänger beeinträchtigt. Diese Eigenheit ist nicht neu: Sie taucht manchmal bei abgenutzten Stimmen auf. Sänger und Sängerinnen mit einem weiten und ohne Rücksicht auf den Kontext gleichbleibenden Vibrato findet man bereits in Wagner-Aufnahmen von 1923 (z. B. in der Erzählung Waltrautes von Hedwig Fichtmüller). Doch seit der Flagstad hat die Verbindung von übermäßigem Vibrato und künstlichem Streben nach stimmlicher Gewichtigkeit zum Vorherrschen eines schwammigen, rhythmisch unpräzisen Singstils geführt. Ein Vergleich zwischen Göta Ljungberg und Walter Widdop in ihrer HMV-Aufnahme der *Walküre* (Akt I, Szene 3) von 1927 mit Jeannine Altmeyer und Peter Hofmann in der Philips-Aufnahme der *Walküre* von den Bayreuther Festspielen 1980 ist aufschlußreich. Da ersteres Paar die Schlagzeit der drängenden (heute als rasend geltenden) Tempi von Albert Coates korrekt einhält, erscheint es ganz automatisch als rhythmisch und darstellerisch lebhaft; für sie besteht die Herausforderung – der sie zumeist erfolgreich begegnen – darin, in einer Umgebung von stürmischer Kraft und dynamischer Vorwärtsbewegung die stimmliche Fassung zu bewahren. In der späteren Aufführung entfaltet sich der instrumentale Hintergrund neutraler, auch wenn unter der Leitung von Pierre Boulez ein klares rhythmisches Profil zu erkennen ist. Obwohl die Intention des Dirigenten zu rhythmischer und tonaler Präzision einlädt, stützt sich der Stil der Sänger auf ein unveränderlich gewaltiges und stumpfsinniges Vibrato. Diese stimmliche Gestaltung umfaßt fehlerhafte Intonation und verwaschene Portamenti, die die Sänger dazu bringen, rhythmisch nur annäherungsweise korrekt zu singen und sich sogar bei den wichtigsten Taktschwerpunkten zu verspäten. Diese letzte Aufnahme mag vielleicht ein extremes Beispiel sein, aber sie verweist auf eine Tendenz, die man heute bei zu vielen großen Wagner-Sängern und -Sängerinnen findet (darunter Gwyneth Jones und in geringerem Maße Hildegard Behrens).

Eine andere Entwicklung, durch die der Wagner-Gesang nach dem Zweiten Weltkrieg an eindeutiger Prägung verloren hat, ist die Preisgabe der stilisierenden Konzeption der wichtigen Wagner-Rollen. Viele betrachten den »heroischen« Topos als unfähig, die Komplexität des Charakters eines Tristan, eines Wotan oder einer Kundry offenzulegen; deshalb erwartet man Inszenierungen, die Wagners Charaktere in einem neuen, flexiblen Licht zeigen. Die Vielfalt und Pluralität der Interpretationen, die Wagners Werke in Inszenierungen seit 1951 gefunden haben, hat jedoch zur Entdeckung von »nichttraditionellen« Persönlichkeitsstrukturen in Wagners Charakteren geführt, was wiederum angehende Wagner-Sänger entmutigt, einen Stimmtyp zu entwickeln, der eine Reihe von Wagner-Rollen einschließen würde. Folglich scheint das Geschlecht der Wagner-Sänger ausgestorben zu sein, denn eine scharf konturierte Verkörperung einer bestimmten Rolle läßt sich selten von einer Inszenierung auf eine andere und noch viel weniger von einer Wagner-Rolle auf eine andere übertragen. Jeder Gewinn an visueller und schauspielerischer Charakterzeichnung in den Wagner-Aufführungen der letzten Jahrzehnte ist durch einen Mangel an stilistischer Autorität erkauft worden, mit dem die Sänger ihre Aufgaben in Angriff nehmen. Da sich kein Sänger mehr auf seinen eigenen Fundus an Ausdrucksmitteln stützen kann, ist Wagner inzwischen nur noch einer unter vielen Komponisten des gängigen Repertoires. Die einzige Hoffnung auf ausdrucksvolle Realisierung der Hauptfiguren besteht darin, daß die Sänger sich auf die spezifischen Anforderungen jeder Rolle einlassen. Leistungen wie die von James Morris als Wotan und von Waltraud Meier als Kundry sind vernünftige Gründe dafür, optimistisch zu bleiben.

DAVID BRECKBILL

Dirigierstil

Die Wagner-Interpreten standen in den Jahren nach dem Tod des Komponisten vor der Aufgabe, unverzüglich praktikable Wege zur regelmäßigen Aufführung der Musikdramen zu finden, die damals gerade die Musikwelt im Sturm eroberten. Diese neuen Werke gingen über die traditionellen Anforderungen ihrer Vorläufer weit hinaus. Insbesondere Dirigenten waren von den neuen Herausforderungen betroffen, denn die weitverbreitete Auffassung, daß die Partituren von Wagners Musikdramen symphonischen Charakters seien, erhob die Stellung des Operndirigenten von der eines technischen Koordinators zu der eines Interpreten, dessen Beitrag in jeder Hinsicht für eine erfolgreiche Aufführung ebenso wichtig ist wie der der Sänger und Sängerinnen. Status und Funktion der Operndirigenten wurden so als Folge dieser Werke gestärkt; und die Lösungen, die verschiedene begabte Dirigenten beispielhaft vorschlugen, haben die Aufführungsgeschichte von Wagners Werken beträchtlich beeinflußt.

Von den nach Wagners Tod führenden Dirigenten war Anton Seidl im Temperament und in seinem intensiven Bemühen um alle Belange einer Aufführung dem Meister am ähnlichsten. Nachdem er die Tournee-Inszenierung des *Rings* von Angelo Neumann 1881–83 geleitet hatte, ließ sich Seidl in New York nieder, wo er an der Metropolitan Opera eine beneidenswerte Wagner-Tradition begründete. Er war berühmt für sein hohes künstlerisches Niveau und vor allem für das harmonische Zusammenspiel zwischen Bühne und Orchestergraben, ebenso aber auch für die rastlose Energie, die er nichtmusikalischen Problemen auf der Bühne widmete; sein Orchester regte er zu intensivem, flexiblem und einfühlsamem Spiel an. Als der lyrische Tenor Jean de Reszke die faszinierende Expressivität und zurückhaltende Delikatesse der Seidlschen Wagner-Deutung kennenlernte, sah er das letzte Hindernis, die schweren Wagner-Rollen zu übernehmen, als überwunden an. Heute würden wir die Kürzungen, die Seidl an Wagners Werken für Repertoire-Aufführungen vornahm, für unangemessen halten; einige Szenen – z. B. die Nornenszene und Waltrautes Szene in der *Götterdämmerung* – wurden in Seidls Aufführungen an der Metropolitan Opera einfach weggelassen, um zu vermeiden, daß das Werk (einschließlich Pausen) über vier Stunden dauerte. Bei dieser drakonischen Praxis befolgte Seidl jedoch lediglich Wagners eigenen Vorschlag zur Präsentation seiner Werke außerhalb von Festspielen; zudem erwies sich sein Dirigierstil, der Wagners gestischen Habitus mit seiner unmittelbaren Ausdruckskraft übernahm, als ideal für so stark gekürzte Aufführungen.

Seidl dirigierte in Bayreuth erst ein Jahr vor seinem Tod im Jahr 1898. Hier taten andere, deren Pietät gegenüber Wagner zumindest einen gewissen Grad an künstlerischer Unterordnung unter Cosima Wagner einschloß (die ihrem verstorbenen Ehemann als Leiterin der Festspiele gefolgt war) ihren Dienst. Zu ihnen gehörten Hermann Levi (der erste Dirigent des *Parsifal*), Felix Mottl, Richard Strauss, Karl Muck und Siegfried Wagner. Alle diese Männer entwickelten individuelle Interpretationsprofile, die man keinesfalls in einen Topf werfen kann. Andererseits ließen alle unter dem Einfluß Cosimas eine Neigung zu langsamen Tempi erkennen, die nicht nur Cosimas Denkweise widerspiegelte, sondern exakt zu der gleichmäßig strömenden Klangfülle paßte, zu der die akustischen Eigenschaften des Festspielhauses zu ermutigen scheinen. Besonders Felix Mottls Aufführungen – in und außerhalb Bayreuths – stießen auf Kritik, da sie noch langsamer und noch aufgeblähter waren als üblich. Diese Tendenz spiegelt sich auch in den Tempoanweisungen und -veränderungen, die er in Ausgaben einiger Wagnerwerke vornahm. (Interessanterweise zeigt jedoch die zeitliche Länge einzelner Akte und Opern unter verschiedenen Dirigenten, die von Mitgliedern des Bayreuther Festspielorchesters im Lauf der Jahre dokumentiert wurden, daß die inneren Zeitrelationen einer Aufführung wenig mit ihrer Gesamtdauer zu tun haben.) In ihren besten Interpretationen waren diese Dirigenten ähnlich wie Seidl darauf bedacht, das Geschehen auf der Bühne und im Orchestergraben außergewöhnlich präzise aufeinander abzustimmen. Die Spontaneität des gestischen Ausdrucks war immer noch vorherrschend, aber ausgeprägte Differenzierungen zwischen den unterschiedlichen Themen und Motiven wurden dem größeren Fluß der symphonischen Textur untergeordnet; das Ergebnis war ein sanft wogendes Klanggewebe, das oft sich selbst genügte. Diesen Stil, Wagner zu dirigieren, kann man am besten in den Aufnahmen von Muck hören; Höhepunkte seiner Diskographie sind Teile der Gralsszene aus dem ersten Aufzug des *Parsifal*, 1927 in Bayreuth aufgenommen, und eine fast vollständige Aufnahme des dritten Aufzugs desselben Werks, die ein Jahr später in Berlin gemacht wurde. Karl Elmendorff und in jüngerer Zeit Horst Stein waren spätere Vertreter dieses Stils.

Da Wagner ihn als Dirigenten für die *Ring*-Aufführung 1876 in Bayreuth auswählte, genoß Hans Richter ein einzigartiges Ansehen und wurde zu einer Institution in Wien und vor allem in London (am Covent Garden Theatre inszenierte er 1908/09 den *Ring* in englischer Sprache als eine Art Dankes- und Abschiedsadresse an sein britisches Publikum). Richter dirigierte die *Meistersinger* und den *Ring* in Bayreuth bis 1912 häufig, doch traf er dort aus zwei Gründen auf Widerstand. Zum einen hatte sich Wag-

ner nach der *Ring*-Aufführung von 1876 sowohl bei Cosima als auch bei
König Ludwig II. darüber beklagt, daß Richter in den Tempi unsicher sei;
natürlich hinderten Wagners private Vorbehalte gegenüber Richter auch
Cosima daran, die Bewunderung des Publikums für Richter automatisch
zu übernehmen. Zum anderen verhinderte nur die bekannte Tatsache,
daß er Wagners auserwählter Dirigent war, daß Cosima ihn wegen seiner
persönlichen und musikalischen Selbständigkeit, die sie ihren anderen Dirigenten nicht zugestand, fallenließ. Richter ignorierte freundlich, aber
ausnahmslos Cosimas Versuche, seine Interpretationen zu beeinflussen,
mischte sich aber andererseits nicht in ihre übrige Arbeit bei der Inszenierung ein. Das Ergebnis war eine deutlich andere Aufführung, als man sie
ansonsten um die Jahrhundertwende in Bayreuth erlebte. Richters Aufführungen besaßen eine beeindruckende musikalische Größe, die weit
davon entfernt war, eine einheitliche Darbietung anzustreben, wie sie
Wagner und Bayreuth zum Ziel hatten. Ihr lag eine differenzierte künstlerische Intention zugrunde, die jeden Parameter sich in seiner eigenen Logik entfalten ließ. Zumindest trat die symphonische Qualität von Wagners
Partituren – d.h. die innere musikalische Logik der Komposition – bei
Richters Aufführungen besonders hervor. Man könnte sogar die Ansicht
vertreten, daß diese Qualität zumindest in einer Vorform schon in den
Ring-Aufführungen von 1876 vorhanden war und Wagners Unzufrie-
denheit sowohl mit seiner Unfähigkeit, Richters Interpretationsabsichten
wahrzunehmen oder zu akzeptieren, als auch mit der Unentschiedenheit
Richters zu tun hatte. (Interessanterweise scheint auch Hans von Bülow,
Wagners Lieblingsdirigent, bevor Cosima ihn wegen Wagner verließ, auf
Kosten einer allesumfassenden dramatischen Konzeption die Vorherrschaft der Musik propagiert zu haben.)
Jede Ära der Wagner-Aufführungsgeschichte mußte ein gewisses Maß an
uninspiriertem Dirigieren ertragen; deshalb könnte man die Auffassung
vertreten, daß die neuen Anforderungen, die die Musikdramen stellten,
viele Dirigenten um die Jahrhundertwende blind und erfolglos nach Lösungen suchen ließen. Abgesehen von einigen führenden Köpfen fällt es
jedoch schwer, einen Überblick über den »durchschnittlichen« Stil der
Wagner-Dirigenten vor 1925 (dem Jahr, in dem das elektrische Schallauf-
zeichnungsverfahren eingeführt wurde) zu gewinnen. Ein Fenster zu dieser Zeit öffnen Aufnahmen, die mit Hilfe des Mapleson-Zylinders bei
Wagner-Aufführungen in den Jahren 1901–03 an der Metropolitan Opera gemacht wurden. Der führende Wagner-Dirigent dieser Aufnahmen ist
Alfred Hertz, der zum ersten Mal 1902/03 an der Met dirigierte. Seine
Memoiren enthüllen, daß er seinen Dirigierstil als aggressiv und enthusiastisch und nicht subtil auffaßte; tatsächlich zeigen diese Aufnahmen eine Art unerbittliches Drängen, das seinem Ruf damals entsprach. Es ist
jedoch von Bedeutung, daß die ziellose Interpretation von Walter Dam-
rosch in den Auszügen auf früheren Mapleson-Zylindern nicht von erkennbar vorsichtigeren Tempi herrührt. Kurz gesagt: Schnelle Tempi
scheinen in den ersten Jahren des 20. Jh. unter denjenigen überwogen zu

haben, die keinem der bisher erwähnten Stile verpflichtet waren. Diese Methode leitete sich von Wagners eigenem gestischem Stil ab, bei dem die Tempi vor dem Hintergrund eines mittleren Grundzeitmaßes variiert wurden, aber ein solcher Dirigierstil verlor rasch seine ursprüngliche expressive Flexibilität und konzentrierte sich statt dessen darauf, sich elegant durch Wagners Partituren fortzubewegen. Spätere Dirigenten, die diesen Ansatz übernahmen, waren Albert Coates, Artur Bodanzky (der während seiner Zeit an der Met, 1915–39, umfangreiche Kürzungen an den Werken vornahm) und Karl Böhm.

Gustav Mahler und Arturo Toscanini waren wichtige Dirigenten, die keine persönlichen Beziehungen mehr zu Wagner hatten und Seidls Praxis folgten, die Musik als Teil einer umfassenderen dramatischen Konzeption anzusehen. Da sie jedoch in den Konzerthäusern ebenso gefeiert wurden wie in Opernhäusern, wurde ihre musikalische Interpretation übergewichtig beachtet, insbesondere weil das Niveau ihrer Orchesterarbeit exzellente Orchesterleistungen erwarten ließ. In Folge davon wurden ihre Resultate häufig als symphonisch konzipierte Interpretation von Wagners Musik umgedeutet. Die große musikalische Intensität ihrer Aufführungen war jedoch immer einem interpretatorischen Gesamtplan untergeordnet, so daß die impulsiveren Erben des gestischen Stils – wie Coates und Bodanzky – schließlich altmodisch erschienen und die traditionelleren deutschen Dirigierstile aufgewertet wurden. So gewannen die Gestaltungsansätze von Bruno Walter, Hans Knappertsbusch (einem Assistenten und stilistischen Erben von Richter), Leo Blech und anderen ein Ansehen, das ihre Wagner-Aufführungen einige Jahrzehnte vorher nicht genossen hätten.

Fünf Richtungen des Wagner-Dirigierens wurden bisher erwähnt, für die Seidl, die Bayreuther Dirigenten, Richter, die Vertreter schneller Tempi und das Vermächtnis einer symphonischen Konzeption im Sinne von Mahler und Toscanini stehen. Die meisten späteren Wagner-Dirigenten können einem oder mehreren dieser Ansätze zugeordnet werden, selbst wenn sich kein direkter Einfluß eines dieser »Vorfahren« nachweisen läßt. Es ist nicht überraschend, daß die zentrale Gestalt in der Geschichte des Wagner-Dirigierens, Wilhelm Furtwängler, als Dirigent verstanden werden muß, der viele dieser Stile zusammenfaßte. Ähnlich wie bei Richter (und Arthur Nikisch, den Furtwängler ungeheuer bewunderte) glaubte man auch bei Furtwängler, daß sein Gestaltungsansatz weit von der Idee einer Integration von Drama und Musik entfernt sei, die von Seidl und den Dirigenten in Bayreuth praktiziert wurde. Wie Toscanini und Mahler gab er seinen Interpretationen den Habitus einer symphonischen Logik. Wie die Bayreuther Dirigenten favorisierte Furtwängler eine fugenlose Klangfülle, die er jedoch in größere Strukturen einbettete, indem er das Tempo in einem viel größeren Rahmen flexibel handhabe als die Wagner-Bülow-Seidl-Schule, die das Verfahren bei Motiven und Phrasen verwendete: Unter seinen Händen erreichten Wagners Partituren eine dynamische Zielstrebigkeit, die es dem Zuhörer ermöglichte, den dramatischen und strukturellen Kontext eines bestimmten Augenblicks durch wachsendes und abnehmendes Tempo wahrzunehmen. Es ist jedoch irreführend, von Furtwänglers Wagner-Dirigieren als einem bestimmten Stil zu sprechen. Beispielsweise ist der Sostenuto-Stil der damaligen Bayreuther Dirigenten – Muck, Elmendorff und anderer – nur eine von vielen Techniken, die Furtwängler beherrschte, um einen ununterbrochenen Bogen aufzubauen. Das Problem der Integration einer Zäsur, die die Textur unterbricht, wurde von den Dirigenten in Bayreuth im allgemeinen mit Hilfe von sanften Schlüssen und Einsätzen gelöst, die die Stille umrahmen; Furtwängler findet vielfältigere Lösungen. Man beachte z.B. eine Stelle aus Waltrautes Erzählung im ersten Aufzug der *Götterdämmerung*, die Pause nach ihrem Wotan-Zitat (besonders in der Aufnahme des *Rings* Rom 1953). Indem Furtwängler den Vortrag des Ring-Motivs durch die Klarinette (bei »Des tiefen Rheines Töchtern«) betont und das Tempo leicht anzieht, erzeugt er eine Stimmung der Unruhe in den wiederholten Figuren des folgenden Walhall-Motivs und verhindert dadurch, daß die Pause nach dem Zitat und vor »Da sann ich nach« in kraftlose Träumerei abgleitet, wie es später zur Gewohnheit wurde. Diese Technik, einen Handlungsablauf mit musikalischen – soll man sagen analytischen? – Mitteln zu erfassen und zu betonen, führt zu überraschenden, unerhörten Offenbarungen und interpretatorischen Glücksgriffen. So kann uns Furtwänglers Wagner davon überzeugen, daß eine kohärente, organische Konzeption der *Musik* Wagners gleichzeitig Wagners *dramatischen* Zielen dient; somit ist er eine Bestätigung für den Anspruch des Komponisten, seine Werke seien »ersichtlich gewordene Thaten der Musik«.

Nach dem Zweiten Weltkrieg wurden viele der vorgefundenen Stile fortgeführt. Die dominierende Richtung jedoch entstand aus der Kombination zweier Stile. So wurden die grandios gewichtigen Tempi Richters von Knappertsbusch (der seit der Wiedereröffnung der Festspiele im Jahr 1951 fast jedes Jahr bis 1964 in Bayreuth dirigierte) fortgeführt. Aufgrund von Knappertsbusch scheinen jüngere Wagner-Dirigenten oft zu glauben, daß die Wirkung um so tiefer sei, je langsamer das Tempo sei. Leider wurde dieser Ansatz in den letzten Jahrzehnten mit dem Stil eines Mahler und Toscanini kombiniert, der das Orchester wie ein einziges Instrument in den Händen des Dirigenten behandelt. Die langsamen Tempi von Knappertsbusch hatten Erfolg, weil er in der ungeheuren, vieldimensionalen Klangfülle des Wagner-Orchesters schwelgte, die nur durch präzise Ausführung zu erreichen ist. Zumindest versinken viele langsame Tempi, die von heutigen Dirigenten (James Levine, Giuseppe Sinopoli usw.) bevorzugt werden, in Lethargie – ein Scheitern, das sich teilweise durch die Theorie der »Regisseur-Dirigenten« erklärt, die Musik müsse bestimmte psychische Zustände illustrieren.

Furtwänglers Bedeutung ist allgemein anerkannt. Seine Interpretationsideale fanden zum Teil Widerhall bei seinem Nachfolger Herbert von Karajan, dessen beste Aufführungen (auf Schallplatten: *Das Rheingold* und die beiden letzten Akte der *Walküre*) ein Gefühl für die große Linie bewahrten, die bei Furtwänglers Wagner so ausgeprägt war. Karajans spätere Aufnahmen werden jedoch zunehmend durch eine gewollte Schläfrigkeit verunstaltet (was man angesichts seines Bayreuther *Tristan* von 1952 nicht hätte vorhersagen können, der vor Energie sprühte) sowie durch eine Selbstgefälligkeit in der Konzeption, die insbesondere wichtige Augenblicke in *Tristan* und *Parsifal* beeinträchtigt. Daniel Barenboim versuchte ebenfalls, Furtwänglers Methode fortzuführen, ohne die Zuhörer immer von der Angemessenheit seiner Handhabung der Tempi überzeugen zu können; weit sinnvoller erscheinen die Tempomodulationen bei Carlos Kleibers *Tristan*-Aufnahme.

Den vielleicht heimtückischsten Einfluß auf das moderne Wagner-Dirigieren, auf die Entwicklung der Konzepte hatten die Plattenaufnahmen. Ehedem waren die größten Wagner-Dirigenten diejenigen, die zwingende Lösungen für die Schwierigkeiten gefunden hatten, Wagners gewaltige Dimensionen zeitlich zu gliedern und zu strukturieren und den Beitrag des Orchesters zu einem überzeugenden dramatischen Geschehen zu optimieren. All dies veränderte sich mit der Einführung der Langspielplatte. Die erste große vollständige Wagner-Aufführung, die auf Platten veröffentlicht wurde, der *Parsifal* von Knappertsbusch, stellte eine Mischung von Proben und Bühnenaufführungen in Bayreuth (1951) dar und spiegelte so auf plausible Weise wider, wie Knappertsbusch das Werk auf der Bühne behandelte. Die einzige Studioeinspielung, die in den 50er Jahren eine vergleichbare Qualität besaß, war Furtwänglers *Tristan;* zwar ist und bleibt sie eine große Leistung, doch veränderten die Bedingungen des Aufnahmestudios den Charakter von Furtwänglers sonstiger Werkauffassung. Wie längere Auszüge aus dem in Berlin 1947 neu inszenierten *Tristan* offenbaren und wie man aus seinen anderen Live-Aufnahmen von Wagner schließen kann, war Furtwänglers *Tristan* im allgemeinen drängender und vielschichtiger, als die schmerzlich getragene, aber abstrakter aufgebaute Studioaufnahme vermuten ließe.

Bald waren auf Schallplatten aufgenommene Interpretationen und nicht mehr Live-Aufführungen die Richtschnur. Der vielleicht einflußreichste Wagner-Dirigent der letzten dreißig Jahre war Sir Georg Solti, aber seine größten Leistungen sind Schallplattenaufnahmen (der erste und bisher einzige Dirigent, der alle zehn »kanonisierten« Wagner-Opern für die Schallplatte einspielte), die immer höher geschätzt waren als seine Wagner-Aufführungen auf der Bühne. Soltis größte Stärke ist, jeden Augenblick mit dramatischem Drängen auszufüllen, und die Aufnahmemethoden stellen sicher, daß die Intentionen eines Dirigenten für jeden einzelnen Augenblick präzise verwirklicht werden können. Das dadurch erzeugte Hörbild ist höchst attraktiv, und die Versuchung, solche lokalen Effekte nachzuahmen, hat viele jüngere Dirigenten davon abgebracht, nach überzeugenden Ansätzen zur Strukturierung größerer Einheiten zu suchen – so wie es Soltis Aufnahmen an einem groß angelegten Interpretationsprofil fehlt. Kurz gesagt: Das moderne Wagner-Dirigieren scheint hin- und hergerissen zu sein zwischen der Bewunderung für langsame Tempi und aufregende Details. Der Versuch, beides zu vereinigen, hat zum Verzicht sowohl auf eine überzeugende Gesamtkonzeption wie auch auf großangelegte Impulse geführt, die ursprünglich eine Bedingung für langsame Tempi waren.

DAVID BRECKBILL

Inszenierung

Durch die Inszenierungsgeschichte von Wagners Opern zieht sich ein Widerspruch, der in den Werken selbst begründet ist. Die ästhetische Tradition, als deren Erbe sich Wagner betrachtete, war die eines Goethe und Schiller, in der die Kunst über die weltlichen, niedrigen Realitäten des Alltagslebens erhoben wurde. Doch Wagners Werke mit ihrer nachdrücklichen Gesellschaftskritik und der Verwendung freier, expressiv »musikalischer Prosa« anstatt von regelmäßigen metrischen Mustern sind Beispiele des neuen Geistes des Realismus, der im 19. Jh. alle Bereiche der Künste durchdringen sollte. Die charakteristische Verwertung von Mythen und Symbolen durch Wagner erscheint als perfekte Verkörperung dieses Widerspruchs: Zugrundeliegende gesellschaftliche Realitäten werden in der Sphäre der Phantasie abgebildet. Im *Ring* beispielsweise werden wir, oberflächlich gesehen, mit Göttern, Drachen und Dornröschen konfrontiert. Es erfordert keinen außergewöhnlichen Scharfsinn, zu erkennen, daß solche Gestalten nur die dramaturgischen Repräsentationen der Plutokraten, Arbeiter und anderen Produkte der bourgeoisen kapitalistischen Gesellschaft sind, die Wagner so sehr verabscheute.

Und dennoch sind diese Inhalte erst vor vergleichsweise kurzer Zeit für die Bühneninszenierung zum Tragen gekommen. In den ersten Jahrzehnten der Wagner-Inszenierung wurde dieser Widerspruch vom vorherrschenden theatralischen Stil des romantischen Naturalismus übertüncht. Aber im 20. Jh. fanden allmählich radikalere Ansätze auf die Wagnersche Bühne, einige offen politisch motiviert; daneben fand der traditionalistische Strang weiterhin Anklang.

Die Bühnenbilder für den ersten *Ring* in Bayreuth 1876 wurden von den Brüdern Brückner nach Entwürfen von Josef Hoffmann angefertigt. Hoffmanns Zeichnungen, die allein davon übriggeblieben sind, lassen eine romantisierte Naturanschauung mit knorrigen Baumstämmen und sich gespenstisch windenden Ästen wie in den Walddarstellungen von Caspar David Friedrich erkennen. Die tatsächlichen Kulissen waren fast mit Sicherheit weniger detailliert als diese Zeichnungen; jedenfalls war Wagner von ihnen tief enttäuscht, während er anerkannte, daß sie unter den schwierigen wirtschaftlichen Bedingungen so überzeugend wie möglich ausgeführt worden waren.

»Natürlicher« Ausdruck trat an die Stelle traditioneller, routinemäßiger Schauspielerei; die Sänger wurden deshalb ermutigt, das Publikum zu ignorieren und nur auf die Mitspieler auf der Bühne zu reagieren. Wagner legte auch großen Wert auf Improvisation und Inspiration beim Spiel. Leider wurde jegliches derartige Aufblitzen schauspielerischer Kreativität durch Cosima Wagner, die Witwe des Komponisten, vollends unterdrückt, als sie nach seinem Tod die Leitung der Festspiele übernahm. Cosima besaß eine natürliche dramatische Begabung und führte die fortschrittliche Tendenz der naturalistischen Darstellung weiter, die sie bei den ersten Festspielen beobachtet hatte, aber ihr Bestreben, jede Geste und jede Bewegung zu reproduzieren, wie sie sie in Erinnerung hatte, führte zu einer uninspirierten, übermäßig reglementierenden Bühnenregie. Der sogenannte »Bayreuther Stil« (sowohl im Bühnenbild als auch in der Inszenierung) dominierte im Festspielhaus bis in die 30er Jahre und lieferte auch das Modell für andere Opernhäuser, beispielsweise für die Metropolitan Opera in New York, wo die Bühnenbilder der Brüder Kautsky aus der Zeit vor dem Ersten Weltkrieg bis 1939 weiter benutzt wurden.

Aber anderswo waren radikale Entwicklungen im Gang. Der Schweizer Bühnenbildner Adolphe Appia wandte sich vom traditionell Bildhaften ab und suchte das Wesen von Wagners Musikdramen auf einem neuen, antinaturalistischen Weg: psychologisch motiviert, mit stark vereinfachter und stilisierter Handlung und Farbe und Licht als wesentlichen Elementen. Appias *Ring* in Basel wurde nach der *Walküre* 1925 nicht fortgeführt, aber sein Einfluß war enorm. Seine Theorien zur Operninszenierung, die er in einer Reihe von Aufsätzen erläuterte, spiegelten sich vor und nach dem Ersten Weltkrieg in der Arbeit von Regisseuren wie Gustav Wunderwald in Berlin, Alfred Roller in Wien, Hans Wildermann in Köln, Dortmund und Düsseldorf sowie Ludwig Sievert in verschiedenen deutschen Städten wider. In Bayreuth wurden seine Ideen jedoch erst nach dem Zweiten Weltkrieg erfolgreich in den Inszenierungen von Wieland Wagner, dem Enkel des Komponisten, verwirklicht. Solange Cosima in Bayreuth herrschte, waren Appias Ideen verpönt. Ihr Urteil, das sie 1896 gegenüber Houston Stewart Chamberlain äußerte, ist ein klassisches Beispiel für reaktionären Fetischismus: »Appia scheint nicht zu wissen, daß 76 der ›Ring‹ hier aufgeführt wurde, folglich in bezug auf Dekorationen und Regie nichts mehr zu erfinden ist.«

Eine gefeierte Inszenierung des *Fliegenden Holländers* an der Kroll-Oper in Berlin, bei der Jürgen Fehling 1929 die Regie führte, belegt die provokative neue Welle des Realismus, die dort übernommen wurde. Es war ein Stil, der im antiromantischen Funktionalismus des Bauhauses wurzelte; typisch dafür war der *Holländer* mit seinen grell beleuchteten Bühnenkompositionen, die sich auf Prinzipien kubistischer Abstraktion stützten.

Inzwischen begann sogar Bayreuth den Wandel zu spüren, ironischerweise gerade zu der Zeit, als die Nazis an die Macht kamen, die nicht gerade für eine Vorliebe für die künstlerische Avantgarde bekannt waren. Die Festspiele waren von Wagners Sohn Siegfried geleitet worden, nachdem sich Cosima 1906 aus Gesundheitsgründen zurückgezogen hatte. Ab 1924, als der Festspielbetrieb nach dem Ersten Weltkrieg wieder aufgenommen wurde, bis zu seinem Tod im Jahre 1930 versuchte Siegfried, solide dreidimensionale Bühnenbilder und andere behutsame Neuerungen einzuführen, die sich dem Zeitgeschmack annäherten. Dann kam Siegfrieds fortschrittlichste Inszenierung, die des *Tannhäuser* im Jahre 1930. Unmittelbar danach leitete die Amtszeit von Heinz Tietjen als künstlerischer Leiter der Festspiele und Emil Preetorius als sein Bühnenbildner eine Ära eher zaghafter Reformen ein – zugegebenermaßen genau zu der Zeit, als die Nazis alle fortschrittlichen Experimente auf den deutschen Bühnen stoppten.

Das Dilemma von Preetorius, der starren Bayreuther Orthodoxie und dem Wunsch nach maßvoller Reform gerecht zu werden, erklärt wahrscheinlich die konfuse Argumentation in seinem Aufsatz *Wagner: Bild und Vision*. Preetorius befürwortet darin einerseits eine getreue, ehrfürchtige Wiederbelebung der vielen naturalistischen Effekte in Wagners Werken, wobei »alles […] eindeutig und mit voller Illusion gegeben werden« müsse, andererseits erkennt er an, daß die Werke in erster Linie als Allegorien entworfen wurden. Die letztere Einsicht rechtfertigte seine Verwendung des Symbolismus, die auf Wagner selbst zurückging; ähnlich wie Appia favorisierte er die Verringerung der Bühnenrequisiten und den einfallsreichen Einsatz der Beleuchtung.

Unter der enthusiastischen Schirmherrschaft Hitlers florierten die Bayreuther Festspiele in den 30er Jahren: Der Chor wurde auf ein noch nie dagewesenes Ausmaß erweitert. Doch das Regime scheint sich tatsächlich wenig in künstlerische Belange eingemischt zu haben. Tietjen und die neue Verwalterin, Siegfrieds Witwe Winifred, hatten viel größere Probleme mit der alten Bayreuther Garde. Und sicherlich produzierte Bayreuth nichts, was mit der lärmenden Nazipropaganda von Benno von Arents *Meistersingern* in Berlin vergleichbar wäre, die unter Hitlers unmittelbarer Aufsicht standen. Die festliche Schlußszene mit ihren massenhaften Reihen von Beteiligten und Fahnen ähnelte einer nationalsozialistischen Parteiversammlung und lieferte auch ein Vorbild für andere Opernhäuser in Deutschland.

Die Unterzeichnung des Nichtangriffspaktes zwischen Deutschland und Rußland im Jahre 1939 bewog Stalin, als freundliche Geste gegenüber Hitler im Bolschoitheater in Moskau *Die Walküre* auf die Bühne bringen zu lassen. Dies geschah unter der Leitung des Filmregisseurs Sergej M. Eisenstein, der einige interessante Neuerungen einführte, weil er der Ansicht war, Wagners in hohem Maße bildhafte Musik benötige eine spezielle visuelle Gestaltung. Er verwendete einen »mimischen Chor«, eine Gruppe von zusätzlichen Darstellern, die die Ereignisse in Sieglindes Erzählung im ersten Aufzug pantomimisch spielten und die Sängerinnen im Walkürenritt versinnbildlichten. Seine szenische Umsetzung der Ereignisse des Vorspiels wurde später zu einem Gemeinplatz, ebenso seine Idee, Hunding von einer Schar Gefolgsmänner begleiten zu lassen. Allerdings war Eisensteins Konzeption des Werks offen antifaschistisch, so daß die Inszenierung rasch zurückgezogen wurde.

Als die Bayreuther Festspiele nach dem Zweiten Weltkrieg im Jahr 1951 wiedereröffnet wurden, führte die Notwendigkeit eines klaren Bruchs mit allen Assoziationen an die faschistische Vergangenheit Wagners Enkel Wieland zu einer Reihe von Inszenierungen, deren ideologische Grundlage ebenfalls antifaschistisch war, auch wenn diese Denkweise häufig durch die Subtilität und den Einfallsreichtum seiner Dramaturgie überdeckt wurde. Sein neuer *Ring* beispielsweise verzichtete auf die Requisiten der germanischen Sage, um das Werk als zeitloses moralisches Drama zu präsentieren. Alle bildhaften Kulissen, Laubwerk, Felsen und Hörnerhelme, wurden weggelassen und die Inszenierung auf das Wesentliche reduziert. Die gesamte Handlung spielte auf einer runden Plattform oder Scheibe, die den Ring symbolisierte und als einigendes Mittel für den Zyklus diente. Walhall wurde mit filmtechnischen Mitteln als traumähnliche Vision projiziert, und die Scheibe verdunkelte sich, je mehr Wotan sich in seinen Abmachungen verstrickte. Nach der abschließenden Feuersbrunst kehrte die Weltscheibe zu ihrem ursprünglichen Zustand zurück. Wielands nicht gerade ehrfürchtige Einstellung gegenüber den genauen Anweisungen des Komponisten wurde dadurch gerechtfertigt, daß er zwischen den Bühnenanweisungen, die an die theatralischen Gewohnheiten des 19. Jh. gebunden waren, und den zeitlosen Ideen der Werke selbst unterschied, die ständig neue Darstellungen erfordern. Anders gesagt, er sah die Bühnenanweisungen als innere Visionen und nicht als praktische Forderungen an.

Walter Felsenstein hielt zur gleichen Zeit in seinen Arbeiten an der Komischen Oper in Ostberlin am »realistischen Musiktheater« fest; dies trug jedoch eher Früchte in der Arbeit seiner Schüler, was Wagner-Inszenierungen angeht. Regisseure wie Götz Friedrich, Joachim Herz und Harry Kupfer verschmolzen Felsensteins Prinzipien des psychologischen und sozialen Realismus und seine Betonung der Rollenidentifikation mit den gegenläufigen Prinzipien der Brechtschen Theorie. Damit begründeten sie die wesentlichen Elemente eines Stils, der in den 60er, 70er und 80er Jahren in einer Vielzahl recht unterschiedlicher Formen die europäischen Bühnen beherrschte. Brechts sogenannter Verfremdungseffekt wurde effektvoll von Friedrich in seinen beiden *Ring*-Zyklen eingesetzt, wo er beispielsweise Loge, Alberich und Wotan aus dem Rahmen des Dramas heraustreten und sich direkt ans Publikum wenden ließ. Mit solchen Techniken bezog diese Generation ostdeutscher Regisseure eine scharfe ideologische Position, an die sich das Publikum im kapitalistischen Westen nur langsam gewöhnen konnte.

Der gesellschaftskritische Leipziger *Ring* von Herz 1973–76 setzte neue Maßstäbe. So wurde es zu einer populären Idee, den zweiten Aufzug der *Walküre* in Walhall anstatt auf dem Felsjoch zu beginnen. Herz siedelte die Handlung vermutlich deshalb in einem bürgerlichen Luxusbau an, um das Publikum daran zu erinnern, daß Wotans Dilemma aus dem Konflikt zwischen natürlichen Instinkten und materialistischer Gesellschaft entstünde. Eine andere historisch bedeutsame *Ring*-Inszenierung dieser Zeit war die von Ulrich Melchinger, die ab 1970 in Kassel aufgeführt wurde. Seine an den Film *Krieg der Sterne* erinnernden Bilder und seine Bezüge auf die Pop-art, die in keinen übergreifenden Zusammenhang integriert waren, siedelten die Handlung in irgendeiner zeitlosen Sphäre an.

Ein Meilenstein in der Geschichte der Wagner-Inszenierungen wurde 1976 mit Patrice Chéreaus *Ring* in Bayreuth erreicht. Chéreaus Entmythologisierung der Tetralogie implizierte eine antiheroische Sicht des Werks, wie sie auch von Wieland Wagner, Friedrich und Herz versucht worden war. Durch die Ansiedlung der Handlung in einer industrialisierten Gesellschaft, mit einem Wasserkraftwerk anstelle des frei fließenden Rheins, und die Verwendung gewöhnlicher Kleidung und alltäglicher Dinge stellte Chérau eine Kontinuität zwischen Wagners Zeit und der Gegenwart her. Nicht weniger bahnbrechend war die Inszenierung mit ihrer theatralischen Wirksamkeit; Szene um Szene wurde in einer Reihe von kraftvollen Bildern neu erschaffen, die im Gedächtnis blieben und die einen Nachhall in späteren Inszenierungen fanden, aber selten übertroffen wurden.

Andere Regisseure haben ebenfalls die Bedeutung des *Rings* für die Welt des ausgehenden 20. Jh. betont. Der ökologische Aspekt wurde von Harry Kupfer in seiner Inszenierung 1988 in Bayreuth stark herausgestellt: Die gesamte Handlung fand in einer Welt statt, die schon von einer – vermutlich nuklearen – Katastrophe heimgesucht worden war. Kupfers Deutung machte die Botschaft des *Rings* deutlich, daß der Verzicht auf Liebe und tiefere menschliche Empfindungen zugunsten territorialer Machtpolitik und Anhäufung materieller Besitztümer zur Plünderung der Natur und schließlich zur weltweiten Vernichtung führt.

Nikolaus Lehnhoffs Inszenierung des *Rings* 1987 für München befaßte sich ebenfalls mit der »Unmoral und Pervertierung menschlicher Werte«, die durch politischen Ehrgeiz und das Streben nach Macht entstehen. Erich Wonders Entwürfe waren zwar optisch eindrucksvoll, wurden aber von denen Axel Mantheys für die *Ring*-Inszenierung von Ruth Berghaus in Frankfurt (1985–87) übertroffen, bei der eine ständige Folge von bizarren, schockierenden Bildern und von Zeichen und Gesten aus dem absurden Theater alle auf der Tradition des Naturalismus basierenden Erwartungen über den Haufen warf. Solche Verweise haben auch die Arbeit der jüngeren Generation von Regisseuren geprägt, vor allem von Herbert Wernicke, dessen *Ring*-Inszenierung am Théâtre de la Monnaie in Brüssel 1991 eine kühne, provokative Bilderwelt entwarf, und ebenso von Richard Jones, dessen gewagter, phantasiereicher *Ring* 1994/95 am Londoner Covent Garden herauskam.

Während dieser Jahrzehnte des radikalen Experimentierens hat sich aber auch eine konservative Tradition erhalten. Die futuristische Tendenz von Ralph Koltais abstrakten, symbolischen Entwürfen für den *Ring* von Sadlers Wells in den frühen 70er Jahren wurde von der nichtssagenden Inszenierung abgeschwächt, während Peter Halls naiv märchenhafte Einstudierung (Bayreuth 1983) und Otto Schenks in Nostalgie schwelgende, an Postkartenmotive erinnernde Inszenierung (Metropolitan Opera

1986–88) in erster Linie denen gefielen, die Opernhäuser zur Flucht vor geistiger Aktivität nützen.

In einem postmodernen Zeitalter, in dem die Stilvielfalt an der Tagesordnung ist, scheinen progressive und traditionelle Ansätze auch weiterhin gemeinsam die Bühne zu bestimmen.

BARRY MILLINGTON

Kapitel XVIII

Rezeption

Zeitgenössische Urteile
Postumer Ruhm und Einfluß
Das Vermächtnis von Bayreuth
Die Geburt der Moderne

Wagners Einfluß auf die Musikgeschichte
Wagners Einfluß auf die Literatur
Wagners Einfluß auf die bildende Kunst

Wagner-Literatur

Biographien
Analyse und Kritik
Verschiedenes

Rezeption

Zeitgenössi-
sche Urteile

»Gleichgültig, wo man ist«, beklagte sich Karl Marx 1876, »man wird immer mit der Frage gequält: ›Was denken Sie über Richard Wagner?‹ « Auf diese Frage konnten die meisten Zeitgenossen des Komponisten sehr klare Antworten geben, denn Wagner hatte es – weit mehr als jeder andere Künstler des 19. Jh. – fertiggebracht, sich zum Gegenstand endloser und leidenschaftlicher Kontroversen zu machen. Er erreichte diesen Ruhm (wenn es denn einer war) nicht nur durch seine Kunst, sondern auch durch die grandiosen Ansprüche, die er für diese Kunst erhob, durch seine wechselnden, aber immer entschieden vertretenen politischen Anschauungen und schließlich durch sein Leben, das mit ebensoviel echtem und falschem Pathos angefüllt war wie die melodramatischen Opernhandlungen, die er so sehr verachtete. (Wagners Fluch war, ein Leben zu leben, das Meyerbeers Kunst nachahmte.) Selbst heute fällt es den meisten schwer, an den Musiker Wagner zu denken, ohne den Menschen Wagner ins Auge zu fassen; dies war um so mehr der Fall, als Wagner noch lebte und ständig neues Öl in das Feuer der Kontroverse goß, die um ihn her entbrannte.

Musikerkollegen

Selbst Künstler wie Wagner, die schon zu Lebzeiten zu Legenden werden, müssen natürlich bescheidener beginnen und darum kämpfen, Begeisterung für ihr Werk zu erwecken. In Wagners Fall kamen die wichtigsten frühen Urteile über seine Kunst von Mitmusikern, von denen einige später die Erfahrung machen mußten, daß es besser wäre, die Musik vom Musiker zu trennen. Ein wichtiger früher Förderer war der ungeheuer populäre Opernkomponist Giacomo Meyerbeer, der Wagners Arbeiten genügend schätzte, um dem jungen Komponisten den Weg zuerst in Paris, dann in Dresden und Berlin zu ebnen. Da es aber Wagner nicht gelang, rasch den Grad von Erfolg zu erreichen, den Meyerbeer genoß, gewann er die Überzeugung, daß sein Wohltäter in Wirklichkeit seiner Karriere entgegenarbeitete, und wandte sich schließlich gehässig gegen ihn.

Einer der ersten Ausfälle gegen Meyerbeer wurde in Robert Schumanns *Neuer Zeitschrift für Musik* veröffentlicht. Indem Schumann seine einflußreiche Zeitschrift Wagner öffnete, brachte er sein Vertrauen in dessen Urteilskraft als Kritiker und Theoretiker zum Ausdruck; er ermutigte ihn dadurch, einen Aspekt seiner beruflichen Laufbahn in Angriff zu nehmen, der besser im Keim erstickt worden wäre. Andererseits entfremdete Schumann sich Wagner bald dadurch, daß er schrieb, die *Holländer*-Partitur verrate einen »Nachhall von Meyerbeer«, dem sich Wagner doch ungeheuer überlegen fühlte.

Wagner mag sich selbst für einen großen Musiker gehalten haben, aber hätte Franz Liszt dieser Einschätzung nicht zugestimmt, so hätte sich der angehende Meister sicherlich sehr viel mehr anstrengen müssen, um sich auf der europäischen Opernbühne bemerkbar zu machen. Als populärster und gefeiertster Musikvirtuose seiner Zeit hatte Liszt die besten Möglichkeiten, für Wagners Werk zu werben. Liszt verstand wahrscheinlich nicht viel von Wagners theoretischen Schriften, aber ihn ergriff seine Musik, weil sie mit seinen eigenen bahnbrechenden Versuchen auf dem Gebiet der Chromatik und der Klangmalerei verwandt war.

Wagner profitierte von der Unterstützung, die er nicht nur von musikalischen Giganten wie Schumann und Liszt, sondern auch von weniger bekannten Musikern erhielt, die wirklich glaubten, Wagners Werk sei »die Musik der Zukunft«. Theodor Uhlig, ein Geiger im Dresdner Hoforchester, wurde einer der fanatischsten Jünger des Komponisten; er schrieb in Musikzeitschriften Aufsätze über ihn, machte Aufführungsgelegenheiten ausfindig und gewann andere Musiker für ihn. Karl Klindworth, ein Schüler Liszts, der 1854 nach London emigrierte, bemühte sich sehr, Wagners Sache in England voranzubringen, wo der Komponist ein Jahr später eine Reihe von Konzerten dirigierte.

Als Wagner den Gipfel seines Einflusses erreichte und 1876 die Bayreuther Festspiele ins Leben rief, waren einige von Europas führenden Musikern anwesend, um die Bedeutung dieses monumentalen Unternehmens zu unterstreichen. Peter Iljitsch Tschaikowsky schrieb über das *Rheingold*: »Musikalisch ist es ein unvorstellbarer Unsinn, in dem hier und da schöne und sogar ergreifende Momente vorkommen.« Nachdem er jedoch mehr von der Tetralogie gehört hatte, kam Tschaikowsky zu dem Schluß, er könne Wagners Musik nicht ohne intensives Studium vollständig beurteilen, auch wenn er gern zugab, daß der *Ring* als Ganzes »einen überwältigenden Eindruck auf mich machte, nicht so sehr durch seine musikalische Schönheit (die er in vielleicht zu großer Fülle besitzt), sondern eher durch seine gewaltigen Ausmaße«. Und er erklärte prophetisch: »Eines ist gewiß, daß sich in Bayreuth etwas ereignet hat, etwas, an das sich unsere Enkel und Urenkel erinnern werden.« Edvard Grieg hatte zwar einiges auszusetzen (»unablässige Modulationen und ermüdende Chromatik der Harmonien«), aber er stimmte mit Tschaikowsky darin überein, daß die *Ring*-Premiere eine außerordentliche Leistung sei. »Gestern«, schrieb er, »wurde ich mit dem größten konfrontiert, was uns das Musikdrama unseres Jahrhunderts geschenkt hat. Ich kann jetzt Liszts Einschätzung des großen Wagner verstehen, wenn er sagt, er überrage die gesamte Kunst unserer Epoche wie der Mont Blanc die Alpen.«

Die Inszenierung des *Parsifal* in Bayreuth einige Jahre später hatte eine ähnlich starke Wirkung auf Wagners Musikerkollegen, besonders auf die jüngeren wie Gustav Mahler, Hugo Wolf und Anton Bruckner. Nachdem Mahler zum ersten Mal 1883 den *Parsifal* gehört hatte, schrieb er: »Als ich, keines Wortes fähig, aus dem Festspielhause hinaustrat, da wußte ich, daß mir das Größte, Schmerzlichste aufgegangen war, und daß ich es unentweiht mit mir durch mein Leben tragen werde.« Wolf (der das Werk im Jahr zuvor gehört hatte) schrieb, der *Parsifal* sei »wohl das weitaus Schönste und Erhabenste auf dem Gebiete der Kunst überhaupt. Mein ganzes Wesen taumelt in der idealen Welt dieses Wunderwerkes wie in einem seligen Rausche immer entzückter, beseligter.« Für Bruckner bestätigte der *Parsifal* nur noch seine Wagner-Passion, die begonnen hatte, als er 1865 *Tristan* gehört hatte, und die für den Rest seines Lebens anhalten sollte.

Auch wenn Wagners Musik keineswegs auf alle berühmten Musiker seiner Zeit eine so elektrisierende Wirkung hatte (weder Berlioz noch Mendelssohn waren von seinen früheren Werken mitgerissen worden), mußten sogar »Nicht-Wagnerianer« die Kraft seiner Kunst anerkennen. In diesem Zusammenhang könnte man daran erinnern, daß Wagners großer Rivale, Giuseppe Verdi, in einem Interview gestand, er stehe »verwundert und erschrocken« vor *Tristan*.

Musikkritiker

Im allgemeinen wurde Wagner von den professionellen Musikkritikern seiner Zeit strenger beurteilt als von seinen Musikerkollegen. Vielleicht war dies teilweise der Fall, weil Wagner selbst als Kritiker Kompetenz beanspruchte und sich in seinen Prosaschriften über die Tugenden und Schwächen anderer Komponisten der Vergangenheit und der Gegenwart ausließ. Die Kritiker waren auch über die ehrgeizigen Ansprüche verärgert, die Wagner für seine Musik erhob, und seine Neigung, seine Kompositionen mit ausführlichen philosophischen Erläuterungen zu versehen. Viele hätten dem Musikkritiker des Londoner *Saturday Review* zugestimmt, der dem Verfasser eines neuen Buchs über Wagner dafür dankte, daß »er uns nicht mit den philosophischen Theorien langweilt, die sich Wagner gern ausdachte, wenn er nicht ernsthaft mit Komponieren beschäftigt war«.

Doch für einige von Europas einflußreichsten Musikkritikern war Wagners ärgerlichstes Vergehen, daß er in seinen Musikdramen die Musik angeblich dem Text unterordnete. 1852 ließ der belgische Kritiker François-Joseph Fétis in der *Revue et Gazette Musicale* eine Polemik gegen Wagner vom Stapel, die ihm vorwarf, für ihn sei die Musik »nur sekundär«, nichts anderes als »ein Hilfsmittel für den Ausdruck«. Die Auffassung von Fétis wurde rasch von dem einflußreichen Wiener Kritiker Eduard Hanslick übernommen, der frühere Werke Wagners wie den *Fliegenden Holländer* und *Tannhäuser* gelobt hatte, aber die Musikdramen der Reifezeit als Bedrohung für die musikalischen Konventionen ansah, die von Mozart, Beethoven, Weber und Schumann aufgestellt worden waren (siehe »Umgang mit Kritikern«, S. 124 f.). Zweifellos war Hanslick außerstande zu verstehen, worum es Wagner ging, aber dies verhinderte nicht, daß sein Argument zu einem zentralen Schlagwort für die Anti-Wagner-Kritik im späten 19. Jh. wurde.

Lebende Legende

Wagner war für einige Zeit eine so dominierende Gestalt auf der kulturellen Bühne Europas, daß diejenigen, die eine gehobene kulturelle Stellung für sich in Anspruch nahmen, sich zu diesem Phänomen äußern zu müssen glaubten. Ein paar Beispiele dieser Urteile europäischer »Kulturträger« zeigen, daß es nur eine Gemeinsamkeit in ihren Bewertungen gab: extreme Parteinahme, pro oder contra.
Nach seinem ersten Wagner-Konzert erzählte Charles Baudelaire seinen Freunden, er habe »die erfreulichste musikalische Erfahrung« seines Lebens gemacht. Sein literarischer Kollege Jules Champfleury schrieb einen Aufsatz, der den deutschen Komponisten als Geschenk des Himmels an die Musik begrüßte. Der junge Dichter Villiers de l'Isle-Adam erklärte, Wagner sei »ein Genie, wie es nur einmal in tausend Jahren auf Erden erscheint«. Houston Stewart Chamberlain, der Wagners älteste Tochter heiraten und eine zentrale Figur im Bayreuther Kreis werden sollte, verspürte, als er 1883 erstmals das Festspielhaus betrat, ein »engelgleiches Entzükken«.
Doch Leo Tolstoi fand *Siegfried* so »künstlich und dumm«, daß er ihn nicht aussitzen konnte, während William Morris es für eine »Entweihung« hielt, einen tiefgründigen Stoff wie die nordischen Sagen im Gewand einer Oper, der »rokokohaftesten und heruntergekommensten aller Kunstformen«, darzubieten. Er haßte die Vorstellung, daß ein »blonder deutscher Tenor über den unaussprechlichen Kummer Sigurds trällern« würde. John Ruskin hielt *Die Meistersinger* für den »dümmsten, schwerfälligsten, tölpelhaftesten, stümperhaftesten, affigsten Kram«, den er »je auf einer menschlichen Bühne gesehen« habe.
Zweifellos sollte das letzte Wort zu Wagner einem seiner berühmteren Zeitgenossen, dem gepeinigten Philosophen Friedrich Nietzsche, überlassen werden, der sich mit dem Phänomen Wagner intensiver abmühte als jeder andere im 19. Jh. In seiner Schrift *Richard Wagner in Bayreuth* pries Nietzsche, der Wagner offensichtlich abgöttisch verehrte und in ihm die Verkörperung alles Reinen und Edlen sehen wollte, den Meister als ein Genie, das seine größte Gabe dafür verwendete, »mit der rücksichtslose-

sten Tapferkeit auf die Verbesserung der als veränderlich erkannten Seite der Welt loszugehen«. Doch schon bald erfaßte Nietzsche abgrundtiefer Abscheu vor Wagners wohlkalkulierter Anbiederung an das neue deutsche Reich und vor seiner Aufgabe der dionysischen Sinnlichkeit zugunsten des Schopenhauerschen Quietismus und der christlichen Frömmigkeit. Letzteres zeigte sich am deutlichsten im *Parsifal*, den Nietzsche als Eintreten für eine »Sklavenmoral« brandmarkte. Nunmehr griff er Wagner heftig als einen »Erzbetrüger« an, der das Schlechteste der deutschen Nation verkörperte. Doch selbst als er seine Bosheiten über sein einstiges Idol ausgoß, bewahrte er eine tiefe Liebe für dessen Musik. Dies galt sogar für *Parsifal*, über dessen schönes Vorspiel er schreiben konnte: »Wie als ob seit vielen Jahren endlich einmal Jemand zu mir über die Probleme redete, die mich bekümmern […].« In *Ecce homo* bezeichnet er Wagner als »den grossen Wohlthäter meines Lebens«. Nietzsches Weigerung, Wagners Kunst trotz tiefen Abscheus vor vielen seiner gesellschaftlichen und ästhetischen Ideen herabzusetzen, sollte ihren Widerhall bei zahllosen Wagnerianern im nachfolgenden Jahrhundert finden.

DAVID C. LARGE

Postumer Ruhm und Einfluß

Wir sprechen von »Wagnerismus« (und »Wagnerianismus«), aber nicht von Mozartismus, Beethovenismus oder Brahmsismus. Wagners Einfluß, vor allem während der Hochzeit des Wagnerismus im späten 19. und frühen 20. Jh., reichte über die Musik- und Theaterwelt weit hinaus und erfaßte die meisten anderen Bereiche der Kunst wie auch die Philosophie, die Gesellschaftstheorie und die Politik. Der Hauptgrund für dieses Phänomen ist, daß Wagner sich – vielleicht bedauerlicherweise – immer für mehr als einen bloßen Musiker hielt. Er sah sich als Allzweckmessias, der gekommen war, um nicht nur die Oper, sondern die europäische Kultur und Gesellschaft überhaupt aus ihrem traurigen Zustand zu erlösen.

Es ist erstaunlich, wie viele Künstler und Intellektuelle des Fin de siècle der Ansicht waren, Wagners facettenreiches Vermächtnis könne von Nutzen sein, um ihre Arbeit, wenn nicht sogar ihr Leben zu bereichern. Aber da sie in der Regel von Wagner nur übernahmen, was sie als Inspirationsquelle gebrauchen konnten, gewann Wagners Vermächtnis schließlich ein Eigenleben, dessen radikal unterschiedliche Manifestationen oft nur noch entfernt mit ihrem Ursprung verwandt waren. Und da die zahlreichen Wagner-Jünger zu der Ansicht neigten, sie allein würden die wahre Bedeutung der Worte des Meisters verstehen, wurde die Wagner-Bewegung ebenso engstirnig sektiererisch, wie sie vielgestaltig war. Überflüssig zu sagen, daß die Begeisterung der Wagnerianer auch dazu beitrug, ein ebenso leidenschaftliches Anti-Wagner-Gefühl zu erzeugen. George Bernard Shaw, der selbst für sich echte wagnerische Weisheit in Anspruch nahm, übertrieb nur leicht, wenn er äußerte, daß »die Religionskriege nicht blutdürstiger als die Diskussionen der Wagnerianer und Anti-Wagnerianer« waren.

Angesichts der Vielseitigkeit von Wagners postumem Einfluß und Ansehen wird hier keine säuberliche Zusammenfassung dieses Themas versucht. Aber es ist sicher nützlich, die Verschiedenartigkeit von Wagners Vermächtnis in den drei bis vier Jahrzehnten nach seinem Tod herauszustellen; dazu werden einige Varianten dargestellt, die zeigen, wie dieses Erbe in bestimmten Ländern in charakteristischer Weise gebraucht oder mißbraucht wurde. Dies soll auch daran erinnern, daß der Mann, der sich einmal als das »deutscheste aller Wesen« bezeichnete, einen sehr internationalen Einfluß hatte.

Frankreich

Der Kulturhistoriker Jacques Barzun hat behauptet, das Paris des ausgehenden 19. Jh. sei »fast wagnerischer als die Heimat des Meisters«. Dies war eine Übertreibung, aber es stimmt, daß Wagner trotz der bitteren Erinnerungen an den Deutsch-Französischen Krieg und seiner eigenen taktlosen Franzosenfeindlichkeit in der französischen Hauptstadt überraschend populär blieb. Nach einer kurzen Unterbrechung in den 70er Jahren des 19. Jh. machten Dirigenten wie Edouard Colonne und Charles Lamoureux in den 80er Jahren Wagners Musik zu einem festen Bestandteil des Orchesterrepertoires in Paris; etwas länger dauerte es, die Musikdramen in der nationalen Opéra aufzuführen. Im Jahrzehnt nach Wagners Tod pilgerten die Franzosen getreulicher nach Bayreuth als die launischen Deutschen; ohne die Franzosen hätte Bayreuth vielleicht schließen müssen.

Frankreich und vor allem Paris waren ein bedeutendes Zentrum des literarischen Wagnerismus. Hier entstand zum Beispiel Joris-Karl Huysmans' Roman *A rebours* (*Gegen den Strich*), der 1884 veröffentlicht wurde. Der Held ist ein der Welt überdrüssiger Ästhet, der aus der bürgerlichen Mittelmäßigkeit und Häßlichkeit in die Musik Wagners und andere sinnliche Genüsse zu fliehen versucht. Durch Huysmans – und später eine Vielzahl von Epigonen – wurde Wagners Name zu einem Inbegriff für »Dekadenz«: für Selbstverwirklichung durch eine Kombination von Sinnlichkeit und Mystizismus. Wagners Einfluß unter den französischen Literaten wurde noch verstärkt durch das Erscheinen einer neuen Zeitschrift im Jahr 1885, der *Revue Wagnérienne*. Obwohl diese Zeitschrift nur bis 1888 bestand, trug sie erheblich zur Verbreitung von Wagners Ruhm bei, indem sie Übersetzungen seiner Schriften, Besprechungen von Büchern über ihn, Analysen seiner Musikdramen und Berichte über die anhaltenden Bemühungen, seine Opern in Paris auf die Bühne zu bringen, veröffentlichte. Weniger erfolgreich war die *Revue* in ihren Versuchen, Wagners ästhetische Prinzipien in der symbolistischen Dichtung anzuwenden, denn dieser Versuch beruhte kaum auf intensiver Kenntnis von Wagners Musikdramen, sondern auf einem ungenauen Verständnis Wagnerscher Ideen wie der »unendlichen Melodie« oder des

»Gesamtkunstwerks« (siehe auch »Wagners Einfluß auf die Literatur«, S. 431 ff.).

Trotz aller Unzulänglichkeiten des literarischen Wagnerismus in Frankreich trugen die Franzosen dazu bei, Wagners Gedankengut weit über ihr eigenes Land hinaus zu verbreiten. Unbelastet von dem extremen Nationalismus, der zunehmend deutsche Interpretationen kennzeichnete, machten französische Wagnerianer von Baudelaire bis Mallarmé Wagners Erbe nach ganz Europa »exportierbar«.

Italien

In Italien, dem Weltzentrum der romantischen Oper, stellten Wagners Musikdramen zwangsläufig eine Bedrohung für die etablierten Traditionen dar. Eine Inszenierung des *Lohengrin* in Mailands ehrwürdiger Scala im Jahr 1873 wurde mit den empörten Rufen »Viva Rossini!«, »Viva Verdi!« und »Tod dem Wagner!« quittiert. Doch in diesem Land erwuchsen ähnlich wie in Frankreich leidenschaftliche Anhänger Wagners, die ihr Bestes taten, um seinen Einfluß in ihrem eigenen Land und anderswo zu verbreiten, vor allem nachdem er tot war und keine Gefahr mehr darstellte. Wagnerianer in Bologna und Turin übernahmen die Führung bei diesem Unterfangen, teilweise weil es eine gute Gelegenheit bot, ihre alte Rivalin Mailand auf kulturellem Gebiet herauszufordern. Nachdem Bologna Schauplatz der italienischen Erstaufführungen von *Lohengrin* (1871) und *Tannhäuser* (1872) gewesen war, brachte es 1877 den *Fliegenden Holländer*, 1888 *Tristan und Isolde* und 1914 *Parsifal* zum erstenmal in Italien auf die Bühne. Turin versuchte 1891 eine italienische Inszenierung des *Rings*, wurde aber von Giulio Ricordi aus Mailand, einem standhaften Verteidiger Verdis, daran gehindert, der die italienischen Rechte an dem Werk besaß. Bolognas kleine, aber engagierte Wagner-Gemeinde gründete 1893 eine italienische Sektion des Internationalen Richard-Wagner-Vereins, die neben anderen Beiträgen eine Zeitschrift namens *Cronaca Wagneriana*, ein Verzeichnis aller Wagner-Ereignisse in Italien, herausgab. Bologna und Turin förderten regelmäßige »Pilgerfahrten«, so daß auch die Getreuen aus diesem Außenposten des Wagnerismus, der Pflicht genügend, ihre Verehrung am Hochaltar in Bayreuth zeigen konnten.

Aber Wagners Einfluß in Italien ging weit über lokale Begeisterung und Konkurrenzkampf zwischen Städten hinaus. Echte nationale Bedeutung erreichte er, als er in den 90er Jahren des 19. Jh. von Künstlern und Intellektuellen aufgenommen wurde, die den Wagnerismus als wirkungsvolle Waffe gegen den kraftlosen bürgerlichen Liberalismus ansahen, der im Italien nach der Vereinigung politisch den Ton angab. Am prominentesten in dieser Gruppe war der »Soldatenpoet« Gabriele D'Annunzio, der einige von Wagners gesellschaftlichen und politischen Idealen auf die Sache des »allumfassenden Nationalismus« anwandte, die den Triumph des

»heroischen Aktivismus« über parlamentarisches Gezänk und demokratische Unentschlossenheit erforderte. D'Annunzios kurzlebige Besetzung des jugoslawischen Fiume im Jahr 1919 verriet eine gewisse wagnerische Qualität in ihrer rauschhaften Kombination von exaltierter Rhetorik, erregender Musik und Massenchoreographie – ein politischer Stil, der bald von Mussolini (und später von Hitler) übernommen werden sollte.

Rußland

Wenn es etwas merkwürdig erscheint, daß Wagner eine so begeisterte Gefolgschaft in Italien finden sollte, so ist es vielleicht sogar noch eigenartiger, daß sein Werk in Rußland, einem Land, das er – abgesehen von seiner Anstellung als junger Mann in Riga – nur 1863 kurz bereiste, schließlich eine noch bedeutsamere Wirkung haben würde. Aber Wagners Botschaft übte auf die russische Intelligenz des Fin de siècle, die sich von dem utilitaristischen Positivismus ab- und geistig zwingenderen Idealen und ästhetischen Formen zuwandte, große Anziehungskraft aus. Tatsächlich brachte Wagners vielgestaltiges Vermächtnis eine Reihe von Schulen oder Tendenzen unter seinen russischen Anhängern hervor, die recht stark divergierten: am auffälligsten eine symbolistisch-ästhetische Schule, die in hohem Maße von französischen Wagnerianern beeinflußt war, dann eine mystisch-religiöse Richtung und (sonderbarerweise) einen anarcho-kommunistischen Flügel. Diese Gruppen unterschieden sich deutlich in dem, was sie in Wagners Werk als wesentlich oder brauchbar ansahen, doch war ihnen gemeinsam, daß sie einen unverkennbar russischen Geschmack beisteuerten. Sergej Diaghilews Ballets Russes beispielsweise liefen auf eine Art Russifizierung des »Gesamtkunstwerks« hinaus; seine Ausgangsidee war die Verwendung von Wagners ästhetischen Prinzipien für eine Kampagne zur Einigung der russischen Kultur. Die mit den Ballets Russes verbundenen Wagnerianer gaben eine Zeitschrift heraus, *Mir iskustwa (Die Welt der Kunst)*, die gewissenhaft die wichtigsten französischen und deutschen Interpretationen von Wagners Werken übersetzte. Ihr Hauptinteresse lag jedoch darin, dieses Vermächtnis bei der kulturellen Erneuerung Rußlands einzusetzen.

Wagners Vermächtnis sollte in Rußland auch für die Unterstützung der revolutionären Politik benutzt werden. Wagner hatte natürlich selbst einst gehofft, daß sein Werk einem solchen Zweck dienen könnte, insbesondere in seinem Vaterland, aber er mußte die Idee, kulturelle und politische Revolution zu verbinden, als Illusion erkennen. Der politische Idealismus seiner frühen Karriere fand keine praktische Anwendung in Deutschland, sondern im fernen Rußland, wo radikale Wagnerianer wie Wjatscheslaw Iwanow, Georgij Tschulkow, Aleksandr Blok und Anatolij Lunatscharskij Wagnerische Ästhetik in ihre eigene, spezifisch russische Mischung von Mystizismus, Populismus und revolutionärem Aktivismus einbezogen.

Großbritannien

In Großbritannien waren Einfluß und Anwendung von Wagners Ideengut ebenso vielgestaltig wie in Rußland. Hier gab es eine »ästhetische« oder dekadente Richtung, die weitgehend von den Franzosen inspiriert war und in Wagners Werk die Verherrlichung des L'art pour l'art, aber auch eine Fluchtmöglichkeit vor den Zwängen der viktorianischen Moralkonventionen erkannte. Dies war sicherlich der Fall bei Aubrey Beardsleys Fassung des *Tannhäuser*-Mythos, *Venus and Tannhäuser,* die zu pornographisch war, um zu Beardsleys Lebzeiten veröffentlicht zu werden. Oscar Wilde machte Wagner ähnlich wie Huysmans zu einem Symbol für die Kultivation verbotener Vergnügen, aber auch – in einer faszinierenden Vorwegnahme von Thomas Mann – zu einem Symbol der Selbstzerstörung. So erleben wir, wie seine berühmteste Romanfigur, Dorian Gray, »in verzücktem Vergnügen *Tannhäuser* lauscht und in dem Vorspiel zu dem großen Kunstwerk eine Darstellung der Tragödie seiner eigenen Seele erkennt« *(The Picture of Dorian Gray).*

Einem ganz anderen Zweck diente Wagners Erbe einer Gruppe von Anhängern, die sich um eine Zeitschrift namens *The Meister* scharten. Diese Jünger fanden bei Wagner ein umfassendes Wertesystem, das als Alternative zu dem viktorianischen Glauben an den technischen Fortschritt fungieren konnte. Der Herausgeber der Zeitschrift, William Ashton Ellis, faßte Wagners Bedeutung für ihre Ziele zusammen, indem er erklärte, die Musik und die Ideen des Meisters würden helfen, die Menschheit »von der starken Umklammerung des erdrückenden Materialismus« zu befreien, weil es »zu keiner Zeit einen so weitverbreiteten Wunsch gegeben« habe, »alles zu erforschen und einige der verborgenen Geheimnisse dessen, was über und jenseits der Materie ist, zutage zu fördern«.

Der Wagnerismus von Ellis fand wenig Gefallen bei Großbritanniens größtem Wagneranhänger, George Bernard Shaw. Er tat *The Meister* als Quelle frommer Phrasen ab, der jegliches Verständnis für Wagners sozialistische Kritik des kapitalistischen Systems fehle. Eine solche Kritik war nach seiner Ansicht die Essenz des *Ring*-Zyklus, den er als politische Parabel über kapitalistische Gier und Selbstzerstörung auffaßte. Shaws Deutung des *Rings* hatte wenig Einfluß auf den Wagnerismus der Jahrhundertwende, sollte aber eine Wiederbelebung in Patrice Chéreaus umstrittener *Ring*-Inszenierung von 1976 in Bayreuth erfahren, die Wagners Werk als eine Allegorie auf die Übel des Kapitalismus und der Industrialisierung darstellte.

Deutschland

Wagners postumer Einfluß in seinem eigenen Land ist ein Beweis für die Klugheit der Maxime Nietzsches, daß sich Künstler und Intellektuelle davor hüten sollten, Anhänger anzuziehen. Seine fanatischsten Anhänger –

der sogenannte Bayreuther Kreis (siehe »Das Vermächtnis von Bayreuth«, S. 424 ff.) – waren so überzeugt von ihrem exklusiven Anspruch auf sein Erbe, daß sie versuchten, die Aufführung seiner Werke außerhalb von Bayreuth zu kontrollieren oder zu begrenzen. Der berüchtigtste Fall war Cosima Wagners erfolgloser Versuch, auf dem Gerichtsweg die Metropolitan Opera in New York daran zu hindern, im Jahre 1903 den *Parsifal* auf die Bühne zu bringen. Als Wagners »literarische« Nachlaßverwalterin kontrollierte Cosima auch den Zugang zu seinen umfangreichen Schriften und hieß nur die Wagner-Forscher willkommen, die (wie der »offizielle« Biograph Carl Friedrich Glasenapp) ihre eigenen borniertten Anschauungen über die Bedeutung von Wagners Werken nachbeteten. Die Hauszeitschrift von Bayreuth, die *Bayreuther Blätter,* war ebenso engstirnig und machte ihre Seiten fast ausschließlich Autoren und Kritikern zugänglich, die sich der konservativ-nationalistischen Linie des Herausgebers Hans von Wolzogen unterwarfen. So ist es auch nicht überraschend, daß weder Nietzsche noch Thomas Mann, Deutschlands glänzendste, aber wenig konformistische Wagner-Anhänger, je in den *Bayreuther Blättern* schrieben; tatsächlich tat dies bis auf Theodor Fontane auch kein anderer erstrangiger deutscher Schriftsteller.

Wagners Bayreuther Jünger stellten sicher, daß Wagners postumer Einfluß in Deutschland eng mit den Kräften des Wilhelminischen Nationalismus verbunden sein sollte. Kaiser Wilhelm II., ein Bewunderer von Houston Stewart Chamberlain, dem in England geborenen völkischen Guru, der Wagners Schwiegersohn wurde, sah die Musik Wagners als perfekte Begleitung für Deutschlands Streben nach Weltmacht an. Anders als sein Großvater Wilhelm I. besuchte er Bayreuth regelmäßig und ließ dem Tempel des Germanenkults jährlich 1000 Taler zukommen. Er wirkte auch mit, ein charakteristisch pompöses Wagner-Denkmal in Berlin zu entwerfen, und ließ die Hupe seines Automobils das Donnermotiv aus dem *Rheingold* intonieren.

Weniger amüsant ist, daß die Überpatrioten des deutschen Reichs beständig Wagners Erbe zu Hilfe riefen, um Deutschlands »heilige Mission« im Ersten Weltkrieg zu verteidigen. Ein typisches Produkt dieses Versuchs war Richard Sternfelds Broschüre *Richard Wagner und der heilige deutsche Krieg.* Der Autor fand in Wagners Musikdramen (insbesondere in *Lohengrin*) und in seinen Prosaschriften eine Rechtfertigung für Deutschlands imperialistische Bestrebungen. Als im besetzten Lille in der Kathedrale St-Quentin in einem Konzert für deutsche Soldaten Passagen aus *Parsifal* gespielt wurden, verkündete die *Liller Kriegszeitung* überschwenglich: »Hier die Klänge zur Verherrlichung des reinen Toren, dort draußen die Taten des reinen Schwertes der Deutschen.« Sogar preußische Generäle machten Gebrauch von Wagners Vermächtnis: Sie benannten Frontstellungen nach Wotan, Siegfried, Brünnhilde, Hunding.

Adolf Hitler sollte übrigens dieser Praxis im Zweiten Weltkrieg nacheifern, aber es dürfte klar sein, daß Wagners Erbe von den deutschen Nationalisten schon gründlich in Anspruch genommen worden war, bevor

der »Führer« Wagners Werke als Leitmusik für das Dritte Reich ausbeu-
tete. In diesem Zusammenhang können wir vielleicht in Erinnerung rufen,
daß bereits Nietzsche im Jahr 1888 bemerkt hatte: »Es ist voll tiefer Bedeutung, daß die Heraufkunft Wagner's zeitlich mit der Heraufkunft des
›Reichs‹ zusammenfällt: beide Thatsachen beweisen Ein und Dasselbe –
Gehorsam und lange Beine. –«

DAVID C. LARGE

Das Vermächtnis von Bayreuth

Ähnlich wie Richard Wagner selbst brachte das Festspieltheater, das er in
Bayreuth gründete, ein komplexes Vermächtnis voller Widersprüche hervor. Während der Hauptzweck der im Sommer stattfindenden Festspiele
darin bestand, Wagners Musikdramen in einer idealen Kulisse aufzuführen, sollte der Name »Bayreuth« bald viel mehr als das Wagnersche Musiktheater bedeuten. Praktisch von Anfang an übernahmen die Festspiele
die Last einer ideologischen und politischen Fracht, die mit den Jahren immer schwerer wog und zum Schluß das gesamte Unternehmen fast er-
drückte. Das heutige Bayreuth hat noch immer damit zu kämpfen, mit
den Folgen seiner belastenden Vergangenheit fertig zu werden.
Wagners Wahl von Bayreuth als Ort für sein geplantes Festspielhaus war
nicht ausschließlich, ja nicht einmal vorrangig in ästhetischen Erwägungen begründet. Unmittelbar nach dem Sieg Preußens über Österreich im
Jahr 1866 war Wagner zu der Überzeugung gekommen, in diesem norddeutschen Königreich nicht nur Deutschlands potentiellen Retter, sondern
auch den seiner eigenen künstlerischen Ambitionen zu sehen. Zwar lag
die Stadt Bayreuth auf bayerischem Boden (eine wichtige Überlegung,
denn Wagner hoffte, König Ludwig II. von Bayern weiter um finanzielle
Unterstützung angehen zu können), doch war es früher ein preußischer
Hof gewesen. Im 18. Jh. diente es als Residenz der Markgräfin Wilhelmine, der Lieblingsschwester Friedrichs des Großen. Diese hatte auch das
örtliche Opernhaus erbaut, von dem Wagner anfangs glaubte, es wäre eine geeignete Bühne für seine Musikdramen; bei näherer Überprüfung
stellte es sich als unzureichend heraus. Eine Übersiedlung nach Bayreuth
eröffnete Wagner auch die Möglichkeit, Forderungen an die von Preußen
unterstützte deutsche nationale Bewegung und vielleicht sogar an das
freigebige aufstrebende Haus Hohenzollern stellen zu können. Außerdem
besaß Bayreuth selbst keinen ständigen Theaterbetrieb, der mit Wagners
Unternehmen hätte konkurrieren können. In der Tat hatte es keine herausragenden kulturellen oder gesellschaftlichen Institutionen irgendwel-
cher Art – außer vielleicht der Irrenanstalt, die einige von Wagners Ver-
leumdern im Vergleich zum Festspielhaus als einen Hort der Gesundheit
ansehen sollten. Mit anderen Worten: Bayreuth war ein Ort, wo Wagner
König sein konnte, ein Ort, den er als neue Hauptstadt der deutschen
Kunst auf die Landkarte setzen konnte. Es sollte, wie er es ausdrückte,
»eine Art Kunst-Washington« werden.
Die Verwirklichung der deutschen Einheit unter preußischer Vorherr-

schaft im Jahr 1871 überzeugte Wagner, daß sein eigenes künstlerisches Schicksal beim neuen deutschen Reich lag. Für die nächsten paar Jahre umwarb er Deutschlands neue Herrscher, vor allem Bismarck, und bat mit salbungsvollen Worten um die finanzielle Unterstützung Berlins für sein geplantes Festspielhaus. Als Gegenleistung für die kaiserliche Finanzierung schlug er vor, die Premiere seiner *Ring*-Tetralogie als »Lustral=Feier des im Jahre 1871 abgeschlossenen ruhmreichen Friedens mit Frankreich« aufzuführen. Leider wurde Bismarck, der Wagner nicht ausstehen konnte, von diesem generösen Angebot nicht verlockt; er stellte sicher, daß das Bayreuth-Projekt keine finanzielle Unterstützung durch das Reich erhalten würde.

Der Eiserne Kanzler blieb den ersten Bayreuther Festspielen im Jahr 1876 fern, ebenso wie die Generäle Roon und Moltke, die Architekten des deutschen Siegs über Frankreich. Kaiser Wilhelm I. begnügte sich damit, kurz in Erscheinung zu treten, verließ die Aufführung aber früh, um ein Manöver zu besuchen. Wagner mußte somit erkennen, daß er seine Bayreuther Festspiele nicht zur »künstlerischen Schwester der deutschen Vereinigung«, zum theatralischen Symbol von Deutschlands Nationalbewußtsein und aufstrebender Militärmacht hatte machen können. Er reagierte auf diesen Affront, wie sein glühender Anhänger Adolf Hitler später auf Deutschlands bevorstehende Niederlage im Zweiten Weltkrieg reagieren sollte: Er kam zu dem Schluß, daß die Deutschen seiner nicht würdig waren. In seiner wachsenden Enttäuschung über das Vaterland überlegte er sogar, nach Minnesota zu emigrieren, dessen deutsch-amerikanische Bürger angeboten hatten, ein »New World Festspielhaus« zu finanzieren. Es ist schade, daß er diesen Schritt nicht tat; ein Bayreuth der Neuen Welt im amerikanischen Mittelwesten hätte sicherlich einen gesünderen Einfluß auf das Fortleben von Wagners Erbe gehabt.

In den Händen der Witwe des Komponisten, Cosima, blühten die Wagner-Festspiele in kommerzieller Hinsicht auf, weil die Wagnerianer aus der ganzen Welt zum »Grünen Hügel« in Bayreuth strömten, um anständige, jedoch kleinlich konservative und nervtötend gleichförmige Inszenierungen der Musikdramen zu erleben. Auch wenn Cosima durch und durch chauvinistisch, fremdenfeindlich und rassistisch war, achtete sie doch darauf, die ausländischen Besucher nicht zu beleidigen, von deren Geld Bayreuth abhängig war. Trotzdem entwickelte sich das Festspielhaus unter Cosima zu einem Wallfahrtsort für die extremen deutschen Nationalisten. Sie scharten sich dort nicht so sehr deswegen zusammen, weil sie Wagners Musik liebten, sondern weil sie in den alljährlich stattfindenden Festspielen einen geeigneten Rahmen für die Demonstration eines patriotischen Gemeinschaftsgeistes sahen, der einer Nation, die immer noch regional, religiös und gesellschaftlich gespalten war, möglicherweise ein größeres Gefühl von Einheit und Zusammengehörigkeit verleihen konnte.

Bayreuth war von zentraler Bedeutung für die Entwicklung des deutschen Nationalismus in der Wilhelminischen Zeit, weil es zudem das Zuhause des sogenannten »Bayreuther Kreises« war: eines exklusiven Zirkels von

Wagner-Anhängern, die Wagners komplexes Werk durchgängig in völkischem Sinne interpretierten. Diese Gruppe, deren prominentester Vertreter der eingebürgerte Engländer und Wagner-Schwiegersohn Houston Stewart Chamberlain war, nahm Wagners problematische Prosaschriften ebenso ernst wie seine Musik. Sie feierte ihr Idol als großen Philosophen, dessen Ideen sich als Gegenmittel zu den ausländischen und »rassisch fremden« Einflüssen verwenden ließen, die ihrer Meinung nach das deutsche Volk verdarben. Ihre Zeitschrift, die kaum lesbaren *Bayreuther Blätter*, wurden zu einem Sammelbecken eines »idealistischen« antisemitischen und alldeutschen Größenwahns.

In der Zeit der Weimarer Republik (1918–33), die berühmt war für ihre künstlerische Experimentierfreudigkeit, wurde Bayreuth zu so etwas wie einem kulturellen Notstandsgebiet. Richard Wagners Sohn Siegfried, der die Festspiele von 1907 bis zu seinem frühen Tod im Jahr 1930 leitete, erklärte: »Für gewisse hypermoderne Moden ist Bayreuth nicht da, das widerspräche dem Stil der Werke, die ja nicht kubistisch-expressionistisch-dadaistisch gedichtet und komponiert sind.« Siegfried blieb in seinen meisten Inszenierungen der traditionalistischen Linie treu, auch wenn er gelegentlich einige neue Bühnenbilder und Beleuchtungseffekte verwendete, die die alte Bayreuther Garde verstörten; diese wollte nämlich nichts anderes sehen als »die szenischen Bilder, auf denen das Auge des Meisters geruht hat«. Siegfried lud Toscanini ein, 1930 eine neue Inszenierung des *Tannhäuser* zu dirigieren, aber er erlebte die Aufführung, die – wenn auch nur vorübergehend – zeitgenössische Tendenzen aufnahm, nicht mehr.

An der politischen Front verriet Siegfrieds Bayreuth den gleichen konflikthaften Dualismus zwischen Kosmopolitismus und Deutschnationalismus, den es in der Wilhelminischen Ära entwickelt hatte. Dieser Dualismus wurde bei den ersten Festspielen nach dem Krieg im Jahr 1924 sehr deutlich, als eine Gruppe von Nazis am Ende der *Meistersinger* aufstand und das Deutschlandlied sang. Siegfried sympathisierte zwar mit der nationalsozialistischen Sache, ließ aber unverzüglich ein Banner über dem Eingang zum Festspielhaus anbringen, das verkündete: »Hier gilt's der Kunst!« Als wollte er dieses Ideal unterstreichen, legte er Wert darauf, jüdische Sänger und Musiker in Bayreuth einzusetzen, eine Praxis, die Hitler später zu der Bemerkung veranlaßte, Siegfried sei irgendwie in der Hand der Juden gewesen.

Aber ungeachtet des Festhaltens Siegfried Wagners an der »unpolitischen« Aufgabe der Festspiele war die Kunst in den 20er Jahren genauso wenig das alleinige Ziel von Bayreuth wie in der Wilhelminischen Ära oder zu Richard Wagners Lebzeiten. Auf Siegfrieds Bitte blieb Hitler von 1926 bis 1933 den Festspielen fern, aber der nationalsozialistische Geist war in der Stadt sehr deutlich zu spüren. Der 1925 gegründete Bayreuther Bund der deutschen Jugend betonte in seinem offiziellen Programm die »unmittelbare Verbundenheit des großen deutschen Erinnerungswerkes Adolf Hitlers und seines kulturellen Willens mit dem Werke von Bayreuth«. In einem Versuch, finanzielle Unterstützung für die neue *Tannhäuser*-Inszenierung 1930 aufzubringen, beschrieb sich Bayreuth selbst als eines der »letzten Bollwerke deutschen Geistes und deutscher Art«.

Als Hitler 1933 die Macht in Deutschland übernahm, wurde das Bayreuther Festspielhaus quasi zu einem deutschen Nationaltheater. Der Führer, der sehr enge Beziehungen zu der neuen Herrin von Bayreuth, Siegfrieds in England geborener Witwe Winifred, hatte, beehrte die Sommerfestspiele mit seiner Gegenwart und unterstützte sie großzügig aus der Staatskasse. Das Verhältnis zwischen Hitler und Winifred war so eng, daß Bayreuth eine gewisse Unabhängigkeit von der Kulturbürokratie der Nazis zu bewahren und erfolgreich die Versuche von Goebbels abzuwehren vermochte, die Festspiele der Kontrolle seiner Reichskulturkammer zu unterstellen. Aber dies änderte nichts an der Tatsache, daß Bayreuth nunmehr deutlich ein Werkzeug der nationalsozialistischen Propaganda war und sich zunehmend zu einem Tempel entwickelte, der in erster Linie von Deutschen aufgesucht wurde. Während des Zweiten Weltkriegs wurde das Festspielhaus tatsächlich fast ausschließlich mit Funktionären der NSDAP, Arbeitern von Rüstungsbetrieben und verwundeten Soldaten gefüllt, die im Rahmen des Programms »Kraft durch Freude« nach Bayreuth kamen. (Zweifellos hielten dies viele Soldaten für eine besonders sadistische Form von »Ruhe und Erholung«.) Die Nazis erklärten, diese Kriegsfestspiele seien nun – endlich – die Verwirklichung von Wagners ursprünglicher Idee, Bayreuth zu einem populären Festspiel zu machen, das allen »Freunden seiner Kunst«, ungeachtet ihrer finanziellen Mittel, offenstehen sollte. Auch wenn man daran zweifeln darf, daß diese schlafenden Parteifunktionäre und unwilligen Soldaten das Publikum waren, das sich Wagner vorgestellt hatte, so waren sie doch weniger privilegiert als die aristokratischen oder der Oberschicht des Bürgertums angehörenden Gönner der Vergangenheit – und übrigens auch weniger wohlhabend als die Dauerbesucher, die im späten 20. Jh. in Bayreuth den Ton angeben sollten.

Die Ermahnung »Hier gilt's der Kunst!« begrüßte die Besucher erneut bei den wiedererstandenen Bayreuther Festspielen im Jahr 1951. Nunmehr jedoch hatte die Kunst wirklich den Vorrang, und die Deutungen von Wagners Kunst waren zur Abwechslung nach den Maßstäben des alten Bayreuth erfrischend ketzerisch. Richard Wagners Enkel Wieland und Wolfgang waren gewillt, das Werk ihres Großvaters nicht als Reliquie zu behandeln, die sorgfältig vor Veränderungen beschützt werden mußte, sondern als ein Erbe, das ständige Neubewertung und Verjüngung verlangte. Doch bei allem Interesse, eine neue Ästhetik zu entwickeln, erkannten sie, daß die Herausforderung, der sie gegenüberstanden, ebenso moralischer und politischer wie künstlerischer Natur war. Deshalb interpretierte Wieland Wagner *Die Meistersinger* 1956 als Warnung vor deutschem Größenwahn und inszenierte den *Ring* 1965 als eine Allegorie auf den Faschismus. Wieland begründete diesen Weg damit, die ursprünglich fortschrittlichen Absichten seines Großvaters aktualisieren zu wollen.

Aber indem er versuchte, »echte« Wagnersche Ideale gegen ihre Pervertierung durch extreme Nationalisten und Rassisten zu stellen, führte er auch einen Kampf gegen das Wagner-Erbe, das er und sein Bruder von den früheren Bayreuther Verwaltern übernommen hatten.

DAVID C. LARGE

Die Geburt der Moderne

Wagners Einfluß auf die Musikgeschichte

Wagners Einfluß auf die Musikgeschichte war so zentral und umfassend, daß die bedeutenden Komponisten – von Elgar, Sibelius und Richard Strauss bis zu Schönberg, Strawinsky und Bartók –, die zwischen der Mitte der 50er Jahre des 19. Jh. und dem Ende des Jahrhunderts geboren wurden, mit gewissem Recht als »postwagnerisch« oder auch als »antiwagnerisch« kategorisiert werden können. Auf der Suche nach einer griffigen Formel sind die Historiker teilweise immer noch versucht, musikalische Entwicklungen seit den 80er Jahren des 19. Jh. so zu interpretieren, als wären diese Entwicklungen Reaktionen auf Wagner und seine Neuerungen: die neue Rolle der Musik (und des Theaters) in der Gesellschaft, die Stellung des Komponisten und der Fortschritt in Harmonie, Tonalität, Form und rhythmischer Struktur. Damit verbunden ist das Argument, daß Wagners Einfluß weniger durch seine Musik als durch die Ideen und Taten seiner unmittelbaren Anhänger zu spüren sei: Sie machen das Ausmaß sichtbar, in dem seine Prosawerke und sein Lebensstil deutlich einflußreicher waren als seine Kompositionen. Diese Position vertritt William Weber, als Teil seiner These, daß der »Wagnerismus« in den Jahren unmittelbar nach Wagners Tod eine bemerkenswert mächtige kulturelle Kraft gewesen sei:

Die Anhänger Wagners riefen die erste Bewegung ins Leben, die sich als musikalische Avantgarde ansah, als intellektueller Kader, der Werke unterstützte, die ihrer Auffassung nach fortschrittlich und per definitionem auf Provokation aus waren. Auf diese Weise schuf der Wagnerismus die intellektuellen und gesellschaftlichen Grundlagen für den Aufstieg einer selbständigen Kulturwelt der neuen Musik, die sich heute in erster Linie zeitgenössischen Werken widmet. (Large/Weber, 1984)

In Webers Terminologie war Wagner selbst kein archetypischer »Wagnerianer«; er war lediglich darauf bedacht sicherzustellen, daß seine Werke in der geeignetsten Weise aufgeführt werden. Es waren seine Anhänger, die versuchten, die Richtlinien für das festzulegen, was unter dem Begriff »musikalische Moderne« bekannt wurde. Weber sieht wichtige Wurzeln für diese Entwicklung im Wien der 1890er Jahre und in der Fehde zwischen den Anhängern von Brahms und den Wagnerianern, mit Hugo Wolf als prominentestem Aktivisten im Wagner-Lager. Das Auftauchen eines Avantgarde-Begriffs in der Musik ist ein komplexes Thema; Carl Dahlhaus behauptet, daß der »Begriff der Avantgarde […] eine geschichtliche Kategorie [ist], die im 18. Jahrhundert, zusammen mit dem Originalitäts-postulat und der Idee des autonomen Werkes, entstanden ist« (Dahlhaus, 1987). Doch der Wagnerismus förderte ohne Zweifel die Entwicklung der besonderen Eigenschaften, die wir mit der nachwagnerischen Moderne verbinden. In Webers Terminologie ist der archetypische Vertreter der Moderne Arnold Schönberg; deshalb ist es auch wichtig zu erkennen, daß Wagners Musik als Quelle für Schönbergs Entwicklung als Komponist ebenso bedeutsam war wie die Auffassung der Wagner-Anhänger über die gesellschaftliche Rolle eines avantgardistischen Komponisten.

Sehr wenig Musik von Bedeutung, die deutlich und anhaltend an Wagners eigenen Stil erinnert, hat sich durchgesetzt, und diese – so Humperdincks *Hänsel und Gretel* und einige Werke von Dvořák – ist weit von sklavischer Nachahmung entfernt. Man würde jedoch historische Scheuklappen tra-gen, wollte man die Wirkung Wagners auf solche unmittelbaren Verbin-dungen begrenzen. Dahlhaus behauptet: »Die Wirkung Wagners war denn auch in musikalischen Gattungen wie der Symphonie und der Symphoni-schen Dichtung, der Kammermusik und dem Lied […] kaum geringer als im musikalischen Drama.« Er führt dafür zwei zusammenhängende Grün-de an: Zum einen betone Wagners spätere Übernahme der Schopenhau-erschen Ästhetik den Primat der Musik »um ihrer selbst willen«, also der nichtvokalen Konzertmusik, die Wagner ursprünglich verachtet hatte, zum anderen bestehe »auch nach offizieller Bayreuther Auffassung […] legitimer Wagnerismus« darin, »bei anderen, für Wagner peripheren Gat-tungen des musikalischen Theaters vor der Übermacht der Wagnerschen Hinterlassenschaft Zuflucht zu suchen« (Dahlhaus, 1989a). Unter diesen Aspekten sollte auch gesehen werden, daß Wagners Musik einen starken Einfluß auf Schönberg ausüben konnte. Schönberg selbst erkannte Wag-ner als eine der wichtigsten Quellen für seine eigene Entwicklung als Kom-ponist an und erklärte, er habe von Wagner gelernt:

I. Die Art und Weise, wie man Themen für expressive Zwecke verändern kann, und die Kunst, sie so zu formulieren, daß sie diesem Ziel dienen.
II. Die Beziehungen zwischen Tönen und Akkorden.
III. Die Möglichkeit, Themen und Motive als komplexe Verzierungen aufzufassen, so daß sie dissonant gegen Harmonien eingesetzt werden können. (Schönberg, 1976)

Schönberg scheint Wagner vor allem als Vorläufer eines totalen themati-schen Prinzips angesehen zu haben, bei dem lineare und motivische Ele-mente alles durchdringen und Akkorde im wesentlichen nur die vertikale Anordnung von Motivtönen darstellen. Man kann auch die Meinung ver-treten, daß das Prinzip der »musikalischen Prosa«, das Wagner in *Oper und Drama* andeutete, seine Apotheose in Werken Schönbergs wie dem fünften der Orchesterstücke op. 16 (»Das Obbligato-Rezitativ«) und dem Monodram *Erwartung* erreicht, in dem die Form aus einer Folge von kurzen, periodenähnlichen Segmenten besteht, von denen jedes von einer deutlich unterschiedenen, motivähnlichen Idee beherrscht wird. Man kann also behaupten, daß Wagners persönlichstes und wesentlichstes Formprinzip auf Entwicklungen in der Kompositionstechnik einen weit größeren Einfluß ausübte als sein Lebensstil oder sein musikalischer Stil an sich und daß sich diese Entwicklungen über Schönberg fortgesetzt und Avantgardekomponisten späterer Generationen wie Pierre Boulez und Peter Maxwell Davies beeinflußt haben. Insbesondere Boulez, einer der herausragendsten Dirigenten von Wagners Musikdramen in den 70er Jahren, hat sich über die »beständige Beweglichkeit« des Materials im *Ring* und die »fortwährende Entwicklung« geäußert, die im *Parsifal* am Werk sei; damit hat er sicher auch Parallelen zwischen seinem Verständnis von Wagner und seinen eigenen avantgardistischen Zielen als Komponist angesprochen (Boulez, 1986). Außerdem hat sich Boulez ähnlich wie Schönberg bei seinem Eintreten für neue Musik unmißverständlich zu seinen avantgardistischen Ideen bekannt.

Versuche, Wagners Wirkung unter dem Aspekt einer bestimmten musikalischen Atmosphäre zu betrachten, können »Zusammenhänge« propagieren, die so allgemein sind, daß sie bedeutungslos werden: beispielsweise zwischen dem dionysischen, orgiastischen Geist, der in Wagners Werk (vor allem im *Tristan*) offenkundig ist, und einer vergleichbaren Qualität in Strawinskys *Sacre du printemps*. Wie im Falle von Debussys *Pelléas et Mélisande* mag es schwerfallen, Debussys ablehnende Haltung gegenüber Wagner von der offensichtlichen Inspiration durch ihn zu trennen; und es mag sicher richtig sein, daß Strawinsky sein *Sacre du printemps* anders komponiert hätte, wenn ihn nicht 1912 in Bayreuth der *Parsifal* so entsetzlich gelangweilt hätte. Dennoch ist wenig oder nichts gewonnen, selbst aus dem Blickwinkel der Kulturgeschichte, wenn man dieses Meisterwerk in Beziehung zu Wagners Mitteln setzt, den »dionysischen, orgiastischen Geist« zum Ausdruck zu bringen. Dagegen gibt es sehr viele Komponisten, die Wagners technische oder ästhetische Vorstellungen übernommen und weiterentwickelt haben; sogar die des »Gesamtkunstwerks« (bei Skrjabin). Die Leitmotiv-Technik blühte auch im Kontext völlig unwagnerischer Stile, z. B. bei Britten, während der englische Komponist Rutland Boughton, dessen fünf Opern umfassender König-Artus-Zyklus (1908 bis 1945) wegen seiner offenen Absicht, dem Meister von Bayreuth nachzueifern, häufig als »wagnerisch« bezeichnet wird, tatsächlich eine ganz andere Musik schrieb, wohl in Gegenreaktion zu seinem tatsächlich viel mehr wagnerischen Frühwerk, nicht als dessen Fortführung.

In jüngerer Zeit, wo »wagnerianisch« etwa gleich viel bedeutet wie großangelegt und episch (und prätentiös), sollte man noch vorsichtiger sein, nach Einflußlinien zu suchen. Doch hat die Ästhetik der Avantgarde die opernhafte Behandlung von Mythos und Ritual weiterhin gefördert, wie etwa in Stockhausens auf sieben Opern angelegtem Zyklus *Licht*; Berio hat eine wagnerische Perspektive übernommen, um das zu beschreiben, was er als Scheitern der Oper am Genre der »Handlung« auffaßt, wie es seiner Meinung nach Wagner im *Tristan* erfand. Berio sagt über seinen eigenen Versuch für ein solches Werk, *Un re in ascolto* (1984), es seien »die musikalischen Prozesse, die in erster Linie für die Erzählung verantwortlich sind« (Berio, 1989). Ob dies nun eine genau zutreffende Interpretation von Wagners Verfahren im *Tristan* ist oder nicht, es beweist, daß Wagners Kritik der traditionellen Oper weiterhin das Denken und die Techniken späterer Komponisten beeinflußt.

Der offensichtlichste Beweis für Wagners anhaltende Präsenz in der Musik liegt im direkten Zitat (oder in der parodierenden Nachkomposition) seiner musikalischen Ideen. Wie Debussy, Berg und Britten demonstriert haben, konnte der »Tristan-Akkord« als Metapher für die Empfindung von Begierde und Sehnsucht in einer Weise verwendet werden, die entsprechend dem Kontext spöttisch oder ganz ernsthaft sein konnte. Hans Werner Henze verwendete in seinem *Tristan* für Klavier, Tonband und Orchester (1973) Zitat und Anspielung als Ausgangspunkt für ein Werk, das versucht, noch den letzten Tropfen aus dem mächtigen Gebräu zu destillieren, das entsteht, wenn alle historischen Konnotationen der Tristan-Story den technischen Mitteln des modernen Komponisten ausgesetzt werden. Robin Holloway dagegen hat sich vom Netz der Zitate und Anspielungen, die in seiner Oper *Clarissa* (1976) zu finden sind, zu etwas weiterentwickelt, das den Klavierduett-Parodien von Fauré-Messager und Chabrier nähersteht. Mit *Wagner Nights* für Orchester (1990) verleiht Holloway der Notwendigkeit Ausdruck, Wagners einzigartige Wirkung auf die Musik anzuerkennen, eine Wirkung, die nie vollständig verlorengehen wird:

Eine so bildhafte Kraft des Ausdrucks [wie sie aus einer leitmotivischen Textur heraus entsteht], deren Unmittelbarkeit und Wirkung nicht durch sprachliche Beschränkungen gehemmt werden, ist der Teil der inneren Möglichkeiten der Musik, den Wagner als erster freisetzte. Ich glaube, daß ihm Komponisten hundert Jahre später ebenso viel, wenn auch indirekt, zu verdanken haben wie in den Jahrzehnten nach seinem Tod, als man seinem direkten Einfluß kaum entgehen konnte. (Holloway, 1990)

ARNOLD WHITTALL

Wagners Einfluß auf die Literatur

»Wagner hatte auf die Kultur unserer Zeit einen größeren Einfluß als jeder andere Künstler.« (Magee, 1968) Die Wirkung Wagners auf die Literatur war ebenso tiefreichend wie überzeugend. Daß ein Musiker eine so überwältigende Wirkung auf die Literatur haben konnte, ist tatsächlich bemerkenswert, aber Wagner beschleunigte in den Künsten dramatisch die Verschiebung hin zur Musik, die das späte 19. Jh. erlebte; er gab der dichterischen Imagination ungeheure Impulse. Sein vielfältiges Erfindungspotential konnte z. B. in Romanen, die mit inneren Monologen arbeiteten, die Verwendung literarischer Leitmotive anregen; die Sehnsüchte der Mythenschöpfer beuteten seine Musikdramen als ertragreiche Quelle aus; die Symbolisten sahen ihn als mystischen Hierophanten; die Dekadenz-Dichter fanden in seinem Werk manche Anregung. Der Komponist, der eine Quelle für symbolistische Feinheiten, für »Mystagogen« und Psychologen abgab, muß eine ungewöhnliche Erscheinung gewesen sein; die europäische Kultur wäre ohne ihn um einiges ärmer.

Die Symbolisten waren die ersten, die in Wagner einen mächtigen Anreiz sahen, weil sie von der Natur der Musik und ihren Beziehungen zur Dichtung erfüllt waren: Kunst sollte symbolisch und nicht gegenständlich sein; schreibend sollte versucht werden, die innere Welt zu »musikalisieren«. Ein Dichter vom Format eines Mallarmé fürchtete, daß die literarische Aussage kraftlos und beschränkt wäre, wenn sie keine musikalischen Vorbilder nachahmen könnte, wobei er mit »musikalisch« Wagnerisch meinte. Verlaines Forderung, alle Kunst müsse sich der Musik unterordnen, und Mallarmés Verdacht, die Dichtung sei zur geringeren geistigen Leistung abgestiegen, beruhen auf einer ehrfürchtigen Hochachtung gegenüber Wagner. Die Gründung der *Revue Wagnérienne* im Jahr 1885 zeigte, wie wichtig Wagner für die französischen Symbolisten geworden war, die ihn als Spiegel und Abbild für ihre eigenen Theorien und Bestrebungen verwendeten. Mallarmés Beitrag für diese Zeitschrift, *Richard Wagner: Rêverie d'un poète français*, ist eine Hommage, halb Aufsatz, halb Prosagedicht. Die Beschreibung von Wagners Ideal und Werk wird in Begriffen aus Religion und Ritus dargelegt: Das Theater wird zu einem Tempel und das Schauspiel zu einer Zeremonie, in der die Massen an einem heiligen Ritus teilnehmen. Mallarmés *Notes sur le théâtre*, ein Beitrag für die *Revue Indépendante*, betonte die Notwendigkeit eines idealen, symbolischen Dramas; der Naturalismus wird beklagt und die Formulierung spiritueller Haltungen, einfallsreicher Visionen und zeitloser Seelenzustände ermutigt.

Symbolismus und Innerlichkeit, Leitmotiv und »Stream of consciousness« (Bewußtseinsstrom) – die Gegenwart Wagners ist deutlich zu spüren. Die Tendenz des modernen Romans, eine klar umrissene Handlung und einen präzisen Gegenstand abzulehnen und sich auf das Bewußtsein des Hauptcharakters zu konzentrieren (häufig unter Ausschluß aller anderen Perspektiven), ist wohlbekannt. Der Schriftsteller Théodore de Wyzewa erklärte 1895, der Romanautor der Zukunft würde ein einziges Bewußtsein aufbauen, das er mit Leben erfüllen würde; durch dieses würden Bilder wahrgenommen, Themen aufgelöst, Empfindungen gefühlt. Wyzewa war ein aktiver Mitarbeiter der *Revue Wagnérienne*; noch bedeutsamer ist die Tatsache, daß der Gründer der Zeitschrift, Edouard Dujardin, 1887 seinen revolutionären Roman *Les lauriers sont coupés* veröffentlichte, der den Leser durchgehend mit dem Bewußtsein einer einzigen Person konfrontierte. Dujardin betonte die Analogie zwischen musikalischen Motiven und den kurzen, direkten Sätzen des inneren Monologs; er bestätigte, sein Roman sei in der Absicht geschrieben worden, wagnerische Verfahren in literarische Mittel zu übertragen. James Joyce, ein Schriftsteller, der seinen Wagner gründlich kannte, sollte diese Technik vervollkommnen. Mit Joyce erreichte die Technik des Stream of consciousness ihre beste Ausformung, und in der Hand eines meisterlichen Schriftstellers wie Proust sollte auch das Leitmotiv mit erstaunlicher Subtilität und Komplexität eingesetzt werden. *A la recherche du temps perdu* kann man vielleicht als literarisches Gegenstück zu Wagners *Ring* ansehen, ein riesiges Gewebe von Themen, die beständig verändert und wiederholt werden, mit vielen Querverweisen, bis jedes Gefühl einer linearen Entwicklung aufgehoben ist. Der Name Virginia Woolf ist hier von Bedeutung: Sie hatte Bayreuth im August 1909 besucht und für die *Times* ihre »Impressions at Bayreuth« aufgezeichnet. Ihr Roman *The Waves*, der musikalisch entworfen und komponiert wurde, verweist Personen und Handlung in den Hintergrund: Ein pulsierendes Geflecht aus Symbolen und Motiven, das unbestritten von Wagner abgeleitet ist, gewinnt die Vorherrschaft.

Das, was man vielleicht als symbolischen Roman bezeichnen kann, verdankt Wagner viel: Jener bizarre Ableger des französischen Symbolismus, die Dekadenz-Dichtung, schwelgt geradezu in Wagner. Die schwüle Religiosität des *Parsifal*, die vom Tod vergiftete Erotik von *Tristan und Isolde* und die Verherrlichung des Inzests in der *Walküre* konnten ihre mitreißende Wirkung nicht verfehlen, so daß es für die Generation der »décadents« unerläßlich wurde, sich auf Wagner zu berufen. Verlaines *Parsifal*-Sonett (das später von Eliot in *The Waste Land* zitiert wird), Huysmans' *Ouverture de Tannhäuser*, Beardsleys *Under the Hill*, Thomas Manns *Wälsungenblut*, D'Annunzios *Il trionfo della morte*, Maurice Barrès' *La Mort de Venise*, Vernon Lees *A Wicked Voice* – lang ist die Liste der Werke, die Gefallen daran fanden, Wagners offene Sinnlichkeit, zweifelhafte Moral und beunruhigende Lockungen darzustellen: Nietzsche hatte den Weg bereitet.

Wichtiger jedoch sind die Werke, die Wagners exemplarischem Umgang mit dem Mythos verpflichtet sind. Claude Lévi-Strauss sah in Wagner den Vater der strukturalistischen Analyse des Mythos und verstieg sich sogar zu der Behauptung, die sonderbaren Worte von Gurnemanz, »Du siehst, mein Sohn, / zum Raum wird hier die Zeit«, seien die grundlegendste Definition des Mythos überhaupt. Wagners Behandlung mythischer, archetypischer Situationen und Themen, die er aus alten Sagen übernahm, stellte einen stimulierenden Gegensatz zum sterilen bürgerlichen Schreiben dar: Nach ihm entstand eine gewaltige Menge von Literatur, in der mythische Muster beherrschend wurden. Seine Prosaschriften hatten die lebenserhöhende Qualität des Mythos betont, und Passagen aus *Das Kunstwerk der Zukunft* sind eine bemerkenswerte Vorwegnahme des Werks von D. H. Lawrence. *The Trespasser* ist durchzogen von Hinweisen auf Wagner (vor allem auf *Tristan*); *Women in Love* ist voll von Liebe, Tod, Blutsbrüderschaft und dem Konflikt zwischen dem Leben und den zerstörerischen Mechanismen einer industriellen Gesellschaft. Der Nachhall des Mythischen ist auch bei Joseph Conrad zu spüren, dessen Werke reiche Parallelen zu Wagner aufweisen, vor allem *Nostromo* (die Bilder des furchterregenden Bergwerks und der Metallmauer, die zwischen den Menschen errichtet ist); die düsteren Strickerinnen in *Heart of Darkness* spielen auf die Nornen an. George Moore ist ein weiterer Name auf dieser Liste, aber sein Landsmann James Joyce ist der überragende Romanautor, für den der Mythos dominierend war. Hinweise auf Wagner sind in seinem Werk häufig; *Finnegans Wake* liefert dabei ein amüsantes Kompendium von wagnerischen Wortspielen. Ein anderer großer Rezipient war Thomas Mann, der nie aufhörte, Wagners Verschmelzung von Mythos und Psychologie zu preisen, und ihn als den Mann ansah, der lange vor Freud ödipale Situationen erforschte. Sein umfangreiches Werk hat Wagner enorm viel zu verdanken, doch war Thomas Mann nicht blind gegenüber der Art, wie Wagner von den skrupellosen Mythenmachern des Dritten Reichs ausgebeutet wurde.

Die jüngere Literatur hat die Parodie bevorzugt (beispielsweise *The Worm and the Ring* von Anthony Burgess mit seiner Darstellung von »Albert Rich«, der drei kichernden Schulmädchen durch den Regen nachgeht), aber Wagners Stellung hat darunter nicht gelitten. Die Literatur dieses Jahrhunderts enthält, so hat man behauptet, mehr Bezüge auf Wagner und sein Werk als auf jeden anderen Künstler (siehe »Mythen und Legenden«, S. 140). Er hat große Bereiche des Denkens der Welt erobert, und der Kanon der modernen Klassik steht unter seinem Vorzeichen.

RAYMOND FURNESS

Wagners Einfluß auf die bildende Kunst

»Ich lese ein Buch über Wagner«, schrieb Vincent van Gogh im Juni 1888 an seinen Bruder Theo. »Was für ein Künstler – so einer in der Malerei wäre etwas. Das *wird kommen*.« Wagners Einfluß auf die bildenden Künste hatte damals seinen Höhepunkt erreicht. Er ging weit über die Verwendung von Themen aus den Opern hinaus, wobei dies schon wichtig genug war. Dieses Thema ist recht diffus und schwer in den Griff zu bekommen; denn die Künstler wurden nicht in erster Linie von der dramatischen, psychologischen oder philosophischen Komplexität der Werke angezogen, zudem hatten nur sehr wenige von der technischen Seite der Musik eine Ahnung. Statt dessen wurden sie von einem ziemlich nebelhaften »Wagnerismus« angelockt. Das umfaßte die Bewunderung Wagners als Typus des heroischen Künstlers; die Überzeugung, daß Wagners Verwendung eines abstrakten Mediums zur Vermittlung bildhafter Wirkungen und mächtiger Gefühle eine Rechtfertigung für die bildende Kunst darstelle, ein symbolisches, synästhetisches oder abstraktes Idiom zu benutzen; und schließlich ein starkes Interesse am Gedanken des Gesamtkunstwerks. Letzteres hatte für die bildenden Künste eine weit größere Bedeutung, als sie Wagner, der bekanntlich der Malerei, Bildhauerei oder Baukunst gleichgültig gegenüberstand, ins Auge gefaßt hätte.

Es ist angesichts Wagners Franzosenfeindlichkeit eine Ironie des Schicksals, daß sein Einfluß auf bildende Künstler am nachhaltigsten in Frankreich zu spüren war. Die wenigen deutschsprachigen Künstler von Bedeutung, die in Wagners Kreis hineingezogen worden waren, wie etwa der Schweizer Arnold Böcklin, der Angebote ablehnte, am *Ring* und am *Parsifal* mitzuarbeiten, standen dem Bayreuther Phänomen abweisend gegenüber. Diejenigen deutschen oder österreichischen Künstler, die später von Wagnerschen Ideen beeinflußt wurden, wie Max Klinger oder Gustav Klimt, leiteten ihr Interesse hauptsächlich von der Pariser Avantgarde her. Die französische Begeisterung für Wagner hatte mit Baudelaires berühmtem *Tannhäuser*-Aufsatz von 1861 eingesetzt. Kunsttheoretiker der nächsten Generation waren tief beeindruckt von seinem Eintreten für den Komponisten, das untermauert wurde von seinen eigenen Ideen zur natürlichen Musikalität der Farbe, der er bereits in einem Aufsatz über den Salon von 1846 geäußert hatte. Solche Ideen waren unter den Künstlern und Kritikern geläufig, die sich während der 60er Jahre des 19. Jh. im Café Guerbois trafen und als Impressionisten bekannt werden sollten. Trotz des berühmten Vergleichs zwischen Wagners Musik und den impressionistischen Techniken, den der Dichter und Kritiker Jules Laforgue anstellte, war eine unmittelbare Verwendung von Wagnerschen Motiven in den Werken der Impressionisten selten; Auguste Renoir malte zwei Sopraporten-Bilder, die Szenen aus *Tannhäuser* darstellten. Obwohl er Wagners Musik ohne große Begeisterung hörte, war Renoir von dem Mann fasziniert, dessen Porträt er 1882 in Palermo malte. In seinen Erinnerungen an diese Begegnung erwähnt Renoir, daß Wagner von dem »Impressionismus in der Musik« sprach – leider ohne auf Einzelheiten einzugehen.

Der Deutsch-Französische Krieg verzögerte die volle Entfaltung des Wagnerismus in Paris, die erst in den 1880er Jahren einsetzte, der »époque héroïque« der Bewegung, wie sie Edouard Dujardin in seinen Erinnerungen 1908 bezeichnete. Dujardin war im Jahr 1885 einer der Gründer der *Revue Wagnérienne*, einer Avantgarde-Zeitschrift, die es sich zur Verpflichtung gemacht hatte, angeblich auf Wagner zurückgehende Gedanken über »Korrespondenzen« zwischen den Künsten zu verbreiten. Ihre Haltung zur Malerei wurde 1886 in einem Artikel von Dujardins Mitherausgeber Théodore de Wyzewa dargelegt, der einige Künstler als »wagnerisch« pries, die im Salon von 1885 ausstellten, zumeist diejenigen, die heute als »Symbolisten« gelten. Dies bedeutete, daß sie »keine unmittelbare Anschauung von Dingen« darstellten, »sondern – als Folge von uralten Verbindungen zwischen Bildern und Empfindungen – eine Welt des lebendigen, glückseligen Gefühls«. Zu diesen Künstlern gehörten Gustave Moreau, Odilon Redon – dessen erste wagnerische Lithographie, *Brünnhilde*, 1885 in der *Revue* erschien – und Henri Fantin-Latour, der seit 1862 Lithographien und Gemälde als Illustrationen zu Wagners Opern schuf. Vor allem dank der *Revue* fand der Wagnerismus in den

80er und 90er Jahren Eingang in die Philosophie der Symbolisten und der Künstler der Dekadenz-Bewegung. Sein Einfluß war sogar in England zu spüren, wo Aubrey Beardsleys Interesse an Wagner in einer großartigen Gruppe von Illustrationen für *Das Rheingold* (1896) gipfelte.

Im Jahr 1890 erhielten die synästhetischen Ideale der *Revue Wagnérienne* ihren vollständigsten und einheitlichsten Ausdruck in der einflußreichen Darstellung *Définition du néo-traditionnisme* von Maurice Denis. Wie weit sich solche Ideen verbreitet hatten, zeigt die Zahl der Hinweise auf Wagner in Vincent van Goghs Briefen im Sommer 1888, als er an Theo schrieb: »Ich unternahm einen vergeblichen Versuch, Musik zu erlernen, so sehr spürte ich schon die Verbindung zwischen unserer Farbe und Wagners Musik.« Paul Gauguins Reaktion war sogar noch stärker. Dank der Symbolisten glaubte er fest an »l'union féconde de tous les arts«, die fruchtbare Vereinigung aller Künste. Sein sogenannter *Texte Wagner,* ein Notizbuch mit Zitaten von und über Wagner (heute im Besitz der Bibliothèque Nationale Paris), dokumentiert den Einfluß des Komponisten in der Zeit, als Gauguin eine Theorie der nichtgegenständlichen Kunst entwickelte. Doch Wagners Einfluß auf die Generationen von Künstlern, die später etwas ungenau als »Postimpressionisten« bezeichnet werden sollten, ging nicht allein auf die Symbolisten zurück, denn der junge Paul Cézanne war (zusammen mit seinem engen Freund Emile Zola) bereits Mitte der 60er Jahre einem Wagner-Verein in Marseille beigetreten. Cézannes wesentlicher Beitrag waren mehrere Fassungen des Gemäldes einer jungen Frau am Klavier, das den Titel *Ouvertüre zu »Tannhäuser«* trägt, aber man hat die Vermutung geäußert (M. T. Lewis, 1985), daß Darstellungen des Venusbergs von Fantin-Latour und Delacroix zu den Quellen für Cézannes erste Gemälde von Badenden gehören.

Trotz des Interesses der postimpressionistischen Maler an synästhetischen Ideen deutet ihre ausschließliche Hingabe an eine einzige Kunstform darauf hin, daß die Theorie des Gesamtkunstwerks in Frankreich wenig vorankam. Doch in anderen Ländern sollte sie von gewisser Bedeutung für die Entwicklung der Kunst des 20. Jh. sein. In seinen *Rückblicken* (1913) berichtete Wassily Kandinsky über die beiden Ereignisse in seinen frühen Jahren in Moskau, die sein ganzes Leben nachhaltig prägen sollten: eine Ausstellung von impressionistischen Gemälden und eine Aufführung des *Lohengrin.* Bezeichnenderweise betrachtete er Wagners Musik als eine Herausforderung für seine Kunst, denn er hatte den Eindruck, daß sie intensive visuelle Erfahrung wirkungsvoller vermittelte als jede Malerei. Auch wenn er sich später von Wagners »Materialismus« und Nationalismus distanzierte, hatte der Komponist Wagner zusammen mit Skrjabin noch in der Zeit des Blauen Reiters einen mächtigen Einfluß auf Kandinskys Entwicklung. Von 1908 bis 1912 experimentierte dieser in einem »Bühnengesamtkunstwerk« mit einer Kombination aus Tanz, Schauspiel und Musik, und es ist offenkundig, daß französische Ideen über wagnerische »Korrespondenzen« zwischen den Künsten seine spätere Wendung zur Abstraktion beeinflußten.

Keine der bildenden Künste hat bessere Möglichkeiten, das Ideal des Gesamtkunstwerks zu verwirklichen, als die Architektur. Doch das doktrinäre Beharren der Moderne auf Rationalismus und das Vermeiden von Symbolismus und Nationalismus waren kein fruchtbarer Boden für wagnerische Ideen. Erst heute führt eine Neubewertung der Stile des ausgehenden 19. Jh. zu der Erkenntnis, daß Wagners Einfluß auch von den Architekten verspürt wurde, obwohl man noch nicht versucht hat, das wagnerische Element beispielsweise in den phantastischen Entwürfen von expressionistischen Architekten wie Hermann Finsterlin zu verfolgen. In Amerika jedoch wurden Gebäude explizit nach wagnerischen Ideen errichtet. Louis Sullivan war hingerissen, als er in Chicago Wagner-Konzerte hörte, »die auf neue Weise, erfrischend wie der neue Tag, die enorme Kraft eines Mannes enthüllten, der wie eine Fata Morgana den Stoff seiner Träume erzeugte«. Diese Whitmansche Vision erhielt eine theoretische Gestaltung durch die Schriften eines älteren Chicagoer Architekten, John Root, vor allem in *The Art of Pure Color* (1883). Er erweiterte die Interessen an architektonischer Polychromie um die Mitte des 19. Jh. um eine das Gefühl ansprechende und symbolische Funktion der Farbe, die deutlich in Analogie zu Wagners Musik stand. Bei Sullivans frühen Bauwerken wurde dieses Farbkonzept hauptsächlich durch Wandmalereien verwirklicht; später, bei Meisterwerken wie der National Farmers' Bank in Owatonna, Minnesota (1906–08), verwendete er abstrakte Farbigkeit und architektonische Ornamentik, um eine »Farbtondichtung« zu schaffen, wie er es nannte, die Emotionen erwecken und die natürliche Welt widerspiegeln sollte.

Sobald Wagners Werke und Ideen ihren avantgardistischen Status verloren hatten und zu einem Teil des breiten künstlerischen Geschmacks geworden waren, war es unvermeidlich, daß sein expliziter Einfluß nur mehr punktuell sichtbar wurde, in einzelnen Gemälden z. B. wie Salvador Dalís Beschwörung der Phantasien des sterbenden Tristan in *Le Bateau – Mad Tristan* von 1944. Doch es gab Überraschungen. Ein Gemälde des amerikanischen Künstlers Albert Pinkham Ryder (um 1885), das das im Sturm treibende Schiff des Fliegenden Holländers zeigt, fand einen späten Ableger in dem Bild *Seascape* (1934) des jungen Jackson Pollock. Dies führte Robert Rosenblum (1975) zu der Annahme, eine romantische Beschwörung der Naturkräfte, als in Farbe umgesetzte Reaktion auf Wagners Musik, sei vielleicht ein Vorläufer des abstrakten Expressionismus.

Die Rezeption von Wagners Werken in Deutschland bildet eine Ausnahme, da die deutschen Künstler immer noch viele der Traditionen, die sich die Nazis angeeignet haben, erst wieder neu entdecken müssen. In den 70er Jahren produzierte Anselm Kiefer eine Reihe umstrittener Werke zu Themen aus der germanischen Geschichte und Mythologie. *Notung* (1973) stellt das blutbefleckte Schwert dar, das in einem leeren Raum mit Holzboden, -wänden und -decke (Kiefers Dachstudio in Hornbach im Odenwald) in die nackten Bohlen gestoßen ist. Mit der Aufschrift »Ein Schwert verhieß mir der Vater« (Siegmunds Worte) erinnert es an das, was unbeachtet in der Rumpelkammer der deutschen Kultur liegt, verweist aber auch rätselhaft und bedrohlich auf ein Versprechen, das noch auf seine Einlösung wartet.

MICHAEL HALL

Wagner-Literatur

Biographien

Die Musikerbiographie ist ein relativ junges Phänomen. Während die Lebensbeschreibungen von Heiligen und Herrschern eine lange und vornehme Tradition haben, begannen erst in der Renaissance, als der Künstler eine eigenständige Identität entwickelte, Berichte über Leben und Werk von Malern zu erscheinen, ausgehend von Vasaris bahnbrechendem Werk. Und erst im 18. Jh. erkannte man dem Leben von Musikern einen Status zu, der Nekrologe rechtfertigte, vielleicht deshalb, wie Herta Blaukopf (1991) vermutet, weil die Zuhörer in ihrem ständigen Wunsch nach musikalisch Neuem die Musik als eine modische Entspannung ohne bleibenden Wert betrachteten. Bis ins 19. Jh. mangelte es dem musikalischen Repertoire an der historischen Dimension, die wir heute als selbstverständlich voraussetzen.

Die Ursprünge der Biographie in der Heiligenvita prägten auch weiterhin die Lebensbeschreibungen von Komponisten des 19. und sogar des 20. Jh.; und wenn auch die eifrigsten Ehrenretter nicht imstande waren, jeden Aspekt von Wagners turbulentem und zweifelhaftem Leben wegzudeuten, so gelang es ihnen doch zumindest, einen »Cordon sanitaire« um seine Kunst zu legen.

Die frühesten vollständigen Biographien Wagners wurden von zwei Mitgliedern der Bayreuther Prätorianerkohorte, Carl Friedrich Glasenapp (1876/77) und Houston Stewart Chamberlain (1896), verfaßt. Sie ebneten den Weg für viele spätere Lebensbeschreibungen des Komponisten, wobei sich Glasenapp ausschließlich auf die »Fakten« von Wagners Leben konzentrierte, während Chamberlain sowohl das Leben als auch die Werke untersuchte, überzeugt davon, daß letztere ersteres verklären würden. Glasenapps Biographie, die ursprünglich in zwei Bänden erschien, wurde später auf sechs Bände erweitert. Obwohl der Autor erkennbar Zugang zu Informationen hatte, die ansonsten nicht verfügbar waren, war sein Tonfall derart unkritisch, daß William Ashton Ellis, als er eine Übersetzung ins Englische in Angriff nahm, den Text ab dem dritten Band radikal umschrieb, bevor er das Unternehmen schließlich ganz aufgab.

Chamberlains Faustregel für den Wagner-Forscher lautete: »Wagners Schriften, Briefe und Werke [!] werden auf alle Zeiten die wichtigste – eigentlich die *einzige* – Quelle bleiben, aus der wir ein tieferes Verständnis dieses außergewöhnlichen Mannes ableiten können.« (zitiert nach Lippert, 1927) Spätere Biographen waren skeptischer, wenn auch häufiger in der Theorie als in der Praxis, aber solange die Quellen selbst korrupt oder zumindest suspekt blieben, war es unwahrscheinlich, daß eine Lebensbeschreibung des Komponisten der genauen Prüfung standhalten konnte.

Es war Ernest Newmans Verdienst, daß er sich weigerte, als gültig anerkannte Meinungen zu akzeptieren, und mit inquisitorischem Eifer unter die Oberfläche der bloßen Fakten von Wagners Leben vordrang. Seine vierbändige Lebensbeschreibung (Newman, 1933–47) behielt immer hohe Reputation; unbestritten leistete sie in ihrer Zeit hervorragende Dienste für einen nüchternen Zugang zu Wagner, gleichzeitig kompensierte sie die Vorurteile, die während des Zweiten Weltkriegs im englischsprachigen Raum herrschten. Dem Newman der vierbändigen Lebensbeschreibung ist auch der Vorzug zu geben vor dem oberflächlichen, philisterhaften Verfasser der früheren Bücher über Wagner (Newman, 1899, 1914 und 1931). Aber sein obsessiver Haß auf Liszt beeinträchtigt seine Schriften über Wagner ebenso wie seine Monographie über den ungarischen Komponisten aus dem Jahr 1934, während sein Desinteresse am philosophischen Hintergrund von einer Einstellung herrührt, die man nur als »Feindseligkeit« bezeichnen kann (Magee, 1990). Schließlich führt Newmans Weigerung, sich mit den Problemen auseinanderzusetzen, die von den Aufsätzen in Wagners letzten Lebensjahren aufgeworfen werden, zu – wie Robert Gutman es nennt – »sentimentalen Ausflüchten« (Gutman, 1968).

Gutmans eigene Wagner-Biographie war selbst nicht frei von Vorurteilen, aber zumindest brachte sie eine willkommene Brise frischen Windes in das weihrauchgeschwängerte Heiligtum des Bayreuther Kreises, dem Westernhagen, Kraft und andere dienten. (Westernhagens Monographie über Wagners Leben und Denken aus dem Jahr 1956 ist seiner Studie von 1968 in jeder Hinsicht überlegen, die einen Rückfall in die kurzsichtige Lobhudelei und unkritische Übernahme der Worte des Meisters darstellt, die für die alten Bayreuther typisch waren.) In gewisser Beziehung war Gutman seiner Zeit voraus, denn die entmythologisierte Sicht Wagners, die seine Biographie bietet, wurde erst später durch die Veröffentlichung von wichtigen Primärquellen wie etwa dem Braunen Buch und Cosima Wagners Tagebüchern bestätigt. Zur selben Zeit mußte sein Beharren, Verbindungen zwischen Wagners Leben und Kunst zu erkennen und beide vor dem weiteren Hintergrund des 19. Jh. zu interpretieren, im Zeitalter des New Criticism unzeitgemäß erscheinen.

Martin Gregor-Dellins Lebensbeschreibung wurde bei ihrem Erscheinen im Jahr 1980 in Deutschland mit Beifall begrüßt. Im Urteil der englischen Kritiker erging es ihr weniger gut, teilweise deshalb, weil die englische Übersetzung auf eine Zusammenstellung der Highlights hinauslief, aber hauptsächlich, weil seine *biographie romanesque*, die sich vorwiegend mit dem »phallischen« Stadium in Wagners Entwicklung beschäftigte, ein an Newman und eine eher faktenorientierte Vorgehensweise in Musikerbiographien gewöhntes Publikum verstören mußte. (Weitere Beispiele für diese »Tatsachenroman-Methode« sind Dieckmann, 1983 und 1989, und Schneider, 1989).

Von den neueren englischen Lebensbeschreibungen Wagners sind die von Ronald Taylor (1979) und Barry Millington (1984) hervorzuheben: Erstere zeichnet sich durch ihre elegante Erfassung des literarischen und intellektuellen Hintergrunds des 19. Jh. aus, letztere durch ihre Verwertung der jüngsten Wagner-Forschung, darunter Erkenntnisse des *Wagner Werk-Verzeichnisses.*

Wertvolle biographische Schriften, die sich auf kürzere Perioden in Wagners Leben konzentrieren, sind Walter Langes Bericht über die Beziehung Wagners zu Leipzig (Lange, 1921), Woldemar Lipperts Monographie über Wagners Jahre im Exil (Lippert, 1927), Max Fehrs maßgebliche Studie über Wagners Zeit in der Schweiz (Fehr, 1934–54), Elmar Arros Skizze über Wagners Aufenthalt in Riga (Arro, 1965), Helmut Kirchmeyers monumentale Dokumentation über Wagners Jahre in Dresden (Kirchmeyer, 1967 ff.) und Geoffrey Skeltons Bericht über Wagners Beziehung zu seiner zweiten Frau (Skelton, 1982). Wagners Jahre in Paris, Wien und München bleiben zusammen mit seinen Reisen nach England und Rußland unzureichend dokumentiert.

Es bleibt zu fragen, ob wir überhaupt eine Biographie Wagners benötigen. Erweitert die Kenntnis von Wagners Leben unser Verständnis seiner Musikdramen? Eine Biographie mag wertvoll sein als Zeugnis der Sozial-, Literatur- oder Musikgeschichte; die Lebensumstände eines Individuums können es auch wert sein, daß man sie um des eigenen Interesses daran nacherzählt – sicherlich haben wenige Komponisten ein so aufregendes Leben geführt wie der Koloß von Bayreuth. Aber solange der kreative Prozeß noch nicht adäquat begriffen ist (siehe Vetter, 1992), fällt es schwer, zu erkennen, was eine Biographie an den Werken eines Künstlers erhellen kann. Wenn diese Werke einfach als Widerspiegelung des Lebens des Künstlers interpretiert werden, gibt es nichts Neues in (beispielsweise) Wagners Leben, das wir nicht schon aus seiner Kunst kennen: Letztere wird einfach aus »ersichtlich gewordenen Taten der Biographie« bestehen, um den Komponisten zu paraphrasieren (vgl. GS IX, S. 306). Vielleicht liefert Wagner selbst die Antwort in einem Brief an Theodor Uhlig vom 12. Januar 1852: »[…] mir kommen jetzt oft eigene gedanken über ›die Kunst‹ an, und meist kann ich mich nicht erwehren zu finden, daß, hätten wir das *Leben,* wir keine *Kunst* nöthig hätten. Die Kunst fängt genau da an, wo das Leben aufhört: wo nichts mehr gegenwärtig ist, da rufen wir in der Kunst, ›ich wünschte‹. Ich begreife gar nicht, wie ein *wahrhaft glücklicher* Mensch auf den gedanken kommen soll, ›kunst‹ zu machen.« Wagners Musikdramen lassen sich deshalb wohl nicht als Abbilder seines eigenen Lebens auffassen, sondern als Versuch des Komponisten, eine Lösung für die Probleme vorzuschlagen, die ihn bedrängten, insbesondere für das Problem, warum seine Beziehungen zu anderen Personen so häufig fehlschlugen. Die Alternativen, die er vorstellte – Liebe, Tod, Kunst, Mitleid –, bilden nicht zwangsläufig ein geordnetes philosophisches System, aber sie können eine Erklärung dafür liefern, warum Wagners Musikdramen nicht nur die unmittelbaren philosophischen, politischen und biographischen Bedingungen überlebt haben, die sie hervorbrachten, sondern auch weiterhin, am Ende des 20. Jh., über eine solche emotionale Macht verfügen.

STEWART SPENCER

Analyse und Kritik

Der deutsche Musiktheoretiker Alfred Lorenz wollte mit seinem Werk über Wagners Musikdramen das »Geheimnis der Form« offenlegen. In vier Bänden, die zwischen 1924 und 1933 erschienen und noch immer – in gutem oder schlechtem Sinn – als Wasserscheide in der Geschichte der Wagner-Analyse gelten, löste er die »endlose Melodie« des *Rings*, des *Tristan*, der *Meistersinger* und des *Parsifal* in getrennte dichterisch-musikalische »Perioden« auf. Es gab verschiedene Arten von Perioden, die einfach oder in unterschiedlichen Kombinationen zu hören waren: Strophe, Bogen, Doppelbogen, Barform, Rondo und Refrain. Er behandelte ihre Harmonie und Tonalität nach der Terminologie des deutschen Theoretikers Hugo Riemann. Außerdem erörterte er Proportionen und Rhythmen, wobei er besonderes Gewicht darauf legte, in dem neuen fließenden musikalischen Idiom weiterhin symmetrische Gruppierungen zu etablieren (etwa Einheiten von 4 + 4 Takten). In seiner Analyse der thematischen Struktur stützte er sich zwangsläufig auf die Tradition der Analyse von Leitmotiven (kurzen, charakteristischen Figuren, die sich in einer Weise durch das symphonische Gewebe ziehen, wie es die älteren, wenig flexiblen »Erinnerungsmotive« nicht konnten, und die ihre definitive Gestalt in den Singstimmen finden) – eine Tradition, die 1877 von Hans von Wolzogen eingeleitet worden war. Obwohl sich Lorenz damit in eine Reihe von etwa zwanzig Forschern stellte, darunter Otakar Hostinsky, Karl Grunsky, August Halm und Christian von Ehrenfels, bannte sein Versuch, die Nahtstellen in dem »symphonischen Gewebe« zu enthüllen, explizit das Gespenst der »Formlosigkeit«, das die Wagner-Kritik seit Eduard Hanslick beschworen hatte.

Neuere Forscher haben jedoch die Frage gestellt, ob das Geheimnis des Wagnerschen Musikdramas wirklich in der Form liegt, zumindest wie sie Lorenz beschrieb. Der prominenteste Vertreter dieser neuen Skeptiker war der Herausgeber der Wagner-Gesamtausgabe, Carl Dahlhaus, der heute – sogar noch nach seinem Tod – als einer der einflußreichsten Musikforscher des späten 20. Jh. gilt. In vielen Veröffentlichungen, darunter seiner Studie über Wagners Musikdramen (1971a), vertrat er die Auffassung, das wirkliche Problem liege in der Natur des musikalischen Gedankens bei Wagner. Dieser war von den weiten symphonischen Bögen der Klassik zu kurzen, prägnanten Motiven mit genau definierten außermusikalischen Bedeutungen geschrumpft. Die Themen waren nicht mehr die (vom Tanz abgeleiteten) vier- und achttaktigen Einheiten, die für Beethoven charakteristisch sind; außerdem war die Tonalität nicht mehr zentripetal organisiert, sie bezog nicht mehr alle verwendeten Tonarten, so fern sie sich auch stehen mochten, einem einzigen Zentrum zu (jede der Lorenzschen Perioden besaß ihre eigene Grundtonart). Vielmehr reihte eine neue musikalische Prosa Tonarten »wie Glieder in einer Kette« aneinander, wobei keine notwendige Verbindung zwischen einem ersten und einem dritten Glied bestand. Jede Tonart war nur für den Augenblick gültig, zu dem sie gehörte. Dieses Verfahren ermöglichte es Wagner, die wichtigen Strukturen des Dramas mit einer Flexibilität zu gestalten, die vorher nur in den nebensächlichsten Aspekten der traditionellen Oper (»Nummernoper«) zu finden war. In *Wagners Konzeption des musikalischen Dramas* (1971c) verwies Dahlhaus auf die zentrale Bedeutung des Dialogs als einer Determinante der Form. Man könnte hinzufügen, daß entsprechend dieser Auffassung die musikalischen Materialien – Themen und Tonarten – einfach Handelnde in einem Theater waren, das ständig auf die Vergangenheit und Zukunft ebenso wie auf die Gegenwart anspielte und wo die Flexibilität von Querverweisen ausschlaggebend war.

So herausfordernd die Ansichten von Dahlhaus auch sind und so faszinierend in ihrer dialektischen Methode, so haben sie doch recht extreme Tendenzen. Einen möglichen Mittelweg repräsentiert das Werk des Schweizer Musikwissenschaftlers Ernst Kurth, dessen *Romantische Harmonik und ihre Krise in Wagners »Tristan«* zwischen 1920 und 1923 drei Auflagen erlebte. Er bot einen ganz anderen Zugang zur Harmonik als Lorenz und Riemann. Ihre »Helligkeit und Dunkelheit« war für ihn die Folge von Akkordalterierungen durch chromatische Modulation, Hinzufügung von Nebentönen und rein chromatische Verbindungen. Die Akkorde bekamen ihren Wert durch die Beziehung zu einem Grundton, durch ihr Verhältnis zueinander oder durch ihren inhärenten Charakter. Die Harmonik konnte somit einerseits auf die Abhängigkeit von festen Tonarten (Integration) zurück- und andererseits einer Autonomie und Freiheit (Desintegration) entgegensehen. Selbst Tonarten ließen sich dementsprechend in zweifacher Perspektive betrachten. Kurth hielt nicht nur diese Ambiguität für entscheidend für den *Tristan*, sondern forderte auch, die Idee der Ausdehnung tonaler Zusammenhänge über weite Bögen neu zu überdenken. Kurth untersuchte speziell die Vorspiele zum ersten und dritten Aufzug des *Tristan* und zeigte insbesondere bei letzterem, daß die weitgespannte Harmonik innerhalb einer f-Moll-Grundtonart untergebracht werden könne, sobald die harmonischen »Pfeiler« bestimmt seien: Er sah im harmonischen Ablauf nur eine Erweiterung einfacher Kadenzbeziehungen.

Mit ähnlichen Problemen befaßten sich die Schüler Heinrich Schenkers, des Wortführers der radikal-konservativen tonalen Analyse. Schenker selbst hatte Wagners Musik voller Sympathie in seiner *Harmonielehre* von 1906 behandelt, aber später die Musikdramen gerade wegen der überwältigend destruktiven Tendenzen verurteilt, die Kurth festgestellt hatte. In seinem letzten Werk, *Der freie Satz* (1935), kritisierte er Wagner wegen seiner Unfähigkeit, die großen sanglichen Bögen zu erreichen, wie sie den großen Komponisten der Klassik gelungen waren; statt dessen sei er in übersteigerte Expressivität verfallen. Spätere Schüler Schenkers vertraten implizit eine andere Meinung. Adele Katz beschrieb in *Challenge to Musical Tradition* (1945) nicht nur in den Vorspielen zu *Tristan, Die Meistersinger* und *Parsifal* eine großangelegte musikalische Integration, sondern zeigte auch in anderen Passagen, wie die chromatischen Harmonien als Grundlage zur Schaffung größerer Zusammenhänge dienen konnten. In seinem einflußreichen Werk *Structural Hearing* (1953) wandte Felix Salzer ähnliche Gesichtspunkte auf die Verwandlungsmusik im ersten Aufzug des *Parsifal* an. Später lieferte William Mitchell (1967) einen detaillierten a-moll-A-Dur-Harmonienplan für das Vorspiel zum ersten Aufzug des *Tristan,* dem allerdings von Milton Babbitt (1973) und Benjamin Boretz (1972) widersprochen wurde, die herausfanden, daß atonale Verfahren entscheidend für die Integration seien, insbesondere solche, die auf Erweiterungen von verminderten Akkorden beruhten. Das Verdienst all dieser Schriften lag darin, die fortdauernde Wirksamkeit traditioneller Verfahren im Musikdrama nachzuweisen, und es ist bemerkenswert, daß sie sich alle mit dem Orchesterpart, d. h. kurzen, deutlich »geschlossenen« Einheiten befaßten, deren ungemindertes Vorhandensein im anscheinend fugenlosen symphonischen Gewebe kein Kommentator bezweifelt hat. Schenkers Gespür dafür, daß der Kern von Wagners Kompositionsweise – das Dialogische, das Dahlhaus hervorhob – zu einer neuen, lokal konzentrierten und diskontinuierlichen Hörweise verlockte, signalisiert wahrscheinlich immer noch, worin die Herausforderung des Komponisten an die Tradition tatsächlich lag.

Katz schrieb auch, es gebe »viele Aspekte in Wagners Behandlung des Leitmotivs, die darauf hinweisen, wie stark das psychologische Element seinen musikalischen Ausdruck färbte«. Die psychologische und psychoanalytische Literatur zu Wagner, die sich auf den Menschen und die Texte bezieht, reicht bis in die ersten Jahre des 20. Jh. zurück (Carl Gustav Jung, Max Graf, Otto Rank und Thomas Mann), aber die Integration einer Jungschen Interpretation mit einer psychologisch ausgerichteten Untersuchung von leitmotivischen Wechselbeziehungen kam erst mit Robert Doningtons *Wagner's »Ring« and its Symbols* (1963). Dieses Buch, das musikalische Probleme erörtert, die auch von Deryck Cooke erforscht wurden, fand wenig Nachfolger. Ein neuer Pragmatismus ist sicherlich das Erkennungszeichen der jüngsten Generation von hauptsächlich amerikanischen Wissenschaftlern, die sich mit erfrischender Leichtigkeit im Kleinen wie im Großen zwischen Musik und Text hin- und herbewegen.

Robert Bailey (1977/78) verfolgte die Entstehung des *Rings* über die verschiedenen Stationen der Skizzen und Entwürfe. Er brachte rhetorische Prinzipien in die Diskussion der Tonalität ein, die zwar als solche vertraut, aber von früheren Autoren nicht immer anerkannt worden waren. Gesteigerte Spannung beispielsweise läßt sich durch eine Aufwärtsbewegung um einen Halbton anzeigen (und umgekehrt); in den frühen »Opern« wurden diese Halbtonbeziehungen manchmal eingesetzt, um großange-

legte dramatische Gegensätze zu charakterisieren: Im *Tannhäuser* ist
E-Dur mit Venus, Es-Dur mit den Pilgern verbunden. Im *Ring* bestehen
immer noch einige dieser Assoziationen und Konflikte: z. B. h-Moll für die
Walküren und b-Moll für die Nibelungen, Des-Dur für Walhall, »erhöht«
zu d-Moll, das zwei Aufzüge der *Walküre* einfaßt, und zu D-Dur, das Siegfried begleitet, wenn er sein Schwert Nothung zusammenschmiedet. In einer Studie zur dritten Szene des zweiten Aufzugs der *Walküre* zeigt Bailey,
wie sich vom thematischen Gesichtspunkt aus die Intensivierung des Dialogs zwischen Brünnhilde und Siegmund (eine »psychologische« Entwicklung) in der fortschreitenden Verkürzung der rhythmischen Werte
des Verkündigungsmotivs widerspiegelt.

Vier Jahre später veröffentlichte Anthony Newcomb (1981/82) einen
»Versuch in Wagnerischer Formanalyse«. Gegen Lorenz und mit Dahlhaus, aber auch mit Voss, Stephan, Kunze und Brinkmann machte er die
früheren Exzesse wieder gut, indem er sich auf tonale »Gebäude« verschiedener Szenen aus dem *Ring* konzentrierte. Er erkannte drei Form-
prinzipien – das architektonische (einschließlich großangelegter und ört-
lich begrenzter Symmetrien), den musikalischen Prozeß (das Prinzip der
schrittweisen Transformation innerhalb von Szenen und Aufzügen) und
außermusikalische Prozesse (die dramatischen Geschehnisse, die von der
Musik zum Ausdruck gebracht werden) – und bemerkte nach der ersten
Szene des zweiten Aktes des *Tristan* eine Verschiebung weg von skrupu-
löser Detailarbeit hin zu längeren symphonischen Bögen. Innerhalb der
»Prozesse« vermischt Wagner hochgradig strukturierte und lose strukturierte Typen, wobei auch die hochgradig strukturierten Einheiten (von der
Art, wie sie Lorenz beschrieb) unvollständig bleiben können, wie etwa in
der ersten Szene des dritten Aufzugs von *Siegfried*. Kontraste in Tempo
und Instrumentierung gewinnen eine neue Bedeutung; Proportionen bewegen sich in regelmäßigen und unregelmäßigen Phasen. Das Bühnen-
geschehen ist daran beteiligt, die Struktur zum Ausdruck zu bringen;
(Leit-)Motive, die entweder für den Aufbau der Form oder als Querver-
weis verwendet werden, machen ihrerseits wirkungsvolle Umwandlun-
gen durch.

Aus diesem Klima heraus haben sich verschiedene andere Initiativen entwickelt. In einer umfassenden Studie zum *Siegfried* (1982), die auf den
Quellen basiert, stellt Patrick McCreless die Unterschiede in der formalen
Struktur vor und nach dem Punkt, an dem Wagner die Komposition abbrach (Ende des zweiten Aufzugs), einander gegenüber. An der späteren
»symphonischen« Kompositionsweise des dritten Aufzugs demonstriert
er im besonderen die Wirkung von zugrundeliegenden Komplexen von
Tonarten – C, E und As – und Komplexen, die innerhalb jenes Komplexes
fungieren. Später, in einem Kapitel von *Reading Opera* (1988), das sich
mit Wagners Erzählungen-in-der-Erzählung befaßt, vergleicht Carolyn
Abbate Eriks Traum aus dem *Fliegenden Holländer* mit Tannhäusers
Romerzählung – Probleme, die sie in ihrer Arbeit *Unsung Voices* (1991)
vertiefte. Christopher Wintle erörtert in *Reading Opera* die umfangrei-

chen musikalischen Konsequenzen der Mythosbildung, die Siegfrieds Trauermarsch auslöst.

Die Nachkriegsliteratur umfaßt eine große Zahl von Spezialuntersuchungen; hervorzuheben sind vor allem die von Kunze (1970), Stephan (1970), Brinkmann (1972, 1978, 1982 und 1984), Holloway (1979), Breig (1980), Whittall (1981, 1983 b und 1990) und Darcy (1989/90 und 1990). Auch wenn die analytische Rezeption Wagners im 20. Jh. viele Veränderungen durchgemacht hat und andere Schwergewichte legte als diejenigen, die implizit in Wagners eigenem »Manifest«, *Oper und Drama*, zu finden sind, deutet doch allein schon der Inhaltsreichtum der Werke selbst darauf hin, daß ihre Untersuchungsmöglichkeiten noch längst nicht ausgeschöpft sind. Die »Ernsthaftigkeit«, von der Wagner in seinem Vorwort sprach, lebt in der Ernsthaftigkeit der modernen Forschung weiter.

CHRISTOPHER WINTLE

Verschiedenes

Als intellektueller »Allesfresser«, der er war, berührt Wagner eine Vielzahl von Disziplinen – oder wie es Dieter Borchmeyer ausdrückte: »Wie er über alles mitreden wollte, so will alles über ihn mitreden.« (Borchmeyer, 1991) Die Konsequenz daraus ist, daß niemand die Zeit hat oder dazu fähig ist, alles zu lesen oder zu kommentieren, was je über Wagner geschrieben worden ist. Schon zu Wagners Lebzeiten hatte Nikolaus Oesterlein 10180 Veröffentlichungen über den Komponisten katalogisiert, und diese Zahl ist in der Zwischenzeit ins Unermeßliche gestiegen. (Es trifft jedoch nicht zu, daß – wie bisweilen behauptet wird – über Wagner mehr als über jeden anderen Menschen mit Ausnahme von Christus und Napoleon geschrieben worden ist; siehe dazu »Mythen und Legenden«, S.140) Auf der anderen Seite ist vieles von Autoren geschrieben worden, denen es an einem Minimum gesunden Menschenverstandes mangelte, ganz zu schweigen von einer Kenntnis des musikalischen und philosophischen Hintergrunds, und einfach nicht wert, verzeichnet zu werden. Akademisch qualifizierte Autoren haben Wagner immer mit kaum verhohlenem Argwohn behandelt, zweifellos deshalb, weil sie das gleiche Schicksal fürchteten wie Nietzsche. Selbst heute wird – ungeachtet der Pionierarbeit von Dahlhaus in Deutschland und Deathridge in England – wissenschaftliches Interesse an Wagner als irgendwie unprofessionell betrachtet. Unter diesem Gesichtspunkt kann man nur Goethes Worte wiederholen: »Amerika, du hast es besser!« Jack Stein, Robert Bailey, Anthony Newcomb, Patrick McCreless, Warren Darcy, Carolyn Abbate, Thomas S. Grey und David Breckbill sind nur einige der amerikanischen Wissenschaftler, die seit 1960 wichtige Beiträge zur Wagner-Forschung geliefert haben.

Zu den frühesten Schriften über Wagner gehören diejenigen, die sich mit seinen mittelalterlichen literarischen Quellen befassen. Tatsächlich sind, mit seltenen Ausnahmen (Magee, 1990), Artikel oder Monographien zu diesem Thema um so informativer, je früher sie erschienen sind, denn die Mediävisten des 20. Jh. haben die erste Generation der deutschen romantischen Gelehrten aus den Augen verloren, deren Schriften Wagners Werk beeinflußten. Dagegen hat der literarische und ideologische Hintergrund des 19. Jh. nicht den Grad von Aufmerksamkeit erfahren, den er verdient (siehe aber Borchmeyer, 1982; Hollinrake, 1982; Suneson, 1985; Kreckel, 1986 und vor allem Corse, 1990). Viel zu häufig wurde Wagner aus dem Kontext seiner Zeit gerissen, wodurch der betreffende Autor dem wehrlosen Komponisten die anachronistischen Ideen unterschieben konnte, die er zufälligerweise selbst hegte. Dies ist ein besonderes Problem hinsichtlich Wagners Nationalismus und Antisemitismus, aber während ersterer weitgehend noch nicht adäquat dargestellt ist, hat letzterer in jüngster Zeit eine wissenschaftlichere Behandlung durch eine Reihe von jüdischen Historikern erfahren (siehe Poliakow, 1975; Katz, 1985 und Rose, 1990 und 1992). Rose vertritt die These, daß der revolutionäre Antisemitismus von Anfang an ein Teil von Wagners Psyche war und nicht eine verspätete, reaktionäre Haltung, die er in der zweiten Hälfte seines Lebens annahm. Inzwischen haben Nattiez (1987) und Millington (1991) die Ansicht von Rose (und Adorno), daß der Antisemitismus des Komponisten auch in seinen Musikdramen zum Ausdruck komme, musikwissenschaftlich untermauert.

Bei der Untersuchung des ideologischen Hintergrunds stößt man unweigerlich auf den »Bayreuther Kreis«. Mit diesem Begriff bezeichnete Winfried Schüler (1971) die Autoren, die sich die Bewahrung dessen zur Aufgabe gemacht hatten, was sie als Wagners nationalistisches Erbe ansahen. Die *Bayreuther Blätter*, die Wagner gegründet hatte, um die der Handlung des *Parsifal* zugrundeliegende Geisteshaltung zu verbreiten, entarteten unter ihrem Herausgeber Hans von Wolzogen zu einem offen propagandistischen Organ, während viele der anderen Publikationen aus dem Hause Wahnfried darauf abzielten, ein bestimmtes tendenziöses Bild von Wagner und seinen Werken zu pflegen. Nicht einmal die Schriften des ansonsten bewunderungswürdigen Wahnfried-Archivars Otto Strobel können diesem Vorwurf ganz entgehen. (Zu Untersuchungen über die Bayreuther Ideologie siehe auch Zelinsky, 1976; Prieberg, 1982 und Wessling, 1983). Die Einhundertjahrfeier der Bayreuther Festspiele im Jahr 1976 rief eine Reihe von Monographien über die ersten hundert Jahre hervor. Nicht alle angekündigten Titel sind erschienen, aber die Reihe enthält maßgebliche Studien von Dahlhaus (1971), Karbaum (1976), Mack (1976), Voss (1976) und Baumann (1980).

Auch wenn man die nach dem Zweiten Weltkrieg in Bayreuth verfaßten Programmhefte keiner nationalistischen Ziele beschuldigen kann, haben sie es doch nicht geschafft, zu einem Forum der aktuellen Wagner-Forschung zu werden, und sich insgesamt damit begnügt, Aufsätze von journalistischem Zuschnitt zu veröffentlichen. Folglich könnte man behaupten, daß es der Wagner-Forschung an einem Sprachrohr mangelt:

Forscher, die keine musikwissenschaftliche Ausbildung absolviert haben, sind gezwungen, ihre Artikel in obskuren Zeitschriften zu veröffentlichen, und sie bemerken oft nicht, daß sie lediglich die Erkenntnisse anderer Forscher wiederholen. (Andere Zeitschriften haben sich als zu kurzlebig oder zu provinziell erwiesen, um das Thema nachhaltig zu prägen.)

Das Fehlen einer adäquaten Bibliographie der Schriften zu Wagner und die unzureichenden Editionen von Wagners Prosawerken und Briefen sind Probleme, mit denen ernsthafte Wagner-Forscher konfrontiert werden, bevor sie überhaupt einen Fuß auf das von ihnen gewählte Untersuchungsfeld setzen. Unter diesem Gesichtspunkt wird der allgemein interessierte Leser möglicherweise besser bedient als der Wissenschaftler. Nützliche Einführungen zu den einzelnen Opern und Musikdramen erschienen in Deutschland, Frankreich und England; weitere Titel zu Wagner verspricht u.a. die Reihe der Cambridge Opera Handbooks, in der bereits Lucy Becketts exzellente Monographie über *Parsifal* (Beckett, 1981) erschienen ist. Der *Ring* ruft weiterhin die unterschiedlichsten Interpretationen hervor, die von den Ismen ihrer Zeit beeinflußt sind, sei es vom Sozialismus (Shaw, 1898), von der Jungschen Psychologie (Donington, 1963), von der Anthroposophie (Winkler, 1974), vom Strukturalismus (Ingenschay-Goch, 1982) oder Feminismus (Zurmühl, 1984).

Das Interesse am Libretto als literarischem Genre hat in jüngster Zeit eine Reihe von Untersuchungen durch Just (1978), Groos/Parker (1988), Abbate/Parker (1989), Nieder (1989) und Abbate (1991) hervorgebracht; Stein (1960), Borchmeyer (1982), Franke (1983) und Nattiez (1990) haben wertvolle Arbeiten zu den ästhetischen Schriften Wagners vorgelegt.

Die Rezeption der Werke Wagners ist ein so weites Untersuchungsgebiet, daß jede Einzelstudie sich dem Vorwurf der Unzulänglichkeit aussetzen muß. Die nützlichsten Beiträge zu diesem Thema sind wohl die rein dokumentarischen (Kirchmeyer, 1967 ff.) oder die auf eine bestimmte Disziplin beschränkten, wie etwa zu Wagner und seinem literarischen Einfluß (Jäckel, 1931/32; Koppen, 1973; Furness, 1982). Versuche, sich mit Wagners Einfluß auf die Kultur einer ganzen Nation auseinanderzusetzen, etwa auf Italien (Jung, 1974; Rostirolla, 1982), England (Sessa, 1979), Flandern (Wauters, 1983) oder Frankreich (Kahane/Wild, 1983), sind weniger befriedigend; zwei Sammlungen von Aufsätzen über Wagners kulturellen Einfluß insgesamt zeigen jedoch, was mit Hilfe eines interdisziplinären Ansatzes erreicht werden kann (Large/Weber, 1984; Müller u.a., 1984). Inszenierungsuntersuchungen sind bisher von Bayreuth beherrscht gewesen (jede Neuinszenierung des *Rings* dort löst eine Lawine von Büchern zu diesem Thema aus), aber erwähnen sollte man dennoch die Beiträge von Skelton (1965), Petzet (1970) und Bauer (1982), von denen jeder auf seine Weise versucht hat, Inszenierungen von Wagner-Werken in ihrem historischen Kontext zu beschreiben. Daß sie die Mehrheit der Wagnerfreunde nicht von der Unvermeidlichkeit des Wandels überzeugen können, ist nicht nur für sich störend, sondern auch symptomatisch für eine verbreitete Geistesverfassung, die jedem Versuch, die Ikone von ihrem Heiligenschein zu befreien, mit Argwohn begegnet.

STEWART SPENCER

Anhang

Abkürzungen
Auswahlbibliographie
Autoren

Abkürzungen

CT	Cosima Wagner: Die Tagebücher 1869 bis 1883, München 1976–77
GS	Gesammelte Schriften und Dichtungen, Leipzig 1871–83, 4. Auflage Leipzig 1907, Reprint Heidelberg 1976
ML	Mein Leben, Hrsg. M. Gregor-Dellin, München ²1976
PW	Richard Wagner's Prose Works, Hrsg. W. A. Ellis, London 1892–99
SB	Sämtliche Briefe, Leipzig 1967 ff.
SS	Sämtliche Schriften und Dichtungen, Leipzig 1911–14
SW	Sämtliche Werke, Mainz 1970
WWV	Wagner Werk-Verzeichnis, Mainz 1986

Auswahlbibliographie

Werkausgaben, Schriften, Tagebücher/Notizbücher, Briefe und Kataloge/Bibliographien sind chronologisch aufgeführt, Bücher und Zeitschriftenartikel sind nach Autoren alphabetisch geordnet. Sind in einem Jahr mehrere Publikationen von einem Autor erschienen, auf die im Text verwiesen wird, werden sie durch Buchstaben nach der Jahreszahl unterschieden.

Werkausgaben

Richard Wagners Werke, Hrsg. M. Balling (Leipzig, 1912–29; Nachdruck New York, 1972). Nur 10 Bände erschienen.

Sämtliche Werke, Hrsg. C. Dahlhaus und E. Voss (Mainz, 1970 ff.). Kritische Ausgabe, auf 31 Bände geplant.

Die Musikdramen (Hamburg, 1971; München, 1978). Texte der Musikdramen, mit einer Einleitung von J. Kaiser.

Schriften

Gesammelte Schriften und Dichtungen, 10 Bände (Leipzig, 1871–83). Erste Ausgabe, noch unter Wagners Leitung zusammengestellt. 4. Aufl. (Leipzig, 1907, Nachdruck Hildesheim, 1976).

Sämtliche Schriften und Dichtungen, 16 Bände (Leipzig, 1911–14). Bisher die umfassendste Ausgabe.

Richard Wagner's Prose Works, 8 vols, Hrsg. und Übers. W. A. Ellis (London, 1892–99; repr. 1972 und 1993–95)

Mein Leben, Hrsg. M. Gregor-Dellin (München 1963, ²1976). Erste vollständige Ausgabe.

Tagebücher/Notizbücher

Die rote Brieftasche, in: Sämtliche Briefe, Hrsg. G. Stobel und W. Wolf, I (Leipzig, 1967), 79–92. Enthält kurze biographische Notizen zu den Jahren 1813 bis 1839.

Das Braune Buch: Tagebuchaufzeichnungen 1865 bis 1882, Hrsg. J. Bergfeld (Zürich und Freiburg im Breisgau, 1975)

Cosima Wagner: Die Tagebücher 1869–1883, 2 Bände, Hrsg. M. Gregor-Dellin und D. Mack (München, 1976–77)

Briefe

Sämtliche Briefe, Hrsg. G. Strobel, W. Wolf, H.-J. Bauer und J. Forner (Leipzig, 1967 ff.). Unvollständige Ausgabe.

Briefe von Richard Wagner an seine Zeitgenossen: 1830–1883, Hrsg. E. Kastner (Berlin, 1897)

Richard Wagners Briefe nach Zeitfolge und Inhalt, Hrsg. W. Altmann (Leipzig, 1905; Nachdruck 1971). Index von 3143 Wagner-Briefen, chronologisch angeordnet, mit Inhaltsangaben und ausgewählten Zitaten.

Richard Wagners Gesammelte Briefe, Hrsg. J. Kapp und E. Kastner, 2 Bände (Leipzig, 1914)

Richard Wagners Briefe, ausgewählt und kommentiert von W. Altmann, 2 Bände (Leipzig, 1925)

The Letters of Richard Wagner to Anton Pusinelli, Hrsg. E. Lenrow (New York, 1932)

König Ludwig II. und Richard Wagner: Briefwechsel, Hrsg. O. Strobel, 5 Bände (Karlsruhe, 1936–39)

Briefe: Die Sammlung Burrell, Hrsg. J. Burk (Frankfurt am Main, 1953)

Richard Wagner: Briefe, Hrsg. H. Kesting (München und Zürich, 1983). Auswahl von 206 Briefen.

Richard Wagner: Briefe 1830–1883, Hrsg. W. Otto (Berlin, 1986)

Selected Letters of Richard Wagner, Übers. und Hrsg. S. Spencer and B. Millington (London, 1987). Auswahl von 500 Briefen.

Kataloge und Bibliographien

Kastner, E.: Wagner-Catalog: chronologisches Verzeichniss der von und über Richard Wagner erschienenen Schriften, Musikwerke (Offenbach, 1878; Nachdruck 1966)

Oesterlein, N.: Katalog einer Richard Wagner-Bibliothek: nach den vorliegenden Originalen zu einem authentischen Nachschlagebuch durch die gesammte insbesondere deutsche Wagner-Literatur bearbeitet und veröffentlicht (Leipzig, 1882–95; Nachdruck 1970)

Catalogue of the Burrell Collection (London, 1929)

Barth, H. (Hrsg.): Internationale Wagner-Bibliographie: 1945–55 (Bayreuth, 1956); 1956–60 (1961); 1961–66 (1968); 1967–78 (1979)

Klein, H. F. G.: Erst- und Frühdrucke der Textbücher von Richard Wagner: Bibliographie (Tutzing, 1979)

Bott, G. (Hrsg.): Die Meistersinger und Richard Wagner: die Rezeptionsgeschichte einer Oper von 1868 bis heute (Nürnberg, 1981). Katalog für eine Ausstellung im Germanischen Nationalmuseum Nürnberg.

Kahane, M., Wild, N. (Hrsg.): Wagner et la France (Paris, 1983)

Klein, H. F. G.: Erstdrucke der musikalischen Werke von Richard Wagner: Bibliographie (Tutzing, 1983)

Richard Wagner und die politischen Bewegungen seiner Zeit (Koblenz, 1983). Katalog für eine vom Bundesarchiv Koblenz zusammengestellte Ausstellung.

Eger, M., (Hrsg.): Wagner und die Juden: Fakten und Hintergründe (Bayreuth, 1985). Dokumentation zu einer Ausstellung im Richard-Wagner-Museum Bayreuth.

Deathridge, J., Geck, M., Voss, E. (Hrsg.): Wagner Werk-Verzeichnis: Verzeichnis der musikalischen Werke Richard Wagners und ihrer Quellen (Mainz, 1986)

Spencer, S.: ›The Stefan Zweig Collection‹, Wagner (London), 8 (1987), 4–13. Enthält ein kommentiertes Verzeichnis der Wagner-Handschriften in der British Library London.

Bücher und Zeitschriftenaufsätze

Abbate, C.: The »Parisian« Tannhäuser, Diss. Princeton, 1984

– : Erik's Dream and Tannhäuser's Journey, in: Reading Opera, Hrsg. A. Groos und R. Parker (Princeton, NJ, 1988), 129–167)

– : Orpheus and the Underworld: the Music of Wagner's »Tannhäuser«, in: Opera Guide 39: Tannhäuser, Hrsg. N. John (London, 1988), 33–50

– : Opera as Symphony, a Wagnerian Myth, in: Analyzing Opera: Verdi and Wagner, Hrsg. C. Abbate und R. Parker (Berkeley, CA, 1989), 92–124

– : Wagner, »On Modulation«, and Tristan, in: Cambridge Opera Journal, 1 (1989), 33–58

– : Unsung Voices: Opera and Musical Narrative in the Nineteenth Century (Princeton, NJ, 1991)

–, Parker, R. (Hrsg.): Analyzing Opera: Verdi and Wagner (Berkeley, CA, 1989)

Aberbach, A. D.: The Ideas of Richard Wagner (Lanham, MD, 1984, ²1988)

Abraham, G.: A Hundred Years of Music (London, 1938, ⁴1974)

– : Slavonic and Romantic Music [bes. Kap. »Wagner's Second Thoughts«] (London, 1968)

– : A Lost Wagner Aria, Musical Times, 110 (1969) 927–29

Adorno, Th. W.: Wagner, Nietzsche and Hitler, Kenyon Review, (1947), 155–162

– : Versuch ü. Wagner (Berlin u. Frankfurt/M., 1952)

Amerongen, M. van: De buikspreker van God (Amsterdam, 1983)

Arro, E.: Richard Wagners Rigaer Wanderjahre: Über baltische Züge im Schaffen Wagners, Musik des Ostens, 3 (1965), 123–168

Ashbrook, W.: The First Singers of Tristan und Isolde, Opera Quarterly, 3 (1985/86), 11–23

Babbitt, M.: Since Schoenberg, Perspectives of New Music, 12/1 (1973), 33

Bailey; R.: Wagner's Musical Structures for Siegfrieds Tod, in: Studies in Music History. Essays for Oliver Strunk, Hrsg. H. Powers (Princeton, NJ, 1968), 459–494

– : The Genesis of »Tristan und Isolde« and a Study of Wagner's Sketches and Drafts for the First Act, Diss. Princeton, 1969

– : The Structure of the Ring and its Evolution, 19th Century Music, 1 (1977–78), 48–61

– : The Method of Composition, in: The Wagner Companion, Hrsg. P. Burbidge, R. Sutton (London, 1979), 269–338

– (Hrsg.): Richard Wagner: Prelude and Transfiguration from »Tristan and Isolde« (Norton Critical Score) (New York, 1985)

Baines, A.: Woodwind Instruments and their History (London, 1957, ³1967)

– : Brass Instruments: Their History and Development (London, 1976)

Barth, H. (Hrsg.): Bayreuther Dramaturgie: Der Ring des Nibelungen (Stuttgart, 1980)

–, Mack, D., Voss, E. (Hrsg.): Wagner: sein Leben, sein Werk und seine Welt in zeitgenössischen Bildern und Texten (Wien, 1975)

Barzun, J.: Darwin, Marx and Wagner (Boston, MA, 1941)

Bauer, Hans-Joachim: Reclams Musikführer Richard Wagner (Stuttgart, 1992)

Bauer, O. G.: Richard Wagner: die Bühnenwerke von der Uraufführung bis heute (Berlin, 1982)

Baumann, C.-F.: Bühnentechnik im Festspielhaus Bayreuth (München, 1980)

Becker, H.: Giacomo Meyerbeer: On the Occasion of the Centenary of his Death, Leo Baeck Institute Year Book 9 (London, 1964), 178–201

Beckett, L.: Richard Wagner: »Parsifal« (Cambridge, 1981)

Bekker, P.: Richard Wagner: das Leben im Werke (Stuttgart, 1924)

Bennett, R. R.: Instrumentally Speaking (New York, 1975)

Bergfeld, J.: siehe »Tagebücher/Notizbücher«

Berio, L.: Eco in Ascolto: Luciano Berio interviewed by Umberto Eco, Contemporary Music Review, 5 (1989), 1–8

Berlioz, H.: Instrumentationslehre. Ergänzt und revidiert von Richard Strauss. 2 Tle. (Leipzig, 1904)

Bermbach, U.: Die Destruktion der Institutionen: Überlegungen zum politischen Gehalt von Richard Wagners »Ring des Nibelungen«, Bayreuther Festspiele: Programmheft III. Die Walküre (Bayreuth, 1988), 13–66

– (Hrsg.): In den Trümmern der eigenen Welt: Richard Wagners »Der Ring des Nibelungen« (Berlin, 1989)

– : Wagner und Lukács: Über die Ästhetisierung von Politik und die Politisierung von Ästhetik, Bayreuther Festspiele: Programmheft II. Lohengrin (Bayreuth, 1990), 1–27

Biddiss, M. D.: Father of Racist Ideology: the Social and Political Thought of Count Gobineau (London, 1970)

– : The Founder of Aryan Racism [zu Gobineau], Times Higher Education Supplement, 8. Oktober 1982, S. 11

Blaukopf, H.: Wozu biographische Forschung?, in: Das Gustav-Mahler-Fest Hamburg 1989, Hrsg. M. T. Vogt (Kassel, 1991), 125–132

Blissett, W.: D. H. Lawrence, D'Annunzio, Wagner, in: Wisconsin Studies in Contemporary Literature, 7 (1966), 34 ff.

Bloom, P.: The Fortunes of the Flying Dutchman in France, Wagner, 8 (1987), 42–66

Blunt, W.: The Dream King: Ludwig II of Bavaria (London, 1970)

Borchmeyer, D.: Das Theater Richard Wagners: Idee – Dichtung – Wirkung (Stuttgart, 1982)

– (Hrsg.): Wege des Mythos in der Moderne: Richard Wagner: Der Ring des Nibelungen (München, 1987)

– : Wagner-Literatur – eine deutsche Misere, Internationales Archiv für Sozialgeschichte der deutschen Literatur, 3, Sonderheft, 2. Folge (Tübingen, 1992), 1–62

Boretz, B.: Meta-variations, Part IV: Analytic Fallout (II), Perspectives of New Music, 11/2 (1973), 156–203

Boulez, P.: Orientations: Collected Writings, Hrsg. J.-J. Nattiez (London, 1986); frz. Originalausgabe: Points de repère, Paris, 1981

Branscombe, P.: Wagner as Poet, in: Richard Wagner: The Ring (trans. A. Porter) (London, 1976), S. XXIX-XL

Breig, W.: Der »Rheintöchtergesang« in Wagners »Rheingold«, Archiv für Musikwissenschaft, 37 (1980), 241–263

Breithaupt, R.: Richard Wagners Klaviermusik, Die Musik, 3 (1903/04), 108–134

Brinkmann, R.: »Drei der Fragen stell' ich mir frei«. Zur Wanderer-Szene im 1. Akt von Wagners »Siegfried«, Jahrbuch des Staatlichen Instituts für Musikforschung Preußischer Kulturbesitz (Berlin, 1972), 120–162

– : Mythos – Geschichte – Natur: Zeitkonstellationen im »Ring«, in: Richard Wagner: Von der Oper zum Musikdrama, Hrsg. S. Kunze (Bern und München, 1978), 61–77

– : Richard Wagner der Erzähler, Österreichische Musikzeitschrift, 37 (1982), 299–306

– : Sentas Traumerzählung, in: Bayreuther Festspiele, Programmheft I. Der fliegende Holländer (Bayreuth, 1984), 1–17

Brod, M.: Some Comments on the Relationship between Wagner and Meyerbeer, Leo Baeck Institute Year Book 9 (London, 1964), 202–205

Brown, H. M.: Leitmotiv and Drama: Wagner, Brecht, and the Limits of »Epic« Theatre (Oxford, 1991)

Burbidge, P., Sutton, R. (Hrsg.): The Wagner Companion (London, 1979)

Burrell, M.: Richard Wagner: his Life & Works from 1813 to 1834 (London, 1898)

Cagli, B.: Verdi and the Business of Writing Operas, in: The Verdi Companion, Hrsg. M. Chusid, W. Weaver (New York, 1979), 106 ff.

Carnegy, P.: Damming the Rhine [Rezension zu H. Mayer, Richard Wagner in Bayreuth], Times Literary Supplement, 10. Juni 1977, 707–708

Chamberlain, H.S.: Richard Wagner (München, 1906, ³1911)

Chancellor, J.: Wagner (London, 1978)

Cicora, M. A.: »Parsifal« Reception in the Bayreuther Blätter (Frankfurt am Main, Bern und New York, 1987)

Coleman, A.: Calderón / Schopenhauer / Wagner: the Story of a Misunderstanding, The Musical Quarterly, 69 (1983), 227–243

Conrad, H.: Absturz aus Klingsors Zaubergarten: ein biographischer Beitrag zu den letzten Lebensjahren Richard Wagners, Fränkischer Heimatbote (Monatsbeilage des Nordbayerischen Kuriers), 11. Jahrgang (1978), Nr. 8

Cook, P.: A Memoir of Bayreuth 1876 (London, 1979)

Cooke, D.: I Saw the World End: a Study of Wagner's »Ring« (London, 1979)

– : Wagner's Musical Language, in: The Wagner Companion, Hrsg. P. Burbidge, R. Sutton (London, 1979), 225–268

Corse, S.: Wagner and the New Consciousness: Language and Love in the Ring (Cranbury, NJ, 1990)

Culshaw, J. Reflections on Wagner's »Ring« (New York und London, 1976)

Dahlhaus, C., (Hrsg.): Das Drama Richard Wagners als musikalisches Kunstwerk (Regensburg, 1970)

– : Die Musikdramen Richard Wagners (Velber, 1971a)

– (Hrsg.): Richard Wagner: Werk und Wirkung (Regensburg, 1971b)

– : Wagners Konzeption des musikalischen Dramas (Regensburg, 1971c)

– : Wagners Stellung in der Musikgeschichte, in: Richard-Wagner-Handbuch, Hrsg. U. Müller, P. Wapnewski (Stuttgart, 1986), 60–85

– : Schönberg und andere. Gesammelte Aufsätze zur neuen Musik. (Mainz, London, New York, 1978)

– : Die Musik des 19. Jahrhunderts. (Wiesbaden, 1980)

– : What is a Musical Drama?, Cambridge Opera Journal, 1 (1989), 95–111

Dahlhaus, C., Deathridge, J., Wagner (Stuttgart, 1994)

Dahlhaus, C., Voss, E. (Hrsg.): Wagnerliteratur – Wagnerforschung: Bericht über das Wagner-Symposium München 1983 (Mainz, 1985)

Darcy, W.: The Pessimism of the Ring, Opera Quarterly, 4/2 (1986), 24–48

– : »Alles was ist, endet!« Erda's Prophecy of World Destruction, in: Bayreuther Festspiele, Programmheft II. Das Rheingold (Bayreuth, 1988), 67–92

– : Creatio ex nihilo: the Genesis, Structure, and Meaning of the Rheingold Prelude, 19th Century Music, 13 (1989–90), 79–100

– : A Wagnerian Ursatz; or, Was Wagner a Background Composer After All?, Intégral, 4 (1990), 1–35

– : Wagner's »Das Rheingold«: Its Genesis and Structure (Oxford, 1993)

Daube, O.: »Ich schreibe keine Symphonien mehr«: Richard Wagners Lehrjahre nach den erhaltenen Dokumenten (Köln, 1960)

Dean, W.: French Opera, in: New Oxford History of Music, Hrsg. G. Abraham, 8 (1982), 14–46

Deathridge, J.: The Nomenclature of Wagner's Sketches, Proceedings of the Royal Musical Association, 101 (1974–75), 75–83

– : Wagner's »Rienzi«: a Reappraisal Based on a Study of the Sketches and Drafts (Oxford, 1977a)

– : Wagner's Sketches for the »Ring«, Musical Times, 118 (1977b), 383–389

– : Eine verschollene Wagner-Arie?, Melos / Neue Zeitschrift für Musik, 4 (1978), 208–214

– : Review of Wagner publications, 19th Century Music, 5 (1981–82), 81–89

– : Grundzüge der Wagner-Forschung, in: Richard-Wagner-Handbuch, Hrsg. U. Müller, P. Wapnewski (Stuttgart, 1986), 803–830

– : Through the Looking Class: Some Remarks on the First Complete Draft of Lohengrin, in: Analyzing Opera, Hrsg. C. Abbate, R. Parker (Berkeley, CA, 1989), 56–91

Del Mar, N.: Anatomy of the Orchestra (London, 1981)

Dennison, P. (Hrsg.): The Richard Wagner Centenary in Australia (Adelaide, 1985)

Dieckmann, F.: Richard Wagner in Venedig: eine Collage (Darmstadt und Neuwied, 1983)

– : Wagner – Verdi: Geschichte einer Unbeziehung (Berlin, 1989)

DiGaetani, J. L. (Hrsg.): Penetrating Wagner's »Ring«: an Anthology (Cranbury, NJ, 1978)

– : Richard Wagner and the Modern British Novel (Cranbury, NJ, 1978)

Donington, R.: Richard Wagners »Ring des Nibelungen« und seine Symbole – Musik und Mythos (Stuttgart, 1976)

Eger, M.: Richard Wagner und König Ludwig II., in: Richard-Wagner-Handbuch, Hrsg. U. Müller, P. Wapnewski (Stuttgart, 1986), 162–173

– : »Wenn ich Wagnern den Krieg mache ...« Der Fall Nietzsche und das Menschliche, Allzumenschliche (Wien, 1988)

Ellis, W. A.: Life of Richard Wagner, 6 Bde. (London, 1900–08) [Bde. 1–3 enthalten eine Übersetzung der Biographie von C. F. Glasenapp]

Emslie, B.: Woman as Image and Narrative in Wagner's Parsifal: a Case Study, Cambridge Opera Journal, 3 (1991), 109–124

Erismann, H.: Richard Wagner in Zürich (Zürich, 1987)

Ewans, M.: Wagner and Aeschylus: The »Ring« and the »Oresteia« (London, 1982)

– : The Bayreuth Centenary Ring, in: The Richard Wagner Centenary in Australia, Hrsg. P. Dennison (Adelaide, 1985)

Fehr, M.: Richard Wagners Schweizer Zeit, 2 Bde. (Aarau und Leipzig, 1934 [Bd. 1], Aarau und Frankfurt am Main, 1953 [Bd. 2])

Fischer-Dieskau, D.: Wagner und Nietzsche (Stuttgart, 1974)

Forsyth, C.: Orchestration (London, 1914, [2]1935)

Franke, R.: Richard Wagners Zürcher Kunstschriften: Politische und ästhetische Entwürfe auf seinem Wege zum »Ring des Nibelungen« (Hamburg, 1983)

Fricke, R.: Bayreuth vor dreißig Jahren: Erinnerungen an Wahnfried und aus dem Festspielhause (Dresden, 1906) [Tagebuch des Produktionsassistenten bei den ersten Bayreuther Festspielen]

Furness, R.: Wagner and Literature (Manchester, 1982)

Gal, H.: Richard Wagner: Versuch einer Würdigung (Frankfurt am Main, 1963)

Garten, H. F.: Wagner the Dramatist (London, 1977)

Gay, P.: Freud, Jews and Other Germans: Masters and Victims in Modernist Culture (New York, 1978), bes. Kap. IV: Hermann Levi: a Study in Service and Self-Hatred, 189–230, ursprünglich erschienen als: Hermann Levi and the Cult of Wagner, Times Literary Supplement, 11. April 1975, 402–404

Geck, M.: Die Bildnisse Richard Wagners (München, 1970)

– : Parsifal: a Betrayed Childhood, Wagner, 9 (1988), 75–88

Gillespie, I.: The Theory and Practice of »Wahn«, Wagner, 5 (1984), 79–95

– : Wagner and the Twilight of the Muse, Wagner, 5 (1984), 114–121

– : Anti-Semitism, Sacred or Profane, Wagner, 6 (1985), 18–28

Glasenapp, C. F.: Richard Wagners Leben und Wirken (Kassel, 1876/77, [3]1894–1911 überarbeitet und erweitert als: Das Leben Richard Wagners)

Glass, F. W.: The Fertilizing Seed: Wagner's Concept of the Poetic Intent (Ann Arbor, 1983)

Goossens, L., Roxburgh, E.: Yehudi Menuhin Music Guides: Oboe (London, 1977)

Goslich, S.: Die deutsche romantische Oper (Tutzing, 1975)

Gregor-Dellin, M.: Wagner-Chronik: Daten zu Leben und Werk (München, 1972)

– : Richard Wagner: Sein Leben, Sein Werk, Sein Jahrhundert (München, 1980)

– : Richard Wagner: eine Biographie in Bildern (München, 1982)

– : Neue Wagner-Ermittlungen (Das Geheimnis der Mutter), in: Bayreuther Festspiele, Programmheft II. Parsifal (Bayreuth, 1985), 21–32

Grey, T. S.: Richard Wagner and the Aesthetics of Musical Form in the Mid-19th Century (1840–1860), Diss. Berkeley, 1988

– : Wagner, the Overture, and the Aesthetics of Musical Form, 19th Century Music, 12 (1988 bis 89)

Groos, A.: Appropriation in Wagner's Tristan Libretto, in: Reading Opera, Hrsg. A. Groos, R. Parker (Princeton, NJ, 1988), 12–33

–, Parker, R. (Hrsg.): Reading Opera (Princeton, 1988)

Gutman, R.: Richard Wagner: Der Mensch, sein Werk, seine Zeit (München, 1970)

Habel, H.: Festspielhaus und Wahnfried (München, 1985)

Hakel, H.: Richard der Einzige: Satire, Parodie, Karikatur (Wien, Hannover, Bern, 1963)

Hanslick, E.: Vom Musikalisch-Schönen: ein Beitrag

zur Revision der Ästhetik der Tonkunst (Leipzig, 1854)

– : Vienna's Golden Years of Music: 1850–1900, Hrsg. H. Pleasants (New York, 1950, überarbeitet 1969) [Übersetzung ausgewählter Schriften]

Hartford, R.: Bayreuth: the Early Years. An Account of the Early Decades of the Wagner Festival as seen by the Celebrated Visitors & Participants (London, 1980)

Hollinrake, R.: Nietzsche, Wagner, and the Philosophy of Pessimism (London, 1982)

Holloway, R.: Debussy and Wagner (London, 1979)

– : Wagner and Holloway: the Composer Robin Holloway in Conversation with David Allenby, Wagner News, 77 (1990), 1–5

Hurn, P. D., Root, W. L.: The Truth about Wagner (London, 1930)

Ingenschay-Goch, D.: Richard Wagners neu erfundener Mythos: Zur Rezeption und Reproduktion des germanischen Mythos in seinen Operntexten (Bonn, 1982)

Jäckel, K.: Richard Wagner in der französischen Literatur, 2 Bde. (Breslau, 1931–32)

Jung, U.: Die Rezeption der Kunst Richard Wagners in Italien (Regensburg, 1974)

Just, K. G.: Richard Wagner – ein Dichter? Marginalien zum Opernlibretto des 19. Jahrhunderts, in: Richard Wagner: Von der Oper zum Musikdrama, Hrsg. S. Kunze (Bern, München, 1978), 79–94

Kahane, M., Wild, N.: siehe oben »Kataloge/Bibliographien«

Kapp, J.: R. Wagner und die Frauen (Berlin, 1929)

Karbaum, M.: Studien zur Geschichte der Bayreuther Festspiele (1876–1976) (Regensburg, 1976)

Katz, A.: Challenge to Musical Tradition: a New Concept of Tonality (New York, 1945)

Katz, J.: Richard Wagner: Vorbote des Antisemitismus (Königstein, 1985)

Kerman, J.: Opera as Symphonic Poem, Kap. 7 von: Opera as Drama (New York, 1956)

– : Wagner and Wagnerism, New York Review of Books, 22. Dezember 1983, 27–37

Kester, S.: An Examination of the Themes of Love, Power and Salvation in Richard Wagner's »The Ring of the Nibelung«: a Study of a Failed Individuation Process (Diss., Univ. of Western Australia, 1984)

Kinderman, W.: Dramatic Recapitulation in Wagner's Götterdämmerung, 19th Century Music, 4 (1980–81), 103–104

– : Das Geheimnis der Form in Wagners »Tristan und Isolde«, Archiv für Musikwissenschaft, 40 (1983), 174–188

Kirchmeyer, H.: Situationsgeschichte der Musikkritik und des musikalischen Pressewesens in Deutschland dargestellt vom Ausgang des 18. bis zum Beginn des 20. Jahrhunderts. IV. Teil: Das zeitgenössische Wagner-Bild. Bd. 1: Wagner in Dresden (Regensburg, 1972); Bde. 2–6: Dokumente (Regensburg, 1967 ff.)

Klein, H.: Thirty Years of Musical Life in London, 1870–1900 (New York, 1903)

Knapp, R.: The Tonal Structure of Tristan und Isolde: a Sketch, Music Review, 45 (1984), 11–25

Koppen, E.: Dekadenter Wagnerismus: Studien zur europäischen Literatur des Fin de siècle (Berlin, New York, 1973)

Kreckel, M.: Richard Wagner und die französischen Frühsozialisten (Frankfurt am Main, 1986)

Kropfinger, K.: Wagner und Beethoven: Untersuchungen zur Beethoven-Rezeption Richard Wagners (Regensburg, 1975)

Kunze, S.: Über Melodiebegriff und musikalischen Bau in Wagners Musikdrama, in: Das Drama Richard Wagners als musikalisches Kunstwerk, Hrsg. C. Dahlhaus (Regensburg, 1970), 111–148

– : Der Kunstbegriff Richard Wagners (Regensburg, 1983)

Kürschner, J. (Hrsg.): Theatralische Aufführungen, Richard Wagner-Jahrbuch, 1 (1886), 435–465

Kurth, E.: Romantische Harmonik und ihre Krise in Wagners »Tristan« (Bern, Leipzig, 1920, ²1923)

Lange, W.: Richard Wagner und seine Vaterstadt Leipzig (Leipzig, 1921)

Langwill, L.G.: The Bassoon and Contrabassoon (London, 1965)

Large, D. C.: The Political Background of the Foundation of the Bayreuth Festival, 1876, Central European History, 11 (1978), 162–172

Large, D. C., Weber, W. (Hrsg.): Wagnerism in European Culture and Politics (Ithaca, 1984)

Laudon, R. T.: Sources of the Wagnerian Synthesis: a Study of the Franco-German Tradition in 19th-Century Opera (München, Salzburg, 1979)

Lenrow, E.: siehe oben »Briefe«

Lewin, D.: Amfortas's Prayer to Titurel and the Role of D in Parsifal, 19th Century Music, 7 (1983–84), 336–349

Lewis, M. T.: Cézanne's Early Imagery (Berkeley, CA, 1989)

Lippert, W.: Richard Wagners Verbannung und Rückkehr 1849–1862 (Dresden, 1927)

Lippmann, F.: Die Feen und das Liebesverbot, oder die Wagnerisierung der diversen Vorbilder, in: Wagnerliteratur – Wagnerforschung: Bericht über das Wagner-Symposium München, 1983, Hrsg. C. Dahlhaus, E. Voss (Mainz, 1985), 14–46

Lloyd-Jones, H.: Wagner and the Greeks, Times Literary Supplement, 9 January 1976, 37–39; überarb. in: Blood for the Ghosts (London, 1982)

Lorenz, A.: Das Geheimnis der Form bei Richard Wagner, 1: Der musikalische Aufbau des Bühnenfestspieles »Der Ring des Nibelungen« (Berlin, 1924, Nachdruck 1966); 2: Der musikalische Aufbau von Richard Wagners »Tristan und Isolde« (Berlin, 1926, Nachdruck 1966); 3: Der musikalische Aufbau von Richard Wagners »Die Meistersinger von Nürnberg« (Berlin, 1931, Nachdruck 1966); 4: Der musikalische Aufbau von Richard Wagners »Parsifal« (Berlin, 1933, Nachdruck 1966)

Löw, R.: Ein Dogma wankt, Deutsches Ärzteblatt, 83 (1986), 3475–3477 und 3480

Machlin, P. S.: Wagner, Durand and »The Flying Dutchman«: the 1852 Revisions of the Overture, Music & Letters, 55 (1974), 410–428

– : A Sketch for the »Dutchman«, Musical Times, 117 (1976), 727–729

Mack, D.: Der Bayreuther Inszenierungsstil 1876–1976 (München, 1976)

– (Hrsg.): Theaterarbeit an Wagners Ring (München, 1978)

– (Hrsg.): Cosima Wagner: das zweite Leben: Briefe u. Aufzeichnungen 1883–1930 (München, 1980)

Magee, B.: Aspects of Wagner (London, 1968, erweitert: Oxford, [2]1988)

– : The Philosophy of Schopenhauer (Oxford, 1983)

– : Newman Nods, Wagner, 11 (1990), 27–30

Magee, E.: Richard Wagner and the Nibelungs (Oxford, 1990)

Mann, E. (Hrsg.): Wagner und unsere Zeit (Frankfurt am Main, 1963) [Essays und Briefe von Thomas Mann]

Marek, G. R.: Cosima Wagner (New York, 1981)

Martin, S.: Wagner to »The Waste Land«: A Study of the Relationship of Wagner to English Literature (London, 1982)

Mayer, H.: Richard Wagner in Bayreuth: 1876–1976 (Stuttgart, 1976)

– : Richard Wagner: Mitwelt und Nachwelt (Stuttgart, 1978)

McClatchie, S.: The warrior foil'd: Alfred Lorenz's Wagner analyses, Wagner, 11 (1990), 3–12

– : Alfred Lorenz as Theorist and Analyst (Diss., Univ. of Western Ontario, 1994)

McCreless, P.: Wagner's Siegfried: Its Drama, History and Music (Ann Arbor, 1982)

Millington, B.: Did Wagner Really Sell his »Dutchman« Story? A Re-examination of the Paris Transaction, Wagner, 4 (1983), 114–127

– : Wagner (London, 1984, [2]1992)

– : »The Flying Dutchman«, »Le vaisseau fantôme« and other Nautical Yarns, Musical Times, 127 (1986), 131–135

– : »Parsifal«: a Wound Reopened, Wagner, 8 (1987), 114–120

– : »Parsifal«: a Work for our Times, Opera, 39 (1988), 13–17

– : An Introduction to the Paris »Tannhäuser«, Beiheft zur Tannhäuser-Aufnahme Deutsche Grammophon 427625–2, 1989, 25–33

– : Nuremberg Trial: Is There Anti-semitism in »Die Meistersinger«?, Cambridge Opera Journal, 3 (1991), 247–260

–, Spencer, S. (Hrsg.): Wagner in Performance (New Haven, 1992)

Mitchell, W.: The Tristan Prelude: Techniques and Structure, Music Forum, 1 (1967), 162–203

Morley-Pegge, R.: The French Horn (London, 1960, [2]1973)

Müller, U., Hundsnurscher, F., Sommer, C. (Hrsg.): Richard Wagner 1883–1983: Die Rezeption im 19. und 20. Jahrhundert (Stuttgart, 1984)

Müller, U. (Hrsg.): Richard Wagner und sein Mittelalter (Anif, Salzburg, 1989)

Müller, U., Wapnewski, P. (Hrsg.): Richard-Wagner-Handbuch (Stuttgart, 1986)

Murray, D. R.: Major Analytical Approaches to Wagner's Musical Style: a Critique, Music Review, 39 (1978), 211–222

Nattiez, J.-J.: Tétralogies – Wagner, Boulez, Chéreau: Essai sur l'infidélité (Paris, 1983)

– : Le Ring comme histoire métaphorique de la musique, in: Wagner in Retrospect, Hrsg. L. R. Shaw, N. R. Cirillo, M. S. Miller (Amsterdam, 1987), 44–49

– : Wagner androgyne (Paris, 1990)

Neumann, A.: Erinnerungen an Richard Wagner (Leipzig, [3]1907)

Newcomb, A.: The Birth of Music out of the Spirit of Drama: an Essay in Wagnerian Formal Analysis, 19th Century Music, 5 (1981/82), 38–66

– : Those Images that Yet Fresh Images Beget, Journal of Musicology, 2 (1983), 227–245

– : Ritornello Ritornato: a Variety of Wagnerian Refrain Form, in: Analyzing Opera: Verdi and Wagner, Hrsg. C. Abbate, R. Parker (Berkeley, CA,
1989), 202–221

Newman, E.: A Study of Wagner (London, 1899)

– : Wagner as Man and Artist (London, 1914, ²1924)

– : Fact and Fiction about Wagner (London, 1931)

– : The Man Liszt: a Study of the Tragi-Comedy of a
Soul Divided against Itself (London, 1934)

– : Wagner Nights (London, 1949)

– : The Life of Richard Wagner, 4 Bde. (London,
1933–47)

Nieder, C.: Von der Zauberflöte zum Lohengrin: das
deutsche Opernlibretto in der ersten Hälfte des 19.
Jahrhunderts (Stuttgart, 1989)

Nietzsche, F.: Der Fall Wagner (Leipzig, 1888); vgl.
auch Friedrich Nietzsche: Kritische Studienaus-
gabe in 15 Bänden, Hrsg. G. Colli, M. Montinari
(München, 1988), VI, 9–53

Osborne, C.: The Complete Operas of Richard Wagner (London, 1990)

Petzet, D. und M.: Die Richard Wagner-Bühne Ludwigs II. (München, 1970)

Piston, W.: Orchestration (New York, 1955)

Poliakov, L.: The History of Anti-Semitism. Bd. 3:
From Voltaire to Wagner (London, 1975)

Porges, H.: Die Bühnenproben zu den Bayreuther
Festspielen des Jahres 1876 (Leipzig, 1877,
²1896)

Porter, A.: How Many Children had Erda?, About the
House, 5/3 (1977), 50 f.

Prieberg, F.K.: Musik im NS-Staat (Frankfurt am
Main, 1982)

Rather, L. J.: The Dream of Self-Destruction: Wagner's »Ring« and the Modern World (Louisiana,
1979)

– : Reading Wagner: a Study in the History of Ideas
(Baton Rouge, LA, 1990)

Rayner, R.: Wagner and »Die Meistersinger« (London, 1940)

Reeser, E.: Die literarischen Grundlagen des »Fliegenden Holländer«, Offizieller Bayreuther Festspiel-
führer (Bayreuth, 1939), 73–81; wieder in:
Bayreuther Festspiele, Programmheft Der fliegende Holländer (Bayreuth, 1959), 47–54

Rendall, F. G.: The Clarinet (London, 1954, ³1971)

Richardson, J.: Judith Gautier: a Biography (London,
1986)

Rose, P.L.: Revolutionary Antisemitism in Germany
from Kant to Wagner (Princeton, NJ, 1990)

– : Wagner: Race and Revolution (London, 1992)

Rosenblum, R.: Modern Painting and the Northern
Romantic Tradition (London, 1975)

Rosselli, J.: The Opera Industry in Italy from Cimaro-
sa to Verdi (Cambridge, 1984)

Rostirolla, G.: Wagner in Italia (Turin, 1982)

Rothstein, W.: Phrase Rhythm in Tonal Music (New
York, 1989)

Sabor, R.: The Real Wagner (London, 1987)

Salzer, F.: Structural Hearing: Tonal Coherence in
Music (New York, 1952, ²1962)

Samama, G., (Hrsg.): L'avant-scène opéra, 6–7 (L'Or
du Rhin), 8 (La Walkyrie), 12 (Siegfried), 13–14
(Le Crépuscule des dieux) (Paris, 1976–77)

Schenker, H.: Harmonielehre (Stuttgart, 1906)

– : Der freie Satz (Wien, 1935, ²1956)

Schneider, R.: Die Reise zu Richard Wagner (Wien und
Darmstadt, 1989)

Schönberg, A.: Stil und Gedanke. Aufsätze zur Musik
(Frankfurt a.M., 1976)

Schuh, W.: Richard Strauss. Jugend und frühe Mei-
sterjahre. Lebenschronik 1864–1898 (Zürich,
1976)

Schüler, W.: Der Bayreuther Kreis von seiner Entstehung bis zum Ausgang der Wilhelminischen
Ära: Wagnerkult und Kulturreform im Geiste völ-
kischer Weltanschauung (Münster, 1971)

Sessa, A. D.: Richard Wagner and the English (Ru-
therford, NJ, 1979)

Shaw, G. B.: The Perfect Wagnerite: a Commentary on
the Niblung's Ring (New York, 1967, Nachdruck
der 4. Aufl. 1923); dt.: ein Wagner-Brevier (Frankfurt a.M., 1976)

Shaw, L. R., Cirillo, N. R., Miller, M. S. (Hrsg.): Wagner in Retrospect: a Centennial Reappraisal (Amsterdam, 1987)

Skelton, G.: Wagner at Bayreuth: Experiment and
Tradition (London, 1965, 2., erw. Aufl. 1976)

– : Wieland Wagner: the Positive Sceptic (London,
1971)

– : Richard and Cosima Wagner: Biography of a Mar-
riage (London, 1982) deutsche Übers. 1995

– : Wagner in Thought and Practice (London, 1991)

Spencer, S.: Tannhäuser: mediävistische Handlung in
drei Aufzügen, in: Wagner 1976: a Celebration of
the Bayreuth Festival (London, 1976), 40–53

– (Hrsg.): Wagner 1976: a Celebration of the Bayreuth Festival (Wagner Society, London, 1976)

– (Hrsg.): Wagner. Zeitschrift der Wagner Society
London. New series (1980 ff.)

– : »Zieh hin! Ich kann dich nicht halten!«, Wagner,
2 (1981), 98–120

– : Wagner in London (1), Wagner, 3 (1982), 98–123

– : A Wagnerian Footnote, Wagner, 4 (1983a), 90

– : Wagner Autographs in London, Wagner, 4 (1983b), 98–114; 5 (1984), 2–20, 45–52 [24 unveröffentl. Briefe aus der British Library]

– (Hrsg.): »Die hohe Braut«: an Unpublished Sketch, Wagner, 4 (1983c), 13–26

– (Hrsg.): »Die hohe Braut«: an Unpublished Draft, Wagner, 10 (1989), 50–65

– : Wagner's Nuremberg, Cambridge Opera Journal, 4 (1992), 21–41

Srocke, M.: Richard Wagner als Regisseur (Berlin, 1988)

Stein, J. M.: Richard Wagner & the Synthesis of the Arts (Detroit, 1960)

Stephan, R.: Gibt es ein Geheimnis der Form bei Richard Wagner?, in: Das Drama Richard Wagners als musikalisches Kunstwerk, Hrsg. C. Dahlhaus (Regensburg, 1970), 9–16

Stern, F.: The Politics of Cultural Despair (Berkeley, CA, 1961)

Strauss, R.: Betrachtungen und Erinnerungen, Hrsg. W. Schuh (Zürich, 1949)

Strobel, O.: Richard Wagner: Skizzen und Entwürfe zur Ring-Dichtung (München, 1930)

Strobel, 1936–39: siehe oben »Briefe«

Strohm, R.: »Rienzi« and Authenticity, Musical Times, 117 (1976), 725

– : On the History of the Opera »Tannhäuser«, in: Bayreuther Festspiele, Programmheft III. Tannhäuser (Bayreuth, 1978), 21–29

Suneson, C.: Richard Wagner und die indische Geisteswelt (Leiden, 1989)

Tanner, M.: The Total Work of Art, in: The Wagner Companion, Hrsg. P. Burbidge, R. Sutton (London, 1979), 140–224

Taylor, R.: Richard Wagner: his Life, Art and Thought (London, 1979)

Thomson, J. L.: Giacomo Meyerbeer: the Jew and his Relationship with Richard Wagner, Musica Judaica, 1 (1975/76), 54–86

Turing, P.: New Bayreuth (London, 1969)

Turner, R.: »Die Meistersinger von Nürnberg«: the Conceptual Growth of an Opera, Wagner, 3 (1982), 2–16

Tusa, M. C.: Richard Wagner and Weber's Euryanthe, 19th Century Music, 9 (1985/86), 206–221

Umbach, K. (Hrsg.): Richard Wagner: Ein deutsches Ärgernis (Reinbek bei Hamburg, 1982)

Vaget, H. R.: Erlösung durch Liebe: Wagners »Ring« und Goethes »Faust«, in: Bayreuther Festspiele, Programmheft VI. Götterdämmerung (Bayreuth, 1985), 14–31

Vetter, I.: Der »Ahasverus des Ozeans« – musikalisch unerlöst? Der fliegende Holländer und seine Revisionen, in: Bayreuther Festspiele, Programmheft II. Der fliegende Holländer (Bayreuth, 1979), 70–79

– : Der fliegende Holländer von Richard Wagner: Entstehung, Bearbeitung, Überlieferung (Diss. TU Berlin, 1982)

– (Hrsg.): »Leubald. Ein Trauerspiel«: Richard Wagners erstes (erhaltenes) Werk, in: Bayreuther Festspiele, Programmheft VII. Die Meistersinger (Bayreuth, 1988), 1–19, 95–208

– : Wagner in the History of Psychology, in: Wagner Handbook, Hrsg. J. Deathridge (Cambridge, MA, 1992), 118–155

Vogel, M.: Nietzsche und Wagner: ein deutsches Lesebuch (Bonn, 1984)

Voss, E.: Studien zur Instrumentation Richard Wagners (Regensburg, 1970)

– : Die Dirigenten der Bayreuther Festspiele (Regensburg, 1976)

– : Richard Wagner und die Instrumentalmusik: Wagners symphonischer Ehrgeiz (Wilhelmshaven, 1977)

– : Noch einmal: das Geheimnis der Form bei Richard Wagner, in: Theaterarbeit an Wagners Ring, Hrsg. D. Mack (München, 1978), 251–267

– : Wagners »Sämtliche Briefe«?, Melos/Neue Zeitschrift für Musik, 4 (1978), 219–223

– : Richard Wagner: Dokumentarbiographie (Mainz und München, 1982a) [überarbeitete und erweiterte Fassung von Barth, Mack, Voss (Hrsg.), 1975]

– : Wagnerliteratur und Wagnerforschung, Wolfenbütteler Forschungen, 15 (1982b), 75–79

– : Von Notwendigkeit und Nutzen der Wagnerforschung, in: Bayreuther Festspiele, Programmheft I. Lohengrin (Bayreuth, 1987), 16–41

– : Auch eine Unvollendete: Richard Wagners wiederaufgefundenes Sinfonie-Fragment in E-Dur WWV 35, Neue Zeitschrift für Musik (Nov. 1988), 14 bis 18

Walker, A.: Franz Liszt: the Weimar Years 1848–1861 (London, 1989)

Wapnewski, P.: Der traurige Gott: Richard Wagner in seinen Helden (München, 1978)

Warrack, J.: Carl Maria von Weber (London, 1968, ²1976)

– : The Musical Background, in: The Wagner Companion, Hrsg. P. Burbidge, R. Sutton (London, 1979), 85–112

– : The Influence of French Grand Opera on Wagner, in: Music in Paris in the Eighteen-Thirties, Hrsg. P. Bloom (Stuyvesant, NY, 1987), 575 bis 587

Watson, D.: Richard Wagner: a Biography (London, 1979)

Wauters, K.: Wagner en Vlaanderen 1844–1914 (Ghent, 1983)

Wessling, B. W.: Bayreuth im Dritten Reich: Richard Wagners politische Erben (Weinheim und Basel, 1983)

Westernhagen, C. von: Richard Wagner: Sein Werk, sein Wesen, seine Welt (Zürich, 1956)

– : Vom Holländer zum Parsifal: Neue Wagner-Studien (Zürich, 1962)

– : Richard Wagners Dresdener Bibliothek 1842–1849 (Wiesbaden, 1966)

– : Wagner (Zürich, 1968, ²1978)

– : Die Entstehung des »Ring«, dargestellt an den Kompositionsskizzen Richard Wagners (Zürich, 1973)

– : Wagner's Last Day, Musical Times, 120 (1979), 395–397

Weston, J. L.: The Legends of the Wagner Drama: Studies in Mythology and Romance (London, 1896)

White, D. A.: The Turning Wheel: a Study of Contracts and Oaths in Wagner's »Ring« (Selingsgrove, PA, 1988)

Whittall, A.: The Music, in: Richard Wagner: Parsifal, Hrsg. L. Beckett (Cambridge, 1981)

– : The Music: a Commentary, in: Opera Guide 19: The Mastersingers of Nuremberg, Hrsg. N. John (London, 1983a), 15–26

– : Wagner's Great Transition? From Lohengrin to Das Rheingold, Music Analysis, 2 (1983b), 269 bis 280

– : Wagner's Later Stage Works, in: New Oxford History of Music, Hrsg. G. Abraham, 9 (1990), 257–321

Winkler, F.: For Freedom Destined: Mysteries of Man's Evolution in the Mythology of Wagner's Ring Operas and Parsifal (New York, 1974)

Wintle, C.: The Numinous in Götterdämmerung, in: Reading Opera, Hrsg. A. Groos, R. Parker (Princeton, NJ, 1988)

Wolzogen, H. von: Thematischer Leitfaden durch die Musik zu Richard Wagner's Festspiel »Der Ring des Nibelungen« (Leipzig, 1876)

– : Richard Wagner's Tristan und Isolde: ein Leitfaden durch Sage, Dichtung und Musik (Leipzig, 1880)

– : Thematischer Leitfaden durch die Musik zu R. Wagner's Parsifal (Leipzig, 1882)

Wörner, K.: Beiträge zur Geschichte des Leitmotivs in der Oper, Zeitschrift für Musikwissenschaft, 14 (1931/32), 151

Wynn, M.: Meister Wolfram, Wagner (Old Series), 84 (Juni 1980), 2–4

Zelinsky, H.: Richard Wagner: ein deutsches Thema. Eine Dokumentation zur Wirkungsgeschichte Richard Wagners 1876–1976 (Frankfurt am Main, 1976, ³1983)

– : Die »feuerkur« des Richard Wagner oder die »neue religion« der »Erlösung« durch »Vernichtung«, in: Wie antisemitisch darf ein Künstler sein?, Hrsg. H.-K. Metzger, R. Riehn (München, 1978), 79–112

Zuckerman, E.: The First Hundred Years of Wagner's Tristan (New York, 1964)

Zurmühl, S.: Leuchtende Liebe, lachender Tod: Zum Tochter-Mythos Brünnhilde (München, 1984)

Autoren

David Breckbill
Autor, Lehrer und Pianist. Dissertation über den Bayreuther Singstil um 1900. Erarbeitet gegenwärtig eine umfassende Diskographie von Vokalwerken Wagners.

Konrad Bund
Dr. phil., Archivar, Historiker und Mediävist. Mitarbeiter der *Monumenta Germaniae Historica*, früher stellvertretender Direktor des ehemaligen Stadtarchivs Frankfurt a. M., Direktor des Deutschen Glockenmuseums Burg Greifenstein/Hessen, Herausgeber der *Versus Magistri Henrici Abrincensis* (13. Jh.) und des *Jahrbuchs für Glockenkunde*.

Jonathan Burton
Musikbibliothekar an der English National Opera, ehemaliger Dozent am Goldsmiths' College der Universität London. Fagottist und Arrangeur.

Warren Darcy
Professor für Musiktheorie am Oberlin College, Ohio. Autor einer Monographie über Entstehung und Struktur des »Rheingolds«.

Raymond Furness
Professor für Deutsch an der Universität St. Andrews (Schottland). Autor des Buchs *Wagner and Literature*.

Thomas S. Grey
Assistenz-Professor an der Stanford University, Kalifornien. Autor von *Wagner's Musical Prose: Texts and Contexts*.

Michael Hall
Architektur-Redakteur der Zeitschrift *Country Life*.

Roger Hollinrake
Musikforscher, Autor von *Nietzsche, Wagner, and the Philosophy of Pessimism*.

David C. Large
Professor für Geschichte an der Montana State University. Mitherausgeber von *Wagnerism in European Culture and Politics*.

Hugh Lloyd-Jones
Emeritierter Professor für Griechisch an der Universität Oxford.

Stewart Spencer
Autor und Übersetzer. Herausgeber der Zeitschrift *Wagner* (London). Mitherausgeber der *Selected Letters of Richard Wagner* und von *Wagner in Performance*.

Ronald Taylor
Publizist und Übersetzer. Emeritierter Professor für Deutsch an der University of Sussex. Verfasser von Büchern über mittelalterliche und neue deutsche Literatur sowie von Biographien über Wagner, Schumann, Liszt und Weill.

Joachim Thiery
Dr. med., Privatdozent am Institut für Klinische Chemie der Universitätsklinik München.

Ulrich Tröhler
Prof. Dr. med., Ph. D., Direktor des Instituts für Geschichte der Medizin an der Albert-Ludwigs-Universität Freiburg.

William Weber
Professor für Geschichte an der California State University Long Beach. Mitherausgeber von *Wagnerism in European Culture and Politics*.

Arnold Whittall
Professor für Musiktheorie am King's College, London. Viele Veröffentlichungen über die Musik des 19. und 20. Jahrhunderts, besonders Wagner, Schönberg und Britten.

Christopher Wintle
Dozent am King's College, London. Mitherausgeber der Zeitschrift *Musical Analysis* (Oxford). Veröffentlichungen über analytische und psychoanalytische Aspekte der Musik des 19. und 20. Jahrhunderts.

Register

Werkregister
Personenregister
Sach- und Ortsregister

Werkregister

Personenregister

Sach- und Ortsregister